First Principles
of Instruction

효과적, 효율적, 매력적 교수설계

교수의 으뜸원리

M. David Merrill 저 | 임규연 · 김영수 · 김광수 · 이현우 · 정재삼 공역

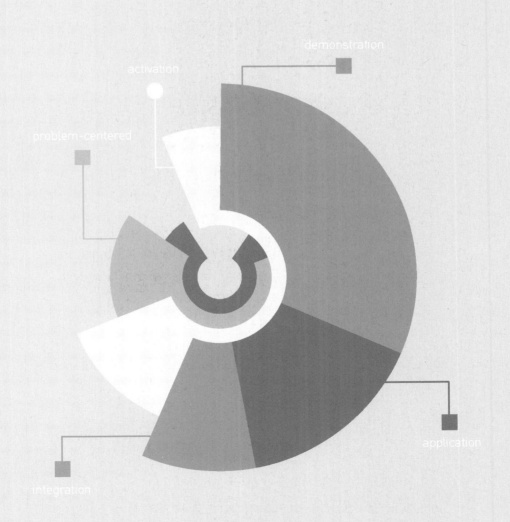

학지사

First Principles of Instruction

by M. David Merrill

'좋은 교수^{instruction}란 무엇인가'라는 질문에 대해서 이미 수많은 교육 전문가들이 나름의 답을 제시하였다. David Merrill은 본 역서의 원서인 *First Principles of Instruction*을 통해 그간 논의 된 다양한 이론과 의견을 체제적 · 체계적으로 종합하였다. David Merrill은 교육공학 분야, 특 히 교수설계의 이론과 실제에 있어서 뛰어난 업적이 있는 권위자로서, 그의 표현에 의하면 '보 다 매력적이고, 효과적이고, 효율적인 교수를 설계하기 위한 방안을 찾기 위해 40년 이상의 시 간을 보냈다.'고 한다. 그가 오랜 기간의 연구와 경험, 성찰을 통해 본서에서 제시한 원리들은 어떠한 맥락의 수업 혹은 교육 프로그램에도 적용할 수 있는 매우 중요한 지침이다. 원서에서 'First principles'이라고 명명된 이 원리들에 대하여, 역자들은 많은 고민 끝에 '으뜸원리'라는 이름을 붙이기로 하였다. 으뜸이라는 단어가 가지고 있는 의미, 즉 '많은 것 중에 가장 뛰어난 것 혹은 기본이나 근본이 되는 것(국립국어원 표준국어대사전)'이 아마도 David Merrill의 의도에 가장 부합할 것이라고 판단하였기 때문이다.

이 책은 크게 세 부분으로 구성되어 있다. 제1부에서는 효과적 · 효율적 · 매력적인 교수가 갖 추어야 하는 요건을 으뜸원리로 풀어 설명한다. 이는 교수를 설계할 때 고려해야 하는 설계전 략으로서 작용하는 부분이다. 제2부에서는 효과적 · 효율적 · 매력적인 교수를 설계하는 방법 과 관련하여 Pebble-in-the-pond 모형을 제안한다. 이는 교수체제개발 절차와 관련되는 부 분이다. 마지막 제3부에서는 으뜸원리와 관련된 연구결과를 정리함으로써 다른 이론이나 모 형과 으뜸원리 간의 관계를 제시하고자 하였다. 이러한 구성을 통해 절차와 전략을 아우르는, 그리고 이론적 · 실천적으로 탄탄한 기반을 가지고 있는 종합적인 교수설계 지침서가 완성되 었다. 실제로 David Merrill은 본서를 통해 절차 자체가 아니라 절차를 거쳐 만들어지는 산출물 의 속성을 중요시해야 함을 강조하고 있는데, 이는 Pebble-in-the-pond 모형을 절차로서 적 용하되, 각 단계에서 생성되는 산출물에 으뜸원리가 고려되어 있어야 한다는 의미일 것이다.

이 책은 다음과 같은 특징을 지니고 있다. 첫째, 어휘의 사용을 매우 정교하게 하고 있다. 예 를 들어, 교수내용을 ~에 대한 정보^{information-about}, ~의 부분^{part-of}, ~의 종류^{kind-of}, ~에 대한 방 법^{how-to}, ~에 대한 결과 예측^{what-happens}으로 구분한다. 일반적으로 통용되는 개념, 방법, 절차 등 의 용어 대신 이들을 선택한 이유는 보다 명확하게 의미를 전달하기 위해서라고 본문에 언급하 였다. 또한 학습을 촉진하기 위한 방법으로서 교수적 상호작용을 말하기^{tell}, 보여 주기^{show}, 질문 하기^{ask}, 수행하기^{do}로 구분하였다. Merrill은, 이들 용어는 일상적으로 사용되고 있어 그 의미를 알고 있다고 가정하게 되나, 이들 용어의 사용에는 세심한 주의가 필요하므로 이에 유념할 것을 당부하고 있다. 둘째, 풍부한 예시와 비예시를 제공한다. 저자 스스로가 으뜸원리를 이 책에서 충실히 구현하고 있는 것이다. 셋째, 으뜸원리 및 Pebble-in-the-pond 모형의 적용을 점검할 수 있는 체크리스트를 제공하여 원리와 모형의 적용성을 높이고 있다. 따라서 이 책이 교사, 교수설계자, 교육전문가 및 장차 교육 분야에서 성장하고자 하는 학생들에게 좋은 지침서로 활용될 수 있기를 기대한다.

David Merrill은 과거 TICCIT 저작시스템, 구성요소전시이론Component Display Theory, 교수적 교류이론Instructional Transaction Theory 등을 제안하였으며, 이러한 그간의 노력들을 으뜸원리, 즉 어떠한 교수에도 적용이 가능한, 그리고 적용해야 하는 원리로 수렴해 내었다. 그의 학문적인 여정을 지켜보며, 역자들은 존경의 마음으로 번역에 임하였다. 저자의 의도를 최대한 살리는 동시에 한국에서 통용되는 용어를 반영하고자 노력하였으나 쉽지 않은 번역이었음을 고백한다. 'instruction'이라는 용어는 교수 혹은 수업으로 문맥에 맞게 혼용하였으며, kind-of를 ~의 종류와 같이 번역함으로 인해 매끄럽게 읽히지 않는 부분이 있다. 또한 Pebble-in-the-pond 모형과 같이 우리말로 번역하는 것이 오히려 어색한 용어는 원어를 그대로 사용하기도 하였다. Engaging이라는 단어는 '매력적'이라고 번역하였다. Merrill은 본문에서 학습자가 학습을 완료할 수 있도록 동기가 유발되고, 유사한 학습에 다시 참여할 의지를 가지게 된다면 해당 학습은 'engaging'한 속성을 가지고 있는 것이라 하였다. 이러한 동기적 관점을 나타내기 위해 선택한 것이 매력적이라는 형용사다. 독자들이 이를 외형적인 측면으로 국한하여 해석하지 않기를 바란다.

마지막으로, 이 책의 출간을 위해 지원을 아끼지 않으신 학지사의 사장님 및 관계자 여러분의 노고에 진심 어린 감사를 표한다.

2014년 가을
임규연, 김영수, 김광수, 이현우, 정재삼

이 책의 주요 내용은 무엇인가

이 책은 교수instruction에 대한 것이며, 적절한 교수전략을 활용하여 이미 검증된 교수원리를 실천함으로써 학습을 촉진하기 위한 방법을 다루고 있다. 우리는 수업에 둘러싸여 있다. 또한 어린 시절의 대부분을 학교에서 보낸다. 이 책을 읽고 있는 여러분은 아마 대학교육을 받았을 것이며, 새로운 직장에 취직을 하면 신입사원 교육을 받는다. 만약 군대에 속해 있다면 거기서도 역시 상당한 시간을 교육·훈련에 사용하게 될 것이다. 이렇듯 교육과 훈련은 우리 인생에 있어 매우 중요한 부분이다.

그런데 이러한 교육과 훈련이 모두 동일한 가치를 지니는가? 배우는 데 시간을 사용한 만큼 여러분의 스킬이 향상되었는가? 여러분이 이 책을 읽는다는 것은 효과적인 교육, 훈련 프로그램을 구분해 내야 하는 책임이 있다는 의미일 것이다. 하지만 어떤 교육 프로그램이 효과적인지를 어떻게 알 수 있는가? 표지가 아름답다고 해서 좋은 책인 것은 아니다. 전문적인 멀티미디어 요소를 활용했다고 해서 효과적인 교육 프로그램인 것 역시 아니다. 좋은 교수 혹은 수업이 갖추어야 하는 요건은 무엇인가? 이 책은 바로 이 중요한 질문에 대한 답을 제공해 줄 것이다.

이 책의 독자라면 교수 혹은 교육 프로그램을 개발하는 역할을 수행해야 할 수도 있다. 교육·훈련 자료를 설계하고 개발하는 데 도움을 주는 안내 및 지침이 많은데, 문제는 이러한 지침이 제시하는 절차에 따라 개발을 한다고 하더라도 학습자가 스킬을 익히는 데 실패하는 경우가 많다는 점이다. 우리가 만든 교육·훈련 자료가 실제로 학습자의 지식이나 스킬 습득을 도와줄 수 있는 확률을 높이기 위한 방법은 무엇인가?

나는 보다 매력적이고, 효과적이고, 효율적인 교수를 설계하기 위한 방안을 찾는 데 40년 이상의 시간을 보냈다(Merrill, 2008 참조). e-러닝이 보편화되면서 여기서 e는 전자적electronic이라는 의미 이상이어야 한다는 생각을 하게 되었다. e-러닝이라고 부르기 위해서는 효과적effective, 효율적efficient, 매력적engaging인 교수이어야 하지 않겠는가! 이 책에서 나는 이를 e^3 학습 혹은 e^3 교수instruction라고 부를 것이다. 이를 'e의 세제곱'이라고 읽는 것은 조금 이상할 수 있으니, 그냥 'e-three'라고 하겠다. 그렇다고 해서 이 책에서 다루고 있는 원리들이 온라인 학습에만 적용 가능한 것은 아니며, 교수자 중심, 온라인, 원격 및 기타 다양한 형태의 교수-학습 맥락을 모두 포괄한다. 이 책은 모든 교수-학습 맥락에서, 모든 연령대의 학습자를 대상으로, 모든 교과 및 내용 영역을 다루는 교육·훈련에 있어서 e³ 교수를 규명하거나 설계하는 데 도움을 주기 위해 집필되었다.

1990년대 후반, 나는 e³ 교수의 기본이 되는 원리들을 규명하기로 마음을 먹었다. 이러한 기본적인 원리들을 찾기 위해 교수설계 이론 및 교육 관련 연구들을 검색했으며, 훌륭한 교수설계자들의 업무 실제를 분석했다. 내가 원했던 것은 모든 종류의 수업에 적용 가능한 원리, 이론적 배경이 다르더라도 이를 근본적으로 관통할 수 있는 원리, 서로 다른 학습자 집단에게도 적용할 수 있는 원리, 그리고 대부분의 교수 이론가 및 경험 있는 교수설계자가 동의할 수 있는 원리들이었다. 결국 2002년, *Educational Technology Research and Development*에 「교수의 으뜸원리First Principles of Instruction」(Merrill, 2002)라는 논문을 게재하였다.

나는 많은 교육 전문가 및 학생이 e³ 교수를 찾아내거나 설계하는 데 있어서 이 원리들이 가치 있다고 생각해 주어 기쁘다. 그러나 많은 전문가에게 이 원리들이 명쾌해 보이기는 하나, 그것을 실제에 적용하는 것은 보다 복잡한 일이라는 것 역시 알게 되었다. 이 책에서는 교수의 으뜸원리들을 업데이트하고, 각 원리에 대한 충분한 설명을 제공하며, 이를 적용하기 위한 방법들을 기술하고자 한다.

누구를 위한 책인가

여러분은 관리자 혹은 행정가로서 여러분의 직원이 업무를 수행하는 데 필요한 기술을 익힐 수 있도록 도와주는 교육과정이나 워크숍 혹은 기타 형태의 교육 자료를 찾는 중인가? 여러분은 여러분이 속한 조직의 요구에 부합하는 교육·훈련 프로그램을 설계해야 하는 교육 전문가인가? 여러분은 학생을 위해 수업 자료를 개발해야 하는 교수자인가? 아니면 교수설계자로서의 커리어 개발을 목표로 하는 학생인가?

이상의 질문 가운데 하나라도 예라고 답을 했다면, 이 책은 여러분이 효과적·효율적·매력적인 교수자료를 찾거나, 개선하거나, 설계하는 데 가치 있는 지침을 제공할 것이다.

이 책은 어떻게 구조화되어 있나

이 책은 세 부분으로 나뉘어 있다. '제1부: e³ 교수 규명하기'에서는 교수의 으뜸원리를 기술한 후 이 원리들을 활용하여 현재 존재하는 교수 프로그램, 모듈 혹은 수업의 효과성·효율성·매력성을 평가하는 방법에 대해서 알아본다. '제2부: e³ 교수 설계하기'에서는 교수의 으뜸원리를 적용하여 교수를 설계하는 방법에 대한 안내를 제공한다. '제3부: 교수의 으뜸원리를 지지하는 근거'에서는 교수의 으뜸원리와 관련된 연구 결과를 제시하며, 이 책에서 제시된 원리를 기타 교수설계 이론 및 실제와 비교한다. 또한 이 원리들을 여러분이 직접 확장하고, 여러분이 속해 있는 교수환경에 적용한 결과를 평가할 수 있는 방법에 대해 논의한다.

교수의 으뜸원리 및 이를 실행하기 위한 전략에 대한 여러분의 이해를 돕기 위해 각 장에는 몇 가지 특별한 요소가 포함되어 있다. 각 장은 '조직도' 그림으로 시작된다. 이는 해당 장에서 다루는 주요 주제를 담고 있으며, 이전 및 다음 장의 내용과 어떠한 관련이 있는지를 보여 준다. 조직도 다음에는 '미리보기' 섹션이 있는데, 각 장에서 답을 하게 될 교수설계 관련 질문들이 제시되어 있다. '키워드'를 통해 각 장에서 소개되는 주요 용어에 대한 정의를 기술한다. 이 키워드들은 책 마지막의 '용어 해설'에도 포함되어 있다.

각 장에는 해당 장에서 소개된 개념이나 전략을 시연해 주는 교수활동의 예가 표와 그림으로 제시되어 있다. 이 예시들을 건너뛰지 마시길! e^3 교수의 주요 원리는 시연 혹은 보여 주기$^{\text{show-me}}$ 이므로. 나는 으뜸원리의 적용을 실제 교과목 맥락에서 시연하기 위해 다양한 연령대의 학습자를 위한 다양한 분야의 다양한 프로그램을 활용하였다. 이 예시들을 주의 깊게 살펴본다면 이 책에서 소개한 전략들을 훨씬 잘 이해할 수 있을 것이다.

각 장의 마무리인 '적용'은 여러분이 해당 장에서 습득한 기술을 적용하기 위한 방안을 제안한다. '원리와 처방'은 해당 장에서 다루었던 원리 및 각 원리를 적용하기 위한 전략을 요약적으로 제시한다. '관련 자료'는 해당 장에서 제시한 아이디어와 관련이 있는 기타 자료를 찾을 수 있는 곳을 알려 준다. 마지막으로, '다음 장에서는'을 통해 앞으로 학습할 내용과 해당 장이 어떻게 서로 연관되는지를 안내한다.

이 책은 교수내용, 상호작용 및 전략을 기술하기 위해 상당량의 특수한 용어를 소개하고 있다. 이 책의 끝부분에는 '용어 해설'을 통해 용어들에 대한 정의를 한데 모아 두었다. 이들 중 어떤 용어는 우리가 일상생활에서 흔히 사용하는 것이지만 이 책에서는 다른 의미로 해석되기도 한다. 따라서 이 책을 읽는 동안 여러분이 이해한 바가 맞는지 확인하기 위해 '용어 해설'을 참조할 것을 권한다.

주요 참고문헌은 이 책의 전반에 걸쳐 언급되어 있다. 그러나 이 책의 주요 독자는 학자가 아닌 교육 전문가이므로, 여기서 다루는 모든 원리 및 지침과 관련하여 일일이 참고문헌 목록을 작성하지는 않았다. 제3부에서 으뜸원리를 지지하는 관련 연구 결과를 요약하고, 다른 학자들이 제안한 기타 교수설계 처방들과 으뜸원리를 비교하고자 하였다. 이때 언급한 문헌들은 책 뒷부분의 참고문헌에 포함되어 있다.

이 책은 어떠한 접근을 취하고 있나

이 책은 어떻게$^{\text{how-to}}$에 대한 내용을 다루고 있다. e^3 교수를 어떻게 구별해 낼 것인지, e^3 교수를 어떻게 설계할 것인지가 주요 내용이다. 우선 교수원리를 제시하고, 그다음에 각 원리를 실행하기 위한 교수전략을 제안한다. 교수원리는 학습과 학습을 촉진하기 위해 설계된 교수의 기저 속성 간의 관계다. 교수전략은 특정 원리를 실행하기 위한 구체적인 절차다. 원리는 다양한 방식으로 실행될 수 있다. 이 책에서 소개하는 교수전략은 교수의 으뜸원리를 적절히 실행하기 위한 방법 가운데 일부일 뿐이다.

이 책에는 세 가지 수준의 담론, 즉 원리^{principles}, 처방^{prescriptions}, 실제 사례^{practices}가 포함되어 있다. 원리는 다양한 맥락, 다양한 대상자 그리고 다양한 교수적 접근에 적용이 가능하다. 그러나 폭넓게 적용될 수 있다는 점 때문에 추상적이며, 잘못 이해되거나 적용되기도 쉽다. 원리는 다양한 처방을 통해 적용된다. 이 책에서는 e^3 학습 경험으로 이끌어 주는 처방들이 제시되어 있다. 다만 이 책에서 제시된 처방들은 원리를 실행하기 위한 유일한 방법이 아닌 하나의 방법일 뿐임을 명심하자. 마지막으로, 처방 역시 추상적일 수 있으며 실제 교수활동과 관련지어 설명할 때 더 잘 이해된다. 이 책에서 제안하는 세 번째 수준은 으뜸원리를 실행하기 위한 처방과 관련하여 사용된 다양한 실제 사례다. 나는 여러분 자신이 처한 상황에 접목시킬 수 있을 정도로 충분히 다양한 사례를 제시하고자 하였으며, 처방, 그리고 무엇보다도 원리들을 실행할 수 있는 방법을 찾을 수 있기를 바란다. 나는 이 책을 통해 여러분이 효과적·효율적·매력적 교수 사례를 개발하고, 여러분이 속해 있는 환경에서 효과적·효율적·매력적 교수를 실행하기 위한 맞춤형 처방으로 발전시켜 나갈 수 있기를 희망한다.

교수의 으뜸원리를 실행하는 데 활용 가능한 처방을 제공하기 위해 나는 매우 체계적인 접근을 취하였다. 우선 교수내용$^{instructional\ content}$을 기술하기 위한 용어를 제시하였다. 그리고 나서 교수적 상호작용$^{instructional\ interaction}$을 기술하기 위한 용어를 제시하였다. 그다음에 다양한 유형의 교수 산출물을 위한 교수전략$^{instructional\ strategy}$을 제시하기 위해 이 용어들을 사용했다. 이 교수전략들은 문제해결을 위한 교수를 제공하기 위한 통합 전략으로 결합되었으며, 마지막으로, 이 문제해결 전략은 문제 중심 접근, 즉 학습자가 점차 복잡한 난이도의 문제를 해결해 나가는 접근으로 확대되었다. 이렇듯 체계적인 접근을 취한 목적은 명확하고 명료한 안내를 제공하기 위함이다. 여러분이 e^3 교수를 구별해 내거나 설계하는 데 이 책이 도움이 되기를 바란다.

M. David Merrill

나의 동료이자 멘토이자 친구였던

Harvey B. Black(1926~2011)에게 바침

차 례

e³ 교수 규명하기

제1부에서는 교수의 으뜸원리^{First Principles of Instruction}를 기술한 후, 기존의 교과목이나 모듈, 혹은 수업의 효과성·효율성·매력성을 평가하기 위해 이 원리를 어떻게 적용하는지에 대한 지침을 제공한다. [그림 I]은 제1부의 내용에 대한 조직도다.

 [그림 I] 교수의 으뜸원리 제1부에 대한 내용 조직도

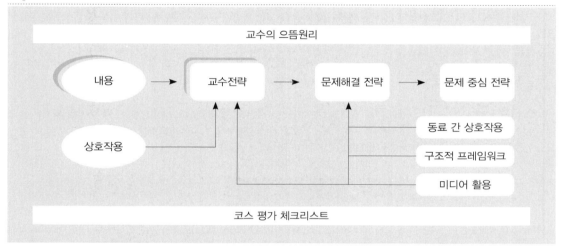

제1장 교수에서 문제는 무엇인가([그림 I]에는 표현되어 있지 않음)

이 장에서는 교수^{instruction}와 관련하여 자주 제기되는 질문들을 다루고 있다. 또한 교수 상황에서 일어나는 일반적인 실수들에는 어떠한 것이 있는지 알아보고, 이러한 실수들과 관련하여 여러분이 고려해야 하는 질문들을 던진다. 이 책에서 제시하는 원리와 처방은 여러분이 교수자료를 선택하거나 설계하는 데 있어서 실수를 인식하고 또 피할 수 있도록 도와준다.

제2장 교수의 으뜸원리

이 장에서는 효과적·효율적·매력적인 e³ 학습을 촉진하는 다섯 가지의 교수활동 범주, 즉 시연^{demonstration}, 적용^{application}, 문제 중심^{problem-centered}, 활성화^{activation}, 통합^{integration}에 대해 다룬다. 이들 원리 각각에 대해 설명한 후 수업에 적용한 예시를 제시한다. 그 뒤에 이들 원리에 대해 보다 상세히 설명하고, 이들 원리를 어떻게 적용하는지를 보여 주는 방안 및 예시를 제공한다.

제3장 교수내용

이 장에서는 복잡한 문제해결에 요구되는 구성요소 스킬^{component skills}, 즉 ~에 대한 정보^{information-about}, ~의 부분^{part-of}, ~의 종류^{kind-of}, ~에 대한 방법^{how-to}, ~에 대한 결과 예측^{what-happens}을 제시한다. 또한 이와 같이 다른 유형의 스킬 각각에 대하여 요구되는 내용 요소를 규명하고 실례를 들어 설명한다. 특정 구성요소 스킬을 습득하기 위하여, e³ 교수에는 해당 구성요소 스킬에 적합한 내용 요소가 포함되어야 한다.

제4장 교수적 상호작용

이 장에서는 교수활동을 구성하는 교수적 상호작용으로 **말하기**^{tell}, **질문하기**^{ask}, **보여 주기**^{show}, **수행하기**^{do}에 대해 다룬다. 또한 시연^{demonstration} 원리의 핵심적인 특징, 학습 안내 및 효과적인 멀티미디어 활용에 대해서도 다룬다. 아울러 코칭과 피드백을 포함한 적용^{application} 원리를 소개한다.

제5장 교수전략

이 장에서는 교수내용과 교수적 상호작용이 어떻게 교수의 으뜸원리를 구현하는 일련의 교수활동^{instructional events}으로 통합되는지를 보여 준다.

제6장 문제해결에 대한 교수전략

이 장에서는 각각의 스킬에 대한 교수전략들이 문제해결에 대한 통합된 교수전략을 제공하기 위해 어떻게 조화롭게 적용되는지를 보여 준다. 그다음에 학습자가 전체 문제^{whole problem}를 구성하는 구성요소 스킬을 습득할 수 있도록 지원하는 교수활동 처방에 대해 설명한다.

제7장 문제 중심 교수전략

이 장에서는 주제 중심적인 수업과 전체 문제들의 전개를 중심으로 조직된 수업을 비교한다. 또한 전체 모듈 혹은 수업에 **말하기-보여 주기-수행하기** 교수전략을 적용하기 위해서는 어떻게 적절한 교수활동들을 문제 전개 과정에 따라 분산시켜 전체 문제를 가르칠 수 있는지를 보여 준다.

제8장 구조적 프레임워크와 학습자 상호작용을 활용한 교수전략의 증대

이 장에서는 적용 과정의 시연 및 코칭과 관련하여 구조적 프레임워크를 활용하여 학습 안내를 제공하기 위한 효과적인 방법에 대해 알아보는데, 이를 통해 학습자가 새로운 스킬 획득에 요구되는 내용을 습득할 수 있도록 도와줄 수 있다. 또한 e³ 교수에 사회적 상호작용, 예컨대 동료 간 공유, 토론, 협력, 비평을 어떻게 통합할 수 있는지를 보여 준다.

제9장 교수전략에 대한 멀티미디어 활용

이 장에서는 앞서 논의한 교수전략들을 실행하기 위해 멀티미디어를 효과적으로 사용하는 방법을 보여 주며, 이를 통해 효과적인 내비게이션 및 효과적인 학습자 간 상호작용을 제공할 수 있다.

제10장 기존의 교수에 적용된 교수전략 평가하기

이 장은 '제1부 e³ 교수 규명하기'에 대한 마무리이며, 여기서 제공하는 체크리스트를 활용하여 현재 사용 중인 레슨, 모듈, 수업을 평가할 수 있다. 이 장에서는 또한 각 유형의 구성요소 스킬뿐 아니라, 전체 문제를 가르치는 수업을 평가하기 위한 체크리스트가 포함되어 있다. 이러한 체크리스트들은 앞 장에서 논의한 원리 및 전략이 해당 교수에 적절히 적용되었는지를 판단하는 데 도움이 된다. 또한 이 장은 해당 레슨, 모듈, 수업에 e³ 점수를 부여하는 방법 역시 제안하고 있다.

[그림 I] 내의 화살표는 각각의 장이 어떻게 서로 연관되어 있는지를 강조하고 있다. 교수적 상호작용은 교수내용과 통합되어 다양한 유형의 스킬 함양에 대한 교수전략을 만들어 낸다. 이들 각각의 전략은 문제해결을 위한 통합된 교수전략으로 결합된다. 문제해결 전략은 점점 복잡해지는 문제들로 구성된 문제 중심 교수전략에서 각각의 문제를 해결하기 위해 반복된다. 문제해결 교수전략은 동료 간 상호작용과 구조적 프레임워크에 의해 확장된다. 미디어 활용은 각각의 스킬에 대한 교수전략은 물론 문제해결을 위한 교수전략에 있어 필요하다.

●● 제**1**장 ●●

교수에서 문제는 무엇인가

미/리/보/기

이 책은 교수instruction, 즉 가르치는 것에 대한 것이며, 적절한 교수전략을 활용하고 사전에 검증된 교수원리를 실천함으로써 학습을 촉진하기 위한 방법을 다루고 있다. 교수설계의 문제는 어떻게 효과적인 수업을 알아볼 수 있는가, 그리고 어떻게 효과적·효율적·매력적인 수업을 새로 개발할 것인가다.

이러한 문제에 맥락을 부여하기 위해, 이 장에서는 수업과 관련하여 자주 언급되는 질문들을 다루고 있다. 또한 빈번한 실수들에는 어떤 것이 있는지 확인한 후, 여러분이 이러한 실수에 대해 생각해 볼 수 있도록 질문을 제기한다. 이 책을 읽어 나갈수록 여러분은 실제로 교수설계를 하는 과정에서 이 질문에 대한 답을 찾을 수 있게 도와주는 아이디어를 떠올릴 수 있을 것이다.

이 장에서는 다음과 같은 질문을 제기한다. 가르친다는 것, 즉 교수는 무엇인가? 교수는 학습과 어떻게 다른가? 훈련은 무엇인가? 훈련은 교육과 어떻게 다른가? 최근의 새로운 테크놀로지들은 새로운 교수전략을 요구하는가? 학습자는 변하였는가? 가르치는 상황에서 빈번히 발생하는 실수는 무엇인가? 정보는 가르치는 것과 같은 것인가? 예시는 충분히 제공되는가? 적용은 충분한가? 학습자가 이미 알고 있는 것은 무엇인가? 지나치게 많은 도움이란 어느 정도인가? 온라인 텍스트를 읽으면 학습이 촉진되는가? 학습자 간 상호작용은 학습을 촉진하는가? 교육적 게임은 학습을 촉진하는가? 교수 전문가는 어떤 문제를 해결해야 하는가?

1. 도입

우리 사회에서 가르치는 일, 즉 교수instruction는 너무나 만연해 있어서, 아마도 우리는 모두 '교수'가 무엇을 의미하는지 알고 있다고 생각할 것이다. 그러나 정말 그런가? 필자는 이 장에서 교수에 대한 간략한 정의를 제시하고, 교육 및 훈련과의 차이점을 비교할 것이다. 어떤 이들은 새로운 테크놀로지들을 사용할 수 있게 되었으므로 학습자가 다른 방식으로 학습해야 한다고 말한다. 과연 그런가? 학습자는 정말 달라졌는가? 이 장에서는 바로 이러한 질문들에 대해 다루고자 한다. 학습은 어디에나 존재하는데, 그렇다면 언제나 효과적이라고 할 수 있는가? 이 장에서는 교수와 관련하여 가장 빈번히 발생하는 실수들 중 몇 가지, 예컨대 정보는 많이 주면서 예시나 연습의 기회는 주지 않는 상황 등에 대해 알아볼 것이다. 학습자가 이미 알고 있는 것에서부터 시작해야 한다는 점, 그리고 미디어의 활용이 때로는 학습을 촉진하는 것이 아니라 방해할 수도 있다는 점에 대해서도 다룰 것이다. 마지막으로, 교수 전문가가 해결해야 하는 문제는 e^3 교수를 어떻게 판별할 것인지, 그리고 어떻게 현재 활용 중인 교수를 개선하거나 혹은 새로운 e³ 교수를 설계할 것인지에 대해 알아볼 것이다.

2. 교수란 무엇인가

학습은 비록 우연일 수는 있으나 언제나 발생하며, 반드시 목표 중심적이어야 하는 것은 아니다. 그러나 교수는 목표 중심적인 활동이다. 교수는 학습자가 특정 지식이나 스킬을 습득할 수 있도록 학습 환경을 구조화하는 의도적인 노력이다. 교수의 목적은 학습을 촉진하는 것이다. 여기서 촉진promote이라 함은 교수적 처방 없이 발생하는 학습에 비해 보다 효과적 · 효율적 · 매력적인 학습을 의미한다. 물론 우리는 누구나 우연히, 자연스러운 계기로 학습을 하게 된다. 그러나 이러한 경우 관련 사전 지식이나 교수원리를 적용하기 위한 충분한 스킬을 보유하지 못할 수도 있고, 그 결과 자신의 학습을 효율적으로 주도하기 어려울 수도 있다. 특정 지식이나 스킬을 습득해야 하는 경우, 스스로 학습을 주도해 나가는 것은 매우 비효율적일 가능성이 높으며, 심지어 혼란에 이르게 될 수도 있다. 교수설계의 목적은 교수 산출물이 e³ 학습, 즉 효과적 · 효율적 · 매력적인 학습을 촉진하도록 하는 데 있다.

그렇다면 이 정의는 교수가 언제나 교수자 주도형 활동이어야 한다는 것을 의미하는 것인가? 물론 그렇지 않다! 학습자는 자신이 성취하고자 하는 목표를 선택 메뉴에서 혹은 개방형 학습 상황에서 직접 선택할 수 있다. 그러나 목표를 선택하는 것과 목표를 달성하기 위한 학습 전략을 선택하는 것은 분명히 다르다. 학습자 통제learner control에 대한 연구 결과를 살펴보면, 충분한 사전 지식 혹은 충분한 초인지 스킬metacognitive skills을 보유하고 있는 학습자만이 스스로 자신의 학습을 주도할 수 있다(Clark & Mayer, 2003, 2008; Merrill, 1980a, 1984). 그렇다면 튜토리얼tutorial만이 효과적인 교수일까? 이 역시 물론 그렇지 않다! 하지만 보다 열려 있는 학습 환경에서는 학습자에게 탄탄하게 정립된 교수원리에 따라 학습 안내가 제공되어야 할 필요성이 더욱 커진다. 이 책은 바로 탄탄하게 정립된 교수원리에 대한 것이다.

3. 훈련은 교육에 해당하는가

직접 교수direct instruction는 종종 훈련과 동일시되며, 훈련은 교육과 대조된다. 훈련은 그다지 바람직하지 않은 옵션으로서 현업에서의 직업교육에만 적합하다고 여겨지기도 한다. 그러나 이러한 대조는 과연 의미가 있을까? 최고의 교육에는 언제나 훈련이 수반된다. 또한 최고의 훈련에는 언제나 교육이 수반된다. 훈련은 특정 지식과 스킬의 획득과 관련되어 있다. 어떤 사람은 세상이 너무나 빠르게 변하고 있기 때문에 우리에게 필요한 스킬은 그 스킬 자체가 아니라 스킬을 획득하는 방법이라고 이야기한다. 하지만 스킬을 획득하는 방법을 배우는 것 역시 스킬이 아닌가? 특정 스킬을 획득함으로써 스킬을 어떻게 획득하는지 역시 배우지 않는가? 특정 스킬을 배우지 않고서 스킬을 획득하는 능력을 획득한다는 것이 가능한 일인가? 교육이 한 사람을 성장시키는 것 혹은 인격을 계발하는 것이라면, 이 목적 역시 지식과 스킬의 획득을 필요로 하는 것이 아닌가?

이 책에서는 교육과 훈련을 구분하지 않는다. 이 책에서 소개하는 원리와 전략은 두 가지 모두에 적용 가능하다. 이들 원리와 전략은 적절한 능동적 학습, 학습자 간 상호작용, 그리고 교육과 훈련 환경에서의 교수를 촉진하기 위한 것이다.

4. 오늘날의 테크놀로지는 새로운 교수전략을 요구하는가

오늘날에는 학습에 있어서 그 기회와 맥락이 불과 10년 전 혹은 20년 전에 비해 훨씬 다양하지만, 개별 학습자의 근본적인 학습 메커니즘은 변하지 않고 있다. 이러한 사실을 주지하는 것은 매우 중요한데, 이는 우리가 다양한 학습 기회에 대해 연구할 때 주위의 경치, 즉 학습 배경이 극적으로 변하였으므로 학습자 역시 변화하였다고 순진무구하게 가정하지 않기 위해서다. 학습 유형 혹은 교수 형태에 의해서보다는 교수내용의 유형에 의해서 주로 결정된 본질적인 교수전략이 많이 있는데, 이들 전략은 특정 지식과 기술을 효과적·효율적·매력적으로 학습하게 만드는 데 필수적이다. 이들 전략은 실행 측면에서는 서로 근본적으로 다를지라도, 과거에 학습을 월등히 증진시켰던 학습 전략들로서 미래에서도 여전히 학습을 월등히 향상시킬 것이다.

이 책에서 제시하는 원리와 전략은 전통적인 학교에서 이루어지는 수업에서는 물론 최첨단 학습 환경에서 행해지는 수업에도 적용된다. 그러나 현재 사용 가능한 멀티미디어 도구를 사용한다면 이들 전략은 이전 세대에서 실현 가능했던 것에 비해 훨씬 효과적이고 효율적으로 수행될 수 있다.

이 책은 교수의 원리와 전략에 대해 다음과 같이 가정한다. 적절한 교수원리는 발견될 수 있다. 이러한 원리를 적용한 교수전략이 존재한다. 만일 교수경험 혹은 교수환경이 의도한 지식과 기술의 습득을 위해 필요한 교수전략을 적용하지 않으면, 의도한 결과를 위한 효과적·효율적·매력적 학습이 일어나지 않을 것이다(Merrill, Drake, Lacy, & Pratt, 1996).

5. 학습자는 변하였는가

테크놀로지로 인해서 오늘날의 청소년은 그들의 부모나 조부모가 배웠던 방식과는 아주 다르게 학습할 것이라는 논의가 있다. 필자 역시 지난 수십 년간에 걸쳐서 교수환경에서 일어난 변화에 대해 무지하지는 않다. 학습과 교수를 위한 기회는 한 세대 전에 비해 훨씬 더 다양하다. 가용 정보의 양은 이전 세대에 비해 수배나 더 많아졌다. 우리가 현재 즐겨 사용하는 인터넷을 통해 정보에 손쉽게 접근한다는 것은 우리 부모나 조부모에게는 생각조차 할 수도 없는 일이었을 것이다. 그러나 이러한 것이 중요한 일인가 하고 우리 자신에게 질문을 던져 보기로 하자. 무엇이 변하였고 무엇이 아직 변하지 않고 그대로인가? 이는 오늘날의 학습자는 그들의 부모 혹은 조부모와 다르게 학습한다는 것을 의미하는가? 이는 학습의 기본 메커니즘이 변하였다는 것을 의미하는가?

이전 세대에 비해 가용 정보의 양이 현저하게 증가했다는 것은 논의의 여지가 없는 사실이다. 한두 세대 이전의 전통적인 학교에 비해 무척 다양한 교수 형태가 있다는 것도 의문의 여지가 없다. 그러나 이와 같은 학습 환경에서의 괄목할 만한 변화에도 불구하고, 젊은이들이 그들의 부모 세대가 지녔던 학습 메커니즘과 비교해 현저하게 다른 학습 메커니즘을 지녔다고는 여겨지지 않는다. 진화에 의한 적응은 한 세대가 아닌 수천 년이 걸리는 일이다.

이 책에서는 학습자에 대해 다음의 가정을 하고 있다. 오늘날 학습자의 학습 메커니즘은 10년 전, 한 세대 전, 혹은 한 세기 전에 비해 유의하게 다르지는 않다(Merrill, Drake, Lacy, & Pratt, 1996).

6. 교수에서 흔히 발생하는 실수에는 어떤 것이 있나

아마도 e^3 교수에서 가장 심각한 문제는 많은 경우 교사 혹은 훈련가가 갖추어야 하는 단 한 가지의 요건이 주제 내용에 대한 전문성이라는 것이다. 이는 내용을 알고 있다면 가르칠 수 있다는 가정에서 비롯된 것으로 보인다. 테크놀로지의 사용이 너무나 손쉬워서 거의 누구나 인터넷에 정보를 탑재하고 이를 교수라고 부른다. 그러나 교수는 신중하게 설계하지 않으면 효과적이지 않을 것이다. 이 책은 비효과적인 교수를 파악하고, 해당 교수를 개선하는 방법을 모색하고, 또한 여러분이 가장 흔히 나타나는 교수적 실수를 피해 교수설계를 할 수 있도록 도울 것이다. 불행하게도 비효과적인 교수를 찾는 것은 전혀 어렵지 않다. 여러분은 그동안 교육을 받아 오면서 아마도 지루하고 비효과적인 수업을 참고 견디었을 것이다. 실제로 현장에서 이루어지는 교실 혹은 강의실 수업을 관찰하는 것은 그다지 쉽지 않은 반면, 인터넷상에서 이루어지는 수업을 찾는 것은 용이하다. 인터넷상에는 많은 무료 과정이 이용 가능할 뿐만 아니라, 상상할 수 있는 거의 모든 영역에서 수천 개의 학점 이수 과정이 있다. 이들 과정 중 몇 개를 면밀하게 살펴보기로 하자. 대부분의 과정에서 여러분은 어떤 점을 찾아낼 수 있을 것으로 예상하는가? 많은 과정이 교수적 상호작용이 전혀 없는 채로, 혹은 매우 부족한 채로 수많은 정보를 제공하고 있다. 많은 과정이 가르치고자 하는 스킬에 대한 시연을 제공하지 않고 있다. 과정들은 배운 것을 적용해 보는 기회를 제공하지 않고, 단지 기억 수준의 연습만을 포함하고 있다. 따라서 실질적으로 학습하려는 노력을 증진시키는 학습자의 동기는 유발되지 않으며, 스킬 습득도 용이하게 만들기보다는 어렵게 만든다. 스킬 습득을 촉진하는 학습 안내나 코칭이 제공되지 않으면 학습자의 문제해결은 어렵게 되고, 반면에 코칭이 적용 과정에서 지속적으로 제공되면 학습자의 독자적인 문제해결은 저해된다. 과정들은 대대적으로 멀티미디어를 사용하고 있는데, 이는 종종 학습을 촉진하는 데 실패하고, 많은 경우에는 실제로 학습을 방해하기도 한다. 학습자 간 상호작용을 촉진하는 소셜 네트워킹은 많은 경우 학습에 도움을 주지 않는다. 교육적 게임을 운용하는 과정들은 많은 경우 동기유발에 실패하거나 학습에 기여하지 않는다.

이 책에서 추천하는 교수 원리와 전략은 기존 교수에서 교수적 문제들을 확인하는 것을 지원하고 또한 새로운 교수설계에서 이와 같은 문제를 피하도록 도울 것이다.

7. 정보는 교수인가

단연코 가장 흔히 볼 수 있는 교수적 문제는 정보를 제시하고는 이를 교수라고 부르는 것이다. 여러분이 기존 교수자료를 살펴본다면 무엇을 찾아낼 것으로 예상하는가? 텍스트 페이지들과 많은 정보를 보게 될 것이다. 대다수의 코스는 한낱 온라인 책에 불과하다. 때때로 '이해도 점검하기', 즉 내가 말한 것을 기억하는가라는 질문들이 있다. 한때 이들 코스는 정보를 삽으로 퍼서 인터넷에다 넣는 것과 같다고 해서 셔블웨어^{shovelware}라고 불렸다. 많은 정보에 접근하는 것은 가치 있고 유익한 일인가? 물론이다! 이것은 교수인가? 아니다! 정보는 교수가 아니다. 교수는 단지 정보를 제공하는 것 이상을 다루어야 한다. 저자가 정보에 몇 가지 기억 회상 질문 remember-questions을 추가할지라도 이는 교수가 아니다.

가장 일반적으로 행해지는 온라인 교수 형식의 하나는 온라인 텍스트북을 제공하는 것이다. [그림 1-1]은 널리 사용되는 응급처치 매뉴얼을 토대로 한 온라인 응급처치 코스의 내용과 유사한 짧은 진술문이다. 정보를 온라인상에서 사용하게 하는 것은 편리하지만, 이것이 매력적인 교수를 만들지는 않는다. 온라인 전자 참고자료들은 교수가 아니다. 온라인 텍스트를 교수로 전환하는 데 필요한 것은 무엇인가? [그림 1-2]는 정보에 기억 회상 질문을 추가한 코스를 보여 주고 있다. 해당 코스는 다량의 매우 좋은 정보 및 관련 웹사이트에 대한 링크를 제공한다. 또한 이 코스는 학습자로 하여금 제시된 아이디어 중 몇몇을 적용하도록 요구하는 활동들을 포함하고 있다. 그럼에도 이 코스는 여전히 주로 텍스트에 기억 회상 질문을 추가한 온라인 교수의 지배적인 형태라고 할 수 있다.

 [그림 1-1] 정보만 제공 – 온라인 텍스트북

응급처치 과정
다음은 응급처치 과정을 토대로 단지 온라인상에 응급처치 매뉴얼을 게시한 내용의 일부분이다. 다음에서는 일상적인 응급처치 문제를 서술하고 이에 대한 해결책을 설명하고 있다. 해결책은 종종 그림을 수반하기도 한다. 이 내용은 교수인가 혹은 정보인가?

경미한 눈 부상	보호 및 치료
작은 이물질이 눈을 스치거나 눈 표면에 붙어서 생긴 눈 상처나 부상. 핏발이 선 눈 혹은 눈을 자극적으로 문지르는 것은 눈 부상의 징조다.	• 눈을 세척하여 이물질을 씻어 낸다. • 만일 실패하면, 깨끗한 젖은 천의 모서리로 이물질을 잡고 눈 표면에서 떼어 낸다. • 만일 시력에 문제가 생겼다면 의료 지원을 받도록 한다. • 필요할 경우 시력에 문제가 생긴 눈을 가린다. • 이물질을 눈의 표면 주위로 세게 밀지 않도록 한다. • 의사에게 처방을 받은 안약만을 사용한다.

출처: 응급처치 과정을 토대로 자료를 이해하기 쉽도록 바꾸어 표현함. 출처 미상.

 [그림 1-2] 정보와 기억 회상 질문

정원 가꾸기
다음의 문단은 정원 가꾸기 과정에서 발췌한 것인데, 여기서는 많은 정보가 제공되고 이에 수반하여 기억 회상 질문이 제시된다. 이 문단의 목적은 가용 공간을 충분히 활용하여 재배하는 기법을 설명하는 것이다. 여러분은 좌측의 짤막한 기술을 통해 이 과정에 어떤 내용이 포함되었나를 감지할 수 있을 것이다. 이 부분은 실제로 5쪽 정도로 긴 분량의 글이다. 오른쪽은 글의 내용에 수반되는 질문 중의 하나다.

| 다모작이란 동일한 경작지에 조기 작물 재배가 끝나면 이어서 늦작물 재배가 이어지는 것을 의미한다.
… 다모작의 예시: 먼저 호냉성 작물을 심고, 작물을 추수한 후에 그 장소에 호온성 작물을 심는다. 그러면 어떤 것이 호냉성 작물이고 어떤 것이 호온성 작물인가?
[호냉성 작물과 호온성 작물의 특성 설명과 채소밭용 각 유형의 식물을 열거함] | 여러분은 내용을 이해하였습니까?
6. 다모작의 예시는 무엇인가?
　a. 동시에 두 가지 작물을 심는다.
　b. 동일한 경작지에 재배 기간이 같은 두 가지 작물을 연달아 심는데, 조기 작물에 이어 늦작물의 순으로 한다.
　c. 동일한 작물을 매년 정원의 다른 경작지에 심는다. |

출처: *Planning and Preparing Your Garden*. http://ce.byu.edu.

8. 예시는 충분한가

어떤 과정의 자료를 검토해 달라고 요청받았을 때, 필자가 하는 방식은 그 자료의 모듈 3을 곧바로 검토하기 시작하는 것이다. 그러면 대부분 그 과정 내용의 핵심 부분과 도입 부분의 검토가 끝나게 된다. 내가 가장 먼저 보는 것은 무엇인가? 바로 예시들이다. 가르치고자 하는 아이디어에 대한 예시, 시연 혹은 모의실험을 포함하고 있는가? 모든 초등학교 교사는 아동이 배우기 위해서는 실제 경험을 필요로 한다는 것을 잘 알고 있다. 그럼에도 아동이 성장하면 우리는 종종 언어적 커뮤니케이션에 의존하게 되고, 말로 설명하는 것이 학습이 일어나는 데 충분하다고 가정하게 된다. 그러나 우리는 새로운 내용 영역에 접하게 되면 모두 어린아이가 되어 버린다. 우리는 가르치는 내용이 무엇인지를 듣는 것만이 아니라 볼 필요가 있다. 너무 많은 기존의 수업은 단지 설명^{tell}만 하고 보여 주기^{show}는 충분하지 않다.

[그림 1-3]은 미국 헌법에 관한 과정에서 발췌한 연방주의 관련 내용의 일부분이다. 여기서는 연방정부와 주정부 사이의 책임 영역에 대해 아주 명료하게 서술하고 있다. 그러나 서술된 권리의 어떤 것도 실례를 들어 설명하고 있지 않다. 학습자는 예시를 접하지 않고서 이러한 권리에 대해 실제로 이해할 수 있을까? 주정부가 법을 위반한 비거주자를 거주자와 차별하는 경우, 이에 대한 예시는 어떤 것일까? 연방정부가 주정부 사이의 통상을 규제하는 경우, 이에 대한 예시는 어떤 것일까? 다양한 권리에 대해 실제 상황을 토대로 한 예시를 사용하여 설명한다면 이러한 권리에 대한 이해는 괄목할 만하게 증대될 것인가?

 [그림 1-3] 예시 없이 정보만 제공

연방주의
중앙정부의 권력을 세 가지의 명백한 영역으로 삼권분립하는 것에 덧붙여, 미국 헌법은 또한 중앙정부와 주정부 간의 권한을 분리하고 있다. 헌법은 중앙정부에 대해 특별한 권한을 부여하고 있는데, 예를 들면 주정부 사이의 통상과 화폐 제조와 발행을 규제하는 권한이 있다. 다른 권한은 주정부에 남겨 놓고 있다.
미국 연방주의 체제에는 매우 다양한 기능을 수행하는 다층 수준의 정부가 존재한다. 어떤 권한은 오직 한 수준의 정부에 의해 전적으로 유지되고 행사된다. 그러나 거의 대부분의 경우, 권한은 여러 수준의 정부들에 의해 공유된다.
그럼에도 중앙정부는 국가 정책의 여러 중요한 영역에서 절대적인 권한을 가지고 있다. 절대 권한을 가진 영역은 다음과 같다. • 미국의 국가 신용으로 돈을 빌린다. • 육군을 양성, 지원하고 해군을 부양, 유지한다.

(계속)

- 전쟁을 선포한다.
- 외국과의 통상과 주정부 간의 통상을 규제한다.
- 특허와 저작권을 발급한다.
- 주정부 간의 분쟁을 해결한다.

또한 헌법은 주정부와 중앙정부 간의 대립이 발생할 때는 주정부의 법 혹은 의혹의 여지가 있는 법들을 무효화할 수 있도록 하고 있다. 연방주의 체제에서는 중앙정부가 최상위에 있다.

연방주의 체제에서 권한의 공유
중앙정부와 주정부 사이에는 연합해서 집행할 수 있는 여러 개의 공유된 권한이 있다.
- 세금 부과와 징수
- 국법의 통과, 집행 및 선고
- 환경과 시민권의 보호
- 경제개발 촉진

주정부에 금지된 권한
헌법에는 몇 개의 주정부의 행위 금지법이 포함되어 있다. 특히 주정부가 집행할 수 없는 것은 다음과 같다.
- 외국 정부와의 조약을 체결하는 일
- 주정부 자체의 화폐 제조와 발행하는 일
- 다른 주정부의 법정에서 이루어진 민사판결의 기각(예: 이혼소송 해결)
- 비거주자와 거주자를 차별하는 일(비거주자가 주립대학과 대학교의 등록금을 더 많이 내는 것을 제외함)
- 다른 주정부로부터 범인의 인도를 거절하는 일(만일 어떤 사람이 다른 주에서 범죄를 저질렀다면 용의자를 범죄가 발생한 해당 정부에 인도하여야 한다.)
- 다른 주정부나 다른 나라에 전쟁을 선포하는 일

출처: *The Citizen's Guide to American Politics*. http://ce.byu.edu.

[그림 1-4]는 결혼을 공고히 하는 것에 대한 과정에서 발췌한 것으로, 학습자가 가치worth와 가치 있음worthiness을 구별하도록 교수내용을 서술하고 있다. 각각의 추상적 용어들을 정의한 후 하나의 예시를 인용하고 있다. 단일 예시는 학습자가 이 두 개의 추상적 아이디어 간의 차이점을 파악하도록 돕는 데 충분한가? 학습자와 동시대에 관련된 어떤 구체적인 상황을 제시하는 것은 학습자가 이 두 아이디어 간의 차이점을 파악하는 데 도움이 되는가?

[그림 1-4] 불충분한 예시와 적용의 누락

가치^{worth}와 가치 있음^{worthiness}

다음의 아이디어는 결혼을 공고히 하기 과정에서 발췌한 것이다. 이 단원은 정체성 계발을 다루고 있다. 가르치고자 하는 개념은 가치와 가치 있음에 대한 대조다. 왼쪽은 관련된 용어를 정의하고 있다. 오른쪽은 각 용어의 예시를 제공하고 있으나, 유감스럽게도 대다수의 과정에서와 같이 이 과정도 이러한 용어들을 명백하게 구분하는 적절한 예시를 제공하지 못하고 있다.

많은 용어가 우리가 우리 자신에게 느끼는 방식, 예컨대 자아 개념, 자부심, 자존감 그리고 가치 있음에 대해 설명하고 있다. 종종 사람들이 이러한 용어들을 호환하여 사용하는 것을 볼 수 있으나, 이들을 구분하는 것은 유익하다.

가치 있음	가치
순종/충실함에 좌우됨 주의 은총과 관련된 우리 의지에 좌우됨 우리 생에서 우리가 행하는 것에 좌우됨	고유한 것이고 결코 변하지 않음 사람들로부터 영향을 받을 수 없음 증가될 수도, 감소될 수도, 혹은 파괴될 수도 없음 우리 행위와 독립적임
자아 개념 자신에 대한 정신적 이미지	"나는 빨간 곱슬머리이고, 요리하기를 좋아한다."
자존감 자신에 대한 자신감과 만족. 자신을 얼마나 좋아하는가?	"학교에서 나는 꽤 잘하고 있다고 느낀다."
자부심 예를 들어, 하나님의 자녀처럼, 자신의 고유하고 변하지 않는 가치에 대한 인식	"내가 하늘에 계신 아버지의 딸이라는 것을 아는 것은 사람들이 나를 이해하고 사랑하고 있다는 것을 느끼게 한다."
가치 있음 자신의 의지를 신의 계율에 복종하는 데 올바르게 사용한 결과로 얻어진 상태. 쓸모없음은 불복의 결과로 인한 상태	"나는 어제 그 사람에게 그렇게 무례하게 행동해서는 안 되었다는 것을 알게 되었고, 지금 그렇게 한 것에 대해 정말로 후회하고 있다."

진위형$^{True/False}$

1. 우리 개인의 가치는 절대적이다.

  (   ) ○

  (   ) ×

2. 개인의 가치는 증가 혹은 감소될 수 없다.

  (   ) ○

  (   ) ×

출처: *Strengthening Marriage and Family*. http://ce.byu.edu.

9. 적용은 충분한가

필자가 수업을 검토할 때 찾아보는 다음 교수 요소는 무엇일까? 적용이다. 수업은 학습자에게 그들이 습득한 지식과 기술을 새로운 문제를 해결하거나 새로운 과제를 수행하는 데 사용할 기회를 제공하는가? 다지선다형, 단답형 혹은 연결하기 질문 등에 답하는 것은 단지 학습자에게 강의에서 읽었거나 들었던 것을 기억하도록 요구하기 때문에 적용이 아니다. 만일 '정보만 제공하는 것'이 현행 수업에서 과다하게 나타난 첫 번째로 심각한 문제라면, 두 번째로 나쁜 것은 적용 대신에 교수자가 말한 것을 기억하는가를 묻는 수업이다.

[그림 1-4]의 마지막 행에 제시한 연습은 적용이 아닌 기억만을 요구하고 있다. 정의를 기억하게 하는 것이 학습자가 가치와 가치 있음의 차이를 안다는 것을 보여 주는 것일까? 어떤 것이 학습자가 정말로 가치와 가치 있음의 차이를 이해한다는 것을 보여 주는 적절한 적용일 것인가? 학습자에게 특정 시나리오를 제시하고, 시나리오를 통해 가치에 대한 인식과 가치 있음에 대한 인식에서 학습자가 어떤 문제를 가지고 있는가를 판단케 하는 것이 학습자가 이러한 차이점을 파악하는 데 도움을 줄 수 있을까?

[그림 1-5]는 사무실 안전 관리에 관한 과정에서 발췌한 것으로 강의 내용의 일부분에 해당된다. 인터넷상에서 제시된 이 과정에는 그림이 삽입되어 있다. 이 과정에서는 각 단원이 끝나면 학생들은 다섯 개의 다지선다형이나 단답형, 교수자가 말한 것을 기억하기 유형의 질문에 답하여야 한다. [그림 1-5]는 이 과정의 한 문단에 대해 예시 질문들을 제시하고 있다. 물론 여기에는 말하고-질문하기[tell-and-ask] 교수도 포함되어 있다. 그러나 말하고-질문하기는 학습자가 필요한 기술을 습득하기에는 불충분하다. 배운 것을 적용하는 적절한 연습은 학습자가 사무실 안전을 고취하는 기술을 습득하였는가 혹은 습득하지 못하였는가를 평가하는 데 바람직할 것이다. 학습자에게 단지 원칙들을 기억하도록 요구하는 것보다는 적용과 관련된 바람직한 활동이 학습자로 하여금 실제 혹은 모의 사무실 상황에서 정리정돈을 하도록 만드는 것이 아닐까? 이러한 적용 연습에서는 학습자에게 먼저 문제를 인지하고, 다음에는 이를 교정하는 행동을 취하도록 요구할 수 있지 않을까? 일반적인 원칙을 그저 기억하는 것보다, 학습자는 특정 상황에서 원칙을 적용해 볼 수 있을 것이다. 여러분이 보기에도 명백한 것은 다양한 상황에서 사무실 안전 관리에 관한 원칙들을 적용해 보는 것이 더 효과적인 적용이라는 것이다.

[그림 1-6]은 주요 대학에서 제공하는 다양한 온라인 무료 강의에서 발췌한 교수자가 말한 것 기억하기 질문의 예시다. 이 과정 중에는 적용과 관련된 질문을 함께 포함한 것도 있다. 그러나 너무 많은 과정이 적용이 아니라 기억 수준의 질문들을 사용하여 제한적으로 연습을 제공하고 있다.

[그림 1-5] 말하고 – 질문하기 수업

사무실 안전 관리

이 내용은 말하고-질문하기 수업의 한 부분으로서 사무실 안전 관리 온라인 과정에서 발췌한 것이다. 다음 세 문단은 동영상 제시를 통해 설명되고 있다. 숫자는 다양한 요소가 제시되는 순서를 나타낸다. 마지막 행에서는 본 문단 후에 제공되는 퀴즈에 포함된 질문의 예시가 제시된다.

음성	주요 항목^{bullets}	그래픽
[1] 강도 높은 소음은 여러 대의 컴퓨터 프린터, 대형 복사기, 그리고 다른 유형의 사무실 기기로부터 발생할 수 있습니다. [2] 강도 높은 소음은 청력을 손상시키거나, 작업 환경에서 스트레스를 야기하기도 합니다. [3] 사무실 기기에서 발생하는 소음을 감소시키는 방법은 다음과 같습니다. 기기를 다른 방에 재배치하고, 소음 수준을 낮추기 위해서 기기 혹은 직원의 주변에 방음 칸막이나 패드를 사용합니다. 또는 소리를 흡수하기 위해서 카펫이나 커튼을 설치하고 청력 보호를 위해 귀마개나 귀덮개를 사용합니다.	[1] 강도 높은 소음은 다음으로부터 발생할 수 있음: 컴퓨터 프린터, 복사기, 다른 유형의 기기 [2] 강도 높은 소음은 청력을 손상시키거나 스트레스를 야기할 수 있음 [3] 소음을 감소시키는 방법에는 다음이 포함됨: 기기 재배치, 방음 칸막이나 패드 사용, 카펫과 커튼 설치, 보호 장구 착용	[1] 사무실 기기의 그림 [2] 귀의 그림 [3] 귀마개의 그림

퀴즈

각각의 질문에 적합한 답을 선택하거나 여백에 답을 기입하시오. 답을 기재한 후에는 제출 버튼을 눌러 답을 등록하고 점수를 확인하시오.

1. 다음 중 사무실 기기에서 발생하는 소음을 감소시키는 방법은 무엇인가?
   a. 다른 방으로 기기를 재배치함
   b. 방음 칸막이나 패드를 사용함
   c. 카펫과 커튼을 설치함
   d. 위 모두
2. 다음 중 사무실의 소음을 감소시키는 방법은 무엇인가?
   a. 방음 칸막이를 기기 주변에 설치함
   b. 카펫을 대신해 장판을 기기 주변 바닥에 설치함

출처: 사무실 안전 관리 온라인 과정을 토대로 함. 출처 미상.

[그림 1-6] 교수자가 말한 것 기억하기 질문

교수자가 말한 것 기억하기 질문	
다음의 기억 회상 질문은 주요 대학의 평생교육 웹사이트에서 무료로 제공되는 다양한 과정에서 발췌한 것이다.	
천문학	진위형 별들이 커다랗게 무리 지어 있는 것을 갤럭시라고 부른다. ○ ×
정부행정	누진세 제도란 어떤 것인가? 서술형
가족생활	다음 중 관계를 가장 잘 서술한 것은? 　a. 이는 인간의 기본적 욕구를 충족하기 위한 맥락이다. 　b. 이는 개인적 목표를 성취하기 위한 맥락이다. 　c. 신앙심과 박애정신을 함양하기 위한 맥락이다. 　d. 성공과 안정을 이끌어 내고 육성하기 위한 맥락이다.
유전학	만일 여러분이 선조를 확인하려고 시도한다면 먼저 어느 정보부터 찾기 시작해야 하는가? 　a. 나 자신과 나의 가족 　b. 나의 증조모 　c. 나의 사촌 　d. 나의 삼촌, 고모, 외삼촌, 이모
원예	다음 중 이상적인 정원의 특징이 아닌 것은? 　a. 테라스의 평지에 만듦 　b. 마당에서 햇볕이 잘 드는 곳에 만듦 　c. 나와 나의 가족이 가장 좋아하는 음식물을 포함함 　d. 화초를 심는 공간과 동일한 정도의 보행 공간이 있음

출처: ce.byu.edu에서 제공하는 다양한 무료 과정에서 발췌함.

10. 학습자가 이미 알고 있는 것은 무엇인가

　학습은 학습자가 사전에 알고 있는 것을 토대로 시작해야 한다. 학습은 기존 세상에 대한 멘탈 모형mental model을 토대로 형성되어야 한다. 가장 통상적으로 사용되는 동기 전략은 테마를 중심으로 코스를 구축하는 것이다. 테마는 학습에 기여하는가?

　필자는 어떤 과정에서 고대 필사본을 넘기는 중세 학자를 묘사한 메뉴 스크린을 보게 되었다. 그 학자의 손은 두루마리 더미 위에 놓여 있다. 학자 앞에는 모의실험 워크숍이라고 명명된

궁전과 이를 둘러싸고 있는 중세 건물로서 도서관, 학습 센터, 검사 센터, 카페라고 명명된 네 개의 건물이 위치하고 있다. 학습자는 이 다양한 건물을 클릭하여 과정의 다른 활동으로 이동할 수 있다. 과정의 명칭은 삽화 하단 중앙의 작은 윈도우에 제시되어 있다.

여러분은 두루마리를 지닌 중세 수도승을 보았을 때 어떤 생각을 하게 되는가? 궁전이나 다른 중세 건물들을 통해 여러분의 정신에서 활성화된 것은 무엇인가? 어떤 멘탈 모형이 중세 삽화에 의해 활성화되었는가? 이 과정은 어떤 것을 다루고 있다고 생각하는가? 필자는 이 과정이 사고가 난 자동차의 손해 견적을 산출하는 보험 사정인에 대한 것이라는 것을 알고 매우 놀랐다. 중세 테마는 이 과정의 주제와 관련이 있는가? 이 과정의 설계자는 이러한 테마가 학습자의 동기를 유발할 것이라고 추정했을 것이다. 이런 관련성이 없는 테마가 학습자를 동기 유발하겠는가? 또는 이러한 관련성 없는 테마는 학습을 보다 어렵게 만드는가? 중세 테마는 다양한 학습 활동 속에서 수업 전체에 걸쳐 적용되고 있다. 예를 들어, 중세 기사들이 서로 마상 창시합을 하는 게임이 포함되어 있다. 기사들은 학습자가 자동차의 손상된 부분에 대한 정확한 견적을 산출하였을 때 앞으로 전진하게 된다.

이 과정의 중세 테마는 학습자의 머릿속에서 멘탈 모형을 활성화한다. 중세 테마에 따라 활성화된 멘탈 모형은 자동차의 손실에 대한 견적 산출에 대해서는 어떤 것도 수행하지 않을 것이다. 학습자는 인지적 처리 과정을 위한 제한된 용량을 가지고 있다. 이 과정에서 학습자는 두 가지의 상이하면서 서로 관련이 없는 중세 멘탈 모형과 자동차 손상 멘탈 모형을 동시에 작동시켜야만 한다. 이 두 가지 멘탈 모형을 동시에 작동시키면 인지부하가 증가한다. 결과는 동기 측면에서의 어떤 증가도 인지부하의 증대에 따라 증폭되는 학습 난이도를 상쇄하기에는 역부족이라는 것이다. 관련성이 없는 테마는 의도한 내용에 대한 학습을 한층 어렵게 만든다.

11. 너무 많은 도움이란 어느 정도인가

[그림 1-7]은 인기 있는 컴퓨터 응용 과정에서 발췌한 엑셀^{Excel} 명령어를 가르치는 절차와 이에 대한 삽화를 함께 제시하고 있다. 학습자를 안내하기 위해 서술된 절차는 이 프로그램에서 각 명령어가 제시될 때마다 반복된다. 여러분은 학습자가 다음번에 어느 곳을 누르는지를 기억할 것이라고 생각하는가? 다음번에 무엇을 하라는 과잉 학습 안내는 아마도 엑셀에 대해 배우는 것보다는 지시를 따르는 연습일 것이다. 이는 과도한 학습 안내의 예시다. 학습 안내는 중요한 원리이지만, 효과적인 학습 안내는 점차 감소되어야 한다. 그렇지 않으면 학습자는 정보를 처리하는 것보다 학습 안내에 의존하게 될 것이다.

[그림 1-7] 과도한 학습 안내

<table>
<tr><td colspan="2" align="center">엑셀 – 볼드</td></tr>
<tr><td colspan="2">이것은 엑셀 코스에서 하나의 명령어를 배우기 위한 것이다. 이 코스에서는 동일한 절차가 각각의 명령어 학습을 위해 제시된다.</td></tr>
</table>

텍스트 + 오디오

데이터를 포맷하는 한 가지 방법은 볼드 기능을 사용하는 것이다. 볼드체를 사용하면 강조한 텍스트가 두드러져 나머지 텍스트보다 눈에 띈다.

볼드 포맷으로 바꾸고자 하는 데이터를 선택해 놓았다. 포맷팅 도구 바에서 볼드 도구 버튼을 선택한다. 이 버튼은 위에 대문자 B가 표기되어 있고, 두 번째 열의 도구 바에 있다. 볼드 도구 버튼을 지금 클릭하시오.
[학습자가 볼드 버튼을 클릭할 때 선택한 텍스트가 볼드체로 바뀐다.]

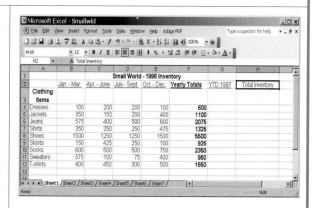

출처: NETg의 인기 있는 엑셀 과정을 토대로 함.

12. 온라인 텍스트를 읽는 것은 학습을 촉진시키는가

[그림 1-8]은 작업장 안전 관리에 대한 온라인 과정에서 발췌한 화면이다. 이 화면이 제시되면 오디오 메시지는 좌측에 있는 텍스트를 읽는다. 텍스트가 낭독됨에 따라 오른쪽에 있는 그래픽이 텍스트의 내용과 일치하여 오른쪽에 표시된 대로 바뀐다. 텍스트가 큰 소리로 낭독되는 동안 학습자가 보는 곳은 어디인가? 아마도 이미지는 아닐 것이다. 대부분의 학습자는 텍스트가 낭독되는 것에 맞추어 화면에 제시된 텍스트를 따라갈 것이다. 인간은 선형적 처리자다. 우리는 동시에 두 가지를 볼 수가 없다. 우리의 눈이 텍스트에 초점을 두고 있을 때 우리는 동시에 그래픽을 볼 수가 없다. 만일 우리가 그래픽을 본다면, 우리는 텍스트 내에서 읽었던 곳을 잃어버릴 것이다. 연구에 의하면 프레젠테이션이 그래픽, 텍스트, 오디오 낭독의 세 가지 요소를 포함하고 있을 때는 학습이 감소된다(Mayer, 2001). 이 세 가지 모두를 제시하는 것보다, 텍스트 없이 그래픽과 오디오를 함께 제시하거나 오디오 없이 텍스트와 그래픽을 함께 제시하는 것이 보다 바람직하다는 것이다. 그러나 스크린에 그래픽이 있을 때에 학습자에게 텍스트를 읽어 주는 이러닝 코스가 얼마나 많은가? 입증된 멀티미디어 원리들을 위반하는 수업은 학습을 방해한다.

[그림 1-8] 온라인 텍스트의 낭독

작업장 안전 관리 - 자세	
텍스트와 오디오	**그래픽**
허리 부상을 이해하기 위해서는 먼저 허리에 대해 이해해야만 한다. 허리는 [1] 300개의 근육, 33개의 추골, 30개의 척추 디스크로 구성되어 있다. [2] 척추 디스크, 겔 충전 패드는 척수를 형성하기 위해 추골 사이에 있으며, 부러지기 쉬운 척수를 보호한다. 척수로부터 신경 뿌리가 몸 전체로 뻗어 나간다. 만일 디스크가 파열되면, 헤르니아 디스크라고도 불리는, 척추가 신경 뿌리를 압박하고 누르게 되는 통증을 유발한다. 이러한 증상이 일어나는 것을 방지하기 위한 최상의 방법은 스트레칭을 포함한 운동을 하고, 이어 안전한 리프팅 및 여러 인체공학적 관례를 따르는 것이다.	[1] 등의 근육에 대한 그림 [2] 추골과 디스크에 대한 그림

출처: 작업장 안전 관리 온라인 과정에서 발췌함. 출처 미상.

13. 학습자 간 상호작용은 학습을 촉진시키는가

만일 여러분이 나이가 들었다면, 아마도 교실에서 다른 학생들과 이야기하면 야단맞는다는 것을 기억할 것이다. 그러나 최근의 관례는 학생들은 서로 협력할 때에 더 잘 배울 수 있다고 제안하고 있다. 학습자 공동체, 특히 온라인 토론 게시판은 아주 인기가 많다. 그러나 이러한 온라인 토론은 학습에 기여하는가? 학생별로 올린 글의 개수가 학습의 척도인가? 어떤 학생들이 글을 게시하지 못했다는 것은 그들이 참여하지 않고 있다는 것을 의미하는가? 글을 게시하지 못했을 때는 그 해당 학생은 학습하지 않은 것인가? 학습자는 최소한의 학습 안내로 유의미한 토론에 열중할 수 있을까? 어떤 유형의 과제가 학습자가 상호작용한 결과에 따른 학습의 증가를 이끌어 낼 수 있을까? 이 책은 효과적인 학습자 상호작용, 즉 상호작용이 안내되고 효과적인 교수전략을 강화시킴으로써 학습을 증대시킬 수 있는 상호작용에 대해 예시를 들어 설명할 것이다.

14. 교육적 게임은 학습을 촉진시키는가

[그림 1-9]에서 제시된 축구 게임은 영어 원어민이 아닌 청소년에게 영어 어휘를 가르치기

위해 설계된 것이다. 각각의 선수 밑에 제시된 스피커 아이콘을 클릭하고 음성을 듣게 되면, 청소년의 모국어로 음성 메시지가 학습자에게 "단어 *red*를 찾으시오."라고 가르쳐 준다. 이 게임은 어떤 유형의 어휘 매칭을 위해 사용될 수 있다. 이 경우에는 단어들은 색을 지칭하는 단어들이다. 학습자가 매칭 단어를 들었을 때, 학습자는 이에 대응하는 선수를 클릭하여야 한다. 학습자가 답을 맞히면, 선수는 득점을 하고 골키퍼는 주먹으로 땅을 마구 친다. 학습자가 틀리면, 선수는 골네트를 뚫지 못하고 골키퍼는 이를 축하하면서 펄쩍펄쩍 뛴다. 각각의 반응은 시간이 측정되고 학습자를 위해서 총득점은 기록, 보관된다.

명백히, 이 에듀테인먼트 게임의 목적은 학습자가 어휘를 배우도록 동기를 유발하기 위한 방안을 모색하는 것이다. 여러분은 이 게임을 통해 학습자의 동기가 유발된다고 생각하는가? 선수가 득점했을 때 골키퍼가 땅을 치는 것이 재미있으려면 몇 번이나 이를 보아야 할까? 반복적인 피드백은 지루해진다. 득점하여 골키퍼가 실망한 것을 보는 것이, 아니면 볼이 골네트를 벗어나 골키퍼가 축하하는 것을 보는 것이 재미있는가? 너무 많은 소위 교육적 게임은 효과적인 게임의 기본 원리들, 즉 도전을 제공하고, 도전 수준을 높이는 것을 허용하고, 그리고 경쟁을 도입하는 것을 위배하고 있다. 그 결과 학습자가 빨리 흥미를 잃어버리는 지루한 연습이 된다. 조악하게 설계되어 동기유발과는 거리가 먼 게임은 실제로 학습자를 지루하게 만들고, 심지어 어린 학습자에게조차 부적절한 것으로 여겨진다.

[그림 1-9] 비효과적인 게임

출처: 미국 교육부를 위해 개발된 미간행 프로토타입 과정에서 발췌.

물론 게임과 같은 활동이 필요한 곳이 있다. 효과적인 교육적 게임의 특징은 무엇일까? 많은 과정은 최근에 학습자에게 어떤 기기의 가상적 표상을 조작하는 기회를 제공하는 시뮬레이션 형태를 포함하고 있다. 요즈음 어떤 과정에서는 학습자가 가상 장소를 방문할 수 있고, 실제 세상에서 대면하게 될 전형적 활동의 가상 활동에 참여할 수 있게 하는 실험 환경을 제공하고 있다. 이와 같은 시뮬레이션 유형의 활동은 효과적인가? 교육적 자료에서 시뮬레이션과 실험적 환경에 대한 많은 시도는 역부족이고 요구된 스킬을 가르치는 데 실패하고 있다. 효과적인 시뮬레이션의 특징은 무엇인가? 이들 환경이 얼마나 사실적이어야 교수적으로 효과적일까? 이 책은 효과적인 교수전략을 운용하는 시뮬레이션의 효과적 사용에 대해 설명할 것이다.

15. 교수 전문가에게 있어 무엇이 문제인가

이 책의 주요 주제는 문제 중심 교수다. 어떤 모듈이나 코스의 주된 목적은 학습자가 실제 세상의 문제를 해결하는 데 필요한 스킬을 습득하도록 돕는 것에 있다. 교수 전문가로서 우리는 두 가지 주요 문제를 해결해야 한다. 먼저 e^3 교수를 발견하였을 때 그것을 확인하는 것이고, 다음으로 부적절한 교수를 수정ㆍ보완하거나 새로운 e^3 교수를 설계하는 것이다.

이 책에서 제시된 교수의 으뜸원리와 처방은 여러분이 이와 같은 교수 문제들을 해결하는 데 필요한 스킬을 습득하도록 도울 것이다. 이러한 스킬은 여러분이 이 장에서 언급한 교수적 오류를 피할 수 있도록 도울 것이다.

원리와 처방

- 정보만 제시하는 것은 교수[instruction]가 아니다.
- 너무 많은 수업에서 설명은 **말하기**[tell]로만 이루어지고, 예시나 시범, 즉 **보여 주기**[show]는 간혹 사용된다.
- **말하고-질문하기** 수업은 학습자가 문제해결 스킬을 습득하도록 이끌지 않는다.
- 관련성이 없는 테마는 의도한 내용의 학습을 한층 어렵게 만든다.
- 과다한 학습 안내는 학습에 방해가 된다.
- 정보는 오디오 혹은 텍스트에 의해 제시되어야 한다. 그러나 두 가지를 함께 사용하지는 않는다.
- 학습자 상호작용은 상호작용에 대한 학습 안내를 제공하고 효과적인 교수전략을 강화하였을 때에 학습을 증대시킬 수 있다.
- 게임과 시뮬레이션은 효과적인 교수전략을 운용하였을 때 효과적이다.

적용

인터넷에 접속하여 다양한 학문 분야, 여러 유형의 학습 대상자 그리고 다양한 교수전략을 사용한 과정들을 검토한다. 여러분이 찾은 교수적 오류에는 어떤 것이 있는가? 여러분이 찾은 것 중에 제1장에서 설명하지 않은 교수적 오류가 있는가? 여러분이 관찰한 효과적인 교수전략은 무엇인가? 여러분이 검토한 과정에 대해 기록해 놓는 것이 바람직하다. 이를 활용해 향후 교수의 으뜸원리에서 배운 것을 적용하기 위한 스킬을 습득하였을 때 이들 과정을 다시 검토할 수 있을 것이다.

다음 장에서는

이 장에서 확인한 교수적 오류들은 교수의 으뜸원리를 적용하는 데 실패했음을 나타낸다. 제2장은 이 책의 나머지 부분을 위한 토대로서 교수의 으뜸원리에 대한 개관을 제공한다.

●● 제**2**장 ●●

교수의 으뜸원리

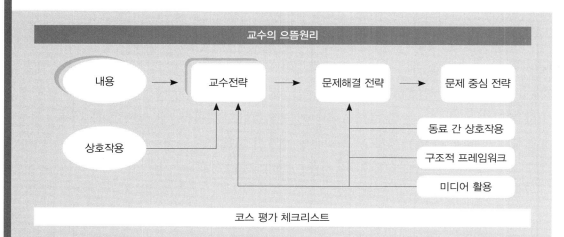

미/리/보/기

이 장에서는 교수의 으뜸원리를 소개하고 설명하는데, 이러한 원리들은 이 책의 나머지 부분을 위한 초석이다. 이 장에서는 일련의 질문에 대한 답을 제시하고 있다. 교수의 으뜸원리는 어디에서 온 것인가? 시연 원리란 어떤 것인가? 적용 원리란 어떤 것인가? 문제 중심 원리란 어떤 것인가? 활성화 원리란 어떤 것인가? 통합 원리란 어떤 것인가? 우리는 어떻게 복잡한 문제를 해결할 수 있을까? 여러분은 교수의 으뜸원리가 적용된 코스를 필자에게 제시할 수 있는가?

키/워/드

- 원리^Principle: 사용된 방법 혹은 모형이 어떤 것인가에 상관없이 적절한 조건하에서라면 언제나 사실인 관계
- 문제 중심 원리^Problem-Centered Principle: 학습은 학습자가 실제 세상의 문제에 대한 맥락 속에서 스킬을 습득하였을 때 촉진된다.
- 활성화 원리^Activation Principle: 학습은 학습자가 새로운 스킬에 대한 기초가 되는 기존 지식과 스킬을 회상하였을 때 촉진된다.
- 시연 원리^Demonstration Principle: 학습은 학습자가 새로 배워야 할 스킬에 대한 시연을 관찰하였을 때 촉진된다.
- 적용 원리^Application Principle: 학습은 학습자가 문제를 해결하기 위해서 새로 습득한 스킬을 적용하였을 때 촉진된다.
- 통합 원리^Integration Principle: 학습은 학습자가 자신이 새로 습득한 스킬에 대해 성찰하고, 토론하고, 옹호할 때 촉진된다.
- 0수준 교수전략^Level-0 Instruction Strategy: 정보
- 1수준 교수전략^Level-1 Instruction Strategy: 정보와 시연
- 2수준 교수전략^Level-2 Instruction Strategy: 정보와 시연과 적용
- 3수준 교수전략^Level-3 Instruction Strategy: 문제 중심 정보, 시연, 적용
- 멘탈 모형^Mental Model: 실제 세상의 어떤 현상에 대한 내적 표상
- 내재적 피드백^Intrinsic Feedback: 학습자에게 그들의 반응에 대한 결과를 보여 주는 교수적 상호작용
- 교정적 피드백^Corrective Feedback: 반응 후에 어떤 것이 올바른 반응이고, 왜 그것이 올바른 반응인가에 대한 정보

1. 도 입

최근 몇 해 동안 필자는 교수설계 이론과 모형이 확산되는 것을 보아 왔다. 중요한 저서로서 시리즈로 발간되어 온『교수설계 이론과 모형*Instructional Design Theories and Models*』(Reigeluth, 1983, 1999a, 1999b; Reigeluth & Carr-Chellman, 2009)은 다양한 분야의 교수설계 이론가들에게 교수*instruction*에 대한 자신들의 다양한 아이디어를 요약할 수 있는 기회를 제공하였다. 이러한 저서에서 다루고 있는 교수설계 이론들은 학습에 대한 기본적인 서술 법칙*descriptive laws*을 설명하는 이론부터, 어떻게보다는 무엇을 가르치는가에 초점을 둔 광역의 교과과정 프로그램에 대한 학습을 서술하는 이론에 이르기까지 아주 다양하다. 이러한 설계 이론과 모형은 공통의 본질적이고 근원적인 원리를 가지고 있는가? 만일 그렇다면 근원적인 으뜸원리들은 무엇인가? 이 책『교수의 으뜸원리』는 이와 같은 다양한 설계 이론과 모형이 근본적으로 동의하고 있는 일련의 교수설계 이론을 제시하고 있다. 이러한 원리들이 새로운 것이 아님에도 불구하고, 이 원리들이 실행되고 있지 않다는 점은 놀랄 만한 일이다.

이 책을 저술하기 위한 목적으로, **원리**란 적절한 조건하에서는 원리를 적용하기 위해서 사용하는 방법 혹은 모형이 어떤 것인가에 상관없이 언제나 사실인 관계라고 정의되었다. 원리들은 그 자체로는 교수 모형이나 방법이 아니고, 어떤 모형이나 방법의 기저를 이루고 있는 관계다. 이 원리들은 상이한 교수 모형과 방법에 의해 아주 다양하게 실행될 수 있다.

여러 해에 걸쳐서 필자는 교수설계 이론, 모형 그리고 관련 연구를 검토해 왔다. 검토한 문헌을 토대로, 필자는 일련의 서로 관련된 처방적 교수설계 원리들을 요약하였다(Merrill 2002a, 2009b). 이러한 문헌들 모두가 원리에 대한 경험적 근거를 인용하고 있는 것은 아니다. 그러나 필자는, 아마도 충분한 정당화가 없어도 만일 원리가 여러 교수설계 이론에 포함되어 있고 여러 성공적인 교수설계자에게 사용되고 있다면, 그 원리는 실험을 통해서나 경험적 연구를 통해서 타당한 것으로 확인된 것이라고 상정하였다.

으뜸원리에 포함되기 위해서는 그 원리가 필자가 검토한 교수설계 이론 중의 하나여야만 하고, 보다 효과적·효율적·매력적인 학습을 촉진해야만 한다. 그리고 해당 원리가 세심하게 검토되어야 할 대상이라면 그 원리는 연구에 의해 지지되어야 하고, 어떤 전달 체제이든지 또는 어떤 교수구조*instructional architecture*에도 적용할 수 있을 만큼 일반적이어야 한다. 교수구조란 직접 교수법, 튜토리얼 방법, 실험 방법 및 탐구 방법 등을 포함한 교수접근을 일컫는다(Clark, 2003). 또한 해당 원리는 설계 중심으로서 교수에 대한 원리여야 하고, 학습자가 학습하는 동안에 그들이 사용하는 활동이 아니라 학습 활동을 촉진하기 위해서 어떻게 교수설계를 해야 하는가와 직접적인 관련이 있어야 한다. 이러한 원리는 학습 환경과 산출물로부터 학습자가 어떻게 지식과 스킬을 습득하는가를 설명하는 것이 아니라 학습 환경과 산출물을 확인하고 창출하는 것과 관련되어야 한다.

이러한 원리는 여러 가지 다른 교수설계 이론에서도 찾아볼 수 있지만, 원리를 설명하는 용어들은 이 책과 다를 수도 있다. 그럼에도 이 이론의 저자들은 이 원리들이 효과적·효율적·매력적인 교수를 위해 필요하다는 데 동의할 것이다.

만일 이러한 추정이 사실이라면, 어떤 특정 교수 프로그램이나 연습이 이러한 으뜸원리 중의 하나 혹은 그 이상의 원리들을 실행하는 데 실패할 경우 학습과 수행의 감소가 있게 될 것이라는 가설이 제기된다. 이 가설은 특정 교수 산출물이나 이러한 원리의 사용과 오용을 비교하는 조사 및 평가 연구로부터 지지된다.

많은 현행 교수 이론과 모형에 의하면, 가장 효과적인 학습 산출물과 환경은 문제 중심이어야 하고, 학습자는 뚜렷하게 구분되는 학습의 네 단계에 참여하여야 한다. 이는 ① 사전 경험의 활성화, ② 스킬의 시연, ③ 스킬의 적용, ④ 실제 활동에서 이들 스킬의 통합이다.

이러한 원리들을 확인하기 위해 검토된 대부분의 이론은 문제 중심 교수를 강조하고 효과적인 교수의 네 단계 모두 혹은 그중의 일부를 포함하고 있다. [그림 2-1]은 교수의 으뜸원리를 설명하고 관련짓기 위한 개념적 프레임워크를 제공한다. 이 도형은 시계방향으로 읽어야 하며, 교수의 네 단계 순환 과정—활성화, 시연, 적용, 통합—을 제시하고 있다. 문제 중심 원리는 교수의 순환 과정이 실제 세상의 문제들을 해결하기 위한 학습 맥락이나 실제 세상의 과제를 수행하는 데 있어 가장 효과적이라는 것을 시사한다. 다음은 다섯 가지 원리 각각에 대한 상세한 서술이다.

- 문제 중심: 학습은 학습자가 실제 세상 문제에 대한 맥락 속에서 스킬을 습득할 때 촉진된다.
- 활성화: 학습은 학습자가 새로운 지식에 대한 기초가 되는 기존 지식과 스킬을 활성화할 때 촉진된다.
- 시연: 학습은 학습자가 배워야 할 스킬에 대한 시연을 관찰하였을 때 촉진된다.
- 적용: 학습은 학습자가 문제를 해결하기 위해서 새로 습득한 스킬을 적용하였을 때 촉진된다.
- 통합: 학습은 학습자가 자신이 새로 습득한 스킬에 대해 성찰하고 토론하고 옹호할 때 촉진된다.

 **[그림 2-1]** 교수의 으뜸원리

어떤 이론들은 문제와 과제를 뚜렷하게 구분한다. 문제를 해결한 결과는 해결 방안이다. 과제를 수행한 결과는 어떤 산출물이다. 문제와 과제 사이에 차이가 있으나, 이 책에서 필자는 문제라는 용어를 해결되어야 할 복잡한 문제와 수행되어야 할 복잡한 과제 두 가지 모두를 지칭하는 데 사용하고 있다.

어떤 이론가들은 지식과 스킬을 뚜렷하게 구분한다. 지식은 알고 있는 것을 언급하고, 스킬은 어떤 과제를 달성하거나 어떤 문제를 해결하기 위해 지식을 사용하는 것을 일컫는다. 이 책에서 필자는 스킬이란 용어를 지식과 스킬을 복합한 것으로 사용하고 있다.

2. 교수의 으뜸원리와 교수전략의 수준

필자는 사람들로부터 다섯 가지 원리로 구성된 교수의 으뜸원리 중에서 어느 것이 가장 중요한가라는 질문을 종종 받는다. 만일 내가 으뜸원리 모두를 시행할 수 없다면, 설계에서 어떤 원리를 반드시 사용하여야 하는가? 이 원리들은 동등한 가치를 가지고 있는가? 이 원리들은 학습 효과 및 학습 효율과 관련하여 동등하게 기여하는가? 이 원리들 중 어떤 원리들은 다른 원리에 비해 보다 근본적인가? 이 원리들은 서로 어떻게 관련되는가? 복잡한 문제를 완료하기 위해서 필요한 지식과 스킬을 습득하는 데 있어 이 원리들의 상대적인 기여도는 어떠한가? 이 장의 다음 부분에서는 각각의 원리들에 대해 설명하고, 복잡한 문제들을 수행하는 데 있어 이 원리들이 지닌 상대적인 기여도에 대해 제안하고자 한다. 교수의 으뜸원리에서 시연을 비롯한 네 가지 원리를 연속적으로 적용한다는 것은 교수전략의 효과성 수준이 증가되는 것을 일컫는다. 시연 원리의 적용은 효과성의 첫 번째 수준이고, 적용 원리를 포함하는 것은 두 번째 수준을 의미하고, 문제 중심 원리를 포함하는 것은 세 번째 수준을 일컫는다. 이에 덧붙여, 활성화 원리를 추가하고, 이어서 **통합 원리**를 추가하는 것은 교수의 효과성을 추가적으로 개선하는 것이다.

1) 정보 제시(0수준)

정보만 제시하는 것은 교수전략의 기준점으로서 0수준이다. 너무나 많은 수업이 제시 중심이다. 우리가 여러 도구를 적절히 사용하기만 한다면 매력적이고 효과적인 프레젠테이션을 만들 수 있을 것이다. 거의 모든 사람이 이제는 파워포인트와 같은 도구를 사용하여 멀티미디어 프레젠테이션을 창출해 낼 수 있다. 프레젠테이션에 음악, 오디오, 그래픽, 비디오 및 애니메이션을 통합하는 것은 한때는 도전이었으나 이제는 더 이상 도전이 아니다. 그러나 놀랄 정도로 많은 프레젠테이션은 불렛 포인트를 활용한 주요 항목과 말하기에 의존하고 있다. 이에 대한 가정은 수업에서 단지 정보만을 제공하여도 사람들은 해당 정보를 이해하고, 기억하고, 그리고 더욱 중요하게도 복잡한 문제를 해결할 수 있다는 것이다. 불행하게도 실상은 전혀 그렇지 않다.

정보만 제시하는 것은 프레젠테이션만 혹은 프레젠테이션과 이에 대한 회상recall을 포함한다. 정보 제시에서는 학습자에게 두 가지 혹은 더 많은 정보 간의 관련에 대해 말해 준다. 즉, 하나 혹은 더 많은 부분의 명칭과 설명, 어떤 대상물의 범주, 상황·과정에 대한 정의적 특성, 절차를 수행하는 단계와 순서, 과정에서 활동에 대한 조건과 결과 등이다. 회상은 학습자에게 제시된 정보를 기억하는가에 대해 묻는 것이다. 정보만 제시하는 교수전략은 학교, 산업체, 정부를 막론하고 모든 교육 환경에서 매우 흔하다. 정보만 제시하는 교수전략은 대용량의 정보를 전달하는 데는 매우 효율적이나, 기억한 것을 너무 쉽게 잊어버리게 만들고, 복잡한 문제 상황에서 수행을 촉진하는 데 비효과적이다.

2) 시연(1수준)

1수준 교수전략은 정보에 시연을 추가하여 구성된다. 상당히 많은 수업은 보여 주기show보다는 그저 말하기tell로 이루어진다. 시연이란 용어는 이 원리가 학습자에게 단지 정보만을 제시하는 것이 아니라, 해당 정보를 특정 상황에 적용하기 위해서는 무엇을 해야 하는가를 보여 주는 것이라는 사실을 반영하기 위해서 신중하게 선정되었다. 시연이란 어떻게 정보가 특정 상황에 적용되는가를 보여 주는 것으로, 즉 문제 전체 혹은 부분에 대한 하나 혹은 다수의 예제 시범을 일컫는다. 시연 원리를 서술하면 다음과 같다.

학습은 학습자가 새로 배워야 할 지식과 스킬에 대한 시연을 관찰하였을 때 촉진된다.

(1) 일관성

우리가 배워야 할 스킬에는 다양한 유형이 있다. 각 유형의 스킬은 특정 내용 요소들을 필요로 한다. 또한 각 유형의 스킬은 독특한 프레젠테이션 전략을 필요로 한다. 한 유형의 스킬에 대한 시연은 다른 유형의 스킬에 대한 시연과는 다르다. 시연이 효과적이기 위해서는 반드시 문제 유형과 일치되어야 한다. 전체와 관련하여 부분의 위치(~의 부분part-of), 개념들에 대해서는 다양한 범주의 예시들(~의 종류kind-of), 절차에 대해서는 단계들과 그 결과를 제시(~에 대한 방법how-to), 조건과 결과를 보여 줌으로써 특정 과정을 표상(~에 대한 결과 예측what-happens)해야 한다. 학습은 시연이 촉진하고자 하는 스킬의 유형과 일관되게 이루어졌을 때만 촉진된다. 일관성 준거는 학습 안내나 효과적인 멀티미디어에 비해 더욱 결정적인데, 이는 만일 프레젠테이션이 촉진될 스킬 유형에 부합되지 않으면, 학습자에게 학습 안내를 제공하는지 제공하지 않는지, 혹은 매체가 교수활동들을 적절하게 시행하는지 시행하지 않는지와는 전혀 상관이 없기 때문이다. 일관성의 계론corollary을 서술하면 다음과 같다.

> 학습은 새로 학습할 스킬에 대한 시연이 콘텐츠의 유형과 부합하여 이루어지고 학습자가 시
> 연을 관찰하였을 때 촉진된다.

(2) 학습 안내

정보를 제시하고 특정 상황에서 해당 정보를 적용하는 것을 보여 주는 것은 교수전략의 근본적인 교수활동이다. 그러나 특정 상황에서의 적용과 정보와의 관련성은 학습자에게 명료하지 않을 수도 있다. 학습 안내는 학습자가 정보를 처리하고 특정 상황에서 이루어진 시연의 중요 요소에 주의를 기울일 수 있도록 방향을 제시하는 것을 말한다. 또한 학습 안내는 학습자에게 정보와 이 정보를 사전에 습득한 스킬이나 지식 구조에 적용하는 것과의 관련성에 대한 지침을 제공할 수도 있다. 적절한 학습 안내는 시연을 수반한 학습을 향상시킨다. 학습 안내의 계론을 서술하면 다음과 같다.

> 시연을 통한 학습은 학습자가 구체적인 사례에 일반적인 정보나 조직 구조를 관련시킬 수 있
> 도록 학습 안내를 받았을 때 향상된다.

(3) 멀티미디어

멀티미디어를 활용하는 것이 너무 쉬워진 까닭에, 교수 산출물에서 멀티미디어는 종종 학습을 향상시키지 못하고, 어떤 경우에는 실질적으로 학습을 방해하기도 한다. 많은 경우에 그래픽은 가르칠 내용과 관련성이 적다. 대부분의 경우, 비디오와 애니메이션은 이를 통해 자료에 대한 학습자의 흥미를 증진시킬 수 있을 것이라는 희망과 함께 단지 수업을 좀 더 매력적으로 만들기 위해서 사용된다. 멀티미디어의 적절한 사용은 처방된 교수활동을 시행하는 것이다. 멀티미디어가 단지 흥미를 제공하거나 수업을 보다 매력적으로 만들기 위해서만 사용되면, 이는 학습을 촉진하기보다는 학습에 대한 집중을 방해하기가 쉽다. 멀티미디어의 계론을 서술하면 다음과 같다.

> 학습은 멀티미디어가 처방된 교수활동이나 기능function을 실행할 때 향상된다.

만일 여러분이 단지 정보만 제시하는 교수전략인 0수준을 수정 · 보완하고자 한다면, 정보를 설명하기 위해 적절한 시연을 추가함으로써 유의미하게 학습을 증진시킬 수 있다. 시연 원리는 제5장 및 제9장에서 정교화하여 제시할 것이다.

3) 적용(2수준)

2수준 교수전략은 정보에 시연을 추가한 전략에 덧붙여 적용을 추가한 것이다. 필자가 놀란 것은 실제 세상의 문제에 지식을 적용하는 것이 중요하다는 사실에는 보편적으로 동의하면서도 너무 많은 수업이 단지 연습이라고 지칭하는 몇 가지 다지선다형 질문만을 활용하고 있다는 점이다. 들은 것을 기억하는가를 묻는 질문들은 학습 촉진의 역할을 거의 하지 못한다. 스킬 개발은 학습자가 그들이 습득한 스킬을 다양한 구체적인 문제에 적용하는 실행의 기회를 가졌을 때 일어난다. 정보를 기억하는 것은 적용이 아니다. 정보를 기억하는 것은 학습자가 자신의 스킬을 실제 세상 맥락에 적용하도록 준비시켜 주지 않는다. 적용에서 학습자는 특정 문제들을 해결하는 데 자신의 스킬을 사용해야 한다. ~의 종류^{kind-of} 문제와 일치되는 적용은 예시를 적절한 범주로 분류하는 것이다. ~에 대한 **방법**^{how-to} 문제를 위해서는 일련의 단계를 수행하는 것이 필요하다. ~에 대한 **결과 예측**^{what-happens} 문제를 위해서는 주어진 일련의 조건하에서 결과를 예측하는 것이나 예상치 못한 결과를 제공한 잘못된 조건들을 찾아내야 한다.

주어진 정보와 이에 부합되는 시연을 추가하는 것은 학습자가 습득해야 할 스킬의 적합한 멘탈 모형을 구축하도록 돕는다. **멘탈 모형**은 실제 세상의 어떤 현상과 이것이 어떻게 작동할 것인가에 대한 내적 표상이다(Mayer, 1992a). 새로운 문제를 수행하기 위해 스킬을 사용하는 것은 학습자가 문제를 해결하기 위해 자신의 멘탈 모형의 완성도와 적합성을 검토하도록 유도한다. 오류가 발생하였을 때 학습자는 교정적 피드백에 따라서 자신의 멘탈 모형을 조정할 수 있다. 초기 적용에서는 일반적으로 멘탈 모형에 대한 극적 조정이 일어난다. 만일 멘탈 모형이 미완성이거나 부적절하다면 학습자는 문제를 끝마칠 수 없을 것이다. 해당 문제가 시연에서 보았던 문제와 너무 유사하다면, 학습자는 문제를 단지 수행할 뿐이며 자신의 멘탈 모형은 거의 재구성하지 못할 것이다. 여기서 도전은 학생이 도전의식을 느끼게 하되 지나치게 도전적이어서 학생의 멘탈 모형으로는 문제를 해결할 수 없을 정도는 아닌 새로운 적용 문제를 찾아내는 것이다. 적용 원리를 서술하면 다음과 같다.

학습은 학습자가 자신이 새로 습득한 지식과 스킬을 적용하였을 때 촉진된다.

(1) 일관성

일관성이란 단어는 시연에서와 마찬가지로 적용을 위해 중요하다. 제시를 위해서 다양한 내용 요소가 있고, 각기 다른 유형의 스킬 습득을 위해 적합한 학습자 안내가 있는 것과 마찬가지로, 서로 다른 유형의 스킬 적용에 적합한 여러 다양한 내용 요소가 있다. 의도한 교수목적과 일치하지 않는 적용에 몰두하는 것은 수행을 개선하는 데 전혀 도움이 되지 않는다. 학습은 습득하여야 할 스킬 유형과 일치하여 이에 대한 적용이 이루어졌을 때 촉진된다. 일관성 준거는 대단히 중요하다. 만일 적용이 수업에서 의도한 목적과 일치하지 않는다면 적용은 비효과적일 것이고 적절한 코칭과 피드백이 있는지 없는지와는 상관이 없을 것이다. 일관성의 계론을 서술하면 다음과 같다.

> 학습은 학습자가 자신이 습득한 지식과 스킬을 수업에서 가르쳐 준 내용의 유형과 일치하는 맥락에서 적용하였을 때 촉진된다.

(2) 피드백

피드백은 연습의 주요 측면으로 인식되어 왔다. 피드백 없는 연습은 수행을 개선하는 데 전혀 도움이 되지 않는다. 적용의 경우도 이와 동일하다. 피드백의 형태는 여러 가지가 있으나 학습자가 특정 문제를 해결하기 위해 정보를 적용하는 경우, 정답-오답 피드백은 불충분하다. 가장 효과적인 형태의 피드백은 **내재적 피드백**intrinsic feedback이라고 하는데, 이는 학습자로 하여금 자신의 행동의 결과를 관찰할 수 있도록 하는 것을 말한다. 또 다른 형태의 효과적인 피드백은 **교정적 피드백**corrective feedback으로 불리는데, 이는 학습자가 어떻게 동작을 수행해야 하는지에 대한 시연을 제공하는 것을 일컫는다. 피드백은 특정 문제를 해결하기 위해 정보를 적용한 이후에 제공되는 학습 안내의 한 형태라고 간주될 수 있다. 피드백의 계론을 서술하면 다음과 같다.

> 적용을 통한 학습은 학습자가 내재적 피드백이나 교정적 피드백을 받았을 때 효과적이다.

(3) 코 칭

코칭이란 수업이나 교수자가 학습자를 위해 어느 정도의 인지적 처리과정을 이행한다는 것을 의미한다. 이러한 코칭은 힌트의 형태를 취한다. 단순한 문제를 위해서는 하나의 힌트로 충분하겠지만, 복잡한 문제는 일련의 보다 많은 온전한 힌트를 필요로 할 것이다.

코칭은 학습자가 적용 과정에서 적절한 정보를 선택하는 것과 학습자가 문제를 해결하기 위해 사용해야 할 사전 지식을 회상하게 하는 것, 문제를 해결하는 데 도움을 주는 멘탈 프레임워크를 사용하는 것 등을 지원할 수 있다. 코칭은 적용의 초기에 가장 효과적이지만, 학습자가 문제해결에 대한 경험이 많아질수록 이러한 도움은 점차 소거되어야만 하는데, 이는 학습자가 추가 지원 없이 자기 스스로 문제를 해결할 수 있도록 하기 위함이다. 코칭의 계론을 서술하면 다음과 같다.

> 적용을 통한 학습은 학습자가 코칭을 받을 때, 그리고 코칭이 후속 문제에서 점진적으로 소거되었을 때 향상된다.

여러분이 정보에 시연을 추가한 교수전략, 즉 1수준의 전략을 접하게 된다면, 여러분은 수업에 대한 적절한 적용을 추가함으로써 보다 유의미하게 학습을 증진시킬 것이다. 적용 원리는 제5장에서 정교화하여 제시할 것이다.

4) 문제 중심(3수준)

3수준 교수전략은 시연과 적용에 문제 중심 전략을 추가한 것이다. 문제라는 단어를 사용하는 것은 넓은 범위의 활동을 포함하는데, 그 활동이란 문제의 부분적인 구성요소가 아니라 전체 문제^{whole problem}이고, 이런 문제들은 학습자가 수업 후 세상에서 봉착하는 대표적인 문제들이라는 것이 가장 중요한 특징이다. 문제 중심 교수전략은 문제를 해결하는 데 필요한 스킬과 관련하여 보다 전통적인 수업에서 다루었던 문제해결을 통합한다. 따라서 학습자에게 문제해결 방안을 제시하고, 문제를 해결하는 데 필요한 스킬을 명료하게 가르치고, 새로운 문제에 이들 스킬을 적용할 기회를 제공한다.

문제 중심 접근은 교수 관련 문헌에서 전형적으로 서술되었듯이 문제 기반 학습이나 사례 기반 학습과는 다르다. 문제 중심 접근은 한층 더 구조화되어 있다. 이는 학습자에게 특정의 전반적으로 복잡한 문제를 제시하는 것, 성공적인 문제해결에 대한 시연, 문제에서 요구되는 각각의 구성요소 스킬과 관련된 정보에 시연과 적용을 추가하여 제공하는 것, 그리고 학습자에게 이러한 구성요소 스킬이 어떻게 문제에 적용되는가를 보여 주는 것 등에 관여한다.

교수 구성요소가 탈맥락화되었을 때, 학습자는 종종 "지금 너희는 이것을 이해하지 못하겠지만, 나중에 이것은 너희에게 매우 중요할 것이다."라는 충고를 듣는다. 결과적으로, 자료에 대해 학습하고자 하는 동기가 크게 감소된다. 더욱이 학습자가 사용하는 맥락도 알지 못한 채 많은 구성요소 스킬을 반드시 기억해야만 할 때, 학습자는 많은 경우 연상 기억을 재분류해야만 하고, 전체 문제를 다루게 되었을 때 기억을 잊어버리거나 정보의 적절성을 인지하지 못하는 경향이 나타난다. 결국, 학습자는 필요한 정보를 사용해야 할 때 이를 인출할 수 없게 된다. 기껏해야 그들은 개별 스킬에 대한 멘탈 모형을 구축할 것이다. 일반적으로 학습자는 복잡한 문제에 대한 멘탈 모형에 구성요소 스킬들을 통합하지 못할 것이다. 교수적 구성요소들이 복잡한 문제에 적용되기 위해 적시에 제시되면 필요한 지식이나 스킬이 명료해지고, 스킬을 학습하고자 하는 동기가 증대된다. 복잡한 문제에 대해 구성요소들이 즉각 적용되면, 학생은 개별적인 교수적 구성요소에 대한 분리된 멘탈 모형들이 아니라 전체 문제에 대한 멘탈 모형을 구축할 수 있다. 문제 중심 원리를 서술하면 다음과 같다.

학습은 학습자가 실제 세상 문제나 과제와 관련된 맥락 속에서 지식과 스킬을 습득할 때 촉진된다.

(1) 문제 중심

문제 중심 교수전략은 하나의 복잡한 문제를 토대로 구성되었을 때 효과적인 전략이다. 그러나 단일 문제는 점점 더 복잡성이 증가되는 여러 문제에 비해 훨씬 덜 효과적이다. 복잡한 문제로 분류된 문제들은 많은 유사점을 공유하면서도 미묘한 차이점들로 특징지어진다. 단일 문제를 해결하기 위한 학습은 학습자가 문제에 대한 단 한 가지의 관점을 갖게 하여, 학습자는 동일한 부류이지만 원래 학습 문제와 차이점이 있는 문제에 직면했을 때는 이 문제가 동일한 부류의 문제라는 것을 인식하지 못하거나, 문제에서 발견된 차이점을 조정하고 해결 과정에 부합하도록 자신의 멘탈 모형을 충분히 조율하지 못할 것이다. 만일 훈련 문제가 새로운 문제보다 덜 복잡하다면, 학습자는 보다 복잡한 문제를 다루기 위해 필요한 섬세한 멘탈 모형을 개발하지 못할 것이다. 반면에 학습자는 점점 더 복잡성이 증가되는 문제들을 해결하려고 할 때는 자신의 멘탈 모형을 지속해서 개선해야 할 것이다. 또한 다른 문제, 혹은 동일한 부류이나 보다 복잡한 문제와 직면하였을 때 학습자는 문제를 해결하기 위해 멘탈 모형의 수준을 상향하여야 할 것이다. 문제 중심의 계론을 서술하면 다음과 같다.

> 학습은 학습자가 실제 세상에 대한 전체 문제를 단순-복잡의 순서로 다루는 맥락 속에서 구성요소 스킬을 학습하는 문제 중심 교수전략에 참여하였을 때 촉진된다.

2수준 전략은 정보에 시연을 추가하고 이어 적용을 추가하는 것으로 구성된 효과적인 교수전략으로 종종 유의미한 학습을 이끌어 낸다. 그러나 괄목할 만한 학습의 증대는, 특별히 몰입 측면에서 볼 때 학습자를 실제 세상 문제들을 연속적으로 다루는 맥락 속에서 구성요소 스킬을 배우게 함으로써 수준 2 수업을 수준 3, 즉 문제 중심 교수전략으로 전환하도록 이끌 것이다. 문제 중심 원리는 제6장과 제7장에서 보다 상세히 제시할 것이다.

(2) 활성화

오래전부터 교육의 핵심은 아동의 현재 수준에서 교육을 시작하는 것이었다. 초등학교 교사는 이러한 현상을 이해하고 향후 학습을 형성할 수 있는 경험을 제공하는 데 상당한 시간을 사용하고 있다. 그러나 학습자가 성숙해짐에 따라 교육체제는 가르치기 전에 관련된 경험을 제공하는 것이 더 이상 필요하지 않다는 생각을 가지게 되었다. 이에 따라 대부분의 학습자는 새로운 지식을 조직하는 데 사용할 수 있는 경험 기반의 선수 멘탈 모형들을 가지고 있지 않게 되었다. 결과적으로, 수업에서 다루어진 자료를 기억하기 위해서는 이에 대한 재분류가 반드시 필요하게 되었다. 이는 대부분의 경우 수업은 학습자를 위한 충분한 토대를 마련하지 않고 즉각 새로운 자료로 건너뛴다는 것을 의미한다. 만일 학습자가 관련된 적절한 사전 경험을 가지고 있다면, 학습의 첫 번째 단계는 관련이 있는 정보를 분명하게 활성화하여 새로운 지식에 대한 토대로서 사용하도록 준비하는 것이다. 반면에 학습자가 관련이 있는 적절한 경험을 가지고 있지 않다면, 학습의 첫 번째 단계는 학습자가 새로운 지식에 대한 토대로서 사용하도록, 새로운 스킬과 관련된 실제 세상에서의 경험이나 모의 경험을 반드시 제공하여야 한다. 너무나 많은 수업이 학습자가 충분한 기반을 갖고 있지 않은 상황에서 추상적인 표상으로 시작한다.

학습자가 배워야 할 자료의 일부에 대해 이미 알고 있다고 느끼면, 학습자에게 기존에 자신들이 알고 있는 것을 시연을 통해 설명할 적절한 기회를 제공함으로써 학습자는 사전 경험을 활성화할 수 있다. 한편 학습자가 자료에 대해 아는 것이 없다고 느낀다면, 배워야 할 자료에 대한 정보 중심의 사전 검사를 받도록 하는 것은 그들을 좌절하게 만들고 사전 경험을 활성화하는 데 있어서 비생산적이다. 정보에 대한 단순한 회상은 경험을 활성화하는 데 좀처럼 효과적이지 않다(Andre, 1997).

정보만 제시하는 전략에 활성화를 추가하는 것은 학습자가 자신의 사전 경험으로부터 적절한 멘탈 모형을 개발하도록 이끌 수 있어 수행 증진을 촉진할 것이다. 해당 멘탈 모형은 주어진 정보에 의해 개정되어야 할 멘탈 모형을 구성하는 데 그 토대로 사용될 수 있다. 새로운 문제가 사전에 학습한 문제와 유사할수록, 해당 사전 학습에 대한 활성화를 통해 학습이 보다 효과적으로 이루어질 수 있다. 그러나 사전 경험과의 관련성이 거의 없어 친숙하지 않은 새로운 문제들은 수행을 촉진시키기 어렵다. 적절한 멘탈 모형의 활성화가 1수준, 2수준 혹은 3수준 교수전략에 추가되면 학습자는 용이하게 기존 멘탈 모형 위에 개정된 멘탈 모형을 구축하게 된다. 반면 적절하지 않은 경험을 활성화함으로써 부적절한 멘탈 모형을 활성화하는 것은 실제로 수행 감소를 일으킬 수 있다. 활성화 원리를 서술하면 다음과 같다.

학습은 학습자가 새로운 스킬에 대한 기반으로서 자신의 사전 지식과 스킬에 대한 멘탈 모형을 활성화하였을 때 촉진된다.

(3) 구 조

연상 기억은 한 아이디어를 다른 아이디어와 연관시키는 데 사용되는 기억으로서 빨리 망각되는 속성을 가지고 있다. 한편 멘탈 모형은 세상이 어떻게 움직이는가에 대한 표상이고, 학습자는 멘탈 모형을 통해 자신의 세상에 대해 이해하게 된다. 연상 기억은 복잡한 문제를 해결하기에는 불충분하다. 복잡한 문제에서 학습자는 이전에 습득한 다양한 스킬을 서로 연관시키고 전체에 통합하여 조직한 사전 멘탈 모형 위에 자신의 새로운 스킬을 구축하여야 한다. 학습자 스스로 지식을 구축하게 되는 경우, 학습자는 종종 부적절한 멘탈 모형을 활성화하게 된다. 따라서 문제해결을 위해 필요한 통합된 일련의 스킬을 습득하기 위해서는 정신적 노력이 증가된다. 부적절한 멘탈 모형을 토대로 새로운 스킬을 구축하는 것은 학습자가 새로운 문제를 완수하려고 할 때 종종 오류로 나타나는 잘못된 개념을 만들어 낸다. 한편 학습자에게 과거의 적절한 경험을 회상케 하고, 이러한 회상이 해당 문제에 적합한가를 검토하도록 안내하는 것은 서로 관련된 새로운 스킬을 습득하는 데 적합한 멘탈 모형을 보다 더 활성화할 수 있다(Mayer, 1992a).

활성화란 단지 학습자가 사전 경험을 회상하도록 돕거나 적절한 경험을 제공하는 것 이상이다. 활성화는 이 멘탈 모형들을 자극하고, 학습자가 자신의 기존 지식에 새로운 지식을 통합할 수 있도록 멘탈 모형을 변용할 수 있도록 한다. 이러한 내적 표상은 새로운 내용을 조직하기 위한 프레임워크로 사용될 수 있다. 만일 학습자가 새로운 지식과 기술을 구조화하는 데 사용할 수 있는 멘탈 모형을 가지고 있다면, 반드시 학습자가 이 멘탈 모형을 활성화하도록 격려하여야 한다. 그러나 학습자는 종종 자신이 새로이 습득한 스킬을 조직하는 데 사용할 수 있는 프레임워크를 구축하는 데 있어 비효율적이다. 학습자를 도와주지 않고 내버려 두면, 그들은 종종 비효율적이거나 심지어 부적절한 조직화 전략을 사용한다. 만일 학습자의 멘탈 모형이 새로운 지식을 적절하게 구조화하는 데 불충분하다면, 수업을 통해 학습자가 새로운 지식을 위해 필요한 조직적 멘탈 모형을 구축하는 데 사용 가능한 구조를 제공하는 경우에만 학습이 촉진될 수 있다. 구조의 계론을 서술하면 다음과 같다.

> 학습은 학습자가 새로운 지식을 조직하기 위해 프레임워크나 구조를 회상하거나 습득하였을 때, 그리고 그 구조가 시연 중의 학습 안내, 적용 중의 코칭, 통합 중의 성찰을 위한 기반이었을 때 촉진된다.

활성화 원리는 제8장에서 보다 상세히 제시할 것이다.

(4) 통 합

학습은 학습자가 의도한 스킬을 단지 습득하는 것 이상이 되었을 때 일어난다. 학습은 기존 멘탈 모형의 조정과 학습자가 이미 습득한 스킬에 새로운 스킬을 통합하는 것을 요구한다. 효과적인 수업은 학습자에게 그가 이미 알고 있는 것에 새로운 스킬이 어떻게 관련되는가를 성찰하는 기회를 제공하여야 한다. 또한 효과적인 수업에서는 학습자에게 새로운 스킬을 다른 이에게 설명하게 하거나, 그가 알고 있는 것이 도전받았을 때 이를 옹호하는 기회를 제공하여야 한다. 새로운 아이디어에 대한 성찰, 토론 그리고 옹호는 어떤 면에서 학습자가 이러한 스킬을 유지하고 향후 이를 적용하는 것이 용이한 상황에서 새로운 스킬을 통합하도록 돕는다. 통합 원리를 서술하면 다음과 같다.

> 학습은 학습자가 새로 습득한 지식과 스킬에 대해 성찰하고 토론하고 옹호하였을 때 촉진된다.

(5) 동료 협력과 동료 비평

필자는 종종 '동기 원리는 어디에 있는가?'라는 질문을 받곤 한다. 필자가 제시한 원리들은 설계에 관한 것이고, 또한 학습자에게 제시되는 수업에 관한 것이다. 동기는 학습자의 상태^{state}에 관한 것이다. 신중하게 설계된 수업은 동기를 반드시 이끌어 내야 한다. 동기는 종종 왜곡되어 이해된다. 플래시 미디어 혹은 제작에 힘을 기울인 제품은 주의를 끌 수 있겠지만, 이들은 동기를 이끌어 내는 요인은 아니다. 동기는 학습의 결과 중의 하나다. 사람들은 배우기를 좋아한다.

모든 활동 중에서 사람들의 동기가 가장 잘 유발되는 것은 이전에는 하지 못했던 문제를 해결할 수 있거나 과제를 수행할 수 있다는 것을 알았을 때다. 학습 상황에서는 학습자가 자신의 발전을 관찰할 수 있을 때 동기의 유발이 가장 용이하다. 학습자가 새로운 스킬을 습득하였을 때 언제나 첫 번째로 바라는 것은 자신의 새로운 스킬을 다른 사람에게 보여 주는 것이다. 컴퓨터 게임의 주된 매력의 하나는 플레이어에게 증진되는 스킬 수준이 명백하게 보인다는 것이다. 핵심 감탄사는 "나를 지켜 봐! 내가 무엇을 할 수 있는지 봐 줘!"다.

신중하게 조직된 동료 협력과 동료 비평은 학습자로 하여금 자신이 습득한 것을 동료와 공유하도록, 즉 자신의 작업을 공개하도록 요구한다. 효과적인 수업에서는 학습자가 문제 해결책이나 수행한 과제를 단지 교수자에게 제출하는 것이 아니라, 그들이 작업한 것을 동료와 공유하도록 요청한다. 첫 번째 수준의 공유는 아마도 문제를 해결하거나 과제 수행을 구성원들이 함께하는 협력 팀을 통해 이루어질 것이다. 두 번째 수준의 공유는 자신의 작업 결과를 비평하도록 선정된 동료와 이루어진다. 적절하게 구조화된 동료 비평은 학습자에게 자신이 새롭게 습득한 스킬과 그 적용에 대해 옹호하도록 요구한다. 동료 협력과 동료 비평은 학습자가 자신의 작업 결과물을 자랑스럽게 생각하거나, 새로이 습득한 스킬을 과시하고 싶어 할 때 가장 효과적이다. 동료 협력과 동료 비평의 계론을 서술하면 다음과 같다.

학습은 학습자가 자신의 일상생활 속에서 동료 협력과 동료 비평을 토대로 새로운 지식과 스킬에 대해 성찰하고 토론하고 또는 옹호함으로써 새로운 지식을 통합하였을 때 촉진된다.

통합 원리는 제8장에서 보다 상세하게 제시할 것이다.

3. 복잡한 문제해결 평가

이 책에서 확인된 원리들은 대부분의 교수 상황에서 학습을 촉진할 것으로 생각된다. 그러나 교수의 으뜸원리들을 통해 촉진된 학습은 정보의 회상만을 요구하는 평가 기법에 의해서는 탐지되지 않을 것이다. 이 원리들에 의해 촉진된 수행 증진은 복잡한 문제에서 가장 명백하게 나타날 것이다. 복잡한 문제는 학습자에게 산출물이나 해결책을 개발하도록 요구한다. 또한 다양한 유형의 지식과 스킬을 서로 관련된 방식에 의해 모두 종합할 것을 요구한다. 처음에 학습자는 단순한 버전의 문제를 해결할 수 있을 것이다. 스킬이 증진되는 과정에서 학습자는 점점 더 복잡한 버전의 문제를 해결할 수 있게 된다. 문제해결에서 초기 해결책은 단순하고 관련된 요인의 일부분만을 고려할 것이다. 학습자가 스킬을 습득함에 따라 해결책은 질적으로 보다 향상되고, 보다 복합적이 되고, 보다 많은 요인을 고려할 것이다. 문제 수행에 대한 측정은 반드시 스킬의 점진적인 습득을 반영해야만 한다(Bunderson, 2006 참조).

복잡한 문제의 수행 수준에 대한 측정 척도를 설계하기 위한 절차는 무엇일까? 몇 개의 가능한 절차를 제안하면 다음과 같다.

- 문제들을 풀어 가는 진행 과정에서 문제해결을 위한 활동의 개수나 복잡성이 점진적으로 증진되도록 배열되었는지를 확인하라. 문제해결을 위한 풀이 과정에서 각각의 문제를 위해서 통과로 판정받을 수 있는 수행에 대한 체크리스트를 만들라. 학습자는 문제를 풀지 못할 때까지 연속해서 문제를 해결해 나간다. 타당한 채점 방식은 학습자가 연속된 문제 풀이 과정에서 전체 문제를 통과로 허용되는 범위에서 완결하였을 때를 최고 수준으로 측정하는 것이다.
- 학습자에게 문제를 제시하면서 다양한 수준의 코칭을 활용할 수 있도록 한다. 학습자가 더 이상 진전하지 못할 때 첫 번째 수준의 코칭이 제공된다. 만일 학습자가 여전히 어려워한다면 두 번째 수준의 코칭이 제공되는 등, 학습자가 문제를 해결할 수 있을 때까지 코칭이 계속 이어진다. 점수는 학습자가 문제를 해결하기 위해 얼마나 지속적으로 내용을 정교화한 코칭이 필요하였는가와 반비례한다. 이 경우 점수는 연속적으로 진행된 문제들의 단계가 아니라 문제 내에서 필요했던 도움의 양을 반영한다.
- 하나의 복잡한 문제 집합을 사용하여 수행의 증진 수준을 측정하는 것도 가능할 것이다. 이것은 앞서 설명한 문제의 연속적 진행과 유사하지만, 이 상황에서는 문제해결이나 문제 완성이 점차 진척된다는 것이다. 해결책을 완성하기 위해 나아가는 각 단계에서는 전문성이 점차적으로 증진되어야 한다. 학습자는 문제 해결책을 위해 완결한 단계의 개수에 따라 점수를 받게 된다.

4. 시연 코스: 응급처치

이 절에서는 호주의 응급처치Australian First Aid 기관이 개발한 것으로서 교수의 으뜸원리가 적용된 코스를 검토할 것이다. 이 코스는 좋은 사례이기는 하지만 더 개선될 여지가 있다. 해당 코스의 목표는 다음과 같다. "이 코스의 목적은 다양한 응급 상황에서 부상을 처리하기 위한 자신감과 스킬을 제공하기 위한 것이다." 이 코스는 ① 응급처치의 목적, ② 사고 방지, ③ 응급처치의 요점, ④ 응급처치 키트의 네 가지 입문 수업lesson으로 구성되었다. 29개의 튜토리얼이 구체적인 응급처치 절차를 다룬 수업을 제공하며, 두 개의 학습 안내가 제공된 사례연구들은 실제 응급 상황에서 일어난 응급처치에 대한 시연을 보여 주고 있다. 또한 학습자에게 모의 응급 상황에서 응급처치 스킬을 시연하도록 요구하는 20개의 실습 사례연구, 10개의 시험 사례연구, 그리고 4개의 보조적 시험 사례연구가 제공된다.

학습자는 일련의 실습 사례연구를 시작하기 전에 반드시 4개의 레슨을 모두 마쳐야만 한다. 학습 안내가 제공된 사례연구는 학습자에게 어떻게 사례연구 내에서 시뮬레이션을 조종할 수 있는지를 가르쳐 준다. 튜토리얼은 사례연구를 위해 필요한 스킬을 다루고 있다. 각각의 사례연구 전에, 학습자에게는 사례연구에 임하기 전에 반드시 끝마쳐야 하는 튜토리얼 목록이 제시된다. 학습자는 튜토리얼과 실습 사례연구를 순서에 관계없이 수행할 수 있다. 학습자는 반드시 시험 사례연구들을 시작하기 전에 20개의 실습 사례연구를 모두 완료해야만 한다.

다음에서는 교수의 으뜸원리가 적용된 e³ 수업의 예시로서 이 코스에서 선정된 일부 문단을 제시하고 있다. 다음 문단은 오프닝 시뮬레이션, 사고 방지에 대한 레슨, 학습 안내가 수반된 사례연구, DRABC[1] 절차에 대한 튜토리얼, 안면 부상에 대한 튜토리얼 및 코피에 대한 응용 사례연구들을 서술하고 삽화를 통해 설명하고 있다. 이 시연은 여러분이 교수의 으뜸원리를 적용하는 것을 돕기 위해 설계되었다. 각 문단을 서술한 후, 이어 여러분이 이 문단에서 교수의 으뜸원리가 어떻게 적용되었나에 대해 생각해 볼 수 있는 질문을 제시한다. 여러분이 각 섹션의 마지막 부분에 제시한 필자의 코멘트를 읽기 전에 이 질문에 대해서 답을 한다면 보다 많이 배울 수 있을 것이다.

1) 오프닝 시뮬레이션

코스는 짧은 상호작용적 시나리오로 시작되는데, 이에 대한 설계는 [그림 2-2]와 같다. [그림 2-2]는 학습자의 행동과 이에 대한 시스템의 반응을 보여 주고 있다. 이 오프닝 시나리오의 목적은 무엇인가? 학습자가 자신의 경험으로부터 응급처치가 필요했던 응급 상황을 회상하도록 돕는 것인가? 학습자가 이 코스를 수강하고자 한 이유를 제공하는 것인가? 학습자가 이 코스에서 가르치는 스킬을 습득하도록 동기를 유발하는 것인가?

---

1) 역자 주: DRABC는 응급치료 용어로 위험요소 확인Danger, 반응 확인Response, 기도 유지Airway, 호흡 확인Breathing, 순환 확인Circulation의 약자다.

여러분은 활성화로 시작되는 학습의 순환을 기억하는가? 학습자는 이 코스와 관련하여 어떠한 사전 경험을 가지고 있을까? 이 오프닝 시나리오는 관련 경험을 회상하도록 돕는가? 학습자가 이 코스를 택하면서 이미 가지고 있을 법한 개연성 있는 멘탈 모형은 어떤 것인가? 이 시뮬레이션은 학습자가 이 멘탈 모형을 활성화하도록 돕는가?

[그림 2-2] 오프닝 상호작용적 시나리오 – 활성화

응급처치 입문		
#	학습자 행동	시스템 반응
1	등록 후 다음 버튼을 클릭한다.	오디오: 나는 응급처치 요원의 자격이 있지만 당신의 도움이 필요합니다. 공중전화 부스를 찾아 전화로 구급차를 불러 주겠어요? 이 여자 분은 의식이 없으나 숨은 쉬고 있어요. 시급한 의료 지원이 필요해요. 
2	진행 화살표를 클릭한다.	텍스트(사진 위에 오버레이): 당신은 공중전화에 사용할 동전이나 전화카드가 필요합니까? 버튼: 예 　　　아니요 / 그래픽: 공중전화 부스 내 전화의 클로즈업
3	아니요 버튼을 클릭한다.	오디오: 정확한 번호를 누르기 위해 전화기의 숫자를 눌러 안내를 요청한다.
4	000 이외의 숫자를 누른다.	텍스트: 틀린 번호입니다. 당신은 xxx 번호를 누르셨습니다. 호주에서는 응급 서비스를 요청하기 위해서는 반드시 000을 누르셔야 합니다.
5	전화의 000 숫자를 클릭한다.	오디오: 어떤 응급 서비스를 요청하십니까? / 버튼: 소방서 구급차 경찰
6	구급차 버튼을 클릭한다.	오디오: 전화 신호음. 구급차 서비스. 제 말이 다 끝날 때까지 전화를 끊지 마세요. 지금 어디입니까? 가장 가까운 교차로는 어디에 있습니까? / 그래픽: 주소, 전화번호 및 다른 정보를 포함하고 있는 전화기 옆의 정보 카드를 제시함 버튼: 주소와 교차로명에 대한 3개의 선택지
7	엘리자베스 거리 옆 마틴 플레이스를 클릭한다.	오디오: 얼마나 많은 부상자가 있습니까? / 버튼: 한 사람 두 사람 세 사람

(계속)

8	한 사람 버튼을 클릭한다.	오디오: 어떤 종류의 부상입니까?	버튼: 심장마비가 예상됨 거리에서 쓰러짐 숨은 쉬지만 무의식 상태임
9	숨은 쉬지만 무의식 상태 버튼을 클릭한다.	오디오: 그 밖의 다른 응급 서비스가 필요합니까?	버튼: 예 아니요
10	아니요 버튼을 클릭한다.	오디오: 전화를 건 전화번호는 몇 번입니까?	버튼: 02 309 019P2 02 309 0192 02 309 091P2
11	02 309 019P2 버튼을 클릭한다.	오디오: 구급차가 지금 가고 있습니다. 전화를 끊어 주세요. 사이렌 소리가 남	
12	내레이터의 오디오: 여러분이 응급처치 시뮬레이션에서 지금 본 부분의 중요성을 결코 간과해서는 안 됩니다. 실상은 효과적인 응급처치 요원보다는 더 많은 구경꾼이 항상 있을 것입니다. St. John's Ambulance가 운영하는 특별 일일 실습 코스로 전문 코치가 여러분이 부상자나 실제 환자에게 생명 구조 응급처치를 할 수 있는 스킬과 지식을 갖추도록 도와줄 것입니다. 응급처치는 일상생활에서 가장 중요한 스킬의 하나입니다. 급성 질환이나 갑작스러운 부상은 연령이나 신분, 장소나 시간을 배려하지 않으며, 우리 대부분은 가족, 친구, 심지어 전혀 모르는 사람이 관련된 위험 상황에서 응급처치를 해야 하는 상황에 놓일 수 있습니다.		

출처: Australian First Aid, Version 1.5. Copyright 1995, St. John's Ambulance Australia. 허가를 받아 게재함.

필자의 코멘트　　　대부분의 학습자는 아마도 응급처치가 필요한 사건을 목격했을 것이다. 오프닝 시나리오는 학습자에게 자신이 목격한 유사한 상황을 회상하도록 도울 것이라는 기대에서 제시되었다. 대부분의 학습자는 사고를 접했을 때 적어도 무엇을 해야 하는가에 대한 최소한의 아이디어는 이미 가지고 있을 것이다. 오프닝 시나리오는 학습자가 이러한 멘탈 모형을 활성화하는 데 도움을 줄 수 있고, 나아가 시나리오에서 제시된 단계들은 학습자가 자신의 멘탈 모형과 시나리오에서 실시된 스텝을 비교하는 데 도움을 줄 것이다. 이 시나리오는 적절한 활성화 교수활동을 그림과 함께 설명하고 있다.

2) 레슨 2-사고 방지

　[그림 2-3]은 레슨 2-사고 방지의 설계를 그림과 함께 설명하고 있다. [그림 2-3]은 학습자의 행동과 이에 대한 시스템 반응을 보여 주고 있다. 이 레슨은 일련의 상황을 제시하고, 학습자에게 이 상황들이 제시하는 잠정적으로 위험한 요인들을 확인하도록 질문함으로써 사고 방지를 강조하고 있다. 이 레슨은 잠정적인 사고에 대해 가르치는가, 아니면 단지 학습자에게 주위에 존재하는 위험들에 대해 주의를 환기시키는가? 이 레슨은 학습자에게 자신들의 경험으로부터 이러한 상황들을 회상하도록 돕는가? 이 레슨은 학습자에게 가르치고자 하는 첫 번째 스킬에 대한 맥락을 제공하는 멘탈 모형들을 활성화하도록 돕는가?

[그림 2-3]　레슨 2-사고 방지-활성화

응급처치 레슨 2 – 사고 방지			
#	학습자 반응	시스템 대응 반응	그래픽
1	메인 메뉴에서 레슨 2를 클릭한다.	오디오: 잠정적인 위험을 나타내는 항목들을 클릭하세요.	
2	학습자는 사진에서 잠정적 위험을 클릭한다.	[각각의 잠정적 위험에 대한 유사한 상호작용. 만일 학습자가 모든 항목을 찾아내지 못하면, 아직 위험이 남아 있다는 메시지로 이를 상기시킨다.]	텍스트: 날카로운 칼들이 주위에 흩어져 있는 것은 아동에게는 유혹이고 어른에게는 잠정적인 위험이다. 칼은 서랍이나 칼집에 보관해야 한다.
3	[위와 유사함]	[위와 유사함]	그래픽: 위험한 물건들이 주위에 놓여 있는 가게
4	[위와 유사함]	[위와 유사함]	그래픽: 위험한 상황이 발생한 수영장 주변

출처: Australian First Aid, Version 1.5. Copyright 1995, St. John's Ambulance Australia. 허가를 받아 게재함.

필자의 코멘트　　사고 방지 레슨은 학습자의 집과 유사한 상황을 묘사하고 있다. 이 레슨은 두 가지 목적을 가지고 있는 것 같다. 잠정적인 위험 상황에 대한 학습자의 주의를 증진시키는 것과 잠정적인 위험 상황에 관한 학습자의 사전 경험을 활성화하는 것이다. 학습자가 활성화한 멘탈 모형은 DRABC 튜토리얼에서 다룰 위험 단계에 대해 학습할 때 특히 관련이 될 것이다.

3) 학습 안내가 수반된 사례연구

이 사례연구는 마이크로월드, 즉 학습자를 실제 세상의 모의 상황에 처하게 하는 시뮬레이션의 한 유형으로 설계되었고, 학습자에게 제시된 응급 상황에 대응하여 적절한 응급처치를 취하도록 요구한다. 형식은 사이먼 가라사대 유형의 시연이다. 수업은 다음 단계를 알려 주고 학습자가 이 단계를 실행하도록 안내한다. 만일 학습자가 다른 행동을 수행한다면, 수업은 단계가 틀렸다는 것을 알려 주고, 어떤 단계를 실행해야 하는가에 대해 다시 안내한다.

[그림 2-4]는 학습 안내가 수반된 적용 사례연구를 위한 인터페이스를 묘사하고 있다. 스크린 오른쪽의 메뉴는 학습자가 수행해야 할 응급처치 행동들을 나타낸다. 이 메뉴에서 어떤 버튼을 클릭하게 되면 시스템은 학습자가 선택할 수 있는 특정 행동들의 목록을 팝업한다. 예를

들어, 부상자 자세 버튼을 클릭하면 시스템은 다음과 같은 행동 목록들을 팝업으로 보여 준다. 안정적으로 옆으로 누운 자세, 다른 쪽 옆으로 누운 자세, 등을 대고 누운 자세, 앉은 자세(다리 사이에 머리를 넣음), 의자 등받이에 기댄 자세. 학습 안내가 제공된 사례연구에서는 단 하나의 적절한 버튼이 작동하나, 적용 사례연구에서는 모든 버튼이 작동한다. [그림 2-5]는 첫 번째 학습 안내가 수반된 사례연구 설계를 제시한다.

[그림 2-4] 사례연구 시뮬레이션 인터페이스

	부상자 자세
	부상자에게 설명/질문
	주위 사람들에게 설명/질문
여기에 텍스트와 그래픽이 나타남	기타 행동
	응급처치 키트 물품 사용
	다른 물품 사용
	이제까지의 스토리…
여기에 내비게이션 버튼을 배치함	학습 안내 조언 버튼의 그림

[그림 2-5] 학습 안내가 수반된 사례연구 – 문제를 실례를 들어 보여 줌

응급처치 사례연구 시범			
#	학습자 행동	시스템 반응	그래픽
1	메뉴에서 학습 안내가 제공된 사례연구를 선택한다.	오디오: 각 사례연구의 시작에서 여러분은 사례연구를 마치기 위해서 필요한 자료를 다루는 튜토리얼의 목록을 받게 될 것입니다.	텍스트: 이 사례연구는 다음 튜토리얼에서 담고 있는 자료를 다룬다. • DRABC 액션 플랜 • 옆으로 누운 자세 • EAR • CPR

(계속)

2	다음을 클릭한다.	오디오: 당신은 사무실에서 근무하는 중에 동료 한 명이 자신을 부르는 소리를 들었습니다. 그는 바닥에 쓰러져 있습니다. 주위에 다른 동료가 있고, 당신은 응급처치 키트를 가지고 있으며, 전화 사용이 가능합니다. 제일 먼저 당신이 해야 할 일은 자신에게, 주위에 있는 사람들에게, 그리고 부상자에게 어떤 위험이 있는가를 확인하는 것입니다. 기타 행동 버튼을 클릭하고, 위험 체크함 버튼을 선택합니다.	
3	버튼을 클릭한다. 기타 행동 … 위험을 체크한다.	오디오: 당신이 부상자를 돕는 것이 안전하다고 느끼면, 그 사람이 의식이 있는가를 반드시 체크해야 합니다. 부상자에게 설명/질문 버튼이나 혹은 기타 행동 버튼을 누르고 반응을 체크하기 위한 방법을 선택합니다.	텍스트(그래픽에 오버레이): 당신 자신과 다른 사람들 그리고 부상자에게 위험할 수 있는 것은 보이지 않는다. 다음 단계를 선택한다.
4	버튼을 클릭한다. 기타 행동 … 부상자를 조심스럽게 흔든다.	오디오: 부상자는 반응하지 않습니다. 따라서 당신은 무의식에 있는 사람에게 올바른 자세가 되도록 그를 움직여야 합니다. 부상자 자세 버튼을 클릭하고, 목록으로부터 포지션을 선택합니다.	텍스트(그래픽에 오버레이): 당신은 부상자를 조심스럽게 흔드나, 그는 반응하지 않는다. 다음 단계를 선택한다.
5	버튼을 클릭한다. 부상자 자세 … 안정적인 옆 자세	오디오: DRABC 액션 플랜의 다음 단계는 부상자의 기도를 깨끗이 하고, 여는 것입니다. 그러나 이를 시행하기 전에 당신은 응급치료 키트에서 장갑을 꺼내 끼어야 합니다. 응급처치 키트 물품 사용을 체크하고, 목록에서 장갑을 선택합니다.	 텍스트(그래픽에 오버레이): 정답이다. 당신은 부상자를 움직여서 안전하게 옆으로 누운 자세로 만든다. 다음 단계를 선택한다.

(계속)

6	학습 안내가 수반된 사례연구는 학습자로 하여금 추가로 요구되는 응급처지 행동에 참여시킴으로써 계속되는데, 각각의 행동에는 텍스트와 오디오 메시지가 수반된다. 그래픽은 상황을 반영하여 적절한 때에 변경된다.		
7	마지막 단계가 완료된 후:	오디오: 당신은 1분 후에 부상자의 맥박과 호흡을 체크하고, 이어 2분마다 체크합니다. 사이렌 소리가 울리면서 구급차가 도착한 것을 알립니다. 구급차가 도착하면 구급차 요원들이 환자를 인수합니다. 이제 당신은 자신의 손을 비누와 물로 깨끗이 씻습니다.	요약 • 위험과 반응을 체크한다. • 부상자를 움직여 옆 포지선으로 하고, 기도를 깨끗이 한 후 열고, 호흡을 체크한다. • 부상자를 등으로 눕게 만들고, 10초 동안 5번의 깊은 숨을 불어넣어 준다. • 혈액순환을 체크하고, 주위의 누군가에게 전화로 의료 지원을 요청하게 한다. • CPR을 시작하고, 구급차가 도착할 때까지 계속한다.

출처: Australian First Aid, Version 1.5. Copyright 1995, St. John's Ambulance Australia. 허가를 받아 게재함.

이 코스가 학습자에게 해결하도록 가르치는 문제는 무엇인가? 이 사례연구 시연은 학습자에게 이러한 유형의 문제에 대한 예시를 보여 주는가? 이 시연은 단지 말로 설명하는 것이 아니라 예시를 보여 주면서 가르치는가? 이 시연은 두 가지를 보여 주고 있다. 첫째, 누군가 쓰러졌을 때 실행해야 할 응급처치 행동들을 보여 준다(요약 참조). 둘째, 시뮬레이션 인터페이스의 내비게이션 명령어를 어떻게 사용하는가를 보여 준다. 사용된 그래픽은 적합한가? 그래픽들은 단지 관련성이 없는 그래픽을 제공하는 것이 아니라 교수활동을 시행하였는가?

필자의 코멘트　　설계자들은 일어날 만한 실제 응급처치 상황을 나타내는 일련의 시뮬레이션을 설계함으로써 문제 중심 접근을 도입하였다. 또한 그들은 여러 시뮬레이션 중에서 한 가지 사례를 제시하고, 동시에 학습자가 시뮬레이션 인터페이스를 사용하는 것을 배우도록 지원하였다. 학습자는 실제 응급처치 상황에서 무엇을 해야 하는가에 대해 설명을 듣고 시범을 통해 행동을 볼 수 있었다. 교수 계열에서 사용된 사진들은 불필요한 사진들이 아니라 실제로 교수 정보를 포함하였다. 예를 들어, 안정적인 옆 포지션의 사진은 해당 자세를 잡아 주게 되면 환자는 어떤 모습이어야 하는가를 보여 주었다. 오디오 지시는 학습자를 다음 단계로 이동하게 안내할 뿐만 아니라, 시뮬레이션 인터페이스의 버튼들을 사용하여 이들 단계를 어떻게 실행하는가에 대해 설명하였다.

4) DRABC와 안면 부상 튜토리얼

이 코스에서 학습자는 다음의 적용 사례연구로 이동한다. 이전에 학습자는 메인 메뉴에서 코피 사례를 선택했을 수도 있다. 먼저 튜토리얼을 완료하라는 조언을 받으면 학습자는 [그림 2-6]에 제시된 튜토리얼로 이동하게 된다. 여러분은 튜토리얼을 검토하면서, 설계자가 e^3 학습 원리를 어떻게 적용하였는가를 생각하기 바란다. 두 개의 튜토리얼은 시연 원리를 시행하고 있는가? 학습자에게 행동을 취하라고 단지 말하는 것이 아니라 어떻게 하는가를 보여 주고 있는가? 시연은 적절한 그래픽을 포함하고 있고, 이들은 가르치는 것의 일부분을 실제로 수행하는가? 이 시연은 가르치고자 하는 스킬을 보다 적절하게 가르치기 위해서 개선할 여지가 있는가? 개선의 여지가 있다면 어떻게?

[그림 2-6] 튜토리얼-DRABC와 안면 부상-구성요소 스킬 적용의 시연

#	학습자 행동	시스템 반응
	응급처치 DRABC와 안면 부상 튜토리얼	
1	실습 사례연구 메뉴에서 코피를 선택한다.	**텍스트:** 당신은 이 사례연구를 시작하기 전에 다음 튜터리얼을 반드시 완료해야 한다. • DRABC 액션 플랜 　　　　• 안면 부상
2	[학습자는 실습 사례연구를 완료하기 전에 튜토리얼을 끝마치기로 결정한다.]	
	DRABC 튜토리얼	
3	튜토리얼 메뉴로부터 DRABC 액션 플랜을 클릭한다.	**텍스트:** DRABC 액션 플랜 튜토리얼 이 튜토리얼은 다음 주제 영역을 포함하고 있다. • DRABC 원리 소개 • DRABC 절차
4	다음을 클릭한다.	**텍스트:** 때때로 당신은 사람들이 응급처치 코스를 수료했지만 무엇을 해야 하는지 모르겠다고 말하는 것을 들을 수 있을 것이다. 이는 이상할 것이 없다. 왜냐하면 사람들은 실습할 기회를 많이 갖지 못했고, 또 응급처치는 배운 것과 다른 상황이 발생할 가능성이 많이 있기 때문이다. 그러나 DRABC 액션 플랜은 기억하기 쉬우며, 여기에는 '반드시 행해야 할' 다섯 단계의 절차가 있다.
5	다음을 클릭한다.	**텍스트:** DRABC는 Danger(위험), Response(반응), Airway(기도), Breathing(호흡), Circulation(순환)을 뜻한다.

(계속)

6	다음을 클릭한다.	**텍스트**: [목록이 스크린의 왼쪽으로 이동하고 각 항목이 교대로 하이라이트된다. 커서를 파란 색상으로 하이라이트된 제목에 놓고 마우스를 클릭한다.
7	위험을 클릭한다.	**텍스트**: 위험(Danger)이라는 단어가 빨간색으로 변한다. 당신이 응급처치 상황이라는 것을 인지하고 어떤 행동을 취하기 전에, 당신은 반드시 즉각적으로 전체 장면을 보고 거기에 어떤 위험은 없는지를 확인하여야 한다. 당신에게, 구경꾼 중 누군가에게, 혹은 부상자에게.
8	다음을 클릭한다.	**텍스트**: 항상 위험을 체크해야 하는데… 당신에게—만일 당신 자신이 부상자가 되면 누구에게도 도움을 줄 수가 없다. 구경꾼 중 누군가에게—만일 구경하는 사람들까지 부상자가 되어버린다면 당신이 해야 할 일은 훨씬 어려워질 것이다. 부상자에게—만일 부상자가 아직 지나가는 자동차나 떨어지는 바위 등으로부터 위험하다면 부상자에 대한 처치는 의미가 없다.
9	다음을 클릭한다.	**그래픽**: 어떤 사람이 상점처럼 보이는 곳의 바닥에 누워 있는 사진. 그 사람의 옆에 전동 드릴이 놓여 있고, 아직도 전원이 꽂혀 있다. 그 사람 머리 위의 작업대 위에는 어떤 물건의 일부가 아래로 늘어져 있다. **텍스트**[그래픽 옆에]: 당신은 어떤 사람이 소리치면서 쿵하고 쓰러지는 소리를 듣고 무슨 일이 있는지 알아보려고 그에게 달려갔다. 당신은 그가 마루에서 움직이지 못하고 누워 있는 것을 보았고, 과열된 전기선 냄새를 맡을 수 있었다. 당신에게, 다른 사람에게, 혹은 부상자에게 위험할 것으로 생각되는 것들을 클릭한다.
10	사진에서 전기 드릴을 클릭한다.	**그래픽**: [앞과 동일] **텍스트**: 정답. 그 부상자는 전동 드릴로 전기 쇼크를 받았을 것이므로, 그에게 다가가기 전에 당신은 반드시 스위치를 끄고 플러그를 뽑아야 한다.
11	다음을 클릭한다.	**그래픽**: [앞과 동일] **텍스트**: 당신은 전원을 끄고 부상자 옆에서 드릴을 치운다. 그러나 또 다른 물건도 위험할 수 있으므로 반드시 그 물건도 치워야 한다.
12	작업대에 있는 물건을 클릭한다.	**그래픽**: [앞과 동일] **텍스트**: 정답. 아주 많은 경우 사람들은 바닥에서 어떤 일이 일어났는지에 정신을 쏟아 그들 위에 있는 위험을 간과한다. 항상 위를 보는 것을 기억해야 한다.

(계속)

13	다음을 클릭한다.	그래픽: [앞과 동일] 텍스트: 당신은 머리 위의 위험한 것을 치운다. 이제 당신이 부상자에게 접근하는 것은 안전하므로 그의 반응을 체크한다.
14	이와 유사한 제시를 DRABC 액션 플랜의 다른 네 개의 용어, 즉 반응, 기도, 호흡, 순환을 위해 사용한다. 학습자는 DRABC 튜토리얼을 완료한 후, 안면 부상 튜토리얼로 이동하게 된다.	
	안면 부상 튜토리얼	
15	안면 부상을 클릭한다.	텍스트: 안면 부상은 아래의 얼굴 이목구비를 포함한다. • 눈 • 귀 • 코 • 턱 • 치아 얼굴 이목구비 중 하나를 클릭한다.
16	메인 메뉴에 열거된 튜토리얼 중 코를 클릭한다.	텍스트: 코와 관련된 부상 가장 잘 일어나는 코에 관련된 부상 세 가지: • 콧속의 이물질 　　[여기서 설명은 생략함] • 코피 어떤 사람, 특히 아동은 뚜렷한 이유도 없이 코피가 자주 나는 경향이 있다. 또 어떤 이들은 싸움이나 운동을 하다가 맞아서 코피가 날 것이다. • 코뼈가 부러짐 　　[여기서 설명은 생략함]
17	코피를 클릭한다. 다음을 클릭한다.		텍스트: 코피는 가장 흔히 있는 응급처치 문제의 하나이나 가장 많이 잘못 처치되고 있다. 부상자를 위한 올바른 절차: • 코의 부드러운 부분을 잡고 입으로 숨을 쉰다. • 고개를 약간 앞으로 숙인다. 또한 표층 혈관의 순환을 감소시키기 위해 부상자의 뒷목과 이마에 차가운 젖은 수건이나 아이스 팩을 대는 것이 도움이 된다.

출처: Australian First Aid, Version 1.5. Copyright 1995, St. John's Ambulance Australia. 허가를 받아 게재함.

이 두 개의 튜토리얼은 적용 원리를 시행하고 있는가? 학습자에게는 그들이 방금 배운 스킬을 적용하도록 기회를 제공하는가? 어느 튜토리얼에서 적절한 적용이 결여되었는가? 이 튜토리얼에서 보다 적절한 적용이 이루어지기 위해서는 어떤 조치를 할 수 있을까? 이 튜토리얼은 내재적 피드백을 제공하고 있는가? 내재적 피드백은 학습자에게 자신의 행동의 결과를 볼 수 있도록 한다. 학습자는 이 튜토리얼에서 제공한 적용에서 자신의 행동의 결과를 볼 수 있는가? 이 튜토리얼은 교정적 피드백을 제공하는가? 교정적 피드백은 학습자에게 수행의 질에 대해 알려 주고 어떻게 그들이 절차를 수행하였는가를 보여 준다. 교정적 피드백이 이 튜토리얼을 위해 제공되고 있는가? 어떻게 보다 효과적인 교정적 피드백이 운용될 수 있을까? 가르친 스킬을 위해 코칭이 사용 가능한가? 이 튜토리얼에서 어떻게 하면 보다 효과적인 코칭을 제공할 수 있을까?

필자의 코멘트   [그림 2-6]에서 DRABC 튜토리얼의 3~5행은 어느 응급처치 상황에서도 실시할 수 있는 다섯 가지의 사전 단계에 대해 말하고 있다. 7행과 8행에서는 위험 단계를 정교화하여 가르치고 있다. 9~13행은 단계 적용에 대해 간략하게 설명하고 있다. 이 튜토리얼은 **말하기**tell와 **수행하기**do 교수활동으로 구성되어 있으나, 만일 적절한 학습 안내를 포함한 **보여 주기**show 교수활동이 추가된다면 개선될 수 있다. 여기서는 다양한 방법에 의해 주어진 사고 상황에는 많은 위험이 따르고 있다는 것을 설명하고 있다. 이 다양한 상황을 관찰하는 것은 학습자가 이 코스의 한 부분에서 다룰 사례나 실제 세상에서 맞닥뜨리기 쉬운 상황에서의 위험을 인지하도록 돕는다. 적용은 학습자가 상황에서 볼 수 있는 모든 잠재적 위험을 확인하도록 돕는 코칭을 포함해야 한다. 또한 학습자 반응에 대한 교정적 피드백이 있어야 한다.

코피 튜토리얼은 또한 **말하기**와 **보여 주기**를 포함하고 있으나 **수행하기**는 포함되어 있지 않다. 제시된 정보에서 그래픽은 단계를 표상하고 있다. 그러나 추가 학습 안내는 매우 적다. 시연은 단지 한 개의 그림을 통해서보다는 일련의 그래픽으로 스텝을 묘사함으로써 개선될 수 있을 것이다. 해당 구성 스킬에 대한 적용이 없으므로 피드백도 제공되지 않고 코칭도 포함되어 있지 않다. 가능한 적용 연습으로는 코를 쥐는 다양한 방법을 보여 주고, 어느 것이 가장 바람직한 절차인지를 일련의 그림을 활용하여 묻는 질문이 포함될 수 있을 것이다. 또 다른 적용은 누워 있거나, 머리를 뒤로 하고 앉아 있거나, 무릎 사이에 머리를 넣고 앉아 있는 등의 다양한 자세를 취하고 있는 부상자를 보여 줄 수 있을 것이다. 그리고 나서 학습자에게 그림들을 활용하여 가장 바람직한 자세에서 가장 바람직하지 못한 자세의 순으로 순위를 매기는 질문을 할 수 있을 것이다. 덧붙여 각각의 자세에서 코피에 대한 결과를 설명하는 교정적 피드백이 반드시 제공되어야 한다.

5) 실습 사례연구

이 코스에서 실습 사례연구는 다양한 구체적인 응급 상황으로 구성되어 있다. 여기에는 끓는 물에 덴 발, 접질린 발목, 벌레가 들어간 귀, 물에 빠진 아기, 가시가 들어간 눈을 포함한 20개의 독립된 적용 사례연구가 제시되고 있다.

각각의 사례연구는 시뮬레이션으로서 학습자를 모의 실제 상황에 처하게 하고, 응급처치와 관련된 의사결정을 하게 함으로써 응급 상황에 대처하도록 요구한다. 이 사례들의 포맷은 준개방형 시뮬레이션으로 학습자에게 스크린상에서 여러 개의 대안적 활동을 제시하고 있다. 학습 안내가 제공된 사례연구에서처럼, 스크린의 오른쪽에 학습자가 선택해야 할 활동의 메뉴가 나타난다. 각각의 버튼은 시스템이 학습자가 선택할 수 있는 활동의 목록을 팝업으로 제시하도록 만든다. 학습 안내가 제공된 사례연구와는 달리, 실습 사례연구에서는 모든 버튼이 활성화되어 있어 학습자가 목록에 제시된 어떤 활동이라도 선택할 수 있다. 선택한 활동에 부응하여 적절한 피드백이 제공된다. 종종 이 피드백은 학습자가 반드시 했어야 하는 것 혹은 다음에 실행해야 하는 것에 대한 조언을 포함한다. 일반적으로 적절한 활동은 순서에 구애받지 않고 선택할 수 있다. [그림 2-7]은 코피가 나는 응급 상황에 대처하는 것과 관련된 실습 사례연구에서의 상호작용을 보여 주고 있다. 이 예시는 해당 시뮬레이션을 통한 여러 방법 중의 한 가지를 보여 주고 있다.

[그림 2-7] 사례연구－코피를 흘림－문제 적용

응급처치 상호작용 사례 － 코피	
학습자 행동	**시스템 반응**
[튜토리얼을 마친 후, 학습자는 연습 사례연구로 되돌아간다.]	
코스 메뉴에서 코피를 선택한다.	텍스트: 당신은 이 사례연구를 실행하기 전에 다음 튜토리얼을 반드시 완료해야만 한다. 안면 부상 전염병
다음을 클릭한다.	오디오: 당신은 고등학교 근처를 걸어가고 있는 도중에 싸움을 한 것 같은 청년을 보았습니다. 근처에는 아무도 보이지 않고, 전화도 없으나 당신은 작은 응급처치 키트를 가지고 있습니다. 당신의 첫 번째 행동을 선택합니다.
[학습자는 튜토리얼과 어떻게 상호작용을 해야 하는지를 잘 몰라서, 전문가 조언 버튼을 클릭한다.]	
전문가 조언을 클릭한다.	오디오: 당신이 첫 번째로 해야 할 일은 당신 자신에게, 주위의 누군가에게, 혹은 부상자에게 어떤 위험이 있는지를 체크하는 것입니다. 기타 행동 버튼을 클릭하고 그다음에는 위험 체크를 클릭합니다.
버튼을 클릭한다. 기타 행동－위험 체크	텍스트: 당신은 당신 자신에게, 주위의 누군가에게, 혹은 부상자에게 위험한 것이 없는지를 확인한다. 다음 단계를 선택한다.

(계속)

부상자 자세 버튼을 클릭한다.	**텍스트:** 정답. 부상자는 반드시 그의 머리를 약간 앞으로 하고 앉아 있어야 한다.
부상자에게 설명/질문 버튼을 클릭한다. … 그의 코에 압력을 가해야 한다.	**텍스트:** 그는 당신에게 코의 어느 부분을 잡아야 하는지를 묻는다. 부상자가 반드시 눌러 주어야 하는 코의 부분을 클릭한다.
사진 속 소년의 코의 부드러운 부분을 클릭한다.	**텍스트:** 정답. 부상자는 반드시 코의 부드러운 부분을 꼭 잡아야 한다.
버튼을 클릭한다. 부상자에게 설명/질문 … 코를 풀지 않는다.	**텍스트:** 정답. 당신은 부상자에게 코를 풀어서는 안 된다고 말한다. 다음 단계를 선택한다.
버튼을 클릭한다. 부상자에게 설명/질문 … 입으로 숨을 쉰다.	**텍스트:** 정답. 당신은 부상자에게 코 대신에 입을 통해 숨을 쉬어야 한다고 말한다. 다음 단계를 선택한다.
[이 시뮬레이션에는 많은 다른 경로가 있고, 이 중 대안적인 올바른 경로가 많이 있다.]	
버튼을 클릭한다. 기타 행동 … 코피가 멈추는지를 지켜본다.	**텍스트:** 당신은 코피가 멈추는지를 기다려 보기 전에 여러 시도를 할 수 있다. 다시 시도한다. 다음 단계를 선택한다.
버튼을 클릭한다. 기타 행동 … 부상자의 얼굴을 가까이서 살펴본다.	**텍스트:** 부상자는 코피를 흘리고 있지만, 코가 붓거나 멍이 들지는 않았다. 그의 눈 주위에는 멍이 들어 있으나 눈 자체가 손상된 것 같지는 않다. 다음 단계를 선택한다.
버튼을 클릭한다. 기타 물품 사용 … 물	**텍스트:** 질문. 당신은 물을 어디에 사용하려고 하는가? 부상자의 피를 씻는다. 당신의 손을 씻는다. 수건을 적신다. 답을 클릭한다.

(계속)

클릭 … 당신의 손을 씻는다	텍스트: 정답. 가능할 때는 당신은 부상자를 다루기 전후에 반드시 손을 씻어야 한다. 다음 단계를 선택한다.
버튼을 클릭한다. 기타 물품 사용 … 수건	텍스트: 정답. 당신은 코피를 통제하기 위해서 부상자의 뒷목에 차가운 젖은 수건을 댄다. 다음 단계를 선택한다.
버튼을 클릭한다. 기타 행동 … 부상자를 의사에게 데리고 간다.	텍스트: 의료 지원은 필요하지 않을 것이다. 당신은 단순히 응급처치를 함으로써 코피를 통제할 수 있을 것이다. 다시 시도한다. 다음 단계를 선택한다.
버튼을 클릭한다. 기타 행동 … 피가 멈추는지를 기다려 본다.	텍스트: 기다린다. 당신은 멍든 눈을 아직 처치하지 않았다. 이 부상을 치료하기 위해서 당신이 해야 할 일은 무엇인가? 다음 단계를 선택한다.
버튼을 클릭한다. 응급처치 키트 물품 사용 … 얼음주머니	텍스트: 정답. 당신은 얼음 주머니를 잡고 이것을 수건으로 싼다. 예를 들어, 당신은 삼각붕대 속에 얼음을 넣고 감쌀 수 있을 것이다. 얼음 주머니를 클릭하고 이것을 당신이 사용하려는 부위에 끌어다 놓는다.
얼음 주머니를 클릭하고 멍든 눈에다 끌어다 놓는다.	텍스트: 정답. 부상자는 반드시 얼음주머니를 자기 앞이마와 눈 주위 멍든 곳에 대고 있어야 한다. 얼음 주머니를 약 20분 정도 대고 있어야 한다. 다음 단계를 선택한다.
버튼을 클릭한다. 기타 행동 … 피가 멈추는지 기다려 본다.	텍스트: 질문. 1분 후 부상자는 코피가 멈춘 것 같다고 말한다. 부상자는 자기 코를 손으로 더 이상 잡지 않아도 되는가? 예 아니요 답을 클릭한다.
아니요를 클릭한다.	오디오: 부상자에게 만일 코피가 다시 나기 시작하면 다시 10분 동안 코를 잡고 있어야 한다고 말한다. 만일 다시 코피가 나기 시작하면 의사에게 보여야만 한다. 그는 24시간 동안에 걸쳐 2시간마다 20분 동안 멍든 곳에다 얼음을 대고 있어야만 한다. 응급처치가 끝나면 손을 씻는 것을 잊어서는 안 된다.

(계속)

다음을 클릭한다.	텍스트: 요약
	위험을 체크한다.
	부상자가 머리를 약간 앞으로 숙이고 앉아 있도록 하고, 비공의 부드러운 부분을 손가락으로 꼭 잡도록 한다. 차가운 젖은 수건이나 천으로 싼 얼음 주머니를 부상자의 목에 댄다.
	(천으로 싼) 얼음 주머니를 부상자의 눈 주위 멍든 부분에 댄다.

출처: Australian First Aid, Version 1.5. Copyright 1995, St. John's Ambulance Australia. 허가를 받아 게재함.

이 사례연구는 학습자에게 문제를 해결하도록 요구하는가? 사례연구는 문제를 한 단계에서 다음 단계로 점진적으로 진행하도록 전개하고 있는가? 이 문제들을 해결하기 위해서 요구되는 구성요소 스킬에는 어떤 것이 있는가? 이 중 어느 구성요소 스킬이 이 코스의 다른 사례에서 요구될 것 같은가? 내재적 피드백은 어떻게 제공될 수 있는가? 어떻게 교정적 피드백이 제공되는가?

필자의 코멘트　코피 사례연구를 위해 추천된 튜토리얼에서 학습자는 어떻게 코피와 다른 안면 부상을 치료하는가를 배웠을 것이다. 이 사례연구는 학습자에게 실제 모의 상황에서 자신의 지식을 적용하도록 한다. 이 예시에서 학습자의 수행은 완벽하지 않았으나, 시스템은 적절할 때에 내재적 피드백을 제공하였다. 피드백은 학습자에게 특정 행동의 결과로 인해 무슨 일이 일어났는가를 보여 준다. 적절한 때에 교수는 올바른 행동을 보여 주거나 혹은 학습자가 이를 택하도록 함으로써 교정적 피드백을 제공한다. 이 코스에서 코칭의 수준은 모든 사례연구에 걸쳐 일정하게 유지되는데, 이는 학습자에게 사례연구들을 순서에 상관없이 완료하도록 하기 위해서다. 보다 효과적인 코칭 전략으로, 사례를 단순한 것에서 보다 복잡한 것으로 제시하고 각각의 후속 사례연구에 코칭의 양을 감소시키는 것을 제안할 수 있다.

코스로서 응급처치는 비교적 독특하다. 주제 중심으로서 한 주제에 이어 다음 주제를 가르치는 것이 아니라 코스는 해결해야 할 많은 양의 일련의 응급처치 문제로 구성되어 있다. 이 일련의 문제는 교수의 으뜸원리에서 제안한 쉬운 것에서 어려운 것으로 진행되는 것을 따르지는 않지만 이는 학습자를 위해서 매우 다양하고 풍부한 연습 시뮬레이션을 제공하고 있다. 전형적인 주제 중심 코스처럼 각각의 구성요소 스킬을 차례로 가르치는 것이 아니라, 이 코스는 많은 양의 튜토리얼을 통해 여러 사례에서 포함되어 있는 응급처치 문제들을 해결하는 데 필요한 구성요소 스킬을 가르치고 있다. 학습자는 주어진 적용 문제나 사례에 착수하기 전에 관련된 튜토리얼을 공부하도록 조언을 받는다. 이 코스는 문제 중심이기는 하지만, 주어진 문제를 위해 필요한 스킬을 적시에 학습자에게 가르치기 위해서 보다 전통적인 튜토리얼을 사용한다.

코스 내내, 학습자의 수행은 디스크에 기록되고 학습자가 이 코스의 수강을 등록한 St. John에 보내진다. 이 CD-ROM 코스에 덧붙여 일일 현장실습이 이루어지는데, 현장실습을 하는 동안 학습자는 다양한 유형의 부상을 치료하는 일련의 사례연구 역할극에 참여하는 기회를 갖게 된다. 해당 CD-ROM 코스를 이수하고 실습 경험을 마치게 되면 학습자는 응급처치 자격증을 취득하게 된다.

수업의 마지막에 학습자에게 응급처치에 대한 스킬을 하루에 걸쳐 진행되는 상황실습을 통해 보여 주어야 한다는 점을 주지시키는 것은 학습자에게 배우고 있는 스킬을 습득하고자 하는 중요한 동기를 부여한다. 학습자가 자신이 새로 습득한 스킬을 실제로 시연해야 한다는 것을 알았을 때 수업은 학습자에게 더욱 중요하게 된다. 결과적으로, 학습자는 학습에 보다 능동적으로 참여할 것이다. 이 실습은 통합 원리를 적용하고 있다.

6) 응급처치 시연 코스의 요약

이 응급처치 코스는 개선의 여지는 있지만 교수의 으뜸원리의 모든 것을 적용하고 있다. 활성화 원리는 오프닝 시나리오와 학습자가 사전 경험을 기억하여 코스의 후속 내용에 대한 멘탈 모형을 형성할 수 있도록 돕는 레슨 2에서 적용된다. 문제 중심 원리는 일련의 사례, 즉 시연 사례, 적용 사례, 그리고 학습자의 스킬을 인증하기 위해 사용한 시험 사례로 구성된 코스의 구조를 토대로 실행된다. 이러한 문제들을 해결하기 위해 필요한 구성요소 스킬들은 일련의 튜토리얼을 통해 시행되고 있다. 학습자는 주어진 문제 사례를 위해 구성요소 스킬이 필요할 때에 이 스킬들에 대해 학습하도록 지도를 받는다. 시연 원리는 학습자가 어떻게 이와 같은 모의 문제들이 해결될 수 있는가를 볼 수 있도록 세심하게 안내해 주는 몇 개의 사례에서, 필요한 응급처치 절차를 설명하고 그림으로 제시하는 것을 통해 코스 수준에서 시행된다. 시연 원리는 구성요소 스킬 혹은 튜토리얼 수준에서 이 문제들을 어떻게 풀어야 하는가를 알기 위해 필요한 절차를 설명하고 보여 주는 것을 통해 시행된다. 적용 원리는 코스 수준에서 학습자가 해결해야 할 다양한 모의 응급처치 문제를 제공하는 것으로 실행된다. 이 문제 사례들은 코칭과 내재적 피드백과 교정적 피드백 모두를 포함하고 있다. 적용 원리는 튜토리얼 내의 구성요소 스킬 수준에서 시행된다. 모든 튜토리얼이 적절한 적용을 포함한 것은 아니지만 대부분은 적용하고 있다. 개별 스킬에 대한 적용이 제시되면, 항상 적절한 코칭과 피드백이 이에 수반된다. 통합 원리는 코스 종료 부분에서, 학습자가 자신이 하루 종일, 응급 실물 모형을 토대로 코치의 지도를 통해 습득한 스킬을 적용하고 교수자에게 자신의 수행을 평가받는 실제 체험을 통해 시행된다.

5. 요약

이 장은 이 책의 뒷부분에 대한 토대다. 이어지는 장들은 각각의 원리를 보다 정교화하고, 매우 다양한 서로 다른 교수적 예시 속에서 이 원리들에 대한 적용을 시연을 통해 보여 주며, 기존 수업을 비평하고 새로운 수업을 설계하기 위한 도구들을 제공한다. 현 시점에서 여러분은 이 원리들에 대해 개괄적으로 이해하고 있으나, 후속 장들로 나아가면서 e^3 교수를 확인하고 설계하기 위해 이 원리들을 적용하는 것에 대한 여러분의 이해와 능력은 괄목할 만하게 성장할 것이다. 교수의 으뜸원리들은 믿을 수 없이 단순하다. 필자의 워크숍이나 강연에 대한 반응에서 필자는 수강생들로부터 "다행이네, 나는 이전부터 이렇게 하고 있었어."라는 말을 종종 듣곤 한다. 그러나 이 원리들의 적용에 대한 보다 집중적인 학습이 이루어진 후에는 학생들은 대개 "어떻게 하면 내 수업이 훨씬 효과적·효율적·매력적으로 될 수 있는지 알게 되었어."라고 깨닫게 된다. 나는 여러분도 이 책을 읽고 공부하고 나서 이와 같이 성찰하기를 희망한다.

원리와 처방

- 시연: 학습은 학습자가 새로 배워야 할 지식과 스킬에 대한 시연을 관찰하였을 때 촉진된다.
  - 일관성: 학습은 새로 학습할 스킬에 대한 시연이 콘텐츠의 유형과 부합하여 이루어지고 학습자가 시연을 관찰하였을 때 촉진된다.
  - 학습 안내: 시연을 통한 학습은 학습자가 구체적인 사례에 관련된 일반적 정보나 조직 구조를 관련시킬 수 있도록 학습 안내를 받았을 때 향상된다.
  - 멀티미디어: 학습은 멀티미디어가 처방된 교수활동과 기능을 시행하였을 때 촉진된다.
- 적용: 학습은 학습자가 자신이 새로 습득한 지식과 스킬을 적용하였을 때 촉진된다.
  - 일관성: 학습은 학습자가 자신이 습득한 지식과 스킬을 수업에서 가르쳐 준 내용의 유형과 일치하는 맥락에서 적용하였을 때 촉진된다.
  - 피드백: 적용을 통한 학습은 학습자가 내재적 피드백이나 교정적 피드백을 받았을 때 효과적이다.
  - 코칭: 적용을 통한 학습은 학습자가 코칭을 받을 때, 그리고 코칭이 후속 문제에서 점진적으로 소거되었을 때 향상된다.
- 문제 중심: 학습은 학습자가 실제 세상의 문제나 과제와 관련된 맥락 속에서 지식과 스킬을 습득하였을 때 촉진된다.
  - 문제 중심: 학습은 학습자가 실제 세상에 대한 전체 문제를 단순–복잡의 순서로 다루는 맥락 속에서 구성요소 스킬을 학습하는 문제 중심 교수전략에 참여하였을 때 촉진된다.
- 활성화: 학습은 학습자가 새로운 스킬에 대한 기반으로서 자신의 사전 지식과 스킬에 대한 멘탈 모형을 활성화하였을 때 촉진된다.
  - 구조: 학습은 학습자가 새로운 지식을 조직하기 위해 프레임워크나 구조를 회상하거나 습득하였을 때, 그리고 그 구조가 시연 중의 학습 안내, 적용 중의 코칭, 통합 중의 성찰을 위한 기반이 되었을 때 촉진된다.
- 통합: 학습은 학습자가 새로 습득한 지식과 스킬에 대해 성찰하고 토론하고 옹호할 때 촉진된다.
  - 동료 협력과 동료 비평: 학습은 학습자가 자신의 일상생활 속에서 동료 협력과 동료 비평을 토대로 새로운 지식과 스킬에 대해 성찰하고 토론하고 또는 옹호함으로써 새로운 지식을 통합하였을 때 촉진된다.

적용

여러분이 현재 수강 중이거나 이전에 수강했던 코스를 선택한다. 혹은 여러분이 가르쳤던 코스를 선택한다. 해당 코스가 이 장에서 서술하고 실례를 들어 설명하였던 교수의 으뜸원리를 시행하는지 시행하고 있지 않은지를 검토한다. 이 코스에서는 어느 수준의 교수전략이 사용되고 있는가? 이 코스는 어떻게 상위 수준의 교수전략을 적용하여 개선할 수 있을까? 이 코스에 대한 여러분의 서술과 분석 자료를 보관하고, 이 책에 대한 학습을 통해 교수의 으뜸원리의 적용에 관해 보다 많은 스킬을 획득하게 되었을 때 자신이 분석한 것을 재검토해 본다.

관련 자료

교수의 으뜸원리는 다음과 같은 여러 논문에서 소개되고 정교화되었다. 이 책의 자료들은 다음에서 발표된 것을 업데이트한 것이다. 이 논문의 복사본 및 교수의 으뜸원리에 대한 추가적인 정보가 필요하면 필자의 웹사이트인 www.mdavidmerrill.com을 보기 바란다.

Merrill, M. D. (2002a). First principles of instruction. *Educational Technology Research and Development*, *50*(3), 43-59.

Merrill, M. D. (2006). Levels of instructional strategy. *Educational Technology*, *46*(4), 5-10.

Merrill, M. D. (2007a). First principles of instruction: A synthesis. In R. A. Reiser & J. V. Dempsey (Eds.), *Trends and issues in instructional design and technology* (2nd ed.) (Vol. 2, pp. 62-71). Upper Saddle River, NJ: Merrill/Prentice Hall.

Merrill, M. D. (2009b). First principles of instruction. In C. M. Reigeluth & A. Carr (Eds.), *Instructional design theories and models: Building a common knowledge base* (Vol. 3). New York: Routledge/Taylor and Francis Group.

다음 장에서는

이 장은 이 책의 나머지 부분에서 토대가 되는 교수의 으뜸원리에 대해 설명하고 있다. 제3장은 교수설계자로서 여러분이 학습해야 할 주제를 보다 정확하게 설명할 수 있게 하는 용어들을 소개하여 이 원리들을 정교화하는 것으로 시작한다. 제3장에서는 거의 모든 문제와 관련되는 다섯 가지 유형의 구성요소 스킬에 관해 설명할 것이다. 또한 구성요소 스킬의 각 유형을 가르치기 위해 필요한 내용 요소들에 대해 서술할 것이다.

●● 제**3**장 ●●

교수내용

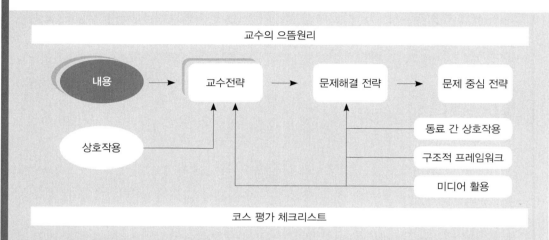

교수의 으뜸원리

내용 → 교수전략 → 문제해결 전략 → 문제 중심 전략

상호작용

동료 간 상호작용

구조적 프레임워크

미디어 활용

코스 평가 체크리스트

미/리/보/기

교수전략의 주요 구성요소는 가르쳐야 할 내용이다. 이 장은 문제해결을 위해서 요구되는 다섯 가지 유형의 스킬에 대해 소개한다. 이 각각의 스킬은 상이한 내용 요소들로 구성되어 있다. 이 장은 상이한 유형의 스킬과 각 스킬에 요구되는 내용 요소들에 대해 설명하고 예시를 보여 준다. 이 장은 다음 질문들에 대해 답하고 있다. 교수설계자로서 우리는 어떻게 여러 유형의 주제 내용과 관련하여, 어떤 맥락하에서 교수전략을 신중하게 정의하고 이끌어 낼 수 있도록 설명할 수 있을까? 왜 우리는 주제 내용을 설명하기 위해서 전문 용어가 필요한가? 문제를 해결하기 위해서 필요한 다른 유형의 스킬들은 무엇인가? 각 유형의 스킬을 위해 요구되는 내용 요소들은 무엇인가?

키/워/드

- 주제 내용Subject-Matter Content: 가르쳐지는 것; 관심 영역으로부터의 구성요소 스킬
- 구성요소 스킬Component Skill: 복잡한 문제를 해결하기 위해서나 복잡한 과제를 수행하는 데 요구되는 지식과 스킬의 조합
- 내용 요소Content Element: 교수활동과 관련된 주제 내용의 개별 요소들
- 교수활동Instructional Event: 교수 방법과 내용 요소와의 조합
- 교수적 상호작용Instructional Interaction: 교수활동의 행동action 구성요소로, **말하기**Tell, **질문하기**Ask, **보여 주기**Show, **수행하기**Do를 포함함
- ~에 대한 정보Information-about: 학습자에게 특정 실체, 활동 혹은 과정과 연관된 내용을 기억하도록 요구하는 구성요소 스킬
- ~의 부분Part-of: 학습자에게 어떤 대상물, 사건 혹은 과정의 어떤 부분을 정확하게 찾고, 이를 명명하거나 설명하도록 요구하는 구성요소 스킬
- ~의 종류Kind-of: 일련의 속성을 공유하는 사물, 활동, 과정의 예시instance를 구별해 내도록 요구하는 구성요소 스킬. 개념concept이라고도 함
- ~에 대한 방법How-to: 원하는 결과를 달성하기 위해 학습자가 일련의 단계를 수행하도록 요구하는 구성요소 스킬. 절차procedure라고도 함
- ~에 대한 결과 예측What-happens: 학습자에게 일련의 조건으로부터 결과를 예측하거나 예상치 못한 결과에서 부적절하거나 누락된 조건들을 발견하도록 요구하는 구성요소 스킬

1. 도 입

커뮤니케이션의 정확성은 합의된 용어가 얼마나 명료한가에 달려 있다. 이 장에서는 먼저 왜 우리에게 정확한 용어가 필요한가에 대해 설명한다. 그리고 문제를 해결하기 위해서 필요한 다섯 가지 유형의 스킬을 확인하고, 이들의 핵심을 명료하게 제시하고자 한다. 각각의 스킬을 위해서, 이 장에서는 우리가 스킬 습득을 위한 교수전략을 처방하기 위해 파악해야 할 주요 내용 요소를 확인하고 핵심을 정확하게 설명하고 있다.

2. 왜 전문 용어가 필요한가

교수instruction는 두 가지의 주요 구성요소로 구성된다. 하나는 무엇을 가르치는가 또는 주제 내용subject-matter content이고, 다른 하나는 어떻게 가르치는가 또는 교수전략이다. 이 장은 주제 내용을 다루고 있다. 모든 주제 내용은 동일하지 않다. 물론 여러분은 다른 주제 내용 영역, 즉 과학, 인문학, 음악 등에 대해 친숙하지만, 만일 우리가 교수설계자로서 다양한 영역에서의 수업에 대해 비평할 수 있으려면 이러한 범주는 별로 유용하지 않다. 우리는 모든 다른 주제 내용 영역에 적용할 수 있는 내용을 설명하는 방식이 필요하다. 우리에게는 비평하거나 설계하고자 하는 수업 내용에 대한 세부 사항을 설명하기 위한 용어가 필요하다. 이 장은 모든 복잡한 문제나 과제의 구성요소인 여러 유형의 스킬을 설명하는 데 사용할 수 있는 용어를 제공한다. 또한 이 장에서는 다섯 가지 다른 유형의 구성요소 스킬에 대한 내용과 내용 요소에 대해 서술하고 예시를 들어 설명한다.

이 장은 이 책에서 교수내용을 설명하는 데 사용하는 주요 용어들을 소개한다. 어느 분야를 막론하고, 커뮤니케이션이 명료한가의 여부는 전문 용어를 일관되게 사용하는 데 달려 있다. 이 책의 용어들은 이미 상당한 의미를 지니고 있는 친숙한 단어들이다. 이 장에서는 이 책 전체에 걸쳐서 사용되는 용어들과 반드시 연관되는 보다 구체적인 의미를 정의하고 이를 설명하려고 시도할 것이다. 독자인 여러분에게 중요한 것은 이 특정한 용어들은 효과적·효율적·매력적 수업에 적용될 때 보다 명료한 의미를 지닌다는 것을 기억하는 것이다. 여러분은 이 장에서 제공한 이 용어들의 의미를 이해하기 위해서 신중해야만 하는데, 이는 여러분이 이 책의 뒷부분에서 제공하는 처방적 방안을 잘못 이해하지 않기 위해서다. 참고로, 이 용어들은 장의 서두에 목록으로 제시하였고, 이 책 끝부분의 '용어 해설'에서도 찾아볼 수 있다.

3. 문제를 해결하기 위해 필요한 다양한 유형의 스킬은 무엇인가

　지식, 즉 우리가 아는 것과 스킬, 즉 우리가 아는 것을 사용하는 것 사이에는 차이가 있다. 대부분의 주제 내용은 지식과 스킬의 기본 유형의 조합으로서 설명될 수 있다. 이 책에서 스킬이라는 단어는 지식과 스킬, 두 가지 모두의 조합을 나타낸다. 구성요소 스킬component skill이란 복잡한 문제를 해결하거나 복잡한 과제를 수행하는 데 필요한 지식과 스킬의 조합을 일컫는다. 〈표 3-1〉은 구성요소 스킬의 다섯 가지 주요 유형인 ~에 대한 정보information-about, ~의 부분part-of, ~의 종류kind-of, ~에 대한 방법how-to, ~에 대한 결과 예측what-happens을 제시하고 있다. 이들 각각의 구성요소 스킬은 각각 서로 다른 내용 요소를 토대로 한다. 다음에서는 이들 각각의 구성요소 스킬을 위해 필요한 내용 요소에 대해 간략하게 서술하고 예시를 통해 설명할 것이다.

〈표 3-1〉　내용에 대한 정보와 표상portrayal의 요소

	정보	표상
~에 대한 정보	사실, 연상associations	없음
~의 부분	이름, 서술	특정한 전체와 관련하여 부분의 위치
~의 종류	정의―정의된 속성 값의 목록	사례들―속성 값을 표상한 구체적 예시와 비예시
~에 대한 방법	단계들과 연속적인 순서	절차에 대한 구체적 예시의 표상
~에 대한 결과 예측	조건들과 결과	과정에 대한 구체적 예시의 표상

　교수설계 문헌은 이와 같은 다른 유형의 구성요소 스킬에 대해 다양한 용어를 사용하고 있다. ~에 대한 정보와 ~의 부분은 때때로 언어 정보verbal information로, ~의 종류는 통상 개념concept으로, ~에 대한 방법은 일반적으로 절차procedure로, 그리고 ~에 대한 결과 예측은 때때로 과정process으로 지칭된다. 왜 필자는 다른 단어들을 선택하여 사용하였는가? 수년간에 걸쳐서 나는 종종 개념, 절차, 과정과 같은 단어들이 애매하고 혼란스럽다는 것을 알게 되었다. 따라서 동료들과 나는 보다 명확하게 의사소통을 하기 위해서 이 장에서 선택한 단어들을 사용하기 시작하였다. 우리의 경험에서 보면, 다양한 교과 영역의 실천가들은 일상생활에서의 이와 같은 용어들이 내용 영역에 대한 설명을 보다 쉽게 이해하게 한다는 것을 깨닫게 되었다. 여러분도 이 용어들이 특정 구성요소 스킬의 속성을 보다 명확하게 설명한다고 생각하게 되기를 희망한다.

1) ~에 대한 정보^{Information-about}

정보를 기억하는 것은 모든 구성요소 스킬의 한 부분이지만, 이 내용의 속성은 각각의 구성요소 스킬 유형별로 다르다. ~에 대한 정보의 구성요소 스킬을 위해 필요한 내용 정보는 다음 속성을 가지고 있다. 특정 단일 실체, 활동 혹은 과정과 연관된 정보는 일반화될 수 없다. ~에 대한 정보의 구성요소 스킬은 일반적으로 코스의 주요 목적은 아니고 보조적인 역할을 하고 있다. ~의 종류의 구성요소 스킬을 위해서, 특정 단일 실체, 활동 혹은 과정에 대한 정보를 아는 것은 판별을 위해서 필요할 것이다. ~에 대한 방법의 구성요소 스킬을 위해서, 단계에 대한 정보는 특정 절차 속에서 이 단계를 실행하기 위해서 필요할 것이다. ~에 대한 결과 예측의 구성요소 스킬을 위해서, 조건에 대한 정보를 아는 것은 특정 절차 속에서 조건의 정확성을 확인하기 위해서 필요할 것이다. [그림 3-1]은 ~에 대한 정보의 구성요소 스킬을 위해 필요한 내용의 예시다.

[그림 3-1] ~에 대한 정보의 구성요소 스킬에 대한 내용 – 저명한 대통령

저명한 대통령

다음은 학생들에게 몇몇 미국 대통령에 대한 사실들을 가르치기 위해 설계된 ~에 대한 정보를 다룬 프로그램에서 발췌한 것이다. 다음 내용 요소들은 각각의 대통령에 대해 설계한 것이다. 그의 이름, 사진(표상), 대통령 근무 기간(사실) 및 대통령에 대한 간단한 사실 등이다. 오디오는 대통령의 이름과 그의 사진 아래의 캡션을 말한다.

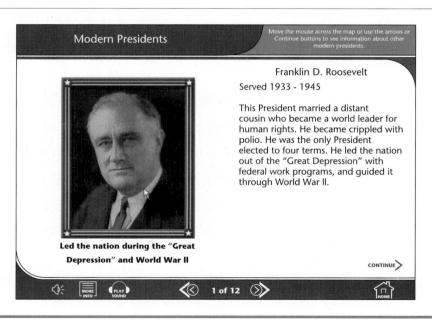

저작권: Down Load Learning, Inc. 허가를 받아 게재함.

2) ~의 부분^{Part-of}

대부분의 실체, 활동 혹은 과정은 몇 개의 부분으로 분류될 수 있다. ~의 부분의 구성요소 스킬은 거의 모든 실체, 활동 혹은 과정과 연관된다. ~의 부분의 구성요소 스킬에 대한 내용은 다음 속성을 가지고 있다. 기억해야 할 부분의 이름, 위치, 설명은 특정 단일 실체, 활동, 과정과 관련되고 일반화될 수 없다. ~에 대한 정보의 구성요소 스킬과 같이, ~의 부분의 구성요소 스킬도 일반적으로 코스의 주요 목적은 아니고 보조적인 역할을 한다. ~의 종류의 구성요소 스킬을 위해서 부분에 대해 아는 것은 특정 실체, 활동 혹은 과정의 필수적인 속성일 것이다. ~에 대한 방법의 구성요소 스킬을 위해서 부분에 대해 아는 것은 특정 절차 속에서 단계를 실행하기 위해 필요할 것이다. ~에 대한 결과 예측의 구성요소 스킬을 위해서, 부분에 대해 아는 것은 특정 과정 속에서 조건의 정확성을 확인하기 위해 필요할 것이다. [그림 3-2]는 ~의 부분의 구성요소 스킬을 위해 필요한 내용의 예시다.

[그림 3-2]   ~의 부분의 구성요소 스킬에 대한 내용 – 유타 주의 카운티

저작권: Down Load Learning, Inc. 허가를 받아 게재함.

3) ~의 종류^{Kind-of}

어떠한 언어에서건 대명사를 제외하고는 거의 모든 단어가 개념이라고 불리는 범주 단어다. 이 개념들은 복잡한 문제해결을 위한 근본적인 구성요소들이다. 대상물이나 사건의 범주로부터 사례들을 인지하는 것을 학습함으로써 ~의 종류의 구성요소 스킬을 습득하는 것은 복잡한 문제를 풀기 위해서 매우 중요하다. ~의 종류의 구성요소 스킬에 대한 주제 내용은 대상물, 심벌 혹은 사건들의 공통적인 속성들을 공유하는 범주로 구성된다. ~의 종류의 구성요소 스킬은 다음의 속성을 가지고 있다. 대상물, 심벌 혹은 사건의 범주에 속한 예시들은 일련의 공통적 속성에 의해 특징지어진다. 범주 내의 예시들은 이 공통적인 속성을 공유하면서도 서로 간에 구별된다. [그림 3-3]은 ~의 종류의 구성요소 스킬을 위해 필요한 내용의 예시다.

[그림 3-3] ~의 종류의 구성요소 스킬에 대한 내용－미술의 요소

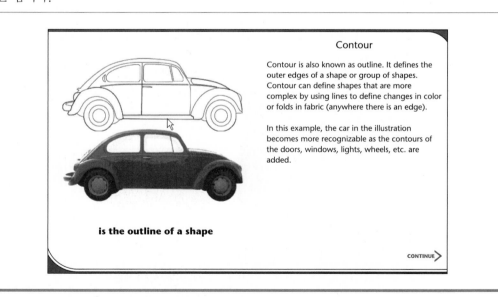

미술의 요소

다음은 학습자가 선, 형태, 색상 및 질감을 포함한 미술의 다양한 요소를 인지하도록 돕기 위해 설계된 ~의 종류 모듈에서 발췌한 것이다. 이 내용은 윤곽^{contour}의 속성을 목록화한 정의로 구성되었다. 윤곽을 정의하는 속성은 어떤 형태의 바깥 가장자리 혹은 아웃라인이다. 삽화는 미술 요소에서 이런 유형에 대한 표상이다. 이 상황에서 ~의 종류는 대상물 혹은 그림이다. 주목해야 할 것은 속성은 매우 광범위하고 다양한 상황에 적용될 수 있지만, 표상은 특정 그림에 대한 이들 속성을 적용한 것이라는 점이다.

저작권: Down Load Learning, Inc. 허가를 받아 게재함.

4) ~에 대한 방법^{How-to}

정보를 기억하는 것, 부분을 확인하는 것, 범주의 사례들을 분류하는 것들은 모두 우리가 환경에 대해 설명하는 수단들이다. 종종 **절차**^{procedure}라고 불리는 ~에 대한 **방법의 구성요소** 스킬은 학습자가 자신들의 환경에 대해 행동하는 방법들을 제시한다. ~에 대한 방법의 구성요소 스킬은 내용이 학습자가 어떤 목적을 달성하기 위해서나 혹은 어떤 결과를 도출하기 위해서 필요한 일련의 활동의 순서를 구체화할 때 적절하다. ~에 대한 방법의 구성요소 스킬은 종종 수업의 주요 목적이다. [그림 3-4]는 ~에 대한 방법의 구성요소 스킬을 위해 필요한 내용의 예시다.

[그림 3-4] ~에 대한 방법의 구성요소 스킬에 대한 내용-스프레드시트

스프레드시트의 사용	
곱셈 셀 합산 셀	**과제:** 종업원 개인별 주당 급여를 확인한다. 해당 주의 총 급여를 확인한다. <table><tr><th></th><th>A</th><th>B</th><th>C</th><th>D</th></tr><tr><td>1</td><td colspan="4" align="center">임금</td></tr><tr><td>2</td><td></td><td>시간당</td><td>시간</td><td>합계</td></tr><tr><td>3</td><td>John</td><td>$ 7.50</td><td>15</td><td></td></tr><tr><td>4</td><td>David</td><td>$ 9.80</td><td>17</td><td></td></tr><tr><td>5</td><td>Mark</td><td>$ 15.60</td><td>12</td><td></td></tr><tr><td>6</td><td>Larry</td><td>$ 23.45</td><td>38</td><td></td></tr><tr><td>7</td><td></td><td></td><td></td><td></td></tr></table>
1단계: 종업원 개인별 시간당 급여를 일한 시간 수로 곱한다. 1.1 셀을 선택한다. 1.2 =를 타이핑 한다. 1.3 셀을 선택하기 위해 시간당을 클릭한다. 1.4 곱하기 위해 *를 클릭한다. 1.5 셀을 선택하기 위해 시간을 클릭한다. 1.6 Enter를 클릭한다. …	• D3 셀을 선택한다. • =를 입력한다. • B3 셀을 선택한다. • *를 입력한다. • C3 셀을 선택한다. 함수 칸에 함수=B3*C3라고 나타나야 한다. • Enter를 클릭한다. D3 셀에 총액 $112.50이라고 나타나야 한다. • D4 셀, D5 셀, D6 셀에서도 위에서와 같이 반복한다.

(계속)

2단계: 각각의 종업원의 합계를 더한다.	
2.1 합계 셀을 선택한다.	• D7 셀을 선택한다.
2.2 = sum (라고 타이핑한다.	• = sum (라고 타이핑한다.
2.3 열의 첫 번째 셀을 클릭한다.	• D3 셀을 클릭한다.
2.4 커서를 열의 마지막 셀까지 드래그한다.	• 모든 합계를 선택하기 위해 D6 셀까지 드래그한다.
2.5) 를 타이핑한다.	•) 를 타이핑한다.
	함수칸에 함수 = sum (D3:D6)라고 나타나야 한다.
2.6 Enter를 클릭한다.	• Enter를 친다.
	D7 셀에 총액 $1,357.40이라고 나타나야 한다.

출처: 필자가 설계한 원자료.

5) ~에 대한 결과 예측^{What-happens}

~에 대한 정보, ~의 부분 그리고 ~의 종류의 구성요소 스킬에 대한 내용은 모두 그 환경에 대해 설명한다. ~에 대한 방법의 구성요소 스킬은 학습자로 하여금 자신의 환경에 대해 행동하는 방식을 제공한다. 그러나 ~에 대한 결과 예측의 구성요소 스킬은 학습자가 자신의 환경을 수정하거나 자신의 환경을 이해할 수 있도록 한다. ~에 대한 결과 예측의 구성요소 스킬에 대한 내용은 종종 만일 ~이라면^{if-then} 명제에 의해 제시된다. 만일 조건이 참이라면, 어떤 결과가 뒤따른다. 조건^{condition}은 어떤 상황의 하나의 속성이며 다른 값을 상정할 수 있다. 결과^{consequence}는 어떤 상황의 하나의 속성이며, 조건이 변하면 이에 따라 변하게 된다. 조건에서의 변화의 결과에 따른 변화는 과정^{process}이라고 부른다. ~에 대한 결과 예측의 구성요소 스킬은 학습해야 할 과정과 관련된 내용이 다음의 속성들을 가졌을 때 가장 적절하다. ① 어떤 결과를 이끌어 내는 일련의 조건들이 변하면 결과도 변한다. ② 조건에서의 변화는 자연적으로 발생하는 사태 혹은 학습자가 만든 어떤 행동에 의해 야기된 사태가 될 수 있다. [그림 3-5]는 ~에 대한 결과 예측의 구성요소 스킬을 위해 필요한 내용의 예시다.

 [그림 3-5] ~에 대한 결과 예측의 구성요소 스킬에 대한 내용-간트 차트

간트 차트^{Gantt Charts}

이 단락은 간트 차트 코스에서 발췌한 ~에 대한 방법을 설명하는 문단이다. 과제는 프로젝트의 기간을 예측하는 것이다. 삽화로 묘사된 단계들은 차트상에서 과제를 단축하는 것을 보여 준다. 결과는 프로젝트 기간의 변화다. 이 차트는 표시된 각 단계의 수행 결과에 따른 변화에 대한 표상이다.

(계속)

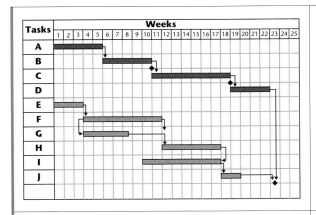

간트 차트는 어떤 변화가 전체 일정에 미치는 영향을 예측하도록 도와준다. 예를 들어, 우리가 핵심 경로critical path상에 있는 과제의 수행 기간을 단축시키면 어떤 결과가 나타나는가를 보기로 하자(스크린 1).

우리가 2주를 단축하여 과제 B를 완료할 수 있다고 상정하자. 전체 프로젝트상에 어떤 영향을 미칠까?

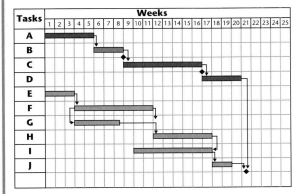

여러분이 보는 바와 같이 프로젝트는 예정보다 2주 전에 완료된다(스크린 2).

만일 우리가 핵심 경로를 계속해서 단축한다면 우리는 동등한 양에 의해 프로젝트를 단축시킨다고 믿는 것이 당연할 것이다.

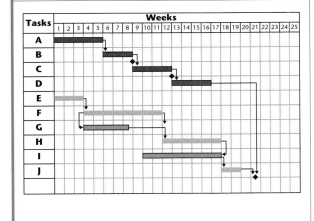

그러나 우리가 과제 C를 4주 단축시켰을 때 어떤 일이 일어났는가를 보기로 하자. 우리가 과제를 한 주 단축시킨 후, 새로운 핵심 경로가 E, F, H, J에 걸쳐 나타난다. 이 새로운 핵심 경로는 프로젝트의 기간을 결정한다. 과제 C를 4주 단축하는 것은 단지 프로젝트를 2주 단축시켰을 뿐이다(스크린 3).

하나의 사례에서 하나의 변화에 의한 영향은 쉽게 예측할 수 있으나, 복잡한 프로젝트에서 다중 변화에 의한 영향을 예측하기 위해서는 프로젝트 관리 소프트웨어를 필요로 할 것이다.

4. 각 유형의 스킬을 위해 필요한 내용 요소는 무엇인가

내용 요소들은 교수활동에 관련된 주제의 개별 부분들이다. 교수활동은 내용 요소와 교수적 상호작용의 조합이다(제4장 참조). 한 유형의 구성요소 스킬에 대한 내용 요소는 다른 유형의 스킬에 대한 내용 요소와는 다르다. 으뜸원리로부터 나온 일관성 계론은 특정 구성요소 스킬에 대한 시연과 제시가 해당 스킬의 목적과 반드시 일치되어야 한다는 것을 명시하고 있다. 일관성을 유지하기 위해서 특정 구성요소 스킬에 대한 내용 요소들이 해당 스킬에 가장 부합해야 한다는 것은 매우 중요하다.

학습해야 할 내용은 두 가지 방식, 즉 일반적인 방식과 특정한 방식으로 표현할 수 있다. 이 책에서는 일반적인 내용 요소를 정보라고 지칭한다. 정보라는 단어는 여러 의미가 있지만, 이 책은 정보를 여러 대상물, 사태 혹은 과정으로 구성된 범주의 부분, 속성, 단계, 조건 혹은 결과에 대한 설명으로 구성된 내용 요소라고 일컫는다. 정보는 많은 사례 혹은 상황에 적용된다. 특정 내용 요소는 표상portrayal이라고 부른다. 표상은 삽화, 묘사, 생생한 서술 혹은 특정 사태, 사람 혹은 사물에 대한 그래픽 이미지다. 표상은 제한적이고 단일 사례나 한 가지 상황을 언급한다.

필자가 이에 대해 설명하면 다음과 같다. 우리 부부는 성장한 우리 자녀에게 편지를 쓴다. 나의 아내는 한 페이지 안에 다양한 활동을 요약하는 데 매우 능숙하다.

> "Mardi는 아들을 출산하였고, Mark는 새 직업을 갖게 되었어. Shaw는 학교를 끝마쳤고, 다음 달 졸업할 거야. 나와 너희 아버지는 계곡에서 커다란 사슴을 보았단다. 사랑해, 엄마가."

다른 말로 표현하면, 그녀는 아주 적은 구체적 내용을 담은 일반적 정보를 제공하고 있다. 반면에 나는 다음과 같이 쓸 것이다.

> "나와 너희 엄마가 토요일에 오두막집에 가려고 차로 계곡을 지나가고 있을 때 우리가 무엇을 봤는지 너희는 절대 상상하지 못할 것이다. 비버 연못, 바로 거기에 아주 큰 사슴이 물가에서 풀을 뜯어 먹고 있었지. 그 사슴은 틀림없이 뼈대가 8피트 어쩌면 9피트였을 것이다. 그 사슴은 내가 여태까지 본 중에서 가장 큰 수사슴이었다. 나는 사진을 찍고 싶었는데 내 카메라는 트렁크에 있었다. 나는 길가에 차를 세우고, 차에서 뛰쳐나가서 차 트렁크로 달려갔고, 드디어 카메라를 케이스에서 꺼낼 수 있었다. 나는 근접 사진을 찍기 위해 재빨리 둑 밑으로 향했으나, 내가 둑 밑에 갔을 때 사슴은 점심 먹는 것을 끝내고 다른 쪽으로 움직이기 시작했다. 나는 서둘러 스냅 사진을 찍었고, 언덕을 향해 있는 사슴의 엉덩이 부분을 담은 멋진 사진을 갖게 되었다. 사진에서 뿔은 거의 안 보일 거야. 나는 실망했단다. 사랑해, 아빠가."

어떤 점이 다른가? 내 아내의 편지는 일반적인 정보에 대해 말하고 있다. "우리는 커다란 사슴을 보았어." 반면 내 편지는 이 사건에 대한 생생한 서술 혹은 이미지를 활용한 표상을 담고 있다.

효과적인 교수내용은 반드시 두 가지 유형의 내용 요소—일반적인 정보와 특정 사건이나 대상물에 관한 표상—를 포함해야만 한다. 너무나 많은 수업이 일반적 정보에 국한되어 있다. 결과적으로, 학습자는 수업에서 다루어지고 있는 것을 진정으로 이해하기에는 불충분한 정보를 갖게 된다.

[그림 3-6]은 세 가지 유형의 구성요소 스킬에 대한 내용 요소에 대한 정보와 그 표상에 대해 설명하고 있다. 첫 번째 행에서 정보 열은 삼등분 원칙에 대한 정의^{definition} 내용 요소를 제공하고 있다. 이것은 일반적인 정보로서 모든 사진에 적용될 수 있다. 오른쪽 행에서 사진과 그래프는 어떻게 삼등분 원칙이 특정 사진에 적용되는가에 대해 표상^{portrayal} 내용 요소를 제공하고 있다. 이것은 정의를 위한 단일 특정 표상의 내용 요소다.

[그림 3-6] 정보와 표상의 비교

사진	
정보	표상
삼등분 원칙은 사진을 수평과 수직으로 각각 3등분하기 위해 사용하는 원리다. 관심과 흥미의 대상을 교차선의 한 부분에 놓으면 사진이 보다 흥미롭고 전문적이 된다. 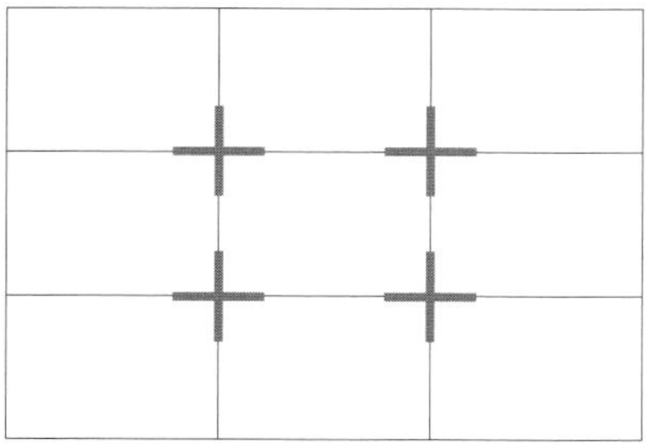	
• 파일에서 사진을 삽입한다. • 사진을 삽입하기 위해 위치를 클릭한다. • 삽입 탭의 삽화 그룹에서 그림 아이콘을 클릭한다. • 삽입하고자 하는 사진을 지정한 위치에 놓는다. • 크기가 잘 맞도록 사진 사이즈를 조정한다.	비디오: 비디오 애니메이션은 절차를 보여 준다. 커서는 워드 문서에서 위치를 클릭한다. 이어서 커서는 삽입 탭을 클릭하고, 이어 삽화 그룹에서 그림 아이콘을 클릭한다. 나의 그림 파일을 연다. 애니메이션은 사진 쪽으로 스크롤하고 클릭한다. 워드 문서에 그림이 나타난다. 그러면 커서는 그림의 사이즈를 축소하기 위해서 오른쪽 모서리를 잡는다. 애니메이션에 포함된 오디오 내레이션이 단계가 완료될 때 각 단계에 대해 설명한다.

(계속)

픽셀은 ppi(pixels per inch) 형태로 측정된다. 인치당 픽셀이 많을수록 사진이 보다 명료하다는 것을 기억하라.

[그림 3-6]의 두 번째 행은 워드 문서에 사진을 삽입하기 위한 일련의 절차를 열거하고 있다. 정보 열의 내용 요소들은 이와 같은 단계들을 적용하기 위한 단계와 절차다. 이 절차는 어떤 워드 문서나 어떤 사진을 위해서도 사용될 수 있다. 오른쪽 열에서 설명하고 있는 애니메이션은 해당 절차를 묘사한 표상, 즉 이미지를 내용 요소로 제시하고 있다. 물론 실제 비디오 애니메이션은 여기서 제시한 설명이 아닌 표상이다. 이 표상은 특정 워드 문서와 특정 사진에 대한 절차에서 시연을 통해 각 단계의 실행을 보여 준다.

[그림 3-6]의 세 번째 행에서, 첫 번째 열은 조건 정보의 내용 요소, 즉 인치당 픽셀 수(ppi)고, 도출된 결과 정보의 내용 요소, 즉 디지털 이미지의 명료성이다. 인치당 픽셀 수는 조건이다. 이에 따라 도출된 사진의 명료성은 결과다. 오른쪽 열 내의 삽화는 표상의 내용 요소, 즉 큰 ppi를 가진 사진과 보다 적은 ppi를 가진 사진이다. 이 사진들은 두 가지의 특정 과정의 표상이다. 즉, 만일 이런 조건(ppi)이라면 이런 결과가 나타날 것이다(사진의 명료성). 이 정보는 모든 디지털 사진에 적용되며, 표상들은 이 과정에 대한 단지 하나의 예시다.

1) ~에 대한 정보Information-about

~에 대한 정보의 구성요소 스킬은 정보의 명칭name, 명칭과 연관된 사실facts, 그리고 명칭과 연관된 그래픽 정보graphic information의 내용 요소를 필요로 한다. [그림 3-1]에서 ~에 대한 정보의 내용에 대한 예시를 볼 수 있다. 명칭은 Franklin D. Roosevelt이고, 사실은 문단과 그림 다음의 정보, 그래픽 정보는 Roosevelt의 사진이다. 이 사례에서 특히 주의할 것은 그래픽 정보는 표상과 동일한 것이 아니라는 것이다. 표상은 특정 예시와 관련된 정보의 적용을 묘사한다. 이 예시에서 그래픽 정보는 이름과 그림에 관한 정보의 임의적인 연합이다. 임의적인 이유는, 사람의 이름은 통상 부모로부터 받게 되고, 그 이름은 각 개인에게 특별하기 때문이다.

2) ~의 부분Part-of

~의 부분의 구성요소 스킬은 다음 내용 요소를 필요로 한다. ① 대상물 전체나 체제에 대한 도해illustration, ② 각 부분에 대한 위치표시 지표location indicator, ③ 각 부분의 명칭, ④ 각 부분과 관련된 정보 등이다. [그림 3-2]에서 ~의 부분의 내용에 대한 예시를 볼 수 있다. 이 삽화는 카운티들의 윤곽을 표시한 유타 주의 지도다. 위치표시 지표는 카운티(부분)의 윤곽을 색상으로 강조하고 있다. 지도에서 부분이 위치표시 지표에 의해 구분되고 그 명칭이 패널의 오른쪽에 제시되었다. 정보 또한 패널의 오른쪽에 제시되었는데, 이는 카운티 수도의 명칭, 인구 및 카운티에 관한 요점적인 사실을 포함한다.

3) ~의 종류kind-of

~의 종류의 구성요소 스킬은 다음 내용 요소를 갖고 있다. ① 범주의 명칭, ② 범주에 포함되는 사례들을 결정하는 특성들과 값을 분별하는 목록으로서의 정의definition, ③ 가르치게 될 대상물, 심벌 혹은 활동의 범주에 속한 일련의 예시와 분별하는 특성 값을 보여 주는 표상이나 설명을 포함한다. 특성property은 특정 대상물, 사태 혹은 과정의 범주에서 공유하고 있는 특징 혹은 속성이다. 주어진 특성은 다른 값을 가질 수 있다. 만일 크기가 특성이라면 그 값은 크다 혹은 작다일 것이다. 만일 색상이 특성이라면 그 값은 빨간색 혹은 녹색이 될 수 있다. 하나 이상의 특성에 대한 값은 그 예시가 해당 부류class에 속하는가 속하지 않는가를 결정한다. ~의 종류의 내용은 [그림 3-3]에서 묘사한 것과 같이 구체적인 대상물일 수도 있고, 또는 [그림 3-7]에서 묘사한 것과 같이 상징적인 대상물일 수도 있고, [그림 3-8]에서 묘사한 것과 같이 사회적 활동일 수도 있다.

[그림 3-3]에서 명칭은 윤곽으로 미술에서의 특징 중 하나다. 아웃라인이 대안적 명칭이다. 정의는 첫째 문단에 서술되어 있고, 대상물의 바깥 가장자리라고 하는 정의된 특성을 포함한다. 자동차의 윤곽을 묘사한 자동차 그림은 예시이고, 이는 둘째 문단에 제시되어 있다.

[그림 3-7]은 상징적 종류의 내용 요소인데, 이 사례에서는 영어 문법을 묘사하고 있다. 문법 개념의 명칭은 부사다. 부사의 정의는 그림의 왼쪽 부분에 제시되었고, 여기에는 주요 특성, 즉 "동사, 형용사 혹은 다른 부사를 수식하는 단어"가 포함되어 있다. 수식의 특성은 서술하는, 제한하는 그리고 자격을 부여하는 속성들로 정의되고, 부사로서 답할 수 있는 질문들을 제공하는 것에 의해 정의된다. 또한 부사로서 -ly로 끝나는 것이 특징이지만 이는 결정적 특징은 아니며, 부사는 절대로 명사를 수식하지 않는다고 규명함으로써 정의에 대한 부가적인 정보를 제시한다. 그림의 오른쪽 부분에서는 수식의 정의에서 지적된 다른 방식으로 조정하는 부사들의 예시를 제시하고 있다. 각 예시에 뒤따른 학습 안내는 어떻게 예시들이 정의와 관련되는가를 보여 주고 있다.

[그림 3-7] ~의 종류의 구성요소 스킬에 대한 내용-문법 부사

영어 문법
다음은 영어 문법에 대한 코스로부터 발췌한 ~의 종류를 설명하는 문단이다. ~의 종류는 품사인 '부사'다. 그 특성은 서술하고 제한하고 혹은 자격을 부여하는 것에 의한 수식이다. 여기서 이 정의는 모든 영어 커뮤니케이션에 적용되지만, 예시들은 특정 문장 맥락 속에서 특정 부사들이라는 것에 주목해야 한다.

부사는 품사로서 동사, 형용사 및 다른 부사에 대해 서술하고 제한하고 혹은 어느 면으로는 그들에게 자격을 부여함으로써 이들을 수식한다. 부사는 통상적으로 다음 질문에 답을 한다. 언제, 얼마나, 어디에, 어떻게 그리고 어느 정도나? 부사는 명사나 대체 명사를 결코 수식하지 않는다. 가장 흔한 부사적인 어미는 접미사 -ly이다. 그러나 단어가 부사로 간주되기 위해서 어미가 -ly로 끝나야만 하는 것은 아니다. 아래는 여러분이 부사를 확인하는 데 도움이 되는 힌트다: 1. 모든 부사에 해당되지는 않으나 대부분의 부사들은 -ly 어미를 가진다. 2. 부사는 문자의 의미를 변경하지 않고 문장 내에서 위치를 옮길 수 있다.	다음 문장에서 부사는 고딕체로 표시하였다. 시험은 **정말로** 어려웠다. 부사 '정말로'는 형용사인 '어렵다'를 수식한다. 이것은 '얼마나'라는 질문에 답하고 있다. 그는 **항상** 나의 가장 똑똑한 학생이다. 부사 '항상'은 동사인 '-이다'를 수식한다. 이는 '언제'라는 질문에 답하고 있다. Phil은 **곤히** 잠들어 있었으나 **빨리** 깨었다. 부사 '곤히'는 형용사 '잠이 든'을 수식한다. 부사 '빨리'는 동사 '깨었다'를 수식한다. 이들 모두 '어느 정도'라는 질문에 답하고 있다.

출처: 브리검영 대학의 코스를 기반으로 함.

 [그림 3-8] ~의 종류의 구성요소 스킬에 대한 내용-인터뷰

취업 상담 스킬
다음은 취업 상담 전문가를 훈련하기 위해 설계된 코스로부터 발췌한 ~의 종류에 관한 내용이다. ~의 종류는 '다른 말로 바꾸어 표현하다^paraphrase'라는 상담사의 커뮤니케이션 스킬이다. 정의된 특성은 '다른 말로 고쳐 말한다'이다. 오디오는 이러한 유형의 커뮤니케이션에 대해 시연으로 설명한다. 이 정의는 일반적이고 다양한 상황에 적용될 수 있다. 오디오는 특정 상황에서 이러한 유형의 커뮤니케이션에 대한 구체적인 표상이다.

	다른 말로 바꾸어 표현하다라는 의미는 내담자가 말한 것을 다른 말로 다시 말함으로써 내담자에게 의도한 메시지가 이해되었는지를 확인하는 기회를 주기 위함이다.

(계속)

오디오:

내담자가 방금 말한 것을 상담사가 바꾸어 말하는 것을 들어 보세요.

내담자: 나한테 왜 이런 일이 일어났는지 전혀 모르겠어요. 나는 직장을 잃었고요. 10년이나 같이 산 남편은 다른 여자한테 가면서 나를 버렸어요. 게다가 지금 아이들은 남편과 함께 산다고 집을 나갔답니다. 나는 요즈음 끔찍한 시간을 보내고 있어요.

상담사: 당신은 정말 역경에 처해 있네요. 직장과 남편을 잃고, 이제는 아이들까지 잃었네요.

내담자: 그래요. 정말 힘들어요. 내가 계속 살아가기 위해서는 이제 무엇을 해야 하나요? 정말 모르겠어요.

상담사: 당신은 사는 것이 정말로 고통스럽고, 자신을 지탱할 수 있는 힘이 있는지조차 모르시겠다는 것이지요.

내담자: 직장을 잃고 남편마저 잃게 되니 생계를 위해 내가 무엇을 할 수 있는지 모르겠어요.

상담사: 자신의 생계를 위해 어딘가 다시 직장을 구해야만 한다고 느끼고 계시네요.

내담자: 예, 자녀 양육 보조금이 없어지니 살림이 매우 어려워요.

(1) 등위 개념

~의 종류 내용은 종종 단일 ~의 종류보다는 개념 그룹의 등위 세트와 관련된다. 각 등위 그룹은 동일한 특성을 공유하나 각 그룹별로 이 특성들의 값들은 다른데, 이를 토대로 상이한 그룹에 속하는가를 결정하게 된다. [그림 3-9]는 범선의 유형에 대한 일련의 등위 범주를 그림을 활용하여 제시하고 있다. 범선의 유형을 확인하기 위한 특성에는 다음이 포함된다. 돛대^{masts}의 수(1 혹은 2의 값을 가진 특성), 돛대의 위치(배의 후미 혹은 중앙의 값을 가진 특성), 가장 높은 돛대 (#1 혹은 #2의 값을 가진 특성), 돛^{sails}의 수(1 혹은 >1의 값을 가진 특성), 키의 손잡이^{tiller}의 위치(뒤의 #2 돛대 혹은 앞의 #2 돛대의 값을 가진 특성) 등이다. 보트의 유형은 [그림 3-9]의 각 열의 상단에 제시되어 있다. 특성은 [그림 3-9]의 첫째 열에 있고, 특성 값은 특성이 속한 셀과 각 유형의 범선에 대한 열에 기재되어 있다. 각각의 특성에 대한 값을 조합하여 범선의 범주를 확인한다.

등위 개념^{coordinate concepts}들을 가르칠 때 등위 범주의 하나를 다른 것과 구별하도록 요구하는 것은 학습자에게는 도전이다. [그림 3-9]에 제시된 사례에서처럼, 케치^{ketch}와 욜^{yawl}은 매우 유사하다. 특성 값의 표에서 볼 수 있는 것처럼, 이 두 범주의 범선들 간의 차이는 단지 키 손잡이의 위치뿐이다.

[그림 3-9] 등위 ~의 종류의 구성요소 스킬에 대한 내용-범선

범선						
	켓보트	슬루프	커터	케치	욜	스쿠너
돛대	1	1	1	>1	>1	>1
돛대 위치		전방	배의 중앙부			
가장 높은 돛대	--	--	--	#1	#1	#2
돛	1	>1	>1	>1	>1	>1
키의 손잡이 위치	--	--	--	aft #2	fwd #2	--

출처: 필자가 설계한 원자료.

(2) 새로운 예시

사전에 경험하지 못했던 예시[unencountered examples]들은 새로운 예시로서 시연 중에 사용한 예시들과는 다르다. 경험하지 못했다고 하는 의미는 학습자가 이전에 전혀 본 적이 없었던 예시라는 것이 아니라 ~의 종류에 대해 가르치는 시연의 일환으로는 접해 보지 않은 예시라는 것이다. 만일 동일한 예시들이 적용과 시연을 위해 사용되었다면, 학습자는 정의된 특성들을 적용하는 능력을 연습하기보다는 단지 예시를 기억하는 것을 요구받은 것이다. 사전에 다루어 보았던 예시들을 사용하는 것은 ~의 종류에 대한 학습을 ~에 대한 정보 관련 학습이나 ~의 부분에 대한 학습으로 절감시킨다. ~의 종류에 대한 수업의 목적은 새로운 상황이나 새로운 예시들로 전이하는 것이다. 그런 맥락에서, 학습자에게 자신이 새로이 습득한 스킬을 사용하여 적용 과정에서 새로운 예들을 분류해 보는 기회를 제공하는 것은 중요하다.

~의 종류의 내용을 위해서 종종 대상물, 사건 및 심벌의 범주에 속한 예시들로 목표 개념과 매우 유사하지만 목표 개념의 예시들과 쉽게 혼동할 수 있는 비예시[non-example]가 필요하다. 케치와 욜 범선의 사례처럼, 등위 개념의 어떤 그룹의 예시들은 등위 개념의 다른 그룹의 예시들과 쉽게 혼동될 것이다. 따라서 케치는 욜의 비예시이고, 욜은 케치의 비예시다.

(3) 불완전한 예시

비예시의 또 다른 유형은 불완전한 혹은 정의된 속성에 대한 값이 누락되거나 부적절한 사례다. [그림 3-10]은 특성 값이 부정확하거나 누락된 예시[incomplete examples]나 비예시에 해당하는 두

예시를 제시하고 있다. 첫 번째 행에 제시한 코코넛 잎사귀 엮기 예시는 부정확한 단계와 정확한 단계를 대조하고 있다. 두 가지 예시에서 특성은 고리^{loop}이나, 결정적 준거는 고리의 크기다. 두 예시 모두 고리를 만드는 것을 보여 주고 있는데, 비예시의 사례에서는 고리를 너무 작게 만드는 바람에 실패하였다. 두 번째 행의 사진 예시는 사진의 모서리와 관련하여 주제의 올바른 위치를 대조하여 제시하고 있다. 특성은 주제의 위치다. 값은 삼등분할 그리드에서 주제의 위치를 정확하게 선정하는 것이다.

 [그림 3-10] 예시와 비예시의 대조

코코넛 잎사귀 엮기와 사진	
왼쪽 열은 오른쪽의 정확한 예시와 대조하여 비예시를 보여 주고 있다. 첫 번째 행은 코코넛 잎사귀 엮기 과정에서 발췌한 것이다. 두 번째 행은 사진의 기초 과정에서 발췌한 것이다.	
부정확한 예시의 표상	정확한 예시의 표상

틀렸음. 물고기 만들기를 시작하기 위해 필요한 집게손가락 위의 공간이 없다.	맞았음. 여러분은 엮어 만들기를 시작하기 전에, 집게손가락 위에 대략 2인치의 공간을 남겨 두어야 한다.

틀렸음. 관심 주제는 반드시 3등분의 교차점에 위치해야만 한다.	맞았음. 관심 주제가 3등분의 교차점에 위치하고 있다.

출처: Coconut Leaf Weaving, student project, BYU Hawaii, Garren Venzon and Jonathan Seng. Creating a Professional Photo, student project, BYU Hawaii, Jessica Judy & Derek Williams.

(4) 허위 예시

예시는 반드시 실제 특성 값을 보여 주어 표상된 사례들이 범주에 속하는가를 결정하도록 해야 한다. 종종 예시로서 제시되고 있는 것이 실제로는 허위 예시^{pseudo examples}다. 즉, 해당 범주의 사례이나 예의 표상에서는 범주에 속하는가를 판단하는 특성 값이 충분히 나타나 있지 않다. 만일 예시가 범주에 속하는가를 판단하는 변별 특성을 보여 주는 데 실패한다면, 예시는 실제로 아주 적은 정보를 전달하거나 혹은 전혀 정보를 전달하지 않는 것이다. 너무 많은 경우, 교수자나 수업설계자는 학습자가 사용하는 예시에 친숙하다고 추정하여 학습자가 정의된 특징들을 관찰할 수 있는 충분한 세부 사항을 제공하는 데 실패한다.

협조 관계^{helping relationship}라는 개념의 예시들과 허위 예시들을 제공하는 [그림 3-11]을 검토해 보자. 중간 열에서는 협조 관계의 예시 혹은 비예시인가를 확인하고, 그 정의를 다시 바꾸어 서술하고 있으나, 실제로 지원, 협력 혹은 신뢰의 예시들은 보여 주고 있지 않다. 세 번째 열은 수용인의 신뢰, 협력 그리고 믿음에 대한 특성을 예시와 함께 시연 설명하는 특정 상황에 관한 매우 짧은 시나리오를 포함하고 있다.

 [그림 3-11] 예시와 허위 예시의 비교

취업 상담
다음은 취업 상담 전문가를 훈련하기 위해 설계된 코스로부터 발췌한 ~의 종류에 대한 내용이다. 여기서는 관계의 한 유형인 협조 관계에 대해 가르친다. 허위 예시들은 설명은 하나 결정적 특성들을 보여 주지 않는다. 반면 예시들은 그 사례가 협조 관계인가 아닌가를 결정하는 특성 값을 묘사하고 있다.
정의: 협조 관계는 건설적 관계로서 사실상 협력적이고, 신뢰와 존중에 근거를 두고, 내담자가 개인적 성장과 변화를 할 수 있는 잠재력을 가지고 있다는 믿음에 기초하고 있다.

	허위 예시와 비예시	우수 예시와 비예시
예시: 	여러분은 아마도 여러분을 전문적으로 도와주는 멘토가 있을 것이다. 이는 통상 협조 관계로서 일반적으로 지원적이고, 신뢰에 근거를 두고, 협력적이고, 사람은 변화를 위한 잠재력을 가지고 있다는 믿음을 기반으로 한다.	오디오: 이 멘토가 경영학과 학생을 돕는 상황을 생각해 보세요. 이는 협조 관계인가요? 멘토: 이 아이디어가 실제로 실현 가능할 것이라는 근거는 무엇인가요? 학생은 이러한 가격 예측을 고려했나요? 멘티: 그건 잊었네요. 당신이 나를 도와줄 수 있는 경영학 배

(계속)

		경을 가지고 있는 것은 매우 도움이 됩니다. 내가 이를 해낼 수 있다고 생각하세요? **멘토:** 학생은 해낼 수 있어요. 해당 아이디어가 좋은 것인지를 결정하기 전에 항상 모든 데이터를 고려해야 합니다.
비예시: 	군 장교는 협조 관계의 예시가 아니다. 군 장교들은 일반적으로 병사들과 협조하지 않고, 명령을 내린다. 군 장교들의 경우, 병사들이 그들을 신뢰함에도 불구하고 종종 비협조적인 사람으로 인지된다.	**오디오:** 이 장교가 그의 병사를 훈련시키는 것을 살펴보세요. 이는 협조적 관계인가요? **장교:** 차렷! 오늘 50번 팔굽혀펴기를 한다. 준비, 시작! **장교:** 이등병, 너는 여자애냐? 배가 땅바닥에 닿지 않도록 하라! 실시한다!

저작권: Letter Press Software. 허가를 받아 게재함.

4) ~에 대한 방법^{How-to}

~에 대한 방법의 구성요소 스킬은 다음의 내용 요소를 가지고 있다. ① 절차에 의해 조정되는 대상물이나 상황(과제), ② 절차의 명칭, ③ 절차를 시행하기 위한 단계^{step}나 활동의 목록, ④ 단계들을 시행하기 위한 순서^{sequence}, ⑤ 요구된 개별 활동이나 단계를 묘사하는 과제의 시연, ⑥ 각 단계의 결과, ⑦ 전체 절차를 완료한 결과. ~에 대한 방법의 내용은 [그림 3-4]에서 제시한 것과 같은 심벌 조작 과제나 혹은 [그림 3-12]에서 제시한 것과 같은 사회적 과제와 관련될 수 있다.

[그림 3-4]는 어떻게 스프레드시트를 사용하는가를 가르치는 과정에서 발췌한 몇 개의 교수 활동을 예를 들어 설명하고 있다. 이 과제는 몇몇 고용인을 대상으로 각각 개인이 받는 주급을 그들의 일당과 근무한 시간을 토대로 결정하고, 주당 지불하여야 할 총 급여를 결정하기 위해서 스프레드시트를 사용하는 것이다. 절차의 명칭은 곱셈 셀과 합계 셀이다. 각 단계에 대한 주요 단계와 보조 단계는 첫째 열에 목록으로 제시되어 있다. 두 번째 열에서는 과제에서 각 단계와 보조 단계를 수행하는 시연을 제시한다. 불렛들은 각 보조 단계에서 수행할 행동을 알려 주고, 뒤이어 제시된 주석은 일련의 보조 단계 각각의 결과를 나타낸다. 결과는 총합이 제시된 스프레드시트다. 연습에서 이 과제는 실제 스프레드시트 소프트웨어를 사용함으로써 수행될 수 있다.

[그림 3-12]는 가구 판매에 대한 과정에서 발췌한 짤막한 교수활동을 실례를 들어 설명하고 있다. 이 절차는 제품 소개를 다루는 보다 총제적인 과제에서 하나의 단계에 해당되며, 절차의 명칭은 두 번째 행의 왼쪽 부분에서 알 수 있다. 이 절차를 수행하기 위한 단계나 활동들은 [그림 3-12]의 왼쪽 열의 나머지 셀의 각각에 나타나 있다. 이 단계들을 위한 계열은 이들의 순서와 각 단계를 위한 숫자에 의해 알 수 있다. 오른쪽 열은 절차에 대한 시연이다. 완전한 시연은 비디오에 오디오 트랙을 추가한 것이다. 여기서는 단지 정사진과 오디오 트랙이 포함되어서, 일부 표상은 이 제시에서 누락되어 있다. 주목해야 할 것은 이 그림에서 각 행은 각 단계를 위한 활동을 서술하고 있고(왼쪽 열), 이 단계에 해당되는 실행과 고객의 반응은 시연을 통해 보여 주고 있다(오른쪽 열에서 설명된 비디오)는 것이다. 전체 중 간략한 절차를 실행한 결과는 이 그림의 마지막 행에서 예시로써 설명되고 있다. 고객은 제품 소개를 받을 준비가 되어 있다.

[그림 3-12] ~에 대한 방법의 구성요소 스킬에 관한 내용 – 판매

서비스를 수반한 판매	
다음은 가구 판매 과정에서 발췌한 ~에 대한 방법에 대한 짧은 문단이다. 첫 번째 주요 활동은 우호적으로 고객을 맞이하는 것이다. 왼쪽 열에 각 단계와 각 단계 수행에 의해 나타나기를 희망하는 결과가 목록화되어 있다. 아래 사진들과 오디오를 포함한 비디오는 각 단계가 시행된 결과를 시연을 통해 보여 주고 있다.	
우호적 접근	 오디오를 포함한 비디오
① 정다운 인사 오디오: 따뜻하고 친절한 인사말은 고객을 안심하게 만들고 편안하게 느끼도록 도와줍니다.	David: 안녕하세요? 오늘 어떠세요? Maria: 좋아요. 고마워요.
② 개방적 질문 오디오: 개방적 질문은 대화를 고무하는 반면에 '예, 아니요' 질문은 그렇지 않습니다.	D: 햇볕이 좋은 날이네요. M: 모처럼 날씨가 좋아졌네요.
③ 성실한 답변	D: 드디어 봄이 온 것 같네요. M: 마침내요!

(계속)

오디오: 우호적으로 고객에게 접근하게 되면 고객들은 보다 편안하게 방문 목적과 원하는 것이 무엇인가를 이야기할 것입니다.	D: 화창한 날 우리 가게에 오셨는데 무엇을 찾으시나요? M: 우리 집 소파가 낡아서요. 이참에 소파를 바꿔야 할 것 같아서 들렀어요. D: 소파를 좀 보여 드리지요. 이리로 오세요. M: 예.

저작권: The Furniture Training Company. 허가를 받아 게재함.

5) ~에 대한 결과 예측^{What-happens}

~에 대한 결과 예측의 구성요소 스킬은 다음 내용 요소들을 가지고 있다. ① 어떤 과정이 적용되는 특정 상황(문제), ② 과정의 명칭, ③ 결과를 이끌어 내는 일련의 조건, ④ 조건으로부터 도래된 결과다. 조건과 결과 사이의 관계는 종종 만일 ~이라면^{if-then} 명제 혹은 원리에 의해 표현된다.

[그림 3-5]에서는 프로젝트 관리를 위한 기획 도구인 간트 차트에 대해 설명하고 있다. 여기서 문제는 프로젝트를 완수하기 위해 요구되는 시간을 추정하는 것이다. 조건들은 각 과제의 길이, 한 과제의 다른 과제에 대한 의존성, 도출된 핵심 경로다. 하나의 조건이 변화하나 핵심 경로에서는 변화가 없는 경우, 결과는 전체 프로젝트를 위해 시간이 단축되는 것이다(스크린 2). 하나의 조건이 변하고, 핵심 경로에서 변화가 있으면 새로운 핵심 경로가 생기고, 결과에서는 전체 프로젝트를 위해 소요되는 시간에는 변화가 없다(스크린 3).

[그림 3-13]은 자연적으로 일어나는 활동, 즉 물속에서의 소금 용해를 위한 ~에 대한 결과 예측의 내용을 삽화와 함께 설명하고 있다. 여기서 다루고 있는 문제는 물이 소금과 결합하여 용액을 만들면 어떤 결과가 나타날까. 조건들은 물 분자의 양극성과 소금 원자나 이온에서의 양극전하 혹은 음극전하다. 물 분자의 양극성으로 인하여 물 분자의 양극 끝점이 음극 염화 이온에 끌리게 되고(결과), 물 분자의 음극 끝점이 소금 결정체의 양극 나트륨 이온에 끌리게 된다(결과). 이러한 끌림은 원자가 용액을 형성하도록 만든다. 이 과정은 특별한 기구 없이는 관찰할 수 없으나, 서술이 가능하고 다이어그램을 활용하여 표상할 수 있다.

[그림 3-14]는 취업 상담 과정을 위한 상담 활동을 묘사하고 있다. 조건들은 행동과 상담사의 코멘트다. 이 과정에서 상담사는 다른 말로 바꾸어 말하기, 공감을 나타내기, 그리고 지원자 지향적이도록 훈련되었다(긍정적 결과에 필요한 조건들). 이 상황에서 상담사의 몸짓 언어는 짜증이 난 것을 전달하고(잘못된 조건), 그녀의 코멘트는 지원자의 말을 경청하지 않는 것을 보여 준다(잘못된 조건). 이로 인한 의도하지 않은 결과로 지원자가 용기를 잃게 되어 도움을 받으려고 다시 찾아오지는 않을 것이다. 이 코스의 목적은 만일 상담사가 적절한 상담 기법을 사용하

면 결과는 보다 긍정적이고 지원자는 도움을 청하러 올 것이라는 점을 보여 주는 것이다.

 [그림 3-13] ~에 대한 결과 예측의 구성요소 스킬에 관한 내용—물의 특성

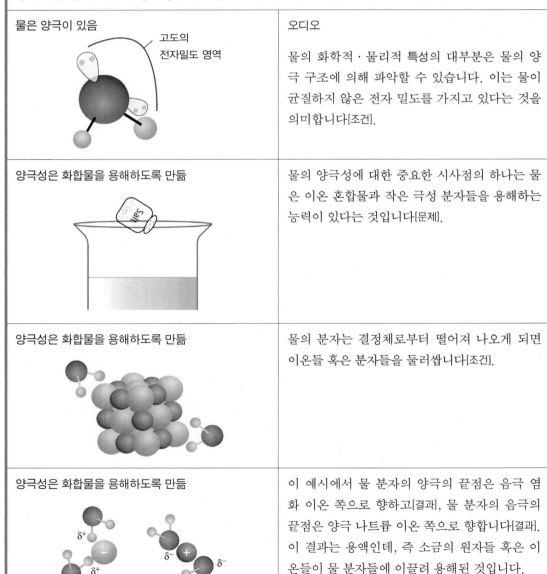

물의 물리적 특성	
다음은 용액의 화학적 · 물리적 특성에 대한 모듈의 생물 과정에서 발췌한 ~에 대한 결과 예측을 설명한 문단이다. 이 특정 상황은 물에서 소금이 용해된 것이다. 해당 과정은 분자들의 화학 결합이다. 해당 조건은 물 분자들의 양극성이 이들을 소금의 나트륨과 염화 분자들과 결합하게 만드는 것이다.	
물은 양극이 있음 고도의 전자밀도 영역	오디오 물의 화학적 · 물리적 특성의 대부분은 물의 양극 구조에 의해 파악할 수 있습니다. 이는 물이 균질하지 않은 전자 밀도를 가지고 있다는 것을 의미합니다[조건].
양극성은 화합물을 용해하도록 만듦	물의 양극성에 대한 중요한 시사점의 하나는 물은 이온 혼합물과 작은 극성 분자들을 용해하는 능력이 있다는 것입니다[문제].
양극성은 화합물을 용해하도록 만듦	물의 분자는 결정체로부터 떨어져 나오게 되면 이온들 혹은 분자들을 둘러쌉니다[조건].
양극성은 화합물을 용해하도록 만듦	이 예시에서 물 분자의 양극의 끝점은 음극 염화 이온 쪽으로 향하고[결과], 물 분자의 음극의 끝점은 양극 나트륨 이온 쪽으로 향합니다[결과]. 이 결과는 용액인데, 즉 소금의 원자들 혹은 이온들이 물 분자들에 이끌려 용해된 것입니다.

[그림 3-14] ~에 대한 결과 예측의 구성요소 스킬에 관한 내용-인터뷰

취업 상담 전문가

다음은 취업 상담 전문가 훈련 과정에서 발췌한 ~에 대한 결과 예측을 설명한 문단이다. 이 상황은 취업을 도와주기 위한 인터뷰다. 조건들은 행동들과 상담사의 코멘트다. 결과는 지원자의 감정이다.

오디오를 수반한 애니메이션

지원자(A): 안녕하세요. 당신과 반드시 이야기하라고 들었습니다.

상담사(C): 그러세요. 앉으세요(타이핑을 멈추지 않는다).

A: 방해해서 죄송합니다.

C: 괜찮아요. 여기 있으면 이런 일에 익숙해져요.

C: 서비스를 받기 위한 신청서를 가지고 오셨습니까?

A: 여기 있습니다. 최선을 다해 신청서를 작성했습니다. 항상 취업할 수 있다는 이야기를 들었습니다만. 왜 이렇게 취업을 못하는지 잘 모르겠습니다.

C: 어디 신청서를 좀 봅시다.

C: 신청서에 기재가 안 된 부분이 있네요. 신청서의 항목을 다 기입하셔야 합니다.

A: 신청서에 어떻게 기재해야 하는지 모르는 부분이 있었습니다.

C: 고용주가 지원자의 이력서를 DWS 웹사이트를 통해 볼 수가 있어요. '작성 중'이라고 기재하세요.

A: 음, 저는 아직 제 이력서를 완성하지 못했는데요. 누군가 이것을 볼 수 있다는 생각은 미처 하지 못했습니다.

C: 꼭 완벽하게 작성해야만 하는 것은 아니에요.

A: 저는 어떻게 답을 해야 할지 잘 모르겠습니다. 제가 어떻게 써야만 하나요?

C: 어떤 사람들은 생각은 하지 않고, 왜 자신이 지금 이런 상황에 처했는지만 궁금해하죠.

A: 내가 여기 왜 왔지? 취업에 도움받기는 어렵겠어.

● 교수내용에 대한 커뮤니케이션을 촉진하기 위해서 교수의 으뜸원리는 다섯 가지 유형의 구성요소 스킬(~에 대한 정보[Information-about], ~의 부분[Part-of], ~의 종류[Kind-of], ~에 대한 방법[How-to], ~에 대한 결과 예측[What-happens])을 규정하였다.

● ~에 대한 정보의 내용 요소들은 명칭, 명칭과 연관된 사실, 그리고 명칭이나 사실과 연관된 그래픽을 포함한다.

● ~의 부분의 내용 요소들은 명칭, 대상물 전체에 대한 묘사, 각 부분에 대한 위치 표시, 그리고 각 부분에 연관된 사실을 포함한다.

● ~의 종류의 내용 요소들은 명칭, 정의, 그리고 일련의 예시를 포함한다.

● ~에 대한 방법의 내용 요소들은 명칭, 조정되어야 할 대상물이나 상황, 요구되는 단계, 단계의 계열, 과제에 대한 시연, 그리고 과제 수행의 결과를 포함한다.

● ~에 대한 결과 예측의 내용 요소들은 명칭, 문제, 일련의 조건, 그리고 조건으로부터 도출된 결과를 포함한다.

여러분이 이 장에서 설명한 다양한 유형의 내용과 내용 요소들을 찾아보는 것은, 교수내용을 설명하기 위한 전문적 용어의 예시들을 기억하고 확인하는 것에 도움이 될 것이다. 여러분에게 익숙한 교과서나 온라인 코스를 선택한다. 교수자료가 이 장에서 설명한 여러 유형의 내용을 포함하고 있는지 검토한다. 여러분이 선택한 자료에서 구성요소 스킬의 유형을 선택하고 이 장에서 설명한 내용 요소들을 발견할 수 있는지 살펴본다. 여러분은 내용 요소들의 몇몇은 누락되어 있는 것을 확인할 수 있을 것이다. 여러분이 검토한 교수자료에 추가할 수 있는 내용 요소를 생각해 보고 제안한다.

Clark, R. C. (2008a). *Developing technical training: A structured approach for developing classroom and computer-based instructional materials* (3rd ed.). San Francisco: Pfeiffer. (Ruth Clark은 사실, 개념, 절차, 과정, 및 원리들에 대한 추가적인 서술과 묘사를 통해 나의 연구에 대해 상세히 설명하였다.)

Foshay, W. R. R., Silber, K. H., & Stelnicki, M. B. (2003). *Writing training materials that work: How to train anyone to do anything*. San Francisco: Pfeiffer. (이들 저자 또한 사실, 개념, 원리 및 문제해결을 가르치는 것에 관해 상세하게 설명하고 있다.)

Gagné, R. M. (1985). *The conditions of learning and theory of instruction* (4th ed.). New York: Holt, Rinehart and Winston.

Gagné, R. M., Wager, W. W., Golas, K., & Keller, J. M. (2005). *Principles of instructional design* (5th ed.). Belmont, CA: Thompson Wadsworth. (Robert Gagné는 학습된 능력을 다섯 가지 유형, 즉 지적 기능, 언어 정보, 인지 전략, 운동 기능 및 태도로 제시하였고, 나아가 지적 기능을 변별, 개념, 고차적 원리 및 절차로 분류하였다. Gagné의 전제는 학습이 일어나기 위해서는 이들 각각의 유형이 다른 내적, 외적 조건(교수활동)을 필요로 한다는 것이다. Gagné의 다섯 가지 유형과 필자의 구성요소 스킬 사이에는 중요한 차이점이 있으나, 언어 정보는 ~에 대한 정보 및 ~의 부분과 유사하고, 개념은 ~의 종류와 유사하며, 절차는 ~에 대한 방법과 유사하고, 고차적 원리는 ~에 대한 결과 예측과 유사하다.)

Merrill, M. D. (1994). *Instructional design theory* (Section 3: Component display theory). Englewood Cliffs, NJ: Educational Technology Publications. [필자는 네 가지 유형의 지적 기능인 사실, 개념, 절차 및 원리에 관해 서술함으로써 Gagné의 연구를 정교화하였다. 이 장에서 설명한 다섯 가지 유형의 내용은 각각 사실(~에 대한 정보와 ~의 부분), 개념(~의 종류), 절차(~에 대한 방법) 및 원리(~에 대한 결과 예측)에 상응한다.]

다음 장에서는

이 장에서는 다섯 가지 유형의 구성요소 스킬, 각 유형에서 요구되는 내용, 그리고 이 내용에 포함되는 내용 요소들을 예시를 들어 설명하였다. 제4장에서는 네 가지 유형의 교수적 상호작용, 즉 **말하기**[Tell], **보여 주기**[Show], **질문하기**[Ask], **수행하기**[Do]에 대해 실례를 들어 설명할 것이다. 그리고 이 교수적 상호작용은 교수활동을 설명하는 내용 요소들과 결합될 것이다. 이어 제5장에서는 다섯 가지 유형의 구성요소 스킬 각각에 대해 처방하는 교수활동들로 구성된 교수전략에 대해 설명하고 예시를 제시할 것이다.

●● 제**4**장 ●●

교수적 상호작용

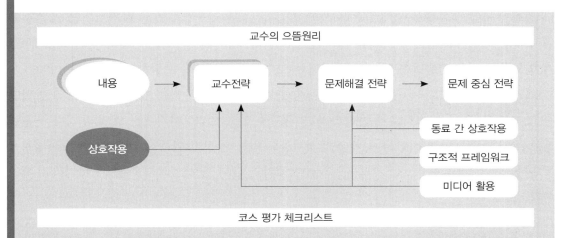

미/리/보/기

제3장에서는 주제 내용을 설명하기 위한 전문 용어와 다섯 가지 유형의 구성요소 스킬에 대한 내용 요소들을 소개하였다. 이 장에서는 이 내용 요소들과 학습자 간의 상호작용을 설명하는 전문 용어를 소개한다. 이 장은 다음 질문들에 답하고 있다. 교수설계자로서 우리는 e³ 교수전략을 신중하게 정의하고 설명할 수 있는 방식으로 어떻게 교수적 상호작용의 다양한 구성요소를 제시할 수 있을까? 왜 교수적 상호작용을 서술하는 전문 용어가 필요한가? 교수적 상호작용의 주요 형태는 무엇인가? e³ 적용에서 상호작용의 주요 특징들은 무엇인가?

키/워/드

- 교수방식Instructional Mode: **말하기**Tell, **질문하기**Ask, **보여 주기**Show, **수행하기**Do의 네 가지 주요 교수적 상호작용
  - 말하기: 교수적 상호작용으로 학습자에게 정보를 제공한다.
  - 보여 주기: 교수적 상호작용으로 학습자에게 표상을 제공한다.
  - 질문하기: 교수적 상호작용으로 학습자에게 정보에 대한 회상이나 인지를 요구한다.
  - 수행하기: 교수적 상호작용으로 학습자에게 표상을 토대로 정보를 적용할 것을 요구한다.
- 사이먼 가라사대Simon-Says: **말하고-보여 주기** 형태의 교수적 상호작용으로서 학습자는 실제 장치device를 묘사한 표상과 상호작용한다. 학습자에게 특정 단계를 수행하라고 명령하면, 학습자는 해당 단계를 수행한다. 학습자의 수행이 옳으면 그 장치는 학습자의 행동에 대하여 반응한다. 만약 학습자의 수행이 틀리면 수행이 잘못되었음을 알려 주고, 옳은 부분은 하이라이트로 강조하여 표시되며, 동일한 단계를 다시 한 번 수행할 것을 지시한다.
- 주의집중 학습 안내Attention-Focusing Guidance: 교수적 상호작용으로 학습자가 정보를 표상의 세부 사항과 관련시키도록 돕는다.
- 매칭 학습 안내Matching Guidance: 교수적 상호작용으로서 2개 이상의 대상물, 활동 혹은 과정에 속한 사례들을 둘씩 짝을 짓는데, 이때 여러 특성은 서로 유사하나 차별적인 특성에서만 다른 두 개의 사례를 매칭한다.
- 확산형 학습 안내Divergent Guidance: 교수적 상호작용으로서 구성요소 스킬의 모든 예시에 관한 일련의 표상을 제공하는데, 이때 예시들은 실제 세상에서 나타나는 차이의 범위를 반영하여 서로 간에 유의하게 달라야 한다.
- 다양한 난이도 학습 안내Range-of-Difficulty Guidance: 교수적 상호작용으로서, 해결하기 쉬운 것부터 어려운 것까지 다양한 일련의 예시를 학습자에게 제공한다.
- 교정적 피드백Corrective Feedback: 반응 뒤에 제시되는 정보로서 올바른 반응과 왜 그것이 올바른 반응인지에 대해 알려 준다.
- 내재적 피드백Intrinsic Feedback: 교수적 상호작용으로서 학습자에게 그의 반응에 대한 결과를 보여 준다.
- 코칭Coaching: 교수적 상호작용으로서 교수활동을 실행하는 동안 학습자에게 도움을 제공한다.

1. 도 입

필자는 어떤 교수개발 회사를 방문하던 중에 벽에 걸려 있는 다음 격언을 보았다. "만일 어떤 교육·훈련 상품이 가르치는 역할을 하지 못한다면, 그 상품은 가치가 없다!" 나는 전적으로 이에 동의한다. 훈련이 학생이나 직원으로부터 보다 효과적·효율적인 수행을 이끌어 내지 않는다면 무엇 때문에 훈련을 위해 큰돈을 써야 하는가? 그럼에도 필자는 종종 가르치는 역할을 하지 못하는 교수용 제품을 검토하는 기회를 갖곤 한다. 왜 그런가? 이는 너무나 많은 교수^{instruction}가 의도한 스킬을 학습하는 데 필요한 적절한 교수적 상호작용을 포함하지 않기 때문이다.

오늘날의 헤드라인은 종종 **정보**라는 단어를 포함하고 있다. 우리는 지금 '정보시대'라는 말을 듣고 있으며, 정보 고속도로에 올라타라는 권고를 받고 있다. 여기에는 만일 우리가 충분한 정보를 가지고 있다면 사람들은 학습할 것이라고 하는 가정이 있는 듯하다. 인터넷은 정보를 교환하기 위한 훌륭한 새로운 매체다. 그러나 필자는 감히 정보는 교수^{instruction}가 아니라고 제안한다.

교수라고 불리는 많은 것은 단지 정보를 제공하고 있을 뿐이다. 그러나 가르친다는 것은 이보다 훨씬 많은 것을 포함한다. 정보에 추가하여, e³ 교수는 안내와 함께 시연을 비롯한 여러 가지 매우 중요한 활동들을 포함하는데, 이를 통해 학습자가 정보를 표상하고, 나아가 적용하고 연결하는 것을 지원한다. 이때 적용 과정에서는 학습자에게 습득한 정보를 문제를 해결하거나 복잡한 과제를 완료하기 위해 사용하도록 요구하며, 적절한 피드백과 코칭이 포함된다.

2. 교수적 상호작용에 대한 전문적 용어는 왜 필요한가

교수적 상호작용은 학습을 촉진하기 위한 절차들이다. 이 절차들은 학습을 촉진하기 위해서 어떻게 교수^{instruction}와 학습자가 조화롭게 상호작용할 수 있을까에 대해 처방한다. 여러분은 강의, 시연, 역할극, 과제, 프로젝트 등 다양한 형태의 교수적 상호작용에 대해 익숙할 것이다. 그러나 이러한 교수적 상호작용의 넓은 범주^{categories}는 수업에 대한 매우 다양하고 상이한 여러 접근에 대해 설명하고 비평하기 위해서는 유용하지 않다. 우리 교수설계자에게는 이 광범위한 교수적 상호작용의 범주들을 분석할 수 있게 하고, 교수활동을 확인할 수 있게 하는 보다 정교하고 상세한 일련의 용어가 필요하다. 이 장에서는 다양한 유형의 교수적 상호작용을 서술하는 용어들을 제공하고자 한다.

3. 교수적 상호작용의 주요 형태는 무엇인가

이 책은 주요 교수적 상호작용을 두 가지 차원에서 설명한다. ① 학습자에게 내용을 제공한다. ② 학습자로 하여금 내용에 반응하도록 한다. 이 주요 교수적 상호작용은 교수방식instructional mode이라고 부른다. 이 책은 학습자에게 내용을 제공하기 위한 두 가지 교수방식에 대해 서술하고 예시를 들어 설명할 것이다. 즉, 말하기(제시)와 보여 주기(시연)다. 또한 이 책은 학습자에게 반응하도록 하는 두 가지 교수방식에 대해 서술하고 예시를 들어 설명할 것이다. 즉, 질문하기(회상)와 수행하기(적용)다. 네 가지 교수방식, 즉 말하기, 보여 주기, 질문하기, 수행하기는 모든 교수전략에 있어 주요 상호작용들이다. 이러한 교수방식과 내용 요소와의 결합이 교수활동instructional event이다.

앞의 장들에서와 같이, 필자는 커뮤니케이션을 촉진하는 이 방식들을 설명하기 위해 공통으로 사용하는 용어들을 선택하였다. 그런데 여기에는 이 용어들이 너무 일반적이어서 여러분이 많은 경우 이 용어들의 의미를 알고 있다고 가정하게 된다는 취약점이 있다. 따라서 신중해야 한다. 나는 매우 흔히 통용되는 단어들—말하기, 보여 주기, 질문하기, 수행하기—을 사용하고 있지만, 이 단어들은 교수적 상호작용을 설명할 때는 해당 단어의 일상적인 사용보다 훨씬 한정된 의미로 사용된다. 여러분이 이 책에서 서술되고 표상되는 교수적 상호작용에 대해 학습할 때는 이 용어들의 제한적인 의미에 세심한 주의를 기울여야 한다.

1) 말하기

말하기Tell란 학습자에게 정보를 제공하는 것이다. 말하기는 항상 내용 요소의 표상보다는 내용 요소의 정보와 연결하여 사용된다. 말하기는 교수자의 목소리, 오디오 메시지, 비디오 메시지, 텍스트 메시지 등 여러 다양한 방법에 의해 학습자에게 정보를 제공한다. 말하기는 오디오나 목소리에 국한되지 않으며, 교수자 주도 수업에 국한되지 않는다. 말하기는 수동적으로 정보를 제공하는 것 이상이 되어야만 한다. 또한 말하기는 단지 선언적인 진술을 하는 것 대신에 반문적 의문에 대해 질문함으로써 의문 방식으로 완성될 수 있다. 반문적 질문은 학습자로 하여금 내용에 대해 생각하도록 만들기 위해 고안된 것이고, 교수자는 답을 기대하지 않는 질문이다. 말하기는 문제를 해결하기 위해 정보가 필요할 때에 해당 정보를 제공하는 경우에 가장 효과적이다. 말하기에 대한 예시는 [그림 4-2]와 [그림 4-3]을 참조하라.

2) 보여 주기

보여 주기^{Show}는 학습자에게 특정 사물, 활동 혹은 과정에 대한 표상을 제공한다. 보여 주기는 항상 내용 요소의 정보보다는 내용 요소의 표상과 연결하여 사용된다. 보여 주기는 그래픽, 비디오, 애니메이션, 도형 및 여러 다양한 방법을 사용하여 성취될 수 있다. 시연은 말하고-보여 주기 교수적 상호작용에서 말하기가 보여 주기와 연동될 때 가장 효과적이다. 보여 주기에 대한 예시는 [그림 4-2]와 [그림 4-3]을 참조하라.

3) 질문하기

질문하기^{Ask}는 학습자에게 정보를 회상하거나 인지할 것을 요구한다. 대부분의 전형적인 시험 문제 형식인 다지선다형, 예-아니요, 단답형 그리고 연결하기는 종종 학습자에게 표상하는 것을 요구하기보다는 정보를 회상하거나 인지하는 것을 요구한다. 이 책에서 질문하기는 항상 내용 요소의 표상보다는 내용 요소의 정보와 연결하여 사용된다. 이 시험 문제 형식들은 학습자에게 정보를 회상하거나 인지하도록 요구하는 데 빈번하게 사용되지만, 항목이 질문하기인가를 결정하는 것은 시험 형식이 아니다. 시험문제 형식은 항목이 학습자에게 정보의 내용 요소들을 회상하거나 인지하도록 요구하는가 그렇지 않은가, 또는 항목이 학습자에게 내용 요소의 표상에 정보를 적용하도록 요구하는가 그렇지 않은가에 달려 있다는 것을 유념하기 바란다. 질문하기에 대한 예시는 [그림 4-1]을 참조하라.

4) 말하고-질문하기

[그림 4-1]은 매우 흔한 형태의 말하고-질문하기^{Tell-and-Ask} 수업을 예시를 들어 설명하고 있다. 말하고-질문하기는 단연코 교수적 상호작용의 가장 통상적인 형태로, 수업 현장에서 내용을 손쉽게 확보할 수 있어 언제라도 사용 가능하다. 이 예시는 기본적으로 온라인 교재인 어떤 과정을 토대로 하고 있다. [그림 4-1]에서 제시한 교수활동들은 당연히 해당 코스의 극히 작은 부분에 지나지 않는다. 실제 과정은 많은 페이지의 정보와 학습 안내를 포함하고 있다. 말하고-질문하기는 가장 효과적이지 못한 교수적 상호작용의 하나다.

[그림 4-1] 일반적인 **말하고-질문하기** 교수적 상호작용

성인을 위한 격심한 통증 관리

다음은 간호사를 위한 온라인 코스에 기초한 축약된 문단이다. 앞부분은 프레젠테이션에서 발췌한 간단한 정보로서 관련된 절차를 서술한 설명적 텍스트다. 뒷부분은 해당 교수 문단 후에 제시되는 퀴즈에 포함된 질문들이다. 이 과정의 실제 내용은 많은 페이지의 교수내용과 많은 부가적인 질문을 포함한 퀴즈로 구성된다. 실제 과정은 다른 형태의 교수내용도 포함하고 있다.

통증 관리와 재평가

수술 후 통증을 관리하는 과정은 환자 교육을 포함하는데 이는 수술 전에 실시된다.

통증은 복잡한 주관적 반응으로서 강도, 시간 경로, 질, 충격, 개인적 의미 등을 포함한 여러 가지 수량적 속성들을 수반한다. 연구에서는 환자에게 수술 전에 정보를 제공하는 것은 수술 후 요구되는 진통제를 줄일 수 있고, 입원 기간을 줄일 수 있다고 제안한다.

통증 기록 확보하기

환자와 함께 통증 통제 전략을 계획하는 첫 번째 단계의 하나는 통증 기록을 확보하는 것이다. 마취과 의사나 마취 담당 간호사는 수술 전 환자 방문을 활용하여 반드시 기록을 확보해야만 한다. 환자와 임상의 간의 원활한 의사소통을 형성하기 위해 이러한 조치를 취하는 것은 결과적으로 통증을 정확하게 평가하고 보다 효과적으로 통제할 수 있다.

1. 계속되는 통증은 아마도:	2. 예 혹은 아니요?
• 신체 조직의 파괴를 촉진시킴 • 수분 축적을 증가시킴 • 면역 기능을 손상시킴 • 위 모두	개별화된 통증 관리는 수술 전에 다루어야 한다. 왜냐하면 통증이 생기는 것을 방지하였을 때 통증의 통제가 용이하기 때문이다. • 예 • 아니요

출처: 온라인 과정을 모델로 하여 만든 원자료.

5) 말하고-보여 주기

말하기는 종종 프레젠테이션과 시연을 결합한 교수활동에서 보여 주기와 연동되었을 때 가장 효과적이다. [그림 4-2]는 운동 스킬에 대한 말하고-보여 주기^{Tell-and-Show} 시연을 예시를 들어 설명하고 있다. 삽화는 원 수업에서 발췌한 단 두 개의 교수활동이지만, 이들은 정보의 제시와 이를 표상한 사진을 동시에 보여 주기에 충분하다.

[그림 4-2] 말하고-보여 주기 교수적 상호작용-스케이트보드 올리^{Ollie}

올리와 뉴턴의 법칙

다음은 스케이트보딩의 일부 원리를 가르치기 위해 학생이 설계한 과정에서 발췌한 교수활동이다. 여기서 보여 주기는 사진인데 보여 주기는 비디오를 통해 용이하게 시행할 수 있다.

말하기	보여 주기
스케이트보드의 용어에서 뉴턴의 제2법칙은 기본적으로 만일 당신의 앞쪽 발을 위로 들고 앞쪽으로 움직이면, 이에 따라 보드가 올라오고 앞으로 간다. 이것이 올리의 핵심이다. 출발하기 위해서 발을 앞으로 움직여서 상향과 전진 동작을 적용하면 보드는 공중으로 뛰어 오른다.	

> 보드가 어떻게 앞쪽 발의 방향을 따라 앞으로, 위로 향하는지를 주목한다.

출처: Michael Shoneman & Christopher Gardner. Student Project, BYU-Hawaii.

[그림 4-3]은 물리 원리에 대한 말하고-보여 주기 시연으로서 시각적으로 묘사하기 위해 시뮬레이션을 사용하고 있다. 시뮬레이션의 장점은 학습자가 조건(렌즈의 굴곡)이 변화할 때 결과 혹은 어떤 일이 일어나는가(초점의 위치)를 볼 수 있다는 것이다.

 [그림 4-3] 시뮬레이션을 수반한 교수활동에 대한 **말하고-보여 주기** 혹은 시연-초점 거리

빛의 굴절

이 교수활동은 현미경에 관한 단기 과정에서 발췌한 것이며, 이 문단은 빛의 굴절을 다루고 있다. 여기서는 말하고-보여 주기 전략으로서 학습자가 조작할 수 있는 역동적 시연을 사용하고 있다.

(계속)

말하기	보여 주기
렌즈의 주 **평면**은 렌즈의 중앙을 통과한 가장자리로부터 가장자리까지의 가상의 한 단면이다. 렌즈의 **중심축**은 렌즈의 중앙에서 수직으로 렌즈의 주 평면을 통과한 가상의 선이다. 렌즈의 중심축을 통과하는 광선은 굴절되지 않는다. 중심축과 수평인 광선들은 렌즈를 통과할 때 굴절된다. 광선들은 렌즈의 두꺼운 부분을 향해 굴절된다. 볼록렌즈의 **초점**은 중심축상의 한 점으로서 모든 광선이 렌즈를 중심축에 평행하여 통과할 때 집합되거나 만나는 곳이다.	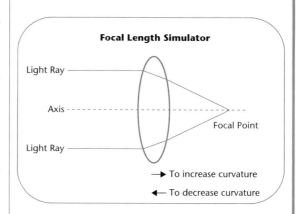 화살표 키들을 사용하여 렌즈의 굴곡에 대한 실험을 해 본다. 굴곡이 증가됨에 따라 초점은 렌즈와 가까운 쪽으로 이동하고 초점 거리는 짧아진다. 시도해 보라.

출처: 필자가 설계한 원자료.

6) 사이먼 가라사대

　사이먼 가라사대^Simon-Says는 학습자가 실제 장치^device의 표상과 상호작용을 하는 말하고-보여 주기 교수적 상호작용의 하나다. 학습자는 어떤 단계를 시행하라는 지시를 받고 이 단계를 실행한다. 그리고 만일 학습자가 옳으면 그 장치는 그의 행동에 반응한다. 만일 학습자가 잘못된 단계를 실행하였다면 그는 반응이 잘못되었다는 말을 듣는다. 이때 장치에서는 정답 부분이 강조되고, 학습자는 해당 단계를 다시 시도하라는 지시를 받는다. [그림 4-4]는 사이먼 가라사대 교수적 상호작용을 예시를 들어 설명하고 있다. 이 교수적 상호작용은 프로그램의 판매자들로부터 종종 **시뮬레이션** 혹은 연습이라고 불린다. 그러나 이 전략은 주제 내용의 ～에 대한 방법에 대한 기본적인 말하고-보여 주기 전략이다. 텍스트 메시지는 말하기 교수활동이고 스프레드시트 화면과 학습자가 상호작용하는 것은 보여 주기 교수활동이다. 이 시연은 학습자가 특정 부분을 정확하게 찾는 것을 도와주고, 이 요소에 대한 학습자의 행동의 결과를 보여 준다. 사이먼 가라사대 상호작용은 단지 학습자에게 어떻게 하는가를 보여 주는 수업에서 일어나는 수동적 상호작용보다 훨씬 효과적이다. 이러한 상호작용적 시연은 학습자가 텍스트 메시지를 통해 언급한 단계에 확실하게 주의 집중하도록 돕고, 문제에서 해당 부분을 정확하게 클릭하게 함으로써 그 부분을 찾을 수 있게 한다.

[그림 4-4] **사이먼 가라사대 교수적 상호작용 – 엑셀**

마이크로소프트 엑셀

다음은 엑셀 스프레드시트를 어떻게 사용하는가를 가르치는 온라인 과정에서 발췌한 것이다. 이 과정은 사이먼 가라사대 유형의 시연을 사용하고 있는데, 여기에는 이 시트를 사용하는 절차를 수행하는 데 필요한 각 명령어가 서술되어 있고, 학습자는 주어진 지시에 따라 단계를 수행한다.

교수활동	텍스트 메시지
[이것은 이 코스에 포함된 일련의 활동 중 하나의 예시로서 학습자에게 내용을 말하고 보여 준다. 학습자는 이미 이전에 제시한 명령어 수행을 위해 스프레드시트를 다루어 보았다는 것을 참조하라.] 텍스트 메시지 1을 말한다. 학습자는 화면 위의 한 곳을 클릭한다. 클릭한 곳이 정확하면, 다음 명령어에 대한 메시지가 제시된다. 그렇지 않다면, 즉 클릭한 위치가 틀렸다면, 메시지 2가 제시된다. 클릭한 위치가 계속 정확하지 않다면, 녹색 화살표와 메시지 3이 제시된다. 이 상호작용적 시연은 해당 교수 문단의 일환인 모든 명령어에 대해 계속된다.	① 선택된 데이터를 복사하기 위해서는 표준 툴바에서 복사 툴을 사용한다. 선택되면, 복사 툴은 데이터를 윈도우 클립보드에 복사한다. 복사 툴을 클릭한다. ② 복사 툴이 아니다. 다시 시도하라. ③ 녹색 화살표가 복사 툴을 가리킨다. 복사 툴을 클릭한다.

출처: 상업적인 강좌를 바탕으로 저자가 설계한 원자료.

7) 수행하기

수행하기[Do] 상호작용은 학습자에게 문제를 풀기 위해 특정 사물, 활동 혹은 과정에 대한 표상에 정보를 적용하도록 요구한다. 수행하기는 항상 특정 문제에 대해 표상한 것과 연계하여 사용된다. 수행하기 상호작용은 학습자를 특정 내용 상황에 참여시키는 매우 다양한 활동에 의해 이루어질 수 있다. 수행하기 상호작용은 학습자가 구성요소 스킬을 습득하는 데 필요하다. 학습자는 행동함으로써 배우게 되는데, 행동은 이 장의 후속 문단에서 서술한 적절한 피드백이 수반되어야 한다. 다지선다형, 단답형, 연결하기 시험문제 형식들은 학습자로 하여금 특정 문제를 해결하거나 특정 과제를 수행하도록 하는 데 사용될 수 있다. 이런 상황에서 문항들은 정보보다는 표상에 관해 질문하고 있다. 따라서 문항들은 **질문하기**보다는 적용이나 수행하기 상호작용과 연관된다.

[그림 4-5]는 ~에 대한 종류와 관련된 수행하기 상호작용에 대해 예시를 들어 설명하고 있다. 여기서 제시된 적용에서는 좋은 사진에 대한 여러 가지 특성—인치당 픽셀, 삼등분 원칙, 적절한 빛, 올바른 셔터 스피드 및 화이트 밸런스—을 동시적으로 평가한다. 사진은 각각의 특성에 대한 예시나 비예시를 실례를 들어 설명하고 있다. 학습자는 해당 사진이 좋은 사진의 특징들 각각에 대한 예시나 비예시가 포함되어 있는지 여부를 결정하기 위해 사진을 반드시 검토해야 한다. 이러한 적용은 좋은 사진을 찍는 것과 관련된 전체 문제[whole problem]를 평가한다.

 [그림 4-5] **수행하기** 교수적 상호작용, ~에 대한 구성요소 스킬-사진

전문적인 사진 만들기
이 교수활동은 학습자에게 그들이 전문적인 사진 촬영에 대해 배운 것을 제시한 특정 사진을 대상으로 적용하도록 요구한다.

다음 사진을 보라. 사진사가 이 사진을 찍으면서 올바르게 적용하지 않은 요인들을 클릭하라. PPI 삼등분 원칙 빛 셔터 스피드 화이트 밸런스	

출처: Jessica Judy & Derek Williams, Student project 2009, BYU-Hawaii.

[그림 4-6]은 ~에 대한 방법을 다룬 내용과 관련된 수행하기 상호작용을 예시를 들어 설명하고 있다. 여기서 제시된 적용에서는 학습자에게 요청한 스프레드시트를 산출하기 위해서 일련의 엑셀 명령어 각각을 실행하도록 요구한다. 이를 통해서 적용은 간단한 스프레드시트를 구축하는 것과 관련된 전체 문제를 평가한다.

[그림 4-6] 수행하기 교수적 상호작용, ~에 대한 방법의 구성요소 스킬-스프레드시트

스프레드시트

Martha는 작은 레스토랑을 개업하였다. 그녀는 레스토랑을 성공적으로 운영해 왔고, 이제 사업을 확장하기를 원하고 있다. 이 프로젝트를 위한 자금을 확보하기 위해서 Martha는 은행에서 대출을 받아야 한다. 그녀는 정확하고 잘 설계된 프레젠테이션이 그녀가 대출을 받는 데 도움을 줄 수 있다는 것을 알고 있다. 당신은 Martha를 위해서 지난달의 매출을 정리한 표를 만들어 주기로 하였다.

당신의 직무는 Martha의 매출 도표 프레젠테이션을 위해서 스프레드시트를 만들고 구성하는 것이다. 당신의 스프레드시트는 반드시 오른쪽에 제시한 샘플과 같이 구성되어야 한다.

아래는 Martha가 제공한 데이터다.

Lunch Items	Units Sold	Unit Price
Sandwiches	6000	$ 3.25
Mini Pizzas	5600	$ 1.75
Salad Bar	3900	$ 3.25
Soup	4100	$ 1.25
Desserts	3200	$ 1.25
Beverages	6100	$ 0.75

	A	B	C	D
1	Total Lunch Earnings			
2				
3	Lunch Items	Units Sold	Unit Price	Gross Sales
4	*Sandwiches*	6000	$3.25	
5	*Salad Bar*			
6	*Mini Pizzas*			
7	*Soup*			
8	*Beverages*			
9	*Desserts*			
10				
11	Total Sales			
12				

출처: 상업적인 강좌를 바탕으로 필자가 설계한 원자료.

[그림 4-7]은 ~에 대한 결과 예측을 다룬 내용을 위한 수행하기 상호작용을 예시를 들어 설명하고 있다. 여기서 제시된 적용에서는 학습자는 물리의 법칙에 기초하여 어떤 값을 예측하도록 요구하고 있다. 학습자가 θ에 대한 예측값을 가지고 반응하면, 시뮬레이션이 가능해지고 동영상 피드백이 제공된다. 만일 예측이 정확하면, 트럭에서 박스가 미끄러져 내려간다.

[그림 4-7] **수행하기** 교수적 상호작용, ~에 대한 결과 예측의 구성요소 스킬-뉴턴의 법칙

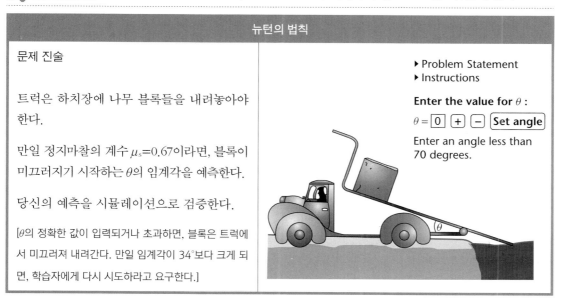

출처: 상업적인 강좌를 바탕으로 필자가 설계한 원자료.

4. e³ 시연의 기타 핵심 특징에는 어떤 것이 있는가

　교수의 주요 기능 가운데 하나는 학습자에 의한 능동적인 정신 과정을 촉진하는 것이다. 도출된 학습의 양과 질은 제시된 정보와 시연된 표상에 대한 학습자의 적절한 인지 과정의 직접적인 함수라는 명백한 증거가 있다. 이러한 능동적인 정신 과정을 활성화하기 위해서는 어떤 것이 주요 교수방식에 추가되어야 하는가? 시연 과정에서 중요한 교수적 상호작용의 하나는 학생에게 학습에 대한 안내를 제공하는 것이다. 학습 안내는 주의집중, 매칭 예, 확산형 예, 그리고 다양한 난이도의 표상들과 같은 다양한 형식을 취할 수 있다. 효과적인 시연의 또 다른 중요한 특징은 멀티미디어인데, 이 경우 멀티미디어는 교수적 상호작용을 수반하지 않고 단지 그래픽만을 제공하는 것이 아니라 교수적 상호작용을 실행해야 한다. 마지막으로, 어떤 구성요소 스킬일지라도 이에 대한 단일 표상만을 학습자에게 제공하는 것은 학습자가 적절한 멘탈 모형을 형성하기 위해서는 불충분하다. 학습 안내, 멀티미디어 그리고 다양한 예시에서 나타나는 상호작용 속성은 다음에서 예시와 함께 설명될 것이다.

1) 학습 안내

학습 안내 시연 원리가 명시하는 것은 다음과 같다.

시연을 통한 학습은 학습자에게 일반 정보를 특정 사례와 관련시키도록 안내하였을 때 향상된다.

다음은 다양한 학습 안내의 형태에 대한 설명이다.

(1) 주의집중 학습 안내

다음에서 제시한 상호작용에서는 학습자에게 표상의 세부 내용을 표상과 관련된 정보와 어떻게 관련시키는가를 보여 준다. 학습 안내는 학습자가 하나의 범주에 속한 사례를 관련된 범주의 사례와 구별할 수 있도록 특성을 강조한다. 단지 예시를 제시만 하는 것은 불충분할 때가 많다. 분별적^{discriminating} 특성 값들이 제시되고 표상에 포함될지라도, 학습자가 제시된 특정 사례에서 이 특성 값을 구분하는 것은 어려울 수 있다. 시연 중의 학습 안내는 결정적 특성 값들에 대한 표상을 분리시켜 학습자가 이를 쉽게 구별할 수 있도록 한다. 이러한 학습 안내는 설명적 텍스트, 그래픽, 애니메이션, 강조하기, 오디오 오버레이 혹은 그 밖의 주의집중 장치들을 통해 이루어질 수 있다. 이러한 장치들은 초기 시연을 촉진시키지만, 후속 시연에서는 학습자가 독자적으로 분별적 특성 값들에 대한 표상을 확인하도록 격려하여야 한다.

[그림 4-8]은 간트 차트에 대한 짧은 과정에서 발췌한 교수활동이다. 간트 차트의 각 부분이 오디오로 설명될 때, 설명되는 부분은 뚜렷하게 남아 있고(반면에 나머지 부분은 흐릿해진다), 말풍선 라벨은 화면에 나타난다. 이것은 학습자에게 이 부분이 내레이션에 의해 설명되고 있다는 것을 분명하게 보여 준다. 이는 주의집중 학습 안내와 관련된 아주 바람직한 사용이다.

 [그림 4-8] 주의집중 안내-간트 차트

간트 차트
오디오에서 각 부분이 설명될 때 말풍선이 나타나고, 설명되고 있는 차트의 부분은 뚜렷하게 남아 있는 반면에 차트의 나머지 부분은 점점 희미해진다. 이 예시는 대표적인 교수활동만을 보여 주고 있다.

오디오

해당 차트의 부분과 이들이 무엇을 제시하고 있는지를 잠시 살펴본다.

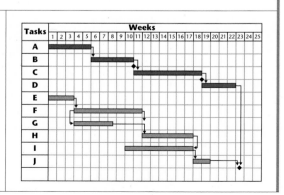

(계속)

사각형 태스크^{task} 바는 언제 다양한 과제가 시작되고 종료되는지를 보여 준다.	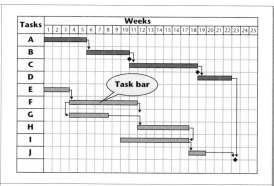
가는 수평선들은 플로트^{float}를 보여 준다. 이들 단순한 기호는 프로젝트 스케줄의 복잡성을 표현할 수 있다. 이 기호들을 이해하는 것은 프로젝트에 관해 잘 알고 의사결정을 하도록 돕는다.	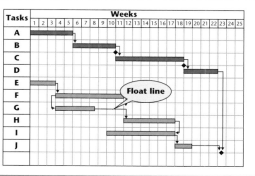

저작권: Martha Legare & The Gantt Group. 허가를 받아 게재함.

(2) 매칭 학습 안내

매칭 학습 안내는 대상물, 활동 혹은 과정에 대한 두 개 혹은 그 이상의 종류로부터 예시들을 한 쌍으로 만드는 것인데, 이때 매칭 예시들이 비분별적 특징들의 대부분에서는 유사하지만 분별적 특징에서는 서로 다르게 짝을 만든다. ~에 대한 종류의 구성요소 스킬은 학습자가 한 범주에 속한 사례를 해당 범주에 속하지 않은 사례나 다른 범주에 속한 사례와 구별할 수 있도록 한다. 사례를 서로 구별하기 위해서는 학습자에게 이러한 구별을 가능하게 하는 특성에 초점을 맞추고, 구별을 위해 사용되지 않는 특성은 무시할 것을 요구한다. 매칭은 이러한 활동을 촉진하기 위한 학습 안내의 한 형태다. 이러한 유형의 학습 안내는 예시를 비예시와 한 쌍으로 만드는데, 이때 두 개의 사례는 구분을 위해 사용되지 않는 특성은 공유하지만 구별을 가능하게 하는 특성에서만 서로 다르게 짝이 이루어지게 한다. ~에 대한 종류의 구성요소 스킬을 습득하는 것은 학습 과정 초기의 시연을 위한 학습 활동에서 예시가 비예시와 짝을 이루어 사용되었을 때 증진된다. 코칭을 제외하고, 매칭 사례는 적용을 위한 교수활동에서는 사용되지 않아야 하는데, 이는 사례가 학습자에게 과잉 도움을 주어 학습자의 분류 스킬을 평가하는 것을 어렵게 만들기 때문이다.

[그림 4-9]에서 구별을 위해 사용되지 않는 특성들은 문장의 주어, 어간(easy) 그리고 문장의 메시지다. 이들은 모두 동일하거나 매우 유사하다. 분별적 특성은 *easy*에 근거한 단어에 의해 수식되는 단어다. 첫 번째 문장에서 *easily*는 동사 *understood*를 수식한다. 두 번째 문장에서

*easy*는 명사 *book*을 수식한다.

 [그림 4-9] 매칭 학습 안내–문법 부사

문법 – 부사
가르치고자 하는 ~에 대한 종류의 구성요소 스킬은 품사, 부사다. 한 문장은 부사를 포함하는 반면에 다른 문장은 형용사를 포함하고 있다.

부사의 예시	부사의 매치된 비예시
The book was easily understood.	It was an easy book to understand.

출처: 필자가 설계한 원자료.

(3) 확산형 학습 안내

확산적 관계는 표상의 계열화를 보여 주는데, 이 표상들은 모두 구성요소 스킬의 예시이지만 실제 세상에서 발생하는 다양한 차이를 반영한다는 점에서도 서로 매우 다르다. 구성요소 스킬은 한 범주의 예시들이 그들의 분별적 특성만을 제외하고는 서로 유의하게 다르더라도 모든 예시를 일반화하도록 요구한다. 학습자는 매번 상이한 표상과 직면하게 되고, 이를 통해서 학습한 스킬에 대한 자신의 멘탈 모형의 영역을 확장한다. 그럼으로써 학습자는 다양한 표상에 대한 자신의 이해를 일반화하는 것을 학습하게 된다. 구성요소 스킬의 습득은 이 예시보다 확산적일 때 증진된다. 확산형 예시는 시연 과정이나 적용을 위한 교수활동에서 반드시 사용되어야 한다.

[그림 4-10]에서 확산형 예시들은 세 가지 다른 유형의 부사를 묘사하고 있다. 이 예시들은 수식어의 유형에 있어서 확산적이다. 부사는 상이한 질문에 답하고 있다. 언제? 어느 정도까지? 어떻게? *Yesterday*는 이 단어가 수식하는 단어 뒤에 나타나는, 반면에 *not*과 *very*는 이들이 수식하는 단어 앞에 나타난다. 한 부사만이 –*ly*로 끝난다. 수렴형 예시들은 모두 –*ly*로 끝난다. –*ly* 어미는 부사의 분별적 특성은 아니지만 이 예시들을 토대로 학습자는 이것이 필수적인 특성이라고 상정하기 쉽다. 세 개의 부사 모두 어떻게라는 질문에 답을 하고 있다. 세 개의 부사가 모두 그들이 수식하는 단어를 뒤따르고 있다.

[그림 4-10] 확산형 학습 안내와 수렴적 예시와의 대조–문법 부사

문법 – 부사
가르치고자 하는 ~에 대한 종류의 구성요소 스킬은 품사, 부사다. 좌측의 예시는 확산적이고 우측의 예시는 수렴적이다.

(계속)

부사에 관한 확산형 예시	부사에 관한 수렴형 예시
The plane flew *yesterday*.	She walked *slowly* home.
(부사는 동사를 수식한다.)	(부사는 동사를 수식한다.)
The dinner was *not* good.	Debbie slept *soundly*.
(부사는 형용사를 수식한다.)	(부사는 동사를 수식한다.)
She sang *very* well.	The flag waved *sadly* over the battlefield.
(부사는 다른 부사를 수식한다.)	(부사는 동사를 수식한다.)

출처: Bob Tennyson과 필자가 설계한 원자료.

(4) 다양한 난이도 학습 안내

이 유형의 학습 안내는 학습자에게 해결하기 쉬운 것부터 해결하기 어려운 것 순으로 전개되도록 일련의 예시를 제공한다. 모든 범주에서 어떤 예시들은 명백히 해당 범주에 속하고, 반면에 다른 예시들은 등위 범주의 예시들과 유사하여 해당 범주에 속한 것으로 확인하기가 한층 어렵다. 다양한 난이도 맥락에서 분별하도록 제공된 다양한 예시는 학습자가 특정 범주의 모든 멤버를 일반화하는 데 도움을 준다. 가능한 경우 예시와 비예시의 난이도를 표본 학생들을 대상으로 검증할 것을 권장하는데, 이는 예시들과 비예시들 각각의 개별적 난이도를 예상하는 것이 쉽지 않기 때문이다. 구성요소 스킬을 습득하는 것은 예시들이 다양한 분별적 난이도를 포함하였을 때 향상된다.

[그림 4-11]의 예시들은 110명의 7학년 표본 학생들에게 해당 정의에 대해 학습한 후에 제공되었다. 그림에서 각각의 예시와 관련하여 제공한 예시가 예시인가 아니면 비예시인가를 정확하게 확인한 학생들의 비율을 각 항목 뒤의 괄호 속에 제시하였다. 학습자가 넓은 범위에 걸쳐 예시들에 대해 학습하였다면, 부사의 새로운 예시와 비예시들을 보다 많이 확인할 수 있을 것이다.

[그림 4-11] 다양한 난이도 – 문법 부사

문법 – 부사
가르치고자 하는 ~에 대한 **종류**의 구성요소 스킬은 품사, 부사다. 단지 정의만이 주어졌으나, 70% 혹은 그 이상의 학생이 첫 번째 행에서 제시한 예시와 비예시들을 정확하게 분류할 수 있었다. 마지막 행

(계속)

에서 제시한 예시와 비예시들의 경우, 30% 미만의 학생만이 이들을 정확하게 분류할 수 있었다. 중간 행에서 제시한 예시들은 30%에서 70% 사이에서 정확하게 분류되었다(소수의 비예시들은—괄호 안의 주석에서 제시한 바와 같이—해당 행보다 낮은 수준인 경우 별도로 표시된다).

정의: 부사는 동사, 형용사나 다른 부사를 수식하는 단어이며 다음 질문들 중 하나에 답을 한다. 언제? 어떻게? 어디서? 혹은 어느 정도까지?

	예시	매치된 비예시
쉬움	*Slowly*, she walked home. (84%) Are you *flighting* mad? (70%)	She is *slow*. (75%) Do you *flight*? (90%)
보통	You are so happy. (68%) The train chugged *loudly*. (66%) She has been absent *lately*. (64%) Clouds gathered *threateningly*. (56%) The book had *three* color pictures. (44%) Cats are my *No. 1* favorite pet. (40%)	*Sewing* makes you happy. (88%) (Easy) The *loud* train chugged. (60%) She has been *late*. (89%) (Easy) The *threatening* clouds gathered. (50%) The book had *three* pictures. (55%) *One* special cat is my favorite pet. (40%)
어려움	He wants the *dark* purple bicycle. (28%) The *small* floral print looked pretty. (22%) It was *not* difficult to explain. (14%)	He wants the *dark* trim to match. (30%) The *small* print looked pretty. (10%) It is difficult to explain that *not* is a negative word. (43%) (Medium)

출처: Bob Tennyson과 필자가 설계한 원자료.

2) 멀티미디어

오디오, 그래픽, 비디오 그리고 애니메이션을 창출하기 위한 새로운 도구들은 교수자료에서 멀티미디어를 사용하기 위한 노력을 상당히 줄여 주었다. 그러나 너무 많은 이 미디어들은 학습자의 동기를 유발하려는 노력의 일환으로서 수업을 보다 매력적으로 만들기 위해 추가되는데, 대부분의 미디어가 교수적 상호작용에 부적절하고, 사실상 학습을 방해함에도 불구하고 추가되고 있다. 멀티미디어를 사용할 때 유념해야 할 점은 해당 미디어는 요구하고 있는 교수적 상호작용을 실행하거나 필요로 하는 내용 요소들을 표상하는 구체적인 교수목적을 가지고 있어야 한다는 것이다. 제9장에서는 교수활동을 실행하기 위한 멀티미디어의 사용에 대해 서술하고 실례를 들어 설명할 것이다. 멀티미디어 시연 원리가 명시하는 것은 다음과 같다.

학습은 멀티미디어가 처방된 교수활동이나 기능[function]을 실행할 때 향상된다.

[그림 4-2]에서 그래픽은 올리^{Ollie}라는 스케이트보드 동작을 삽화를 통해 설명하고 있다. 이 그래픽은 절차에 대한 보여 주기 상호작용을 제공한다. [그림 4-3]의 그래픽은 학습자가 렌즈의 굴곡이 변화하였을 때 초점거리에 어떤 변화가 일어나는가를 볼 수 있도록 한다. 이는 이러한 물리적 현상에 대한 보여 주기 상호작용이다. 반면 [그림 4-1]의 사진은 실제로 정보를 분명히 보여 주지 못하고 있다. 우리는 간호사가 통증 기록을 하고 있으나, 학습자에게 어떻게 기록해야 하는가에 대한 충분한 세부 내용을 보여 주지 않았다고 본다.

3) 다양한 예시

구성요소 스킬을 습득할 때의 주요 요인은 학습자가 내용 자료와 상호작용하는 분량이다. 대부분의 상황에서 정보는 단지 하나의 표상에 의해 설명되고, 학습자는 자신의 구성요소 스킬을 문제에 적용하는 단 한 번의 기회만을 갖는다. 한 번의 보여 주기 교수활동은 구성요소 스킬의 습득에 있어서 전혀 충분하지 않다. e³ 교수전략은 내용과의 충분한 상호작용을 제공하기 위해 다수의 보여 주기와 수행하기 교수활동을 포함한다. 특정 구성요소 스킬에 필요한 보여 주기와 수행하기의 횟수는 스킬의 복잡성과 학습자의 경험에 좌우된다. 이 책에서는 >3 기호를 사용하여 한 번의 보여 주기 혹은 수행하기 교수적 상호작용이 아니라 보다 많은 횟수의 상호작용이 필요하다는 것을 나타낸다.

5. e³ 적용의 기타 핵심 특징에는 어떤 것이 있는가

e³ 학습을 촉진하는 적용에 대한 세 가지 핵심 특징이 있다. ① 적용 초기의 코칭, ② 반응 다음의 교정적 혹은 내재적 피드백, 그리고 여러 번의 ③ 적용 기회다. 코칭은 수행하기 교수활동에 수반되는 지시나 안내로서 학습자가 표상에 대해 정보를 적용하는 것을 지원한다. 피드백은 학습자의 반응 후에 제공되는 정보로서 올바른 반응을 알려 주거나 행동의 결과를 보여 준다.

1) 코 칭

코칭은 수행하기 교수활동이 이루어지는 동안 학습자에게 과정에 대한 안내를 제공한다. 코칭은 학습자가 특정 사물, 활동 혹은 과정에 대한 표상에 정보를 적용하는 것을 돕는다. 코칭의 기능은 학습자가 적절한 정보 요소를 특정 표상에 적용하려고 할 때 이 정보 요소를 회상하도록 돕는 것이다. 코칭은 어떤 특정 구성요소 스킬에 관한 초기 한 번 혹은 두 번의 수행하기 교수활동에 있어 가장 효과적이다. 그러나 만일 코칭이 계속된다면 학습자는 자기 주도적으로 표상에 정보를 적용하는 것을 학습하지 못한다. 효과적인 코칭은 수행하기를 위한 적용 활동이 순차적으로 이루어지는 과정에서 점차 소거되어야 한다. 과도한 코칭은 학습에 방해가 될 수 있다. 학습 안내와 마찬가지로, 코칭도 다양한 방법을 통해 시행될 수 있다.

[그림 4-12]는 부사라는 개념의 적용에 관한 문단이다. 학습자는 일련의 문장에서 부사를 확인하여 밑줄을 치도록 하는 질문에 답하여야 한다. 질문은 학습자에게 수식된 단어는 반드시 동사, 형용사 혹은 다른 부사라는 것을 기억해야 함을 상기시켜 준다. 처음의 몇 문장에서는 수식되는 단어가 볼드체로 강조된 상황에서, 학습자는 해당 단어가 스피치의 어느 부분인가를 결정해야 한다. 마지막 몇 문장에서는 힌트의 제공 없이, 학습자는 반드시 어느 단어가 수식되고 어느 단어가 수식하는지를 밝혀내야만 한다. 실제 적용에서는 보다 많은 예시가 제시될 것이다.

[그림 4-12] 코칭과 교정적 피드백 – 문법 부사

문법 – 부사

다음은 부사라는 개념의 적용에 관한 것이다.

~의 종류에 관한 내용을 위한 시연은 [그림 4-9]와 [그림 4-10]을 참조한다.

적용	피드백
다음 문장에서 부사들에 밑줄을 치시오. 수식되는 단어는 동사, 형용사 혹은 다른 부사인가? 처음 두 문장에서 여러분의 이해를 돕기 위해 수식되는 단어는 볼드체로 제시되어 있다. You are so **happy**. The threatening **clouds** gathered. The book had three color pictures. He wanted the dark trim to match.	You are so **happy**. 단어 *happy*는 *you*를 수식하는 형용사다. 단어 *so*는 부사다. The threatening **clouds** gathered. 단어 *clouds*는 명사다. 단어 *threatening*은 *clouds*를 수식하는 형용사다. The book had *three* **color** pictures. 단어 *color*는 *pictures*를 수식하는 형용사다. 단어 *three*는 부사다. He wanted the dark **trim** to match. 단어 *trim*은 명사다. 단어 *dark*는 *trim*을 수식하는 형용사다.

출처: Bob Tennyson과 필자가 설계한 원자료.

2) 피드백

교정적 피드백은 반응 다음에 제공된 정보로서 올바른 반응과 왜 이것이 올바른 반응인가를 알려 준다. 정답/오답 정보는 도움은 되나 e³ 교수활동을 위해서는 충분하지 않다. 보다 바람직한 피드백은 정답/오답 반응 후에 학습자에게 어떤 것이 올바른 반응인지를 보여 주는 것이다. 교정적 피드백은 종종 ~에 대한 정보Information-about, ~의 부분Part-of 및 ~의 종류Kind-of와 관련해서는 충분하지만, ~에 대한 방법How-to과 ~에 대한 결과 예측What-happens과 관련해서는 충분하지 않다. [그림 4-2]에서 두 번째 열은 적용에서 각 문장에 대한 교정적 피드백을 보여 주고 있다.

내재적 피드백은 학습자 행동에 대한 결과를 보여 주는 표상이다. 내재적 피드백은 자연적으로 발생하는 피드백이기 때문에 ~에 대한 방법과 ~에 대한 결과 예측을 위해서는 최상의 피드백이다. [그림 4-13]은 스프레드시트에 대한 입문 과정에서 발췌한 적용에 관한 문제 중 하나다. 학습자는 스프레드시트를 완성하라는 지시를 받고, 스프레드시트를 올바르게 완성하였는지를 판단할 수 있게 하는 정답의 요약을 다섯 번째 불렛 문장에서 제공받는다. 만일 학습자가 과제를 올바르게 완료하지 못하였으면 그 총합은 주어진 정답과 다를 것이고, 학습자는 정확한 합계를 계산할 수 있도록 자신이 작업한 것을 검토하고 다시 작업할 것이다.

 [그림 4-13] 내재적 피드백 – 스프레드시트

스프레드시트

문제 5-프로젝트 경비와 급여

고객은 각 프로젝트에 얼마나 많은 시간과 비용이 소요되는지를 알고 싶어 한다. 직원은 한 개 이상의 프로젝트를 수행하고 있어, 그들의 시간과 급여는 프로젝트에 비례하여 분할되어야 한다.

- 9행에서, 각 직원에게 지불해야 할 총 급여를 결정한다.
- F열에서, 각 프로젝트에 소요되는 총 시간을 결정한다.
- G열에서 프로젝트별 소요 비용을 결정한다. 해당 프로젝트에서 일하고 있는 각 직원들을 위해 시간당 급여를 근무한 시간으로 곱하고, 이 수치를 G열의 셀들에 추가한다.
- G9 셀에서, 모든 프로젝트의 모든 직원에게 지불해야 할 급여의 총액을 제시한다.
- G10 셀에서, 9행에 있는 총 지불 급여를 합함으로써 당신의 계산이 맞는지 검토한다. G9 셀과 G10 셀은 반드시 동일해야 한다. 총액은 반드시 $7,189.90과 같아야 한다. 계산이 맞는가?
- 당신이 작업한 것을 제출한 후에 완성된 스프레드시트의 복사본을 받을 수 있다.

(계속)

	A	B	C	D	E	F	G
1				프로젝트 경비와 급여			
2		Jake	Sally	Deon	Chan	시간	비용
3	시간당 급여	$23.45	$26.87	$53.40	$62.98		
4	프로젝트 1	10.3		24			
5	프로젝트 2	5.1	6.4		31		
6	프로젝트 3		15.2		29		
7	프로젝트 4	4.6	8.4	16			
8	총 시간						
9	총 지불 급여						
10							

출처: 필자가 설계한 원자료.

원리와 처방

● 교수적 상호작용에 관한 커뮤니케이션을 촉진하기 위해서 교수의 으뜸원리는 네 가지 주요 제시방식—**말하기, 질문하기, 보여 주기, 수행하기**—을 규정하였다.
● 교수의 으뜸원리는 시연의 다른 핵심 특징 역시 규정하였으며, 학습 **안내**와 효과적인 **멀티미디어** 활용이 포함된다.
● 교수의 으뜸원리는 적용에 관한 다른 핵심 특징들을 규정하였으며, **코칭**과 **피드백**이 여기에 포함된다.
  〈표 4-1〉은 이 장에서 규명한 교수적 상호작용을 종합한 것이다.

〈표 4-1〉 교수적 상호작용

	말하기	보여 주기	멀티미디어	학습 안내
시연	정보를 제공함	표상을 제공함	교수활동을 실행함	주의를 적절한 특성에 집중하도록 안내함
	질문하기	**수행하기**	피드백	코칭
적용	정보의 회상이나 인지를 요구함	문제를 해결하기 위해 정보를 사용해야 함	올바른 정보나 결과에 대한 정보를 제공함	과정에 대한 안내를 제공함

적용

여러분은 이 장에서 예시를 들어 설명한 교수적 상호작용을 기존 교수자료에서 확인해 봄으로써 이와 같은 상호작용에 대해 이해하게 될 것이다. 여러분이 수강하였거나, 설계하였거나 혹은 인터넷에서 찾을 수 있는 과정들을 선택한다. 이 과정들을 대상으로 주요 교수적 상호작용—**말하기, 질문하기, 보여 주기, 수행하기**—을 확인할 수 있는지 조사한다. 또한 여러분이 학습 안내, 코칭, 교정적 피드백, 내재적 피드백의 다양한 유형에 대한 예들을 확인할 수 있는지 살펴본다. 만일 검토한 자료에서 교수적 상호작용 중 누락된 요소가 있다면, 누락된 상호작용에 대해 설계해 본다.

관련 자료

이 장의 자료들은 구성요소 제시이론^{Component Display Theory}에 대한 필자의 이전 문헌을 단순화한 것들이다. 다음 자료를 통해 구성요소 제시이론에 대해 좀 더 알아볼 수 있을 것이다.

Merrill, M. D. (1983). Chapter 9: Component display theory. In C. M. Reigeluth (Ed.), *Instructional design theories and models: An overview of their current status* (pp. 279–333). Hillsdale, NJ: Lawrence Erlbaum Associates.

Merrill, M. D. (1987a). Chapter 7: A lesson based on component display theory. In C. M. Reigeluth (Ed.), *Instructional design theories in action* (pp. 201–244). Hillsdale, NJ: Lawrence Erlbaum Associates.

Merrill, M. D. (1987b). The new component display theory. Instructional design for courseware authoring. *Instructional Science, 16*, 19–34.

Merrill, M. D. (1994). *Instructional design theory* (Section 3: Component display theory). Englewood Cliffs, NJ: Educational Technology Publications.

다음 장에서는

제3장에서는 내용 요소에 대해 설명하였다. 이 장에서는 내용 요소와 결합하였을 때 교수활동을 창출하는 교수적 상호작용에 대해 서술하고 예시를 들어 설명하였다. 제5장에서는 교수전략, 즉 각 유형의 구성요소 스킬을 위해 처방된 일련의 교수활동에 대해 설명할 것이다.

●● 제**5**장 ●●

교수전략

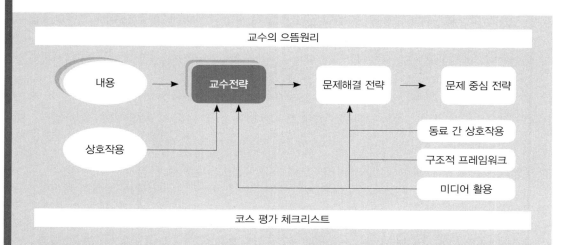

미/리/보/기

제4장에서는 학습자와 내용 요소 간의 상호작용을 설명하기 위한 전문 용어들을 소개하였다. 이 장에서는 **말하기**Tell, **보여 주기**Show, **질문하기**Ask, **실행하기**Do 교수방법과, 제3장에서 제시한 다섯 가지의 구성요소 스킬 각각을 위해 처치된 교수전략에 대한 내용 요소를 통합하고자 한다. 이 장에서는 다음의 질문에 대해 답하고 있다. 다섯 가지 유형의 구성요소 스킬 각각에 대한 e^3 전략을 구성하는 교수활동 처치로는 어떠한 것이 있을까?

키/워/드

- 교수활동Instructional Event: 내용 요소와 교수적 상호작용의 결합
- 교수전략Instructional Strategy: 정해진 구성요소 스킬의 유형에 적합하면서 일관된 일련의 교수활동의 모음
- 프레젠테이션Presentation: **말하기**Tell 교수활동
- 실습Practice: 교정적 피드백을 동반하는 **질문하기**Ask 교수활동
- 시연Demonstration: 안내가 포함된 **보여 주기**Show 교수활동
- 적용Application: 코칭과 교정적 또는 내재적 피드백을 포함하는 **수행하기**Do 교수활동
- 기억술Mnemonic: 학습자가 정보를 기억하도록 도와주는 도움
- 계열화 큐Sequence Que: 계열화가 교수의 목적이 아닐 경우, 동일한 순서로 아이템을 제시하는 것

1. 도입

제3장에서는 ~에 대한 정보, ~의 부분, ~의 종류, ~에 대한 방법, ~에 대한 결과 예측의

다섯 가지 유형의 구성요소 지식과 스킬을 설명하였고, 각각의 구성요소 스킬 유형에 적합한 정보와 내용 요소 표상을 제시하였다. 제4장에서는 말하기[Tell], 질문하기[Ask], 보여 주기[Show], 수행하기[Do]의 네 가지 교수적 상호작용 방식을 설명하였고, 시연과 적용의 상호작용에 대한 핵심적인 특성도 다루었다. 이 장에서는 교수활동에 대해 알아보고자 하는데, 여기서 교수활동은 내용 요소와 교수적 상호작용이 통합된 형태다. 또한 교수전략에 대해서도 다룰 것이다. 교수전략은 해당 구성요소 스킬의 유형에 적합한 일련의 처방된 교수활동 모음이다.

이 장에는 다양한 유형의 구성요소 스킬이 존재하며 e^3 교수는 각각의 스킬 유형에 따라 다양한 교수전략을 필요로 한다는 전제에 기초하고 있다(Gagné, 1985; Gagné, Wager, Goals, & Keller, 2005). 만약 학습자가 경험하는 교수가 기대되는 스킬의 습득을 위한 최적의 교수전략을 포함하고 있지 않다면, 효과적·효율적·매력적인 학습이 일어날 가능성은 매우 적다(Merrill, Drake, Lacy, & Pratt, 1996). 교수전략의 본질적인 구조는 해당 구성요소 스킬의 유형에 적합하면서도 일관된 일련의 교수활동의 모음이다. 시연의 일관성 원리는 다음과 같다.

학습은 새로 학습할 스킬에 대한 시연이 콘텐츠의 유형과 부합하여 이루어지고 학습자가 시연을 관찰하였을 때 촉진된다.

〈표 5-1〉은 구성요소 스킬 각각의 유형에 대한 주요 교수전략을 요약하고 있다. 정보와 표상

〈표 5-1〉 구성요소 스킬에 대한 교수전략

	정보-말하기 **프레젠테이션**	정보-질문하기 (기억하기) **실습**	(표상)보여 주기 **시연**	수행하기(적용하기) **적용**
~에 대한 정보 (information-about)	명칭-정보	명칭-정보	----------	----------
~의 부분 (part-of)	명칭-정보	명칭-정보	명칭-위치	명칭-위치
~의 종류 (kind-of)	정의	정의	예시와 비예시	예시 분류하기
~에 대한 방법 (how-to)	단계-계열화	단계-계열화	과제 시연하기	과제 수행하기
~에 대한 결과 예측 (what-happens)	조건과 결과에 대한 if-then 진술	조건과 결과에 대한 if-then 진술	과정 시연하기	결과 예측하기 또는 조건 찾기

이라는 내용 형태와 결합된 말하기, 질문하기, 보여 주기, 실행하기의 교수방식이 행으로 나열되어 있다. 이 책에서는 정보-말하기^{Tell-information}는 프레젠테이션^{presentation}으로, 정보-질문하기^{Ask-information}는 실습^{practice}으로, 표상-보여 주기^{Show-portrayals}는 시연^{demonstration}으로, 수행하기^{Do}는 적용^{application}으로 표현된다. 각 행에 대한 구성요소 스킬의 유형은 첫 번째 열에 나열되어 있다. 표의 각 칸에는 교수전략 활동을 제공하기 위해 교수방식과 결합된 해당 구성요소 스킬을 위한 주요 내용 요소가 채워져 있다. 교수전략은 표에서 행으로 제시된 것처럼 교수활동의 순서다. 〈표 5-1〉에 요약된 전략들은 다음에서 보다 구체적으로 설명하겠다.

2. ~에 대한 정보^{Information-about}에 관한 교수전략

- 목적: 객체, 활동 또는 절차의 모음에 관한 정보 확인하기
- 처방된 교수활동
  - 프레젠테이션: 항목별로 명칭 · 정보 · 표상 말하기, 주의집중, 탐색, 반복
  - 실습: 제시된 서술 혹은 표상의 명칭 질문하기, 제시된 명칭에 대한 설명 또는 표상 질문하기, 즉시적으로 반응하기, 계열화 큐 피하기, 교정적 피드백 및 성취 목표 100%의 완전 학습하기

~에 대한 정보 구성요소 스킬은 종종 다른 구성요소 스킬의 선수 조건이다.

1) 프레젠테이션

학습자에게는 정보의 명칭이 주어지고, 필요하다면 정보의 일부 표상이 보이며, 정보에 대한 설명이 제공된다. 이 표상과 서술은 학습자가 사물, 활동, 절차에 관해 기억하도록 기대되는 정보를 함께 제공한다. 프레젠테이션은 학습자가 스스로 어떤 항목을 관찰할 것인지를 통제하도록 함으로써 항목을 탐색할 수 있도록 해 주어야 하고, 프레젠테이션을 반복할 수 있도록 해 주어야 한다.

프레젠테이션은 기억하거나 나중에 확인할 필요는 없지만 알아 두면 좋은 정보도 포함할 수 있다. 알아 두면 좋은 정보가 제공되었을 때, 학습자에게 이 정보는 꼭 기억해야 하는 정보는 아니며 관심이 있는 경우에만 보면 된다고 알려 주는 것이 좋다.

프레젠테이션 단계에서는 정보의 변별적 특징이 학생들에게 강조된다(주의집중 안내). 필요한 경우 학습자는 정보를 기억하는 데 도움이 되는 기억술도 제공받을 수 있다. 기억술은 학습자가 정보를 기억하는 것을 돕기 위한 기억 도우미다. 또한 프레젠테이션은 학습자에게 정보

의 맥락을 분명하게 해 주어야 한다.

~에 대한 정보는 ~의 부분, ~의 종류, ~에 대한 결과 예측과 같은 다른 유형의 교수전략에서도 학습자의 필요에 따라 활용될 수 있어야 한다.

2) 실 습

설명이나 표상이 제공되면, 학습자는 해당 정보와 연관되는 명칭을 인식하거나 제시할 수 있게 된다. 또는 명칭이 제공되면, 학습자는 표상이나 설명을 알 수도 있고, 설명을 다른 말로 바꾸어 표현할 수도 있게 된다. 이러한 것은 다지선다형, 매칭 또는 단답형 질문으로 주로 확인하게 된다. 실습은 숙달될 때까지 반복되어야 한다.

효과적인 ~에 대한 정보 실습은 거의 즉각적인 반응을 요구한다. 암기된 정보의 숙달은 학습자가 답을 찾기 위해 노력하도록 해서는 안 된다. 학습자는 실습을 진행하면서 매번 자기 자신과의 경쟁을 통해 보다 높은 성적을 얻기 위해 숙달될 때까지 연습하면서 보다 동기화될 것이다. 항목이 반복될 때는 임의의 순서로 진행되어 계열화 큐가 없도록 해야 한다. 쌍으로 구성된 항목을 암기할 때는 항상 같은 순서로 제시된다면 많은 학습자가 보다 쉽게 암기할 수 있게 된다. 그들은 어떤 항목들이 먼저, 나중에 혹은 중간에 있었는지를 기억한다. 계열화 큐는 순서 자체가 교수의 목적이 아님에도 불구하고 항상 항목들을 같은 순서로 제시하는 것을 의미한다. 게임이 반복, 수행의 향상, 자신과의 경쟁을 촉진하는 경우 ~에 대한 정보 학습에 효과적이기도 하다. 맞거나 틀린 응답에 대해서는 정답 피드백이 학습자에게 바로 제공되어야 한다.

3) 전략 시연: 저명한 대통령

[그림 5-1]에 제시된 ~에 대한 정보 교수는 12명의 저명한 미국 대통령에 관한 정보로 구성되어 있다. 12명의 대통령 각각에 대해 말하기 및 수업에 걸쳐 임의의 순서로 나타나는 세 가지 형태의 질문하기의 네 가지 교수활동이 있다. 이 프로그램에서 프레젠테이션(말하기)은 탐구exploration로 표현되었고, 학습자는 각 대통령에 대해 각자 원하는 만큼 조사할 수 있으며, 자신이 원하면 모든 정보로 다시 돌아갈 수 있게 되어 있다. 프로그램은 각각의 대통령에 대해 여러 가지의 보다 자세한 정보(알아 두면 좋은)도 포함하고 있지만, 이 정보는 실습에서는 포함되지 않는다. 세 가지 다른 형태의 실습(질문하기)으로 ① 누가 누구일까요(이름이 주어지면 사진 맞추기), ② 나에 관한 내용은 무엇일까요(사진을 보여 주면 주요 업적 맞추기) ③ 누가 무엇을 했을까요(사실이 주어지면 이름 맞추기)가 있다. 학습자가 응답을 하고 나면 정답이 제공된다(정답 피드백).

• 계열화 큐 회피: 각 연습의 항목들은 임의의 순서로 제시되어 학습자가 한 종류의 연습을

반복해도 항목들은 다른 순서로 제시된다.

- **숙달**^{mastery}: 각각의 연습 과정이 끝나면 학습자의 점수를 보여 주고, "여러분의 지식을 확인해 보세요. 각각에 대해 100점을 맞을 때까지 시도해 보세요."라는 문구를 통해 격려한다.

 [그림 5-1] ~에 대한 정보 교수전략 – 저명한 대통령

	저명한 대통령
	다음은 미국 대통령에 대한 사실을 학생들에게 가르치기 위해 설계된 ~에 대한 정보 프로그램이다. 프레젠테이션은 대통령의 사진을 보여 주고, 임기, 그가 유명해진 주요 사건들, 대통령과 관련한 몇 가지 사실을 알려 준다. 세 가지 유형의 실습이 있는데, 주어진 이름과 사진 연결하기, 주어진 이름과 그가 유명해진 사건 연결하기, 대통령과 관계된 주어진 사실들을 그의 이름과 연결하기다.
프레젠테이션	 조지 워싱턴 만장일치로 미국 초대 대통령으로 선출 재임 기간: 1789~1797 조지 워싱턴은 왕으로 추대되는 것을 거부하고, 대신에 만장일치로 미국의 초대 대통령으로 선출되었다. 그는 처음 대통령제 내각을 구성하였고, 권리장전을 통과시켰으며, 독립전쟁의 사령관이었다.
실습	제임스 먼로는 누구인가?   
실습	 제임스 먼로는 다음 중 무엇으로 유명한가? A. 만장일치로 미국의 초대 대통령으로 선출되었다. B. 내정 불간섭 정책을 수립했다. C. 증권 시장이 붕괴되었을 때의 대통령이었다. D. 미국인 최초의 노벨 평화상 수상자다.

(계속)

실습	다음은 어느 대통령에 대한 설명인가? 발명가, 철학자, 박물학자, 음악가이며, 여섯 가지의 언어를 사용했고, 독립선언문을 썼다. 대통령으로의 선출은 처음이자 마지막으로 국회에서 결정되었다. 그는 Lewis와 Clark를 탐험 보내고, 루이지애나의 구입을 책임졌다.	A. 조지 워싱턴 B. 제임스 먼로 C. 우드로 윌슨 D. 토머스 제퍼슨

출처: Down Load Learning Inc. 허가를 받아 게재함.

이 짧은 과정은 효과적인 ~에 대한 정보 교수전략의 아주 좋은 예시다. 이 과정은 독립적인 ~에 대한 정보 수업의 예시이지만, 많은 경우 ~에 대한 정보 수업은 보다 복잡한 문제 혹은 과제의 구성요소 스킬이다.

3. ~의 부분^{Part-of}에 관한 교수전략

- **목적**: 사물 혹은 시스템의 전체와 관련하여 특정 부분의 위치와 명칭 확인하기
- **처방된 교수활동**
  - 프레젠테이션/시연: 전체 안에서 부분의 위치를 보여 주고, 명칭과 해당 부분에 관한 정보를 말하기. 위치와 관련한 큐는 피하고, 청킹을 사용하고, 반복할 수 있도록 한다.
  - 실습/적용[부분의 명칭 혹은 정보가 주어졌을 때 해당 부분의 위치를 지목(수행하기)]: 부분의 위치를 보여 주었을 때 그 명칭 혹은 정보를 기억하거나 인식하기. 임의의 순서를 사용하고, 위치와 관련한 큐는 피하고, 즉시적인 응답을 요구하고, 100% 성취 목표를 세우고, 교정적 피드백을 제공하기

~의 부분 구성요소 스킬은 종종 다른 구성요소 스킬의 선수 조건이다.

1) 프레젠테이션/시연

학습자가 부분에 관한 정보와 부분의 위치를 확실히 연결하는 것은 중요하다. 만약 시연이 수동적으로 특정 부분을 강조해서 보여 주고 정보를 제시해 주면 학습자는 아마도 그 위치에는 관심을 기울이지 않을 것이다. 보다 좋은 방식은 학습자가 각각의 부분을 전체 안에서 클릭하도록 요구하는 것이다. 학습자가 해당 부분을 클릭했을 때만 그 부분과 관련한 명칭과 정보를 말해 주라. 효과적인 방법 중 하나는 학습자가 특정 부분을 지목하거나 클릭했을 때 팝업으

로 명칭과 관련 정보를 제시해 주는 것이다. 학습자는 특정 부분을 지목하고 클릭하게 되면 그 부분의 위치에 집중하게 되고 명칭과 관련 정보를 위치와 잘 연관 짓는 경향이 있다.

학습자는 주로 해당 부분을 원하는 순서로 클릭했을 때 명칭, 설명, 혹은 관련 정보들이 제공되는 **탐색**explore형 프레젠테이션을 선호한다. 이러한 방식은 학습자가 필요한 정보를 학습할 수 있도록 원하는 만큼 반복하는 것이 가능하다. 학습자가 모든 각 부분의 정확한 위치를 찾아낼 수 있다고 느낄 때까지 학습자가 부분을 탐색할 수 있어야 한다.

부분에 대한 연습은 명칭을 순서와 연관시키는 것을 방지하고 탐색 중인 부분의 위치와 연관시킬 수 있도록 하는 것이 중요하다. 만약 명칭을 제시하는 표시가 해당 부분 가까이에서 제시되면, 학습자는 명칭을 부분과 연결시키기보다는 표시 1은 그림의 상단 왼쪽에 있고, 표시 2는 그림의 하단 오른쪽에 있다는 식으로 학습하게 될 수도 있다. 만약 이럴 경우 부분을 다른 위치에 그린 새로운 그림이 제시되면, 학습자는 해당 부분의 정확한 위치를 찾지 못할 수도 있다. 해결책 중 하나는 각각의 부분이 강조될 때 명칭을 동일한 위치에서 보여 주는 것이다.

이러한 종류의 스킬을 습득할 경우, 일곱 개 혹은 그보다는 적은 양을 포함하는 **청크**로 학습하는 것이 보다 효과적일 것이다. 하나의 청크가 학습된 후 그 청크에 포함되어 있던 항목이 다음에 나오는 청크에서도 포함되도록 하는 것이 중요하다. 여기서는 프레젠테이션과 시연을 분리해서 설명했지만, 효과적인 방식은 학습자가 하나의 청크에 대해 제시받고 난 후 연습을 할 수 있도록 하는 것이다. 다음으로 두 번째 청크에 대한 프레젠테이션과 연습의 또 다른 라운드가 진행되어야 하고, 이 두 번째 청크에서 첫 번째 청크에서 다루었던 항목들이 포함되는 식으로 진행된다.

2) 실습/적용

부분의 명칭 혹은 정보가 제시되었을 때 학습자가 그 부분의 위치를 지목하도록 **질문하라**(위치 실습). 부분의 위치가 제시되었을 때, 학습자가 명칭과 설명을 기억하는지 질문하라(명칭 실습).

학습자가 완전히 습득했다면, 생각하지 않고 **바로 응답**할 수 있어야 한다. 실습은 학습자의 답이 맞았는지 틀렸는지 각각의 응답 후에 정답 피드백을 제공해야 한다. 실습은 이름과 위치 둘 다를 요구할 때, 그리고 학습자가 단순히 순서를 외우는 것을 방지하기 위해 임의의 순서로 부분이 제시될 때 효과적이다.

명칭에 대한 표시가 해당 부분의 바로 옆에 제시되면 학습자가 명칭과 해당 부분을 연결하기보다는 어느 위치에 있었는지를 학습하게 될 수 있다. 명칭을 단순히 순서로 암기하는 것을 방지하기 위해서 부분에 대한 학습은 임의의 순서로 연습시키는 것이 효과적이다. 각각의 이런 연습 조건들을 통해 학습의 질이 향상된다.

어떤 장비나 활동의 부분을 학습하는 것이 중요하다면, 부분 모두를 학습해야 한다. 즉, 장비를 사용하기 위해서 모든 부분이 필수적이라면 장비의 부분 80%만 아는 것은 충분하지 않다. 따라서 인정될 수 있는 수행의 기준은 100%여야 한다. 만약 몇몇 부분에 대해서는 반드시 알 아야 할 필요가 없다면, 그 부분에 대해 학습하는 것이 필요할까? 당연히 알아야 할 필요가 있 는 부분만 연습이 요구된다.

효과적인 연습 기법 중 하나는 **복원추출법**sampling with replacement이다. 즉, 학습자가 특정 부분을 틀렸을 경우, 이 부분을 다음 시도에 포함시키는 방식이다. 좋은 실습의 기준은 학습자가 최소한 두 번 이상 한 부분의 명칭을 대거나 바르게 위치시킬 수 있도록 하는 것이다.

3) 전략 시연: 유타 주의 카운티

[그림 5-2]에 제시된 ~의 부분 교수전략은 유타 주에 있는 29개 카운티에 대한 것이다. 프레젠테이션은 유타 주 전체 지도(전체)에 각 카운티의 경계선과 각 카운티의 영역을 다른 색상으로 표현하고, 해당 카운티를 회색으로 음영 처리해서 보여 주는 것이다(부분). 29개 각각의 카운티에 대해 말하기/보여 주기와 네 개의 수행하기로 구성된 다섯 가지의 교수활동이 포함된다.

- 말하기/보여 주기에서 학습자는 지도에서 해당 카운티에 마우스 포인터를 가져가서 그 카운티에 대해 탐색한다(위치 보여 주기). 다음으로 학습자에게 그 카운티의 명칭, 도심지, 인구, 카운티에 대한 간략한 자료가 제시된다(명칭과 정보). 프레젠테이션에서 학습자는 그들이 원하는 횟수만큼 해당 카운티에 대해 탐색할 수 있다.
- 알아 두면 좋은 것nice-to-know: 이 짧은 수업은 두세 단락의 카운티에 대한 정보도 포함하지만, 학습자가 반드시 이 정보를 기억해야 하는 것은 아니다.
- 위치 큐 회피avoid location cues: 학습자가 마우스로 해당 카운티를 지목했을 때 지도에서 그 카운티가 강조되지만, 그 카운티와 관련한 정보는 지도 옆의 칸에서 모든 카운티에 대해 항상 동일한 위치에 나타난다.
- 청킹chunking: 유타 주에는 29개의 카운티가 있는데, 학습자가 한 번에 29개 카운티를 학습하기보다는 몇 개의 그룹으로 묶어서 한 번에 한 그룹씩 학습하도록 하는 것이 효과적이다. 이 짧은 수업의 예에서는 각 부분이 청크되지는 않았다.

[그림 5-2]의 두 번째, 세 번째 줄에는 네 가지 다른 형태의 적용 혹은 수행하기가 제시되어 있다. ① 지도에서 강조된 카운티의 명칭 확인하기(위치 보여 주고 명칭 인식하기), ② 설명 중인 카운티 지목하기(해당 부분에 대한 정보가 제시되고, 위치 찾기), ③ 명칭이 제시되었을 때 위치 지목하기(부분의 명칭이 제시되었을 때, 전체에서 부분의 위치 인식하기), 그리고 ④ 카운티의 위치를 제시했을 때, 해당 카운티의 도심지 인식하기(부분의 위치가 제시되었을 때, 해당 부분에 관한 정보

[그림 5-2]   ~의 부분 교수전략 – 유타 주의 카운티

유타 주의 카운티

다음은 학습자에게 유타 주의 카운티를 가르치기 위한 설계다.

캐시(Cache)
도심지: 로건(Logan)
인구(2000년): 91,391명

유타 주립대학교의 본교가 위치해 있고, 유타 주 내에서 유제품을 가장 많이 생산하는 곳이다.

강조되어 있는 카운티는 어디인가요?

A. 피우트(Piute)
B. 서미트(Summit)
C. 모건(Morgan)
D. 다게트(Daggett)
E. 가필드(Garfield)

학습자가 해당 카운티 외에 다른 카운티를 지목했을 때, 다음의 피드백 제시: 틀렸습니다! 지도에 표시된 곳은 서미트 카운티입니다.

다음에 설명된 카운티를 지도에서 선택하세요.

파크시티(이 카운티에 속한 도시)는 수십 년간 유령도시가 되기 직전이었다. 그러나 이 지역의 기복이 심한 지형과 눈이 많이 쌓이는 환경으로 겨울 스포츠의 중심지로 새롭게 변모했다.
학습자가 해당 카운티를 지목했을 때, 다음의 피드백 제시: 정답입니다! 서미트 카운티가 맞습니다.

리치(Rich) 카운티를 선택하세요.

학습자가 해당 카운티 외에 다른 카운티를 지목했을 때, 다음의 피드백 제시: 틀렸습니다! 리치 카운티는 지도에 표시된 곳입니다.

다음 카운티의 도심지 명칭은?

A. 만티(Manti)
B. 로건(Logan)
C. 모압(Moab)
D. 커내브(Kanab)
E. 정션(Junction)

학습자가 해당 도심지를 지목했을 때, 다음의 피드백 제시: 정답입니다! 캐시 카운티의 도심지는 로건입니다.

인식하기)다. 이런 유형의 적용은 학습자에게 카운티의 위치를 제시하고 그 명칭과 정보를 인식하도록 하는 형태 등과 같이 혼합해서 사용될 수 있다.

- 피드백: 학습자가 틀리면 바른 위치 혹은 정보를 제공해 준다.
- 반복: 학습자는 다른 형태의 연습 방법을 원하는 만큼 연습할 수 있어야 한다.
- 임의의 순서: 학습자가 연습을 할 때마다 항목의 제시 순서는 달라져야 한다.
- 성취 목표: 학습자는 각각의 퀴즈에서 100점을 획득하도록 권장된다.

4. ~의 종류^Kind-of에 관한 교수전략

- 목적: 사물, 장비, 절차, 활동, 기호 등과 같이 특정한 범주에 속하는 것들 중 접해 보지 못한 사례들을 분류하기
- 처방된 교수활동
    - 프레젠테이션: 범주의 명칭과 구별할 수 있는 속성 말하기
    - 시연: 범주에 대한 예시와 비예시 보여 주기. 주의 집중시키기, 다양한 사례의 묶음, 매칭된 예시와 비예시, 점점 난이도가 높아지는 예시와 비예시
    - 적용하기: 수행하기에서는 학습자로 하여금 특정 범주에 해당되는 아직 접해 보지 못한 예시와 비예시를 구분하도록 한다. 앞부분에서는 코칭과 교정적 피드백을 제공한다.

~의 종류 구성요소 스킬은 ~에 대한 방법과 ~에 대한 결과 예측 구성요소 스킬을 획득하기 위한 요소다.

1) 프레젠테이션

학습자에게 학습해야 할 범주의 명칭을 알려 주라(말하기). 상위 범주의 명칭을 나타내기 위해 "X는 _____의 한 종류다."라고 학습자에게 알려 주라(말하기). 상위 범주는 보다 구체적인 개념들을 아우르는 개념이다. 예를 들어, 배는 범선의 상위 범주에 해당된다(제3장의 등위 개념 참조). 학습자에게 범주 혹은 범주들의 정의를 말해 주라. 정의는 대상이 되는 범주 혹은 범주들에 속하는 것들을 확인하는 데 반드시 있어야 하는 가치와 식별할 수 있는 특성들의 나열이다. 여기서 식별하는 데 사용되지 않는 특성들은 정의에 포함되지 않는다는 점을 확실히 해 두자. 다른 특성들을 묘사해도 되지만, 특정 범주에 속하는 것과 속하지 않는 것을 정의하는 데 요구되는 가치와 특성을 프레젠테이션에서는 아주 분명하게 제시해야 한다.

2) 시 연

대상이 되는 범주의 다양한 예시를 비예시와 대응시켜 순서적으로 보여 주라. 여기서 예시들이 각 범주의 결정적 특성을 설명해야 한다는 점을 확실히 하고, 허위의 예시를 사용하지 않도록 주의해야 한다. 정의를 제시하는 것과 해당 예시를 시연하는 것이 순차적으로 진행되기보다는 동시에 이루어지는 것이 학습을 향상시킨다.

3) 적 용

학습자에게 새로운 예시와 비예시를 제시하고 학습자가 해당 범주에 속하는 것과 그렇지 않은 것들을 구분하도록 하라(수행하기). 학습자에게 그 이유에 대해 질문하라. 이유를 설명하는 것은 학습자로 하여금 식별할 수 있는 특성이 있는지 없는지를 확인하도록 요구한다. 적용의 초기 예시들에서는 학습자가 결정적 특성에 주의를 기울일 수 있도록 코치하고, 점차 이러한 코치를 줄여 나간다. 학습자가 범주에 속하는 것들을 결정하기 위한 결정적 특성에 집중할 수 있도록 교정적 피드백을 제공하라.

~의 종류에 대한 교수전략은 문제해결에 필수적이기 때문에 여기서는 세 가지의 다른 사례를 교수전략의 유형으로 포함했다. 각각의 전략은 ~의 종류에 대한 교수전략의 미묘하지만 중요한 특성을 보여 주고 있다.

4) 전략 시연: 협조 관계

협조 관계 시연은 ~의 종류에 대한 전략의 적절한 적용은 어떻게 나타나는지를 보여 주는데, 다음에 제시되는 것처럼 몇 가지의 잠재적 문제점도 포함하고 있다.

[그림 5-3]은 취업상담 과정 중 협조 관계의 개념을 가르치기 위한 부분이다. 교수활동은 정의 말하기(첫 번째 행), 예시 보여 주기(두 번째 행), 비예시 보여 주기(세 번째 행), 학습자에게 새로운 예시를 구별(수행하기)하도록 요구하기(네 번째 행)로 구성되어 있다. 정의는 공동의, 신뢰할 만한, 개인적 성장이라는 세 가지의 특성을 포함하고 있다. 이들 모두는 개인적 관계의 다른 종류들 중 식별해 낼 수 있는 관련 속성들이다. 예시들은 다양하지만 비예시와 대응되지 않고, 주의를 집중시키기 위한 안내도 없으며, 예시의 난이도도 알 수 없다.

적용은 학습자에게 네 가지 예시를 구분할 것을 요구하지만 여기서 사용된 예시는 학습자에게 익숙하다고 가정하고 있다. 만약 이 예시들이 학습자에게 익숙하지 않다면 허위 예시로 여겨질 수도 있다. 왜냐하면 이 경우에 개인적 성장에 대한 확신, 신뢰, 협력을 실제로 보여 주지 못하거나 보여 주는 데 실패하기 때문이다. 이러한 특성을 실제로 보여 주기 위해서는 아마도

[그림 5-3] ~의 종류에 대한 교수전략 – 취업 상담

협조 관계		
다음은 취업 상담사를 훈련시키기 위해 설계된 과정의 유형에 관한 내용이다. 이 내용은 관계의 종류 중 하나인 협조 관계를 가르친다.		
정의	**협조 관계** 협조 관계는 건설적인 지지 관계로 본질적으로 협력적이고, 신뢰와 존중에 기초하며, 의뢰자가 개인적 성장과 변화를 위한 능력을 가지고 있다는 믿음에 근거한다.	
예시의 시연	**협조 관계** 여러분의 일상에서 교류하고 있는 사람들을 생각해 보세요. 여러분의 다른 사람들과 협조 관계로 규정될 수 있는 관계를 맺고 있습니까? 여러분 중에 누군가는 여러분을 전문적으로 도와주고 있는 멘토가 있는 분도 있을 것입니다. 교사와 학생, 의사와 환자의 관계 둘 다 협조 관계로 분류될 수 있을 것입니다. 학생들은 보통 선생님이나 그들의 멘토를 신뢰하고 환자도 의사를 신뢰합니다. 선생님, 의사, 멘토는 그들의 학생 혹은 환자가 변할 수 있다고 믿습니다. 또한 위의 모든 관계에서 참여자들 간의 협력이 이루어집니다.	
비예시의 시연	협조 관계를 규정하는 특징 중 한두 가지가 빠져 있기 때문에 대부분의 관계는 아마도 진정한 협조 관계는 아닐 것입니다. 예를 들어, 검사는 피고의 지원자이기보다는 적대적입니다. 군 장교는 병사들과 협력적이기보다는 명령을 내립니다. 텔레마케터는 그들의 고객으로부터 항상 신뢰를 받지는 않습니다. 임대인은 임차인의 잠재적 성장을 믿을 필요가 없습니다.	

(계속)

	피드백	다음 중 협조 관계의 가장 좋은 예시는 무엇인가요?
적용	틀린 경우: 이 관계는 협조 관계의 네 가지 모든 특성을 포함하고 있지 않습니다. 맞은 경우: 이 관계는 협조 관계입니다.	상담사와 의뢰인 편의점 직원과 고객 버스기사와 승객 판사와 피고 답을 클릭하면 피드백이 제시됩니다.

저작권: Letter Press Software. 허락을 받아 게재함.

참여자 간의 상호작용을 관찰할 수 있는 짧은 대화를 담은 오디오 혹은 동영상이 필요할 것이다. 설계자들은 대부분의 학습자가 이러한 상황에 충분히 익숙하기 때문에 보다 확장된 예시를 개발하는 데 시간과 비용을 들이는 것은 적절하지 않다는 정당한 가정을 할 수 있을 것이다. 코칭은 제공되지 않는다. 피드백은 내재적 혹은 교정적 피드백보다는 정오 피드백이 제공된다. 만약 교정적 피드백이 포함되었다면, 제공된 예시에 대한 네 가지 핵심적인 특성 각각의 구체적인 실례들을 보여 주고 설명해 줄 것이다. 만약 내재적 피드백이 포함되어 있다면, 이 피드백은 관계가 협력적이지 않은 예시를 보여 주는 의뢰인의 반응을 보여 줄 것이다.

　이 예제는 ~의 종류에 관한 교수의 주요한 교수활동을 설명하고 있으나, 다음과 같은 몇 가지의 개선할 부분이 있다. ① 학습자가 네 가지 특성 각각을 관찰할 수 있도록 충분히 자세한 상호작용을 담고 있는 예시에 대한 보다 완전한 묘사를 제공함으로써 허위 예시가 되는 것을 피해야 한다. ② 이러한 핵심적인 특성의 묘사에 학습자가 주의를 기울일 수 있도록 유도하는 주의집중 안내를 포함해야 한다. ③ 예시와 비예시를 보다 주의해서 연결해야 한다. ④ 적용의 예시 중 최소한 하나 이상에 대해 코칭을 제공해야 한다. ⑤ 적용에 대해 최소한의 교정적 피드백을 사용해야 한다.

5) 전략 시연: 삼등분 원칙

　삼등분 원칙 시연은 ~의 종류에 관한 교수전략의 완전한 형태를 보여 주기 위한 것으로, 이 시연을 통해 ~의 종류에 관한 교수전략을 구분하고 설계하는 데 도움이 되는 모델을 제시하고자 한다.

　[그림 5-4]는 전문적인 사진 과정의 일부다. 이 부분은 삼등분 원칙이라는 구성의 원리를 가르치기 위한 것이다. 교수전략으로 정의 말하기(1행), 예시와 비예시가 연결된 쌍 보여 주기(2, 3, 4행), 새로운 사진을 제시하고 이 사진들에 삼등분 원칙이 적용되었는지 아닌지를 구분할 것을 요구하기(5, 6행)의 교수활동을 포함하고 있다. 2행과 3행에서는 사진의 프레임을 고려하여 학습자

의 주의를 사진 안의 주요 관심 포인트로 유도하기 위해 도표 형태의 주의집중 안내가 사용되었다. 4행에서는 사람을 대신해서 풍경을 사용해 다양한 예시와 비예시 모음을 제공하고 있다. 삼등분 원칙을 풍경에 적용하는 것은 인물에게 적용하는 것보다 어렵다. 주의집중 안내가 덜 명확하고, 처음에 설명을 약간 제공하고 난 후 교차선을 보려면 학습자가 클릭을 하도록 하고 있다.

 [그림 5-4] ～의 종류에 관한 교수전략－사진의 삼등분 원칙

전문적인 사진 찍기 – 삼등분 원칙		
다음은 사진 과정 중 ～의 종류에 관한 부분이다. 다루고 있는 유형은 삼등분 원칙이라고 하는 구성 원리다. 이 부분은 정의, 예시와 비예시, 그리고 학습자가 이 원리가 사용된 사진을 구별하도록 요구하는 적용을 포함하고 있다.		
1. 정의	**삼등분 원칙** 삼등분 원칙은 사진을 가로 세로로 삼등분하는 선을 사용하는 원리다. 사진의 대상 피사체를 교차점 중 하나에 놓는 것은 사진을 보다 흥미롭고 전문적으로 보이도록 만든다.	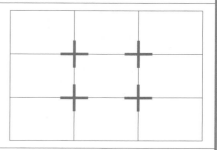
2. 예시/비예시	**삼등분 원칙 사용** 인물 사진에 있어서 관심의 대상은 사람의 눈이다. 삼등분 원칙이 적용되지 않았을 때는 사진이 어색해 보인다. 사진을 보는 사람들이 어디를 보아야 할지 쉽게 결정하지 못할 수 있다. 아래 사진은 삼등분 원칙을 적절히 적용한 것을 보여 주고 있다. 여자의 눈이 교차점에 위치하는 것을 확인하라.	 
3. 예시/비예시	교차선을 보려면 사진을 클릭하세요.  	

(계속)

4. **예시/** **비예시**	각각 쌍으로 된 사진에서 어느 것이 가장 흥미로운가? 그 이유는?

각각 쌍으로 된 사진에서 어느 것이 가장 흥미로운가? 그 이유는?

4. 예시/비예시

삼등분 원칙 미사용. 교차점에 흥미 요소가 없음.

삼등분 원칙 사용. 바위와 큰 나무가 흥미 요소를 더해 주고, 보는 이의 주의가 집중되도록 도와줌.

교차선을 보려면 사진을 클릭하세요.

5. 적용

다음 중 어느 사진이 삼등분 원칙을 옳게 적용하였는가? 그 이유를 설명하세요.
도움이 필요하다면 사진을 클릭하세요. 교차선을 볼 수 있습니다.

(계속)

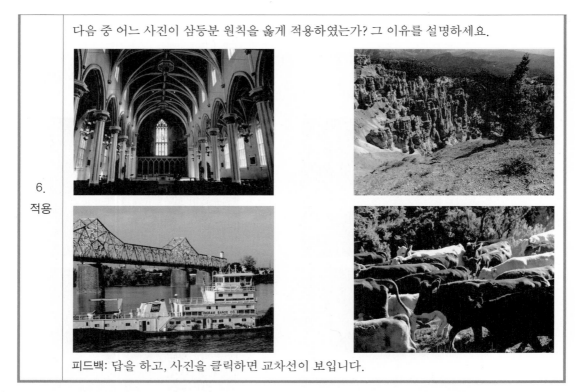

다음 중 어느 사진이 삼등분 원칙을 옳게 적용하였는가? 그 이유를 설명하세요.

6. 적용

피드백: 답을 하고, 사진을 클릭하면 교차선이 보입니다.

출처: 필자가 설계한 원자료.

5행과 6행에서는 인물, 전경과 인물, 인물 없는 전경을 포함하는 다양한 형태의 처음 접하는 새로운 사진들이 제시된다. 학습자는 삼등분 원칙이 적용된 사진을 선택하고 그 이유를 설명해야 한다. 학습자가 대답한 후에 대답에 대한 피드백으로 교차선이 사진 위에 보인다. 5행에서는 학습자가 도움이 필요할 때 사진을 클릭해서 교차선을 응답 전에 볼 수 있도록 안내하고 있다. 이러한 코칭은 남아 있는 문제 적용에서는 사용되지 않는다. 6행에 있는 사진에 대해서는 교차선은 학습자가 응답한 뒤에 외재적 피드백으로 사용된다. [그림 5-4]는 e^3 유형에 대한 교수전략 대부분의 제안을 실행하고 있다.

6) 전략 시연: 시의 운율

시의 운율 예제는 보다 복잡한 교수전략이다. 이렇게 긴 예시를 활용하는 것이 옳은지에 대한 고민이 많았으나, 다음의 몇 가지 이유로 독자에게 가치 있을 것으로 판단하였다. 먼저 이 예제는 아마도 여러분이 학습하거나 설계하면서 접하게 될 ~의 종류에 관한 콘텐츠의 가장 일반적인 형태인 등위 개념을 가르치는 것이다. 둘째, 이 예제는 ~의 종류에 관한 교수전략의 미묘한 측면을 보여 주고 있다. 시의 운율에 대한 다른 형태의 정의에 관한 대안적 표상의 사용에 주목해야 한다. 연결된 예시의 주의 깊은 사용에 대해서도 시연해 주고 있다. 안내의 분량을 점점 줄여 가는 효과적인 시연 방법을 보여 주고, 사용되는 예시의 난이도를 점점 증가시키는 것도 보여 주고 있다.

[그림 5-5]는 강약격, 약강격, 강약약격, 약약강격 등 시의 운율의 종류에 관한 등위 개념을 가르치기 위한 교수전략을 설명하고 있다. 이 예시는 두 개의 말하기/보여 주기 활동, 네 개의 보여 주기 활동, 네 개의 수행하기 활동의 열 개의 교수활동을 포함하고 있다. 이 예시에서 각 교수활동은 네 가지의 시의 음보(音步)를 동시에 다루고 있다는 점에 주목하기 바란다. 첫 번째 말하기/보여 주기는 강세가 있는 음절, 리듬 그리고 음보를 포함해서 음보를 정의하기 위해 사용된 세 가지 특성에 대한 정의를 제시한다. 두 번째 말하기/보여 주기는 각 음보의 종류에 대한 네 가지 강세 양식 각각의 예와 정의를 제시한다.

- 대안적 표상: 이 프레젠테이션은 강세 양식으로 도표와 정의 진술문 둘 다를 사용한다. 도표는 학습자가 양식을 기억하고 서로 연결할 수 있도록 도와주기 위해 설계되었다. 정보의 대안적 표상은 좋은 안내 기법이다.

- 주의집중 안내: 정의와 함께 보이는 각각의 예시는 학습자가 결정적 속성을 구별하도록 돕는 다양한 기법을 사용한다. 점은 단어를 음절로 나누고, 진한 글씨는 강세가 있는 음절을 표시하고, 수직선은 구절을 2~3개 음절의 음보로 나눈다. 정의에 이어서 나오는 몇몇 절차적 안내는 학습자가 정의를 이어지는 예제와 이후에 나올 예시에 적용하는 것을 도와주어 학습자가 예시로 제시되는 시의 강세 양식을 판단할 수 있도록 해 준다.

다음의 긴 시연을 통해 여러분이 ~의 종류에 관한 효과적인 교수전략의 이런 미묘한 차이를 볼 수 있도록 돕고자 한다.

[그림 5-5] ~의 종류에 대한 교수전략 - 등위 개념 시의 운율

시의 운율 유형
목적
이 수업의 목적은 시를 일반적인 산문과 구별하는 다른 형태의 리듬 양식을 판단하는 방법을 가르치는 것이다.
속성에 대한 정의
강세 음절: 강세가 있는 음절은 강세가 없는 음절보다 음의 높이가 높거나 크다. 리듬: 시에서의 리듬은 강세가 있는 음절과 강세가 없는 음절이 되풀이되는 양식으로 나타난다. 음보: 시는 음보라고 불리는 리듬감이 있는 부분으로 나눌 수 있다. 각 음보는 하나의 강세가 있는 음절과 강세가 없는 하나 또는 둘의 음절로 구성된다.

(계속)

음보의 종류에 대한 정의

네 가지 종류의 강세 양식은 다음의 표로 정리될 수 있다. 강세가 있는 음절은 진하게 표시되어 있다.

	첫 음절 강세	마지막 음절 강세
두 음절	dai.ly 강약격(trochaic)	her **glance** 약강격(iambic)
세 음절	**Praise** to the 강약약격(dactylic)	In.ter.**vene** 약약강격(anapestic)

강약격 음보: 하나의 강세가 있는 음절 다음에 강세가 없는 음절이 따라 붙는다.
약강격 음보: 하나의 강세가 없는 음절 다음에 강세가 있는 음절이 따라 붙는다.
강약약격 음보: 하나의 강세가 있는 음절 다음에 두 개의 강세가 없는 음절이 따라 붙는다.
약약강격 음보: 두 개의 강세가 없는 음절 다음에 한 개의 강세가 있는 음절이 따라 붙는다.

안내: 다음의 절차는 시의 연에서 강세 양식을 알아내는 것을 도와줄 것입니다.

1. 전체 시를 크게 읽으세요. 강세가 있는 음절을 강조해 보세요. 강세가 있는 음절에 표시를 하면 도움이 됩니다.
2. 각 행을 음보로 나눠 보세요. 각 음보의 앞과 뒤에 선을 그으면 됩니다. 만약 첫 번째 음절에 강세가 있다면 각각의 강세가 있는 음절 앞에 선을 그리세요. 만약 두 번째, 세 번째 음절에 강세가 있다면, 강세가 있는 음절 뒤에 선을 그리세요. 규칙적인 양식을 만들려면 강제적 방법으로 자연스러운 강세를 묶는 것도 가끔 필요합니다. 각 행은 음보로 시작합니다. 가끔 하나의 음절만으로 부분적인 음보가 나타나기도 하는데, 특히 행의 마지막 부분에서 그렇습니다.

Go and | catch a | fall.ing | star
The **fall** | ing **flow** | er

3. 각각의 음보에서 어떤 양식이 사용되었는지 판단해 보세요.

1. 시연

다음 연은 각각의 네 가지 종류의 운율을 보여 주고 있습니다. 볼드체는 어떤 음절에 강세가 있는지를 보여 주기 위해 사용되었습니다. 음절은 점으로 분리되어 있고, 음보는 수직선으로 구분되어 있습니다.

강약격: 강 – 약 **Pan**.sies,	**lil**.ies,	**king**.cups,	**dais**.ies.	약강격: 약 – 강 A.**long**,	a.**lone**,	a.**las**	he **sat**.
강약약격: 강 – 약 – 약 **Moth**.er.ly,	**fath**.er.ly,	**sis**.ter.ly,	**broth**.er.ly.	약약강격: 약 – 약 – 강 As he **spoke**,	in.di.**rect**	in.dis.**creet**,	im.ma.**ture**

(계속)

2. 시연	

이 시연에서는 각각의 운율 유형의 정의를 기억해야 합니다.

강약격:	약강격:
Out of | **friend**.ship | **came** the | **red** man **Teach**.ing | **set**.tlers | **where** the | **deer** ran. (Longfellow)	The **sun** | that **brief** | **Dec**.em | ber **day** Rose **cheer** | less **ov** | er **hills** | of **gray**. (Whittier)
강약약격:	약약강격:
Come to the | **crag** where the | **b**.con is | **blaz**. ing **Come** with the | **buck**.ler the | **lance** and the | bow. (Scott) [각 행의 마지막 음보는 불완전하므로 이로 인해 혼동하지 마시오.]	The **pop** | lars are **felled** | **fare**.well | to the **shade** And the **whis** | per.ing **sound** | of the **cool** | **col**.on.ade. (Cowper) [1행에서 첫 번째와 세 번째 음보는 불완전하므로 이로 인해 혼동하지 마시오. 시는 간혹 불완전한 음보를 사용합니다.]

3. 시연	

다음의 예제에서는 음보를 나누는 선은 제시하지 않았습니다. 강세 양식을 명확하게 보기 위해 음보 나눠 보기를 해 볼 수도 있습니다.

강약격:	약강격:
As **near** por.te **bel**.lo **ly**.ing On the **gen**.tly **swell**.ing **flood**, At mid **night** with **stream**.ers **fly**.ing Our tri **umph**.ant **na**.vy **rode**. [2행과 3행 모두 강세 음절로 마무리됩니다.]	Good **mor** row to the **day** so **fair**, Good **morrow sir** to **you**: Good **morrow** to mine **own** torn **hair** **Bedabbled** with the **dew**. (Herrick) [2행, 4행과 다르게 1행과 3행은 각각 네 음보가 있습니다.]
강약약격:	약약강격:
Moth.er, dear **Moth**.er! the **years** have been **long** **Since** last I **list**.ened. your **lul**.la.by **song**; **Sing**, then, and **un**.to my **soul** it shall **seem** **Wo**.man.hood's **years** have been **on**.ly a **dream**. (Allen)	I am **mon**.arch of **all** I sur.**vey**; My **right** there is **none** to dis.**pute**: From the **cen**.tre all **round** to the **sea** I am **lord** of the **fowl** and the **brute**. (Cowper) [2행은 불완전한 음보로 시작합니다.]

(계속)

4. 시연

시에서는 특정 효과를 보기 위해서 간혹 운율을 혼합해서 사용하기도 합니다. 한 행에서 한 운율을 사용하고 다른 행에서는 또 다른 운율을 사용하기도 합니다. 한 행 내에서 운율을 변형하기도 합니다. 다음의 시구에서 이런 변형을 볼 수 있습니다. 다음에서 강세가 있는 음절을 확인하고, 음보로 나눠 볼 수도 있습니다.

If the heart of man is de.pressed with cares,
The mist is dis.pelled when a wo.man ap.pears. (Gay)

[이 시구는 주로 약약강격입니다. 하지만 1행에서 두 번째, 네 번째 음보는 약강격이고, 2행에서 첫 음보는 약강격입니다.]

That the low.est boughs and the brush wood sheaf
Round the elm tree bole are in tin.y leaf,
While the chaf finch sings on the orch.ard bough
In Eng.land — now! (Browning)
[일반적인 양식은 대안적 약강격과 약약강격입니다. 마지막 음보는 강세가 없는 음절 대신에 잠시 멈춤을 사용하고 있습니다.]

Beau.ti.ful Ev.e.lyn hope is dead.
(Browning)
[이 행은 강약격과 강약약격을 혼합하고 있습니다. 마지막 음보는 강세 음절로 끝나는 남성 행말입니다.]

Two roads di.verged in a yel.low wood,
And sor.ry I could not trav.el both
And be one trav.eller, long I stood
And looked down one as far I could
To where it bent in the und.er growth.
(Frost)
[변형이 극에 달하며, 자유시가 되어 가는 경향이 있습니다. 여기서 Frost는 약강격과 약약강격을 사용하고 있습니다.]

1. 적용

다음 각각의 단어나 구절에서 포함된 운율 유형에 해당되는 문자에 밑줄을 그으세요.
[여기에는 17개의 적용 예시가 있습니다. 본 과정에서는 각각의 항목에 대해 학습자가 응답을 하고 나면 피드백을 오른쪽 칸에서 제공합니다.]

T I D A 0 return	T !̲ D A 0 re **turn**
T I D A 0 yesterday	T I D̲ A 0 **yes** ter day
T I D A 0 reproduce	T I D A̲ 0 re pro **duce**
T I D A 0 resurrection	T̲ I D A 0 **res** url **rec** tion

2. 적용

다음의 시구에서 포함되어 있는 운율 유형에 해당되는 문자에 동그라미를 그려 보세요. 여덟 개의 예제가 있습니다. 본 과정에서는 각각의 항목에 대해 학습자가 응답을 하고 나면 피드백을 우측 칸에 제공합니다.

(계속)

Out of the dusk and the glittering Splendor of stars and of nebulae, Out of the night with its magical Breath of the wind from the galaxy. (Wood) T I D̲ A 0	**Out** of the | **dusk** and the | **glit**.ter.ing **Splend**.or of | **stars** and of | **neb**.u.lae, **Out** of the | **night** with its | **mag**.i.cal **Breath** of the | **wind** from the | **gal**.ax.y. (Wood) T I D̲ A 0
Now the day is over Night is drawing nigh; Shadows of the evening Steal across the sky. (Gould) T I D A 0	**Now** the | **day** is | **o**.ver **Night** is | **draw**.ing | **nigh**; **Shad**.ows | **of** the | **even**.ing **Steal** a | **cross** the | **sky**. (Gould) T̲ I D A 0 [2행과 4행은 강세 음절로 끝나고 불완전한 음보를 가지고 있습니다. 이 시점에서 이것 때문에 혼란스럽지는 않길 바랍니다.]

3. 적용

다음의 시구에서 포함되어 있는 운율 유형에 해당되는 문자에 동그라미를 표시해 보세요.
[보다 도전적인 이 예제는 8개의 예시를 포함하고 있습니다. 본 과정에서는 각각의 항목에 대해 학습자가 응답을 하고 나면 피드백을 오른쪽 칸에서 제공합니다.]

The poplars are felled farewell to the shade And the whispering sound of the cool colonnade The winds play no longer and sing in the leaves Nor Ouse of his bosom their image receives. (Cowper) T I D A 0	The **pop** | lars are **felled** | **fare**.well | to the **shade** And the **whis** | per.ing **sound** | of the **cool** | **col**.on.**nade** The **winds** | play no **lon** | ger and **sing** | in the **leaves** Nor **Ouse** | of his **bos** | om their im | **age** re.**ceives**. (Cowper) T I D̲ A 0 [이 시구는 보다 어렵습니다. 2, 3, 4행 각각은 첫 번째 강세 음절을 뺐습니다. 또한 1행의 세 번째 음보는 약강격입니다. 약간의 약강격 대체를 포함해 기본적으로는 약약강격인 것을 어떻게 알 수 있나요?]
As a sloop with a sweep of inoculate15 wing on her delicate spine And a keel as steel as a root that holds in the sea as she leans. (Shapiro)	As a **sloop** | with a **sweep** | of in.**ac** | cu.late **wing** on her **del** | i.cate **spine** And a **keel** | as **steel** | as a **root** | that **holds** in the **sea** | as she **leans**. (Shapiro) [이 예제는 한 행에 여섯 음보를 포함하는 약약강격으로는 아주 긴 행입니다. 두 번째 행의 두 번째와 네 번째 음보는 둘 다 약강격을 사용하고 있습니다. 이 부분이 헷갈리시나요?]

출처: Merrill & Tennyson(1977).

네 개의 보여 주기 활동은 각각 네 종류의 음보를 보여 주는 매칭 예시의 모둠을 제시하고 있다. 첫 번째 모둠은 학습자의 주의를 집중시키는 상당한 안내를 제공한다. 각각의 음보에 대한 정의와 명칭을 제공하고, 점으로 음보를 구분하고, 진한 글씨로 강세 음절을 표시하고, 수직선으로 각 음보를 구분해 준다. 안내는 점점 줄어든다. 두 번째 모둠은 명칭과 정의를 제공해 주지 않는다. 세 번째 모둠은 행을 음보로 구분해 주지 않는다. 네 번째 모둠은 음절을 구분하지만, 어디에 강세가 있는지, 행이 어떻게 음보로 나뉘는지는 표시해 주지 않는다. 이러한 절차를 통해 학습자에게 제공되는 안내의 양을 점점 줄여 나가면서, 학습자 스스로 시를 보다 더 많이 분석하도록 유도하고 있다.

- 난이도의 다양성 및 범위: 이어지는 각각의 시연 모둠은 항목의 난이도를 증가시켜서 학습자가 강세 양식을 확인하는 데 더 많은 노력이 더 요구된다. 네 번째 단계는 시의 운율을 일관되게 사용하는 것의 예외를 소개함으로써 포함되어 있는 시의 운율을 판단하는 어려움을 더 증가시키고 있다. 세 가지 적용 예는 난이도가 점차 높아진다. 첫 번째 예는 학습자에게 한 단어 혹은 짧은 음절의 단일 음보로 이루어진 음보를 판단하게 한다. 두 번째 예는 규칙적이며 일관되는 시의 음보로 구성된 짧은 절을 제시한다. 음보를 나누는 선과 강세 양식을 보여 주는 굵은 글씨체를 이용하여 교정적 피드백이 제공된다.

5. ~에 대한 방법^{How-to}에 관한 교수전략

- 목적: 과제와 관련하여 경험해 보지 못한 사례에 대해 바람직한 결과를 유발하는 일련의 행동 수행하기
- 처방된 교수활동:
  - 프레젠테이션: 절차와 단계의 명칭 그리고 절차를 완료하기 위한 단계의 순서 말하기
  - 시연: 절차 사례에 속한 각 단계의 실행 보여 주기. 주의집중 안내, 과제에 대한 다양한 사례의 모둠, 점차 어려워지는 절차의 사례들 제공하기
  - 적용하기: 과제에 대해 경험해 보지 못한 점진적으로 어려워지는 사례 모둠의 각 단계를 학습자에게 수행하도록 하기. 초기 항목에서 코칭과 내재적 피드백 제공하기

~에 대한 방법 구성요소 스킬은 주로 수업의 주요 목적이다.

1) 프레젠테이션/시연

　~에 대한 방법 구성요소 스킬에 대해서는 단계들을 나열하기 전에 성취해야 하는 과제의 표상을 보여 주는 것이 가장 좋다. 성취해야 하는 과제의 구체적인 사례를 보여 주고, 과제를 완료하기 위해 필요한 단계를 나열하고(말하기), 각 단계의 실행을 시연하고, 각 단계 실행의 결과를 보여 준다. 특정 단계가 설명될 때, 동시에 수업에서는 해당 단계의 실행과 그 결과를 과제의 구체적인 표상을 통해 보여 줄 때 학습은 가장 잘 촉진된다. 한 가지 방법은 교수자가 학습자에게 어떤 행동이 취해지는지 그리고 그 행동의 결과가 무엇인지에 집중하도록 하면서 각 단계를 수행하는 것이다. 안내는 실행되고 있는 단계의 이름, 관련 있는 과제의 부분, 취해지는 행동, 행동의 결과에 학습자가 주의를 기울이도록 하기 위해 사용된다. 하지만 가능하다면 가장 좋은 시연은 학습자가 실제 과제 혹은 시뮬레이션된 과제(사이먼 가라사대 유형의 시연)에서 묘사되는 대로 각 단계를 실제로 수행하도록 하는 것이다. 학습자로 하여금 이 부분과 관련한 무언가를 직접 해 보도록 함으로써 학습자의 주의를 과제의 관련된 부분으로 유도할 수 있다는 장점이 있다. 만약 직접 해 보는 이 시연이 실제 과제 혹은 실제 과제의 시뮬레이션 사례에서 일어난다면, 학습자에게 그들의 행동을 통한 결과를 바로 보여 줄 수 있다는 장점이 있다. 또한 이를 통해 학습자는 단계를 올바르게 수행하지 않았을 때 어떤 결과가 초래되는지를 탐색하도록 과제를 다룰 수 있는 장점도 있다. 만약 과제가 복잡하다면 여러 새로운 과제 사례의 프레젠테이션과 시연을 반복하는 것이 좋다.

2) 적 용

　학습자가 접해 보지 못한 실제 혹은 시뮬레이션된 과제 표상의 각 단계를 수행하도록 하라(수행하기). 적절한 적용은 완전한 과제의 수행으로 구성된다. 많고 어려운 단계를 가진 복잡한 과제에 관해서는 적용은 코칭이 포함된 연습부터 어떠한 도움도 없이 전체 과제를 수행하는 기회까지 진행되어야 한다. 만약 과제가 실제 장비 혹은 시스템을 사용해서 수행될 수 없다면, 학습자가 실험 환경 또는 장비나 시스템의 시뮬레이션을 통해 연습할 수 있도록 해 주어야 한다. 실제처럼 보이는 외형적인 충실성보다 실제처럼 반응하는 기능적인 충실성이 더 중요하다. 학습자가 행동의 결과를 확인할 때는 내재적 피드백이 가장 효과적이지만, 특정 행동 또는 행동들의 적정성에 대해 알려 줄 때는 외재적 피드백 또한 사용되어야 한다.

3) 전략 시연-스프레드시트

　[그림 5-6]은 스프레드시트 입문 과정의 전반부 수업의 일부 교수활동을 보여 주고 있다. 이

교수활동의 표상은 일반적인 스프레드시트를 사용하고 있고, Excel과 같은 실제 스프레드시트의 복잡성을 소개하기보다는 기본 공식을 가르치고 있다. 첫 번째 행은 과제의 첫 번째 사례로 판매 스프레드시트다. 각 행은 새롭고 보다 복잡한 과제 사례를 소개하고 있다. 두 번째 행은 수표기입장 스프레드시트, 세 번째 행은 강우 비율 스프레드시트, 네 번째 행은 급여명세 스프레드시트, 다섯 번째 행은 프로젝트 경비 및 급여 스프레드시트다. 첫 번째 문제에 대한 교수활동은 문제 말하기, 1단계 말하기와 학습자가 그 단계를 수행하도록 안내하는 개별적인 키 입력 제공하기, 사이먼 가라사대를 활용한 1단계 수행하기, 2단계 말하기와 학습자를 안내하기 위한 개별적인 키 입력 제공하기, 사이먼 가라사대를 활용한 2단계 수행하기, 총 금액($157.05)을 결과의 형태로 제공하고 학습자로 하여금 자신의 수행을 점검하게 하는 내재적 피드백 제공하기를 포함하고 있다. 첫 번째 문제는 키 입력에 대한 안내를 통해 더하기와 합계의 산술연산을 활용하는 단계들을 시연하며, 학습자가 실제로 그 단계를 실행하도록 하고 있다.

 [그림 5-6] ~에 대한 방법에 관한 교수전략－스프레드시트

스프레드시트 사용하기

다음은 스프레드시트 사용하기 과정의 전반부 가운데 일부 교수활동이다. 이 수업에서는 전문화된 기능 혹은 Excel과 같은 상업용 스프레드시트의 단축키보다는 스프레드시트의 기본적인 기능을 가르친다. 이 과정에서는 스프레드시트가 실제로 사용되기도 하고 학습자가 실제로 계산을 수행하도록 하고 있다.

문제 1: 총 매출

각 항목에 대한 매출을 결정하고, 각 매출액을 더하세요.

단계 1: 판매된 항목의 수량을 단가와 곱하기.

    D3을 클릭하고 ＝ B3*C3 입력
    D4를 클릭하고 ＝ B4*C4 입력
    5, 6행에 대해 반복

'＝' 기호를 잊지 마세요. ＝ 기호는 셀에 숫자나 문자가 아닌 산식을 입력한다는 것을 의미합니다. 한 셀(B3)의 주소는 해당 셀의 숫자를 공식에 삽입합니다. 이렇게 해야 다음날에도 공식을 변경하지 않고 동일한 스프레드시트를 각 셀의 숫자만 단순히 수정해서 사용할 수 있게 됩니다.

	A	B	C	D
1		매출		
2	메뉴	판매량	단가	합계
3	샌드위치	23	$3.75	
4	음료수	32	$1.25	
5	감자튀김	17	$0.75	
6	쿠키	19	$0.95	
7			합계	

(계속)

단계 2: 판매된 모든 항목을 합산하기

　　D7을 클릭하고 = sum(D3: D6) 입력

sum 기능은 가로 안의 셀들을 더하는 것을 의미합니다. D3와 D6 사이의 콜론은 두 셀 사이의 모든 숫자를 더하겠다는 의미입니다. 괄호를 잊지 마세요.

정답은 $157.05여야 합니다. 맞습니까?

문제 2: 수표기입장

당신의 잔고를 확인할 수 있도록 각각의 수표에 대해 수표책의 수입과 지출을 맞춰 보세요.

단계 1: 잔고에서 수표의 금액을 제하고 남은 잔고 입력하기.

　　D4를 클릭하고 = D3-C4 입력

셀 주소를 입력하는 대신에 해당 셀을 클릭하여 입력할 수도 있습니다.

D5를 클릭하고 = 기호 입력, D4 클릭, - 기호 입력, C4 클릭. 이렇게 하면 = D4-C5가 D5 셀에 입력됩니다.

　　D6에 = D5-C6 입력

　　D7과 D8에 적절한 공식을 입력하세요.

마지막 잔고는 $2,712.39입니다. 맞습니까?

	A	B	C	D
1		수료기입장		
2	수취인	#	금액	잔고
3	입금			$3,650.00
4	전기	231	$32.63	
5	전화	232	$57.21	
6	케이블	233	$48.12	
7	식료품	234	$49.65	
8	임대료	235	$750.00	

문제 3: 월별 강우 비율

연간 총 강우량에 대한 각 2개월 기간 강우량의 비율을 계산하세요.

단계 1: 연간 총 강우량 계산하기

　G3에 2개월 단위 강우량의 합을 계산하세요.

단계 2: 각 월의 비율을 계산. 각 월의 양을 전체 강우량으로 나누기

　A4 클릭, = A3/G3 입력
　B4 클릭, = B3/G3 입력
　C4에서 F4까지 반복

(계속)

단계 3: 각 기간의 비율을 다 더해서 합이 100%가 되는지를 확인하여 맞게 계산되었는지 검토하기

G4 클릭, A4에서 F4까지의 비율을 합산하세요.

합산한 값이 100%입니까?

	A	B	C	D	E	F	G
1	강우량						
2	1/2월	3/4월	5/6월	7/8월	9/10월	11/12월	합계
3	4.3	6.2	5.1	1.2	2.8	4.1	
4							

문제 4: 급여

- D열에 지급되어야 하는 급여를 계산
- 8행에 직원에게 지급되어야 할 시간당 급여의 합, 총 근무시간, 각자에게 지급되어야 할 급여의 합을 계산
- 9행에 평균 시간당 급여, 평균 근무시간, 평균 급여를 계산. 총 급여를 직원 수로 나누기
- D9의 직원에게 지급되는 평균 급여는 $303.59입니다. 맞습니까?
- 과제를 제출하고 나면 완성된 스프레드시트 복사본을 받을 수 있습니다.

	A	B	C	D
1	이름	시간당 단가	시간	금액
2	Jose	$7.35	23.0	
3	Albert	$7.65	19.0	
4	JoAnne	$8.95	31.0	
5	Hiroshi	$9.12	19.0	
6	Alicia	$15.34	40.0	
7	Kim	$12.30	36.0	
8	합계			
9	평균			

문제 5: 프로젝트 경비 및 급여

고객은 각 프로젝트에 얼마나 많은 시간과 비용이 소요되는지를 알고 싶어 합니다. 직원들은 하나 이상의 프로젝트에 참여하고 있어서, 그들의 시간과 급여는 프로젝트에 비례하여 분할되어야 합니다.

- 9행에 각 직원에게 지급하여야 할 총 급여를 계산
- F열에 각 프로젝트에 소요되는 총 시간을 계산
- G열에 각 프로젝트의 비용을 계산. 프로젝트에 참여한 직원의 근로 시간에 시간당 급여를 곱하고 G열에 이를 다 더한다.
- G9에 모든 프로젝트에 대한 전체 직원의 급여 총계를 계산

(계속)

- G10에 9행의 개인별 급여 합계를 더해서 계산이 맞는지 점검. G9와 G10의 값이 $7,189.90과 같아야 합니다. 맞습니까?
- 과제를 제출하고 나면 완성된 스프레드시트 복사본을 받을 수 있습니다.

	A	B	C	D	E	F	G
1				프로젝트 경비와 급여			
2		Jake	Sally	Deon	Chan	시간	비용
3	시간당 급여	$23.45	$26.87	$53.40	$62.98		
4	프로젝트 1	10.3		24			
5	프로젝트 2	5.1	6.4		31		
6	프로젝트 3		15.2		29		
7	프로젝트 4	4.6	8.4	16			
8	총 시간						
9	총 지불 급여						
10							

두 번째 문제에 대한 교수활동은 문제 말하기, 키 입력 안내와 함께 1단계 말하기, 공식을 입력하는 다른 방법 말하기, 학습자가 그들의 결과를 확인할 수 있도록 마지막 잔고 형태로 내재적 피드백 제공하기를 포함하고 있다. 두 번째 문제는 빼기와 잔고 맞추기의 산술연산을 활용하는 유사한 단계들을 시연하고 있다.

세 번째 문제에 대한 교수활동은 문제 말하기, 키 입력 안내를 제외하고 1단계 말하기, 1단계 수행하기, 같은 셀로 나누는 산술연산을 활용하는 개별 키 입력을 포함한 2단계 말하기, 2단계 수행하기, 비율의 합이 100%가 되어야 한다는 점을 알려 주는 내재적 피드백 제공하기를 포함하고 있다. 세 번째 문제는 다른 공식이지만 학습자가 이미 배운 것을 적용하게 되는 적용 시연을 혼합하고 있다.

네 번째 문제에 대한 교수활동은 문제와 필요한 정보 말하기, 문제 수행하기, D9 셀의 양을 제시하는 내재적 피드백 제공하기, 과제를 해결한 후 학습자에게 완성된 스프레드시트를 제공하는 외재적 피드백 제공하기를 포함하고 있다. 네 번째 문제는 내재적 그리고 외재적 피드백을 포함하는 적용이다.

다섯 번째 문제에 대한 교수활동은 문제와 필요한 정보 말하기, 문제 수행하기, 내재적 그리고 외재적 피드백 제공하기를 포함하고 있다. 다섯 번째 문제는 이 짧은 모듈에서 가르친 것에 대한 적용이다.

다섯 개의 문제에 걸쳐서 안내와 코칭이 점진적으로 어떻게 감소되었는지와 학습자가 자신의 결과가 맞았는지를 확인할 수 있는 정보를 제시함으로써 내재적 피드백을 제공하고 있는 점에 주목할 필요가 있다. 이는 e³ 방법에 대한 교수의 좋은 예시다.

6. ~에 대한 결과 예측^{What-happens}에 관한 교수전략

- 목적: 특정 조건에서 접해 보지 못한 절차 사례에 대한 결과를 예상하기. 기대되지 않았던 특정한 결과에 대해 그 결과의 원인이 되는 누락된 혹은 잘못된 조건을 확인하기
- 처방된 교수활동
  - 프레젠테이션: 절차의 명칭과 절차에 포함된 각 사태의 조건 말하기
  - 시연: 실제 혹은 시뮬레이션된 사례 속에서 절차 보여 주기. 주의집중 안내, 점차 어려워지는 절차의 다양한 사례 모둠 제공하기
  - 적용하기: 학습자로 하여금 점차 어려워지는 경험해 보지 못한 절차 사례 모둠에 대하여 누락되거나 잘못된 조건을 찾거나 그 결과를 예측하도록 하기. 초기 항목에 대해 코칭하기. 내재적 피드백 제공하기

~에 대한 결과 예측 구성요소 스킬은 주로 수업의 주요 목적이다.

1) 프레젠테이션/시연

학습자를 위한 절차 사례를 확인하라. 각 활동에 필요한 조건들을 말해 주는 동시에 실제 혹은 시뮬레이션된 절차의 표상에서 각 활동의 실행을 보여 주라. 절차는 학습자에게 각 활동과 관련된 조건이 발생할 때마다 주의 깊게 제시하고, 학습자가 조건과 각 활동의 결과에 주의를 기울이도록 유도함으로써 시연될 수 있다. 하지만 절차에 대한 수동적인 시연은 학습자에게 조건과 관련한 변수를 정하도록 하여 활동을 진행시키도록 하거나 활동의 조건에 해당하는 행동을 실행하도록 하는 것보다 덜 효과적이다. 학습자에게 활동에 해당되는 조건을 조작하도록 하고 그 결과를 보도록 하는 것은 조건의 다양한 값에 대한 결과 예측을 탐색할 수 있도록 해 준다. 효과적인 형태의 안내는 학습자가 절차에 대한 탐색 과정에서 기대하지 않았던 결과에 대해 질문할 수 있도록 해 주는 것이다. 이에 대한 설명을 통해 그 결과를 초래한 조건을 확인하게 된다. 점진적으로 복잡해지는 시나리오를 활용하여 절차를 시연하라.

2) 적 용

학습자가 경험해 보지 못한 구체적인 상황을 제시하라. 장비 혹은 시스템의 조건에 기초하여

학습자가 결과를 예측하도록 하라(수행하기). 학습자가 절차를 진행하고 그 실행의 결과를 관찰하여 그들의 예측을 확인하도록 하는 내재적 피드백을 제공하라.

한 가지 다른 방법은 학습자에게 경험해 보지 못한 구체적인 상황에 대한 (적절한 혹은 오류가 있는) 결과를 제시하고, 관찰한 결과를 초래한 혹은 그렇지 않은 조건을 찾도록 하는 것이다(수행하기). 복잡한 시스템에서 학습자는 관찰한 결과의 원인이 되는 조건(들)을 찾기 위해 여러 개의 이전 활동들을 추적해서 찾아야 할지도 모른다. 학습자에게 조건이 변하는 여러 개의 구체적인 상황에서 잘못된 조건을 찾거나 예측을 할 수 있는 기회가 주어져야 한다. 초기 사례에 대한 코칭에는 결과를 유발하는 중요한 조건으로 학습자의 주의를 유도하는 것이 포함된다.

3) 전략 시연-운동량

[그림 5-7]은 물리학의 운동량에 관한 안내된 발견 수업을 위해 결과-예측을 실험할 수 있는 환경을 시연하고 있다. 여기서 제시하지 않은 수업에 대한 소개 부분에서는 운동량이라고 하는 절차의 명칭을 알려 주고, 실험 환경의 조작 방법을 설명해 준다. 시스템은 학습자에게 절차에 대한 설명, 조건 그리고 결과와 관련한 몇 개의 질문을 한다. 시스템은 상황을 제시하고 학습자가 그 상황의 결과에 관한 가설을 선택하여 예측하도록 한다. 학습자가 필요한 예측을 하기 위하여 몇 번의 실험[표상-보여 주기]을 하도록 안내한다. 실험에 이어서, 시스템은 설명을 제공하고 결과를 초래한 변수 또는 조건들 간의 관계를 확인시킴으로써 실험에 대해 돌아볼 것을 요구한다[정보-질문하기]. 마지막으로, 시스템은 설명, 조건(들), 그리고 조건과 결과 간의 관계를 학습자에게 알려 줌으로써 정보를 제공한다[정보-말하기].

도입부는 운동량의 원리를 소개하고 실험 환경을 조작하는 방법을 안내한다. 수업은 다음과 같이 안내한다. ① 학습자가 실험을 수행하도록 한다. 이를 통해 학습자는 절차를 여러 번 볼 수 있다. ② 시스템은 학습자가 추측을 통해 가설을 수립하거나 기억을 바탕으로 예측을 하는 것을 방지한다. 시스템은 가설을 증명하는 데 필요한 실험을 수행하기 전에 학습자가 예측하는 것을 허용하지 않는다. ③ 시스템은 학습자가 다른 종류의 화물열차를 가지고 실험을 반복하도록 한다. 다른 종류의 화물열차를 사용하는 것이 필수적은 아니지만, 학습자가 실험을 반복하도록 호기심을 유발할 것으로 기대된다.

학습자는 어떻게 이 환경과 상호작용하는가? 학습자는 메뉴 페이지에서 이 실험 환경으로 링크된다. [그림 5-7]이 보여 주듯, 실험 환경이 처음 제시될 때 제어판, 문제, 가설 창은 나타나지 않는다. 대신에 [그림 5-8]에 보이는 목적 진술이 그림 다음에 제시된다. 학습자가 다음 버튼를 클릭하면, 시스템은 제어판, 문제, 가설 창을 제시하고, [그림 5-9]에 있는 음성 메시지를 실행한다.

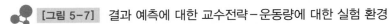

[그림 5-7] 결과 예측에 대한 교수전략 – 운동량에 대한 실험 환경

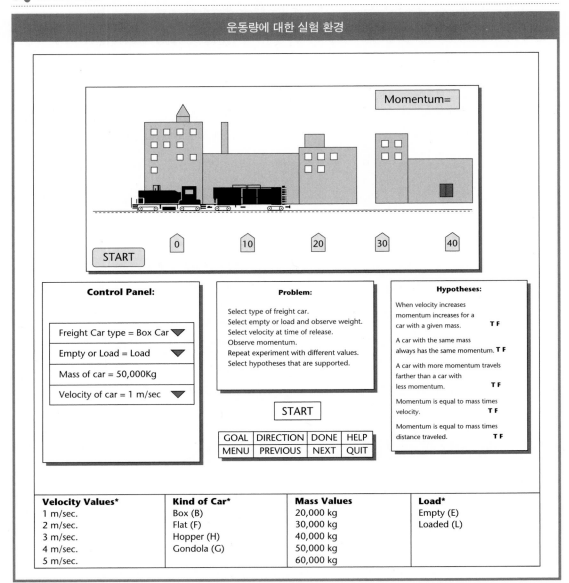

출처: Merrill(2001). 필자가 설계한 원자료.

[그림 5-8] 문제 1 운동량 실험 환경의 목적

운동량 실험 목적

이 수업에서 여러분은 운동량에 대해 배울 수 있는 실험을 할 것입니다.
여러분은 자신에게 다음의 질문을 해야 합니다.

운동량은 무엇인가?
운동량은 속도와 어떻게 관련되는가?

(계속)

운동량은 질량과 어떻게 관련되는가?

다음 문제로 진행하기 위해서는 '다음'을 클릭하세요.

 [그림 5-9] 문제 1 운동량 실험 환경에 대한 음성 안내

음성 안내

상황은 전철기^{switcher locomotive}가 화물열차를 분류하는 역 구내입니다. 전철기는 특정 속도로 화물열차를 밀고 세웁니다. 열차는 브레이크가 바퀴를 세우거나 다른 열차와 부딪히기 전까지 계속 굴러갑니다. 바퀴와 축에 마찰이 있기는 하지만 매우 작아서 이 문제에서는 마찰력이 작용하지 않는 것으로 간주해도 됩니다. 이 시뮬레이션에서 열차가 갑자기 스크린에서 사라지기도 합니다. 여러분이 직접 보지는 못할 수도 있지만 브레이크맨이 등장해서 브레이크를 잡고 열차를 세울 것이므로 걱정하지 마세요.

여러분의 과제는 가설 상자(가설 상자 강조)에 진술되어 있는 가설이 참인지 거짓인지를 결정하는 것을 도와주는 일련의 실험을 진행하는 것입니다. 주어진 가설을 검증하는 실험을 하고 나서 가설이 맞는지를 T 또는 F를 클릭하여 표시하세요. 여러분의 선택이 초록색으로 강조됩니다. 컴퓨터가 여러분의 실험을 모니터링할 겁니다. 컴퓨터는 여러분이 가설을 검증하는 데 필요한 실험을 수행하기 전까지는 주어진 가설의 참 또는 거짓을 선택할 수 없게 되어 있습니다. 주어진 가설에 대한 여러분의 결정과 답은 언제든지 변경이 가능합니다.

실험을 진행하기 위해 제어판(제어판 상자 강조)에 나열된 변수의 값을 선택하세요. 여러분은 변수 상자의 아래 화살표를 클릭한 후 드롭다운 메뉴에서 값을 선택하게 됩니다. 요구되는 변수의 값을 선택하고 Start 버튼(START 버튼 강조)을 클릭하면 실험이 진행됩니다.

전철기는 화물열차를 스크린의 좌측에서 밀게 되고 0이라고 표시되어 있는 지점에서 놓아 줍니다. 열차는 화면에서 사라지기 전까지 몇 개의 빌딩을 지나면서 굴러갈 것입니다. 여러분은 화물열차의 운동량을 스크린의 오른쪽 상단에 있는 계기 상자에서 볼 수 있습니다.

이 안내를 다시 듣기를 원하면 'DIRECTIONS' 버튼을 클릭하세요.

모든 가설을 검증하였으면 'DONE' 버튼을 클릭하세요.

　실험을 수행하기 위해 학습자는 속도, 열차 종류, 하중의 세 가지 값을 선택하게 된다(조건-보여 주기). 열차의 질량은 열차의 종류와 화물에 따라 자동으로 결정된다. 주어진 실험에 대한 값을 선택하고 나서 학습자는 'START' 버튼을 클릭하게 된다.

　애니메이션은 다음과 같이 진행된다(표상-보여 주기). 첫째, 전철기가 좌측에서부터 선택된 속도로 이동한다. 0미터 표지에서 전철기는 멈추지만 열차는 계속 굴러간다. 오른쪽 상단에 있는 상자에 운동량이 표시된다(결과-보여 주기). 열차가 스크린의 중앙에 오면 열차가 움직이던 것을 멈추지만 열차가 계속 움직이고 있음을 보여 주기 위해 배경이 되는 빌딩과 거리 표시는

왼쪽으로 스크롤된다. 전철기 역시 이제는 움직이지 않고 있기 때문에 빌딩과 같이 왼쪽으로 스크롤된다. 몇 초 후에 빌딩들이 스크롤되는 것이 멈추고 열차가 오른쪽으로 화면에서 스크롤된다. 전철기와 열차는 'START' 버튼을 클릭하기 전까지 보이지 않는다.

이 프로그램은 학습자의 실험을 모니터링한다. 첫 번째 문제에서 학습자는 가설을 검증하기 위해 다음의 실험을 반드시 수행해야 한다(적용-수행하기).

- 실험 1: 특정 질량을 선택하고, 특정 속도를 선택하시오.
- 실험 2: 이전의 실험과 질량은 같게, 속도는 다르게 선택하시오.
- 실험 3: 이전의 실험과 질량은 다르게, 속도는 같게 선택하시오.

만약 학습자가 주어진 가설에서 요구하는 실험을 수행하지 않으면 다음의 메시지가 나온다(코칭). "이 가설을 적절하게 검증할 수 있는 실험을 수행하지 않았습니다. 실험을 더 해 보세요. 도움이 필요하면 'HELP' 버튼을 클릭하세요."

'HELP' 버튼을 클릭하면 프로그램은 학습자가 무슨 실험을 진행하였는지 확인하고 학습자가 아직 진행하지 않은 다음 실험을 제안해 준다. 예를 들어, 실험 1을 수행했고 실험 2는 수행하지 않은 상태에서 'HELP' 버튼을 클릭하면 다음의 음성 안내가 제시된다(코칭). "이전 실험과 같은 질량을 선택하고 속도는 다르게 선택하세요."

학습자가 실험을 모두 수행하고 내비게이션에서 DONE 버튼을 클릭하면, 학습자가 성찰하도록 [그림 5-10]의 질문들이 제시된다(조건 및 결과-질문하기).

 [그림 5-10]　문제 1 운동량 실험 환경에 대한 성찰 질문

성찰 질문
다음의 질문에 대한 답을 입력하세요. 1. 운동량이란 무엇인가? 자신의 표현으로 설명하세요. 2. 운동량은 속도, 질량, 거리와 어떻게 관련되나요? 답을 여기에 기입하세요. [　　　　　] 입력 후 'DONE' 버튼을 클릭하세요.

학습자가 성찰을 마치고 'DONE' 버튼을 클릭하면, 다음의 음성 안내가 제시된다. "가설에 대한 여러분의 틀린 대답은 빨간색으로 표시됩니다." [그림 5-11]의 요약이 화면의 같은 영역에서 보인다(조건 및 결과-말하기).

학습자가 첫 번째 문제를 끝내고 나면, 두 번째 문제가 제시된다(다양한 사례). 학습자가 'NEXT PROBLEM'을 클릭하면 [그림 5-12]의 시뮬레이션 그래픽이 보인다. 제어판, 문제, 가설 상자는 감춰져 있고 [그림 5-13]의 정보가 그림 아래에 제시된다. 'DIRECTION' 버튼을 클릭하

면 [그림 5-13]의 목적 메시지가 가려지고 제어판, 문제, 가설 상자가 나타난다. [그림 5-14]에 기술된 음성 안내가 나오고 문제에 대한 추가 설명이 제공된다.

 [그림 5-11] 문제 1 운동량 실험 환경에 대한 요약

운동량은 무엇인가?

운동량은 움직이는 물체의 특성이다. 움직이는 물체를 멈추려면 움직이는 방향의 반대 방향으로 운동량과 같은 힘을 필요로 한다.
 	
 운동량은 속도와 어떻게 관련되는가?
 	
      운동량(p)＝질량(m)×속도(v)
 	
 운동량은 질량과 어떻게 관련되는가?
    $p＝mv$
 	
 운동량은 어떻게 거리와 관련되는가?
 	
    관 련 없음
 	
 다음 문제로 진행하려면 'NEXT' 버튼을 클릭하세요.

 [그림 5-12] 문제 2 운동량 실험 환경

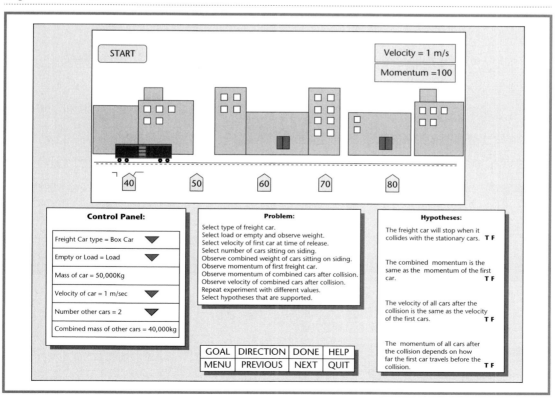

[그림 5-13] 문제 2 운동량 실험 환경의 목적

목적
이 수업에서 여러분은 운동량 보존에 대해 배우게 됩니다. 충돌 이후의 전체 운동량은 충돌 직전의 운동량과 동일합니다. 여러분은 자신에게 다음의 질문을 해야 합니다. 　한 물체가 다른 물체와 충돌했을 때 그 물체의 운동량은 어떻게 되는가? 계속하려면 'DIRECTIONS' 버튼을 클릭하세요.

 [그림 5-14] 문제 2 운동량 실험 환경에 대한 음성 안내

음성 안내
"이 문제에서 전철기는 스크린의 왼쪽에서부터 화물열차를 밀게 되고 거리 표시가 0이 되는 지점에서 놓아 주게 됩니다. 화물열차는 이미 한쪽 편에서 움직이지 않고 서 있는 다른 화물열차와 충돌하여 연결될 때까지 빌딩들을 지나 계속해서 굴러갑니다. 이 열차들은 브레이크가 없어서 다른 열차와 충돌하기 전까지 계속 굴러갑니다. 실제로는 바퀴와 축에 마찰이 있지만, 이 문제의 목적상 마찰이 없는 환경으로 간주하세요. 화면의 오른쪽 상단에 있는 계기 상자에 표시되는 화물열차의 운동량을 관찰하세요[안내]. 화면의 오른쪽 상단의 상자에 보이는 속도도 관찰해야 합니다[안내]. 정차해 있는 열차와 충돌한 후, 계기 상자에는 연결된 모든 열차의 운동량과 속도가 표시됩니다[결과]. 몇 초 후에 열차들은 스크린에서 사라집니다. 여러분이 실제로 보지는 못하더라도 브레이크맨이 브레이크를 걸고 열차를 세울 것이므로 걱정하지는 마세요."

이 시점에서 절차와 과제에 대한 음성 안내는 문제 1에서 제시되었던 것과 유사하다. 첫 번째 문제에서와 같이 학습자가 주어진 가설을 검증하기 위한 실험을 수행하지 않으면, 시스템은 학습자에게 더 많은 실험이 필요하다는 메시지를 제공한다. 'HELP' 버튼은 어떤 실험을 수행해야 하는지를 제안해 준다.

학습자가 'DONE' 버튼을 클릭하면 [그림 5-15]와 같이 성찰을 위한 제안과 질문이 제공된다[정보-질문하기]. 제어판과 문제 상자는 감춰지고 [그림 5-15]의 질문이 화면의 왼쪽 아래에 나타난다.

 [그림 5-15] 문제 2 운동량 실험 환경에 대한 성찰 질문

성찰 질문
다음의 질문에 대한 답을 입력하세요. 1. 속도는 운동량 보존과 어떻게 관련되는가? 2. 질량은 운동량 보존과 어떻게 관련되는가? 답을 여기에 기입하세요. [　　　　　] 입력을 마친 후에 'DONE' 버튼을 클릭하세요.

학습자가 성찰을 마치고 'DONE' 버튼을 클릭하면 다음의 음성 안내가 제시된다. "틀린 가설에 대한 정답은 빨간색으로 표시됩니다." [그림 5-16]의 요약이 화면의 왼쪽 아래 부분에 보인다 (정보-말하기).

🔴 **[그림 5-16]** 문제 2 운동량 실험 환경에 대한 요약

요 약
이 문제가 앞에서 제시된 질문에 답하는 데 도움이 되었을 것입니다.
운동량 보존은 무엇일까요? 운동량 보존은 전체 운동량은 충돌 이후와 충돌 직전이 동일하다는 것을 의미합니다.
운동량 보존과 속도는 어떻게 관련될까요? 운동량은 질량과 속도의 곱입니다($p=mv$). 움직이고 있는 한 열차의 운동량은 열차의 질량 곱하기 속도입니다. 충돌 이후의 모든 열차의 운동량은 열차 질량의 합 곱하기 열차의 속도입니다. 한 열차의 질량보다 연결된 열차의 질량이 더 크고, 전체 운동량은 반드시 같아야 하기 때문에 연결된 열차의 속도는 충돌 이전의 한 열차의 속도보다 줄게 됩니다.
운동량 보존이 질량과 어떻게 관련될까요? 충돌에 포함된 물체의 질량은 충돌 이전의 움직이던 한 열차의 질량에 더해집니다. 전체 질량은 증가하지만 연결된 물체의 속도가 감소하기 때문에 전체 운동량은 유지됩니다.
다음 문제로 진행하려면 'NEXT PROBLEM' 버튼을 클릭하세요.

실험 환경은 절차에 대한 조건과 결과의 역동적인 시연을 제공한다. 이러한 점은 표상-보여 주기가 먼저 실행되고 정보-말하기가 요약으로 활용되어 학습자가 조건과 결과 간의 올바른 관계를 추론할 수 있도록 하는 귀납적 방법임에 주목하기 바란다. 학습자는 조건에 다른 값을 입력하고 결과에 미치는 영향을 관찰한다. 다른 가설을 검증하기 위해 학습자가 관찰한 것을 적용하도록 하는 것은 문제에 관한 다양한 변화를 볼 수 있게 해 준다. 문제 2는 어느 정도 다른 문제를 제시하고 있다. 실험 환경은 시연과 적용을 통합된 활동으로 혼합하고 있다. 동시에 시스템은 조건에 대한 다른 값의 효과를 시연하고, 학습자는 일어나게 될 결과를 예측하고, 조건에 대한 값을 입력하여 그들의 가설을 확인하게 된다. 이 환경에서 시연은 학습자의 예측에 대한 피드백도 제공하고 있다.

시연: 학습은 학습자가 학습해야 하는 지식과 스킬의 시연을 관찰할 때 증진된다.

적용: 학습은 학습자가 새롭게 습득한 지식과 스킬을 적용할 때 증진된다.

~에 대한 정보^{Information-about} 교수전략

● 목적: 사물, 활동 또는 절차의 모둠에 대한 정보 확인하기

● 처방된 교수활동

– 프레젠테이션: 명칭 **말하기**, 항목별 정보와 표상, 주의집중, 탐색, 반복

– 연습: 주어진 설명 또는 표상의 이름 **질문하기**, 주어진 명칭에 대한 설명 혹은 표상 **질문하기**. 즉시적 반응, 계열화 큐 피하기, 교정적 피드백

~에 대한 정보 구성요소 스킬은 종종 다른 구성요소 스킬의 선수 조건이다.

~의 부분^{Part-of} 교수전략

● 목적: 사물 혹은 시스템의 전체와 관련하여 특정 부분의 위치와 명칭 확인하기

● 처방된 교수활동

– 프레젠테이션/시연: 전체 안에서 부분의 위치를 **보여 주고**, 명칭과 해당 부분에 관한 정보를 **말하기**. 위치와 관련한 큐는 피하고, 청킹을 사용하고 반복할 수 있도록 한다.

– 실습/적용: 부분의 명칭 혹은 정보가 주어졌을 때 해당 부분의 위치를 지목(**수행하기**), 부분의 위치를 보여 줬을 때 그 명칭 혹은 정보를 기억하거나 인식하기. 임의의 순서를 사용하고, 위치와 관련한 큐는 피하고, 즉시적인 응답을 요구하고, 100% 성취 목표를 세우고, 교정적 피드백을 제공하기

~의 부분에 관한 구성요소 스킬은 종종 다른 구성요소 스킬의 선수 조건이다.

~의 종류^{Kind-of} 교수전략

● 목적: 사물, 장비, 절차, 활동, 기호 등과 같이 특정한 범주에 속하는 것들 중 접해 보지 못한 사례들을 분류하기

● 처방된 교수활동

– 프레젠테이션: 범주의 명칭과 범주의 소속을 결정하는 구별할 수 있는 속성에 대한 가치(정의) **말하기**

– 시연: 범주에 대한 예시와 비예시 **보여 주기**. 주의집중 안내, 다양한 예시의 묶음, 대등한 예시와 비예시, 점점 난이도가 높아지는 예시와 비예시 제공하기

– 적용하기: **수행하기**에서는 학습자로 하여금 범주에 해당되는 아직 접해 보지 못한 예시와 비예시를 구분하도록 하기. 초기 항목에서 코칭과 교정적 피드백 제공하기

~의 종류 구성요소 스킬은 ~에 대한 방법과 ~에 대한 결과 예측 구성요소 스킬을 획득하기 위한 요소다.

~에 대한 방법^{How-to} 교수전략

● 목적: 과제와 관련하여 경험해 보지 못한 사례에 대해 바람직한 결과를 유발하는 일련의 행동 **수행하기**

● 처방된 교수활동

– 프레젠테이션: 절차와 단계의 명칭 그리고 절차를 완료하기 위한 단계의 순서 **말하기**

– 시연: 절차 사례에 속한 각 단계의 실행 **보여 주기**. 주의집중 안내, 과제에 대한 다양한 사례의 묶음, 점차 어려워지는 절차의 사례들 제공하기

– 적용하기: 과제에 관해 경험해 보지 못한 점진적으로 어려워지는 사례 모둠의 각 단계를 학습자에게 수행하 도록 하기. 초기 항목에 대해 코칭하기. 내재적 피드백 제공하기

~에 대한 방법 구성요소 스킬은 주로 수업의 주요 목적이다.

~에 대한 결과 예측^{What-happens} 교수전략

● 목적: 특정 조건에서 접해 보지 못한 절차 사례에 대한 결과를 예상하기. 기대하지 않았던 특정한 결과에 대해 그 결과의 원인이 되는 누락되거나 잘못된 조건을 확인하기
● 처방된 교수활동
   – 프레젠테이션: 절차의 명칭과 절차에 포함된 각 사태의 조건 **말하기**
   – 시연: 실제 혹은 시뮬레이션된 사례 속에서 절차 **보여 주기**. 주의집중 안내, 점차 어려워지는 절차의 다양한 사례 모둠 제공하기
   – 적용하기: 학습자로 하여금 점차 어려워지는 경험해 보지 못한 절차 사례 모둠에 대해 누락되거나 잘못된 조건을 찾거나 그 결과를 예측하도록 하기. 초기 항목에 대해 코칭하기. 내재적 피드백 제공하기

~에 대한 결과 예측 구성요소 스킬은 주로 수업의 주요 목적이다.

적용

기존의 교수자료에 이 장에서 설명하고 있는 교수전략들이 적용되어 있는지 확인해 본다면 이 전략들을 이해하 게 될 것이다. 여러분이 수강하고 있거나, 설계하고 있거나 혹은 인터넷에서 찾을 수 있는 몇 개의 과정을 선택해 보라(제4장 적용을 위해 선택했던 과정을 선택하는 것이 현명할 것이다). ~에 대한 정보, ~의 부분, ~의 종류, ~에 대한 방법, ~에 대한 결과 예측 각각의 교수전략을 확인할 수 있는지 그 과정들을 살펴보라. 이러한 교수전략들 이 처방된 교수활동을 포함하고 있는가? 만약 처방된 교수활동의 일부가 누락되었다면, 누락된 교수활동을 설계 해 보라.

관련 자료

이 장의 내용은 이전 작업인 구성요소 제시이론^{Component Display Theory}을 업데이트한 것이다. 구성요소 제시이론에 대해 서 더 학습하려면 제4장에서 언급한 관련 학습 자료를 참고하기 바란다.

Clark, R. C. (2008b). *Developing technical training: A structured approach for developing classroom and computer-based instructional materials* (3rd ed.). San Francisco: Pfeiffer. (Ruth Clark이 제4장의 관련 자 료에서 인용된 공식적인 논문보다 읽기 쉬운 형태로 구성요소 제시이론에 근거한 교수적 처방을 제시하고 있 다. 이 자료는 다양한 종류의 구성요소 스킬에 대한 교수전략을 읽기 쉽게 제시한다.)
Gagné, R. M. (1985). *The conditions of learning and theory of instruction* (4th ed.). New York: Holt, Rinehart and Winston. (나의 많은 교수전략에 관한 작업은 이 중요한 업적으로부터 영감을 얻었다.)
Gagné, R. M., Wager, W. W., Golas, K., & Keller, J. M. (2005). *Principles of instructional design* (5th ed.). Belmont, CA: Thompson Wadsworth.

다음 장에서는

제3장에서는 내용 요소를 설명하였다. 제4장에서는 교수적 상호작용을 설명하였다. 이 장에서는 각각의 다섯 가지 유형의 구성요소 스킬에 대한 처방된 교수활동으로 구성된 교수전략을 설명하였다. 제6장에서는 이 다섯 가지 유형의 구성요소 스킬이 어떻게 혼합되어 전체 문제를 해결하는 방법을 가르치기 위한 교수전략을 형성하는지를 설명한다.

●● 제**6**장 ●●

문제해결에 대한 교수전략

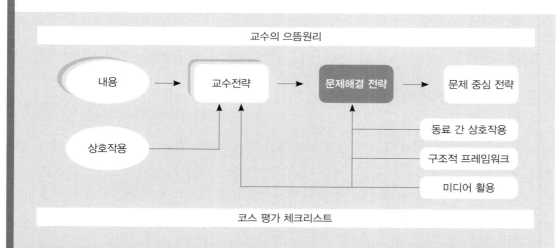

미/리/보/기

제5장에서는 구성요소 스킬의 다섯 가지 유형에 대한 교수전략을 소개하였다. 이 장에서는 문제해결을 위한 통합전략을 구성하기 위해 이 전략들이 어떻게 조합되는지 서술하고자 한다. 이 장에서는 다음의 질문에 대해 답하고 있다. 전체 문제의 내용 요소에 대한 통합된 세트를 제시하기 위해 다른 구성요소 스킬의 내용 요소를 어떻게 조합할 것인가? 문제해결 교수전략을 제공하기 위해 다른 구성요소 스킬의 교수전략을 어떻게 조합할 것인가? 문제해결 활동은 무엇인가? 문제해결 활동의 내용 요소는 무엇인가? 문제해결 활동을 가르치기 위한 교수전략은 무엇인가?

키/워/드

문제해결 활동Problem-Solving Event: 문제해결을 포함하는 문제에 수반되는 단계와 조건으로 구성된 일련의 활동 중의 하나

1. 도 입

제3장에서는 다섯 가지 구성요소 스킬—~에 대한 정보, ~의 부분, ~의 종류, ~에 대한 방법, ~에 대한 결과 예측—을 다루었다. 또한 각 구성요소 스킬에 대해 각각의 내용 요소를 다루었다. 제4장에서는 네 가지 교수적 상호작용과 학습을 향상시키는 다양한 교수적 상호작용을 다루었다. 그리고 제5장에서는 각 구성요소 스킬을 가르치는 교수전략을 다루었다. 이러한

스킬은 독립적으로 일어나지 않기 때문에, 전체 문제의 구성요소로서 함께 작용한다는 점을 지적하기 위해 **구성요소 스킬**^{component skill}이라 명명된다. 문제해결을 가르칠 때는 이러한 각각의 스킬 유형을 위한 내용 요소와 전략을 포함하여 통합적인 방법으로 가르치는 것이 중요하다. 이 장에서는 각각의 구성요소 스킬의 내용 요소가 문제해결 활동에 어떻게 통합되는지 다루고 자 한다. 그다음 통합된 구성요소 스킬을 가르치기 위해 문제해결 활동으로 구성된 교수전략 을 다룰 것이다.

2. 문제해결 활동의 내용 요소

모든 문제는 적어도 하나의 ～에 대한 결과 예측 구성요소 스킬을 포함한다. ～에 대한 결과 예측 구성요소 스킬의 내용 요소는 특정 결과^{consequence}로 이어지는 일련의 조건^{condition}이다. [그 림 6-1]은 직사각형 모양의 박스에 세 가지 조건이 플러스 기호로 서로 연결되어 있는데, 이는 하나의 결과로 이어지는 것을 보여 주고 있다. 대부분의 문제는 적어도 하나의 ～에 대한 방법 구성요소 스킬 또한 포함하고 있다. [그림 6-2]에 나타난 것처럼 많은 문제의 내용은 대개 어떤 결과를 이끄는 일련의 단계^{step}로 표현되는데, 이런 표상은 불완전한 형태다. 학습자가 수행하 는 단계는 그 자체로 혹은 저절로 결과를 야기하지는 않는다. 현실에서는 [그림 6-3]에 나타난 것처럼 각각의 단계를 통해 일부 조건이 변화하게 되고, 이런 변화된 조건들을 통해 결과가 일 어난다. 각각의 단계가 직접적으로 결과를 이끌어 낸다기보다는, 각각의 단계가 조건을 유발 하고, 다른 조건들과 같이 하나의 세트로서 결과를 불러일으키게 된다.

[그림 6-1] ～에 대한 결과 예측 구성요소 스킬의 내용 요소

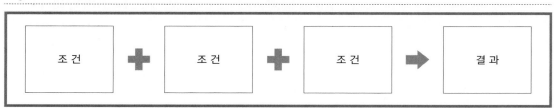

[그림 6-2] ～에 대한 방법 구성요소 스킬의 전형적인 내용 요소

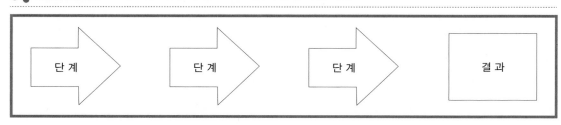

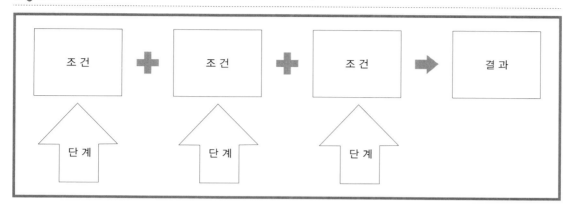

[그림 6-3] 결과를 초래하는 조건을 유발하는 단계

단계 및 단계에 따라 바뀌는 조건을 문제해결 활동이라 일컫는다. [그림 6-4]는 문제해결 활동의 내용 요소를 나타낸다. 문제해결 활동은 적어도 세 가지 유형 이상의 구성요소 스킬에 대한 내용 요소를 포함하고 있다. 요소에는 조건의 특성(~에 대한 결과 예측)을 변화시키는 단계(~에 대한 방법)가 포함된다. 조건은 보통 ~의 종류 혹은 분류의 예가 되는 활동 혹은 사물이다. ~의 종류 내용은 특정한 특성으로 특징지어지는 사물, 활동, 절차의 모음이다. [그림 6-4]는 조건과 연관되는 이러한 특성에 대한 내용 요소를 나타내는 **특성**^{properties}이라 명명된 박스를 포함하고 있다. 또한 조건은 일반화될 수 없는, 그래서 기억해야만 하는 정보로 구성될 수 있다. 따라서 이러한 조건의 특성은 ~에 관한 정보 혹은 ~의 부분 구성요소 스킬일 수 있다.

단계와 관련된 활동은 ~의 종류 구성요소 스킬을 필요로 한다. ~의 종류 구성요소 스킬의 중요한 내용 요소는 주어진 사례를 정의하는 특성이다. [그림 6-4]처럼 단계 아래에 단계와 관련된 특성을 나타내는 박스를 포함한다. 단계를 수행하는 학습은 두 가지의 스킬을 필요로 한다. 첫째, 단계의 정확한 수행을 확인하기 위해 학습자는 이러한 특성들이 관찰될 때 반드시 사용해야 한다. 둘째, 학습자 스스로 단계를 수행하기 위해 기술을 습득해야 한다. 단계의 특성은 다른 학습자가 해당 단계를 정확하게 수행했는지를 분명히 확인할 수 있는 특징들이다. 물론 학습자가 단계를 수행할 때에는 그들의 단계 수행이 올바른지를 반드시 확인할 수 있어야만 한다.

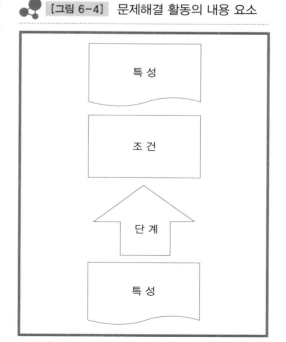

[그림 6-4] 문제해결 활동의 내용 요소

3. 문제해결 활동의 교수전략

문제해결 활동에 대한 교수는 세 가지 주요 활동을 포함한다. ① 문제해결 활동의 첫 번째 표상의 시연, ② 두 번째 표상에 대한 단계와 조건의 확인, ③ 세 번째 표상에 대한 단계를 수행하고 결과로 생긴 조건 확인하기다. 〈표 6-1〉은 문제해결 활동을 위해 설계된 교수활동을 나열하고 있다. 여기서 수행하기는 두 수준이 있음에 주의하기 바란다. 판별형 수행하기$^{Do_{id}}$는 ∼의 종류 구성요소 스킬의 사례를 판별^{identify}하는 것이고, 실행형 수행하기$^{Do_{ex}}$는 ∼에 대한 방법 구성요소 스킬 단계를 실행^{execute}하는 것이다. 학습자는 단계를 수행하기 전에, 먼저 효과적인 단계 수행이 무엇인지 판별할 수 있어야 한다$^{Do_{id}-S}$. 판별에는 몇 가지 형태가 있을 수 있는데, 부정확한 수행과 정확한 수행 단계를 구분하는 것 혹은 두 가지 수행 단계 중 가장 효과적인 것이 무엇인지 확인하는 것이다. 물론 학습자는 그 단계를 반드시 수행$^{Do_{ex}-S}$할 수 있어야 한다. 단계 수행하기의 목적은 조건을 변화시키는 것이다. 단계가 목적을 달성했는지 여부를 알기 위해서는 학습자가 단계를 수행한 이후에 효과적인 조건 표상을 반드시 확인할 수 있어야 한다$^{Do_{id}-C}$.

〈표 6-1〉 문제해결 활동을 위해 처방된 교수활동

문제해결 활동의 시연(표상 1)		
Tell-C	조건 서술하기(조건)	∼의 종류
Show-C	조건의 사례 보여 주기(조건)	∼의 종류
Tell-S	단계 서술하기(단계)	∼의 종류, ∼에 대한 방법
Show-S	단계의 사례 수행 보여 주기(단계)	∼의 종류, ∼에 대한 방법
문제해결 활동의 판별형 수행하기(표상 2)		
Do_{id}-S	단계의 사례 판별하기(단계)	∼의 종류
Do_{id}-C	조건의 사례 판별하기(조건)	∼의 종류
문제해결 활동의 판별형 수행하기 및 실행형 수행하기(표상 3)		
Do_{ex}-S	단계의 사례 수행하기(단계)	∼에 대한 방법
Do_{id}-C	결과로 초래된 조건 판별하기(조건)	∼의 종류

C=조건^{condition}, S=단계^{step}, Do_{id}=판별형 수행하기, Do_{ex}=실행형 수행하기
첫 번째 칸의 약어는 매번 언급될 때마다 해당 교수활동에 대한 설명이 필요 없도록 하기 위한 것으로 교수활동에 대한 의사소통을 촉진한다. 약어를 활용해서 보다 짧은 단어로 해당 교수전략을 간단명료하게 설명할 수 있다.

4. 문제해결 활동 전략의 시연

[그림 6-5]는 판매 과정의 간단한 문제해결을 위한 교수전략의 네 가지 교수활동을 제시하고 있고, [그림 6-6]은 이 문제해결 활동에 포함되는 구성요소 스킬을 나타낸다. 이 문제해결 활동은 심지어 반갑게 인사하기 같은 단순한 행동이 어떻게 세 가지 구성요소 스킬을 포함하는지 보여 준다. 반갑게 인사하기의 단계는 인사의 종류에 해당된다. 이 단계는 친구처럼, 따뜻한 웃음, 간단한 인사라는 세 가지 결정적 특성을 가지고 있다. 반갑게 인사하기는 고객의 반응이라는 결과로 인해 생기는 조건을 포함한다. 이 조건은 고객의 마음이 편하고 그들이 안정감을 느끼는 두 가지 결정적 특성을 가지고 있다.

두 번째 줄에서는 내레이터가 단계에 대해 설명하고(단계-말하기Tell-S) 비디오로 단계 수행(단계-보여 주기Show-S)을 보여 준다. 세 번째 줄에서는 내레이터가 조건의 특성을 말해 주고(조건-말하기Tell-C), 비디오로 고객의 반응을 보여 준다(조건-보여 주기Show-C). 이 네 가지 교수활동은 짧은 시간 동안 일어난다.

[그림 6-5] 문제해결 활동-반갑게 인사하기

판매 서비스				
		정보	오디오 표상	비디오 표상
1	~의 종류	**결정적 특성:** 친구처럼 / 따뜻한 웃음 / 간단한 인사		
2	~에 대한	단계: 당신의 집에 친구가 올 때 하는 것과 같은 방식으로 고객에게 인사를 한다고 생각해 보세요. 따뜻하고 진실된 웃음, 간단한 인사를 나누세요. 예를 들어, 당신은 "안녕하세요." "좋은 저녁이에요." "우리 가게에 온 걸 환영합니다."라고 말할 수 있습니다. 당신이 사는 지역에서 일반적으로 사용되는 친숙한 인사를 사용해 보세요.	안녕하세요, 오늘 기분이 어떻습니까?	
3	~에 대한 결과 예측 ~의 종류	조건(결과): 연구뿐만 아니라 우리의 경험에 의하면 첫인상은 매우 중요합니다. 따뜻하고 친근한 인사는 사람들이 편안하고 안정감을 느끼도록 합니다.	기분 좋네요. 감사합니다.	

저작권: Furniture Training Company, Inc. 허가를 받아 게재함.

이 사례는 하나의 문제해결 활동 표상만을 포함하고 있다. 보다 완전한 교수가 되기 위해서는 적절한 시점에 반갑게 인사하는 다른 판매원과 고객의 반응을 보여 주고, 학습자로 하여금 인사 단계가 효과적으로 이루어졌는지, 고객의 반응이 편하고 안정감을 느끼는지 확인하도록 해야 한다.

이 사례에는 학습자로부터의 반응은 포함되어 있지 않다. 완성도를 높이기 위해서는 적절한 시점에 학습자가 실제 고객 혹은 고객 역할연기를 하는 사람과 반갑게 인사하도록 하고, 고객의 반응을 관찰하게 해야 한다.

[그림 6-6] 문제해결 활동의 내용 요소-반갑게 인사하기

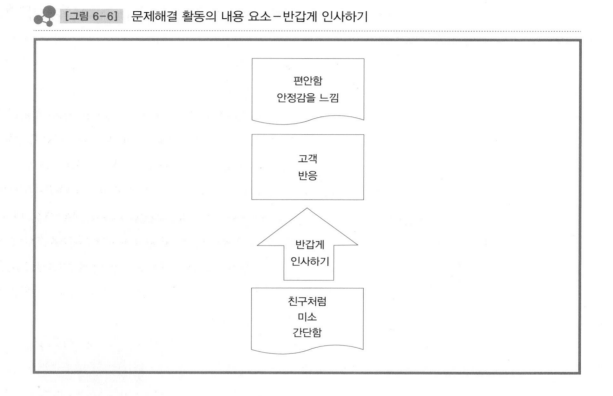

5. 전체 문제에 대한 내용 요소

[그림 6-7]은 전체 문제$^{whole\ problem}$의 내용 요소를 제시하고 있다. 이 그림은 이 전체 문제가 세 가지 문제해결 활동으로 구성되어 있다는 것을 의미한다. 이 문제해결 활동은 ~에 대한 결과 예측, ~에 대한 방법, ~의 종류의 적어도 세 가지 다른 구성요소 스킬의 내용 요소를 포함하고 있다. ~에 대한 결과 예측의 내용 요소는 결과를 초래하는 세 가지 조건으로 표현할 수 있다(더하기 기호로 연결된 박스). ~에 대한 방법의 내용 요소는 해당 조건을 가리키는 단계로 나타낸다. ~의 종류 내용 요소는 각각의 조건, 결과, 단계와 관련된 속성으로 제시된다.

[그림 6-8]의 그림은 가구 판매의 전체 문제에서 요구되는 모든 내용 요소$^{content\ element}$를 보여

[그림 6-7] 전체 문제의 내용 요소

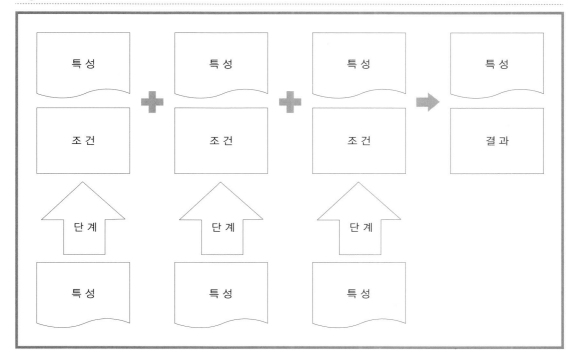

주고 있다. 이 그림은 주요 단계와 이에 따라 변화되는 판매로 연결되는 조건으로 구성된 네 가지 **문제해결 활동**을 포함하고 있다. 그림에서 조건, 문제 및 특성은 단어 혹은 짧은 구로 표현되어 있다. 판매 과정의 결과는 고객이 판매에 동의하는 것이다. 이러한 판매로 이어지는 조건은 도움 수락, 요구 공유, 해결책 선호와 같은 고객의 반응이다. 판매의 네 가지 주요 단계는 친절한 접근, 탐색 과정, 해결책 제시 그리고 종료의 과정이다. 각 단계에 따라 일어나는 각각의 조건은 고객의 반응으로 각 조건 위에 나타나는 박스에 있는 특성으로 특징된다. 이러한 특성을 인지하는 것은 학습자가 고객이 반응 조건을 보였을 때 이를 확인하는 스킬을 습득하는 데 필수적이다. 더 나아가서 판매 과정의 각 단계 역시 특정한 특성으로 특징지어지는데, 이러한 특성은 다른 학습자에 의해 수행된 단계를 확인할 때 혹은 스스로 이 단계를 수행하면서 정확하게 수행했는지를 판단할 때 반드시 확인할 수 있어야 한다. 더불어 학습자는 판매 과정의 각 단계를 수행하는 방법도 반드시 배워야 한다.

판매 과정의 첫 번째 단계인 친절한 접근을 생각해 보자. 이 구성요소 스킬은 이 단계에서 세 가지의 개별적 특성을 갖는다. 즉, ① 반갑게 인사하기, ② 개방형 질문, ③ 성실한 답변이다. 이 장의 초반부에서 반갑게 인사하기는 하나의 문제해결 활동으로 설명되었다. 앞의 설명에서 반갑게 인사하기는 더 큰 문제해결 활동의 특성으로 제시되었다. 문제해결 활동은 서로 내포되기도 한다. [그림 6-9]는 더 큰 문제해결 활동인 상냥한 접근에 포함되는 세 가지 문제해결 활동의 내용 요소를 설명하고 있다. 전체 문제의 내용 요소는 [그림 6-8]과 같이 하나의 문제해

[그림 6-8] 가구 판매에 관한 전체 문제의 내용 요소

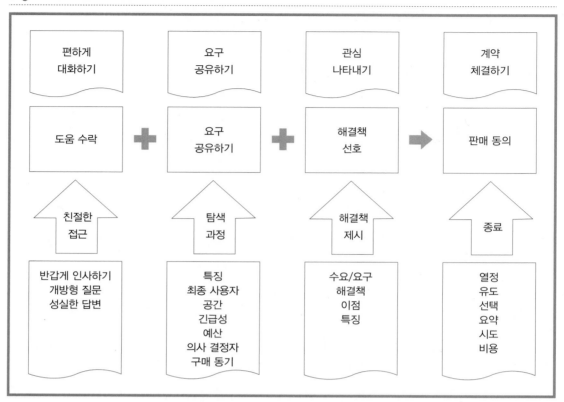

[그림 6-9] 상위 문제해결 활동에 포함된 문제해결 활동 - 우호적 접근

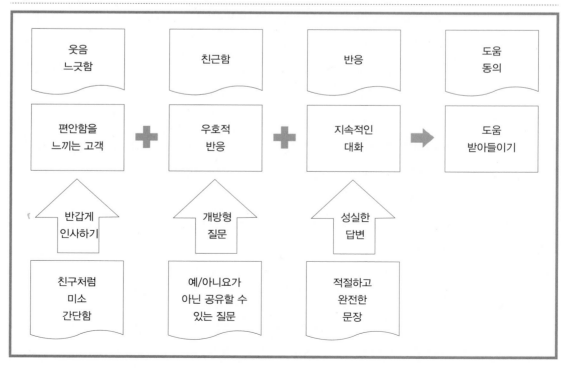

결 활동 세트로 나타날 수 있다. 그렇다면 전체 문제에서 각 문제해결 활동의 각 단계는 [그림 6-9]와 같이 좀 더 자세한 문제해결 활동 세트로 표현할 수 있다.

6. 전체 문제에 대한 교수전략

[그림 6-8]은 전체 문제는 전형적으로 바람직한 결과를 이끄는 일련의 문제해결 활동이라는 것을 보여 주고 있다. 전체 문제에 대해 사전에 처치된 교수활동은 〈표 6-2〉에 나열하였다. 전체 문제를 가르치는 주요한 교수활동은 다음과 같다. 즉, ① 전체 문제 시연하기, ② 각 구성요소 스킬 혹은 문제를 구성하는 문제해결 활동 가르치기, ③ 전체 문제 실행하기다.

간단하게 말하면, 전체 문제를 가르치는 첫 번째 교수활동은 전체 문제의 구체적 사례를 시연하는 것이다. 이 시연이 잘 이루어지기 위해서는 다음과 같은 교수활동이 모두 포함되어야 한다. 문제에 대한 바람직한 해결책 혹은 결과를 서술하고 보여 주기$^{Show-Q}$, 결과로 이끄는 조건의 표상을 서술하고 보여 주기$^{Show-C}$, 결과로 이끄는 조건을 야기하는 단계를 서술하고 보여 주기$^{Show-S}$다.

다음의 교수활동은 전체 문제를 실행하기 위해 필요한 각 구성요소 스킬을 가르치는 것이다. 많은 경우의 교수 산출물이 이러한 구성요소 스킬을 위해 처방된 모든 교수활동을 포함하지는 못하고 있다. 대부분의 구성요소 스킬은 문제해결 활동의 ～의 종류, ～에 대한 방법, ～에 대한 결과 예측 스킬의 결합으로 구성된다. 이러한 문제해결 활동의 조건 요소는 대개 분명하게 가르쳐지지 않고, 결과적으로 교수가 불완전해진다. 문제해결 활동에 대해 처방된 교수활동은 〈표 6-1〉과 같다. 각 문제해결 활동의 교수활동은, 〈표 6-2〉에 제시된 것처럼, 전체 문제를 가르치는 두 번째 주요 교수활동에도 포함된다.

각 구성요소 스킬 혹은 문제해결 활동을 가르친 후, 전체 문제에서 마지막 주요 교수활동은 학습자에게 전체 문제를 수행하게 하는 것이다. 하지만 개별적인 문제해결 활동을 위한 수행하기^{Do}에 하나 이상의 수준이 있었던 것처럼, 전체 문제에 대한 수행하기^{Do}에도 다양한 수준이 있다. 만약 학습자가 문제의 결과와 조건 간의 관계를 분명하게 이해했다면 학습자는 결과를 유도하는 단계 수행을 좀 더 효과적으로 할 수 있을 것이다. 학습자는 다음의 두 가지 방법 중 하나로 이해한 것을 시연할 수 있다. 주어진 일련의 구체적 조건으로부터 발생하는 결과 예측하기$^{Do_{ex}-Q}$, 혹은 예기치 못한 결과가 발생했을 때 잘못된 것 혹은 생략된 조건을 찾기 위해 이러한 현상을 일으킨 조건 찾기$^{Do_{ex}-C}$다.

전체 문제를 가르치는 마지막 활동은 첫 번째 단계에서 전체 문제를 가르치기 위해 사용되었던 것과는 다른 구체적인 상황에서 전체 문제를 수행하도록 하는 것이다. 이러한 수행하기는

〈표 6-2〉 전체 문제에 대해 처방된 교수활동

전체 문제 시연하기		
Show-Q	전체 문제에 대한 결과(Q) 사례 보여 주기	~의 종류
Show-C	결과로 이끄는 조건(C) 사례 보여 주기	~에 대한 결과 예측
Show-S	각 조건으로 이끄는 단계(S) 사례 보여 주기	~에 대한 방법
▼구성요소 스킬 가르치기(전체 문제의 문제해결 활동)▼		
각 문제해결 활동 시연하기(표상 1)		
Tell-C	조건(C) 서술하기	~의 종류
Show-C	조건(C)의 사례 보여 주기	~의 종류
Tell-S	단계(S) 서술하기	~의 종류, ~에 대한 방법
Show-S	단계(S)의 사례에 대한 수행 보여 주기	~의 종류, ~에 대한 방법
문제해결 활동 판별형 수행하기(표상 2)		
Do$_{id}$-S	단계의 사례 판별하기	~의 종류
Do$_{id}$-C	조건의 사례 판별하기	~의 종류
문제해결 활동 실행형 수행하기(표상 3)		
Do$_{ex}$-S	단계의 사례 수행하기	~에 대한 방법
Do$_{id}$-C	조건의 사례 판별하기	~의 종류
▲전체 문제의 각 문제해결 활동 반복하기▲		
전체 문제 실행하기		
Do$_{ex}$-Q	문제 사례에 대한 일련의 조건으로부터 결과 예측하기	~에 대한 결과 예측
Do$_{ex}$-C	문제 사례의 예기치 못한 결과에 대한 잘못된 조건 혹은 단계 찾기	~에 대한 결과 예측
Do$_{ex}$-S	전체 문제 사례의 모든 단계 수행하기	~에 대한 방법

C=조건, S=단계, Q=결과, Do$_{id}$=사례 판별하기, Do$_{ex}$=결과 예측하기$^{Do_{ex}-Q}$, 잘못된 조건 찾기$^{Do_{ex}-C}$, 단계 수행하기$^{Do_{ex}-S}$

각각의 단계 수행하기, 초래된 결과 관찰하기, 주어진 단계로부터 기대되는 결과가 일어나지 않았다면 그 단계를 수정하거나 순서 조정하기, 마지막으로 바람직한 결과를 얻었는지의 여부를 판단하기 위한 결과 관찰하기를 포함해야 한다.

7. 전체 문제 전략의 시연

다음 단락에서는 전체 문제의 맥락 안에서 구성요소 스킬을 가르치는 교수전략들을 시연하고, 앞서 제시한 관계들을 서술하고자 한다. [그림 6-10]은 고객에게 가구를 파는 전체 문제의 비디오 표상에 대한 스토리보드다. 비디오 시연은 판매 과정에서 주요 문제해결 활동 각각을 하나의 부분으로 제시한 것이다. 비디오는 전체적으로 혹은 각 부분으로 분리하여 제시할 수 있다.

 [그림 6-10] 전체 문제 사례-가구 판매[2]

판매원: 판매 서비스	
전체 문제 예시 교수 목적에 따라 내레이션을 켜거나 끌 수 있다.	
비디오	비디오에 수반된 오디오
문제해결 활동 1: 친절한 접근 	Narrator: Watch as David uses a friendly approach with this customer. Pay attention to what he says and how the customer reacts. Does the customer agree to look? David: Hi, how are you today? Maria: Fine, thank you. D: How do you like all this sunshine we are having? M: It's a nice change. D: Looks like spring is finally here. M: Finally! D: What brings you into our store on such a beautiful day? M: I think my sofa is starting to get worn. I think that it needs to be replaced. D: I'd love to show you some sofas. Do you want to come with me? And while you are looking, let me ask you a few questions about the room you are going to put this in. M: Okay. D: By the way, my name is David Miller. M: Hi, Maria Sanchez.

(계속)

---

2) 역자 주: 이 사례는 저자가 개발한 스토리보드로, 내용을 이해하는 데 있어 원어가 갖는 특성이 의미가 있으므로 원문을 그대로 사용함

문제해결 활동 2:

탐색 과정

Narrator: Watch as David uses the discovery process with this customer. Did the customer share her needs? What did he learn about the furniture she may want to purchase?

D: While you are looking, let me ask you a few questions about the room you are going to put the sofa in.

M: It's decorated mainly in earth tones and I have some antique pieces on display in it.

D: That sounds really nice.

M: Thank you.

D: Is it a room that you use to entertain guests?

M: No, not really, I like to go in there to unwind, and sometimes when my daughter comes home from college she likes to sit in there and read, too.

D: Oh wow, where is she going to school?

M: She goes to the State University.

D: Oh, that's a really good school. My sister went there.

M: Really! It is a good school.

D: About your sofa, what do you like most about your current sofa?

M: It's very comfortable. I like to stretch out on it. And there is enough room for my dog to curl up next to me.

D: That sounds really comfortable.

M: Very comfortable!

D: Are there other pieces in the room that you are planning to replace soon?

M: Not really; I like things that last for a long time.

D: I understand; you want something of quality.

M: Yes.

D: Are you planning on replacing your sofa soon?

M: I'd like to, but I'd like to make sure that I find something I really like.

D: Okay, let's look at some sofas.

M: Lead the way.

문제해결 활동 3:

해결책 제시

Narrator: Watch as David presents possible solutions to Maria. Note how he considers her needs and tries to present an option that meets those needs. How did Maria indicate that she probably liked the solution?

D: So Maria, based on what you told me, it sounds like you want a large, comfortable classic sofa that will last a long time and take whatever abuse your dog might give it. Is that right?

M: Oh, ya, I hadn't even thought about the dog. But that sounds like something I'm looking for.

(계속)

D: Then I think that we should look at this sofa—it's got a very classic, comfortable style to it and it will last a long time. Go ahead and try it out.

M: Ya, okay. Oh, this is comfortable!

D: Go ahead and relax. As you can see, this sofa is the perfect size for stretching out on and it's got plenty of room for your dog, too. And it will last for years because it is made of kiln-dried hard wood, which is a good sign of high-quality furniture. Besides, the corner blocks are double doweled and glued for extra support. The leather has a classic look and will last longer than fabric. And leather is a good choice for dog owners because it is so strong and cleans up easily. The low rolled arms on this sofa make it very comfortable for curling up with a good book or even taking a nap.

M: Ya, I can see that. You know, when my daughter comes home, she sleeps on the sofa, since her old bed is pretty much worn out.

D: This sofa would be nice to sleep on, but we can look at some beds if you like later.

M: Okay. I'm not sure about this leather. I think it might be too dark for my room. Does this couch come with that fabric [pointing]?

D: Actually, that fabric over there is a cotton polyester blend, which really isn't that durable. This sofa does come in some microfiber fabrics, which are also a good choice for pet owners. If you choose the microfiber option, then I can give you a discount on the fabric protection plan as part of the sale that we have going on right now. And we have free delivery and removal of your old sofa going on this week, too.

M: Oh, well that sounds interesting. Uh, I'd like to see what the microfiber looks like.

D: Okay, great. But please don't get up. I've got some microfiber samples right over here. Now don't fall asleep.

M: I'll try not to.

문제해결 활동 4:

확신에 찬 종료

Narrator: Finally, watch how David closes the sale. How does he help Maria make her decision to buy?

D: This sofa will be perfect for your room with that microfiber that you picked out; don't you think so, Maria?

M: Oh, it's so beautiful and the fabric is so soft.

D: This sofa is beautiful and the high-quality workmanship means that you will be able to enjoy it for many years. Why don't I go ahead and write up the sofa for delivery and have our certified application take care of the fabric protection before we send it out to your home?

(계속)

M: Well, I love the sofa, and this fabric is beautiful, but won't it wear out quickly?

D: That's a good question. I know you want this gorgeous sofa to last many years and the microfiber seems pretty luxurious to stand up to lots of abuse, is that right?

M: Well, exactly! I'd hate to have to reupholster in just a few years.

D: I wouldn't want that either, so let me explain. Not only will this sofa's fabric resist dirt, stains, and spills, especially after we add the fabric protection, but microfiber is such a strong fabric that it's used on sofas because it is so durable. Of course, it might fade in direct sunlight, but that's why we add the UV protection as part of our fabric protection. It also solves that problem, too. Pretty reassuring isn't it?

M: Hmm. Certainly is!

D: What day would you like the sofa delivered to your home?

M: Ah, can you delivery it by next Friday?

D: Absolutely, just let me take a minute to fill out the order and make arrangements.

M: Okay, great!

D: I'll be right back.

M: Thank you!

결과:

Narrator: David has made a successful sale by applying the four steps in the SalesForce approach. How does Maria indicate that she is a happy customer? Is it likely that Maria will return for another purchase in the future? Do you think that she will seek out David as her sales associate when she returns?

D: Here is your receipt, Maria. Delivery will be next Friday. And I look forward to working with you again soon.

M: Thank you. I am so excited about my new sofa. I love it. And I promise when my daughter comes home from college I'll bring her in. I want you to show me those beds we talked about.

D: Great. I'd love to help with that.

M: Okay, thank you.

D: Okay.

M: Bye-bye.

D: Good bye.

이 비디오는 판매 과정에 참여하는 결과 혹은 목표를 다음과 같이 서술하고 있다.

"이 프로그램은 당신이 진심 어린 개인적 서비스를 통해 더 많은 고객에게 더 많은 가구를 팔기 위해 필요한 스킬을 알려 줄 것입니다. 당신의 수입은 증가할 것이고 당신의 고객은 그들에게 맞는 가구를 구입함으로써 이득을 얻을 것입니다."

전체 문제의 적절한 교수전략은 세 가지의 주요한 교수활동을 포함하고 있다. 즉, 전체 문제 보여 주기, 구성요소 스킬 혹은 문제해결 활동 가르치기, 그리고 전체 문제 실행하기다. 각각의 주요한 교수활동은 많은 교수활동 처방을 포함하고 있다. 〈표 6-2〉는 전체 문제를 가르치기 위해 처방된 교수활동을 보여 주고 있다. 다음에서 전체 문제를 가르치기 위한 이러한 교수전략에 대해 설명하고자 한다.

[그림 6-11]은 가구 판매라는 전체 문제를 시연하기 위한 교수전략을 보여 주고 있다. 이 시연에 포함된 각각의 교수활동과 〈표 6-2〉에 나열된 교수활동 처방 간의 비교를 돕기 위해 번호를 붙여 두었다. 학습자의 주의를 집중시키기 위해, 첫 번째 교수활동은 바람직하지 않은 결과, 즉 판매가 일어나지 않은 상황을 보여 준다. 이는 교수활동 처방의 결과-보여 주기$^{Show-Q}$의 비예시다. 교수활동 2는 도입으로 교수 목적을 진술한다. 교수활동 3은 내레이터의 개입 혹은 설명 없이 전체 판매 과정([그림 6-10]에서 제시된 것과 같이)을 보여 준다$^{Show-S, Show-C, Show-Q}$. "판매원의 판매 설명 결과는 무엇입니까?"와 같은 질문은 학습자의 주의를 절차의 긍정적 결과로 집중시킨다$^{Show-Q}$.

[그림 6-11] 전체 문제 시연 교수전략－가구 판매[3]

판매 서비스		
전체 문제 시연		
	오디오	비디오 및 화면
1	David: Are you sure I can't put this sofa on a sales slip for you? These great prices won't last long. Maria: No thanks! I really want to keep shopping around. Okay? David: Okay. Well come back again soon, okay?	

(계속)

---

[3] 역자 주: 이 사례는 저자가 개발한 스토리보드로, 내용을 이해하는 데 있어 원어가 갖는 특성이 의미가 있으므로 원문을 그대로 사용함

	Maria: Okay. **Narrator:** There goes a lost opportunity. Every visitor to your store who doesn't accept your assistance represents one less chance to make a sale, to increase your income, and most importantly, to build a lasting relationship with a customer.	
2	**Narrator:** Welcome to SalesForce: Selling with Service. This course will give you the skills necessary to sell more furniture to more customers through genuine personal service. Your income will increase and your customers will benefit by getting the furniture products that are right for them. During this training, you will be watching and learning with David, a sales associate, who, like you, wants to be more successful at selling furniture.	여기에 제목 페이지 제시 • 더 많은 가구 판매 • 수입 증대 • 고객 만족
3	**Narrator:** So is there anything David, and you, can do about all those lost chances? Of course there is. Let's see how the results change when David demonstrates how he uses the skills he learned in the SalesForce training program. What was the result of his sales presentation?	교육에서는 [그림 6-10]의 전체 판매 서비스 비디오를 여기서 제시한다. 내레이션은 이 시연에서는 제공되지 않는다.
4	**Narrator:** In this training, you will learn the four steps of the SalesForce program. These steps are: 1. A friendly approach. 2. Discover the customer's needs. 3. Present solutions. 4. Close with confidence.	1. A friendly approach. 2. Discover the customer's needs. 3. Present solutions. 4. Close with confidence.
5	**Narrator:** Why are these steps important? 1. A friendly approach helps customers be at ease and agree to let you help them. 2. Discovery helps customers share their needs and wants.	What is the result of these steps? 1. Customer agrees to look. 2. Customer shares his or her needs. 3. Customer likes the solution. 4. Customer makes the purchase.

(계속)

	3. Customer is pleased with a solution. 4. Customer makes the purchase. **Narrator:** Not only will you learn to do the steps in the SalesForce approach but you will also learn to observe the reaction of your customers. It is important that each step lead the customer toward a decision to make the purchase.	
6	**Narrator:** Watch the video again. This time I will direct your attention to each of the steps in the SalesForce program. I will also direct your attention to the reaction of the customer to each of these steps.	[그림 6-10]의 비디오가 내레이션을 포함하여 반복된다.
7	**Narrator:** Remember the steps: A friendly approach so customers will agree to your help, discover needs so customers will share why they came into the store, present solutions so customers have options that meet their needs, and close with confidence so customers will complete the transaction. Learning and mastering these four steps and your customers' reactions will increase your sales and enable you to provide expert professional assistance to your customers. As you use the SalesForce program to learn how to sell furniture through genuine personal service, you will see an increase in the number of sales you are able to make. Even if you have had years of experience selling furniture and have achieved a certain level of success, it's still true: the more you know the more you sell.	더 많이 알면 더 많이 팔 수 있다.

　　전체 문제 시연에서 남은 교수활동은 각 문제해결 활동의 조건과 단계에 대한 표상에 학습자가 주의를 기울이도록 안내하는 것이다. 활동 4는 판매사원의 접근법에 대한 네 가지 주요 단계를 알려 준다[Tell-S]. 활동 5는 이러한 단계의 수행을 통해 일어나게 되는 조건 혹은 고객의 반

응을 알려 준다[Tell-C]. 활동 6은 전체 과정에 대한 비디오 시연을 다시 보여 주는데, 이전 활동과는 다르게 판매 과정의 네 가지 문제해결 단계에 학습자가 주의를 기울일 수 있도록 하는 내레이터의 안내[Show-S], 각 단계별 고객의 반응[Show-C], 고객이 가구를 구입하는 마지막 결과[Show-Q]를 함께 보여 준다. 교수활동 7은 각 단계[Tell-S]와 각 단계의 고객의 반응[Tell-C]을 다시 알려 줌으로써 시연을 정리한다. 이러한 정리는 학습자가 교수목표를 다시금 상기하도록 해 준다.

전체 문제의 시연은 모든 단계와 각 단계의 조건, 그리고 전체 문제의 결과를 포함하고 있으나, 학습자가 문제해결 활동으로 제시되는 모든 구성요소 스킬을 습득하는 데 충분한 교수를 제공하지는 않는다. 통합전략으로서 다음 단계에서 학습자가 전체 문제를 구성하는 각 구성요소 스킬을 습득하도록 도울 것이다. 각 구성요소 스킬은 전체 문제 안에 내재된 작은 문제가 된다.

[그림 6-12]는 친절한 접근법이라는 구성요소 스킬을 가르치기 위한 부분을 서술한 것이다. 전체 문제와 같이, 내재된 문제해결 활동을 가르칠 때 역시 첫 번째 교수활동으로 전체 활동을 시연해야 한다.

교수활동 1과 2는 전체 문제 중에서 상냥한 접근법과 관련된 부분을 다시 보여 준다. 활동 1에서는 단계[Show-S]와 Maria의 반응[Show-C]을 보여 준다. 활동 2에서는 학습자가 Maria의 반응에 주의를 기울이도록 내레이션이 제공되는데, 첫 번째 단계의 조건은 반갑게 인사하기다.

[그림 6-12] 문제해결 활동의 교수전략 – 친절한 접근법[4]

판매 서비스	
문제해결 활동을 위한 교수전략: 친절한 접근법	
내레이션과 비디오 오디오	화면 제시 및 비디오
1	**Narrator:** To begin, let's watch how David approaches Maria. Audio for video: **David:** Hi, how are you today? **Maria:** Fine, thank you. **D:** How do you like all this sunshine we are having? **M:** It's a nice change. **D:** Looks like spring is finally here.	

(계속)

---

4) 역자 주: 이 사례는 저자가 개발한 스토리보드로, 내용을 이해하는 데 있어 원어가 갖는 특성이 의미가 있으므로 원문을 그대로 사용함

	M: Finally! D: What brings you into our store on such a beautiful day? M: I think my sofa is starting to get worn. I think that it needs to be replaced. D: I'd love to show you some sofas. Do you want to come with me? And while you are looking, let me ask you a few questions about the room you are going to put this in. M: Okay.	
2	Narrator: There are four goals of a friendly approach: First, to put the customer at ease; second, to encourage conversation; third to get the customer to share his or her needs and wants; and finally to accept your help in making a decision. Listen again to David's friendly approach. Was Maria at ease? Did she engage in conversation? Was she willing to state her need? Was she willing to accept David's help in making a decision?	
	반갑게 인사하기	
3	Narrator: How did David approach Maria? What did he say? Narrator: A friendly approach involves three steps: (1) a warm greeting, (2) an open-ended question, and (3) a sincere response. (Numbered items appear on display as they are stated by narrator.) Listen again to David's friendly approach. What was his greeting? What open-ended question did he ask? How did he respond to Maria? Let's examine each step of the approach.	친절한 접근법 1. 반갑게 인사 2. 개방형 질문 3. 성실한 답변

(계속)

4	**Narrator:** The approach begins with a warm greeting. A warm and friendly greeting sets people at ease and makes them feel comfortable. In David's approach, he smiled and said, "Hi, how are you today?" Think of greeting a customer in the same way you would greet a friend coming to your home. Share a warm, sincere smile and a simple greeting. For example, you could say, "Hello!" "Good evening!" or "Welcome to our store." (Phrases pop up as they are spoken.) Use greetings that are familiar and commonly used in the area where you live.	1. 반갑게 인사하기  Hi, how are you today? "Hello!" "Good evening!" "Welcome to our store."
5	**Narrator:** How did Maria respond to David's warm greeting? Do you think her response, "Fine, thank you," indicated that she was at ease with David?	
6	**Jared:** Hi, my name is Jared. I've been a sales associate for many years. I've learned a few things about selling furniture, which I will share with you from time to time. Sometimes I shake hands when greeting a customer. When I do I make sure my hands are clean and dry. I use a firm grip, not a dead fish ⋯ ugh. On the other hand, I don't overpower them either. No, their first contact shouldn't be painful. Shake hands if that's your thing, but do it in the right way.	전문가 조언  깨끗하고 건조한 손으로 힘있게 악수하기

(계속)

| 7 | Jared: Remember first impressions! You only get one. If you blow it, there is no second chance. So I be sure to dress appropriately and keep myself clean and neat. Deodorant is good stuff, mouthwash, too, but I never chew gum. It's well—unprofessional. Save it for the baseball game. |  깔끔하고 적절하게 옷을 입고, 절대 껌을 씹지 않습니다. |

부적절한 인사		
	오디오	비디오
8	Narrator: Observe David giving a different greeting to Maria. Watch for her reaction. David: Hi, can I help you? (David is obviously eating something as he greets Maria.) Maria: No, I'm just looking. David: Well, let me know if I can help you. My name is David. (As he speaks, David wipes his mouth and then cleans his hand under his arm before extending his hand to Maria for a handshake.) Maria: Okay, uh, thanks. (Maria frowns, does not take his hand, and walks past him into the store as quickly as possible.)	
9	Narrator: Did David's greeting put Maria at ease? What was her reaction? Did David make a good first impression? List the errors David made in his greeting to Maria.	
10	Narrator: Consider the following greeting. Salesperson: (Trying to be humorous) Hi! Did you bring your checkbook or credit card with you today? Narrator: What is the reaction of the customer likely to be? Does this attempt at humor put the customer at ease? List the errors that this salesperson made in his greeting.	Hi! Did you bring your checkbook or credit card with you today?

(계속)

개방형 질문하기	
내레이션과 비디오 오디오	화면 제시 및 비디오
11	**Narrator:** After greeting the customer, ask an open-ended question like David did. Do you remember his question? Let's listen to it again. **David:** Hi, how are you today? **Maria:** Fine, thank you. **David:** Well great! How do like all this sunshine we are having? **Maria:** It's a nice change. **Narrator:** How did Maria respond? Did David's question encourage her to engage in the conversation? **Narrator:** The question, "How do like all this sunshine?" encourages conversation, which is the purpose of an open-ended question. Questions that can be simply answered with yes or no don't give customers a chance to open up and talk. The best questions encourage customers to share something with you: feelings, experiences, and so forth.	 대화 촉진하기 예/아니요 질문하지 않기 느낌과 경험 공유하기
12	**Narrator:** Open-ended questions encourage conversation, while yes or no questions don't. Select each of the questions that cannot be answered with a simple yes or no.	Are you having a good day today? What did you think about the game last night? Do you like this warm weather? That's a beautiful broach; tell me about it. Did you do anything fun over the weekend? What fun do you have planned for this weekend?
13	**Narrator:** Select the question that is most likely to encourage conversation.	A. Can I help you find anything? B. Are you having a good day today? C. How do you plan to enjoy your holiday weekend? D. Hi, my name's Sarah. And you are?

(계속)

14	Narrator: Which of the following questions is open-ended and therefore likely to encourage conversation?	A. Did you see that game last night? B. How did you manage to navigate the road construction? C. Have you been to the Music Festival this summer? D. Can I help you find anything?

성실히 답변하기		
내레이션과 비디오 오디오		화면 제시 및 비디오

15	Narrator: Let's go back and listen to David again. David: Well great! How do you like all this sunshine we are having? Maria: Well, it's a nice change. David: It certainly is. It looks like spring's finally here. Narrator: How did Maria respond to David's response? Did she seem to be involved in the conversation with David? Narrator: David listened to what she said and then responded sincerely. Listen to what the customer says, then encourage conversation by following up with an appropriate and sincere response. It's important to respond using complete sentences like David did. Complete sentences encourage customers to share and to be more involved in the conversation.	 고객의 말을 경청하기 적절히 답변하기 완전한 문장 사용하기

16	Narrator: Let's listen to another example. Associate: Hi, how are you today? Customer: Fine, thanks. Associate: Good… What do you think of this weather? Customer: I'm really enjoying the sunshine. Associate: Great. Narrator: This greeting started off warmly, but the response "great" indicates a lack of interest and sincerity. Remember to use complete sentences.	Sales Associate says: Hi, how are you today? Customer says: Fine, thanks. Sales Associate says: Good… What do you think of this weather? Customer says: I'm really enjoying the sunshine. Sales Associate says: Great.

(계속)

17	Narrator: Here is another example. Associate: Hi, how are you today? Customer: Fine, thanks. Associate: Good, what do you think of this weather? Customer: I really like the sunshine. Associate: Me too! It's a nice change. What plans do you have to take advantage of it? Customer: I hope to go for a walk this afternoon. Associate: That sounds like fun. Narrator: This sales associate has engaged the customer in a meaningful conversation. Her question, "What plans do you have to take advantage of it?" and the response "That sounds like fun" show that she listened to what the customer was saying. This customer will probably feel comfortable enough to share the purpose of her visit to your store.	Sales Associate says: Hi, how are you today? Customer says: Fine, thanks. Sales Associate says: Good, what do you think of this weather? Customer says: I really like the sunshine. Associate says: Me too! It's a nice change. What plans do you have to take advantage of it? Customer says: I hope to get out in the garden this afternoon. Associate says: That sounds like fun.
18	Narrator: Which of the following responses shows that you are listening to the customer's comment about gardening?	A. Yeah, I need to do some yard work myself. B. Oh, fun! C. Well great. How can I help you today? D. What are you growing?
19	Narrator: In summary, the three steps to a friendly approach are (1) a warm greeting, (2) an open-ended question, and (3) a sincere response. The way you greet customers sets the tone for their experience in your store. A warm and friendly greeting helps the customer feel comfortable and willing to talk to you. It forms the basis for gaining his or her confidence so you can help with his or her furniture needs.	친절한 접근법 1. 반갑게 인사하기 2. 개방형 질문하기 3. 성실히 답변하기

(계속)

	적용	

Directions: The first impression is the most lasting one and it's not always easy. It is important to use words and phrases that are comfortable to you. Use this worksheet to brainstorm approaches you can use. On the left, write (1) a warm greeting, (2) an open-ended question, and (3) a possible response. On the right side, write what you think the typical reaction would be. The first entry is from our instruction to give you an example of what is required for this exercise.

	Approaches	Reaction
	1. _Hi, how are you today?_	_____
	2. _What do you think of this weather?_	_____
	3. _Me too. It's a nice change._	_____
20	1. _____	_____
	2. _____	_____
	3. _____	_____
	1. _____	_____
	2. _____	_____
	3. _____	_____

	적용	

21	**Narrator:** Look at this lost opportunity for David. This is not the outcome he hoped for. **David:** Are you sure I can't put that sofa on the sales ticket for you? These great prices won't last long. **Maria:** No thanks! I really want to keep shopping around. Okay? **David:** Okay. Well come back again soon. Okay? **Maria:** Okay. (As she leaves the store) (David looks disappointed, as he lost the sale.)	 

	적용	

22	**Narrator:** What happened? Why did David lose this sale? Let's go back and examine this sales event. As Maria enters the store. **David:** Hello, how can I help you? **Maria:** I'm just looking!	

(계속)

	David: Feel free to look around. What kind of furniture are you looking for? Maria: Where are your sofas? David: Let me show you (leading the way). Did you see the game last night? Maria: Yes. David: Wasn't Jack's final shot at the bell amazing? Maria: It was pretty spectacular. Rest of Demonstration Continues Here	
23	Narrator: Now that you have watched this demonstration, please do the following: Identify each of the steps in Selling with Service that David used. Did he include all the steps? For each step, consider the details of that step. Did David omit some of the details or perform the step incorrectly? Following each step, what was Maria's reaction? At each step, was she progressing toward a successful sale? At what point did David lose this customer? Where David did not execute a step in sales procedure adequately, indicate what he should have done to assist Maria so she would have been more likely to purchase.	

저작권: Furniture Training Company, Inc. 허가를 받아 게재함.

[그림 6-12]에서 수업은 세 개의 부분으로 구분되어 있고, 각각은 친절한 접근법이라는 문제해결 활동 안에 내재된 문제해결 활동과 연결된다. 교수활동 3은 반갑게 인사하기의 속성을 알려 주고 있고, 활동 4는 반갑게 인사하기의 표상을 보여 주고^{Show-S}, 사용할 수 있는 반갑게 인사하기의 예시를 추가적으로 제공해 주고^{Show-S}, 활동 5는 Maria의 반응을 보여 준다^{Show-C}. 활동 6과 7은 추가적인 속성을 알려 주고 보여 줌으로써 친절한 접근법의 반갑게 인사하기를 보다 정교화해 간다. 활동 8과 9는 David가 사용했을지도 모르는 인사의 부적절한 사례를 보여 준다^{Show-S}. 내레이터는 Maria의 부정적 반응이라는 예상하지 못한 결과에 학습자가 주의를 기울이도록 한다^{Show-C}. 활동 10은 인사의 다른 부적절한 예를 제시하고 학습자로 하여금 판매사원이 저지른 실수를 파악하도록 한다^{Do_{id}-S}.

개방형 질문과 성실한 답변 문제해결 활동은 모두 유사한 방법으로 가르친다. 활동 11은 다음 문제해결 활동인 개방형 질문을 위한 단계–말하기$^{Tell-S}$, 단계–보여 주기$^{Show-S}$, 조건–말하기$^{Tell-C}$, 조건–보여 주기$^{Show-C}$로 구성된다. 교수활동 12, 13, 14는 개방형 질문하기 문제해결 활동의 적용 기회를 제공한다$^{Doid-S}$. 활동 15는 성실한 답변 문제해결 활동을 위한 단계–보여 주기$^{show-S}$와 조건–보여 주기$^{show-C}$ 활동이다. 교수활동 16과 17은 상냥한 접근법의 다른 표상을 묘사하기 위해 대응된 예시/비예시를 사용한다$^{Show-S, Show-C}$.

교수활동 20은 친절한 접근법의 특성들에 대해 추가 사례를 학습자가 찾게 하는 것이다$^{Doid-S}$. 교수활동 21~23은 전체 문제를 가르치는 마지막 활동의 단계로 전체 문제의 잘못된 조건 찾기$^{Doex-C}$에 해당된다. 이 단계는 모든 구성요소 스킬 혹은 문제해결 활동을 학습한 후에 진행된다.

처방된 교수활동과 모든 교수활동을 주의 깊게 비교해 보면, 판매 절차에 대한 문제해결 활동에 모든 처방된 교수활동이 사용되지는 않았다는 것을 알 수 있다. 풍부하고 완벽한 수업은 문제에 대한 모든 문제해결 활동에서 처방된 교수활동 모두를 적용할 것이다. 하지만 이런 풍부한 교수는 오히려 역효과가 있을 수도 있다. 학습자가 이미 상황에 익숙해져 있다면, 학습자에게 평범한 사례를 확인하게 하는 것은 학습자가 이 상황을 불필요하다고 인식하거나 지루해하도록 만들 수도 있다. 예를 들어, 반갑게 인사하기의 조건은 고객이 편안함을 느끼는 것이다. 풍부한 교수는 고객 반응의 몇 가지 사례를 제공할 수 있고 학습자는 편안함을 나타낸 고객과 그렇지 않은 고객을 확인하게 될 것이다. 그러나 이러한 추가적 교수는 불필요한 것으로 인식될 수 있으며, 학습자가 지루해할 수 있다. 이는 학습자가 이미 보유하고 있는 스킬을 반복하는 단계에도 해당된다. 반면 학습자가 개념을 아직 습득하지 못했는데도(예: 개방형 질문을 어떻게 하는지 모를 때) 처방된 교수활동이 적용되지 않으면, 학습자는 개념을 획득할 수 없고 개념을 사용하는 단계를 수행할 수 없다.

처방된 교수활동 중 가장 중요한 활동은 단계 실행형 수행하기$^{Doex-S}$로 모든 단계를 수행하는 것이다. 교수는 문제에서 각 문제해결 활동의 좋은 시연을 제공하고 학습자가 단계, 단계의 특성, 그리고 단계의 결과를 확인할 수 있는 기회를 제공한다. 실제 교수 상황에서는 어려움이 있겠지만, 고객을 대상으로 전체 판매 절차를 수행하는 기회를 통해 이 통합된 교수가 완성된다. 이 경우 설계자는 학습자에게 체크리스트와 동료로 하여금 실제 상황에서의 수행을 관찰하고 비평하도록 하는 교수를 제공할 수도 있다([그림 6-13] 참조). 교수자가 관찰자가 되어 학습자의 수행에 대해 피드백을 제공하는 것이 이상적이지만, 불가능할 경우에는 동료가 교수자의 역할을 대신하게 하는 것도 좋은 차선책이 될 수 있다. 만약 같이할 동료가 없다면, 학습자 스스로 자신의 수행에 대해 자기 평가를 할 수 있도록 독려한다.

[그림 6-13] 가구 판매의 마지막 적용

판매: 판매 서비스
적용

판매 서비스 과정을 완료하였습니다. 이제 여러분은 고객의 요구에 부응하고 보다 많은 가구를 팔 수 있는 스킬을 학습했습니다. 하지만 여러분의 매장에서 실제 고객에게 배운 것을 적용해 보기 전까지는 이 스킬들을 습득했다고 할 수 없습니다.

가능하다면 이 과정을 마친 동료와 같이 진행해 보세요. 고객을 응대하는 동안 동료가 함께하도록 하고, 친절하지만 당신이 판매의 모든 측면을 다룰 수 있도록 해 주어야 합니다.

판매가 끝나고 나면 동료가 아래의 체크리스트에 당신의 수행을 평가하도록 하세요. 각 단계에 대해 당신이 각 단계를 얼마나 잘 수행했는지 1에서 5점 척도로 점수를 매기도록 하세요.

고객을 응대하는 동안 체크리스트를 사용하지 말고, 수행을 마친 후 당신의 동료와 함께 자세하게 토론하세요.

향상이 필요한 영역이 어디인지 확인한 후 이 과정의 자료를 다시 학습하세요.

만약 관찰해 줄 다른 판매사원이 없다면 본인 스스로 체크리스트에 점수를 매겨 보세요. 여섯 항목의 점수를 모두 더하면 6에서 30 사이의 점수가 나옵니다.
여러분의 점수가
25~30이면   당신은 뛰어난 판매사원입니다.
20~24이면   당신은 4점 이하의 점수를 받은 영역을 향상시킬 필요가 있습니다.
20 이하이면 당신은 과정을 다시 학습해야 합니다. 특히 점수가 낮은 영역에 대해 강좌를 다시 수강해야 합니다.

가구 판매 과정에서 다음의 각 단계에 대해 동료를 평가하세요.

1. 고객과 관계 형성하기	1 2 3 4 5
2. 목적 공유하기	1 2 3 4 5
3. 고객의 요구 알아내기	1 2 3 4 5
4. 적절한 해결책 제시하기	1 2 3 4 5
5. 고객이 제시하는 이의사항 다루기	1 2 3 4 5
6. 자신감 있게 주문 요청하기	1 2 3 4 5

정기적인 평가는 여러분의 판매 서비스 스킬 향상을 돕고, 성공과 직무 만족에 보탬이 될 수 있을 것입니다.

성공적인 가구 판매사원이 되길 기대합니다.

저작권: Furniture Training Company, Inc. 허가를 받아 게재함.

문제 중심: 학습은 학습자가 실제 세계의 맥락 내에서 지식과 스킬을 습득할 때 향상된다. 이 원리가 적용되기 위해서는 두 가지 교수설계 활동이 수반되어야 한다. 문제의 내용 요소 확인과 이러한 내용 구성요소를 가르치기 위한 교수전략 설계하기. 전체 문제의 내용 요소는 문제해결 활동의 순서로 구성되어 있고, 각각은 조건을 이끄는 단계로 구성되며, 이러한 단계에는 결과가 일어나는 데 필요한 조건이 있다([그림 6-7] 참조). 전체 문제를 가르치기 위한 교수전략은 ① 결과, 조건 및 단계를 보여 주는 전체 문제의 시연, ② 각각의 문제해결 활동으로 **말하기/보여 주기** 시연, 조건과 단계에 대한 **판별형 수행하기**[Do~]와 **실행형 수행하기**[Do~], ③ 결과를 예측하기 위한 단계 **수행하기**[Do~], 잘못된 조건을 찾는 단계 **수행하기**[Do~], 그리고/혹은 전체 문제의 모든 단계를 **수행하기**[Do~]다(〈표 6-2〉 참조).

적 용

이 책에 제시된 전체 문제의 분석은 문제 가르치기에 대한 다른 제안들보다 좀 더 복잡하다. 학습자가 복잡한 문제의 내용 구성요소를 학습하는 가장 좋은 방법은 기존의 학습 자료에서 이 요소들을 찾는 것일 수 있다. 직접 설계하거나, 수강한 과목 혹은 인터넷에서 검색한 수업을 선택하라. 이 수업들이 문제해결을 포함하고 있는지 살펴보라. 만약 그렇다면 문제에 대한 내용 구성요소와 문제해결을 가르치기 위해 설계된 교수활동이 있는지 확인해 보라. 만약 내용 구성요소가 포함되어 있지 않다면 과정에 추가될 수 있는 내용 구성요소를 찾을 수 있는지 살펴보라. 만약 교수활동 일부가 미흡하다면 수업에 추가될 수 있는 교수활동을 설계할 수 있는지 생각해 보라.

관련 자료

van Merriëboer, J. J. G., & Kirschner, P. A. (2007). *Ten steps to complex learning*. Hillsdale, NJ: Lawrence Erlbaum Associates. (이 저자들은 여기서 기술한 방법과 유사한 복잡한 과제를 가르치기 위한 자세한 방법을 제시하고 있다.)

다음 장에서는

제3장에서는 시연과 적용을 제공하는 데 필요한 내용 요소 관련 용어를 제시하였다. 제4장과 제5장에서는 구성요소 스킬을 가르치는 데 사용할 수 있는 교수적 상호작용과 교수전략을 제시하였다. 이 장에서는 전체 문제를 가르치기 위해 내용 요소와 교수전략을 조합하여 통합된 교수전략을 제시하였다. 다음 장에서는 문제해결을 가르치는 전략을 확장하기 위해 점진적으로 어려워지는 문제 전개를 포함하는 문제 중심 교수전략을 소개할 것이다. 문제 중심 접근법에서 구성요소 스킬의 교수는 문제가 전개되는 전 과정에 분산되어 있다.

제7장

문제 중심 교수전략

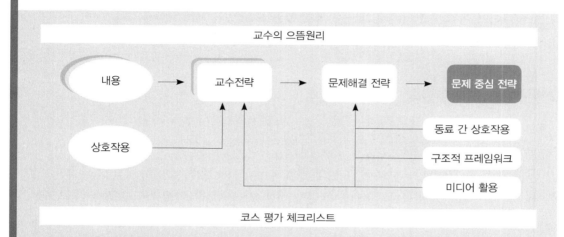

교수의 으뜸원리

내용 → 교수전략 → 문제해결 전략 → 문제 중심 전략

상호작용

동료 간 상호작용

구조적 프레임워크

미디어 활용

코스 평가 체크리스트

미/리/보/기

제6장에서는 각 구성요소 스킬들을 위한 교수전략을 통합하는 문제해결 교수전략에 대해 서술하였다. 이 장에서는 점진적으로 복잡해지는 문제 표상으로 구성된 문제 중심 교수전략에 대해 알아보고자 한다. 이 장에서는 다음의 질문에 대해 답하고 있다. 문제 중심 교수전략이란 무엇이며, 전통적 교육과정 전략과는 어떻게 다른가? 각 문제별로 문제 전개에 포함된 교수활동들이 어떻게 분산되어 있는가?

키/워/드

- 주제 중심 교수전략^{Topic-Centered Instructional Strategy}: 각 구성요소 스킬을 차례로 가르치는 접근, 주로 최종 문제에 대한 언급은 없음
- 문제 중심 교수전략^{Problem-Centered Instructional Strategy}: 문제 표상의 전개라는 맥락에서 구성요소 스킬들을 가르치는 접근. 각 구성요소 스킬의 교수활동은 문제 전개에 있어서 문제 표상별로 분산된다. 첫 번째 문제 표상에 요구되는 구성요소 스킬 모두를 가르치고, 이후 전개 과정에서 이어지는 각각의 문제 표상에 대해 추가로 요구되는 구성요소 스킬 혹은 요소들을 덧붙이면서 앞서 배운 구성요소 스킬들에 대해 다시 복습함
- 문제 전개^{Problem-Progression}: 주어진 내용 영역에서 같은 유형의 일련의 문제 표상. 처음에는 문제가 직설적인 형태로 제시되고, 이어지는 각각의 문제 표상은 점차 복잡해짐
- 분산된 교수활동^{Distributed Instructional Events}: 하나의 전개 과정에서 교수활동은 분산되어 나타나는데, 주어진 스킬의 시연은 초기 문제 표상에서 일어나고, 이 스킬의 적용은 이어서 전개되는 문제 표상에서 나타남

1. 도 입

이 장에서는 교수의 문제 중심 원리를 자세히 설명하고자 한다. 앞선 장들에서는 내용 요소와 학습자가 구성요소 스킬을 습득하는 것을 돕는 교수전략인 e^3 전략 유형, 그리고 이 구성요소 스킬들이 전체 문제에 어떻게 통합되어야 하는지 설명하였다. 이 장에서는 앞에서 다룬 모든 아이디어가 어떻게 문제 중심 교수전략에 통합될 수 있는지를 알아보고자 한다.

2. 문제 중심 교수전략

그동안의 연구들은 학습자가 실제 세계 문제의 맥락에서 지식을 습득할 때 학습에 대한 동기가 더 높아지고, 학습한 내용을 보다 쉽게 회상해 내고, 그 내용을 다음 학습에 적용하기가 용이하다고 제시하고 있다(Mayer, 1998). 그러나 전통적 교수전략([그림 7-1] 참조)은 주로 주제 중심이다. 주제 중심 교수전략topic-centered instructional strategy은 각 구성요소 스킬을 차례로 가르친다. 각각의 개별 스킬은 최종 문제에 대한 언급 없이 가르친다. 화살표는 주제의 정보 제시와 표상의 시연을 나타낸다. 정육면체는 퀴즈 혹은 정보의 적용을 나타낸다. 일반적으로 주어진 주제 혹은 구성요소 스킬과 관련된 모든 정보는 다음 주제 이전에 다루어진다. 학습자는 모든 주제를 학습한 후에, 그들이 배운 것을 전체 문제일 수도 있는 마지막 프로젝트 형태로 적용하게 된다.

이러한 주제 중심 전략의 한계점 중 하나는 학습자는 전체 문제의 맥락에서 배운 정보를 적용할 기회를 갖기도 전에 먼저 배운 주제에서 제시되고 시연된 정보를 부분적으로 잊어버릴

[그림 7-1] 주제 중심 교수전략

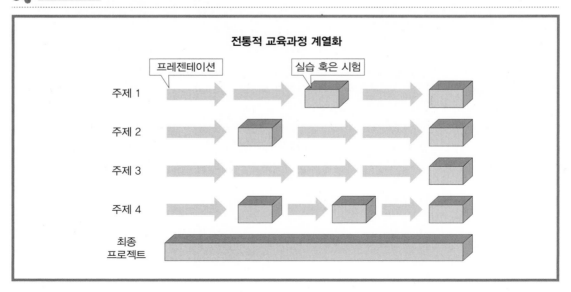

수 있다는 점이다. 또 다른 한계점은 학습자가 학습하게 되는 스킬을 필요로 하는 전체 문제에 익숙하지 않기 때문에 제시된 스킬의 연관성을 찾지 못할 수도 있다는 점이다. 우리 모두는 "지금은 이것을 이해할 수는 없겠지만, 나중에는 매우 중요해질 거야!"라는 말을 들어 왔다. 하지만 많은 경우 그 중요한 순간이 절대 오지 않거나, 그것이 정말 중요해지는 때에 절대 도달하지 못하거나, 그 정보가 중요해지기 이전에 얼마나 많이 그 정보를 잊어버렸던가? e^3 계열화는 학습자가 학습해야 하는 스킬과 전체 문제의 관련성을 알고, 교수가 전개됨에 따라 전체 문제에 이 기능을 적용할 기회를 가질 수 있도록 도와주는 방법을 제시하고 있다. 전통적 교육과정 계열화는 주로 배운 내용에 대해 한 번의 적용 기회를 제공한다. 대부분 이 한 번의 기회는 교수 시간 중 끝에 위치해 있기 때문에, 학습자는 자신의 수행에 대한 적절한 피드백을 제공받을 수 있는 기회도 없고, 착오를 통해 배울 시간과 자신의 수행을 개선할 시간도 없다. e^3 계열화는 수행에 대한 피드백을 받을 기회를 일찍 그리고 자주 제공하고, 학습자가 자신의 실수를 통해 배우고 수행을 개선할 기회를 제공한다. 문제 중심 교수전략problem-centered instructional strategy은 [그림 7-2]와 같다. 문제 중심 교수전략은 문제 전개의 맥락 내에서 구성요소 스킬을 가르친다. 각 구성요소 스킬에 대한 교수활동은 여러 문제 전개에 걸쳐 분산된다. 문제 전개Problem-Progression는 주어진 내용 영역에서 일련의 같은 유형의 문제가 제시되는 것이며, 그 과정에서 문제의 복잡성은 증가한다. 가장 단순한 형태의 문제가 처음에 제시되고 이어지는 문제는 이전 문제보다 더 복잡해진다. 이러한 방식은 교수 순서에 있어서 학습자를 초기부터 전체 문제에 관여하게 만든다.

　교수활동의 계열화는 [그림 7-2]에 요약되어 있다. 첫 교수단계 [1]은 전개 중 첫 번째 전체 문제를 제시하는 것이다. 이 과정에서는 학습자에게 맥락을 제공하고, 이어지는 수업에서 학

[그림 7-2] 문제 중심 교수전략

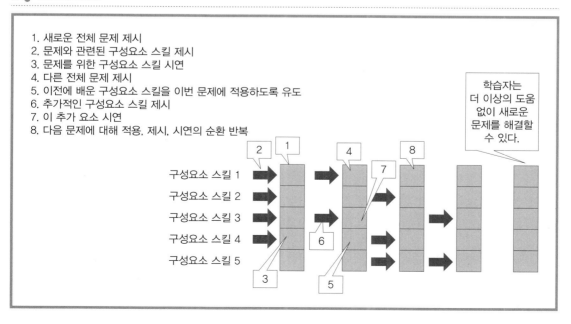

1. 새로운 전체 문제 제시
2. 문제와 관련된 구성요소 스킬 제시
3. 문제를 위한 구성요소 스킬 시연
4. 다른 전체 문제 제시
5. 이전에 배운 구성요소 스킬을 이번 문제에 적용하도록 유도
6. 추가적인 구성요소 스킬 제시
7. 이 추가 요소 시연
8. 다음 문제에 대해 적용, 제시, 시연의 순환 반복

학습자는 더 이상의 도움 없이 새로운 문제를 해결할 수 있다.

구성요소 스킬 1
구성요소 스킬 2
구성요소 스킬 3
구성요소 스킬 4
구성요소 스킬 5

습자가 할 수 있는 것이 무엇인지 학습자에게 보여 주고, 모듈 혹은 과정의 목표를 형성한다. 형식적으로 진술된 목표는 내용을 추상적으로 표현하기 때문에 학습자가 이해하기 쉽지 않을 때가 많다. 반면에 학습자는 전체 문제의 시연을 통해 보다 쉽게 이해할 수 있다.

첫 번째 시연은 완전한 문제이면서 전개되는 전체 문제 중 복잡성은 가장 낮은 형태여야 한다. 이 시연은 전체 문제의 모든 구성요소를 포함하면서도, 상세 내용에 대해 학습자가 부담을 느끼지 않을 정도의 높은 수준이어야 한다.

두 번째 단계 [2]는 첫 번째 문제에서 요구되는 구성요소 스킬 각 요소를 제시한다(말하기^{Tell}). 세 번째 단계 [3]은 이러한 요소들이 첫 번째 문제에 적용됨에 따라 이 요소들을 시연한다(보여 주기^{Show}). 네 번째 단계 [4]는 두 번째 문제를 제시한다. 다음 단계 [5]는 학습자가 새로운 문제에 이전 2~3단계에서 습득한 스킬을 적용하도록 하는 것이다(수행하기^{Do}). 다음 단계 [6]은 추가적인 구성요소 스킬들을 제시하고(말하기^{Tell}), 이후 단계 [7]은 새로운 문제에 이 요소를 어떻게 적용하는지 시연한다(보여 주기^{Show}). 이후 [8] 단계 활동으로는 학습자가 각 구성요소 스킬의 모든 요소를 습득하고 새로운 문제에 적용할 수 있을 때까지 추가적인 문제에 대해 일련의 적용^{apply}, 제시^{present} 및 시연^{demonstrate}의 활동을 반복한다.

3. 문제 전개에 따른 분산된 교수활동

보다 전통적인 교수방식에서는 정해진 구성요소 스킬을 가르치기 위해 필요한 모든 교수활동이 각 주제별로 순서대로 실행된다. 문제 중심 교수전략에서는 정해진 구성요소 스킬에 대한 교수활동이 문제 전개 과정에서 여러 개의 문제에 분산된다. 분산된 교수활동$^{distributed\ instructional}$ ^{events}은 전개상의 초기 문제에서는 특정 스킬에 대한 시연이 일어나고, 이 스킬의 적용은 순서상 이어지는 문제에서 일어난다.

〈표 7-1〉은 각각의 문제를 가르치기 위해 요구되는 교수활동으로 활용할 수 있는 말하기^{Tell}, 보여 주기^{Show}, 수행하기^{Do}의 계열화를 보여 주고 있다. 구성요소 1은 쉽게 이해될 수 있고, 아마도 한 번의 제시/시연으로도 충분할 것이다. 구성요소 2는 이해하기 약간 어려울 수도 있고, 이어지는 전체 문제에서 학습자의 이해를 돕기 위해 추가적인 시연이 필요할 수도 있다. 구성요소 3은 이어지는 문제가 추가 정보를 필요로 하기 때문에, 이 구성요소를 위한 추가적인 말하기와 보여 주기가 요구된다. 구성요소 4는 순서상으로 앞부분에 위치하는 문제에는 필요하지 않을 수도 있기 때문에, 관련이 있는 이어지는 문제를 위해서 소개된다(말하기, 보여 주기). 전체 문제에 포함된 사례가 학습자로 하여금 개념이나 절차를 이해하도록 하는 데 충분하지 않기 때문에 구성요소 5는 충분히 복잡해야 한다. 이 상황에서는 시연이나 적용을 위한 전체 문제의 전개에서 포함되지 않았던 추가적인 사례를 제공한다.

〈표 7-1〉 문제에 따른 교수활동의 분산

	문제 1	문제 2	문제 3	문제 4	문제 5
구성요소 1	말하기/ 보여 주기	수행하기	수행하기	수행하기	수행하기
구성요소 2	말하기/ 보여 주기	보여 주기	수행하기	수행하기	수행하기
구성요소 3	말하기/ 보여 주기	말하기/ 보여 주기	보여 주기	수행하기	수행하기
구성요소 4		말하기/ 보여 주기	말하기/ 보여 주기	보여 주기	수행하기
구성요소 5		말하기/ 보여 주기	수행하기	수행하기	수행하기

〈표 7-1〉은 말하기, 보여 주기, 수행하기의 교수활동이 문제 전개에 따라 어떻게 분산되는지 보여 준다. 구성요소 1은 첫 번째 문제를 위해 시연되고, 이후 학습자가 남은 문제의 전개 과정에서 이 기능을 적용해 보도록 한다. 구성요소 2는 문제 1을 위해 시연되고, 다시 문제 2를 위해 시연된다. 학습자는 남은 문제에 이 스킬을 적용하도록 요구된다. 구성요소 3은 명백하게 더 복잡하다. 문제 1을 위한 말하기/보여 주기 시연이 있고, 문제 2의 추가적인 스킬 요소에 대한 말하기/보여 주기 시연이 있다.

두 가지 주요한 계열화가 이러한 교수활동의 분산에 적용될 수 있다. 보다 전통적인 주제 중심 전략은 각각의 구성요소 스킬을 문제 전개에서 차례대로 가르친다. 문제 중심 전략은 첫 번째 문제에 요구되는 구성요소 스킬 모두를 가르치고, 그 후 이어지는 문제에서 요구되는 추가적인 구성요소 스킬 혹은 요소를 덧붙이며 앞서 배운 구성요소 스킬에 대해 다시 논의한다.

이러한 문제 중심 교수전략은 전통적 계열화에 비해 몇 가지 이점이 있다. ① 학습자가 여러 스킬 간의 상호 관계를 알 수 있다. ② 다른 문제의 맥락에서 여러 차례 구성요소 스킬을 시연한다. ③ 학습자에게 구성요소 스킬을 적용할 수 있는 기회를 충분히 제공한다. ④ 학습자에게 구성요소 스킬의 적용에 대한 피드백을 받을 수 있는 기회를 충분히 제공한다. ⑤ 학습자의 수행을 개선할 기회를 제공한다.

4. 문제 중심 전략 사례: 창업자 코스

브리검영 대학교 하와이 캠퍼스는 제3세계 학생들이 고국으로 돌아갔을 때 그들의 사업을 시작할 수 있도록 돕는 온라인 문제 중심 창업자 코스를 개발하였다(Mendenhall, Buhanan, Suhaka, Mills, Gibson, & Merrill, 2006). 이 문제 중심 전략은 추상적 개념(말하기^Tell me) 대신에 실제 세계의 사례(보여 주기^Show me)에 중점을 두고 있다. 추상적 개념을 여전히 가르치고는 있지만 실제 세계의 문제라는 전체적인 맥락 안에서 다룬다. 이 코스에서 각 개념은 각 문제의 다른 맥락 속에서 여러 번 시연된다. 따라서 학습자는 어떻게 사업을 시작해야 하는지에 대한 전체적인 스키마를 형성하게 되고, 전체 과정을 설명해 주는 다양한 사례를 접하게 된다.

창업자 코스는 사업을 시작하고 운영하는 데 적합한 여섯 개의 주제 혹은 스킬로, ① 사업 기회 규명하기, ② 전망에 가장 잘 맞는 아이디어 정의하기, ③ 필요 자원 규명하기, ④ 자원 획득하기, ⑤ 사업 시작하기, ⑥ 사업 관리하기를 가르치고 있다. 선택된 전체 문제는 이전 학습자가 개발한 간단한 사업들로, ① 제조업―Veasna의 돼지 농장, ② 서비스업―Tseegii와 Tsogto의 즉석 카펫 세탁 서비스, ③ 소매업―Da Kine 휴대폰, ④ 레스토랑 사업―Fiesta 멕시칸 음식점이 있다. 이런 사업체들이 선택된 이유는 학생들이 향후에 운영할 것으로 기대되는 사업과 유사한 유형이기 때문이었다. 여섯 개의 각 스킬 중 일부 중복되는 부분은 각 사업에서 차례로 설명되거나 적용된다.

창업자 코스는 특히 [그림 7-2]에 제시된 문제 중심 교수전략을 실행하기 위해 개발된 온라인 과정이다. 현실의 문제가 수업의 중심이 된다. 과정은 먼저 학생들에게 첫 번째 사업으로 제조업인 Veasna의 돼지 농장 사업을 소개한다. 그다음으로 제조업에 적용되는 여섯 개의 구성요소 스킬의 일부를 가르치고, 이 여섯 개의 기능이 제조업에 어떻게 적용되는지 시연한다. 그 이후 두 번째 전체 문제인 Tseegii와 Tsogto의 카펫 세탁 서비스 사업을 소개한다. 이 수업에서는 학습자가 돼지 농장 사업에서 배운 기능을 서비스 사업에 적용해 볼 것을 요구한다. 또한 이 새로운 사업에 적용된 각 구성요소의 추가적인 요소를 시연한다. 이 과정은 세 번째 사업과 네 번째 사업에서 일련의 같은 활동을 반복한다. 이어지는 수업은 각각의 새로운 문제와 관련이 되는 각 구성요소 스킬의 추가적인 정보를 가르친다. 이러한 전개 과정에서 문제들이 계속됨에 따라 문제에 대해 학습자가 더 많은 것을 하게 되고 시연은 점진적으로 줄어들게 된다. 그리하여 과정의 마지막에서는 학습자가 코칭을 받으면서 자신의 사업을 선택하고 계획하고 조직할 수 있게 된다.

[그림 7-3]은 새로운 사업을 시작하는 것과 관련이 있는 상위 내용 요소를 보여 주는 문제해결 활동을 도식화한 것이다. 사업을 구체화하기 위한 여섯 개의 주요 단계와 각 단계의 실행으로 발생하는 결과 상황에 상응하는 여섯 개의 주요 문제해결 활동이 제시되어 있다. 성공적인 사업을 수행하도록 이끄는 조건은 사업 기회에 대한 진술, 아이디어 진술, 예상되는 수입 진술, 사업 계획과 최종(조정된) 사업 계획 작성을 포함한다. 추가적인 **문제해결 활동**이 이런 주요한 문제해결 활동 내에 포함된다는 것은 여러분에게는 자명할 것이다. 이 과정에서 문제 중심 전략은 각 사업을 위한 각각의 문제해결 활동에 대한 교수를 포함하고 있다.

[그림 7-3] 창업자 코스를 위한 주요 내용 요소를 나타내는 문제해결 활동 다이어그램

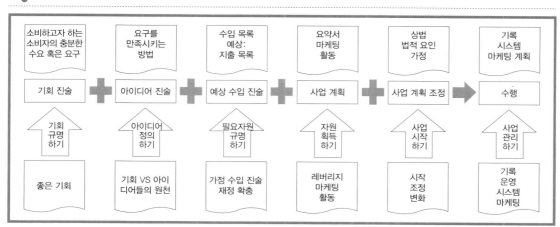

〈표 7-1〉에서 언급했듯이, 문제 중심 접근에서 주어진 문제해결 활동과 연관된 교수활동은 여러 문제로 분산된다. 이해를 돕기 위해 〈표 7-2〉에 문제해결 활동을 가르치기 위해 처방된 교수활동을 나열하였다. 〈표 7-3〉은 이 과정에서 다섯 가지 문제로 분산된 첫 번째 구성요소 스킬을 위한 교수활동이 어떻게 다섯 개의 문제로 분산되어 있는지를 보여 주고 있다. 다음에서는 이 과정에서 각 문제의 맥락에서 이러한 교수활동의 사례들을 설명하고자 한다.

돼지농장 사업과 관련하여 기회 진술이 소개되고 결정적 특성이 제시되며(조건-말하기$^{Tell-C}$) 설명된다(조건-보여 주기$^{Show-C}$). 카펫 세탁 문제에 관해서는 기회 진술에 대한 새로운 특성이 서술된다(조건-말하기$^{Tell-C}$). 학습자는 사업 기회에 대한 두 번째 진술의 특징을 파악하도록 요구된다(조건-판별형 수행하기$^{Doid-C}$). 휴대폰 문제에서 사업 기회를 규명하는 단계가 서술되고(단계-말하기$^{Tell-S}$) 사례가 제시된다(단계-보여 주기$^{Show-S}$). 또한 학습자는 사업 기회에 대한 세 번째 진술의 특성을 확인해야 한다(조건-판별형 수행하기$^{Doid-C}$). 레스토랑 문제는 학습자가 사업 기회 진술(조건-질문하기$^{Ask-C}$)의 특성과 사업 기회를 찾는(단계-질문하기$^{Ask-S}$) 단계를 기억할 것을 요구한다. 질문하기 교수활동은 처방되는 것은 아니지만 수행하기 교수활동과 병행하여 학습자가 기억하는 것을 돕는 데 유용할 수 있다. 수업은 학습자가 새로운 사업 기회 진술의 특성을 확인하도록(조건-판별형 수행하기$^{Doid-C}$) 하고, 사업 기회의 확장된 진술(조건-보여 주기$^{Show-C}$)과 이 정보를 찾는 데 필요한 단계를 보여 준다(조건-보여 주기$^{Show-C}$). 마지막 문제는 학습자에게 사업 기회를 찾는 단계를 상기시켜 주고(단계-말하기$^{Tell-S}$), 이후에 그들 자신의 사업 기회를 찾는 단계를 수행할 수 있도록 학습자를 코칭한다(단계-실행형 수행하기$^{Doex-S}$).

수업에서는 두 번째 문제 이전에 첫 번째 문제에서 문제해결 활동(구성요소 스킬)의 모든 과정에 대해 전 교수활동을 통해 학습자를 안내한다. 각 구성요소 스킬은 문제 전개 과정 중에 각각의 새로운 사업에서 다시 적용된다. 앞서 설명하였듯이, 첫 번째 사업에서는 스킬과 관련된 조건 또는 단계만을 시연할 수 있다. 두 번째 사업은 두 번째 표상을 위한 조건 혹은 단계를

〈표 7-2〉 문제해결 활동의 교수활동 처방

문제해결 활동 시연(표상 1)		
Tell-C	조건 묘사하기(조건)	~의 종류
Show-C	조건의 예시 보여 주기(조건)	~의 종류
Tell-S	단계 묘사하기(단계)	~의 종류, ~에 대한 방법
Show-S	단계 사례의 수행 보여 주기	~의 종류, ~에 대한 방법
사례 판별하기 문제해결 활동(표상 2)		
Do_{id}-S	단계의 사례 판별하기(단계)	~의 종류
Do_{id}-C	조건의 사례 판별하기(조건)	~의 종류
사례 판별하기와 단계 수행하기 문제해결 활동(표상 3)		
Do_{ex}-S	단계의 사례 수행하기(단계)	~에 대한 방법
Do_{id}-C	결과 확인하기	~의 종류

〈표 7-3〉 다른 문제에 적용된 창업자 교수활동

	돼지 농장	카펫 세탁	휴대폰	레스토랑	개인 사업
기회 규명하기	Tell-C Show-C	Tell-C Do_{id}-C	Tell-S Show-S Do_{id}-C	Ask-C Show-S Do_{id}-C Ask-S Show-C	Tell-S Do_{ex}-S

시연하게 된다. 세 번째 사업은 학습자가 세 번째 표상에 포함된 조건 혹은 단계를 확인하도록 할 수 있다. 다음 사업에서는 학습자가 단계를 실제로 수행하고, 이에 따라 결과적으로 나타나는 조건을 확인하는 것을 요구한다. 그래서 주어진 구성요소 스킬의 내용 요소를 위한 교수활동은 〈표 7-1〉에 나타난 것처럼 문제 전개에 따라 분산될 수 있다. 이 사례에서는 전개 과정의 사업에 걸쳐 분산되어 있는 첫 번째 구성요소만이 제시되었다.

[그림 7-4]는 창업자 코스의 인터페이스 형식을 나타낸다. 수업의 다섯 가지 사업 문제―제조업, 서비스업, 소매업, 레스토랑 사업, 개인사업―에 상응하는 색인은 상단에 존재한다. 각 사업에서 요구되는 여섯 가지 구성요소 스킬에 상응하는 메뉴 버튼은 좌측에 위치한다. 도입 버튼은 각 사업 개요를 제공한다. 왼쪽에 보이는 패널은 오디오로 부연 설명되는 정보를 요약한 단어나 짧은 단락을 보여 주고, 오른쪽에 보이는 패널은 오디오로 부연 설명되는 왼쪽에 나

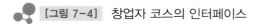

[그림 7-4] 창업자 코스의 인터페이스

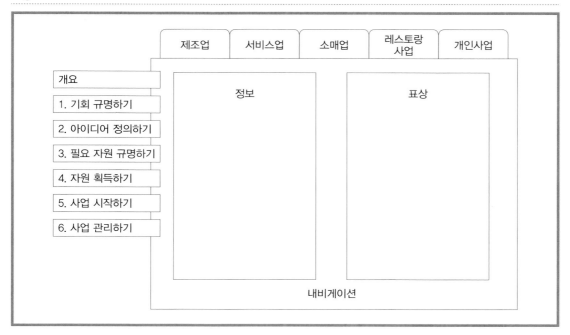

타나는 정보를 항목별로 구분한 표상을 보여 준다.

학습자는 상단의 색인을 클릭함으로써 사업을 선택한다는 점에서 내용을 통제할 수 있다. 학습자는 좌측에 위치한 메뉴 버튼을 클릭함으로써 사업의 구성요소 스킬에 대한 교수를 선택할 수도 있다. 메뉴 버튼을 클릭했을 때, 구성요소 스킬 버튼은 각 스킬 내 문제해결 활동의 팝다운pop-down 메뉴를 보여 준다. 학습자는 다음 사업으로 진행하기 전에 각 사업의 교수를 체계적으로 경험하도록 안내된다. 한 번 혹은 두 번의 클릭을 통해 이전 교수활동으로 돌아갈 수 있도록 구성되어 있다. 학습자가 각 사업을 차례로 학습하는 것이 권장되기는 하지만, 다음 구성요소 스킬에 대해 학습하기 이전에 전 사업에 걸쳐 있는 해당 구성요소 스킬을 복습할 수도 있다. 이 수업의 본래 계획은 구성요소 스킬 순서와 비교하여 문제 순서의 상대적인 이점에 관한 연구를 위한 도구를 제공하는 것이었으나, 이 수업과 관련한 이러한 연구는 아직 수행되지 않은 것으로 알고 있다.

[그림 7-5]는 돼지 농장 사업의 도입부를 보여 주고 있다. 각 사업에 대한 이러한 간략한 도입은 각각의 단계에 대한 참고가 될 수 있다는 점을 주목할 필요가 있다. 그림에서 각 단계는 괄호 안에 있는 내용으로 확인할 수 있으나, 이 정보는 학습자에게 제공되지는 않는다. 전체 문제를 보여 주는 것은 문제 중심 교수전략의 첫 번째 단계다.

[그림 7-5]   창업자 코스: 돼지 농장 개요

창업자 코스: 돼지 농장 개요	
오디오/정보	표상
내레이터: Veasna Yen은 가난에 시달리고 있는 고향 캄보디아에서 창업하기를 원했다. 그곳의 경제는 전적으로 농업에 의존하고 있고, 발전이 더뎠다. 어느날 Veasna의 형은 그에게 건설과 돼지가 캄보디아에 필요한 두 가지라고 얘기해 준다[사업 기회]. 신중한 분석과 조사 후에 Veasna는 돼지 농장을 시작하기로 결정한다[아이디어]. 그는 경험 있는 사업가가 아니었기 때문에 그를 도와줄 멘토를 찾아 나섰다. Veasna는 자신을 잠재적 투자자에게 소개했다[필요 자원 규명하기]. Veasna는 투자자에게 사업계획서와 추정 재정제표를 보여 주었다. Veasna는 자신의 돼지 농장 규모를 기반으로 자신의 농장이 캄보디아에서 경쟁우위에 있음을 설명하였다. 대부분의 다른 돼지 농장주는 소규모이거나 가족을 위해서 사육한다. 대규모 농장에서 그는 높은 돼지고기 수요를 충족할 수 있고 소비자에게 공급할 수 있다고 하였다. 그 투자자는 Veasna의 돼지 농장에 1만 달러를 투자하였다. 또한 Veasna는 사업을 시작하기 위해 자신의 저축과 가족들로부터의 재정적 도움을 활용하였다[자원 획득하기]. 그는 땅을 임대하고 농장을 건설하고 경영할 일꾼들을 고용하였다[사업 시작하기].	 표상은 Veasna, 그의 형, 투자자, 다양한 농장의 그림을 보여 주는 일련의 사진이다.

저작권: 브리검영 대학교 하와이 캠퍼스. 허락을 받아 게재함.

[그림 7-6]은 첫 번째 구성요소 스킬의 교수활동을 보여 주는 것으로 돼지 농장 사업의 기회 규명하기^{Identify an Opportunity}에 해당된다. 오디오와 왼쪽 패널은 조건-말하기^{Tell-C} 활동이고 오른쪽 패널은 조건-보여 주기^{Show-C} 활동이다. [그림 7-7]은 카펫 세탁 사업의 첫 번째 구성요소 스킬의 교수활동이다. 오디오와 왼쪽 패널은 조건-말하기^{Tell-C} 활동이고 오른쪽 패널은 조건-판별형 수행하기^{Do_{id}-C} 교수활동이다. [그림 7-8]은 휴대폰 사업의 첫 번째 구성요소 스킬의 교수활동이다. 첫 번째 줄은 단계-말하기^{Tell-S} 교수활동으로 사업 기회를 찾는 단계를 제공한다. 두 번째 줄은 새로운 사업 기회 진술의 조건-판별형 수행하기^{Do_{id}-C} 활동의 두 번째 적용이다. 세 번째 교수활동은 조건-보여 주기 교수활동으로 Devin이 조건-판별형 수행하기^{Do_{id}-C} 활동에 대한 피드백을 통해 그의 진술이 발전된 것을 나타낸다.

[그림 7-6]　사업 기회에 대한 교수활동 – 돼지 농장

창업자 코스 – 사업 기회 – 돼지 농장		
오디오	정보	표상
내레이터: 좋은 사업 기회의 두 가지 특징은 다음과 같습니다. 첫째, 필요 혹은 수요를 충족하지 못한 충분한 사람들이 있어야 하고, 둘째, 이익을 창출할 수 있는 가능성이 있어야 합니다.	**좋은 기회 규명하기** 1. 충족되지 않은 수요 혹은 필요 2. 이익 가능성	
내레이터: 사업 기회를 규명하기 위해 초기에 활용할 수 있는 기초 체크리스트입니다. 충족되지 않은 필요 혹은 수요가 있습니까? 이러한 필요 혹은 수요가 충족되지 않은 사람들이 충분히 많습니까? 필요 혹은 수요가 충족되지 못한 사람들이 이를 해결하기 위해 소비하려고 합니까? 충분한 소비가 있어서 사업에 이익을 창출할 수 있습니까?	**사업 기회 체크리스트** 1. 충족되지 않은 필요 혹은 수요가 있습니까? 근거는 무엇인가요? 2. 소비자가 충분합니까? 근거는 무엇인가요? 3. 기꺼이 소비하고자 합니까? 근거는 무엇인가요?	**Veasna의 사업 기회 진술** Veasna의 형은 캄보디아에 가장 필요한 것들 중 하나는 돼지라고 말했다. 소비되는 고기의 50% 이상이 이웃나라인 태국과 베트남에서 수입되고 있다. 수입 비용은 높고 배달 시간도 길고 고기의 질 또한 한결같지 않다.
사업가는 터무니없이 위험을 무릅쓰는 사람이 아닙니다. 사실 사업가들은 위험을 줄일 수 있는 한 최대한으로 줄이고자 합니다. 이러한 점 때문에 당신도 당신의 기회가 실제 기회라는 것을 확실하게 할 필요가 있습니다. 각 사업 아이템이 잠재적으로 성공적인 사업 기회가 될 수 있는 증거는 무엇인가요? 정보를 어디에서 얻을 수 있나요? 어떻게 그것이 사실이거나 정확한지 알 수 있나요?	노트: 오디오에서 언급된 것처럼 번호가 붙은 아이템이 나타난다. 표상에서 위의 아이템을 클릭했을 때, 사업 기회의 진술에 상응하는 단락이 강조된다.	최근 동남아시아 지역에 (닭과 오리에 영향을 주는) 조류독감의 발생으로, 많은 사람이 다른 종류의 고기를 먹는다. 또한 캄보디아에 거주하는 중국인들의 수가 많고 그들은 돼지고기를 많이 먹는다.

(계속)

다음은 사업 기회에 대한 진술입니다. 각 단락을 클릭하면 각각의 진술 내용이 어떻게 사업 기회 체크리스트와 연결되었는지 확인할 수 있습니다[여기에 표상 제시됨].	아이템 1을 클릭했다면 이 메시지가 나타날 것이다. "높은 수요가 있으나 증거가 부족하다. 그의 형의 말뿐이기 때문이다. 어디서 정보를 얻었는가?" 각 아이템에 유사한 팝업 메시지가 뜬다.	시장에 가서 사람들이 돼지고기를 사는지 지켜보았다. 많은 사람이 매일 돼지고기를 사는 것을 볼 수 있었다. 판매업자에게 하루에 돼지가 몇 마리 팔리는지 물었는데 판매업자가 시장에 가져오는 돼지의 대부분이 매일 팔린다고 한다. 지역 정육점 주인은 매달 다 자란 돼지를 수입가보다 싼 가격으로 공급할 수 있다면 그 돼지를 살 것이라고 하였다.

저작권: 브리검영 대학교 하와이 캠퍼스. 허가를 받아 게재함.

[그림 7-7] 사업 기회에 대한 교수활동 — 카펫 세탁

창업자 코스 – 사업 기회 – 카펫 세탁		
오디오	**정보**	**표상**
내레이터: 좋은 사업 기회는 성공적인 사업의 발판입니다. 당신은 이미 사업 기회의 완벽한 진술을 인지하는 방법을 시작 체크리스트로 살펴보았습니다. 이 수업에서 우리는 체크리스트에 더 많은 아이템을 추가할 것입니다. 사업 아이디어를 검색할 때, 당신은 잠재적 고객이 생산품 혹은 서비스에 대해 지불할 수 있는지 알아야 할 필요가 있습니다. 많은 사람들이 기꺼이 지불하고 싶어 하지만, 그들이 돈이 없을 수도 있습니다. 체크리스트를 요약하면 스스로에게 물어봐야 하는 하나의 질문이 됩니다. "생산품을 원하는 충분한 사람들이 있나요? 그리고 그들이 그것을 구입하고, 내 사	사업 기회 체크리스트 1. 충족되지 않은 필요 혹은 수요가 있습니까? 근거는 무엇인가요? 2. 인구는 충분합니까? 근거는 무엇인가요? 3. 기꺼이 지불하고자 합니까? 근거는 무엇인가요? 4. 지불할 수 있습니까? 근거는 무엇인가요?	Tseegii와 Tsogto의 사업 기회 진술 우리는 몽골의 수도 울란바토르에 오랫동안 살았다. 우리는 추운 몽골 사람에게 도처에 카펫이 필요함을 알게 됐다. 집, 빌딩, 사무실 등등. 우리는 많은 사람들이 카펫을 깨끗하게 유지하고자 하는 것을 경험하였다. 이곳은 포장도로와 풀로 덮인 지역이 많지 않기 때문에 거리는 진흙투성이였다. 그래서 카펫은 빠르게 더러워지곤 했다. 불행히도 몽골에서는 전문적인 카펫 세탁 서비스를 이용할 수 없고, 비전문적인 카펫 세탁은 카펫의 수명을 단축시켰다. 결과적으로 사람들은 카펫을 자주 바꿨고 많은 돈과 업이 이익을

(계속)

창출할 수 있습니까?" 내레이터: 새로운 사업 기회 진술을 보고 Tseegii와 Tsogto가 사업 기회 체크리스트를 따르는지, 그들의 답이 타당한지 결정하세요. 이제 이 진술문을 읽어 보세요. 완벽한 사업 기회 진술인가요? 답을 클릭하세요.		시간을 소비했다. 이것이 완벽한 사업 기회 진술일까요? 예 아니요 확실하지 않음

답변에 대한 피드백: 진술문은 개선될 필요가 있습니다. 더 많은 근거가 필요합니다. 사람들이 카펫을 얼마나 자주 바꾸고, 대체하는 데 얼마나 많은 비용이 드나요? Tseegii와 Tsogto는 잠재적 고객이 이 서비스에 대해 얼마를 지불할 수 있는지 역시 언급하지 않았습니다.

 [그림 7-8] 사업 기회에 대한 교수활동 – 휴대폰 사업

창업자 코스 – 사업 기회 – 휴대폰		
오디오	**정보**	**표상**
내레이터: 당신은 처음 두 수업에서 좋은 기회에 해당하는 일반적인 정보를 학습했습니다. 해결해야 할 문제와 기술 및 사회의 변화는 대개 사업 기회의 좋은 자원입니다. 이러한 문제와 변화를 확인할 수 있는 장소와 방법은 다음과 같습니다. 예를 들어, 가족과 친구에게 이야기하는 것, 신문과 잡지 읽기, TV 뉴스 청취하기입니다. 그러나 대부분의 창업가들은 이전의 직업 경험을 통해 기회를 인식합니다. 성공적인 기업의 절반 이상이 경험으로부터 얻은 기술과 이전 직업에 기초한 아이디어로부터 시작되었습니다.	사업 기회 찾기 1. 해결해야 할 문제 찾기 2. 기술의 변화 살펴보기 3. 사회의 변화 살펴보기 4. 이전 직업 경험	

(계속)

내레이터: 다음은 사업 기회에 대한 진술입니다. 당신이 생각한 것이 완벽한 사업 기회 진술인지 아닌지 결정하세요.	사업 기회 체크리스트 1. 충족되지 않은 필요 혹은 수요가 있습니까? 근거는 무엇인가요? 2. 사람이 충분합니까? 근거는 무엇인가요? 3. 기꺼이 지불하고자 합니까? 근거는 무엇인가요? 4. 지불할 수 있습니까? 근거는 무엇인가요?	Devin의 사업 기회 진술 하와이 북쪽 해변에 있는 라이에La'ie 대학에 입학했을 때 많은 학생들에게 아직 충족되지 않은 요구가 있다는 것을 알았다. 매 학기 초에 학생들을 대상으로 박람회가 열렸다. 나는 약간의 돈을 벌기 위해 휴대폰 회사에 연락하여 이 박람회에서 내가 휴대폰을 판매할 수 있는지 물어보았다. 박람회 기간 동안 나는 매학기 수많은 외국인 학생이 입학하며, 이들이 제일 먼저 갖고 싶어 하는 것이 휴대폰이라는 점을 깨달았다. 새로운 친구들과 연락을 할 수 있게 해주기 때문이다. 가장 가까운 휴대폰 상점은 차로 45분 거리에 있는 곳이고 그들이 멀리 가서 구입하는 대신에 휴대폰을 파는 장소를 누군가 제공하는 것이 편리할 것이다. 나는 이 경험을 토대로 아직 충족되지 않은 수요가 있음을 배웠다. 이것이 완벽한 사업 기회 진술일까요? 예 아니요 확실하지 않음
피드백: Devin이 일을 통해 훌륭한 수요(요구)를 발견한 것처럼 보이지만, 아직 더 많은 증거가 필요합니다. 진술의 대부분이 구체적이지 않습니다. '수많은'이라고 말하는 대신에 외국 신입생들이 매 학기에 몇 명이 오는지 구체적인 숫자와 신입생들이 휴대폰을 사는 정도와 정기적으로 얼마를 지불하는지에 대한 정보가 필요합니다. 추가적으로 이 정보를 지지하는 증거는 무엇인가요? 좋은 출발이기는 하지만 더 많은 연구가 필요합니다.		
내레이터: Devin은 사업 기회에 대해 더 많은 연구를 하기로 했습니다. 그의 새로운 진술과 과거 진술을 비교해 보겠습니다.	Devin의 사업 기회 진술 초안 하와이 북쪽 해변에 있는 라이에La'ie 대학에 입학했을 때 많은	Devin의 수정 사업 기회 진술 하와이 북쪽 해변에 있는 라이에La'ie 대학에 입학했을 때 많은

(계속)

수정본이 초안보다 더 완벽한가요?

체크리스트를 클릭하여 Devin의 진술에 상응하는 부분을 표시하세요.

여기를 눌러 여러분의 답과 비교해 보세요.

학생들에게 아직 충족되지 않은 요구가 있다는 것을 알았다. 매 학기 초에 학생들을 대상으로 박람회가 열렸다. 나는 약간의 돈을 벌기 위해 휴대폰 회사에 연락하여 이 박람회에서 내가 휴대폰을 판매할 수 있는지 물어보았다. 박람회 기간 동안 나는 매학기 수많은 외국인 학생이 입학하며, 이들이 제일 먼저 갖고 싶어 하는 것이 휴대폰이라는 점을 깨달았다. 새로운 친구들과 연락을 할 수 있게 해주기 때문이다. 가장 가까운 휴대폰 상점은 차로 45분 거리에 있는 곳이고 그들이 멀리 가서 구입하는 대신에 휴대폰을 파는 장소를 누군가 제공하는 것이 편리할 것이다. 나는 이 경험을 토대로 아직 충족되지 않은 수요가 있음을 배웠다.

사업 기회 체크리스트

1. 충족되지 않은 필요 혹은 수요가 있습니까? 근거는 무엇인가요?

2. 사람이 충분합니까? 근거는 무엇인가요?

3. 기꺼이 지불하고자 합니까? 근거는 무엇인가요?

4. 지불할 수 있습니까? 근거는 무엇인가요?

학생들에게 아직 충족되지 않은 요구가 있다는 것을 알았다. 매 학기 초에 대학 학생, 교수, 직원, 공동체 구성원을 대상으로 박람회가 열렸다. 작년엔 거의 2,200명의 사람이 참석하였다. 이 수는 보험회사 부스에서 각 사람에게 나누어 준 선물의 수다. 보험회사는 참가자들에게 2,200개의 작은 선물을 제공했다.

나는 약간의 돈을 벌기 위해 휴대폰 회사에 연락하여 이 박람회에서 내가 휴대폰을 판매할 수 있는지 물어보았다. 박람회 기간 동안 나는 매학기 수많은 외국인 학생들이 입학하며, 이들이 제일 먼저 갖고 싶어 하는 것이 휴대폰이라는 점을 깨달았다.

학적 담당 사무원에게 매 학기 새로운 외국인 신입생이 몇 명인지 확인한 결과, 가을 학기에는 376명, 겨울 학기에는 154명, 그리고 봄과 여름 학기에는 109명의 신입생이 들어왔다.

일주일 내내 판매량을 검토해 본 결과, 내가 일한 곳에서는 264개의 휴대폰을 판매했다. 그중 189개는 외국 학생들이 구입하였다. 판매된 189개 중에 177개 휴대폰은 기본 휴대폰으로 특가로 69.95달러에 판매되었다.

가장 가까운 휴대폰 상점은 차로 45분 거리에 있고, 버스로는 1시간 30분 정도 걸린다. 그래서 그들이 멀리 가서 구입하는

(계속)

		대신에 휴대폰을 파는 곳을 누군가 제공하는 것이 편리할 것이다. 나는 이 경험을 토대로 아직 충족되지 않은 수요가 있음을 배웠다.
피드백: 확인했듯이, Devin은 더 많은 연구를 했습니다. Devin은 박람회에 몇 명의 참가자가 있는지 조사했습니다. 휴대폰 부스에 방문한 정확한 외국인 학생 수는 이상적이었으나, 누군가가 수집한 자료는 아닙니다. 그래서 다음에 그가 알아낸 좋은 정보는 보험회사에서 그들의 무료 선물을 받아간 사람들의 기록이었습니다. Devin은 학적 사무 담당자로부터 매해 잠재적 신입생이 몇 명인지 정보를 얻었습니다. 판매자로서의 경험은 그에게 새로운 휴대폰 판매의 잠재적 수에 대한 정보를 알려주었습니다.		

저작권: 브리검영 대학교 하와이 캠퍼스. 허가를 받아 게재함.

[그림 7-9]는 레스토랑 사업에 대한 첫 번째 구성요소 스킬의 교수활동이다. 첫 번째 줄은 조건-질문하기$^{\text{Ask-C}}$로 좋은 사업 기회 진술의 특징을 나열하고 있다. 두 번째 줄은 조건-판별형 수행하기$^{\text{DO}_{\text{id}}\text{-C}}$ 교수활동으로 각 특징의 사례와 이 정보에 대한 증거를 확인한다. 세 번째 줄은 단계-질문하기$^{\text{Ask-S}}$ 교수활동으로 학습자가 좋은 사업 기회를 찾을 수 있는 단계를 열거하도록 한다. 네 번째 줄은 조건-보여 주기$^{\text{Show-C}}$ 활동으로 사업 기회 진술의 증거를 찾기 위한 Heber의 연구 결과를 보여 주고 있다.

[그림 7-9] 사업 기회에 대한 교수활동-레스토랑

창업자 코스 – 사업 기회 – 레스토랑		
오디오	정보	표상
내레이터: 여러분은 지금까지 세 가지 사업을 경험했고, Veasna, Tseegii와 Tsogto, Devin이 그들의 사업 기회를 확인한 방법을 알아보았습니다. 이제 완벽한 사업 기회 진술을 확인하기 위한 초기 체크리스트의 네 가지 질문 목록을 작성할 차례입니다.	사업 기회 체크리스트에 요구된 네 가지 질문을 기술하세오. 1. 2. 3. 4. 제출하기	피드백: [제출하기 버튼을 클릭한 이후에, 학습자는 질문을 볼 수 있다.]

(계속)

내레이터: Olga와 그녀의 남편 Heber는 러시아에서 멀리 떨어진 Olga의 고향 하바롭스크에서 사업을 시작하려고 합니다. Heber는 미국 텍사스 출신이지만 2년 정도 러시아에서 거주하였고, 러시아 지역 문화와 관습에 익숙합니다. 그들은 하바롭스크에 멕시코 식당을 개업할 생각입니다. Heber는 그의 사업 아이디어가 좋은 기회인지 아닌지 결정하기 위해 인터넷에서 많은 정보를 검색해 봅니다. 그는 BISNIS라는 웹사이트를 알게 되었는데, 이 웹사이트는 신독립국가(구 소련)의 사업정보 서비스를 제공하고 있습니다. 이 기구는 유라시아 시장 경제에 관한 정보를 제공합니다. 단락을 읽고 각 질문에 대한 답이 옳은지 결정하세요. 각 답에 대한 증거가 무엇인지 결정하세요.	사업 기회 체크리스트 1. 충족되지 않은 필요 혹은 수요가 있습니까? 2. 사람이 충분합니까? 3. 기꺼이 지불하고자 합니까? 4. 지불할 수 있습니까?	1. Heber는 멕시코 요리를 잘한다. 그는 사업을 시작하고 싶은 장소를 러시아 하바롭스크의 BISNIS의 사업보고서에서 검색하였다. BISNIS의 보고서는 전통 음식이 좋은 시장이 될 것이라 전망하고 있고, 그 지역에는 두 개의 전통 음식 식당이 존재하며, 하바롭스크에서 12시간 거리에 떨어져 있다. 2. 하바롭스크에는 582,100명이 거주한다. 실소득의 꾸준한 증가는 질 좋은 산물과 서비스를 요구하고 있다. 게다가 BISNIS는 멕시코 음식 같은 새로운 음식은 가장 전망이 좋다고 한다. 3. 최근 하바롭스크로부터 12시간 떨어진 블라디보스톡에 컨트리 프라이드 치킨country fried chicken을 판매하는 외국인 식당이 개업했는데, 하루에 평균 300명의 손님이 있고 피크시간 동안에는 수요를 맞추기가 어렵다. 4. 러시아 극동지역의 패스트푸드 시장은 거의 개발되지 않았고, 저렴하고 영양가 있는 음식을 빨리 제공하는 카페는 부족하다. 패스트푸드 레스토랑의 부족으로 한 달에 100달러 봉급 중 간단한 외식 한 번을 위해 3~4달러를 지불한다고 BISNIS는 보고하고 있다.
내레이터: 좋은 사업 기회를 찾을 수 있는 네 가지 방법은 무엇입니까? 당신의 답을 기록하고 제출하기 버튼을 누르세요.	좋은 사업 기회를 찾는 네 가지 방법 1. 2.	

(계속)

	3. 4. 제출하기	피드백: [클릭한 이후에, 학습자는 질문을 볼 수 있다.]
내레이터: BISNIS 웹사이트를 통한 Heber의 조사를 읽어 보세요. Heber는 사업 기회 체크리스트의 질문에 답할 해결책을 4개의 기사에서 찾았습니다.	사업 기회 체크리스트 1. 충족되지 않은 필요 혹은 수요가 있습니까? 근거는 무엇인가요? 2. 사람이 충분합니까? 근거는 무엇인가요? 3. 기꺼이 지불하고자 합니까? 근거는 무엇인가요? 4. 지불할 수 있습니까? 근거는 무엇인가요?	첫 번째 기사는 '러시아 극동 지역에서의 프랜차이즈 기회'로, 소비자 소득의 꾸준한 증가로 질 좋은 산물과 서비스를 요구한다고 한다. 또한 서비스의 질은 매우 형편없고, 서양식의 관리 서비스와 고객 서비스를 제공하는 사업은 경쟁자들에 비해 즉각적인 경쟁적 이점을 얻을 수 있다. 게다가 빠르고 적당한 가격의 질 좋은 저녁 식사를 제공하는 식당은 거의 없다. [각 질문에서 강조하는 바와 연관된 증거로 추가적으로 4개의 기사가 인용된다.]

[그림 7-10]은 자신의 사업을 시작하는 첫 번째 구성요소 스킬의 교수활동을 설명하고 있다. 교수활동은 단계-말하기$^{Tell-S}$와 단계-실행형 수행하기$^{Do_{ex}-S}$로 새로운 사업 기회를 찾기 위해 필요한 단계들이다. 학습자는 따라야 하는 단계들을 상기하게 되고 그것들을 실행하도록 안내된다.

예시된 교수전략은 〈표 7-2〉의 문제해결 활동을 위해 처방된 교수활동에 나열된 교수전략 처치의 일부를 실행한 것을 보여 주고 있다. 단계-실행형 수행하기$^{Do_{ex}-S}$(전체 문제의 모든 단계 수행) 교수활동은 상당한 코칭을 포함한다. 학습자가 자신의 사업을 시작하는 과정에서 안내를 받지만, 이 과정 안에서는 그들의 수행에 대한 내재적 피드백을 제공하지는 않는다. 물론 실제로 사업을 시작하기 위해 시도하는 과정에서는 성공하든 그렇지 못하든 간에 내재적 피드백이 포함되어 있지만, 과정의 맥락에서 개방형인 단계-실행형 수행하기$^{Do_{ex}-S}$ 교수활동을 모니터링하는 것은 쉽지 않다. 명백히 이 수업의 궁극적인 목적은 학습자가 그들의 사업을 성공적으로 시작할 수 있게 하는 것이다. 전체 문제를 다루는 학습자의 능력을 평가하는 적절한 방법은 결과 예측-실행형 수행하기$^{Do_{ex}-Q}$(상황으로부터 결과 예측) 혹은 조건-실행형 수행하기$^{Do_{ex}-C}$(잘못된 상황 혹은 기대치 않은 결과의 단계를 찾기)를 다른 사업에 대해 적용해 보는 것이다. 기회 진

[그림 7-10] 사업 기회에 대한 교수활동－개인 사업

창업자 코스 － 사업 기회 － 개인 사업		
오디오	정보	표상
내레이터: CIA World Fact Book에 접속해서 사업을 시작하고 싶은 국가의 거주 환경을 살펴보세요. 최근 신문을 보고 당신 주위의 사람과 상황에 대해 생각해 보세요. 사업을 시작할 수 있는 기회가 되는 당신 주위의 변화와 문제에 대해 가족과 친구에게 이야기하세요. 당신의 조사에 기초하여 이 질문에 대한 답을 해 보세요. 당신이 가지고 있는 혹은 다른 사람들이 당신이 해결해야 한다고 생각하는 문제는 무엇입니까? 어떤 새로운 기술이 현재 문제를 빠르고 적은 비용으로 해결할 수 있습니까? 사회의 변화는 어떤 문제를 야기했나요? 이 문제들 중에 해결책을 생각할 수 있습니까? 오른쪽에 당신의 생각을 적으세요.	사업 기회를 정의하세요. CIA World Fact Book을 클릭하세요. 신문을 체크하세요. 가족과 친구와 이야기해 보세요.	다음 질문에 답하세요. 1. (다른 사람들 역시 가지고 있을 법한) 당신의 문제를 적어 보세요. 그것을 해결할 방법이 있습니까? ＿＿＿＿＿＿＿＿ ＿＿＿＿＿＿＿＿ 2. 현존하는 문제를 빠르고 적은 비용으로 해결할 수 있는 새로운 기술을 적어 보세요. ＿＿＿＿＿＿＿＿ ＿＿＿＿＿＿＿＿ 3. 문제를 야기한 사회 변화를 적어 보세요. 그것을 해결할 방법이 있습니까? ＿＿＿＿＿＿＿＿ ＿＿＿＿＿＿＿＿
내레이터: 이전 경험을 상기해 보세요. 당신의 사업을 시작할 때 도움이 될 만한 배웠던 스킬과 훈련은 무엇이었습니까? 누가 당신의 고객이었나요? 누가 당신의 공급자였나요? 새로운 사업을 시작할 때, 당신의 이전 직장에서의 고객 가운		다음 질문에 답하세요. 1. 당신의 스킬과 받은 훈련을 적어 보세요. ＿＿＿＿＿＿＿＿ 2. 누가 당신의 고객이었습니까? ＿＿＿＿＿＿＿＿

(계속)

데 새로운 사업에서도 남아 있을 것 같은 고객은 누구입니까?		3. 그들이 당신의 새로운 사업의 고객이 될 것 같습니까? _____
내레이터: 당신이 기술한 아이디어들 중에, 가장 좋은 기회를 골라서 더 연구해 보세요. 비슷한 사업을 경영하는 사람을 인터뷰해 보세요. 당신의 사업이 운영될 지역사회를 조사해 보세요. 지역사회의 요구를 잘 알고 있는 사람을 인터뷰하세요. 이제 좋은 사업 기회인지 아닌지에 대한 질문에 답해 보세요.	사업 소유주와 인터뷰를 하세요. 지역사회에 대해 연구하세요.	다음 질문에 답하세요. 1. 당신의 생산품 혹은 서비스에 대한 수요 혹은 요구는 무엇입니까? 근거는 무엇인가요? _____ 2. 당신의 생산품 혹은 서비스에 대한 잠재 고객은 누구입니까? 근거는 무엇인가요? _____ 3. 이 고객들은 당신의 생산품 혹은 서비스에 대한 지불 능력이 있습니까? 근거는 무엇인가요?

저작권: 브리검영 대학교 하와이 캠퍼스. 허가를 받아 게재함.

술, 아이디어 진술, 예상 수입 진술과 사업 계획 등 상황은 모두 벤처 자본을 얻을 수 있는 조건이다. 효과적인 결과 예측-실행형 수행하기$^{Do_{ex}-Q}$전략은 학습자에게 심지어 다른 산업의 사업 계획을 제공하고, 이 계획이 투자자로부터 벤처 자본을 얻기에 충분한지 예측하도록 하는 것으로 구성될 수도 있다. 이러한 검토 과정의 적용은 다음의 단서들을 통해 학습자가 계획의 각 조건을 탐색하게 한다. 수요 혹은 요구, 충분한 고객, 소비 의지, 소비력에 대한 내용이 사업 기회 진술에 포함되어 있는지, 있다면 어디에 진술되어 있는지 찾기, 앞서 제시한 내용에 대한 증거가 제시되어 있는지, 있다면 어디에 진술되어 있는지 확인하기, 사업 기회 진술이 어떻게 향상될 수 있는지 제시하기 등이다. 이와 유사한 단서들이 자원의 습득으로 이어지는 각각의 조건에 대해서도 제공될 수 있다.

이러한 적용에 관한 교수활동으로서 조건-실행형 수행하기$^{Do_{ex}-C}$ 활동은 투자자로부터 투자를 받지 못한 사업의 사업 계획과 정보를 제공하는 방식으로 다양해질 수 있다. 여기서 학습자가 해결해야 하는 과제는 왜 그 사업 계획이 거절되었는지와 어떻게 그 사업 계획을 개선해서 투자를 받을 가능성을 높일 것인지를 판단하는 것이다.

5. 문제 중심 전략 사례: 교양 교육과정

　교양 교육과정을 포함해서 많은 교육과정은 한 종류 이상의 문제나 하나 이상의 주제 영역을 포함한다. 이런 유형의 수업에서는 문제 중심 접근을 어떻게 수행할 수 있을까? 교양교육 수업의 하나인 브리검영 대학교 하와이 캠퍼스의 생물학 개론 수업을 문제 중심 접근으로 개선하였다(Francom, Bybee, Wolfersberger, Mendenhall, & Merrill, 2009; Francom, Wolfersberger, & Merrill, 2009).

　첫 번째 어려움은 수업의 범위를 한정시켜야만 문제 중심 전략으로 가르칠 수 있다는 점이었다. 교수자는 학습자가 생물학의 기초를 형성하는 데 필수적인 주제를 선택했다. 학과에서 정해 놓은 주제별 일정 범위를 포함하면서도 여전히 학습자가 각 주제 영역의 문제 진행 과정에 충분히 참여할 수 있도록 시간을 허용해야만 했다. 교수자는 과학의 과정, 화학, 세포, 유전학, 진화, 생태학의 여섯 개 주제 영역을 과정에 포함하였다.

　두 번째 어려움은 각 주제 영역 내에서 문제의 전개 과정을 개발하는 것이었다. 교수자는 여섯 개의 각 주제 영역에 대해 한 영역당 세 가지 문제를 선정했다. [그림 7-11]은 과학의 과정 주제에서 선정된 세 가지 문제를 요약한 것이다. 문제의 서술과 학습자에게 제공되는 자료는 매우 축약되어 제시되었으나, 학습자가 해결해야 하는 문제는 질문 형태로 제시되었다.

[그림 7-11] 생물학 개론의 문제 전개 – 과학의 과정

문제 1. 물고기 죽음 미스터리	물고기가 어떻게 죽었는지 알기 위해 과학적 방법을 사용하세요.
자세한 사례연구는 다음과 같다. 죽은 물고기가 강의 어귀에서 발견되었다. 과학자들을 포함해서 이 사례에 등장하는 사람들은 원인을 추측하기 시작했다. 이야기 속의 한 참가자가 산소의 용해 과정과 그것이 물고기에게 미치는 영향을 설명하였다. 그 강에 대한 용존 산소 지도가 제공되었다. 사례가 진행됨에 따라 많은 가설이 제기되고 이야기 속의 참가자들이 많은 자료를 제공한다. 시나리오의 마지막에 학습자는 오른쪽 패널에 제시되는 질문에 답하게 되어 있다.	무엇이 관찰되었습니까? 가설은 무엇입니까? 이 가설을 기반으로 하여 어떤 예측이 가능합니까? 이 가설을 어떻게 확인할 것입니까? 당신의 가설을 지지하는 결과는 무엇이고 지지하지 않는 결과는 무엇입니까?

(계속)

문제 2. 큰 흑백색 딱따구리 멸종된 것으로 여겨진 큰 흑백색 딱따구리가 발견되었다고 한다. 자료: 추정적으로 딱따구리를 보여 주는 비디오 Brad가 비디오에서 찾은 증거에 이의를 제기하는 Mary의 이메일	질문: 큰 흑백색 딱따구리가 멸종하지 않았다고 확신하는 증거는 무엇입니까? 질문: 비디오의 과학적 증거의 가치를 평가하세요. 질문: 1. 과학적 과정의 관점에서 Brad와 Mary의 주된 갈등은 무엇입니까? Brad의 논쟁과 유효한 증거, 각각에 대한 Mary의 답에 관해 목록을 작성하세요. 2. 공지를 기다리다가 새를 구할 기회를 놓칠 수도 있다는 Brad의 걱정에 대해 어떻게 생각합니까? 3. 딱따구리를 목격한 지역에 근접한 벌목 채권을 가진 회사의 경영주 혹은 다른 주에서 멸종위기에 처한 종의 서식지를 보호하고자 하는 생물학자라고 상상해 보세요. 이 사례의 Brad가 받은 동일한 양의 증거에 만족하겠습니까? 그렇다면 또는 그렇지 않다면 이유는 무엇입니까? 4. 적절한 증거의 양은 어느 정도입니까? 질문에 대한 답을 어떻게 결정할까요?
문제 3. 나노박테리아: 그들은 살아 있는가, 죽어 있는가? 생광물화 작용 설명 이 문제에서는 나노박테리아의 존재와 생광물화 과정에서 나노박테리아의 역할을 설명한다. 근본적인 쟁점은 나노박테리아가 생물인지의 여부다. 생물의 특징 실험 1. 이동성(실험 설명은 다음과 같다) 실험 2. 감마선 실험 3. 신장 결석 보강 증거 두 실험으로부터 도출된 모순된 증거	나노박테리아가 생물인지 무생물인지 결정하고 주어진 정보에 기초하여 답을 서술하세요.

세 번째 어려움은 학습자를 문제 진행에 따라 참여시키는 방법과 학습자 간에 효과적인 상호

작용을 유도하는 것이다(동료 상호작용에 대한 세부 사항은 제8장 참조). [그림 7-12]는 이 수업의
각 주요 주제에서 반복되는 계열화된 교수활동을 보여 준다.

1) 수업 전 교수활동

교수자는 학습자가 과정의 문제들을 해결할 수 있도록 돕는 읽기 과제를 선정했다. 수업 전
학습자는 사례연구를 읽고, 교재의 해당 부분 및 문제와 관련된 추가 자료를 읽게 된다. 과학
의 과정 부분 수업에서 학습자는 물고기 죽음 미스터리에 관한 사례연구를 읽게 된다. 과학의
과정에서 배운 것을 학습자가 적용해 볼 수 있는 질문이 제시된다. 이 사례연구와 질문이 학습
자에게는 첫 번째 문제가 된다. 지침서는 학습자가 사례연구 문제를 이해하고 질문에 답하는
데 도움이 되는 단서를 찾도록 안내한다. 이 전략은 학습자에게 수업에 참석하기 전에 질문에
답해 올 것을 요구한다.

[그림 7-12] 생물학 개론 과정의 교수활동 계열

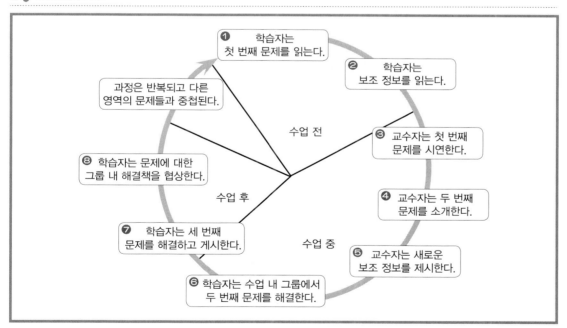

2) 수업 중 교수활동

문제 중심 전략에서 첫 번째 교수활동은 문제가 어떻게 해결되는지를 보여 주는 것이다. 수
업 시간에 교수자는 학습자가 읽은 정보가 첫 번째 사례연구에 어떻게 적용되는지를 보여 주
고, 학습자에게 답을 요구했던 질문 형태로 제시되었던 문제가 어떻게 해결될 수 있는지를 보

여 준다. 이어서 교수자는 두 번째 문제를 제시하고, 해결 방법의 일부를 보여 주고, 문제를 해결하기 위해 교재와 추가적인 보조 자료의 정보가 어떻게 적용될 수 있는지를 학습자가 이해할 수 있도록 도와주는 토의를 진행한다.

3) 수업 후 교수활동

수업 후 학습자는 세 번째 문제를 약간의 가이드만을 가지고 해결하게 된다. 이때 제시되는 문제들은 실제 세계의 사례로 학습자가 각자 먼저 해결해 본 후 집단으로 해결하게 된다. 학습자는 사례를 읽고 제시되는 질문에 첫 번째 문제와 두 번째 문제로부터 습득한 방법을 적용하여 답하는 과정에서 문제를 접하게 된다.

수업의 각 과정은 유사한 교수전략을 따른다. 학습자는 문제를 읽고 교재와 문제와 관련된 추가 자료들을 학습하게 된다. 그다음 학습자는 수업에 참여하고 문제해결을 위해 정보가 어떻게 사용되는지를 학습한다. 그리고 나서 두 번째 문제가 주어지고 수업에서 집단 토론을 통해 문제를 해결한다. 학습자는 숙제로 세 번째 문제에 각자의 해결책을 게시한 후 집단의 구성원과 협동 작업을 통해 문제에 대한 집단의 해결책을 게시한다.

이러한 교수활동 계열화가 어떤 식으로 문제해결을 가르치기 위해 처방된 교수활동에 적용될 수 있는가? 앞서 제시한 전략 중 명백하게 확인된 두 가지 교수활동은 결과-보여 주기$^{show-Q}$ (전체 문제의 결과 보여 주기)와 조건-실행형 수행하기$^{Do_{ex}-C}$(관찰한 결과에서 잘못된 조건 찾기)다. 조건-보여 주기와 단계-보여 주기 교수활동은 교재의 일부, 추가 자료 혹은 수업 중 시연을 통해 수업에 포함된다. 조건-판별형 수행하기$^{Do_{id}-C}$, 단계-판별형 수행하기$^{Do_{id}-S}$ 혹은 단계-실행형 수행하기$^{Do_{ex}-S}$ 활동이 수업에 포함되어 있다고 나타나 있지는 않다. 좀 더 전통적 접근을 이용해서, 교수자가 가르치고자 선택한 읽기 자료와 추가 자료에 주어진 생물학 문제와 관련된 개념과 원리를 포함시켰다. 교수자가 강조하고자 했던 것은 교수활동보다는 포함되어야 할 내용이었다. 사례연구에 포함된 자료, 교재, 추가 자료에 대한 세심한 문제해결 활동 분석은 대상 문제들의 문제해결 활동 구조를 보여 줄 수 있고, e^3 교수에 보탬이 될 수 있는 추가적인 판별하기$^{Do_{id}}$와 수행하기$^{Do_{ex}}$ 교수활동을 알려 주기도 한다. 하지만 흔히 있는 사례로 시간과 내용 범위는 교수에 추가되어야 할 추가 교수활동의 수를 제한한다. 그럼에도 생물학 수업에서의 문제 중심 접근은 말하기-질문하기$^{Tell-Ask}$ 접근의 이전 수업보다 유의미한 향상을 보여 주고 있다.

원리와 처방

문제 중심: 학습자가 전체적이고 실제적인 세계의 문제에 대해 단순한 과정에서 복잡한 과정으로의 흐름에서 문제 중심 교수전략에 포함되는 구성요소 스킬에 대해 배울 때 학습은 촉진된다.

문제 중심 전략의 단계는 다음과 같다.

1. 점진적으로 복잡해지는 문제 표상의 전개를 구상한다.
2. 첫 번째 문제 표상을 제시한다.
3. 첫 번째 문제 표상에 대한 구성요소 스킬을 말하고 보여 준다.
4. 두 번째 문제 표상을 제시한다.
5. 학습자가 두 번째 문제 표상에 구성요소 스킬을 적용하도록 유도한다(**수행하기**[Do]).
6. 두 번째 문제 표상에 대한 새로운 구성요소 스킬을 말하고 보여 준다.
7. 모든 구성요소 스킬이 시연되고 적용될 때까지 이어지는 문제에 대해서도 4~6번의 과정을 반복한다.
8. 마지막 문제 표상에 대해 학습자가 구성요소 스킬을 적용하도록 유도한다(**수행하기**[Do]).

적용

여러분이 직접 수강했거나 설계했거나 혹은 인터넷에서 찾을 수 있는 여러 수업을 선택하라. 수업들 중 문제 중심 교수전략을 사용한 수업을 찾아보라. 해당 수업에서 문제 중심 전략 구성요소 각각을 확인할 수 있는지 살펴보라. 문제 중심 교수전략을 사용하는 수업이 흔하지 않기 때문에 좋은 예를 찾는 것이 쉽지는 않을 수도 있다. 이런 경우, 문제가 포함되고 수업의 문제 전개 과정을 확인할 수 있는 수업을 선택하라. 이 수업에 대해 문제 중심 전략의 각 단계를 설계할 수 있는지 살펴보라.

관련 자료

Francom, G., Bybee, D., Wolfersberger, M., Mendenhall, A., & Merrill, M. D. (2009). A task-centered approach to freshman-level general biology. *Bioscene, Journal of College Biology Teaching, 35*(1), 66-73. (생물학 개론 수업은 이 논문에 소개되어 있다.)

Francom, G., Wolfersberger, M., & Merrill, M. D. (2009). Biology 100: A task-centered, peer interactive redesign. *TechTrends, 53*(3), 35-100. (생물학 개론 수업은 이 논문에도 소개되어 있다.)

Mendenhall, A., Buhanan, C. W., Suhaka, M., Mills, G., Gibson, G. V., & Merrill, M. D. (2006). A task-centered approach to entrepreneurship. *TechTrends, 50*(4), 84-89. (창업자 과정: 새로운 사업을 시작하는 방법은 이 논문에서 소개되고 있다.)

Merrill, M. D. (2007c). A task-centered instructional strategy. *Journal of Research on Technology in Education, 40*(1), 33-50. (이 장에서 제시된 아이디어는 이 논문에서 처음 발표되었다.)

다음 장에서는

제5장에서는 각 구성요소 스킬의 시연 원리와 적용 원리를 자세하게 제시했고, 제6장과 제7장에서는 문제 중심 원리를 자세히 제시하였다. 제8장에서는 활성화 원리와 통합 원리를 정교화하고, 구조적 프레임워크와 학습자 상호작용이 구성요소 스킬과 전체 문제를 위한 교수전략에 어떻게 통합될 수 있는지 서술하고자 한다.

●● 제**8**장 ●●

구조적 프레임워크와 학습자 상호작용을
활용한 교수전략의 증대

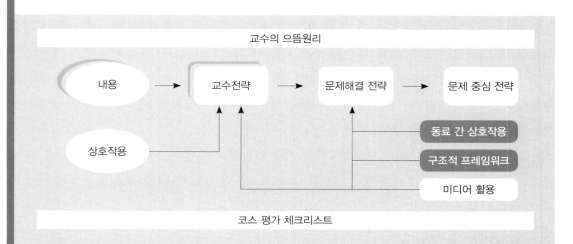

미/리/보/기

제6장과 제7장에서는 전체 문제를 가르치기 위한 교수전략을 서술하였다. 이 장에서는 문제해결 전략을 향상시키는 활성화와 통합 원리의 실행에 대해 서술하고자 한다. 이 장에서는 다음의 질문에 대해 답을 제시하고 있다. 효과적인 활성화 활동은 무엇이고, 이 활동들은 어떻게 교수전략에 통합되는가? 학습자가 학습을 마친 후 일상생활에서도 문제해결 전략을 통합하는 것을 돕기 위해 무엇을 할 수 있는가? 학습자가 서로 배우도록 하는 것을 어떻게 도울 수 있는가?

키/워/드

● 구조적 프레임워크^{Structural Framework}: 학습자가 기존의 멘탈 모형을 수정하거나 새로운 내용에 대한 새 멘탈 모형을 구축하는 데 활용할 수 있는 이전에 학습된 정보의 조직
● 구조-안내-코칭-성찰 사이클^{Structure-Guidance-Coaching-Reflection Cycle}: 교수에서 초기에 구조적 프레임워크를 제시하고, 시연하는 동안은 안내로, 적용하는 동안은 코칭으로, 통합하는 동안은 성찰로 이 프레임워크를 사용함
● 동료 간 말하기^{Peer-Telling}: 학습자가 다른 동료 학습자에게 정보를 리뷰해 주거나 제시하는 비효율적 형태의 동료 간 상호작용
● 동료 공유^{Peer-Sharing}: 학습자가 내용과 관련된 사전 경험을 다른 학습자와 공유하는 교수활동
● 동료 토론^{Peer-Discussion}: 학습자가 예시 문제에 대해 제안된 해결책을 숙고하는 학습자 상호작용의 한 형태
● 동료 협력^{Peer-Collaboration}: 학습자가 문제해결을 위해 소집단에서 함께하는 학습자 상호작용의 형태
● 동료 비평^{Peer-Critique}: 학습자가 동료 학습자의 문제해결 활동을 평가하고 개선을 위한 건설적인 제안을 제공하는 학습자 상호작용의 형태

1. 도입

앞서 전체 문제를 가르치기 위한 교수전략과 구성요소 스킬을 가르치기 위한 교수전략을 다루었다. 또한 시연 원리, 적용 원리 그리고 문제 중심 원리를 정교화하였다. 교수의 으뜸원리는 활성화 원리와 통합 원리 역시 포함하고 있다. e^3 학습을 보다 더 증진시키기 위해 이러한 원리를 어떻게 교수자료에 적용하고 교수전략과 통합할 수 있는가?

활성화는 수업을 통해 학습자가 기존 지식에 새로운 지식을 통합할 수 있도록 멘탈 모형을 자극할 때 이루어진다. 이러한 기존 멘탈 모형은 어떻게 자극되고 교수전략과 어떻게 관련될 수 있는가? 이 장의 첫 부분에서는 학생이 자신의 기존 경험을 이용하여 구조적 프레임워크를 형성하고 이 구조적 프레임워크를 시연 과정에서는 안내의 기초로, 적용 과정에서는 코칭으로 사용하는 것을 도와주어 e^3 학습을 촉진할 것을 제안한다.

통합은 수업에서 학습자가 새로 습득한 스킬을 타인에게 설명하고 반론이 제기되었을 때 정당화할 수 있는 기회를 학습자에게 제공할 때 이루어진다. 학습자에게 새로 습득한 스킬에 대해 성찰하고 토론하고 정당화할 기회를 제공하기 위해 무엇을 할 수 있는가? 이 장의 두 번째 부분에서는 학습자 상호작용이 어떻게 e^3의 활성화, 시연, 적용, 통합 사이클의 각 단계에 적용되는지 설명하고자 한다.

2. 구조적 프레임워크를 통한 효과적 활성화

교수에 대한 메타분석 연구에서 Marzano, Pickering과 Pollack(2001)은 정보의 구체적 구조를 학생이 인식하도록 하면 그 정보를 보다 효과적으로 사용할 수 있다는 점을 보고하는 연구를 인용하고 있다. Rosenshine(1997)은 학습자가 정보를 조직하고, 요약하고, 새로운 자료와 오래된 자료를 비교하는 활동은 인지적 구조를 강화하는 프로세싱을 필요로 하고, 학습자가 보다 적절한 멘탈 모형을 개발하는 것을 돕는다고 하였다. 이러한 결과는 활성화하는 동안 학습자는 학습해야 하는 내용을 조직화하기 위한 구조적 프레임워크를 개발할 수 있도록 도움을 받아야 한다는 점을 제안하고 있다. 구조적 프레임워크는 이전에 학습한 정보의 조직으로 학습자가 새로운 내용을 기존의 멘탈 모형에 맞추거나 새로운 멘탈 모형을 형성하는 데 사용할 수 있다. 시연 단계에서 안내는 학습자가 새로운 정보를 기존의 프레임워크에 결부시킬 수 있도록 도와야 한다. 적용 단계 동안 코칭은 학습자가 과제를 완수하기 위해 이 프레임워크를 사용하도록 도와야 한다. 통합 단계에서 성찰은 학습자가 차후 적용을 위해 그들의 멘탈 모형에 이 프레임워크를 통합할 수 있도록 도와야 한다.

제2장에서는 학습자가 새로 습득한 스킬을 조직하기 위해 사용할 수 있는 프레임워크를 구

성하거나 기존 멘탈 모형에 맞추는 데 효율적이지 않다고 제시하였다. 그대로 놔둔다면 학습자는 비효율적이거나 심지어 부적절한 조직화 도식을 주로 사용하게 된다. 만약 학습자의 멘탈 모형이 새로운 지식을 적절히 조직하는 데 불충분하다면, 학습자가 새로운 지식을 위해 필요한 조직화 멘탈 모형을 형성하는 데 사용할 수 있는 구조적 프레임워크를 교수가 제공할 때만 촉진될 수 있다. 학습자에게 적절한 구조적 프레임워크를 제공하고 이 프레임워크를 기존의 지식 그리고 새롭게 학습할 내용과 관련지을 수 있도록 돕는다면, 새로운 자료의 학습을 촉진시키는 적절한 구조적 프레임워크를 형성하기 위해 기존 멘탈 모형을 학습자가 수정하는 것을 도울 수 있다.

다양한 형태의 구조적 프레임워크가 교수에서 사용된다. 가장 일반적 형태의 구조적 프레임워크로는 기억술, 은유와 비유, 체크리스트 요약 프레임이 있다. 기억술은 학습자가 정보, 부분, 정의, 절차의 단계, 과정의 조건 등을 기억하도록 돕는 기억 보조 도구를 제공하는 구조적 프레임워크의 형태다. 은유와 비유는 학습자가 익숙한 개체, 활동, 절차의 관계와 학습할 개체, 활동, 절차의 유사한 관계를 관련시킬 수 있도록 돕는 구조적 프레임워크의 형태다. 체크리스트 요약 프레임은 새로운 학습 내용의 구조를 볼 수 있도록 도와주는 질문과 개요를 제시하는 구조적 프레임워크의 형태다.

이러한 구조적 프레임워크는 선행 조직자의 모든 형태라고 할 수 있다. 선행 조직자는 새로운 내용을 학습하기 이전에 제시되는 정보로, 학습자가 새로운 내용을 조직하고 해석할 수 있도록 도와준다. 학습에서 선행 조직자의 기여는 새로운 내용이 정보의 단순 회상보다는 문제해결일 때 더 명백히 드러난다(Mayer, 2003a 참조).

1) 기억술

기억술^{mnemonics}은 기억 보조의 형태를 띤다. 이 형태의 구조적 프레임워크는 ~에 대한 정보와 ~의 부분 구성요소 스킬에 가장 적합하지만, 학습자가 ~에 대한 종류에서 종류의 정의, ~에 대한 방법에서 절차의 단계, ~에 대한 결과 예측에서 결과를 초래하는 조건을 기억하도록 돕는 데에도 유용하다. 기억술은 두문자어, 라임, 다이어그램, 혹은 정보의 다른 형태가 될 수 있는데, 이는 쉽게 기억되고 기억해야 할 새로운 정보와 연관될 수 있는 것이어야 한다.

기억술에는 다양한 형태가 있다. 아동은 알파벳을 배우기 위해 ABC 노래를 배운다. 용어들을 기억하기 위해 재밌는 이름이 사용되기도 한다. 예를 들어, ROY G. BIV는 종종 스펙트럼의 색—빨강^{red}, 주홍^{orange}, 노랑^{yellow}, 초록^{green}, 파랑^{blue}, 남색^{indigo}, 자주색^{violet}—을 기억하기 위해 사용된다. 때때로 재밌는 구절이 이용되기도 한다. 예를 들어, "Please Excuse My Dear Aunt Sally."는 수학에서의 계산 순서—괄호^{Parentheses}, 지수^{Exponents}, 곱셈^{Multiply}, 나눗셈^{Divide}, 덧셈^{Add}, 뺄셈^{Subtract}—를 위해 사용된다.

2) 기억술 예시-스포츠맨십

기억술의 일반적인 형태는 두문자어다. 두문자어는 몇몇 단어의 초성으로 형성되는 단어다. 두문자어를 기억하는 것은 각 문자에 해당하는 단어를 회상하는 학습자의 능력을 촉진한다. [그림 8-1]은 스포츠의 상황을 다루는 접근법으로 STAR—stop, think, act, replay—전략을 사용하여 스포츠맨십이 무엇을 의미하는지를 가르치는 애니메이션 프로그램의 일부 교수활동을 설명하고 있다. 이 프로그램은 어린 학생들이 좋은 스포츠맨십을 보이기 위해 혹은 이 프로그램이 강조하는 것처럼 스타 플레이어가 되기 위해 따라야 하는 단계를 기억하는 것을 돕기 위한 기억술로서 STAR 플레이어 아이디어를 활용하였다.

[그림 8-1] 구조적 프레임워크로서 기억술-스포츠맨십

STAR 스포츠맨십		
1	코치: "내가 STAR 플레이어라고 부르는 사람은 좋은 스포츠 경기를 하는 사람입니다." [왜 스포츠맨십이 중요한지 토론하세요.] "여러분이 좋은 스포츠 경기를 하지 않으면 평생 스타가 될 수 없어요."	
2	학생: "좋은 스포츠 경기를 하는 방법을 알려 주는 사람이 없어요." 코치: "자, 좋은 스포츠 경기를 하기 위해서는 STAR 플레이어 가이드라인을 알아야 합니다. 스포츠와 삶에서 훌륭한 결정을 내릴 수 있도록 돕는 네 가지 지침이 있습니다. STAR 플레이어 가이드라인은 매우 쉽습니다. 여러분도 STAR가 되고 싶지요? 그러려면 이 네 가지를 알아야 해요. Stop, Think, Act, Replay."	
3	"STAR 플레이어가 되기 위해서 첫 번째로 알아야 하는 것은 Stop입니다. 여러분이 판단해야 하는 것과 같은 스포츠맨십이 필요한 상황에 있다면, 후회할지도 모를 일을 하기 전에 Stop할 필요가 있습니다." 학생: "언제 멈춰야 할지 어떻게 알죠?."	

(계속)

	"몇 가지 예시를 확인해 보겠습니다." [몇 가지 예시를 보여 준다.]	
4	"어린 Jake는 나쁜 스포츠맨십이 어떻게 여러분에게 영향을 미칠 수 있는지를 보여 주는 아주 좋은 예입니다. 첫째로 Jake는 멋진 터치다운으로 득점을 하지만, 그는 뽐내기에 바빠서 쉽게 잡을 수 있는 것을 놓치고 말았습니다. 여러분은 게임에서 명심해야 합니다. 좋은 리시버는 현명한 리시버입니다, Stop하고 Think해 보세요."	
5	"멈출 때를 결정할 시간입니다. 다음의 상황에서 멈출지 계속 진행할지 선택해 보세요." [학생에게 상황을 제시하고, 정지 혹은 진행 버튼을 누르도록 한다.] 피드백: "맞았습니다. Ray는 심판에게 소리치기 전에 Stop할 필요가 있습니다."	
6	"STAR 플레이어 가이드라인에 관해 얼마나 기억하고 있는지 봅시다." 학생: 네. 저는 Stop할 필요가 있고 스포츠맨십에 입각한 결정을 해야 합니다. 그다음 저는 악수를 해야 한다고 생각했는데, 이것이 모든 사람을 기분 좋게 만드는 데 도움이 될 거예요. 그리고 Act로, 나는 모든 사람과 악수를 할 거예요. 그리고 Replay로, 그건 지금 제가 하고 있는 것입니다."	

저작권: Down Load Learning Inc. 허가를 받아 게재함.

이 짧은 과정의 초기 교수활동은 한 집단의 학생과 코치처럼 보이는 애니메이션 캐릭터를 사용하여 스포츠맨십 아이디어를 소개한다. 코치는 좋지 못한 스포츠맨십에 대해 토론하고 예시를 보여 주고 있다. 여기에서 제시된 첫 번째 교수활동에서는 이 코스에 대한 기억술이 소개되고 있다(2). 두 번째 교수활동에서 STAR 단어의 글자들이 좋은 스포츠맨십을 보이기 위한 Stop, Think, Act, Replay의 네 가지 가이드라인을 소개하기 위해 사용되고 있다. 이 짧은 과정의 나머지는 이 가이드라인을 중심으로 구성되어 있다. 각 가이드라인이 차례로 소개되고(교수활동 3), 예시와 비예시를 보여 주고(교수활동 4), 어린 학습자는 한 개 혹은 그 이상의 가이드라인이 적절히 적용될 수 있는 상황을 알아내는 것이 요구된다(교수활동 5). 교수활동 5는 학습자에게 제시된 상황에서 선수가 멈춰야 할지 혹은 계속 진행해야 할지를 결정하도록 요구한다. 응답이 결정되면, 교정적 피드백은 상황에 대해 학습자가 옳은(나타난 것처럼) 혹은 옳지 못한 응답을 하였는지의 이유를 설명하기 위해 기억술을 사용한다. 교수활동 6은 학생들이 모든 가이드라인을 배우고 난 뒤에 코치가 학생들과 토론하는 일부분이다. 이 활동에서 학생은 짧은 비디오 클립에서 보이는 그녀의 행동에 대해 반복하거나 성찰하기 위해 STAR 플레이어 가이드라인을 이용하도록 요구된다.

3) 은유 혹은 비유

은유 혹은 비유는 익숙한 개체, 활동, 과정의 관계와 학습해야 하는 개체, 활동, 과정의 유사한 관계를 학습자가 관련짓도록 돕는 구조적 프레임워크의 한 형태다. 은유와 비유는 다르다. 일부는 비유가 정교화된 은유라고 주장한다. 우리의 목적상 두 개념을 구분 짓는 것이 중요한 것은 아니다. 효과적인 교수를 위해 은유건 비유건 간에 안내와 코칭이 구조적 프레임워크를 정교화하는 것이 중요하다. 만약 학습자가 한 개체의 속성을 이미 알고 있다면, 대상이 되는 새로운 개체의 속성을 이해하는 프레임워크를 가지고 있는 것이다. 구조적 프레임워크로서 은유와 비유의 어려움은 원 개체의 어떤 특성이 대상과 관련이 있고 어떤 특성은 관련이 없는지를 학습자가 결정하는 것을 돕는 것이다. 다시 말해, 어느 정도로 원 개체의 특성이 대상에 적용될 수 있는가? 학습자가 추상적 관념을 이해하는 능력은 다양하고, 은유 혹은 비유의 사용에 있어서 어려운 점은 학습자가 원 개체와 대상의 유사점을 알 수 있도록 그들의 추상적 특징을 확인하도록 돕는 것이다.

컴퓨터 사용 시 은유의 활용은 아주 흔하다. 개인 컴퓨터는 오피스, 컴퓨터 스크린은 데스크톱, 삭제 명령은 쓰레기통, 전자 메타파일은 폴더, 인터넷은 바다, 웹을 탐색하는 것은 서핑, 사이트에 접속하는 것은 내비게이트로 표현된다. 특히 과학에서 비유의 사용은 일반적이지만 우리는 종종 비유가 사용되었다는 것을 인지하지 못하기도 한다(예: 원자를 태양계에 비유, 두뇌를 컴퓨터에 비유, 몸체를 기계에 비유, 전기를 물의 흐름에 비유).

4) 은유/비유 예시-트랜지스터

[그림 8-2]는 트랜지스터의 조작을 가르치는 간단한 수업을 시연한다. 트랜지스터 조작에 대한 기초적인 교수는 이 전자 장비를 묘사한 몇몇의 다른 인터넷 수업을 본떠서 만들었다. 이 교수는 다음과 같은 교수활동을 포함하고 있다. ① 트랜지스터에 대한 설명, ② 트랜지스터를 위한 회로도 기호, ③ 단순 회로의 트랜지스터 예시, ④ 회로도에 나타난 조건을 기반으로 하여 학습자에게 예측을 하도록 요구하는 결과 예측 적용, ⑤ 학습자가 자신의 예측과 비교하기 위

[그림 8-2] 트랜지스터에 대한 직접적인 수업

비유가 없는 트랜지스터 수업	
1	설명 트랜지스터는 전자 스위치의 한 형태다. 트랜지스터에는 세 개의 전기선이 있다. 베이스^{base}는 트랜지스터를 활성화한다. 콜렉터^{collector}는 양의 도선이다. 이미터^{emitter}는 음의 도선이다.	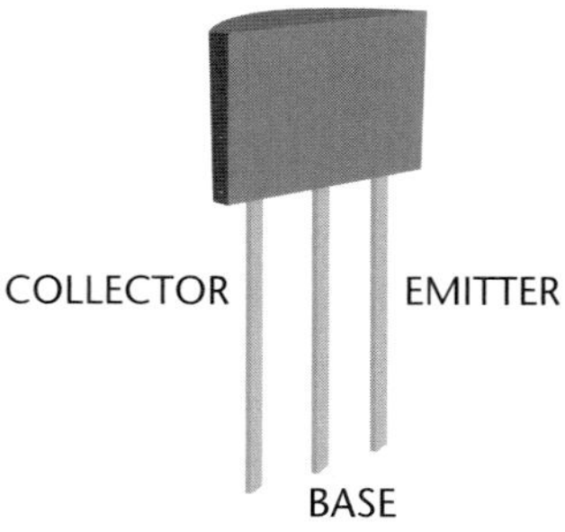
2	회로 기호 오른쪽 그림은 NPN 트랜지스터의 회로도 기호다. 베이스에 있는 작은 전류는 컬렉터에서 이미터로 2개의 전기선을 통해 전류가 흐르도록 한다. 만약 베이스에 전류가 없으면, 트랜지스터를 통해 전류는 흐르지 않는다. 컬렉터에서 이미터로 흐르는 전류의 양은 베이스에 흐르는 전류의 양에 비례하여 증가한다.	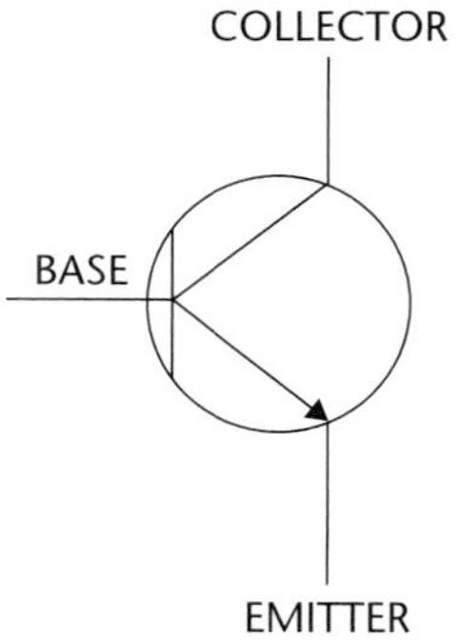
3	예시 여기에 보이는 회로처럼, 스위치를 누르면 발광 다이오드는 켜진다. 스위치를 놓으면 발광 다이오드는 꺼진다. 무슨 일이 일어날까? 스위치를 누르면 전류는 저항기를 통해 트랜지스터의 베이스로 흐른다. 베이스에 전류가 도달하면, 트랜지스터를 통해 배터리의 +단자로부터 전류가 흐르고 빛이 들어온다. 스위치를 놓으면 트랜지스터의 베이스에 전류가 흐르지 않고, 전류는 흐름을 멈추고 빛도 꺼진다. 회로도의 저항기는 트랜지스터와 다이오드를 보호하기 위해 전압을 제한한다.	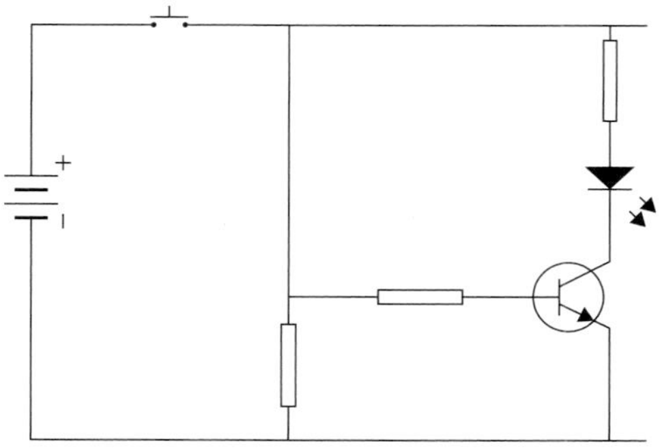
4	적용 저항기와 트랜지스터에 관해 배웠습니다. 이 회로도에 대해 학습하고, 회로에서 발광 다이오드에 대한 결과를 예측해 보세요.	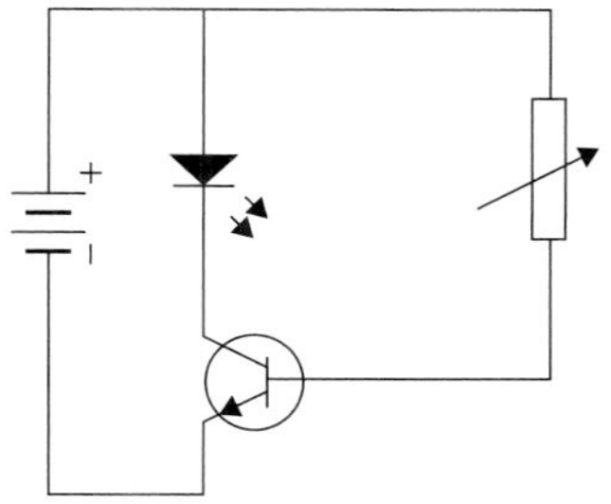

(계속)

| 5 | 교정적 피드백

가변 저항기의 전류 흐름이 감소하면서, 트랜지스터 베이스의 총 전류의 양이 트랜지스터를 통해 전류가 흐를 수 없는 시점에 도달하면 발광 다이오드는 꺼지게 됩니다. 가변 저항기를 통한 전류의 흐름이 증가할 때, 트랜지스터 베이스의 전류의 양은 트랜지스터를 통해 흐르고 다이오드로 들어가는 전류의 증가된 양만큼 증가하고, 그다음 발광 다이오드의 밝기가 증가합니다. | 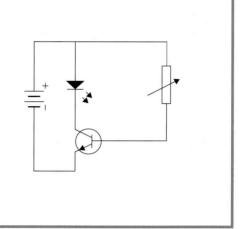 |

해 사용할 수 있는 교정적 피드백이다.

[그림 8-3]은 트랜지스터의 조작을 설명하기 위해 물의 흐름 비유를 추가하여 증진된 동일한 수업을 시연하고 있다. 여러분은 첫 번째 교수활동에서 묘사된 것처럼 전기에 대한 물의 기본적인 비유는 익숙할 것이다(①). 네 번째 교수활동에서 제시된 것과 같은 트랜지스터에 대한 물의 흐름 예시가 익숙하지 않을 것이다(④). 다음의 교수활동이 이 직설적인 수업에 추가되고 수정되었다. ① 물의 흐름에 대한 비유가 추가되었다. ②와 ③ 교수활동은 동일하다. ④ 트랜지스터의 조작에 대한 물의 흐름 비유가 추가되었다. ⑤ 비유를 사용하는 안내가 예시에 추가되었다. ⑥ 비유를 통한 코칭은 적용에 추가되었다. ⑦ 비유의 사용은 교정적 피드백에 포함되었다.

[그림 8-3] 구조적 프레임워크로서 비유-트랜지스터

비유를 사용한 트랜지스터 수업		
1	비유 단순한 비유는 전기가 어떻게 작동하는지에 대한 이해를 돕는다. 배터리는 급수장과 같다. 물 탱크는 송수관에 압력을 발생시킨다. 배터리는 회로에서 전압(전기 힘)을 발생시킨다. 파이프는 물을 흐르게 한다. 전선은 전자를 흐르게 한다. 좁은 파이프는 흐르는 물의 양을 제한한다. 저항기는 전류의 양을 제한한다. 밸브는 물의 흐름의 양을 변화시킨다. 가변 저항기는 전류의 양을 변화시킨다.	

(계속)

2	**설명** 트랜지스터는 전자 스위치의 한 형태다. 트랜지스터에는 세 개의 전기선이 있다. 베이스base는 트랜지스터를 활성화한다. 콜렉터collector는 양의도선이다. 이미터emitter는 음의도선이다.	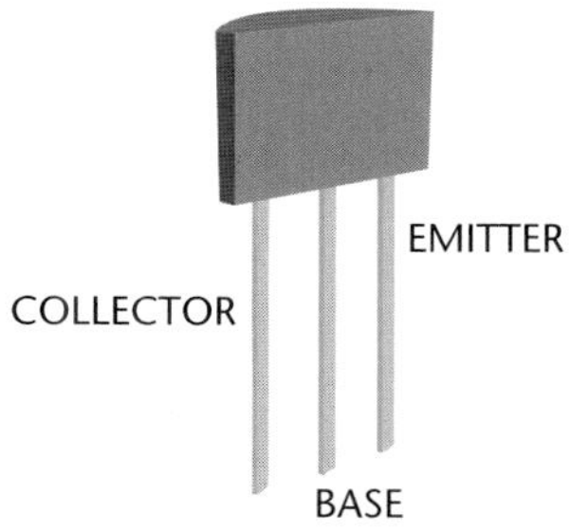 COLLECTOR EMITTER BASE
3	**회로 기호** 오른쪽 그림은 NPN 트랜지스터의 회로도 기호다. 베이스에 있는 작은 전류는 컬렉터에서 이미터로 2개의 전기선을 통해 전류가 흐르도록 한다. 만약 베이스에 전류가 없으면, 트랜지스터를 통해 전류는 흐르지 않는다. 컬렉터에서 이미터로 흐르는 전류의 양은 베이스에 흐르는 전류의 양에 비례하여 증가한다.	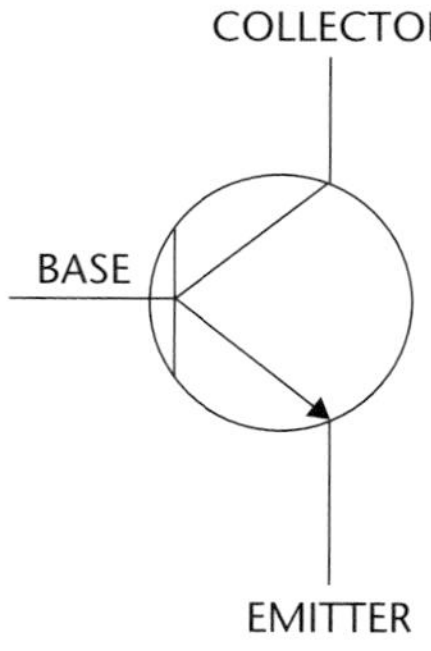 COLLECTOR BASE EMITTER
4	**물의 흐름 비유** 단순한 물의 흐름 비유는 트랜지스터가 어떻게 작동하는지에 대한 이해를 돕는다. 오른쪽의 수도시설을 살펴보라. 압력하에 물은 콜렉터 파이프를 통해 밸브실로 들어간다. 만약 베이스 파이프로부터 흐르는 물이 없으면, 물의 압력은 다이어프램을 아래로 내려가게 하고, 물이 이미터와 파이프 뒤로 흘러가는 것을 방지한다. 물이 베이스 파이프로 흐를 때, 다이어프램은 위로 올라가고, 물이 다이어프램을 지나 이미터 파이프로 흘러가도록 한다. 만약 베이스 파이프의 수압이 매우 낮다면, 다이어프램은 작은 양만큼 올라갈 것이고, 이미터를 통한 물의 양도 적다. 베이스 파이프의 수압이 증가함에 따라, 최대 개구가 될 때까지 다이어프램도 점차 열린다. 이는 다이어프램에 흘렀던 물의 양이 증가함을 의미한다.	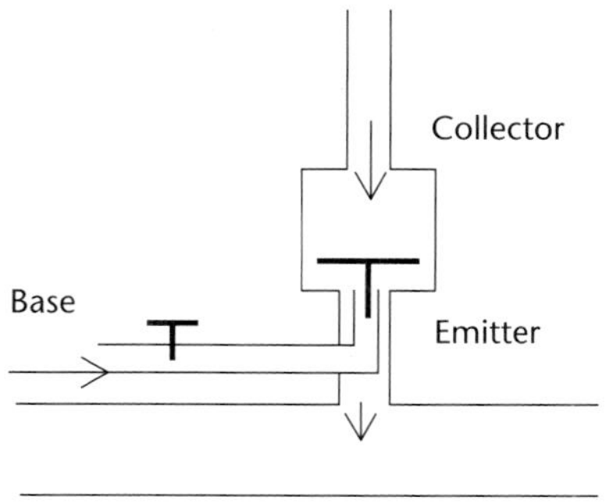 Collector Base Emitter

(계속)

5	비유 안내가 포함된 예시 여기 보이는 회로에서 스위치를 누르면 발광 다이오드는 켜진다. 스위치를 놓으면 빛은 사라진다. 스위치를 누르는 것은 물 비유에서 수도꼭지를 여는 것과 같다. 이는 저항기를 통해 트랜지스터의 베이스로 전류가 흐르게 하는 것과 같다. 트랜지스터의 베이스로 흐르는 전류는 물이 밸브로 흐르고 다이어프램을 밀어 올리는 것과 같다. 이는 트랜지스터를 통해 전류를 흐르게 하고, 그래서 발광 다이오드를 통해 다이오드 빛이 켜지는 것이다. 이 상황에서 다이오드는 스위치와 같은 역할을 한다. 스위치를 놓으면 트랜지스터의 베이스에 전류가 흐르지 않고, 전류는 트랜지스터를 통해 흐르는 것이 중지되고 빛도 꺼진다. 회로에 있는 저항기는 트랜지스터와 다이오드를 보호하기 위해 전압을 제한한다.	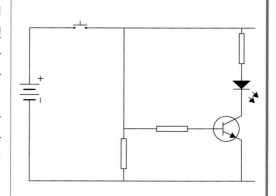
6	적용 저항기와 트랜지스터에 관해 학습하였습니다. 이 회로도에 대해 학습하고, 회로의 발광 다이오드에서 일어날 결과를 예측해 보세요. **코칭:** 밸브의 개폐에 따라 물의 흐름이 어떻게 영향을 받는지에 대해 여러분이 알고 있는 것을 적용해 보세요. 가변 저항기가 저항을 증가시키거나 감소시키면 전류는 어떻게 될까요? 트랜지스터의 작동 방법에 대해 아는 것을 적용해 보세요. 비유에서, 베이스 파이프의 수압이 증가할 때 무슨 일이 벌어지는가? 트랜지스터에서 베이스로 흐르는 전류가 증가하면 무슨 일이 벌어지는가? 전류가 변할 때 발광 다이오드는 무슨 일이 일어나는가?	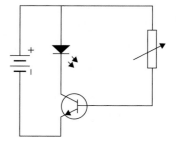

(계속)

7	비유를 통한 교정적 피드백	
	가변 저항기(송수관에서의 밸브와 같이)가 전류(물 흐름의 양과 같이) 흐름을 감소시키면, 트랜지스터의 베이스로 흐르는 전류의 양이 트랜지스터를 통해 전류가 흐르는 데 충분하지 않게 되고(물 시스템에서 다이어프램을 들어 올리기에 충분하지 않은 수압같이), 발광 다이오드는 꺼지게 됩니다(다이오드를 통해 전류가 흐르지 않기 때문에). 가변 저항기를 통한 전류의 흐름이 증가하면, 트랜지스터의 베이스로 흐르는 전류의 양이 증가하고 트랜지스터를 통해 흘러 다이오드로 들어가는 전류의 양도 같이 증가하여(비유에서 다이어프램이 높이 들어 올려지는 만큼 물의 흐름이 더 많아지는 것과 같이), 발광 다이오드의 밝기가 밝아집니다.	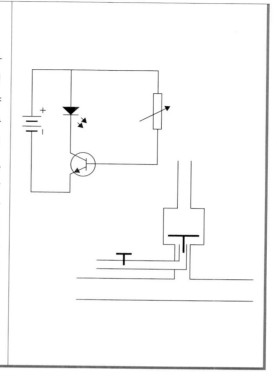

출처: 트랜지스터에 대한 물 비유. www.satcure-focus.com.

비유가 추가되어 트랜지스터의 조작을 따라하기가 보다 쉬워졌는가? 비유를 학습한 후에 단순 회로에서 무슨 일이 벌어질지에 대해 예측하는 것이 보다 쉬워졌는가? 이 질문에 대한 여러분의 대답이 '예'이길 바란다. 직선적인 수업에 추가된 잘 선택된 구조화된 프레임워크는 교수 활동의 효과성을 증대시킨다.

5) 체크리스트

정보의 제시는 거의 대부분 어느 정도 조직화된 형태를 가진다. 학습자는 정보의 조직이 명확하게 인식할 수 있도록 되어 있을 때 그 정보를 보다 쉽게 습득한다. Marzano, Pickering과 Pollack(2001)은 이러한 체크리스트를 요약 프레임이라고 불렀다. 이러한 요약 프레임워크는 구조의 개요와 이 구조를 학습자가 살펴볼 수 있도록 안내하는 질문 모음의 두 부분으로 구성된다. 구조적 프레임워크의 다른 형태처럼, 체크리스트는 교수의 모든 단계에 포함될 때, 즉 체크리스트 개요와 질문 제시하기, 시연하는 동안 안내하기, 수행을 코치하기, 교정적 피드백을 제공하기 위해 활용될 때 가장 효과적이다.

6) 체크리스트 예시-설득적 에세이

[그림 8-4]는 설득적 에세이를 쓰는 수업의 한 부분을 보여 주고 있다. 이 시연은 학습자가 효과적인 설득 논쟁의 구조를 인식하도록 돕기 위해 체크리스트 또는 요약 프레임을 사용하는 것을 설명하고 있다. ① 첫 번째 교수활동은 논란거리를 제시하고 간단하게 설득적 커뮤니케이션의 목적을 설명한다. ② 다음 교수활동은 설득적 커뮤니케이션의 조직을 제시하고, 이 조직의 개요에 상응하는 일련의 질문을 제기한다. ③ 세 번째 활동은 논쟁에 대한 입장 진술을 시연한다. ④ 네 번째 활동은 개요의 두 번째 부분인 의견 진술을 시연한다. ⑤ 다섯 번째 활동은 근거를 지지하는 경험 혹은 증거를 제시하기 위해 필요한 몇 단락의 시작 부분을 보여 준다. ⑥ 여섯 번째 활동은 설득적 에세이의 결론을 제시하는 마지막 단락을 보여 준다. ⑦ 이 활동은 **실행형 수행하기**^{Doex} 적용을 보여 주는 단계로, 이 새로운 예시에 나타나는 것처럼 학습자가 효과적인 설득적 에세이의 개요 각 부분을 샘플로 제시된 설득적 에세이에서 확인하는 비평을 할 것을 요구한다. ⑧ 마지막으로, 그림의 마지막 행은 적용에서 학습자의 응답을 확인하는 데 사용할 수 있는 평가 가이드를 교수자에게 제공한다. 여기서 다시 한 번, 교사는 학습자의 응답에 대한 평가를 구조화하는 체크리스트 개요와 질문을 사용하도록 장려된다.

[그림 8-4] 구조적 프레임워크로서 체크리스트 요약 프레임-설득적 에세이

설득적 에세이		
	음성 안내	화면 제시
1	우리 주변에는 많은 논쟁거리가 있다. 사람들은 자신의 관점으로 타인을 설득하기 위해 논쟁을 한다. 그러한 논쟁 중에 하나는 아마도 학교에서의 점심시간에 관한 것일 것이다. 그러한 논쟁을 제시하는 방법 중 하나는 설득적 에세이를 쓰는 것이다. 설득적 에세이는 논쟁에 관한 여러분의 견해가 맞다는 것을 타인에게 확신시키기 위해 고안된다. 여러분은 점심시간 논쟁에 대해 교장선생님에게 설득적 에세이를 쓸 수도 있을 것이다.	논쟁 학교에서 경험할 수 있는 논쟁의 예시를 제시하고자 한다. 교장선생님은 점심시간을 35분에서 25분으로 단축하고자 한다. 그녀는 결정을 내리기 전에 학생들에게 이 이슈와 관련한 피드백을 요청하였다.
2	대부분의 효과적인 작가 혹은 연사는 자신의 아이디어를 제시하기 위한 명확한 조직을 사용한다.	설득적 에세이의 구조 논란거리 진술

(계속)

여러분의 의견에 동조하도록 누군가를 확신시키거나 설득하고자 할 때, 여러분의 에세이의 조직은 다음과 같은 네 가지의 아이디어가 포함되어야 한다.

- 논쟁을 진술하라.
- 여러분의 입장을 정하고, 의견과 이유를 진술하라.
- 여러분의 이유를 설명할 자료 혹은 경험을 제시하라.
- 강한 결론과 함께 논쟁을 재진술하라.

설득적 에세이를 쓸 때, 여러분은 스스로에게 다음과 같이 물어봐야 한다.

1. 논란거리가 무엇인가? 논란의 양면은 무엇인가?
2. 여러분의 의견을 분명히 진술했는가? 여러분의 의견에 대한 이유를 분명히 진술했는가?
3. 여러분의 의견에 대한 증거를 제시했는가? 여러분의 의견을 지지할 경험을 서술했는가?
4. 논란과 여러분의 의견을 재진술했는가? 강한 결론을 분명하게 진술했는가?

의견과 이유 제시
증거 혹은 경험 제공
강한 결론

질문
1. 논쟁의 양면은?
2. 여러분의 의견은? 이유는?
3. 여러분의 증거는?
4. 여러분의 결론은?

3	무엇이 논쟁거리인가? 논쟁의 양면은 무엇인가? 논쟁에 관한 진술의 예시를 보자.	논쟁의 양면은? 교장선생님은 점심시간을 35분에서 25분으로 단축하기를 원합니다. 이에 대해 많은 학생이 좋은 아이디어가 아니라고 생각합니다.
4	여러분의 의견을 분명하게 진술했는가? 개요를 만든 후에, 독자의 주의를 끌 수 있는 확실한 제목으로 첫 번째 단락을 쓰기 시작하라. 여러분의 의견에 대한 이유를 분명하게 진술했는가? 그다음 여러분은 여러분의 입장이 무엇이고, 왜 그러한 선택을 했는지 확인할 필요가 있다. 이러한 내용을 이유에 대한 설명을 제외하고 진술하라.	여러분의 의견은? 저는 간신히 샌드위치를 먹을 시간밖에 없어서 과일과 디저트를 남기곤 합니다. 우리의 점심시간을 35분에서 25분으로 줄이는 것은 끔찍한 아이디어입니다. 저는 이에 동의할 수 없고, 그래서 이 편지를 씁니다. 여러분의 이유는? 무엇보다도, 점심시간을 줄이면 학생들은 점심 먹을 시간이 충분하지 않습니다. 둘째, 건강을 위해 운동할 시간도 충분하지 않습니다. 셋째, 학생들은 더 많은 쓰레기를 만들어 낼 것입니다.

(계속)

5	여러분의 의견에 대한 증거를 제시했는가? 여러분의 의견을 지지할 여러분의 경험을 서술했는가? 두 번째, 세 번째, 네 번째 단락은 도입 단락에서 여러분이 언급한 세 가지 이유를 설명하기 위해 사용될 것이다. 여러분은 독자에게 여러분의 의견에 동의할 확신을 주어야 함을 명심해야 한다. 세부적인 예시와 개인적 경험을 사용하는 것은 독자가 여러분과 연결되도록 도울 수 있고, 여러분은 매우 쉽게 여러분의 요점에 도달할 것이다.	여러분의 증거는? 점심시간을 줄여서는 안 되는 첫 번째 이유는 학생들을 배고픈 상태로 교실로 돌려보내게 될 것이기 때문입니다. 점심을 먹기 위해 줄을 서서 기다리고 나면 점심 먹을 시간이 충분하지 않습니다. 일전에 저는 밥만 먹을 수 있었고, 과일과 감자튀김, 후식을 다 남긴 적이 있습니다. 전 여전히 배가 고팠지만 식당 보조원들은 다음 학년의 자리를 확보하기 위해 자리를 비켜 주길 요구했기 때문에 더 먹을 수가 없었습니다. [이 다음에 세 번째, 네 번째 단락이 이어진다.]
6	논쟁과 여러분의 의견을 재진술했는가? 확실한 결론을 분명하게 진술했는가? 결론은 독자에게 확신을 줄 수 있는 마지막 기회다. 마지막 단락을 여러분이 선택한 입장과 세 가지 이유를 재진술하는 데 사용하라. 도입 부분을 반복하는 것이 아니라 여러분의 말을 새롭게 재구조화하라. 도입 단락에서와 같은 유사한 방법으로 멋진 마무리로 에세이를 끝내라.	여러분의 결론은? 결론적으로, 점심시간을 10분 줄이는 것에 대해 강력히 반대합니다. 우리는 현재도 점심 먹을 시간이 부족하고, 많은 음식이 낭비가 될 것이고, 학생들은 건강을 유지하기 위해 필요한 신체적 활동을 할 시간도 줄어듭니다. 마지막으로 부모님들이 보기를 원치 않는 것은 먹다 남은 음식으로 가득찬 두 개의 큰 쓰레기통이라는 것을 기억해 주세요. [에세이 전체를 여기서 볼 수 있습니다.]
7	적용을 위한 지도서 문제: 다음의 논쟁에 관한 설득적 에세이를 비평하세요. 여러분의 학군에서는 교육위원회를 개최하여 학교 일과를 매일 2시간씩 연장하는 것을 토론하고자 합니다. 이렇게 함으로써 학생들은 금요일에 학교를 가지 않아도 되고, 연장된 시간은 월요일부터 목요일까지 오전 7:30부터 오후 4:00까지이며, 일찍 끝나는 날은 없게 됩니다. 다음 질문을 기억하세요. 1. 논쟁거리는 무엇인가? 논쟁의 양면은 무엇인가? 2. 작가의 의견을 분명하게 진술했는가? 의견에 대한 이유를 분명하게 진술했는가?	학생 에세이 정부가 여러 해 동안 고심해 왔던 상시 삼일 간의 주말은 최고의 아이디어다. 나는 주 5일 등교가 4일로 조정되면 우리가 가족과 더 많은 시간을 보낼 수 있고, 주말 동안 숙제할 시간을 충분히 가질 수 있기 때문에 훌륭한 아이디어라고 생각한다. 학교 수업 일수를 4일로 줄여야 하는 첫 번째 이유이자 가장 중요한 이유는 집에서 가족과 지낼 시간을 가질 수 있기 때문이다. 많은 정부 부처는 일주일에 4일 근무를 하고 있기 때문에, 우리는 우리의 부모님과 같은 일정을 가질 수 있다. 추측하건대, 일을 해야 하는 부모님은 아이 돌봄이를 찾을 수 있을 것이다.

(계속)

	3. 작가는 의견에 대한 증거를 제시했는가? 작가는 의견을 지지하는 경험을 서술했는가? 4. 작가는 논쟁과 의견을 재진술했는가? 확실한 결론을 분명하게 진술했는가?	우리가 등교 일수를 줄여야 하는 또 다른 이유는 우리가 집에서 해야 하는 큰 프로젝트와 숙제를 끝낼 시간을 더 많이 가질 수 있기 때문이다. 금요일에 학교에 가지 않으면 학생들은 한 주 동안 끝낼 수 없었던 숙제를 할 수 있을 것이다. 또한 학생들은 시립 도서관에 갈 수도 있고, 연구도 하고, 컴퓨터를 사용할 수도 있게 된다. 결론적으로, 나는 학교 수업이 일주일에 4일로 변경된다면 학교에서 실시되는 시험의 점수가 향상될 것이고, 학생은 숙제를 할 수 있어서 좋을 것이며, 모든 사람은 가족과 더 많은 시간을 보낼 수 있을 것이라고 믿는다.
8	다음은 이 적용에 대해 학생들의 응답을 평가하기 위해 사용될 수 있다. 1. 논쟁? 논쟁은 진술되지 않았고, 논쟁의 양면에 대해서도 확인되지 않았다. 2. 의견 및 이유? 첫 번째 단락은 좋은 예다. 3. 증거? 두 번째 단락은 첫 번째 이유를 정교화하고 있는데, 마지막 문장에 반론도 포함하고 있다. 세 번째 단락은 두 번째 이유를 정교화하고 있는데, 교사가 이 연장된 주말 동안 할 숙제를 부여하지 않는다면 학생이 보다 많은 숙제를 하기 위해 시간을 사용하지 않을 것으로 보여서 확신이 서지 않는다. 4. 결론? 결론에서 세 번째 이유가 추가되는데, 이는 도입부에서 소개되지 않았고, 증거 부분에서도 논의되지 않았다.	

출처: Dallin Miller. 유타 주립대학교의 학생 과제를 기반으로 함.

3. 학습자 간 상호작용을 통한 문제해결 통합

이 장의 앞부분에서는 구조적 프레임워크를 소개하고 안내를 통한 시연, 코칭을 통한 적용, 성찰을 통한 통합으로 프레임워크를 통합하여 활성화 원리를 어떻게 실행하는지를 시연하였다. 이 장의 마지막 부분에서는 동료 간 상호작용을 통해 통합 원리를 실행하는 방법을 다루고자 한다.

수십 년 동안, 교육공학 분야에서는 학습자 중심 교수가 강하게 강조되어 왔다. 한 동료가 내게 물었다. "문제 중심 교수와 학습자 중심 교수 중 어떤 것이 더 좋지?" 이 질문은 두 가지 접근법이 어떻게든 경쟁적인 관계에 있다는 것을 의미한다. 어떤 전략이 좀 더 효과적인지에 관해 연구와 실제에서 어느 정도 논쟁이 이루어지고 있다. 그런데 우리는 둘 중 하나만을 선택해야 하는가?

이 질문은 부적절하다. 동료 상호작용은 해결해야 하는 문제의 진행에 맞춰 사려 깊게 조율될 때 가장 효과적이다. 반면 가장 좋은 문제 중심 학습은 세밀하게 구조화된 동료 상호작용에 의해 증대된다. 문제 기반 학습과 동료 상호작용 모두 학습자 중심 교수의 형태다. 전자는 내용 중심, 후자는 과정 중심이긴 하지만, 둘 다 학습자 측면에서 활발한 참여를 요구하고, 효과적으로 조합되었을 때 학습의 결과는 하나의 접근법만이 사용되었을 때보다 더 효과적이다.

2세기 전, 동료 상호작용이 강조되던 때가 있었다(Crouch & Mazur, 2001; King, 1992; Mazur, 1997; Slavin, 1995). 이 교육학적 접근법은 학습자가 서로 배울 수 있도록 하는 경험을 교수자가 설계하는 교육 방법으로 요약될 수 있다. 공통적인 견해와 달리, 이 정의는 교수자가 동료 간에 서로 배울 수 있도록 하는 과정에 포함되는 것을 의미할 뿐만 아니라 동료 학습 과정 자체의 구조와 합리적인 정도의 방향을 교수자가 설계해야 한다는 것을 의미한다. 예를 들어, 문헌에서는 동료 상호작용은 개발된 문제, 구조화된 질문, 평가 루브릭과 같은 동료 스캐폴딩의 형태가 있을 때 가장 효과적이라고 제안하고 있다(King, Staffieri, & Douglas, 1998; van Merriënboer & Kirschner, 2007).

활성화, 시연, 적용으로 구성된 교수는 학습자가 적절한 멘탈 모형을 형성하도록 한다. 동료와의 상호작용을 통한 통합은 학습자가 멘탈 모형을 조율하고, 안정화하고, 새로운 상황에 유동적으로 적용할 수 있도록 돕는다. 멘탈 모형은 하나의 해결책 혹은 해결을 향한 하나의 경로만 있는 것이 아닌 복잡한 현상에서 가장 적절하다. 학습자는 동료 학습자와 협동하거나 동료 학습자의 작품을 비평하도록 요구되면 동료 학습자의 멘탈 모형에서 비롯된 과정 혹은 성과물과 비교하여 현상에 대한 자신의 멘탈 모형을 검토해 보게 된다. 불일치가 일어나면 학습자는 자신의 모형을 보다 세심하게 검토하게 되고, 그들이 관찰한 차이에 대해 동화되거나 혹은 다루고 있는 현상에 대한 적절한 해석으로서 자신의 해석을 방어하게 된다. 이와 같은 두 활동은 모두 학습자가 자신의 멘탈 모형을 조정하거나 조율하게 한다.

대부분의 학생은 동료의 반응에 의해 동기화된다. 동료 간 협력은 학생들이 더 심도 깊은 처리를 해서 그들의 의도를 협력자에게 명백하게 해 줄 것을 요구한다. 협력은 정보의 심도 깊은 처리와 추정에 대한 좀 더 세심한 설명을 촉진한다. 더욱이 더 많은 실제 세계 문제들이 독립적으로 개인에 의해서보다는 팀 단위로 해결되고 있다. 문제해결 상황에서의 동료 상호작용은 수업 이후에 학습자가 직면하게 될 실제 세계를 보다 충실하게 반영하고 있다.

1) 동료 간 말하기

학습자가 서로 가르치는 것을 생각할 때, 정보를 전파하는 것과 같다고 생각하는 경향이 있다. **동료 간 말하기**peer-telling는 비효과적인 학습자 상호작용의 형태로, 학습자는 리뷰하고, 다른 학습자에게 정보를 제시한다. 학습자가 학습 자료를 읽고 학급의 다른 친구들에게 내용을 제시하는 것 혹은 학습자가 하나의 단원을 선택하고 스터디 그룹에게 정보를 제시하는 것의 활동이 우리가 볼 수 있는 동료 간 말하기의 형태다. 교사가 정보를 내놓는 것이 교수 형태에서 가장 효과적이지 않은 형태인 것처럼, 동료 간에 정보를 제시하도록 하는 것은 아마도 동료 간 상호작용의 형태에서 가장 효과적이지 않은 형태일 것이다. 동료 간 말하기에 포함되는 학습은 멘탈 모형의 활성화보다는 단지 연상 기억만을 주로 요구한다. 동료 간 말하기는 정보를 제시하고 있는 학습자가 정보를 기억하는 것에는 도움이 될지 모르지만, 학습자와 동료가 문제를 해결하거나 복잡한 과제를 끝내는 데에는 별 도움이 되지 않는다.

문제를 수행하는 것은 효과적인 동료 간 상호작용에 필요한 구조와 안내를 제공할 뿐만 아니라 단순 동료 간 말하기를 방지하는 데 도움이 된다(Kirschner et al., 2006). 동료 간 상호작용의 맥락에서 구조화된 문제를 효과적으로 사용하는 것은 토론을 구체적인 학습 목표로 향하도록 인도하고, 앞서 서술한 것처럼 멘탈 모형을 조율하게 한다. 또한 동료 간 상호작용을 통해 도출되는 학습 결과를 측정하는 하나의 방법을 제공하기도 한다. 예를 들어, 물리학 수업에서 이루어지는 동료 간 상호작용은 학생들이 자신의 해결책이 맞다는 점을 동료 학습자에게 확신시키는 노력을 하는 동료 간 토론 과정 이전에 학습자에게 제시되는 개념적 문제인 개념 테스트를 사용한다(Crounch & Mazur, 2001; Hake, 1998). 이 사례와 관련하여 흥미로운 점은, 문헌에서는 이 방법을 동료 간 교수로 기술하고 있으나, 이 효과적인 학습을 지지하는 경험적 자료들은 동료 간 상호작용의 맥락에서 문제의 사용을 항상 서술하고 있다는 점이다.

이 장에서 동료 간 협동과 비평을 강조하고 있지만, 각 수업의 으뜸원리를 증진시킬 수 있는 다른 형태의 학습자 상호작용도 있다. 다음 단락에서는 이런 다른 형태에 대해서 간략하게 설명한다.

2) 동료 공유

동료 공유peer-sharing는 학습자가 관련된 사전 경험을 다른 학습자와 연관 짓는 학습자 상호작용의 한 형태다. 활성화 원리에서 학습은 학습자가 관련된 자신의 사전 지식과 스킬을 회상하고 설명하고 시연할 때 향상된다고 한다. 수업 앞부분에서 학습자가 관련 경험을 서로 공유하도록 하는 것은 이런 활성화 경험을 제공하는 적합한 방법이다. 자신의 경험을 연관 짓는 학습자는 이전에 습득한 멘탈 모형을 활성화한다. 이런 경험을 듣고 있는 학습자는 새로운 대리 경험을 제공받고, 이를 통해 자신의 이전 경험과 관련된 멘탈 모형을 활성화한다.

3) 동료 토론

동료 토론^{peer-discussion}은 학습자가 예시 문제의 제안된 해결책에 대해 숙고하게 되는 학습자 상호작용의 한 형태다. 시연 원리에서 학습은 학습자가 습득하도록 기대되는 스킬의 시연을 학습자에게 보여 줬을 때 향상된다고 한다. 이 시연에서 가장 좋은 문제 형태는 개발된 사례로 적절한 해결책과 문제해결에 사용된 과정을 보여 주는 것이다(van Merriënboer & Kirschner, 2007). 복잡한 문제에서 학습자가 상당히 세밀하게 검토해야 하고 그들의 이해에 이의를 제기하는 주의 깊게 개발된 질문 모둠은 문제의 가치를 유의미하게 향상시킨다. 학습자에게 이러한 질문들에 관해 서로 토론하도록 하는 것은 토론에 참여하고 있는 학습자가 문제를 표상하기 위해 그들의 멘탈 모형을 조율하도록 하는 동료 간 상호작용의 효과적인 한 형태다. 학습해야 하는 과제의 시연을 관찰한 후 학습자에게 그 문제의 또 다른 연습 예시를 찾고 시연하도록 하는 것 또한 효과적인 동료 간 상호작용 활동이다. 문제의 또 다른 연습 예시를 찾는 것은 새로운 예시를 찾는 학습자와 새로운 예시의 시연을 관찰하고 있는 학습자 모두에게 사례의 수와 다양성을 확장시켜 준다.

4) 동료 협력

동료 협력^{peer-collaboration}은 학습자가 문제를 해결하기 위해 소집단 내에서 같이 학습을 하는 학습자 상호작용의 한 형태다. 적용 원리에서 학습은 학습자가 새롭게 얻은 스킬을 새로운 문제에 적용할 때 향상된다고 한다. 문제해결 샘플 시연을 관찰한 후, 학습자는 추가적인 문제들을 해결할 기회를 가져야 한다. 이 문제들의 해결에서 학습자가 소집단에서 작업을 하고 협동하도록 하는 것은 동료 상호작용의 가장 효과적인 형태 중 하나다. 이는 개방형 문제 기반 학습에서 일어나는 동료 상호작용의 유형과 유사하지만, 문제 중심 학습에서 학습자는 요구된 구성요소 스킬을 습득하고, 학습자가 추가적인 문제의 해결책에 같이 참여하도록 요구되기 이전에 전체 과제를 묘사하는 사례 시연과 상호작용할 기회를 가져야 한다.

5) 동료 비평

동료 비평^{peer-critique}은 학습자가 동료 학습자의 문제해결 활동을 평가하고 개선을 위한 건설적인 제안을 제공하는 학습자 상호작용의 한 형태다. 통합 원리에서 학습은 학습자가 성찰하고, 토론하고, 새롭게 습득한 스킬을 옹호할 때 향상된다고 한다. 협력적인 문제해결에 참여하는 것, 즉 문제 중심 전략의 마지막 단계로서 동료 간 상호작용의 적절한 형태는 동료 간 비평에 참여하는 것이다. 이 상호작용 유형의 효과적인 규칙은 건설적인 비평, 즉 어떤 비평이든 간에 문제해결 과정 혹은 해결책의 개선을 위한 권고가 수반되어야 한다.

　각각의 원리가 차례로 제시되었지만, 실제 교수 상황에서 교수의 으뜸원리로 설명된 학습 사이클의 다양한 단계 간에 하나의 흐름이 있다는 것을 깨닫는 것이 중요하다. 활성화 단계에서의 동료 공유는 자연스럽게 진행되어야 하고, 시연 단계에서의 동료 토론과 겹칠 것이다. 동료 토론은 또한 동료 협력과 겹친다. 그리고 통합 단계에서의 동료 비평은 적용 단계의 동료 간 협력과 동시적으로 일어나야 한다. 학습자의 관점에서 단계들은 교수의 초점인 문제해결 스킬의 숙련으로 이끄는 활동의 끊김 없는 하나의 흐름이 되어야 한다.

　[그림 8-5]는 효과적인 동료 협력과 동료 비평을 위한 절차를 보여 주고 있다. 이 절차는 협력과 비평뿐만 아니라 개인적 학습도 강조한다. 대개 집단에서 1~2명이 작업을 하고, 다른 구성원은 편승해 가는 경우가 많다. 또 다른 집단 활동의 단점은 학생들이 종종 업무를 분담하여 문제해결 과정의 한 부분에만 참여하는 것이다. 제안된 절차는 이러한 잠재적 단점을 보완하고자 한다.

　절차는 학습자에게 해결해야 할 문제 혹은 완수해야 할 과제를 제시한다. 그런 다음 각 학습자는 과제를 완수하거나 문제를 해결하고 자신의 작업을 다른 학습자가 볼 수 있는 사이트에 게시한다. 일단 개인 해결책이 제출되고 나면, 소집단은 문제해결 혹은 과제 실행의 합의점을 위해 협력한다. 그리고 나서 다른 집단이 해결책을 비평하고, 그들의 비평을 다른 학습자가 볼 수 있도록 게시한다. 협력 집단은 비평을 검토하고, 권고 사항을 수용해서 해결책을 개선한다. 이와 같은 절차의 이점은 학습자가 적어도 세 번은 문제에 참여한다는 것이다. 다음 단락에서는 기본적인 협력과 비평 절차의 몇 가지 적용에 대해 서술하고자 한다.

[그림 8-5] 효과적인 동료 간 상호작용

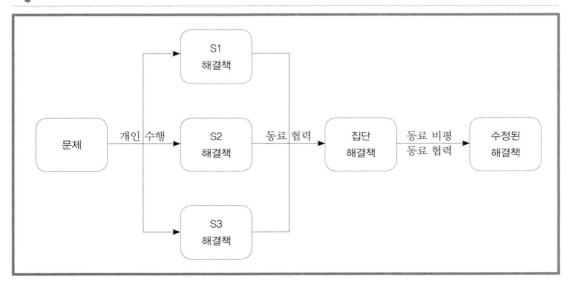

6) 학습자 간 상호작용 예시-생물학 개론

제7장에서는 생물학 개론 수업에 대한 과제 중심 접근법을 서술하였다. 수업을 구성하고 있는 여섯 개의 내용 영역 각각에 대해 학습자는 다음의 절차를 사용하였다. 수업 시작 전에 학생들은 ① 첫 번째 문제를 읽고, ② 첫 번째 문제에 도움이 되는 정보를 읽는다. 수업에서 ③ 교수자는 학생들이 학습한 정보가 첫 번째 문제해결에 어떻게 사용되는지를 시연하고, ④ 같은 주제 영역 내에서 두 번째 문제를 소개하며, ⑤ 두 번째 문제에 도움이 되는 새로운 정보를 제시하고, ⑥ 학생들은 수업 시간에 두 번째 과제를 집단으로 완료한다. 수업 후에 학생들은 ⑦ 세 번째 과제를 완료하고, 그들의 개인 과제 해결책을 온라인에 게시하고, ⑧ 세 번째 과제에 대한 집단의 해결책을 협의하고 교수자가 볼 수 있도록 해결책을 게시한다. 다른 주제 영역에서의 과제에 대해서도 절차는 반복되고 중복된다.

이 수업에 대한 학습자 반응 조사에서 70%는 수업에서 지식을 유의미하게 적용할 기회를 가졌다고 대답했고, 학습자의 53%는 생물학에 대한 자신의 흥미가 증가했다고 응답했다. 69%는 수업이 자신의 비판적 사고와 분석 스킬을 향상시키는 데 도움이 되었다고 응답했으며, 51%는 수업이 자신의 읽기 및 쓰기 능력을 향상시키는 데 도움이 되었다고 밝혔다(Francom, Bybe, Wolfersberger, Mendenhall, & Merrill,, 2009).

대학 총장이 진행하는 월례 Q&A 회의에서, 한 여학생은 대학에서 이전에 수강한 다른 어떤 강의보다 이 강의에서 더 많이 배웠다고 하면서, 왜 모든 강의가 이런 식으로 이루어지지 않았는지 의아하다고 말하였다. 그녀는 학생들이 이 수업에서 처음 한두 문제에 대해서는 어려워하는 경향이 있으나, 동료 간 상호작용 절차에 대한 아이디어를 얻기 시작하면서는 그 절차에 진정으로 참여하고 좋아했다고 언급하였다.

7) 학습자 간 상호작용 예시-교수설계 수업

필자는 대학원 및 학부 교수설계 수업에서 이 절차의 다양한 변형을 탐구하였다. 필자의 수업은 스튜디오를 이용하여 온라인으로 진행되는데, 학생들은 프로젝트를 완수하고 다른 학생들과 교수자로부터 비평을 받게 된다. 각 수업은 다음과 같은 프로젝트의 과정을 포함하고 있다. ① 학부생 수업에서는 세 명의 학생이 하나의 협력 집단에 배정된다. 대학원 수업에서는 학생들이 자기 스스로 협력자를 선택할 수 있다. 협력을 위해서는 세 명으로 이루어진 집단이 이상적이다. 세 명으로 이루어진 집단은 모두가 참여할 수 있도록 격려하는 경향이 있는 반면, 4~5명으로 구성된 집단은 일부 학생들이 협력을 하게 한다. 각 협력 집단에는 구성원이 그들의 작업을 게시하고 서로 협력을 할 수 있는 wiki가 배정되었다. ② 다른 학생들이 이전에 수행했던 결과 예시를 포함하여 적절한 자료를 학습한 이후, 각 학생은 wiki에 각각의 프로젝트에 대한 설계 초안을 게시한다. 다음으로 협력 집단은 설계에 대한 집단의 공통된 안을 개발한다. 이 협력 과정에서 두 가지 접근 방법이 사용되었다. 첫 번째 접근법은 협력 집단의 구성원이 교수 개발을 위한 주제를 선정하고 모든 구성원이 동일한 내용 영역에 대해 설계를 진행하는 것이다. 두 번째 접근법은 각 학생이 다른 주제를 사용하여 자신의 설계를 개발하고, 그다음 협력 집단 구성원은 서로 비평을 하고 각 학생의 설계 중에 어느 것이 가장 좋은지 확인한다. 집단 프로젝트일 경우 일부 학생은 최종 산출물에 덜 기여하는 경향을 나타내는 반면에, 두 번째 접근법에서는 학생들이 프로젝트에 더 기여하는 것처럼 보인다. ③ 협력 집단 구성원들은 자신들의 설계가 검토될 준비가 되었다고 생각되면 토론 게시판에 게시한다. ④ 각 학생은 다른 협력 집단에 있는 학생을 비평하도록 배정된다. 설계를 검토할 준비가 되었을 때, 비평하는 학생은 해당 설계를 비평하기 위해 체크리스트를 사용하고(제10장 참조), 토론 게시판에 비평을 게시한다. 비평을 하도록 배정되지 않은 학생들도 동료 학생을 비평하도록 독려된다. ⑤ 각 주별로 교수자는 잘된 예나 개선될 수 있는 예를 가지고 전체 수강생과 토론하기 위한 프로젝트를 선정하여 온라인 토론을 진행한다. 이 토론에서는 비평을 한 학생들이 먼저 논평을 하도록 하고, 다른 학생들도 논평을 하도록 권장되며, 교수자가 마지막으로 이미 제안된 것을 강조하거나 혹은 비평을 담당한 학생이나 다른 학생들이 누락했거나 잘못 해석한 부분을 지적하게 된다. ⑥ 다음으로 학생들은 비평에 근거하여 자신들의 협력 집단에서 협력을 통해 설계를 개선하고, 개선된 설계를 자신들의 wiki에 게시한다. 이 수업에서 일부 설계는 두 번째 검토 과정의 대상이 되고, 학생들은 학기말까지 자신들의 설계를 수정할 수 있다. 동료 간 협력과 비평이 사용되지 않았던 이전 수업의 프로젝트와의 비공식적인 비교는 동료 간 상호작용을 사용한 수업에서 제작된 설계의 질이 훨씬 더 높다는 결과를 보여 주고 있다.

원리와 처방

활성화-구조: 학습은 학습자가 새로운 지식을 조직하기 위한 구조 혹은 프레임워크를 습득하거나 회상할 때와 그 구조가 시연 과정에서는 안내, 적용 과정에서는 코칭, 통합 과정에서는 성찰의 기초가 될 때 증진된다. 기억술, 은유와 비유, 체크리스트 요약 프레임은 활성화하는 동안에는 제시되고, 시연하는 동안에는 안내에 사용되고, 적용하는 동안에는 코칭으로 사용되고, 통합하는 동안에는 성찰을 위해 사용될 때 모두 효과적인 구조적 프레임워크로서 작동한다.

통합-동료 간 협력: 학습자가 동료 협력, 동료 비평을 통해 새로운 지식과 스킬을 성찰하고 토론하고 옹호함으로써 그 지식과 스킬을 자신들의 일상에 통합할 때 학습은 증진된다. 활성화를 위해서는 동료 공유를, 시연을 위해서는 동료 토론을, 적용을 위해서는 동료 협력을, 그리고 통합을 위해서는 동료 비평을 사용하라.

적 용

여러분이 직접 수강했거나 설계했거나 혹은 인터넷에서 찾을 수 있는 여러 수업을 선택하라. 이전의 적용을 위해 이미 분석해 보았던 수업을 사용해도 좋다. 이 수업들이 구조적 프레임워크의 사용을 포함하고 있는가? 그 프레임워크가 안내, 코칭 혹은 성찰을 위해 사용되었는가? 그렇지 않다면 이 수업에 사용될 수 있는 적절한 구조적 프레임워크를 찾을 수 있는가? 여러분이 찾은 프레임워크가 안내, 코칭, 성찰을 위해 어떻게 사용될 수 있는가?

여러분이 선택한 수업에서 동료 간 상호작용을 설명해 보라. 만약 동료 간 상호작용이 사용되지 않았다면, 여러분이 하나 이상의 수업을 위한 적절한 동료 공유, 동료 토론, 동료 협력, 동료 비평을 설계할 수 있는가?

관련 자료

Marzano, R. J., Pickering, D. J., & Pollock, J. E. (2001). *Classroom instruction that works: Research-based strategies for increasing student achievement*. Alexandria, VA: Association for Supervision and Curriculum Development. (Marzano와 동료들은 교실 수업에서 무엇이 효과적인지 철저하게 연구하였다. 이 책에서는 그들의 연구 결과를 적용할 수 있는 처방과 함께 요약하였다. 이 장의 내용과 특히 관련이 있는 장은 다음과 같다. 제3장 요약 및 필기, 제10장 큐, 질문, 선행 조직자 등은 구조적 프레임워크 사용의 좋은 예시를 제공하고 있다. 제7장 협동학습은 동료 협력과 동료 비평을 위한 안내를 제공하고 있다.)

다음 장에서는

이 장에서는 e³ 교수전략의 적용, 시연, 통합 단계에 포함된 구조적 프레임워크를 추가하여 어떻게 활성화 원리를 실행하는지를 서술하였다. 또한 효과적인 학습자 상호작용으로 문제해결 전략을 증대시킴으로써 어떻게 통합 원리를 실행하는지도 서술하였다. 제9장에서는 멀티미디어의 적절한 사용을 통해 교수전략이 어떻게 실행될 수 있는지 알아보고자 한다.

●● 제**9**장 ●●

교수전략에 대한 멀티미디어 활용

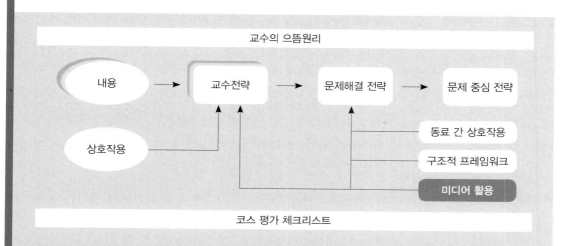

미/리/보/기

이전 장들에서는 각각의 구성요소 스킬 및 문제해결을 위한 교수전략을 다루었다. 구조적 프레임워크와 동료 간 상호작용에 대해서 역시 논의하였다. 이 장에서는 이러한 전략이 적용된 교수활동을 실행하는 데 있어 멀티미디어를 활용하는 방법에 대해서 알아볼 것이다. 이 장에서는 다음과 같은 질문에 대해 답을 제시하고 있다. 이 책에서 제시한 교수전략을 실행하는 데 있어서 멀티미디어는 어떻게 활용되는가? 서로 다른 교수전략이 처방된 교수활동을 실행하기 위해서 멀티미디어를 효과적으로 활용하기 위한 방법은 무엇인가? 학습자가 교수자료의 포맷을 잘 이해할 수 있도록 도와주기 위해서 멀티미디어는 어떻게 활용되는가? 효과적인 내비게이션이란 무엇인가? 학습자와 교수instruction 간의 효과적인 상호작용은 어떻게 이루어지는가? 수업과 관계가 없거나 심지어 방해가 되는 멀티미디어는 어떠한 특징을 지니는가?

키/워/드

- 동시적 말하고-보여 주기Concurrent Tell-and-Show: 비교를 촉진하기 위해 함께 사용되는 정보 및 표상
- 콘텐츠 메뉴Content Menus: 학습자로 하여금 다음에 무엇을 미리보고, 학습하고, 복습할 것인지 결정하도록 하는 내비게이션 버튼
- 주의집중 방해 멀티미디어Distracting Multimedia: 흥미는 유발하되 교수적 기능은 전혀 없고 오히려 e^3 학습을 방해할 여지가 있는 미디어
- 주의집중 방해 애니메이션Distracting Animation: 흥미는 유발하되 교수적 기능은 전혀 없는 애니메이션
- 부적절한 색상Irrelevant Color: 교수적 기능은 없고 흥미를 유발하기 위해 글씨, 배경, 장식 요소 등에 색상을 활용하는 것
- 학습자 통제Learner Control: 학습자가 다음에 학습할 내용을 선택하고, 오디오, 비디오, 애니메이션을 통제하며, 학습 활동을 조절할 수 있도록 해 주는 버튼
- 순차적 제시Successive Disclosure: 텍스트나 그래픽 요소들을 관련 오디오 설명과 동기화하여 순차적으로 보여 줌

1. 도 입

앞 장에서는 구성요소 스킬과 전체 과제를 가르치기 위한 교수전략에 대해서 논의하였다. 이 러한 전략을 수행하기 위해서는 내용을 학습자에게 전달해 주는 수단, 내용 요소를 제시하기 위한 수단, 그리고 학습자가 교수활동을 수행할 수 있도록 도와주는 통제 수단이 필요하다. 이 러한 전달 수단, 제시 형태, 상호작용 통제 요소를 멀티미디어라고 하는데, 이는 텍스트, 오디 오, 그래픽, 비디오, 애니메이션 및 통제 요소의 조합이다. 목소리의 형태로 전달되는 오디오는 인류의 역사만큼이나 오래되었으며, 교수자 중심 교수에서는 콘텐츠를 제시하고 학생에게 전 달하기 위한 주요 수단으로 활용되고 있다. 이 장에서 오디오라 함은 녹음된 오디오를 의미한 다. 텍스트 역시 몇백 년간 사용되어 왔으며, 그 결과 내용을 제시하는 데 가장 빈번히 활용되 어 온 미디어다. 그래픽은 그림, 사진, 차트, 다이어그램, 그래프 등을 망라하는 다양한 형태의 미디어를 포함하는 용어다. 이 책에서는 동적 그래픽^{dynamic graphic}이라는 용어 역시 사용하는데, 여기에는 비디오와 애니메이션이 포함된다. 그동안 오디오 녹음과 그래픽은 제작비나 노력이 많이 소요되었기 때문에 지원적인 역할에 머물러 있었다. 그러나 디지털 테크놀로지의 발달과 함께 오디오, 그래픽, 비디오, 애니메이션을 보다 쉽게 활용할 수 있으며, 제작 비용이나 시간 도 상당히 단축되었다. 누구나 버튼 하나만 누르면 이러한 다양한 멀티미디어에 접근할 수 있 게 된 것이다. 전자적 장치의 프로그래밍 기술 역시 버튼 한 번으로 통제^{control}가 가능하도록 해 주었다. 통제는 멀티미디어 분야에서 가장 최근에 추가된 내용이다.

2. 교수활동을 위한 멀티미디어

학습은 멀티미디어가 학습 활동에 대한 처방을 실행할 때 촉진된다.

제3장에서는 교수활동^{instructional event}이 전략의 유형(말하기, 보여 주기, 질문하기, 수행하기)과 내 용 요소(정의, 단계, 조건 등) 간의 조합이라고 정의하였다. 제4장과 제5장은 서로 다른 유형의 구성요소 스킬과 전체 문제를 위한 교수활동에 대한 처방으로 구성된 교수전략에 대해 기술하 였다. 멀티미디어의 주된 목적은 이러한 교수활동 처방을 실행하게끔 해 주는 것이다. 멀티미 디어가 이러한 활동을 실행하는 과정에서 부적절하게 활용된다면 학습은 촉진되지 않고 오히 려 방해될 수 있다.

이 장에서 멀티미디어는 기타 교수적 기능들^{instructional functions}, 즉 수업의 구조(형식), 교수활동 내에서 혹은 활동 간에 학습자의 학습 진행(내비게이션), 그리고 학습 활동에 대한 학습자 통제 (상호작용)를 구현하는 데에서도 사용된다. 적절한 형식을 활용할 경우 수업의 구조를 학습자에게 명확하게 전달할 수 있기 때문에 학습이 촉진된다. 내비게이션을 적절히 활용하면 학습 자로 하여금 여러 학습 활동들을 쉽게, 혼동 없이 이동할 수 있도록 도와주기 때문에 학습이 촉 진된다. 적절한 상호작용은 학습자가 자신의 경험을 통제할 수 있도록 해 주므로 학습이 촉진 된다.

촉진facilitate이라는 단어는 구조, 내비게이션 그리고 상호작용과 관련하여 사용되며, 이는 교 수활동의 실행과 관련하여 사용되는 또 다른 **촉진**promote이라는 단어와는 구분된다. 구조, 내비 게이션, 상호작용의 조절은 학습을 용이하게 해 주지만, 그렇다고 해서 콘텐츠의 학습을 촉진 promote하지는 않는다. 반면 교수활동의 적절한 실행은 구성요소 스킬에 대한 효율적 · 효과적 학습을 가능하게 한다.

디지털 멀티미디어는 온라인 교수, 교수자 중심 교수에서 모두 쉽게 사용할 수 있다. 이 장에 서 소개하는 멀티미디어 활용은 이 두 가지 맥락에 모두 적용 가능하다. 필자는 모든 교수자가 면대면이건 온라인이건, 동시적이건 비동시적이건, 교실 수업이건 원격수업이건 멀티미디어 를 활용해야 한다는 입장이다.

다음에서는 제시, 시연, 적용 및 안내를 포함하는 교수활동의 e^3 실행에 대해서 살펴본다.

1) 오디오로 정교화된 축약형 텍스트를 사용하여 정보 제시하기

텍스트는 거의 모든 교수자료에 사용될 정도로 기본적인 요소다. 이를 보다 효과적으로 활용 하기 위한 방법은 무엇인가? 텍스트의 오남용을 피하기 위해서는 어떻게 해야 하는가? 텍스트 의 근본적인 역할은 **정보 전달하기**tell-information다. 여기서 정보는 ~의 종류kind-of에 대한 정의, ~에 대한 방법how-to과 관련된 절차의 기술, ~에 대한 결과 예측what-happens과 관련된 조건 및 결과의 기술 등을 의미한다. 정보의 제시에는 보통 두 가지의 요소, 즉 해당 정보를 식별하게 해 주는 이름 혹은 문구 그리고 정보에 대한 정교화된 설명이 필요하다. 전자미디어를 활용할 경우 처 음부터 끝까지 텍스트로 꽉 채우는 것은 정보를 효과적으로 제시하는 방식이 아니다. 이 절에 서는 축약형 텍스트를 사용할 것을 처방한다. **축약형 텍스트**abbriviated text란 정보의 핵심을 나타내 주는 짧은 구절 혹은 불렛 포인트를 활용하는 방식을 의미한다. 정보에 대한 자세한 내용은 그 뒤에 오디오를 활용하여 제시한다. 이 방법을 활용할 경우 정보를 단순하면서 잘 조직화된 방 식으로 전달하면서도 여전히 콘텐츠의 학습에 요구되는 정보는 모두 제공할 수 있다.

교수instruction는 **교재**textbook가 아니다. 교수는 학습과 상호작용을 촉진promote하고 정보처리를 촉 진facilitate해야 한다. 페이지를 꽉 채운 텍스트는 교재나 참고 자료에 적합할 수 있으나, 교수는 교재 그 이상이어야 한다. 정보가 제시되는 동안 텍스트는 주요 핵심을 짚어 내야 하고 오디오 가 이러한 핵심들을 설명해 주어야 한다. 인간의 단기기억은 한 번에 몇 가지씩밖에 처리하지 못한다. 학습자는 4~5개의 핵심 포인트가 제시되고 이것이 오디오 설명으로 정교화될 때 큰 그림을 보다 잘 이해할 수 있다.

만약 정보 전달하기가 축약형 텍스트로 제시된다면, 오디오의 중요한 역할은 이 정보를 정교화하는 것이다. 이는 정보 전달하기가 표상 보여 주기show-portrayal와 동시에 활용될 때 더욱 중요해진다. 학습자는 정교화된 정보를 들으면서 보이는 정보에 주의를 기울일 수 있다. 정교화된 정보는 학습자가 관련된 부분에 주의를 기울이도록 유도하기 위해 오디오 안내와 결합하여 사용할 수도 있다.

[그림 9-1]은 저작권 및 공정 이용fair use에 대한 수업 중 일부분을 기술하고 있다. ① 첫 번째 교수활동은 이 부분의 제목을 제시하고 있으며 오디오가 '일반적인 오해'라는 주제에 대해 소개한다. ② 두 번째 활동은 첫 번째 오해를 제시하는데, 그 내용은 화면에 제시되어 있고 오디오로 이를 설명한다. 오디오를 통해 정교화된 축약형 텍스트를 활용하는 것은 교수자 중심의 교실 수업이나 온라인 교수 모든 맥락에서 효과적이다.

[그림 9-1] 오디오 설명을 동반한 축약형 텍스트

저작권 – 공정 이용	
오디오	자료 제시
저작권에 대하여 이해하는 데 있어 장애물로 작용하는 일반적인 오해들이 있습니다. 이러한 오해들 때문에 사람들은 자신이 저작권에 대해서 잘 이해하고 있다고 믿습니다. 여기서는 이러한 오해에 대해서 간략히 살펴보고, 저작권과 관련된 질문에 명확한 답이 없는 이유에 대해 알아보겠습니다.	저작권과 관련된 일반적인 오해
첫 번째 오해는 30초에 대한 것입니다. 이는 보통 오디오나 비디오 자료에 적용되는데, 사람들은 원 자료의 일부분, 즉 노래의 30초, 비디오의 30초만을 사용한다면 문제가 없고 저작권에 위배되지 않는다고 믿습니다. 그러나 이는 사실이 아닙니다.	저작권과 관련된 일반적인 오해 1. '30초' 오해

출처: Ariana Eichelberger & Susan Jaworowski. 하와이 대학교의 학생 과제.

2) 화면에 제시되는 텍스트보다는 그래픽을 설명하기 위해 오디오 사용하기

학습자는 시각 채널과 청각 채널을 가지고 있다. 학습자는 그래픽(시각 채널)을 보면서 동시에 설명(청각 채널)을 들을 수 있다. 그러나 그래픽(시각 채널)을 보면서 인쇄된 텍스트(시각 채널)를 동시에 볼 수는 없다. 텍스트와 그래픽을 왔다 갔다 하면서 보면 그래픽의 요점을 잃거나 텍스트의 어느 부분을 읽고 있었는지 혼동하게 되어 학습이 어려워진다(Clark & Mayer, 2003,

2008; Mayer, 2001 참조).

[그림 9-2]는 저작권과 공정 이용에 대한 두 개의 교수활동에 대한 것이다. 첫 번째 그래픽은 정보를 또 다른 방법으로 표현하고 있다. 오디오는 이 그림의 스펙트럼에서 서로 다른 위치에 해당되는 내용에 대한 설명을 제공한다. 두 번째는 저작권이 걸려 있는 자료의 상업적 활용을 다루고 있다. 오디오는 포스터를 설명하며, 스펙트럼상에서 공정 이용의 상업적 내용에 해당되는 쪽에 주의를 기울이도록 요구하고 있다.

 [그림 9-2] 화면에 제시되는 텍스트보다는 그래픽을 설명하기 위한 오디오 사용

저작권 - 공정 이용	
1	오디오: 사용 목적에 대한 스펙트럼을 봅시다. 스펙트럼에는 서로 반대되는 두 가지 목적이 있습니다. 한쪽은 비영리·교육적 사용에 해당되고, 이 경우는 사용자의 입장에 호의적입니다. 반대쪽은 영리 목적·비교육적 사용이고, 이 경우는 콘텐츠 소유자에게 호의적입니다. 상업적으로 많은 이득을 보게 해 주는 자료일수록 공정 이용의 예외에 해당되기는 어렵습니다. 상업적 혹은 이윤을 남기기 위해 복제를 하는 것은 공정한 사용이 아닌 것으로 간주됩니다. 하와이 대학교의 경우와 같이 비영리 교육기관에서 자료의 일부를 수업 교재로 활용하는 경우, 공정 이용의 스펙트럼에 가깝습니다. 피닉스 대학교와 같이 영리적인 교육기관에서 강의를 하는 사람은 스펙트럼의 가운데 쪽에 조금 더 가깝겠지요.
	자료 제시: 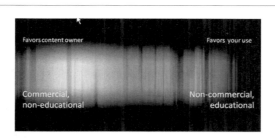
2	오디오: 스펙트럼에서 상업적 이용에 훨씬 가까운 예를 보겠습니다. 당신이 새로 오픈한 레스토랑 주인인데, 영화 〈대부〉의 유명한 포스터에 "그가 거절할 수 없는 제안을 할 것이다."라는 대사까지 넣어서 레스토랑 홍보에 사용을 하고 싶다고 가정해 봅시다. 결국 "로버트 레스토랑에서 이탈리아식 저녁을!"이라고 말하는 셈이며, "그가 거절할 수 없는 식사를 제공할 것이다."가 됩니다. 이는 순전히 상업적인 사용이며, 저작권 소유자에게 유리하게 해석해야 합니다.	자료 제시: 

출처: Ariana Eichelberger & Susan Jaworowski, 하와이 대학교의 학생 과제.

3) 학습자에게 텍스트의 제시에 대한 통제권 부여하기

텍스트가 일정 시간 동안 제시되다가 자동으로 화면에서 없어지는 경우가 있다. 읽는 속도가 느린 사람은 미처 다 읽기도 전에 텍스트가 사라지게 되며, 빨리 읽는 사람은 다 읽은 후에도 다음 내용을 기다려야 하기 때문에 좌절감을 느끼게 된다. 텍스트나 그래픽이 자동으로 화면에서 제거되게 해서는 안 된다. 모든 텍스트나 그래픽 요소에는 제어 버튼을 제공해서 학습자가 각자 준비가 되었을 때 다음 화면으로 넘어가도록 해야 한다. 여러 개의 요소를 제시해야 할 경우, 학습자는 이전 내용으로 되돌아갈 수 있어야 한다. 또한 움직임이 있는 콘텐츠에는 학습자가 반복 재생할 수 있는 내비게이션 버튼을 제공해야 한다. 이 원칙에서의 예외는 텍스트를 읽고 그림을 이해하는 데 시간 제한을 두어야 하는 경우뿐이다.

4) 정보에 대한 대안적 표현 방식으로서 그래픽 사용하기

어떤 학습자는 시각적 자료를 선호하고, 어떤 학습자는 언어적 자료를 선호한다. 언어적으로 제시된 정보를 이해하는 데 어려움을 겪는 학습자의 경우 시각화된 자료를 보다 잘 이해하기도 한다. 그림, 차트, 다이어그램, 애니메이션 등의 그래픽을 효과적으로 활용하는 것은 곧 정보를 시각적으로 제시하는 것이다. 이는 표상과는 다르다. 그래픽은 정의, 절차, 혹은 조건과 결과 간의 관계 정보를 제시하기 위한 또 다른 방법일 뿐이다. [그림 9-3]은 저작권의 공정 이용이 성립되는 요건에 대하여 동의하는 정도가 존재한다는 의미를 전달하기 위해 색상의 스펙트럼을 활용하였다(실제 자료에는 컬러로 표기되었다). [그림 9-4]는 사진의 주요 원리인 피사계

[그림 9-3] 속성을 강조하기 위한 색상 활용

저작권 – 공정 이용	
오디오	자료 제시
각 질문에 대한 답은 화면의 스펙트럼과 같은 스케일로 평가됩니다. 답은 순수한 빨간색, 보라색으로 구분되지 않고, 그렇다/아니다라고 명확히 구분되지도 않습니다. 대부분의 경우 스펙트럼 중간 어딘가에 위치하게 됩니다. 즉, 좀 더 초록색에 가깝다거나, 좀 더 오렌지색에 가깝다거나 하는 식입니다. 스케일의 어디쯤 답이 위치하는지를 결정하고 나면 총점을 계산한 후 해당 자료를 사용할 수 있는지 없는지를 결정할 수 있습니다.	4개의 질문은: ① 사용의 목적과 특성은 무엇인가? ② 사용할 콘텐츠는 어떤 성격의 것인가? ③ 어느 정도의 분량을 사용할 것인가? ④ 당신의 사용이 콘텐츠의 가치에 영향을 미치는가?

출처: Ariana Eichelberger & Susan Jaworowski. 하와이 대학교의 학생 과제.

심도를 설명하고 있다. 원리에 대한 설명은 언어로 진술되어 있으나, 그래픽을 활용하여 동일한 정보를 시각적인 형태로 제시함으로써 정보를 대안적인 방식으로 표현하였다.

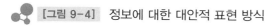 [그림 9-4] 정보에 대한 대안적 표현 방식

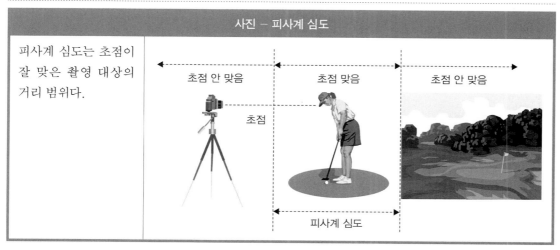

출처: Michael Cheney, Justin Smith, & Russ Jung. 브리검영 대학교 하와이 캠퍼스의 학생 과제.

3. 표상의 속성을 가장 명확하게 나타내 주는 형태의 멀티미디어 활용

다음은 표상의 속성을 효과적으로 보여 주기 위해서 텍스트, 오디오, 그래픽, 비디오를 어떻게 사용해야 하는가에 대해 설명한다.

1) 언어가 결정적 특성일 경우 텍스트 사용하기

어떤 표상은 텍스트다. 텍스트 자체에 정의적인 특성이 존재하는 것이다. 이러한 상황에서는 학습자로 하여금 표상 자체가 텍스트인 것과 표상을 설명하는 텍스트를 구분할 수 있도록 도와주어야 한다.

[그림 9-5]는 설득력 있는 에세이 작성에 대한 짧은 수업의 일부를 발췌한 것이다. 왼쪽은 첫 번째 문단을 설득력 있게 작성하는 방법에 대한 정보를 제공하며, 오른쪽은 첫 문단의 예시다. 물론 이 경우 표상은 에세이에 대한 것이므로 텍스트로 제시하며, 다음과 같은 질문에 대해 긍정적인 답을 제공할 수 있어야 한다. 설득력 있는 첫 문단의 주요 특성을 설명하고 있는가? 강한 도입 문장을 포함하는가? 저자의 입장을 기술하는가? 저자가 그러한 입장을 가지게 된 이유를 제공하는가?

[그림 9-5] 정의적 속성을 보여 주는 텍스트

설득력 있는 에세이 작성하기	
2단계: 아웃라인을 작성한 후, 읽는 이의 주의를 끌 수 있는 강한 주제문으로 첫 문단을 시작한다. 그리고 나서 당신의 입장이 무엇인지, 왜 그 입장을 선택하였는지를 밝혀야 한다. 그다음 설명을 제시한다.	강한 첫 문단의 예는 다음과 같다. 나에게는 과일과 디저트는 고사하고 샌드위치를 먹을 시간도 충분하지 않다. 점심시간을 35분에서 25분으로 줄이는 것은 끔찍한 생각이다. 나는 이에 동의하지 않으며, 그렇기 때문에 이 편지를 쓴다. 첫째, 점심시간을 줄이면 학생들이 식사를 할 시간이 충분하지 않다. 둘째, 건강을 위해 운동할 시간도 부족하다. 셋째, 더 많은 쓰레기가 생길 것이다.

출처: Dallin Miller, 유타 주립대학교의 학생 과제.

부사에 대한 문법 수업([그림 4-9], [그림 4-10] 참조)과 시에 대한 수업([그림 5-5] 참조)은 둘 다 언어로 표현되는 표상을 포함한다. 이러한 표상들은 다음과 같은 질문에 긍정적인 답을 제공할 수 있어야 한다. 이 표상들은 관련이 있는 속성을 보여 주고 있는가? 이 표상들은 학습을 방해할지도 모르는, 관계없는 텍스트를 포함하고 있는가?

2) 소리가 결정적 특성일 경우 오디오 사용하기

어떤 표상의 정의적인 속성은 소리다. 오디오 없이는 이 표상들을 표현할 수 없다. 대표적인 예시로 오케스트라의 악기에 대한 수업에서는 각 악기의 사진을 보여 주고, 악기에 대한 간략한 설명을 제시한 후, 오디오 클립을 재생함으로써 학습자가 악기 소리를 들어 볼 수 있도록 할 수 있다. 오케스트라 악기의 소리를 들려주지 않고 악기의 소리를 가르치는 것은 불가능하다. 새에 대한 수업이라면 새, 둥지 등에 대한 사진뿐만 아니라 새의 노래 소리를 들려주어야 한다.

앞서 논의한 것처럼, 표상의 속성이 아니라 단지 흥미를 불러일으키기 위한, 예컨대 효과음, 배경 소음, 음악, 기타 소리와 같은 오디오는 학습을 어렵게 만든다. 특히 어떤 오디오는 중요한 속성을 담고 있는 반면, 어떤 오디오는 불필요하게 사용되었을 때 학습자가 불필요한 오디오와 중요한 오디오를 구별해 내야 하는 도전에 직면하게 된다. 책에서 그러한 소리의 예를 제시하는 것이 가능하지 않다는 점은 여러분도 알고 있을 것이다. 이렇듯 소리로만 표현이 가능한 예들을 이 책에서는 텍스트로 소개하고 있다. 그래도 여러분은 예전의 경험을 통해 어떠한 예를 의미하는 것인지 잘 이해할 수 있으리라 믿는다.

3) 시각화할 수 있는 특성의 경우 그래픽 사용하기

시각화가 가능한 표상의 경우 적절한 그래픽을 활용하여 제시하는 것이 이득이다. 이러한 그 래픽들은 학습 콘텐츠에 따라 다양한 형식으로 구성할 수 있다. 이전 장들에서 다양한 유형의 그래픽들, 예컨대 간트 차트([그림 4-8]), 대통령 그림([그림 5-1]), 유타 주의 지도([그림 5-2]), 사진([그림 5-4]), 스프레드시트([그림 5-6]) 등을 이미 언급하였다. 이러한 표상은 다음의 질문에 대해 긍정적인 답을 할 수 있다. 각각의 그래픽은 해당 요소의 특성을 표현하고 있는가? 그래 픽 제시는 교수활동을 위해 사용되었는가?

교수활동을 위한 그래픽, 즉 해당 표상과 관련이 있는 그래픽만 활용해야 한다는 점은 매우 중요하다. 하나의 모듈 안에 내용과 관련이 있는 그래픽과 관련이 없는 그래픽을 함께 사용할 경우 학습자는 어떤 그래픽이 관련이 있는 것인지, 그리고 어떤 것이 교수적 기능을 하지 않는, 단순히 흥미를 유발하기 위해 사용된 것인지를 구별해 내야 한다. 학습자는 관련이 없는 그래 픽에서 속성을 찾기 위해 노력하게 되며, 결과적으로 구성요소 스킬에 대하여 오개념 혹은 잘 못된 이해를 갖게 된다.

4) 동적인 시각화가 요구되는 특성의 경우 그래픽 사용하기

어떠한 특성은 말로 표현하거나 정적인 그래픽으로 시각화하기 어렵다. 객체 혹은 사람의 동 적인 움직임으로만 표현할 수 있는 미묘한 큐를 수반하는 특성이라면, 비디오나 애니메이션을 활용해 이러한 속성을 적절히 제시할 수 있다.

제6장에서 언급한 가구 판매 레슨([그림 6-5] 참조)은 이를 동적으로 묘사한 적절한 예시다. 이 판매 시연 비디오에는 학습자가 관찰해 내야 하는 많은 큐가 포함되어 있다. 학습자는 판매 의 다양한 속성에 주의를 기울이며 비디오 시연을 여러 차례 보아야 한다. 제6장에서는 판매 과정의 각 단계로부터 도출되는 조건을 관찰할 것을 강조하였다. 이 조건들은 판매 단계에서 고객이 보이는 반응이다. 이 조건들의 주요 특성은 고객이 실제로 했던 말보다는 고객의 어조, 고객의 표정 그리고 몸짓언어 등이다. 이러한 미묘한 특성을 글이나 정사진으로 보여 주는 것 은 매우 어렵다. [그림 6-10]을 통해 이를 관찰하는 것은 가능하지 않은 일이다.

관찰이 어려운 물리적인 현상 역시 애니메이션으로 가장 잘 표현할 수 있다. 특별한 장비 없 이는 쉽게 관찰되지 않는 동적인 속성을 애니메이션이 표현해 주기 때문이다. 많은 장비 및 물 리적 현상에 대한 애니메이션을 인터넷에서 찾아볼 수 있는데, 많은 경우 해당 현상의 특징을 효과적으로 보여 준다. 그러나 모든 애니메이션이 적절한 것은 아니다. 애니메이션을 리뷰할 때는 늘 다음과 같은 질문을 던져 보라. 이 애니메이션은 표현하고자 하는 대상의 정의적인 속 성을 효과적으로 보여 주는가?

나는 증기기관차를 좋아하지만 그것이 어떻게 작동하는지에 대해서는 이해하기가 어려웠다. [그림 9-6]은 증기기관차의 Walschaert 밸브 기어에 대한 애니메이션에서 캡쳐한 그림이다. 애니메이션에서는 실린더 위의 밸브가 피스톤 뒤에서 이를 앞으로 밀고, 피스톤 앞에서 이를 뒤로 밀면서 어떻게 증기를 실린더로 유입되게 해 주는지를 보여 준다. 피스톤이 뒤로 밀릴 때 크랭크가 바퀴 축의 아래로 가도록 기어가 작동하므로 바퀴는 시계방향으로 돌게 된다. 피스톤이 앞으로 밀리면 크랭크가 바퀴 축의 위에 위치하게 되므로 바퀴는 계속 시계방향으로 돈다. 이를 거꾸로 하려면 엔지니어가 이들을 반대로 조합하여 바퀴가 시계 반대반향으로 돌게 할 수 있다. 설명하기가 매우 어려운데, 이 때문에 애니메이션을 활용하여 복잡한 작동 원리를 보여 주는 것이 내용 이해에 도움이 된다.

[그림 9-6] 증기기관차 밸브의 작동 원리를 보여 주는 애니메이션

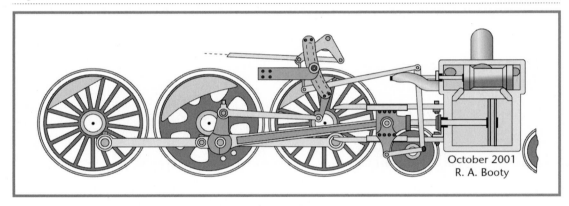

출처: Robert A. Booty. 온라인 애니메이션. 허가를 받아 게재함. www.roadrunner.com/~trumpetb/loco

5) 특정한 속성에 주의를 집중하도록 하기 위해 그래픽 사용하기

그래픽은 시연하는 동안 학습자에게 안내를 제공하거나 적용 단계에서 코칭을 하는 데 매우 훌륭한 역할을 수행한다. 예를 들어, 순차적으로 텍스트를 제시할 때 해당 텍스트를 보완하는 오디오를 동기화하거나, 오디오와 그래픽을 동기화하는 것, 혹은 말풍선, 화살표, 색상, 애니메이션 등을 사용하여 특정 속성 혹은 활동에 주의를 집중시키는 것 등이 해당된다. 다음에서는 안내 및 코칭을 제공하기 위해 멀티미디어를 사용하는 방법에 대해 논의한다.

(1) 오디오와 연동하여 순차적으로 텍스트 제시하기

축약형의 텍스트를 오디오와 함께 제시할 때, 각 항목을 하나씩 보여 주면서 그에 대한 설명을 하면 학습자는 각 항목에 주의를 집중할 수 있게 된다. 텍스트가 순차적으로 나타나면서 오디오가 이를 설명할 때는 학습자가 이를 반복 재생할 수 있도록 하는 것이 중요하다. 특히 설

명이 끝난 후 해당 항목이 사라지는 경우 더욱 그렇다. [그림 9-4]는 저작권에 대한 짧은 콘텐츠에 이 처방을 적용한 것이다.

(2) 오디오와 연동하여 그래픽 제시하기

그래픽이 순차적으로 제시되거나 혹은 움직임이 있는 그래픽을 사용할 경우, 오디오를 이러한 요소와 연동함으로써 학습자의 주의를 해당 설명이 제시되는 부분에 집중시킬 수 있다. 간트 차트 코스는 차트의 요소들을 설명하기 위해 오디오와 그래픽을 연동시킨 좋은 예다([그림 4-8] 참조).

(3) 말풍선, 화살표, 색상, 애니메이션 등을 사용하기

불필요한 색상이 사용된 텍스트는 주의를 분산시키며 학습을 방해하기도 한다. 그러나 텍스트에 색상을 입히면 학습자의 주의를 집중시킬 수 있다. [그림 9-7]은 영문법을 다루는 온라인 코스로부터 발췌한 것이다. 이 예시에서는 학습자가 명사를 구별하고, 이를 지칭하는 대명사를 문장에서 확인하도록 돕기 위해 색상을 사용하였다. 이 텍스트는 흑백으로 인쇄되므로 명사는 하얀 글씨에 검은 배경으로, 그리고 대명사는 검은 글씨에 회색 배경으로 처리되었다. 실제 코스에서는 명사는 빨간색, 대명사는 파란색이었다.

제4장에서 제시했던 간트 차트([그림 4-8] 참조)는 학습자의 주의를 끌기 위해 그래픽 요소를 활용한 매우 좋은 예다. 이 예에서는 차트가 흐려지면서 간트 차트의 각 부분이 소개되고, 해당 부분을 강조한 후 말풍선이 부분의 명칭을 알려 준다. 애니메이션 없이, 책에서 이 예시의 힘을 보여 주는 것은 쉽지 않다. 그러나 디지털 멀티미디어에 대한 접근이 확대되면서 이러한 유형의 주의집중 안내를 제공하는 것이 상대적으로 쉬워졌다.

또 다른 주의집중 방법은 학습자의 반응이 요구되는 애니메이션을 사용하는 것이다. 이러한 유형의 안내는 컴퓨터 스크린을 보여 주고, 다음에 클릭해야 하는 버튼으로 커서를 이동시키고, 클릭된 결과를 보여 주는 식의 컴퓨터 소프트웨어 사용법 교육 프로그램에서 자주 사용된

 [그림 9-7] 주의를 집중시키기 위한 색상의 사용

영문법	
A **pronoun** can refer to or take the place of a **noun**.	**Dick** laughed when **he** saw the ghost.
The **nouns** pronouns refer to or replace are called **referents**.	

출처: 영문법 webclips.byu.edu의 내용을 바탕으로 함.

다. 이보다 좀 더 상호작용적인 버전은 학습자가 해야 하는 것을 수동적으로 보여 주는 대신, 실제 혹은 가상의 프로그램에서 학습자가 직접 해 볼 수 있도록 '사이먼 가라사대' 시연을 제공하는 것이다. 학습자가 지시문을 따라 스크린에 제시된 버튼을 제대로 클릭하면 실제로 그 결과를 보여 주고, 학습자가 잘못 수행하면 학습자가 클릭했어야 하는 요소를 강조해서 보여 준 후 다시 시도할 기회를 준다. 제4장의 스프레드시트 예시는 이러한 '사이먼 가라사대' 안내를 보여 준다([그림 4-4] 참조).

4. 포맷을 위한 멀티미디어

학습은 포맷format이 코스의 구조를 명확히 보여 줄 때 촉진된다.

학습자는 코스가 어떻게 조직화되어 있는지를 파악하는 데 능숙하지 않다. 이는 학습자로 하여금 어떤 책의 한 부분을 읽으면서 중요한 아이디어에 밑줄을 그으라는 안내를 함으로써 쉽게 확인할 수 있다. 학습자들이 밑줄 그은 내용을 공유하도록 하다 보면 그들이 서로 다른 곳에 밑줄을 그었음을 알 수 있을 것이다. 반면 중요한 아이디어가 명확하게 학생들에게 제시된다면 이러한 모호함은 사라질 수 있다. 그러나 어떤 교수자는 이에 반대하여 학습은 주요 아이디어를 규명해 내는 것이 아니라 진정한 의미를 찾아내는 것이라고 할 것이다. 맞다! 의사소통을 이해하는 것은 매우 중요한 스킬이기 때문에 스킬로서 가르쳐야 한다. 이 스킬은 명시적인 안내 없이 거의 모든 코스에 애매하게 포함되어서는 안 된다. 교수목적이 다양한 유형의 문제를 해결하는 법을 배우는 것이라면, e^3 교수는 이러한 스킬의 습득을 촉진하기 위해 그래픽 형식의 장치를 사용할 것이다. 문제가 텍스트를 이해하는 것이라면, 이 책에 제시된 e^3 원리들은 이 스킬을 위한 교수를 설계하는 데 사용된다.

다음에서는 멀티미디어를 포맷을 위해 사용하는 두 가지 방식에 대해 논의한다. 우선 콘텐츠가 어떻게 조직화되어 있는지를 보여 주기 위해 멀티미디어를 사용하는 것이고, 다음으로 다양한 유형의 교수활동을 명확히 규명하기 위해 멀티미디어를 사용하는 것이다.

1) 콘텐츠의 구조를 표현하기 위해 포맷 사용하기

코스의 콘텐츠가 어떻게 조직화되어 있는지, 그리고 다른 위치로 어떻게 이동해야 하는지에 대해서 아는 것은 학습자에게 매우 중요하다. 인터페이스의 형식은 이러한 구조를 보여 주기 위해 사용된다. [그림 9-8]은 제7장에서 언급되었던 창업자 코스의 구조도다. 상단의 탭은 문제의 진행을 보여 주는 다섯 개의 문제 표상에 해당한다. 왼쪽의 버튼들은 각각의 비즈니스를 위해 요구되는 구성요소 스킬을 보여 준다. 이 그래픽 구조도는 학습자로 하여금 각각의 비즈니스 유형에 동일한 구성요소 스킬이 요구된다는 점을 파악할 수 있게 도와준다. 이를 통해 학습자는 각각의 비즈니스를 위한 구성요소 스킬을 차례대로 모두 학습하도록 안내받을 수 있고, 동시에 각 비즈니스, 혹은 비즈니스의 모든 구성요소 스킬에 접근할 수 있는 콘텐츠 메뉴로 활용할 수 있다. 이러한 포맷을 활용할 경우 학습자는 몇 개의 문제를 해결해야 하는지, 각각의 문제에 어떠한 구성요소 스킬이 요구되는지 쉽게 파악할 수 있다.

[그림 9-8] 코스 구조도-창업자 코스

2) 교수의 요소를 구별하기 위해 포맷 사용하기

교과서 출판사는 일반적으로 책 한 권 내에 한 가지의 폰트를 사용한다. 그러나 다양한 유형의 폰트를 사용함으로써 학습자가 교수활동의 요소들을 구별하도록 도와줄 수 있다. 개념을 가르치는 방법에 대한 책(Merrill & Tennyson, 1977)에서 저자들은 정의, 설명 그리고 개념을 설명하는 예시를 구별하기 위해 세 가지의 폰트를 사용했다. [그림 9-9]는 이 책의 일부분을 발췌한 것이다. 그림에서 개념의 이름과 정의는 명조체를 굵게, 정의에 대한 설명에는 보통 명조체를, 그리고 예시에는 고딕체를 사용했음을 알 수 있다.

[그림 9-9] 교수 요소를 구별하기 위한 다양한 폰트 사용

Clouds	
Name and Definition	**Classification Behavior: A student has learned a concept when he or she can correctly identify the class membership of a specific symbol, object, or event.**
Elaboration of the Definition	Classification behavior occurs when, given a specific symbol, object, or event, the student can name or point to the general word that refers to a class to which the specific instance belongs or, when given the general name of the class and shown representations of specific instances of this and other classes, the student will be able to identify those symbols, objects, or events that are members of the class and those symbols, objects, or events that are not members of the class.
Example	The following test question requires classification behavior. Below are pictures of clouds. Under each picture write the word cirrus, cumulus, or nimbus to indicate the type of cloud pictured. 

출처: Merrill & Tennyson(1977). 허가를 받아 게재함.

일반적으로 책은 제목, 두꺼운 글씨체, 이탤릭체, 그림 등의 형식을 활용하여 독자에게 메시지를 보다 명확히 전달하고자 한다. 이러한 장치들은 많은 경우 제시되는 콘텐츠와 관계가 있지만 다양한 교수 요소를 차별화하기 위해 사용되기도 한다. 필자 역시 다양한 요소를 다르게 표현하기 위해 포맷을 사용하였다. 예시는 별도의 표나 그림으로 제시하였고, 설명은 텍스트 본문에 제시하였다. 주요 원리는 각 섹션의 시작 부분에 다른 폰트로 적었다. 또한 기술적인 용어임을 나타내기 위해 고딕체를 활용하였다.

3) 말하고-보여 주기를 동시에 제시하기 위해 포맷 사용하기

표상을 위한 정보, 표상에 주의를 집중할 수 있도록 도와주는 안내, 그리고 표상 그 자체가 하나의 페이지 안에 제시될 때, 즉 다른 페이지로 넘어가거나 다른 창을 띄우지 않아도 될 때 학습이 촉진된다. 이를 통해 학습자가 정보와 정보가 표상에 적용된 것을 비교해 볼 수 있기 때문이다. 정보나 안내가 텍스트가 아닌 오디오일 때는 이러한 동시적 제시가 보다 쉬워진다.

정보와 표상을 동시에 제시하는, 특히 표상과 관련된 안내를 제시하는 하나의 방법은 팝업 메시지를 활용하는 것이다. 또 다른 방법으로는 정보를 불렛 포인트로 제시하고 그에 대한 설명을 팝업 메시지나 오디오로 제시하는 것이 있다.

창업자 코스([그림 9-8] 참조)에서 왼쪽 영역에는 학습해야 하는 구성요소 스킬에 대한 정보를 보여 주며, 오른쪽 영역에는 해당 정보의 표상을 제시한다. 이러한 형식은 어느 것이 정보이고 어느 것이 정보에 대한 표상인지 알아보기 쉽게 해 준다. 내용 영역을 서로 가까이에 위치시키거나, 아예 하나의 영역에 함께 제시하는 것은 정보와 해당 정보의 표상을 동시에 확인할 수 있게 해 주는 것이다.

5. 내비게이션을 위한 멀티미디어

학습은 내비게이션이 명확할 때 촉진된다.

이 책에서는 내비게이션이라는 용어를 두 가지의 서로 다른 교수 기능을 위해 사용한다. 가장 명확한 것은 학습자가 하나의 교수활동에서 다음 활동으로 넘어갈 수 있도록 제어하는 기능이다. 두 번째는 학습자가 하나의 교수활동 내에서 다양한 요소 간을 이동하는 것이다.

1) 내비게이션을 위한 전형적인 버튼 사용하기

전형적인 버튼은 매우 흔히 사용되는 버튼을 의미한다. [그림 9-10]에는 흔히 사용되는 내비게이션 버튼 몇 가지가 포함되어 있다. 일반적으로 단순하게 표현하는 것이 가장 바람직하다. 많은 사용자가 아마 이 버튼들에 익숙할 것이다. 그러나 모든 학습자가 이 버튼들을 명확하게 해석할 것이라고 가정하면 안 된다. 모듈을 시작하기 전에 혹은 첫 페이지에 버튼을 설명하는 내비게이션 지침을 제공해야 한다.

모듈의 내용과 관련된 요소를 표현하긴 하나, 내비게이션 기능뿐인 독특한 내비게이션 버튼을 사용하는 것은 피해야 한다. 내용을 반영하긴 하나 내비게이션에서 자주 사용되지 않는 아이콘을 사용할 경우 학습자의 인지 부하가 증가되며, 새로운 아이콘에 대한 학습을 요구하게 된다. 예를 들어, 여행과 관련된 콘텐츠에서는 이전-다음Previous-Next 이동 버튼에 비행기 모양을 사용하였다. 이 비행기들은 왼쪽 혹은 오른쪽으로 날아가는 모습이었으며, 내비게이션으로 사용하는 데 그리 어렵지는 않았다. 그러나 이들이 학습에 기여했을까?

[그림 9-10] 전형적인 내비게이션 버튼 예시

▶	다음 페이지로 이동	◀	이전 페이지로 이동
▶|	마지막 페이지로 이동	|◀	첫 페이지로 이동
🏠	홈 혹은 메뉴로 이동	↺	직전 페이지로 이동
🔊	오디오 재생	🎥	비디오 재생
📄	문서 보기	?	도움말 보기

미디어 제어　　▶ ▨▨▨▨▨▨　　🔊

2) 교수 요소 간의 내비게이션을 위해 콘텐츠 메뉴 사용하기

이전-다음 버튼을 너무 많이 사용하다 보면 단순한 페이지 넘기기 식의 프로그램이 될 수 있다. 학습은 학습자가 콘텐츠와 유의미하게 상호작용할 때 촉진된다. 다음 버튼을 누르는 것은 학습을 촉진하지 않으며, 학습자로 하여금 뒤로 기대어 앉은 채로 화면 간을 이동하게끔 할 뿐이다. 내용과 관련하여 혹은 교수활동과 관련하여 학습자가 무엇인가 결정하게 하면 다음에 무엇을 하게 될지에 대해 주의를 기울이게 된다. 콘텐츠 메뉴를 활용한 내비게이션은 이와 같은 정신적 노력을 요구한다. 이러한 메뉴들은 콘텐츠 내에 포함되어 있거나 혹은 별도의 상호작용 메뉴로 제시되기도 한다. 어떠한 경우든 이러한 메뉴를 어떻게 사용하는지에 대해서 학습자에게 명확한 안내를 해 주는 것은 매우 중요하다. 안내는 프로그램에 대한 소개 부분에 포함되어야 하며, 콘텐츠 내에 박혀 있는 메뉴가 사용된 페이지들은 초기에 그에 대한 설명을 해 주고, 그 뒤로는 필요한 설명을 다시 볼 수 있도록 해야 한다.

창업자 코스에서 상단의 비즈니스 탭과 좌측의 구성요소 스킬 메뉴가 바로 콘텐츠 내에 포함되어 있는 메뉴다([그림 9-8] 참조). 탭을 클릭하면 학습자는 나중에 학습하게 될 다른 비즈니스 유형을 미리 돌아보거나, 콘텐츠를 학습하거나, 혹은 이미 학습한 내용을 복습할 수 있다. 왼쪽의 구성요소 스킬 메뉴를 클릭하면 해당 비즈니스 내의 어떠한 구성요소 스킬이거나 미리 보고 학습하고 복습할 수 있다. 이러한 내비게이션 메뉴는 학습자가 프로그램의 다양한 부분으로 자유롭게 이동할 수 있도록 도와준다. 프로그램 시작 시 제공되는 내비게이션 안내는 해당 버튼의 기능을 소개해 주며, 도움help 버튼은 학습자가 이러한 안내를 나중에 다시 볼 수 있

도록 해 준다. 학습자는 순차적으로 내용을 학습하는 것이 좋다는 안내를 받지만, 이러한 메뉴들은 학습자가 전체 프로그램의 구조를 개관하고, 특정 내용을 학습하며, 나중에 복습을 위해 각각의 비즈니스 메뉴에 접근할 수 있도록 도와준다.

3) 교수활동 내에서 내비게이션을 하기 위해 이전-다음 버튼 사용하기

많은 프로그램에서 교수활동 간의 내비게이션을 위해 이전, 다음, 처음, 마지막으로 이동하는 버튼을 사용한다. 앞서 언급했듯이, 학습자는 이 버튼을 사용해서 프로그램을 그저 쭉 훑어보려는 유혹에 빠지게 된다. 이전으로, 다음으로 이동하는 버튼을 보다 잘 사용하는 방법은 교수활동 '내에서' 내비게이션을 할 수 있도록 하는 것이다.

창업자 코스에는 정보 및 표상 영역 하단에 내비게이션 버튼을 삽입하고 있다. 이전, 다음 화살표는 학습자가 주어진 구성요소 스킬을 학습하기 위한 학습 활동 내에서 이동할 수 있도록 도와주는 전형적인 버튼이다. [그림 9-8]에는 정보 영역과 표상 영역에서 정보 및 그에 해당되는 표상을 순차적으로 보여 주는 방식이 표현되어 있다. 이전, 다음 버튼은 학습자로 하여금 바로 이러한 시연의 속도를 조절할 수 있도록 해 준다. 각각의 정보 및 해당 표상이 제시되면, 학습자는 다음 버튼을 눌러 학습을 계속한다. 이전 버튼을 누르면 바로 전에 시연되었던 부분을 반복하게 된다. 다음 버튼을 누르면 불렛으로 제시되는 정보, 이 정보의 표상, 그리고 이 정보 및 표상에 대한 정교화된 설명이 나타난다. 이 교수활동의 제일 처음 부분에는 이전 버튼이 없으며, 마지막에는 다음으로 버튼이 없다. 오디오를 활용하여 학습자가 콘텐츠 메뉴를 통해 다음 교수활동으로 이동하도록 안내한다.

6. 상호작용을 위한 멀티미디어

학습은 교수활동이 상호작용적일 때 촉진된다.

디지털 테크놀로지가 도입되기 전에는 학습자와 교수활동 간의 상호작용이 수동적으로 이루어졌다. 학습자에게는 텍스트 혹은 오디오의 형식으로 정보가 제시되었으며, 정적 혹은 동적 그래픽도 사용되었다. 그러나 이러한 교수활동과의 상호작용은 주로 제시된 자료를 관찰하는 것에 그쳤다. 명시적인 학습자 상호작용은 연습, 프로젝트, 과제 작성, 시험 등을 작성하여 제출하는 것, 그리고 이에 대해 교수자가 검토하여 가능한 경우 피드백을 제공하는 것 정도였다. 게다가 피드백은 제출 시점과 피드백 제공 시점 간의 시간차가 존재했다.

학습자는 컴퓨터 테크놀로지로 미디어를 제어하는 것이 가능해졌다. 이러한 학습자 통제권은 학습자와 교수활동 간의 역동적인 상호작용을 촉진하였다. 학습자는 오디오, 비디오, 애니메이션 등의 요소를 시작, 멈춤, 반복 재생할 수 있게 된 것이다. 학습자는 디지털 장치에 입력을 하면 자신이 입력한 것에 대하여 즉각적으로 교정적인 피드백을 받게 되었다. 또한 학습자가 실제 세계와 어느 정도 유사한 방식으로 상호작용할 수 있는 애니메이션과 마이크로월드의 구현, 그리고 학습자가 자신의 학습을 주도하는 것 역시 가능하다. 다음에서 이 각각의 미디어 제어 유형에 대해 논의한다.

1) 오디오, 비디오, 애니메이션에서의 미디어 제어

텍스트 메시지는 일반적으로 고정되어 있기 때문에 읽기가 쉽다. 오디오와 비디오 메시지는 일시적으로 제시되고 재생을 마치면 사라진다. 따라서 학습자가 이러한 동적인 메시지를 멈추고, 읽고, 재생할 수 있는 방법을 마련하는 것이 중요하다. [그림 9-10]은 동적인 멀티미디어를 위한 콘트롤 바를 보여 준다. 동적인 미디어는 시작, 일시 정지, 멈춤을 나타내는 전형적인 심볼인 ▶, ‖, ■, 그리고 진도 현황을 나타내는 막대, 오디오의 길이를 표시하는 심벌을 활용하여 제어한다. 학습자는 진도 현황 막대의 현 위치 표시를 드래그하여 오디오나 비디오의 특정 부분을 그냥 넘어가거나 반복 재생할 수 있다. 막대의 끝에 위치한 스피커 모양을 클릭하면 학습자는 오디오의 볼륨을 조정하거나 아예 소거할 수 있다.

2) 학습자 응답을 입력하거나 교정적 피드백을 제공하기 위한 미디어 제어

다음은 다양한 유형의 교수전략을 활용함에 있어서 학습자 응답을 위해 미디어를 제어할 수 있는 방법이다.

(1) ~의 종류Kind-of에 대한 응답
~의 종류(개념)와 관련된 전략은 학습자로 하여금 해당 분류와 관련되는 예시를 규명하도록 요구한다. 시연과 마찬가지로, 개념을 적용하기 위한 예시에 대한 표상은 해당 개념의 정의적인 혹은 순서적인 속성을 적절히 담고 있어야 한다. 개념 관련 전략에 대한 적절한 응답에는 여러 가지의 다양한 유형이 있을 수 있다. 몇 가지 가능한 것은 다음과 같다. 개념과 관련된 예시를 하나씩 제시하고 학습자는 주어진 목록에서 적절한 개념의 이름을 선택한다. 여러 개의 예시를 관련된 개념이 있는 위치로 각각 드래그한다. 그렇게 분류한 이유를 목록 중에서 선택한다. 어떤 개념은 학습자가 해당 개념을 규정짓는 중요한 특성을 나타내는 그래픽을 클릭할 수도 있다.

학습자는 예시와 비예시를 판별하는 것뿐 아니라 이 예시가 다른 예시보다 더 나은 이유 역시 설명할 수 있어야 한다. 학습자가 효과적으로 응답할 수 있게 하는 방법은 개념을 반영하는 정도가 다양한 예시를 제공하고, 학습자로 하여금 각각의 예에 대하여 순위를 매기게 하는 것이다. 예를 들어, 창업자 코스에서 학습자는 여러 개의 비즈니스 기회 요인에 대한 진술문을 읽고 무엇이 가장 바람직한지, 그다음으로 바람직한 것은 무엇인지를 선택할 수 있다.

학습자가 주어진 목록에서 선택을 하고 나면 즉시 교정적 피드백이 팝업 메시지의 형태로 제시된다. 혹은 학습자의 선택 결과에 따라 새로운 메시지가 제시된다. 학습자가 텍스트를 입력하면, 미디어는 학습자의 입력 값과 사전에 프로그램되어 있는 기댓값을 비교하여 답을 제시하는 정답 처리 소프트웨어를 가동한다. 이러한 소프트웨어는 오탈자, 동의어 등에 대하여 융통성 있게 대처하도록 설계되어야 한다. 교정적 피드백은 학습자의 응답 이후에 제시되는 안내에 해당되며 시연 중에 제공되는 안내와 유사하다. 이러한 피드백은 학습자가 정의적 혹은 순서적인 속성에 주의를 기울이도록 해 준다.

(2) ~에 대한 방법^{How-to}에 대한 응답

~에 대한 방법(절차)의 단계를 규명하는 것은 앞서 논의한 ~의 종류와 유사하다. 각 단계의 중요한 특징을 명확히 담아 낼 수 있도록 표상해야 하기 때문이다. 일련의 절차에서 하나 혹은 그 이상의 단계가 제시될 때, 학습자는 각 단계에 부합하는 예를 생각해 보고 각 단계의 중요한 속성을 규명해야 한다. 특정 단계에 대하여 여러 가지의 예시가 제공되면 학습자는 이들 가운데 가장 적합한 예시가 무엇인지 순위를 매길 수 있다. 절차 학습에서 교정적인 피드백은 학습자가 응답을 한 이후에 안내로 제시된다.

절차와 관련하여 종종 사용되는 또 다른 응답 방식으로는 학습자로 하여금 각 단계의 이름을 붙이도록 하는 것이다. 그러나 이러한 형태의 응답은 단지 학습자의 기억을 확인할 수 있을 뿐, 학습자가 해당 절차를 실행할 수 있는지의 여부는 점검하지 못한다. 이를 조금 변형한 것이 각 단계를 새로운 예시를 활용하여 동적으로 제시하되 학습자가 이들을 간략한 시나리오에 맞추어 순서대로 정리하는 방식이다. 이를 수행하기 위해서는 두 가지 스킬이 필요하다. 즉, 각 단계에 대한 새로운 예시를 인지하고(~의 종류와 관련됨), 이들을 순서대로 정리할 수 있어야 한다.

절차 내의 각 단계를 학습자가 수행하도록 하는 것은 미디어를 활용한 교수에서 도전적인 과제다. 워드프로세서나 스프레드시트를 활용하는 것, 시를 쓰는 것, 수학 문제를 푸는 것, 문서를 편집하는 것 등 심벌을 사용하는 교수 프로그램이라면 해당 소프트웨어를 시뮬레이션하거나 학습자가 실제로 소프트웨어를 사용하도록 함으로써 상대적으로 용이하게 목표를 달성할 수 있다. 그러나 사회적인 상호작용을 수반하는 절차라면, 예컨대 가구 판매 혹은 인터뷰 스킬 등을 다룬다면 학습자가 입력한 응답을 처리하는 것이 훨씬 더 까다롭다. 시뮬레이션을 사용하여 일부 행동을 근사치로 예상하는 방법이 가능하며, 닌텐도 Wii와 같은 장비를 통해 심체적 수행을 입력하는 것 역시 가능해지고 있다.

복잡한 절차에 대하여 교정적 피드백을 제공하기 위해 미디어를 사용하는 것 역시 쉽지 않은 과제다. 구성요소 스킬에 대한 응답을 입력하는 것이 상대적으로 쉬운 반면, 복잡한 전체 과제 whole task에 대한 수행을 평가하는 것은 어렵다. 제6장에서 기술한 것과 같이 전체 과제를 정교하게 분석한다면, 그리고 전체 과제의 구성요소 스킬이 해당 스킬의 유형에 따라 주의 깊게 입력된다면, 각각의 구성요소 스킬을 평가하는 것이 가능하다. 전체 과제를 평가하는 방법은 이 책의 제2부에서 논의할 것이다.

(3) ~에 대한 결과 예측What-happens에 대한 응답

미디어를 활용한 교수 프로그램에서 가장 등한시되고 있는 유형의 응답이 바로 가설적 사고, 즉 결과 예측일 것이다. 제5장에서 언급했듯이 가설적 사고에 대한 가장 적합한 응답은 주어진 조건하에서 결과를 예측하는 것, 혹은 기대하지 못했던 결과가 주어졌을 때 잘못된/누락된 조건을 찾아내는 것이다. [그림 6-12]에서 마지막 몇 개의 교수활동은 가구 판매 수업과 관련된 가설적 사고를 보여 준다. 이 상황에서 고객은 구매를 하지 않는다. 학습자는 비디오를 보고 어떤 단계에서의 Maria의 대응이 바람직하지 않은 결과를 가져왔는지 생각해 볼 수 있다. 학습자의 응답을 캡처해서 교정적 피드백을 제공하는 것은 이 상황에서 도전적인 과제다. 아마도 학습자가 Camtasia 혹은 Captivate와 같은 소프트웨어를 활용하여 비디오를 편집함으로써 누락되

[그림 9-11] ~에 대한 결과 예측What-happens와 관련된 응답 제어

사진과 노출
다음에 제시된 사진과 관련하여, 셔터 스피드, 조리개, ISO, 화이트 밸런스를 조절하여 Jill이 그녀의 목표를 달성할 수 있도록 도와주세요.

Jill은 침대 옆 탁자 위에 꽃을 꽂아 두었다. 그녀는 꽃이 시들기 전에 사진을 찍어서 남편이 이 꽃으로 자신을 놀라게 해 주었던 순간을 간직하고 싶어 한다. 그녀는 16×20인치의 액자에 사진을 걸어 두고 싶지만 노출이 맞지 않아서 고민하는 중이다. 꽃의 색이 잘 살아날 수 있도록 노출을 바꾸려면 어떻게 해야 할까?

셔터 스피드	30 ▼▲
조리개	f 8.0 ▼▲
화이트 밸런스	텅스텐▼▲
ISO	100▼▲

제출　　　점수 확인

제출 버튼을 누르면 당신이 바꾼 조건이 반영된 사진이 보입니다. 결과가 만족스럽지 않으면 다시 시도할 수 있습니다. 시도 횟수가 적을수록 점수는 더 높아집니다.

출처: Micah Murdock. 유타 주립대학교의 학생 과제를 수정 · 보완함.

거나 부적절한 단계 혹은 예기치 않았거나 부적절한 조건을 확인하고, 어떻게 적절하지 않은 단계를 개선하여 바람직한 결과를 도출해 낼 수 있는 조건으로 만들 수 있는지를 생각해 볼 수 있다.

사진에 대한 교수 프로그램에서 노출과 관련된 몇 가지의 구성요소 스킬을 가르친 후 학습자에게 일련의 사진을 보여 주고 어떠한 조건이 적용되었는지 규명하도록 하거나, 노출이 적절하지 않은 사진의 경우에 어떤 조건이 맞지 않았는지를 찾아내도록 할 수 있다. [그림 9-11]은 ~에 대한 결과 예측과 관련된 응답을 유도하는 미디어의 사용법을 보여 준다. 위로, 아래로 버튼을 활용하여 학습자는 셔터 스피드, 조리개, 화이트 밸런스 그리고 ISO 조건을 변경할 수 있다(실제 프로그램에서는 컬러 사진이 제시된다). 학습자가 이러한 조건들을 바꿀 때마다 사진은 그 결과가 반영된 모습을 보여 준다. 학습자는 자신이 조작한 결과를 즉시 보며 피드백을 받게 되는 것이다. 학습자가 원하는 결과를 얻을 때까지 조건을 바꿀 수 있기는 하지만, 최소의 시도로 최적의 결과를 만들어 내는 학습자에게 가장 높은 점수가 주어진다. 이러한 응답 시스템은 학습자가 잘못된 조건을 진단하고 이를 바꾸어 더 나은 결과를 도출할 수 있도록 도와준다.

3) 시뮬레이션이나 마이크로월드와 상호작용하기 위한 미디어 제어

장비 혹은 실제 세계의 상황을 시각화하고 그에 대한 통제권을 학습자에게 부여하기 위해 멀티미디어를 사용할 수 있다. 학습자는 장비의 조건을 변경함으로써 그 결과를 관찰할 수 있다. [그림 9-12]는 옴의 법칙^{Ohm's law}을 시연하기 위한 간단한 회로 시뮬레이션을 보여 준다. 학습자는 볼트와 저항의 조건을 바꾸면서 전기회로의 흐름을 관찰할 수 있다.

마이크로월드^{microworlds}는 특정 환경에서 나타날 수 있는 아이템을 구현한 것과 학습자가 상호작용할 수 있도록 지원한다. 마이크로월드라는 용어는 MIT 미디어 연구소^{MIT Media Lab}에서 탄생하였으며, 학습자가 다양한 아이템을 조작할 수 있는 복잡한 환경에 대한 시뮬레이션을 통칭하는 말로 확대하여 사용하고 있다. 학습자는 정보를 얻고 제공하고 의사결정하고 그 결과를 보기 위해 여러 객체를 클릭하게 된다.

마이크로월드 가운데 인기 있는 유형은 미결재 서류함 시뮬레이션^{in-basket simulation}이다. 이 연습 활동은 관리자가 일반적으로 맞닥뜨리게 되는 문제 상황 및 의사결정을 가상으로 시뮬레이션화한 것으로, 참여자는 가상의 조직에 대한 배경 정보를 받게 되며 해당 조직의 관리자 역할을 수행하게 된다. 신입 관리자로서 학습자는 문제 요인을 포함하고 있는 편지, 메모, 전화, 보고서, 이메일 및 기타 정보에 응답해야 한다. 디지털 테크놀로지를 활용할 경우 미결재 서류함 시뮬레이션은 관리자의 사무실, 파일 캐비닛, 팩스, 전화를 포함하여 다양한 커뮤니케이션 장비를 그래픽으로 표현할 수 있다. 애니메이션이나 짧은 비디오 클립을 활용하여 주변 인물을 등장시킬 수도 있다. 이 책에서 이를 자세히 다룰 수는 없지만 다양한 유형의 시뮬레이션을 검색해 보면 많은 예를 찾을 수 있을 것이다.

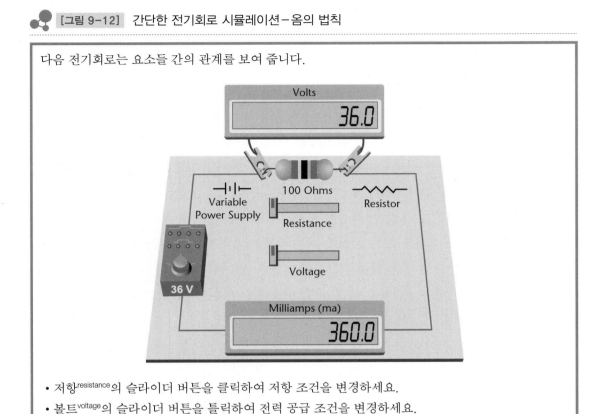

[그림 9-12]　간단한 전기회로 시뮬레이션-옴의 법칙

저작권: Michael W. Davidson & 플로리다 주립대학교. 허가를 받아 게재함.

4) 교수활동에서의 학습자 통제권

이 장의 앞에서 교수활동 간의 내비게이션을 위해 다음 버튼 대신 콘텐츠 메뉴를 활용할 것을 제안했다. 만약 학습자가 다음으로 진행할 교수활동을 고심해서 선택해야 한다면 이러한 정신적인 노력은 단순히 페이지만 넘기기보다는 수행 중인 과제에 좀 더 주의를 집중할 수 있도록 도와줄 것이다. 분명 이러한 학습자 통제권은 아직 학습하지 않은 부분을 미리 둘러보고 이미 학습한 내용을 다시 점검할 수 있는 기회도 제공한다. 많은 경우 학습자에게 통제권을 부여했을지라도 교수활동 내에서의 내비게이션은 여전히 선형적, 즉 모든 학습자에게 동일한 경로를 제공한다. 이러한 접근은 학습자의 개인차를 고려하지 못한다. 어떠한 학습자 집단이든 그 안에는 서로 다른 능력, 경험, 학습 선호도를 가진 다양한 학습자가 존재한다. 이러한 개인차 이슈를 어떻게 다룰 수 있을까? 다양한 수준의 경험과 능력을 가진 학습자를 위해 여러 개의 경로를 제공하는 것은 일반적으로 실행하기 매우 어렵다. 대부분의 교육·훈련 예산은 제한적이므로 하나의 프로그램을 여러 개의 버전으로 개발할 수 없다. 예산이 충분하다 하더라도 몇 개의 경로를 제공해야 충분할 것인가? 다양한 학생의 요구를 예측하는 것은 매우 도전적인 일이다. 교육이 진행되는 동안의 특정 순간 학생 개개인의 요구가 무엇인지를 어떻게 알 수 있겠는가?

학습은 교수활동 시 학습자에게 통제권을 부여할 때 촉진된다. 이러한 학습자 통제 관련 교수전략은 널리 사용되고 있지 않으나, 학습자 자신의 요구에 교수를 맞추어 나갈 수 있는 능력을 키울 수 있다는 장점이 있다. 어떤 학습자가 정의를 학습한 후 몇 개의 예시를 보아야만 안심을 할 수 있을까? 개념의 복잡한 정도가 필요한 예시의 개수를 결정하는 변인 중 하나일 것이다. 그러나 학습자 경험, 적성, 선호도 역시 중요한 역할을 수행한다. 많은 학습자는 예시 혹은 비예시를 더 볼 것인지 아닌지를 결정할 수 있다. 모든 학습자가 주의집중을 위한 안내를 필요로 할까? 어떤 학습자는 즉시 표상의 속성을 확인할 수 있겠지만 또 다른 학습자는 이러한 표상의 속성을 규명해 내는 데 상당한 도움을 필요로 한다. 많은 학습자는 안내를 볼 것인지의 여부를 결정할 수 있다. 앞으로 접하게 될 예시를 규명하기 위해서 학습자는 몇 개의 연습 항목을 필요로 할까? 실제로 어떤 절차를 수행하기 위해서 몇 번이나 더 연습을 해야 할까? 다양한 학생을 위해 여러 개의 전략을 활용하고 이러한 의사결정을 내리는 것은 쉽지 않다. 그러나 학습자에게 이러한 사항에 대한 통제권을 부여하게 되면 학습자 자신의 요구에 맞추어 전략을 수정하게 되며, e^3 학습을 촉진할 것이다.

[그림 9-13]은 사진의 삼등분 원칙에 대한 수업을 구성하는 방식을 보여 준다. 왼쪽의 버튼은 학습자로 하여금 교수활동을 통제할 수 있도록 해 준다. 물음표(?)를 시연(보여 주기Show) 모드에서 클릭하면 다음과 같은 오디오 안내가 나온다. "이에 대해 더 학습하고 싶으면 Tell 버튼을 클릭하세요." Tell 버튼을 클릭하면 원칙에 대한 오디오 설명이 제시된다. "또 다른 예시를 보기 위해서는 Show 버튼을 클릭하세요." Show 버튼을 클릭하면 예시/비예시가 제시된다. "Help 버튼을 클릭하면 왜 사진에서 삼등분 원칙이 중요한지 알 수 있습니다." Help 버튼을 클릭하면 사진 위로 영역을 표시하는 줄이 생기고 오디오 설명이 나온다. "Do 버튼을 클릭하고 삼등분 원칙과 관련된 당신의 스킬 수준을 테스트하세요." Do 버튼을 누르면 세 개의 다른 버튼(삼등분 원칙 적용, 삼등분 원칙 미적용, 피드백)과 함께 새로운 사진이 제시된다.

물음표(?)를 적용(수행하기Do) 모드에서 클릭하면 다음과 같은 오디오 안내가 나온다. "사진에서 삼등분 원칙을 적절하게 사용한 예를 찾아 클릭하세요. Feedback 버튼을 클릭하면 정답에 대한 부가 설명을 보실 수 있습니다." 답을 입력한 후 Feedback 버튼을 클릭하면 오디오 설명과 함께 삼등분 선을 제시한다.

앞으로 가는 화살표를 클릭하면 해당 모듈 내의 다음 교수활동으로 이동한다. 좀 더 지능적으로 만들자면 다음과 같은 안내를 제공할 수 있다. 만약 학습자가 Do 버튼을 클릭하고, Show 버튼을 활용해서 적어도 두 개 이상의 예시를 보지 않는다면 다음과 같은 오디오 메시지를 재생한다. "학습한 내용을 적용하기 전에 더 많은 예시를 볼 것을 권합니다." 학습자가 적어도 3개 이상의 적용 아이템을 시도하기 전에 다음으로 이동하는 화살표를 클릭한다면 다음과 같은

[그림 9-13] 교수활동에 대한 학습자 제어

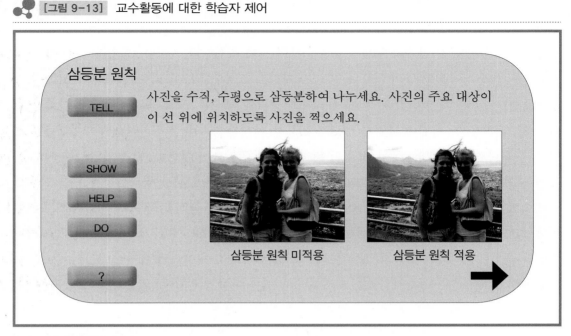

출처: 필자가 설계한 원자료.

오디오 메시지를 들려준다. "다음으로 이동하기 전에 삼등분 원칙을 적용한 사진을 골라 보세요." 이들은 학습자가 더 많은 예시를 보거나 연습을 할 것을 강제하지는 않는다. Do 버튼을 한 번 더 누르면 적용 단계로 넘어가고, 다음으로 이동하는 화살표를 한 번 더 누르면 다음 교수활동으로 넘어간다.

7. 멀티미디어의 잘못된 사용

이 장은 교수를 학습자에게 전달하기 위해 멀티미디어를 효과적으로 사용하는 방법을 기술하고 있다. 불행하게도 e³ 교수전략은 콘텐츠 요소를 제시하기 위한 멀티미디어를 잘못 사용할 경우 비효과적이 되어 버릴 수 있다. 이 장의 마지막 부분에서는 미디어를 오용하는 일반적인 상황에 대해 논의한다.

1) 관련이 없는 불필요한 미디어

관련성은 멀티미디어에서 가장 중요한 속성이다. 관련성은 '교수적인 기능을 가지고 있는가?'라는 질문에 대하여 긍정적인 답을 하는 것이다. 멀티미디어에 교수적 기능이 없다면 학습에 기여하지 않을 것이며, 결국 학습을 방해하게 된다. 교수자료에 포함되어 있는 모든 멀티미디어에 대해 다음과 같은 질문을 해 볼 필요가 있다. '이 미디어는 어떠한 교수내용을 다루고 있는가? 혹은 어떠한 교수활동을 가능하게 해 주는가?'

교수적인 기능이 없는 그래픽을 사용하는 것은 거의 모든 교수자료에서 찾아볼 수 있다. 많은 경우 내용과 관련은 있지만 콘텐츠의 요소를 적절히 표현하거나 교수활동을 촉진하지는 못하는 그림을 활용한다. 교과서는 두세 페이지마다 반드시 그림을 넣어야 한다는 규칙을 따르는 듯하다. 온라인 교수 프로그램은 마치 모든 화면에 그래픽 요소가 포함되어야 한다는 규칙이 있는 것 같다. 많은 경우 온라인 수업들은 강의 및 그에 대한 설명으로 이루어진다. 즉, 많은 분량의 텍스트와, 그 내용과 어쨌든 관련이 있는 그림으로 구성되어 있다. 이러한 그래픽들을 조사해 본 결과 교수활동을 실행하는 것, 표상의 속성을 나타내 주는 역할은 거의 수행하지 못하고 있으며, 단순히 프레젠테이션을 보다 흥미롭게 만들어 주기 위해 삽입되어 있었다.

2) 학습을 방해하는 미디어

e-러닝에서 흔히 벌어지는 일 중의 하나는 자료를 흥미롭게 만들어 주는 미디어를 넣는 것이다. 사운드 효과, 배경음악, 재미를 위한 그래픽, 장식을 위한 그래픽 등이 그 예다. 이러한 부수적인 멀티미디어는 학습에 기여를 할까? 연구 결과에 따르면, 그것은 흥미를 증가시키기보다 오히려 학습을 방해해 왔다(Clark & Mayer, 2003, 2008; Mayer, 2001). 방해가 되는 미디어의 한 가지 형식은 페이지를 넘길 때마다 들리는 효과음이다. 이 소리가 학습에 기여할까? 방해하는 미디어들 가운데 진짜 거슬리는 것은 학습자가 옳은 답을 했을 때 들리는 박수소리나 격려해 주는 소리, 혹은 틀린 답을 했을 때 들리는 부저나 부정적인 소리다. 이러한 효과음이 교정적인 피드백으로서의 역할을 수행하는가? 이러한 반복적인 효과음은 피해야 한다.

심지어 내용과 관련이 있는 효과음조차도 그 효과음이 표상의 중요한 특성이 아닐 경우에는 학습에 방해가 된다는 연구 결과가 있다(Clark & Mayer, 2007; Mayer, 2001). 번개가 어떻게 작동하는지를 가르쳐 주는 수업에서 Mayer는 천둥 소리를 삽입할 경우 학습에 방해가 된다는 점을 확인하였다. 소리 효과음은 그것이 표상의 특성을 구분 지어 주는 필수적인 요소인 경우에만 사용하라.

교수 프로그램의 앞부분에는 배경음악이 거의 보편적으로 사용된다. 이 음악이 학습 내용과 관련이 없다면 학습에 도움이 될 것인가 아니면 방해가 될 것인가? 학습자에게 친숙한 음악을 사용할 경우 내용과는 관련이 없는 다른 멘탈 모형을 활성화함으로써 인지 부하를 증가시키고 학습을 더욱 어렵게 만들지는 않는가? 이러한 배경음악은 어떠한 교수적 목표를 가지고 있는가? 배경음악은 원래 영화나 비디오에서 시청자를 하나의 장면에서 또 다른 장면으로 이동시켜 주기 위해 사용되어 왔다. 즐거움을 위해서라면 배경음악이 분명 뭔가 역할을 수행한다. 그러나 배경음악을 삽입하는 것이 학습에 기여할 것인가 아니면 학습을 방해할 것인가? 이 중요한 질문에 대한 답은 아직 없다. 그러나 부가적인 사운드에 대한 Mayer의 연구 결과를 적용해 본다면 배경음악의 사용은 학습을 방해할 것이다.

3) 과도한 양의 텍스트

많은 온라인 코스는 단지 과도한 양의 텍스트를 담고 있는 교재에 불과하다. 간략한 축약형 텍스트와 관련 오디오로 내용을 설명하는 방식이 많은 양의 텍스트를 사용하는 방식보다 더 효과적임을 이미 논의하였다.

4) 스크린에 제시된 텍스트 읽기

온라인 프로그램에서 보편적으로 활용하는 방식은 텍스트로 제시되는 내용을 오디오로 읽어 주는 것이다. 앞서 기술하였듯이, 학습자에게 텍스트를 읽어 주는 것은 학습 과정을 오히려 방해할 수 있다. 만약 그래픽까지 함께 제시한다면 더욱 그럴 수 있다.

5) 방해가 되는 애니메이션

프레젠테이션 소프트웨어들은 다양한 애니메이션 효과 메뉴를 제공한다. 프레젠테이션을 보다 흥미롭게 만들기 위해서 이들을 사용하고 싶은 유혹에 빠지기 쉬운데, 이는 즐거움을 줄 수는 있으나 대부분의 경우 제시되는 내용에 집중하는 것을 방해한다. 최근 짤막한 수업에서 불렛 포인트로 정리한 내용이 한 줄 한 줄 나타날 때마다 매번 다른 애니메이션 효과를 사용한 자료를 본 적이 있다. 이 애니메이션 효과는 학습자를 즐겁게 할 수는 있지만 메시지에 주의를 기울이는 것을 분명 방해했다.

6) 관련이 없는 불필요한 색상 사용

앞에서 색상을 불필요하게 사용할 경우 학습을 방해할 수 있음을 언급하였다. 색상은 교수적 목적을 가지고 사용해야 한다. 예를 들어, 학습자의 주의를 획득하기 위해 안내하고자 하는 목적으로 특정 색상을 사용한다면, 또 다른 색상을 교수적 목적 없이 추가적으로 사용하는 것은 학습자의 혼란을 야기한다. 만약 주의 획득을 위해 텍스트의 일부에 색상을 사용한 상황에서 단지 흥미를 높이기 위해 다른 텍스트를 또 다른 색상으로 표기한다면, 학습자는 그 색상의 의미가 교수적 관점에서 무엇을 의미하는지 고민하게 될 것이다. 혹은 거꾸로 교수적으로 관련이 있는 주의집중 용도의 색상을 인지하지 못하게 될 수도 있다.

매력적으로 표현하기 위해 온라인 코스의 배경에 색상을 사용할 수 있다. 단순한 흑백보다는 좀 더 매력적인 색상으로 텍스트를 제시할 수도 있다. 여기서 가장 중요한 원칙은 일관성이다. 만약 배경에 특정 색을 사용하고 텍스트에 눈에 잘 띄는 색을 사용했다면 이 색상이 코스 전체에 일관되게 나타나야 한다. 배경과 텍스트에 색상을 사용한 경우 가독성 역시 매우 중요한 고려 사항이다. 색상 조합이 잘못되면 읽기가 매우 어렵다. 색 이론에 대하여 이 책에서 자세히 언급할 수는 없으므로 인터넷에서 색+가독성이라는 키워드로 검색을 하여 효과적인 색 조합에 대해 알아볼 것을 권한다.

어떤 코스들은 현재 학습자의 위치를 파악하도록 돕기 위해 혹은 교수활동을 구분하기 위해 배경색을 사용한다. 새로운 콘텐츠가 시작될 때 새로운 색 조합으로 바뀌거나, 정보는 이 색상의 배경으로 보여 주고 표상은 다른 색으로 보여 줌으로써 표상과 관련 정보를 구분하기도 한다. 색상을 이러한 교수목적으로 활용한다면 학습자에게 이를 명확히 보여 주어야 한다. 학습 안내에서 색상이 어떻게 사용되고 있는지 설명하고, 코스 내에서 일관되게 색 조합을 보여 주어야 한다.

8. E³ 멀티미디어 실행 예시: 창업자 코스

〈표 9-1〉은 이 장에서 논의한 처방에 대한 체크 박스를 바탕으로 개발된 멀티미디어 체크리스트다. 표의 위쪽은 해당 사항을 체크하는 곳이고, 하단은 각 체크 박스에 대한 처방을 다루고 있다. 창업자 코스에서 멀티미디어를 활용한 것을 멀티미디어 체크리스트에 대입해 보면 어떨까? 창업자 코스에서 사용된 멀티미디어에 대해서 표에 표기해 두었다.

〈표 9-1〉 멀티미디어 체크리스트

코스명:	평가자:	일시:	
잘못된 사용: □ 불필요함 □ 방해가 됨 □ ＞ 텍스트 □－애니메이션 □－색상 □－읽기			
교수활동	포맷	내비게이션	상호작용
⊠ 텍스트/오디오 ⊠ 표상 ⊠ 안내	⊠ 조직화 ⊠ 교수활동 ⊠ 말하기/보여 주기	⊠ 버튼 ⊠ 콘텐츠 메뉴 ⊠ 다음/마지막으로	⊠ 비디오/오디오 제어 □ 응답과 피드백 □ 시뮬레이션/마이크로월드 □ 교수활동 제어
체크리스트 핵심 요소:			

(계속)

잘못된 사용:	
불필요한 멀티미디어를 피하라(불필요함).	불필요한 애니메이션을 피하라(−애니메이션).
방해가 되는 멀티미디어를 피하라(방해가 됨).	불필요한 색상의 사용을 피하라(−색상).
과도한 양의 텍스트를 피하라(>텍스트).	온라인 텍스트를 읽는 것을 피하라(−읽기).
교수활동:	**내비게이션:**
축약형 텍스트와 그에 대한 오디오 설명	전형적인 버튼
표상을 보여 주기 위한 텍스트, 오디오, 그래픽	교수활동 간에 사용되는 콘텐츠 메뉴
주의를 획득하기 위한 그래픽과 오디오	교수활동 내에서 다음으로/마지막으로 버튼
포맷의 사용:	**상호작용:**
내용에 대한 조직화 표현하기	오디오, 비디오, 애니메이션의 제어
교수활동들을 구별하기	학습자 응답과 피드백
말하기와 보여 주기를 동시에 제시하기	시뮬레이션과 마이크로월드
	교수활동에 대한 제어

[그림 9-14] 창업자 코스에서의 멀티미디어 활용

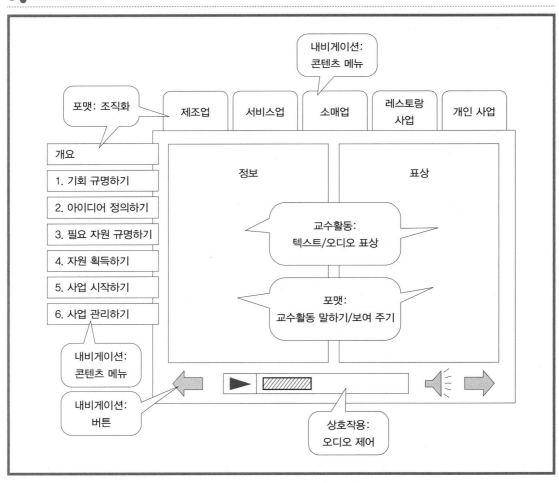

[그림 9-14]는 창업자 코스의 멀티미디어 활용을 표현하기 위해 말풍선을 사용한 예시다. 말풍선으로 제시한 내용은 멀티미디어 체크리스트의 체크 박스와 관계가 있다. 이 그림은 이 장에서 논의한 멀티미디어 처방이 적용된 것이다. 이 코스에서의 멀티미디어 활용은 다음 단락에서 요약하였다.

1) 교수활동

- 텍스트/오디오: 왼쪽의 공간에는 오디오 설명이 동반된 체크리스트를 제시한다.
- 표상: 우측의 공간에는 좋은 비즈니스 기회에 대한 설명을 제시한다. Veasna의 비즈니스 기회에 대한 기술은 체크리스트 정보에 대한 텍스트 표상이다. 실제 세계에서는 이러한 것들이 문서로 다루어지기 때문에 텍스트는 이러한 속성을 표현하는 데 적절한 미디어다.
- 안내: 체크리스트의 각 항목이 순차적으로 제시될 때마다 오디오 설명이 따라오는 방식으로서, 축약형 텍스트는 정보 영역에 제시된다. 체크리스트의 각 항목이 제시된 후 비즈니스 기회에 대한 항목별 표상을 제시함으로써 학습자로 하여금 체크리스트를 항목별 표상과 비교해 볼 수 있도록 해 준다. 근거를 보여 줄 때는 근거와 관련된 진술문을 강조한다.

2) 포 맷

- 조직화: 창업자 코스는 탭을 활용하여 비즈니스의 전개를, 좌측의 메뉴를 활용하여 구성요소 스킬을 보여 준다. 이러한 형식은 코스에서 다루는 내용이 조직화된 구조로서의 역할을 수행한다.
- 교수활동: 좌측의 넓은 영역은 현재 다루어지고 있는 구성요소 스킬에 대한 정보를, 우측의 영역은 이 정보에 대한 표상을 제시한다. 이러한 형식을 통해 학습자는 어떤 것이 정보이고 어떤 것이 정보에 대한 표상인지를 파악할 수 있다.
- 말하기/보여 주기: 서로 가까이에 위치하는 두 개의 넓은 영역은 정보와 해당 정보에 대한 표상을 동시에 보여 준다. 즉, 학습자로 하여금 체크리스트에 있는 질문을 각 질문에 대한 표상과 쉽게 비교해 볼 수 있도록 도와준다.

3) 내비게이션

- 버튼: 다음, 이전 버튼 및 오디오 기능을 제어하는 바는 모두 전형적으로 사용하는 버튼들이다.
- 콘텐츠 메뉴: 탭 및 구성요소 스킬 메뉴는 내재되어 있는 콘텐츠 메뉴다. 탭을 클릭하면 학

습자가 모든 유형의 비즈니스로 이동할 수 있으며, 이는 앞으로 학습할 내용을 미리 보기 위해서, 해당 내용을 학습하기 위해서, 혹은 이미 학습한 내용을 복습하기 위해서 사용된다. 이러한 구성요소 스킬 메뉴는 학습자로 하여금 해당 비즈니스 내용 내에서 구성요소 스킬을 미리 보고, 학습하고, 복습할 수 있게 해 준다. 이 내비게이션 메뉴는 코스 내의 다양한 부분으로 이동할 수 있도록 늘 고정되어 있다.

- 다음으로/마지막으로: 창업자 코스에는 정보 및 표상을 제시하는 영역 아래에 내비게이션 버튼을 제공한다. 이전, 다음 화살표는 특성 구성요소 스킬의 교수활동 내에서 학습자가 이동할 수 있도록 해 준다. 창업자 코스는 하나의 구성요소 스킬과 관련하여 순차적으로 정보를 제시하는 방식을 활용하고 있다. 학습자는 다음, 이전 버튼을 활용하여 이 부분의 학습 속도를 조절할 수 있다. 각각의 진술문 및 해당 표상이 제시된 후, 학습자는 다음으로 버튼을 눌러서 이동할 것을 안내받는다. 이전 버튼은 바로 앞에 제시되었던 내용을 다시 볼 수 있게 해 준다. 다음 버튼을 누르면 불렛으로 제시되는 정보 및 관련 표상이 제시된다. 이 교수활동을 시작할 때는 이전 버튼이 생략되며, 교수활동의 마지막 페이지에는 다음 버튼이 없다. 오디오를 통해 다음 교수활동으로 넘어가려면 콘텐츠 메뉴를 활용하라고 안내해 준다.

4) 상호작용

- 오디오 제어: 창업자 코스에는 학습자가 오디오 메시지를 시작, 잠시 멈춤, 반복 재생, 선택할 수 있는 미디어 컨트롤 바가 있다. 여기서 제시된 창업자 코스 화면에는 응답과 피드백, 시뮬레이션/마이크로월드, 교수활동의 제어와 관련된 요소는 포함되지 않았다.

원리와 처방

멀티미디어: 학습은 멀티미디어를 활용하여 교수활동 및 기능을 전달할 때 촉진된다.

교수활동을 위한 멀티미디어
- 정보를 제시할 때 간략하게 축약된 텍스트와 이를 설명하기 위한 오디오를 활용하라.
  - 오디오는 화면에 제시된 텍스트보다는 그래픽을 설명하는 데 사용하라.
  - 학습자가 텍스트의 제시 속도를 조절할 수 있도록 하라.
- 정보를 또 다른 형태로 표현하는 방식으로서 그래픽을 활용하라.
- 표상의 특성을 명확하게 보여 주는 멀티미디어를 활용하라.
  - 언어가 결정적인 특성일 경우 텍스트를 사용하라.
  - 소리가 결정적인 특성일 경우 오디오를 사용하라.
  - 특성을 시각화할 수 있을 때는 그래픽을 사용하라.

– 역동적인 시각화가 필요할 때는 애니메이션을 사용하라.
- 표상의 특성에 주의를 집중시키기 위해서는 그래픽 혹은 오디오를 사용하라.
    – 오디오 설명이 동기화된 텍스트를 하나씩 순차적으로 제시하라.
    – 그래픽과 오디오를 동기화하라.
    – 말풍선, 화살표, 색상, 하이라이트, 애니메이션을 사용하라.

포맷을 위한 멀티미디어
- 학습은 코스의 구조를 명확하게 제시할 때 촉진된다.
    – 콘텐츠가 조직화된 방식을 나타내기 위해 포맷을 사용하라.
    – 서로 다른 교수활동들을 구분하기 위해 포맷을 사용하라.
    – 말하고–보여 주기를 동시에 제시하기 위해 포맷을 사용하라.

내비게이션을 위한 멀티미디어
- 내비게이션이 모호하지 않을 때 학습이 촉진된다.
    – 전형적으로 흔히 사용되는 버튼을 사용하라.
    – 여러 교수활동 간을 이동할 때는 콘텐츠 메뉴를 사용하라.
    – 다음 및 이전 버튼은 하나의 교수활동 안에서 이동할 때 사용하라.

상호작용을 위한 멀티미디어
- 교수활동이 상호작용적일 때 학습이 촉진된다.
    – 학습자가 오디오, 비디오, 애니메이션을 제어하도록 하라.
    – 학습자의 응답을 입력하고 교정적 피드백을 제공하기 위해서 미디어 제어를 활용하라.
    – 시뮬레이션이나 마이크로월드와의 상호작용을 위해서는 학습자 제어를 활용하라.
    – 교수활동에서는 학습자 통제권을 활용하라.

멀티미디어의 잘못된 활용 피하기
- 관련이 없는 불필요한 미디어는 사용하지 않는다.
- 주의를 분산시키는 미디어는 사용하지 않는다.
- 과도하게 많은 텍스트는 사용하지 않는다.
- 화면에 제시된 텍스트를 그대로 읽지 않는다.
- 불필요한 애니메이션은 사용하지 않는다.
- 불필요한 색상은 사용하지 않는다.

적용

여러분이 멀티미디어를 효과적으로 활용하기 위해서는 이 장에서 다룬 원리 및 처방을 다양한 교수 상황에 적용해 보아야 한다. 여러분이 현재 수강하고 있거나 설계에 참여하고 있거나 혹은 인터넷에서 찾아본 수업을 선정하고, 이들이 교수전략을 실행하기 위해 멀티미디어를 어떻게 사용하고 있는지 검토하라. 여러분이 선택한 수업이 멀티미디어를 효과적으로 사용하였는가? 멀티미디어가 학습 자료의 형식을 잘 보여 주고 있는가? 내비게이션은 효과적인가? 학습자가 콘텐츠 및 교수활동과 상호작용할 수 있도록 설계되었는가? 멀티미디어를 불필요하게 활용하지는 않았는가?

관련 자료

교수–학습에서의 멀티미디어 활용

Clark, R. C., & Lyons, C. (2004). *Graphics for learning*. San Francisco: Pfeiffer. (이 책은 다양한 교수전략에 적절한 그래픽 자료를 선정 혹은 개발하는 방법을 제시한다.)

Clark, R. C., & Mayer, R. E. (2008). *e–Learning and the science of instruction* (2nd ed.). San Francisco: Pfeiifer. (이 책에서는 Mayer의 연구 결과를 교수설계에 적용하였다.)

Mayer, R. E. (2001). *Multimedia learning*. Cambridge: Cambridge University Press. (이 책은 멀티미디어의 교육적 활용에 대한 Mayer의 중요한 연구 결과를 소개한다.)

색상의 활용

www.hgrebdes.com은 배경색과 텍스트 색의 조합을 실험해 볼 수 있는 웹사이트다. 색상의 활용 및 가독성에 대한 조언 역시 찾아볼 수 있다.

다음 장에서는

이전 장들에서는 구성요소 스킬을 위한 교수전략, 문제해결을 위한 교수전략, 교수전략의 실행을 위한 멀티미디어 활용 등에 대해 알아보았다. 제1부의 마지막 장인 제10장에서는 앞서 기술했던 교수의 으뜸원리를 모두 망라하여 하나의 코스 평가 체크리스트를 제안할 것이며, 이는 이미 존재하는 교수 프로그램을 평가할 수 있도록 도와줄 것이다.

제10장

기존의 교수에 적용된 교수전략 평가하기

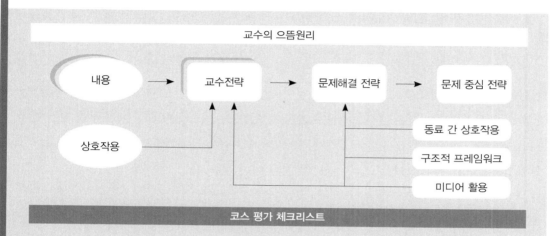

코스 평가 체크리스트

미/리/보/기

　제1부의 이전 장들에서는 이미 존재하는 교수 프로그램의 e³ 품질을 평가할 수 있는 원리와 처방들을 제시하였다. 이 장에서는 이러한 처방을 모두 종합하여 여러분이 직접 설계하였거나 혹은 다른 사람이 설계한 프로그램을 평가하는 데 활용할 수 있는 체크리스트를 제안한다. 이 장에서는 다음과 같은 질문에 대해 답하고 있다. 새로운 교수 프로그램을 접했을 때 그것이 e³ 학습을 가능하게 할 것인지 아닌지 어떻게 아는가? 해당 교수 프로그램에 으뜸원리가 어느 정도 적용되었는지의 여부를 사전에 판단할 수 있는가? 각각의 구성요소 스킬에 대한 e³ 교수전략을 어떻게 평가할 수 있는가? 전체 문제[whole problem]에 대한 e³ 교수전략을 어떻게 평가할 수 있는가?

키/워/드

● 코스 평가 체크리스트[Course Critique Checklist]: 각각의 구성요소 스킬과 전체 문제를 가르치기 위한 교수활동의 적절성을 평가하기 위한 질문들

● 요약 평가[Summary Critique]: 어떤 교수 모듈에서 사전에 처방된 교수적 활동이 제시되었는지 혹은 생략되었는지를 표기한 차트

● ~의 종류 전략 체크리스트[Kind-of Strategy Checklist]: 개념[concept]을 가르치기 위한 교수활동을 평가하기 위한 일련의 질문. ~의 종류

● ~에 대한 방법 전략 체크리스트[How-to Strategy Checklist]: 절차[procedure]를 가르치기 위한 교수활동을 평가하기 위한 일련의 질문. ~에 대한 방법

● ~에 대한 결과 예측 전략 체크리스트[What-Happens Strategy Checklist]: 과정[process]을 가르치기 위한 교수활동을 평가하기 위한 일련의 질문. ~에 대한 결과 예측

1. 도 입

새로운 교수 프로그램을 접했을 때 그것이 e^3 학습을 가능하게 할 것인지 아닌지 어떻게 알 수 있을까? 물론 목표 대상자 중 몇 명을 표집하여 시범적으로 운영을 해 보는 방법이 있다. 그러나 이 방법을 실행하기 위해서는 비용과 노력이 요구된다. 교수 프로그램의 효과성, 효율성, 매력 성을 예측하기 위해 해당 프로그램을 실행하기 전에 점검을 할 수 있을까? 해당 교수 프로그램 에 으뜸원리가 어느 정도 적용되었는지의 여부를 사전에 판단할 수 있을까? 이 책의 주요 목적 은 여러분이 으뜸원리를 적용하여 현재 존재하는 교수 프로그램을 평가하고, e^3 학습을 촉진할 수 있는 가능성을 예측할 수 있도록 하는 것이다. 이 장에서는 앞서 논의했던 개념과 전략을 종 합하여 이미 존재하는 교수 프로그램을 평가할 수 있는 도구를 제안한다. 이 도구는 코스 평가 체 크리스트Course Critique Checklists로서, 각각의 구성요소 스킬 및 전체 문제whole problem를 가르치기 위한 교수 전략이 적용되었는지, 그리고 그것이 적절한지에 대한 질문으로 구성되어 있다.

2. 구성요소 스킬 체크리스트

제5장에서는 서로 다른 유형의 구성요소 스킬을 가르치기 위한 다양한 전략에 대해 기술하 였다. 이 장에서 제시될 첫 번째 도구는 구성요소 스킬을 평가하기 위해 사용할 수 있는 체크 리스트다.

체크리스트의 질문들은 매트릭스 형태로 조직화되어 있다(〈표 10-1〉~〈표 10-12〉 참조). 시 연 행(말하기, 보여 주기, 멀티미디어, 안내, >3)은 시연 원리Demonstration Principle에 부합한다. 적용 행 (실행형 수행하기Doex, 판별형 수행하기Doid, 피드백, 코칭, >3)은 적용 원리Application Principle에 부합한다. 판별형 수행하기는 학습자로 하여금 새로운 옳은 예시를 찾을 것을 요구하는 반면, 실행형 수행 하기는 학습자가 단계를 수행하고 예측을 하며 문제를 해결할 것을 요구한다. ~에 대한 정보 information-about 전략은 예시를 보여 주는 것을 포함하지 않으므로 시연 행에 프레젠테이션presentation 이라고 되어 있으며, 수행하기Do는 적용이 아닌 기억을 요구하므로 적용 행이 연습practice이라고 되어 있다. ~의 부분part-of 전략에는 학습자가 전체에서 부분을 찾도록 하는 수행하기 수준 하나 만 포함된다. ~의 종류kind-of 전략 역시 수행하기 수준 하나만 해당된다. 판별형 수행하기 상호작 용은 학습자가 새로운 예시를 찾아낼 것을 요구한다. ~에 대한 방법how-to 전략에서 판별형 수행 하기 상호작용은 학습자가 단계에 대한 새로운 예시를 찾아낼 것을 요구하며, 실행형 수행하기 상호작용은 학습자가 실제로 해당 단계를 수행할 것을 요구한다. ~에 대한 결과 예측what-happens 전략에서 판별형 수행하기 상호작용은 학습자가 조건 및 결과에 대한 새로운 예시를 찾아낼 것 을 요구하며, 실행형 수행하기 상호작용은 학습자가 결과를 예측하거나, 조건 오류를 찾아낼 것을 요구한다.

이 코스 평가 매트릭스의 각 항목에 대한 질문은 각각의 구성요소 스킬마다 다르다. 〈표 10-1〉, 〈표 10-3〉, 〈표 10-5〉, 〈표 10-8〉, 〈표 10-11〉은 다양한 유형의 구성요소 스킬, 즉 ~에 대한 정보, ~의 부분, ~의 종류, ~에 대한 방법, 그리고 ~에 대한 결과 예측 교수활동을 평가하기 위한 체크리스트 질문이다.

1) ~에 대한 정보$^{Information-about}$: 저명한 대통령

〈표 10-1〉 ~에 대한 정보 전략 체크리스트

	말하기	보여 주기	멀티미디어	안내	>3
프레젠테이션	프레젠테이션이 학습자에게 이름과 정보를 말해 주는가?	보여 주기는 필요하지 않음	프레젠테이션에 멀티미디어 원리가 적용되었는가?	프레젠테이션이 주의를 집중시키는가?	프레젠테이션이 반복의 기회를 제공하는가?
	수행하기	피드백	코칭	>3	
연습	연습은 학습자로 하여금 이름과 정보를 완전한 수준으로 암기하도록 도와주는가?	교정적 피드백을 제공하는가?	계열화 큐, 즉 동일한 순서로 제시하는 것을 피하였는가?	학습자가 여러 번 연습할 수 있도록 하는가?	

[그림 5-1]의 저명한 대통령 프로그램을 생각해 보자. 〈표 10-2〉는 〈표 10-1〉에 제시된 질문에 대한 평가를 요약한 것이다. 요약 평가$^{summary critique}$는 특정 교수 모듈에서 사전에 처방된 교수활동이 제시되는지 혹은 누락되었는지를 나타내 주는 차트다. ~에 대한 정보 체크리스트의 질문에 대하여 플러스(+) 표기는 긍정적인 평가 결과를 의미하고 마이너스(−) 표기는 부정적인 평가 결과를 의미한다. 각각의 질문에 대해 생각해 보자.

말하기^{Tell}는 +다. 〈표 5-1〉의 두 번째 줄에 이름(조지 워싱턴), 정보('만장일치로 선출된', 그의 대통령직 임기) 그리고 사진(정보)이 제시되었다. 사진은 단지 또 다른 형태의 정보일 뿐이다. 정보가 이름 옆에 가까이 제시되었으므로 멀티미디어는 +다. 안내도 +인데, 이는 집중을 방해하는 정보가 거의 없고, 첫 번째 줄의 정보만 학습자에게 전달되기 때문이다. 학습자가 모든 대통령의 이름을 말할 수 있을 때까지 프레젠테이션이 반복되었으므로 >3 역시 +다.

수행하기^{Do}는 +인데, 〈표 5-1〉에서 보았던 것처럼 학습자로 하여금 이름 혹은 어떤 정보가 주어졌을 때 관련 정보를 판별하도록 하였기 때문이다. 피드백은 +다. 학습자가 응답한 뒤에 답을 수정하라고 안내하였기 때문이다. 각 대통령이 한 명씩 제시되었으므로 코칭 역시 +다.

〈표 10-2〉 [그림 5-1]에 대한 요약 평가-저명한 대통령

	말하기	보여 주기	멀티미디어	안내	>3	점수
프레젠 테이션	+		+	+	+	4 / 4
	수행하기		**피드백**	**코칭**	**>3**	**점수**
연습	+		+	+	+	4 / 4

반복 연습을 권장하였으므로 >3 역시 +로 표기되었다. 이는 ~에 대한 정보를 다루는 교수에 대한 매우 좋은 예다.

2) ~의 부분Part-of: 유타 주의 카운티

〈표 10-3〉 ~의 부분 전략 체크리스트

	말하기	보여 주기	멀티미디어	안내	>3
시연	시연을 통해 학습자에게 각 부분의 이름 및 정보를 제시하는가?	각 부분의 위치를 보여 주는가?	효과적인 멀티미디어 원리를 적용하는가?	청킹을 사용하되 위치에 대한 큐는 제외하였는가?	시연이 반복적으로 제시되는가?
	수행하기		**피드백**	**코칭**	**>3**
적용	학습자로 하여금 각 부분에 대한 이름, 정보, 위치를 완전한 수준으로, 즉각적으로 기억할 것을 요구하는가?		교정적 피드백을 제공하는가?	순서를 무작위로 제시하되 위치에 대한 큐는 제외하였는가?	학습자가 각 부분을 여러 차례 판별해 낼 수 있는 기회를 제공하는가?

[그림 5-2]의 유타 주 카운티에 대한 모듈을 생각해 보자. [표 10-4]는 이 모듈에 대한 필자의 평가 결과다. 각 질문에 답을 해 보면, 첫 번째 줄은 프레젠테이션이므로 말하기는 +다. 각 카운티의 위치가 제시되므로 보여 주기 역시 +다. 유타 주의 카운티가 표기된 지도는 전체를 보여 주는 좋은 방법이며, 각 구역의 특징을 표현하는 그림이 들어가 있으므로 멀티미디어는 +다. 위치에 대한 큐는 사용하지 않았지만 청킹은 없으므로 안내는 -다. 학습자는 모든 카운티의 이름을 외울 때까지 반복해야 하므로 >3은 +다.

두 번째와 세 번째 줄을 보면 카운티의 이름과 위치에 대한 정보를 조합하기 위한 네 가지

〈표 10-4〉[그림 5-2]에 대한 요약 평가—유타 주의 카운티

	말하기	보여 주기	멀티미디어	안내	>3	점수
시연	+	+	+	−	+	4 / 5
	수행하기		피드백	코칭	>3	점수
적용	+		+	+	+	4 / 4

의 연습 방법이 설명되어 있으므로 수행하기는 +다. 학습자가 응답한 다음 옳은 정보를 제공하는 교정적 피드백이 있으므로 피드백은 +다. 연습하는 동안 행정구역이 무작위 순으로 제시되고, 위치에 대한 큐가 없으므로 코칭은 ╪다. 학습자가 실수하지 않을 때까지 연습할 것을 권하고 있으므로 >3은 +다. 따라서 이는 ~의 부분을 다루는 교수 프로그램에 대한 매우 좋은 예시다.

3) ~의 종류^{Kind-of}: 삼등분 원칙

〈표 10-5〉는 ~의 종류 전략 체크리스트, 즉 개념을 가르치는 교수활동을 평가하기 위한 질문들이다. 다음은 ~의 종류와 관련된 교수전략을 평가하기 위해 이 체크리스트를 어떻게 사용하는지 알아볼 것이다.

〈표 10-5〉 ~의 종류 전략 체크리스트

	말하기	보여 주기	멀티미디어	안내	>3
시연	시연을 통해 학습자에게 각 범주의 이름 및 속성을 말해 주는가?	각 범주의 예시를 보여 주는가?	효과적인 멀티미디어 원리를 적용하는가?	차별화되는 속성을 강조하거나 범주들 간의 매칭 예시들을 활용함으로써 안내를 제공하는가?	각 범주에 대해 적어도 3개 이상의 예시를 제시하는가?
	판별형 수행하기		피드백	코칭	>3
적용	학습자로 하여금 새로운 예시와 비예시를 구분해 낼 것을 요구하는가?		학습자가 차별화되는 속성에 주의를 기울일 수 있도록 도와주는 교정적 피드백을 제공하는가?	학습 초기에 코칭을 제공하고 적용이 계속되면 해당 코칭을 점차 줄여 나가는가?	학습자가 3개 이상의 다양한 예시를 생각해 낼 것을 요구하는가?

[그림 5-4]에서 다루었던 사진 수업에서 삼등분 원칙을 생각해 보자. 〈표 10-6〉은 〈표 10-5〉의 질문에 대한 요약 평가다. 각 질문별로 살펴보자. 말하기는 +다. [그림 5-4]의 첫 번째 줄에 삼등분 원칙에 대한 정의가 제시되어 있다. 여기서 주 속성은 사진에서 초점이 맞는 위치가 사진을 1/3로 나누는 선이 교차하는 지점이라는 것이다. 보여 주기는 +인데, [그림 5-4]에서 두 번째, 세 번째, 네 번째 줄에 예시 및 이에 대응하는 비예시가 제시되었기 때문이다. 가르치고자 하는 속성과 관련이 있는 사진들이 사용되었기 때문에 멀티미디어도 +다. 안내는 +인데, 초점이 맞는 영역을 보여 주기 위한 선, 다양한 예시, 각각의 예시와 관련된 비예시들, 초점 맞추는 것이 어려운 사진의 활용 등 때문이다. >3은 +다. 서로 매칭되는 예시와 비예시가 4개 사용되었다. e^3 점수는 +의 개수를 세어 결정한다. 시연 점수는 5개 중 5개다.

〈표 10-6〉의 적용 행을 보자. 판별형 수행하기는 다양한 사진을 활용하여 삼등분 원칙이 적용되었는지 아닌지를 구분해 볼 수 있는 기회를 주었으므로 +다([그림 5-4]의 다섯 번째, 여섯 번째 줄). 피드백은 +인데 학습자가 1/3 선을 적용하여 질문에 답하고 그에 대하여 답이 맞고 틀린 이유를 알려 주는 교정적 피드백이 제공되었기 때문이다. 학습자가 앞부분의 예시에서는 선을 적용하여 연습할 수 있으므로 코칭도 +다. >3은 +인데, 학습자가 한 사람, 여러 사람, 그리고 경치에 대하여 다양한 예를 적용해 볼 수 있는 기회가 8회 있었기 때문이다([그림 5-4]의 다섯 번째, 여섯 번째 줄). 적용 점수는 4개 중 4개다. 이 짧은 수업은 e^3 평가에서 9개 중 9개를 기록하여 100%를 달성하였다(필자가 설계한 수업이라는 점이 영향을 미쳤을 수도 있다☺).

〈표 10-6〉 [그림 5-4]에 대한 요약 평가-삼등분 원칙

	말하기	보여 주기	멀티미디어	안내	>3	점수
시연	+	+	+	+	+	5 / 5

	판별형 수행하기		피드백	코칭	>3	점수
적용	+		+	+	+	4 / 4

4) ～의 종류^{Kind-of}: 협조 관계

[그림 5-3]의 협조 관계 예시를 생각해 보자. 〈표 10-7〉은 [그림 5-3]의 모듈에 대한 요약 평가다. +와 -는 〈표 10-5〉의 질문에 대한 답이다. [그림 5-3]의 첫 번째 줄은 정의 및 세 가지의 속성, 즉 협력, 신뢰 그리고 성장 잠재력을 기술하고 있다. 따라서 말하기는 +다. [그림 5-3]의 두 번째, 세 번째 줄은 협조 관계의 예시와 비예시를 다루고 있으므로 보여 주기 역시 +다. 그

〈표 10-7〉 [그림 5-3]에 대한 요약 평가-협조 관계

	말하기	보여 주기	멀티미디어	안내	>3	점수
시연	+	+	−	+	+	4 / 5
	판별형 수행하기		피드백	코칭	>3	점수
적용	+		−	−	+	2 / 4

러나 사진이 해당 속성을 잘 설명하지 못하므로 멀티미디어는 −다. 관계의 속성을 관찰할 수 있는 비디오가 예시를 더 잘 표현할 수 있을 것이다. 예시와 비예시를 제공하려는 시도가 있었으므로 안내는 +다. 예시의 속성이 조금 미흡하긴 하였으나 여러 개의 예시를 활용하였으므로 >3 역시 +로 표기하였다.

적용과 관련하여 여러 개의 예시를 활용하고자 하였다. 그러나 이 예시들에 대한 속성이 제시되지 않았고, 학생의 전문성 수준에 따라 속성을 파악하는 수준이 다를 수 있다. 그럼에도 일단 판별형 수행하기는 +를 주었다. 맞고 틀림을 알려 주는 피드백은 있었지만, 이는 왜 맞고 틀렸는지에 대해 설명해 줄 것을 요구하는 e^3 교수에서는 미흡하다. 따라서 피드백은 −다. 코칭은 제공되지 않았으므로 −다. 확산적인 예시가 4개 정도 사용되었으므로 >3에서 너그럽게 평가하여 +를 주었다. 이 교수 프로그램의 총점은 시연 4, 적용 2이며, 총점은 9점 중 6점, 즉 67%다. 이 예에서 알 수 있듯이, 기존의 교수 프로그램을 평가하는 것은 정밀한 과학은 아니다. 서로 다른 평가자는 다른 평가 결과를 보고할 수 있다. 그러나 이를 통해 교수 프로그램의 속성에 대한 논의를 할 수 있는 기회가 생긴다.

5) ~에 대한 방법$^{How-to}$: 스프레드시트

〈표 10-8〉은 ~에 대한 방법 전략 체크리스트, 즉 절차를 가르치는 교수활동을 평가하기 위한 질문들이다. 여기서는 이와 관련된 교수전략을 평가하기 위해 해당 체크리스트를 어떻게 사용하는지 알아본다.

[그림 5-6]의 스프레드시트 예시를 생각해 보자. 〈표 10-9〉는 〈표 10-8〉에서 기술한 ~에 대한 방법 전략 체크리스트의 질문에 대한 답을 요약한 평가표다. 이 짤막한 모듈은 문제 중심 접근을 활용하였으며, 스프레드시트를 사용하는 방법이 점차 어려워지는 문제 상황의 맥락에서 제시된다. 이 모듈의 독특한 특징은 학생들에게 요구되는 적용의 분량이다. 첫 번째 문제는 학습자에게 지시문을 주고 실제 스프레드시트에서 그대로 따라 하도록 하는 상호작용적 시연

〈표 10-8〉 ~에 대한 방법 전략 체크리스트

	말하기	보여 주기	멀티미디어	안내	>3
시연	각 단계별로 결정적인 속성을 정의하는가?	특정 과제를 수행하기 위한 각 단계가 기술되는가?	효과적인 멀티미디어 원리를 적용하는가?	각 단계의 실행에 주의를 기울일 수 있도록 하는 안내를 제공하는가?	절차를 시연하는 데 있어서 적어도 3개 이상의 점차 어려워지는 상황을 활용하는가?
	판별형 수행하기	실행형 수행하기	피드백	코칭	>3
적용	학습자로 하여금 각 단계별로 새로운 예시를 생각해 보도록 요구하는가?	학습자로 하여금 각 단계를 실행해 보도록 요구하는가?	적용 과정에서 내재적인 피드백을 제공하는가?	학습 초기에 수행하는 과제에는 코칭을 제공하고 진도가 나갈수록 해당 코칭을 점차 줄여 나가는가?	학습자가 쉬운 과제에서 어려운 과제까지 적어도 3개 이상을 수행해 보도록 요구하는가?

〈표 10-9〉 [그림 5-6]에 대한 요약 평가—스프레드시트

	말하기	보여 주기	멀티미디어	안내	>3	점수
시연	+	+	+	+	+	5 / 5
	판별형 수행하기	실행형 수행하기	피드백	코칭	>3	점수
적용	−	+	+	+	+	4 / 5

의 형식이다. 학습자가 지시문을 잘 따라 하였는지를 점검할 수 있는 내재적 피드백도 제공된다. 두 번째 문제에서 학습자는 앞서 학습한 사용법을 적용하고 새로운 사용법을 학습한다. 뒤에 나오는 문제에는 안내나 코칭의 양이 줄어들며 학습자가 문제해결에 더 많이 참여하게 된다. 문제 1, 2, 3에서 학습자는 스프레드시트를 사용하는 단계에 대해 설명을 듣고, 이를 실행해 보며, 실행 결과를 관찰한다. 말하기, 보여 주기, 안내는 모두 +다. 학습자가 실제 스프레드시트 프로그램에서 명령을 실행하게 되므로 멀티미디어 역시 +다. >3은 +인데, 이는 학습자가 다섯 개 중 네 개의 문제를 해결하도록 안내 혹은 코칭을 받기 때문이다. 시연 점수는 5점 만점에 5점이다.

이 프로그램은 학습자가 여러 개의 문제를 수행해 나가는 과정에서 뒤로 갈수록 점점 더 많

은 것을 하도록 안내, 코칭한다. 실행형 수행하기는 +로 표기하였는데, 이는 학습자가 실제 스프레드시트를 활용하여 명령문을 실행하기 때문이다. 판별형 수행하기는 −다. 학습자가 주어진 스프레드시트에서 잘못된 점을 고치도록 하지는 않기 때문이다. 지금도 매우 효과적으로 구성된 모듈이기는 하지만, 이 점을 추가로 보완하는 것도 유용해 보인다. 학습자가 자신이 작업한 결과를 확인할 수 있도록 각 셀에 숫자값을 활용함으로써 각 문제에 내재적 피드백을 포함하였다. 숫자들이 일치하지 않을 경우 뭔가 잘못되었다는 것을 알 수 있게 된다. 안내와 코칭은 자연스럽게 통합되는데, 앞에 제시되는 문제에 수반되었던 안내가 나중에 제시되는 문제에서는 코칭으로 변형된다. 이 프로그램은 다섯 개의 문제를 다루었다. 첫 번째 문제는 명확히 시연에 가깝고 다섯 번째 문제는 적용에 가깝다. 중간에 제시되는 문제는 시연과 적용이 섞여 있다. 따라서 >3은 시연 수준과 적용 수준 모두 +다. 이 모듈의 총점은 10점 중 9점이며, e^3 평가에서 90%를 획득하였다.

6) ~에 대한 방법^{How-to}: 코코넛 잎사귀 엮기

[그림 10-1]은 코코넛 잎사귀를 엮는 방법에 대한 코스의 일부분이다. 〈표 10-10〉은 〈표 10-8〉에서 기술한 ~에 대한 방법 관련 교수전략 체크리스트에 대한 평가 결과다. 각 질문들을 이 코스의 교수활동에 대입하여 생각해 보자. 개별 칸마다 11단계의 절차를 각각 설명하고 있으므로 말하기는 +다. 각 칸의 사진은 단계를 수행한 결과를 보여 주기 때문에 보여 주기도 +다. 멀티미디어 역시 효과적으로 사용했으므로 +다. 텍스트를 사진 옆에 배치하였으며, 단계별 산출물이 이미지로 표현되었다. 이 코스에는 설명과 함께 절차를 보여 주는 짤막한 동영상도 포함되어 있다. 이 동영상은 학습자가 각 단계를 수행하는 과정에서 무엇을 해야 하는지에 집중할 수 있도록 도와주는 말하기/보여 주기 시연에 해당된다. 이는 학습자가 수행해야 하는 행동이 무엇인지를 텍스트로 읽은 후에 관련 사진을 보는 것보다 낫다. 동영상의 음성 설명은 (이 책에는 기술하지 않았지만) 각 단계를 완료하기 위해 필요한 행동과 해당 단계를 연결 지을 수 있도록 도와준다. 동영상을 활용하면 절차를 두 번 설명할 수 있다. 사진과 텍스트로 한 번, 그리고 동영상 시연으로 또 한 번 설명한다. 연습의 기회가 더 있었다면 학습자가 스킬을 획득할 수 있는 확률을 높일 수 있었을 것이므로 >3은 −다. 시연은 5점 만점에 4점이다.

학습자로 하여금 다른 누군가가 과제를 수행하는 것을 보고 모든 단계가 적절하게 수행되었는지를 점검하게 하는 것은 판별형 수행하기의 적용이며, 학습자가 직접 과제를 수행하기 전에 필수적으로 거쳐야 하는 활동이다. 이 교수 모듈에는 판별형 수행하기가 포함되어 있으므로 +다. 그러나 실행형 수행하기는 누락되어 있다. 학습자가 실행형 수행하기 과정을 통해 직접 해 보는 과정을 거치지 않고서는 스킬을 획득할 수 없다. 이 코스는 온라인으로 진행되는데, 이 상황

🔬 **[그림 10-1]** ~에 대한 방법 스킬: 코코넛 잎사귀 엮기

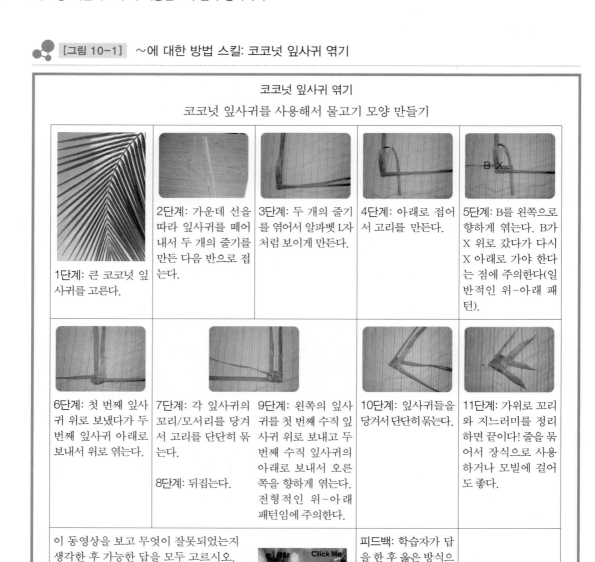

코코넛 잎사귀 엮기
코코넛 잎사귀를 사용해서 물고기 모양 만들기

1단계: 큰 코코넛 잎사귀를 고른다.	2단계: 가운데 선을 따라 잎사귀를 떼어 내서 두 개의 줄기를 만든 다음 반으로 접는다.	3단계: 두 개의 줄기를 엮어서 알파벳 L자처럼 보이게 만든다.	4단계: 아래로 접어서 고리를 만든다.	5단계: B를 왼쪽으로 향하게 엮는다. B가 X 위로 갔다가 다시 X 아래로 가야 한다는 점에 주의한다(일반적인 위-아래 패턴).
6단계: 첫 번째 잎사귀 위로 보냈다가 두 번째 잎사귀 아래로 보내서 위로 엮는다.	7단계: 각 잎사귀의 꼬리/모서리를 당겨서 고리를 단단히 묶는다. 8단계: 뒤집는다.	9단계: 왼쪽의 잎사귀를 첫 번째 수직 잎사귀 위로 보내고 두 번째 수직 잎사귀의 아래로 보내서 오른쪽을 향하게 엮는다. 전형적인 위-아래 패턴임에 주의한다.	10단계: 잎사귀들을 당겨서 단단히 묶는다.	11단계: 가위로 꼬리와 지느러미를 정리하면 끝이다! 줄을 묶어서 장식으로 사용하거나 모빌에 걸어도 좋다.
이 동영상을 보고 무엇이 잘못되었는지 생각한 후 가능한 답을 모두 고르시오. a. 90도로 교차하게 접기 b. 겹치게 하기 c. 줄기와 잎사귀 분리하기 d. 90도로 위로 접기	Click Me	피드백: 학습자가 답을 한 후 옳은 방식으로 진행한 시연 동영상을 볼 수 있다.		

출처: Garren Venzon & Jonathan Seng. 브리검영 대학교 하와이 캠퍼스의 학생 과제.

에서 학습자가 코코넛 잎사귀 엮기를 실제로 해 보도록 하는 방법은 무엇일까? 옳은 방법으로 과제를 수행하는 것을 다시 보여 주는 것은 외재적 정답 피드백에 해당된다. 학습자가 직접 수행한 후 자신이 만든 것이 사진과 동일한지를 관찰하는 것은 내재적 피드백이다. 그러나 이러한 요소가 빠져 있기 때문에 피드백은 —다. 이 모듈에는 코칭 역시 제공되지 않는다. 학습자가 실제 잎사귀를 가지고 물고기 모양을 만들 때 각 단계를 상기시켜 주는 것은 좋은 코칭 전략일 것이다. 학습자가 처음으로 수행할 때는 각 단계마다 알려 주고, 두 번째 시도할 때는 학습

〈표 10-10〉 [그림 10-1]에 대한 요약 평가-코코넛 잎사귀 엮기

	말하기	보여 주기	멀티미디어	안내	>3	점수
시연	+	+	+	+	-	4 / 5
	판별형 수행하기	실행형 수행하기	피드백	코칭	>3	점수
적용	+	-	-	-	-	1 / 5

자가 다음 단계를 잊거나 막힐 때만 제공해 주는 것으로 코칭을 줄일 수 있다. 세 번째 시도에서는 학습자가 스스로 과제를 수행한다. 코코넛 잎사귀를 엮는 과제에 있어서는 이 정도면 누구에게나 충분할 것이다. 어려움을 겪는 학습자가 있다면 두 번째 단계의 코칭을 반복한다. 이 모듈에는 **판별형 수행하기**가 한 번밖에 없으므로 >3은 -다. 적용과 관련된 교수활동은 5점 만점에 1점이며, 총점 10점 만점에 5점을 획득하여 50%의 e^3를 달성하였다.

　이 모듈을 개선할 수 있는 방법은 무엇일까? 다음과 같은 점을 보완하면 e^3 품질을 높일 수 있을 것이다. ① 단계별 설명 및 동영상 외에 시연을 한 번 더 추가한다. ② 학습자가 실제로 코코넛 잎사귀를 엮어 볼 수 있는 방법을 고안한다. 이를 통해 학습자 자신이 만든 것과 사진을 비교하는 과정에서 내재적 피드백을 제공할 수 있다. ③ 다른 잎사귀로 적어도 세 번은 과제를 수행할 수 있도록 한다. ④ 학습자가 처음으로 과제를 수행할 때 코칭을 제공하되, 다음 수행에서는 코칭을 줄인다.

7) ~에 대한 결과 예측^{What-Happens}: 초점 거리

　〈표 10-11〉은 과정^{process}을 가르치기 위한 교수활동을 평가할 때 사용할 수 있는 ~에 대한 결과 예측 전략 체크리스트다. 이 체크리스트를 어떻게 활용할 수 있는지 알아보자.

　[그림 10-2]는 사진에 대한 코스의 일부분이다. 이 교수활동의 내용은 사진에서의 초점 거리이며, 조리개의 조건 및 해당 조건이 발생시키는 결과를 다룬다. 〈표 10-12〉는 〈표 10-11〉에서 다루었던 체크리스트를 적용한 결과다. 시연과 관련하여 다이어그램은 조건을 나타내고, 사진은 조리개를 열었을 때와 닫았을 때의 결과를 보여 준다. 말하기, 보여 주기 및 멀티미디어는 +다. 그러나 안내는 거의 없으므로 -다. 안내는 조리개의 효과를 보여 주는 사진의 일부 속성을 강조하기 위해 사용할 수 있다. 예시는 한 개밖에 없으므로 >3은 -다.

〈표 10-11〉 ~에 대한 결과 예측 전략 체크리스트

	말하기	보여 주기	멀티미디어	안내	>3
시연	해당 시연을 통해 학습자에게 조건 및 결과를 알려 주는가?	과정이 구체적인 상황 혹은 가상의 상황을 바탕으로 하여 시연되는가?	효과적인 멀티미디어 원리를 적용하는가?	조건과 결과가 시연 내에 명확히 제시되는가?	과정을 시연하는 데 있어서 적어도 3개 이상의 점차 어려워지는 상황을 활용하는가?
	판별형 수행하기	실행형 수행하기	피드백	코칭	>3
적용	학습자로 하여금 특정 상황하에서 결과를 예측해 볼 것을 요구하는가?	학습자로 하여금 특정 상황하에서 예상치 못했던 결과를 진단해 볼 것을 요구하는가?	학습자가 자신이 예측 혹은 진단한 내용을 검증해 봄으로써 내재적인 피드백을 받을 수 있도록 하는가?	학습 초기에 문제해결을 위한 코칭을 제공하고 진도가 나갈수록 해당 코칭을 점차 줄여 나가는가?	학습자가 적어도 3개 이상의 점차 어려워지는 복잡한 문제를 예측하거나 진단해 볼 수 있는가?

〈표 10-12〉 [그림 10-2]에 대한 요약 평가—초점 거리

	말하기	보여 주기	멀티미디어	안내	>3	점수
시연	+	+	+	−	−	3 / 5
	판별형 수행하기	실행형 수행하기	피드백	코칭	>3	점수
적용	−	+	+	−	−	2 / 5

왼쪽의 적용 활동은 학습자가 특정 결과를 얻기 위해서 조리개를 어떻게 조작해야 하는지 예측하도록 요구한다(실행형 수행하기). 반면 오른쪽의 활동은 현재의 사진을 만들어 낸 조리개 조건을 규명하도록 한다(실행형 수행하기). 이러한 각각의 활동에는 내재적 피드백이 포함되어 있다. 학습자가 조건을 바꿀 때마다 그 결과를 볼 수 있기 때문이다. 따라서 피드백은 +다. 이 모듈에는 안내나 코칭이 거의 없다. 내용을 제시할 때 안내를 해 주거나 적용할 때 코칭을 해 주면, 혹은 내용 제시나 적용과 관련된 예시를 추가적으로 주면 좋을 것이다. 이 교수활동은 10점 만점에 5점이다.

[그림 10-2]　～에 대한 결과 예측 스킬−초점 거리

사진: 초점거리 − 조리개

←── IN FOCUS ──→　　　　　　　　　←──── IN FOCUS ────→

f/2　　　　　　　　　　　　　　　　　　f/16

조리개 열기 - 얕은 심도　　　　　　　조리개 닫기 - 깊은 심도

조리개 열기

조리개 닫기

조리개를 닫을수록 심도는 깊어진다.
조리개를 닫으면 피사체와 배경이 또렷하게 찍힌다.

초점이 맞는 기차의 범위를 늘리려면 어떤 f-stop을 선택해야 할까?

　　　　f-16　　f-5　　f-2.0

최적의 조리개 수치를 선택하세요. 그 결과에 따라 아래 사진이 바뀔 것입니다.

이 사진에는 어떤 f-stop이 사용되었을까?

　　f-2.0　　f-5.0　　f-8　　f-22

조리개 수치를 선택하면 그 결과에 따라 아래 사진이 바뀔 것입니다.

3. 전체 문제 평가하기

앞서 논의한 코스 평가 체크리스트는 하나의 구성요소 스킬 혹은 하나의 스킬 유형과 관계되는 단순한 문제를 평가하기 위한 것이었다. 여기서는 이 체크리스트를 다양한 구성요소 스킬을 요구하는 전체 문제^{whole problem}를 가르치기 위한 코스 혹은 모듈에 적용해 볼 것이다.

[그림 10-3]은 사진 노출에서의 모듈에 대한 설계다. 필자는 이 모듈의 목표가 "네 개의 변수(조건)가 노출에 어떠한 영향을 미치는지, 아름다운 이미지(결과)를 만들어 내는 데 어떠한 역할을 하는지를 보다 잘 이해하는 것"이라고 기술하였다. 학습자의 최종 수행 과제는 일련의 사진을 분석하여 어떠한 조건들이 적용되었는지 혹은 더 나은 사진을 만들어 내기 위해서는 어떤 조건을 바꿔 주어야 하는지를 결정하는 것이다.

 [그림 10-3] 전체 문제 모듈-사진과 노출

1	정의: 노출은 렌즈를 통해 들어오는 빛의 총량으로서, 이미지의 특징들을 결정한다. 다음의 슬라이드에서는 이미지의 노출을 조절하는 중요한 요소들에 대한 예시를 보여 줄 것이다.	
2	첫째, 노출에 대해서 여러분이 이미 알고 있는 것이 무엇인지 확인해 보자. 이 이미지에 대해서는 많은 사람이 노출이 잘 되었다고 생각할 것이다. 이미 알고 있는 지식을 사용하여 그 이유가 무엇인지 답해 보시오. 모범 답안: 색상이 밝고 선명하다. 밝은 곳과 어두운 곳이 잘 대비된다. 주요 피사체에 초점이 잘 맞은 반면 배경은 그렇지 않다. 따라서 보는 이가 더 흥미롭게 느낄 수 있다. 나비의 움직임이 잘 포착되었다.	
3	**노출의 4요소** 사람이나 사물의 사진을 찍을 때 사진의 품질을 좌우하는 요소들이 많다. 그중 가장 중요한 것이 노출이다. 노출에 영향을 미치는 네 가지 요소가 무엇인지, 이 요소들이 아름다운 이미지를 만드는 데 있어서 어떠한 역할을 수행하는지 보다 잘 이해하는 것부터 시작하도록 하자. 이 요소들은 다음과 같다. 　1. 조리개 　2. 셔터 스피드 　3. ISO 　4. 화이트 밸런스	

(계속)

4	**노출의 정의** 조리개: 빛이 카메라로 들어오도록 하는 렌즈의 개구(開口). 셔터 스피드: 어느 정도의 빛이 카메라의 센서 혹은 필름에 도달할 것인지를 조절하는 카메라의 기제 ISO: 빛에 대한 카메라 센서의 감도 화이트 밸런스: 순백색과 대비했을 때 사진에 나타나는 광원의 색상	
5	**조리개** 조리개를 세팅함으로써 렌즈의 입구를 조일 것인지 아니면 열어 줄 것인지 결정하여 센서에 도달하는 빛의 양을 조절한다. 조리개는 사진의 피사계 심도에도 영향을 미친다. 피사계 심도는 초점이 잘 맞은 촬영 대상의 거리 범위다. 일반적으로 조리개 숫자가 작을수록 피사계 심도는 얕아진다.	
6	**조리개의 효과** 이 공 뽑기 기계 사진들의 노출은 유사해 보이지만, 결정적인 차이점이 있다. 왼쪽의 사진은 조리개가 많이 개방되었는데, 이는 다음과 같이 사진에 영향을 미친다. 조리개를 조였다는 것은 카메라의 입구를 닫았다는 의미이므로 동일한 양의 빛을 받아들이기 위해서는 더 오랜 시간이 걸린다(f-stop이 클수록 조리개는 작아진다). 왼쪽 사진의 배경은 오른쪽 사진의 배경보다 흐릿하다. 이는 피사계 심도가 얕은 것이다. 왼쪽 사진처럼 조리개를 개방하게 되면 심도가 얕아진다. 두 개의 사진 모두 노출은 적절해 보이는데, 이는 조리개를 많이 개방한 후에 셔터 스피드를 빠르게 함으로써 보완을 했기 때문이다.	  조리개: f-5.6　조리개: f-25 셔터 스피드: 1/16초　셔터 스피드: 1.3초 ISO: 100　ISO: 100 화이트 밸런스: 자동　화이트 밸런스: 자동
7	**셔터 스피드** 셔터 스피드는 셔터가 센서를 노출시키는 속도를 제어하는 것이다. 이를 통해 센서 혹은 필름에 빛이 도달하는 시간을 조정할 수 있다. 우측의 예시에서는 움직임의 순간을 포착하기 위해 빠른 셔터 스피드가 사용되었다. 매우 짧은 시간 동안 노출되었기 때문에 사진작가는 이 사람의 움직임을 포착하여 마치 바다 위에 멈추어 있는 것 같은 장면을 만들어 내었다.	

(계속)

	이 예시에서는 셔터가 보다 오랜 시간 동안 열려 있었기 때문에 기차의 움직임이 흐릿하게 묘사되었다. 움직임 혹은 시간의 흐름을 표현하기 위해 사용할 수 있는 기법이다.	
8	**셔터 스피드의 효과** 좌측의 예시는 적절한 노출을 위해 적절한 셔터 스피드를 적용한 것으로서, 식물의 색상 및 세부 모양이 잘 묘사되었다. 우측의 사진은 다른 조건이 동일한 상태에서 셔터 스피드만 빨라진 것이다. 이 사진은 노출이 부족한데, 이를 보완하기 위해서는 셔터 스피드를 느리게 하거나 혹은 조리개를 개방할 수 있다. 그러나 조리개를 개방하면 피사계 심도가 달라질 수 있다는 점을 명심하라.	  조리개: f-13　　　　조리개: f-13 셔터 스피드: 1/40초　셔터 스피드: 1/250초 ISO: 100　　　　　　ISO: 100 화이트 밸런스: 자동　화이트 밸런스: 자동
9	**ISO** ISO는 카메라의 빛에 대한 감도를 조절하는 것이다. 필름 카메라에서는 사용하는 필름의 종류에 따라 ISO를 조절할 수 있었다. 사진의 ISO를 바꾸려면 필름의 종류를 바꿔야 하는 것이다. 요즘 사용하는 디지털카메라는 카메라의 세팅만 바꾸어 주면 된다. ISO를 조절하는 가장 큰 이유는 조도가 낮은 상황에서 적절한 노출을 확보하기 위한 것이다. 그러나 사진의 품질이 낮아진다는 단점도 있다. ISO를 지나치게 높이면 사진의 입자가 커지고, 결국 사진을 확대하기가 어렵다.	
10	**ISO의 효과** 이 예시에서는 다른 조건은 모두 동일한 상황에서 우측의 사진이 심하게 노출이 부족하다. 그러나 이는 셔터 스피드나 조리개 때문이 아니다. 왼쪽 사진의 ISO가 최대로 세팅된 반면 오른쪽 사진은 최소로 세팅되었다. ISO를 조절하는 것은 쉬운 일이지만 사진의 품질에 영향을 준다.	  조리개: f-5.0　　　　조리개: f-5.0 셔터 스피드: 1/10초　셔터 스피드: 1/10초 ISO: 1600　　　　　　ISO: 100 화이트 밸런스: 자동　화이트 밸런스: 자동

(계속)

11	화이트 밸런스 믿거나 말거나, 흰색에도 많은 종류가 있다. 적어도 카메라는 그렇게 본다. 우측 예시들은 얼마나 많은 흰색이 존재하는지를 보여 주는 좋은 사례다. 화이트 밸런스를 조절함으로써 사진의 분위기나 느낌을 다양하게 표현할 수 있다.	 자동 화이트 밸런스　자연광　그늘  구름　　　형광등　　백열등
12	화이트 밸런스의 효과 흰색은 빛의 색상을 어떻게 측정하는가에 따라 크게 달라질 수 있다. 우측 사진들은 이에 대한 좋은 예시다. 대부분의 디지털카메라에는 화이트 밸런스 메뉴가 있다. 이 예시에서 하얀색 전화기는 모두 색깔이 다르다. 유일한 차이점은 하얀색을 인식하는 방식이었다. 이 사진들은 자연광이 들어오는 방에서 찍은 것이었기 때문에 첫 번째 사진(자동)과 네 번째 사진(자연광)의 노출은 거의 비슷하다. 다른 세팅들은 다음과 같다. 　조리개 f-5.0 　셔터 스피드 1/12초 　ISO 400	 자동　　　　　　형광등  백열등　　　　　자연광

안타깝게도, 흑백 인쇄된 이 책에서는 화이트 밸런스의 차이를 확인하기가 어렵다. 실제 코스에서는 이 이미지들의 색상이 모두 다르게 보인다.

13	연습 노출에 영향을 미치는 네 가지 요소에 대해 알아보았으니 연습을 해 보자. 다음 슬라이드부터 여러 장의 사진이 제시될 것이다. 시나리오를 읽고, 노출을 개선할 수 있는 세팅을 제안하거나 혹은 해당 사진을 만들기 위해 어떤 조건이 적용되었는지를 맞추어 보라. 우선 사진작가가 무엇을 했는지 읽어 본 후에 자신의 답을 작성하라. 작성을 완료한 후 버튼을 눌러 답을 확인해 보라.

(계속)

14	이 사진은 해가 밝은 한낮에 촬영되었으며, 움직임의 순간을 포착한 좋은 예다. 이 사진과 똑같이 찍되 빠르게 움직이는 피사체가 흐릿해지는 것을 막으려면 노출을 어떻게 세팅하겠는가?  모범 답안: 빛이 많은 한낮에는 움직임의 순간을 포착하는 것이 어렵지 않다. 셔터 스피드를 1/250초 이상으로 높인다. ISO를 가장 낮은 수준으로 낮춘다(100 정도). 그러면 사진의 품질이 높아진다. 빠른 셔터 스피드를 보완하기 위해 조리개는 좀 더 열어 준다. 야외에서 찍을 때 화이트 밸런스는 대부분 자동으로 맞춘다.
15	Jill은 침대 옆 탁자 위에 꽃을 꽂아 두었다. 그녀는 꽃이 시들기 전에 사진을 찍어서 남편이 이 꽃을 주며 자신을 놀라게 해 주었던 순간을 간직하고 싶어 한다. 그녀는 16×20인치의 액자에 사진을 걸어 두고 싶지만 노출이 맞지 않아서 고민하는 중이다. 꽃의 색이 잘 살아날 수 있도록 노출을 바꾸려면 어떻게 해야 할까?  모범 답안: 빛이 많은 곳으로 화병을 옮긴다. 셔터 스피드를 느리게 하여 카메라가 더 많은 빛을 받아들이게 한다. 그러나 이를 위해서는 삼각대를 사용해서 사진이 흔들리지 않도록 해야 할 것이다. 조리개를 개방하여 렌즈에 빛이 더 들어오도록 한다. 이렇게 하면 피사계 심도가 얕아져서 뒤쪽의 꽃은 초점이 맞지 않을 수 있다(이를 원할 수도 있고, 원하지 않을 수도 있다). ISO를 높이는 것은 좋은 방법이 아니다. 사진의 품질을 떨어뜨려 사진을 확대하려는 계획에 오히려 방해가 된다.
16	하이킹을 하던 도중 아름다운 계곡을 만나서 사진을 찍었는데, 물줄기의 움직임에 생명을 불어넣어 물이 흐르는 것을 표현하고 싶었다. 사진을 찍은 후 주위의 나뭇가지들이 선명하게 나온 반면 물결이 부드럽게 표현된 것이 좋았다. 이러한 사진을 찍기 위해서 세팅을 어떻게 맞추어야 할까?(힌트: 삼각대가 필요하다)  모범 답안: ISO를 가장 낮은 수치로 맞춘다(일반적으로 100).

(계속)

	조리개 수치를 높여 피사계 심도를 깊게 함으로써 계곡물과 나뭇가지가 모두 선명히 나오도록 한다. 셔터 스피드를 매우 느리게 한다(바로 이 때문에 삼각대가 필요하다). 셔터 스피드를 1, 5, 10초 등 여러 조건으로 맞추어 찍어 본다. 물의 흐름이 다양하기 때문에 어떤 스피드가 적절한지 단정짓기는 어렵다. 화이트 밸런스는 자동으로 맞춘다.
17	이 아름다운 노을을 아름다운 사진으로 남기고자 하였다. 산과 초록색 들판을 살리고 싶었으나 태양에 노출을 맞추면 앞쪽 들판은 어둡게 나온다. 앞쪽에 노출을 맞추면 태양은 노출 과다가 된다. 어떻게 하면 좋을까?  모범 답안: 이 내용으로 미루어 볼 때 매우 까다로운 상황이다. 사진작가들은 아마도 선택을 할 것이다. 자신이 담으려고 하는 것이 아름다운 붉은 하늘인지 아니면 노을이 비추는 들판인지 둘 중 하나를 선택한 후 나머지 하나는 포기한다. 또 다른 대안은 산 너머로 해가 지기를 기다리는 것이다. 이 경우 노출 과다가 될 가능성이 낮아진다. 마지막으로 화이트 밸런스를 흐림 혹은 그늘로 맞춘다. 그러면 햇빛을 보다 정교하게 잡아 낼 수 있다.
18	축하합니다! 사진과 노출 튜토리얼을 모두 학습하셨습니다. 좋은 빛을 사진에 담아 낼 수 있기를!

출처: Micah Murdock. 유타 주립대학교의 학생 과제.

제6장에서 일련의 문제해결 활동으로 구성된 전체 문제를 보았던 기억이 있을 것이다(그림 6-7 참조). 각각의 문제해결 활동은 조건이 되는 단계를 거치게 되며, 이 조건들은 결과, 즉 문제에 대한 해결책을 만들어 낸다. 각각의 문제해결 활동에서 조건은 특성들에 의해 규정되며, 단계 역시 특성에 의해 규정된다. 문제해결을 위한 교수에서 문제해결 활동의 내용 요소를 규명하고 나면 분석이 보다 쉬워진다. [그림 6-7]은 이러한 관계를 보여 주는 데 유용하다. 그러나 분석을 위해서 전체 문제의 내용 요소를 표현하는 데는 표를 활용하는 것이 더 편리할 수 있다. 〈표 10-13〉은 [그림 10-3]의 사진과 노출 모듈에 대한 과정 분석표다.

음영 처리된 칸은 좋은 노출의 사진이라는 결과를 야기하는 네 가지의 조건, 즉 변수를 의미한다. 이 각각의 조건에 대한 특성은 표의 첫 번째 줄에 표기되어 있다. 적절한 조건을 형성하기 위해 이 속성을 변화시키는 단계는 세 번째 줄에 제시되었다. 이 모듈에서 단계를 명확히 밝히고 있지는 않기 때문에 이 단계들은 필자가 추론해 낸 것이다. 조리개, 셔터 스피드, ISO 혹은 화이트 밸런스를 어떻게 조절하는지에 대해서는 안내가 없기 때문에 단계 특성 칸은 비워 두었다. 이 모듈에 대한 필자의 분석 결과 부분에서 이 모듈을 더욱 완전하게 만들기 위해 어떠한 내용을 보완하면 좋을지 제안할 것이다.

코스에 포함된 내용 요소를 규명하고 나면, 다음 단계는 전체 문제 교수전략을 위해 처방된 교수활동의 실행을 분석하는 것이다. 〈표 6-2〉는 전체 문제를 가르치기 위한 교수활동 처방을 제시하고 있다. 〈표 10-14〉는 이렇게 처방된 교수활동을 매트릭스 형태로 나타낸 것이다. 전체 문제를 가르칠 경우 첫 번째 교수활동은 문제의 예시를 학습자에게 시연하는 것이다. 이 시연은 각 단계를 보여 주는 것, 각 단계로부터 도출되는 조건을 보여 주는 것, 그리고 조건에 따르는 결과를 보여 주는 것을 포함한다. 이 교수활동은 매트릭스에 기술된 단계 보여 주기 Show-Steps, 조건 보여 주기 Show-Conditions 그리고 결과 보여 주기 Show-Consequence로 제시되었다. 교수 모듈을 평가하기 위해 필자는 우선 교수활동의 숫자를 처방된 교수활동에 해당되는 칸에 적을 것이다. 처방된 교수활동에 대한 실행이 없다면 해당 칸은 공란으로 비워 둔다. 다음 네 개의 열 (G, M, >, S)은 보여 주기 활동이 안내(Guidance: G), 관련 있는 멀티미디어(Multimedia: M), 문제에 대한 여러 개의 표상(>), 그리고 구조적 프레임워크(Structural framework: S)를 포함하는지를 표시하기 위한 것이다. 안내와 멀티미디어가 적절하게 활용되었다면 + 표기를 하고 이들이 누락되거나 부적절하다면 해당 칸을 비워 둘 것이다. >3에 대해서는 시연이 이루어진 특성의 숫자를 > 칸에 적을 것이다.

〈표 10-13〉 전체 문제의 내용 요소-사진과 노출

조건 특성	조리개 f-stop	셔터 스피드	ISO 필름 스피드	화이트 밸런스	피사계 심도 좋은 대조 또렷한 사진 선명한 색상
조건	피사계 심도	흐릿함 대조	사진의 입자	사진의 색상	좋은 노출의 사진
단계	조리개 조절	셔터 스피드 조절	ISO 조절	화이트 밸런스 조절	
단계 특성					

〈표 10-14〉 전체 문제를 위한 코스 평가 체크리스트

	말하기	보여 주기	G	M	>	S	Do_id	Do_ex	C	F	>	P	점수
문제:													
단계(Step)													
조건(Condition)													
결과(Consequence)													
구성요소 스킬 1 =													
조건													
단계													
구성요소 스킬 2 =													
조건													
단계													
구성요소 스킬 3 =													
조건													
단계													
구성요소 스킬 4 =													
조건													
단계													
구성요소 스킬 5 =													
조건													
단계													
총점													
코멘트:													

학습자에게 문제의 예시를 시연한 후, 문제해결 교수의 다음 단계는 각각의 구성요소 스킬을 가르치는 것이다. 각 구성요소 스킬 혹은 문제해결 활동에는 두 개의 주요 구성요소, 즉 단계 및 단계를 실행한 결과로부터 도출되는 조건이 있다. 각각의 구성요소 스킬을 가르치기 위한 교수활동이 매트릭스의 해당 칸에 제시되어 있다. 구성요소를 위한 말하고-보여 주기[Tell-and-Show] 활동과 단계를 위한 말하고-보여 주기 활동이 있는데, 이 활동을 실행하기 위한 교수활동의 고유 번호를 해당 칸에 적을 것이다. 적절한 안내와 멀티미디어 활용에 대해서는 해당 칸에 + 표기를 하고, 사용된 표상의 숫자를 >3 칸에 적을 것이다. 구조적 프레임워크(S) 칸은 전체 문제에만 해당된다.

구성요소 스킬에 대한 교수활동에는 두 수준의 수행하기[Do]가 있다. 판별형 수행하기[Do_id]는 단계

혹은 조건에 대하여 학습자가 이전에 접해 보지 못한 예시를 규명하는 것을 의미하고, 실행형 수행하기$^{Do_{ex}}$는 학습자가 단계를 수행해 보는 것을 의미한다. Do_{ex}는 조건과 관련된 활동이 없기 때문에 음영으로 처리하였다. 동료 학습자 간 상호작용(P) 역시 음영으로 대부분 처리되었는데, 이는 전체 문제에 대한 해답에만 적용이 가능하기 때문이다.

구성요소 스킬을 학습한 후, 학습자는 문제해결을 위한 단계를 실행하게 된다. 적용을 위한 Do_{id}와 Do_{ex} 칸은 표의 첫 번째 섹션에서 문제^{Problem} 항목의 우측에 있다. 전체 문제를 해결하기 위해서 Do_{id}와 Do_{ex} 두 가지의 수행을 고려해야 한다. Do_{id}는 학습자가 새로운 문제 예시에서 단계, 조건 그리고 결과를 규명하는 것이다. Do_{ex}는 학습자가 단계를 수행하고, 각 단계별로 도출된 적절한 조건들을 규명하며, 각 조건으로부터 타당한 결론을 유도해 내는 것이다. 그다음의 C, F, >, P 열은 이 수행하기(Do) 활동에 코칭(C), 적절한 피드백(F), 학습자가 해결해야 하는 문제에 대한 여러 개의 예시(>), 그리고 문제해결 활동에 동료 학습자 간 협력이나 평가(P)가 포함되어 있는지를 의미한다.

전체 문제를 해결하는 데 있어서는 구조적 프레임워크를 활용하여 학습을 촉진할 수 있다. S 열은 구조적인 프레임워크가 제공되었는지, 이 프레임워크가 문제해결의 단계, 조건, 결과와 관련이 있는지를 반영한다. 문제해결 스킬의 습득은 학습자가 동료 학습자와의 협력이나 평가를 통해 서로 상호작용할 수 있는 기회가 제공될 때 촉진된다. P 열은 동료 간의 상호작용이 제공되었는지의 여부를 반영한다. 구조적 프레임워크와 동료 간 상호작용은 전체 문제의 해결을 요구하는 교수에 필요한 것이므로 표에는 한 칸만 할당되었다. 이제 이 표를 사진과 노출 모듈에 어떻게 적용할 수 있는지 알아보자.

〈표 10-15〉는 사진과 노출 모듈에 대한 필자의 평가 결과다. 여러분은 이 모듈과 필자의 분석 결과를 주의 깊게 살펴보아야 할 것이다. 이 모듈에 대한 필자의 평가는 어떠한가? 평가표를 보면 많은 부분이 공란으로 남겨져 있음을 바로 알 수 있을 것이다. 이는 해당 교수활동이 실행되지 않았음을 의미한다. 이 모듈을 개선하기 위해서 필자가 제안했던 것은 무엇인가?

우선 전체 문제를 위한 교수활동을 보자. 교수활동 2는 노출이 잘된 사진의 예시를 보여 주고 있는데, 이는 문제를 해결한 결과에 해당된다. 이에 대한 '모범 답안'에는 해당 사진의 노출과 관련된 몇 가지 속성을 나열하였다. 그러나 전체 문제의 시연은 이 표상 하나뿐이다. 다음의 제안을 적용하면 이 모듈을 크게 개선할 수 있을 것이다.

① 잘된 노출의 예시를 여러 개 더 보여 준다.

② 각각의 좋은 예시에 대하여 해당 조건들을 하나하나 분리하여 제시한다. 이를 어떻게 구현할 수 있을까? 각 표상에 대하여 여러 개의 예시를 활용한다. 예시별로 사용된 조리개를 매칭하여 보여 줌으로써 왜 해당 조리개의 선택이 최선인지를 설명한다. ISO 역시 마찬가지로 여러 개의 예시에 사용된 ISO 조건을 매칭하여 보여 줌으로써 왜 해당 ISO가 가장 좋은 사진을 만들어 내었는지 설명한다. 셔터 스피드도 동일하다. 이렇게 예시를 매칭하여 제시함으로써

〈표 10-15〉 사진과 노출 코스 평가 체크리스트

프로그램: 사진과 노출
저자: Micah Murdock
평가자: David Merrill
날짜: 2011. 3. 25

	말하기	보여 주기	G	M	>	S	Do$_{id}$	Do$_{ex}$	C	F	>	P	점수
문제: 좋은 노출의 사진													
단계													
조건								14–17		+	4		3/11
결과		2	+	+	1								3/11
구성요소 스킬 1 = 조리개													
조건	4 5	6	+	+	1								4/9
단계													
구성요소 스킬 2 = 셔터 스피드													
조건	4 7	8	+	+	3								5/9
단계													
구성요소 스킬 3 = ISO													
조건	4 9	10	+	+	1								4/9
단계													
구성요소 스킬 4 = 화이트 밸런스													
조건	4 11	12	+	+	2								4/9
단계													
총점													
코멘트:													

최종 사진의 조건을 각각 하나씩 보여 줄 수 있다.

③ 판별형 수행하기$^{Do_{id}}$를 적절히 적용한다. 조건에 따라 결과가 달라지는 예시를 여러 개 보여 준 후 학습자에게 사진을 제시하여 어떤 사진의 노출이 잘되었고 잘못되었는지를 규명하도록 한다. 이는 어떤 조건이 충족되지 않았는지를 규명해 보는 모듈 14~17의 실행형 수행하기$^{Do_{ex}}$와 는 다른 활동이다. Do$_{id}$는 노출이 잘된 사진을 찾아내는 것이고, Do$_{ex}$는 사진의 품질에 영향을 미친 조건을 생각해 보는 것이다.

④ 이 모듈의 저자는 좋은 노출의 사진을 찍기 위한 단계는 가르치지 않았다. 물론 그럴 수도 있다. 그러나 전체 문제가 좋은 노출의 사진을 어떻게 찍는가를 다루고 있다면, 해당 세팅을 맞추기 위해서 카메라를 어떻게 조작해야 하는지를 다루었어야 한다. 따라서 시연에는 사진을

찍은 장소를 보여 주고, 사진가가 얻고자 했던 효과가 무엇인지 설명하고, 조리개, 셔터 스피드, ISO, 화이트 밸런스를 어떻게 맞추었는지 보여 주고, 사진을 찍고, 그 결과를 보여 주어야 한다.

⑤ 구성요소 스킬의 각각 조건에 대한 시연은 잘 이루어졌다. 코스 평가 체크리스트에 기재되었듯이, 셔터 스피드를 제외하고는 예시를 좀 더 제공하면 좋을 것이다. 그러나 각각의 구성요소 스킬에 대한 교수에는 적용이 누락되어 있다. Do 열은 두드러지게 빈칸이 많다. 이러한 구성요소 스킬에 대한 효과적인 적용을 위해서는 어떤 요소를 보완하면 좋을까? 조리개에 대해서는 학습자에게 일련의 사진을 보여 주고 어떤 조리개 세팅이 적용된 것인지 맞혀 보도록 할 수 있다. 정확하게 어떤 f-stop이 사용되었는지를 예측하기보다는 조리개를 많이 열었는지 혹은 조였는지와 같이 대략적으로 답할 수도 있을 것이다. 또한 f-22와 같이 f-stop 숫자가 커지면 조리개를 조인 것이고, f-2.2와 같이 f-stop 숫자가 작아지면 조리개를 개방한 것이라는 점도 이 부분에서 언급할 수 있을 것이다.

⑥ 문제를 단순히 노출이 잘된 사진을 골라 내는 것이 아니라 노출을 적절히 맞추어 사진을 찍는 것으로 확장한다면 이러한 단계에 대하여 말하기, 보여 주기, 판별형 수행하기, 실행형 수행하기 교수를 추가할 수 있을 것이다.

이 프로그램에 점수를 매기자면 몇 점이나 될까? 전체 문제를 다루는 모듈은 어떻게 점수를 매겨야 하는가? 이 모듈의 설계자는 단계를 가르치지 않았기 때문에 좋은 노출을 만들어 내는 조건을 판별하는 교수에 대해서만 점수를 부여할 것이다. 점수화는 +로 표시된 칸의 개수를 세면 된다. 전체 문제의 시연과 관련해서는 노출이 잘된 사진(결과)의 예시가 하나만 제시되었으며, 약간의 안내와 (후하게 평가해서) 관련된 이미지가 포함되어 있다. 노출이 잘된 사진을 확인해 보는 적용도 없다. 전체 문제의 결과에 해당되는 칸이 구조 및 동료 칸을 제외하면 11개 있는데, 그중 3개가 적용되었다. 조건에 대해서는 어떤 조건이 결과를 만들어 내었는지를 학습자가 찾아보도록 하는 Do_{ex}가 잘 적용되었다. 그러나 보여 주기, G, M, > 열에는 이러한 활동이 없다. Do_{ex}와 피드백, 네 개의 예시가 있으므로 11점 가운데 3점을 부여하였다. 이 점수에는 단계 행이 반영되지 않았다. 설계자가 단계를 위한 교수는 개발하지 않았기 때문이다. 구조적 프레임워크나 동료 학습자 간 상호작용은 없다. 단계 행을 제외하면 22점이 최대로 획득 가능한 점수인데, 표기된 점수를 합하면 22점 가운데 6점이 부여된다. 혹은 27%로 해석할 수도 있다.

다음으로 구성요소 스킬에 대한 교수를 평가해 보자. 조리개, ISO, 화이트 밸런스에 대해서는 각각 한두 개 정도의 예시만 시연되었기 때문에 각각은 9점 만점에 4점이다. 셔터 스피드에 대해서는 3개의 예시가 있기 때문에 9점 만점에 5점이다. 단계를 제외하면, 각 요소의 평균 점수는 36점 만점에 17점, 혹은 47%다. 두 개의 % 수치를 합하면, 즉 27%+47%를 2로 나누면 33.5%가 된다. 이렇게 하면 문제해결 요소에 대한 가중치를 전체 점수의 절반으로 계산하게 된다.

아마 여러분은 많은 교수 프로그램이 이상적인 요건을 갖추지 못했음을 눈치챘을 것이다. 또

e³ 교수 설계하기

제2부에서는 교수설계를 위한 Pebble-in-the-Pond 모형에 대해 알아보고자 한다. 이 모형은 교수의 으뜸원리First Principles of Instruction를 적용하여 수업을 설계하는 것을 촉진하기 위해 개발되었다. [그림 II]는 이 책의 제2부에서 다루고 있는 내용의 구조를 제시하고 있다. 그림에서 볼 수 있는 각각의 물결은 모형에 포함된 각 교수설계 활동을 나타내고 있으며, 각 활동은 후속 장에서 보다 상세히 설명할 것이다. 제13장은 문제, 제14장은 문제 전개 과정, 제15장은 구성요소 스킬, 제16장은 증대 전략, 제17장은 설계 완결, 그리고 제18장은 평가를 다룬다.

 [그림 II] 교수설계를 위한 Pebble-in-the-Pond 모형

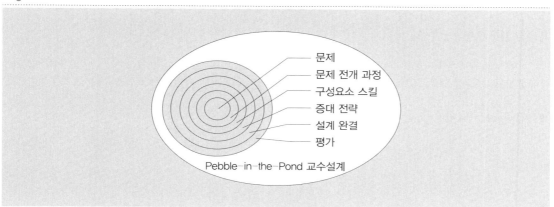

문제
문제 전개 과정
구성요소 스킬
증대 전략
설계 완결
평가

Pebble-in-the-Pond 교수설계

제11장 교수설계를 위한 Pebble-in-the-Pond 모형

이 장은 이 책의 제2부를 구성하고 있는 교수설계 모형에 대한 개관이다. 제11장에서는 Pebble-in-the-Pond 모형을 보다 전통적인 교수체제설계ISD 모형과 비교한다.

제12장 기능형 프로토타입 설계하기(이 장은 모형에 제시되어 있지는 않음)

이 장은 설계 도큐먼트보다는 기능형 프로토타입을 준비함으로써 교수설계 과정에서 보다 효과적으로 의사소통할 수 있다고 제안한다.

제13장 문제 프로토타입 설계하기

이 장은 어떻게 설계 과정을 시작해야 하는가를 다루고 있다. 즉, 해결해야 할 특정 문제(pebble, 조약돌)를 확인하고, 이 문제의 표상에 대한 프로토타입의 시연 및 적용을 설계하는 것으로부터 시작됨을 보여 준다.

제14장 문제 전개 설계하기

이 장은 일련의 문제 표상을 위해 요구되는 구성요소 스킬을 어떻게 규명하는가, 그리고 이들을 어떻게 점차 복잡한 문제로 배열하는가에 대해 설명한다.

제15장 구성요소 스킬에 대한 전략 설계하기

이 장은 문제를 해결하기 위해 요구되는 구성요소 스킬 관련 교수전략을 어떻게 설계하는가, 그리고 이러한 전략에 대한 교수활동을 문제가 전개됨에 따라 어떻게 배치하는가에 대해 설명한다.

제16장 구조적 프레임워크와 동료 상호작용을 통한 증대 전략 설계하기

이 장은 구조적 프레임워크를 어떻게 추가하는가, 그리고 문제해결 교수전략 속에 동료 상호작용을 어떻게 통합하는가에 대해 설명한다.

제17장 기능형 프로토타입 완결하기

이 장은 프로토타입 내에서 어떻게 내비게이션을 개선하는가, 그리고 교수설계를 향상시키기 위해서 제목, 메뉴, 요약 및 추가 자료 등과 같은 기타 속성들을 어떻게 추가하는가에 대해 설명한다.

제18장 사정 및 평가 설계하기

이 장은 학습자의 수행 자료를 수집하고 보관하기 위해 어떻게 기능형 프로토타입을 변경하는가, 그리고 전체 대상자로부터 표집한 학습자를 대상으로 코스의 형성평가를 실시하기 위해서 어떻게 기능형 프로토타입을 사용하는가를 설명한다.

제19장 Pebble-in-the-Pond 교수설계 체크리스트

이 장은 제2부가 종결되는 장으로서, 교수설계를 안내하고 교수설계 결과물을 평가하는 데 사용할 수 있는 체크리스트를 제공한다.

●● 제**11**장 ●●

교수설계를 위한 Pebble-in-the-Pond 모형

미/리/보/기

이 장은 통상적인 교수체제설계^{ISD} 모형에 대한 간결한 개관으로 시작한다. 이어서 교수설계를 위한 Pebble-in-the-Pond 모형을 소개하는데, 이는 다음의 질문에 대한 답을 제시하는 것으로 이루어진다. 교수설계 과정을 시작하도록 이끄는 조약돌^{pebble}은 무엇인가? 교수설계 모형에서 단계들 혹은 잔물결들은 무엇인가? Pebble-in-the-Pond 모형의 교수설계 활동은 일반적인 ISD 모형에서의 유사한 활동들과 어떻게 다른가? Pebble-in-the-Pond 모형의 독특한 특징은 무엇인가?

키/워/드

- 원리 지향^{Principle-Oriented}: 조건들을 유발하는 단계가 아니라 e³ 학습 결과로 이끄는 교수설계 산출물(조건)을 강조하는 교수설계
- 내용 우선^{Content-First}: 학습 자료에 대한 정보^{information}보다는 실제 학습 내용의 표상^{portrayals}을 설계의 우선 수단으로 사용하는 교수설계
- 문제 중심^{Problem-Centered}: 수업이 마무리되는 시점에 문제를 해결하기 위해서 사용하는 일련의 스킬이 아니라, 해결해야 할 문제 맥락 속에서 구성요소 스킬을 시연하거나 적용하는 교수설계
- 프로토타이핑^{Prototyping}: 추상적인 설계 명세서가 아니라 주요 설계 산출물로서 기능형 프로토타입을 개발하는 교수설계

1. 도 입

이 장에서는 교수설계를 위한 Pebble-in-the-Pond 모형을 소개한다. Pebble 모형을 위한 맥락을 제공하기 위해서 우선 널리 알려진 교수체제설계^{Instructional System Design: ISD} 모형을 고찰한다. Pebble-in-the-Pond는 ISD를 대체하는 것이 아니라, 교수의 으뜸원리를 교수 산출물에 통합하는 것을 촉진하기 위해 ISD를 수정한 모형이다.

이 장의 두 번째 부분에서는 교수설계의 Pebble-in-the-Pond 모형에 대한 개관이 제공된다. [그림 11-2]에서 볼 수 있는 것처럼, 이 모형은 다음의 설계 단계, 즉 ① 문제 설계하기, ② 문제의 전개 설계하기, ③ 구성요소 스킬을 위한 수업 설계하기, ④ 교수전략 증대 요소 설계하기, ⑤ 교수설계 완결하기, ⑥ 진단과 평가 설계하기를 포함한다.

이 장의 마지막 부분에서는 Pebble-in-the-Pond 모형의 독특한 속성에 대해 설명한다.

① 모형은 원리 지향적$^{principle-oriented}$이다. 즉, 모형은 조건들을 유발하는 단계가 아니라 e^3 학습 결과로 이끄는 교수설계 산출물(조건들)을 강조한다. ② 모형은 내용 우선$^{content-first}$ 접근을 지향한다. 즉, 자료에 대한 설명보다는 실제 내용 자료가 교수설계를 위한 주요한 전달 수단이다. ③ 모형은 문제 중심적이다. 즉, 수업은 수업의 종료 시점에서 문제해결을 위해 최종적으로 사용될 일련의 스킬을 다루는 것이 아니라 해결해야 할 문제의 맥락 속에서 시연되고 적용되어야 한다. ④ 마지막으로 모형은 **프로토타입** 접근에 기반을 두고 있다. 즉, 추상적인 설계 명세서가 아닌 기능형 프로토타입이 주요 설계 산출물이다.

2. 교수체제설계(ISD)

교수를 설계하는 것은 문제해결 과제를 수행하는 것과 같다. [그림 11-1]은 6장의 문제해결 활동 다이어그램을 사용하여 널리 알려진 체제적 수업설계 모형을 묘사하고 있다(Dick, Carey,

[그림 11-1] 교수체제설계

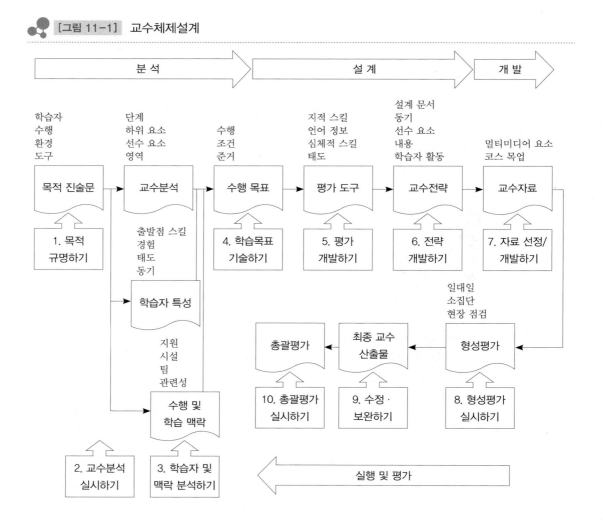

& Carey, 2009).

상향 화살표가 있는 사각형은 모형에서 확인된 교수체제설계 절차의 단계들을 나타낸다. [그림 11-1]에서는 페이지 기호(☐)로 표기한 교수 산출물과 이들 산출물을 창출한 교수설계 단계를 구분하여 제시하고 있다. 각각의 교수 산출물 위에 제시된 단어들은 이 교수 산출물들의 주요 특성을 나타낸다. 교수 산출물을 연결하는 화살표들은 각각 이 모형에서 제시된 후속 교수 산출물을 위한 조건이 되는데, 예컨대 목적 진술은 교수분석을 실행하기 위한 조건이고, 교수분석은 다시 수행 목표 작성을 위한 조건이 된다. 커다란 화살표는 어떻게 문제해결 활동(단계-조건-속성)이 분석^{Analysis}, 설계^{Design}, 개발^{Development}, 실행^{Implementation}, 평가^{Evaluation} 모형^{ADDIE}과 관련되는가를 제시하고 있다. 이 ISD 모형은 교수설계자가 모형의 각 단계를 실행하면 최종 교수 산출물은 효과적, 효율적, 매력적인 학습을 이끌어 낼 것이라고 가정한다. 이 모형의 최종 교수 산출물인 총괄평가 보고서는 이러한 e^3 결과에 대한 증거를 제시해야만 한다.

격식을 차린 교수설계는 지나치게 융통성이 없고, 시간이 많이 소요되고, 선형적일 뿐 아니라 바람직한 학습 성과를 도출할 수 있는 교수 산출물을 만드는 측면에서 실패했다는 이유로 비판을 받아 오고 있다(Gordon & Zemke, 2000). 교수설계자들이 ISD 모형의 단계를 따라 설계했음에도 불구하고 학습자가 교수목적이 요구하고 있는 바람직한 수행 수준에 미치지 못하는 결과를 보여 주는 예가 많다. 이러한 예상치 못했던 결과는 무엇으로 설명할 수 있는가? e^3 학습을 가능하게 하는 것은 무엇인가? 절차상의 단계를 따르는 것인가 아니면 이 단계의 결과로 발생하는 조건인가?

ISD는 많은 경우 실행해야 하는 일련의 단계로 인식되는데, 이때 그 결과는 당연히 좋으리라는 가정을 하게 된다. 그러나 이러한 단계를 실행하는 것이 반드시 필수적인 속성을 갖춘 교수 산출물로 이어지는 것은 아니다. 교육·훈련 프로그램의 교수설계자 혹은 ISD를 가르치는 교수자는 이 관계를 인지하지 못할 수도 있다. 그들은 단계를 가르치지만, 신임 교수설계자로 하여금 교수 프로그램이 적절한지 아닌지를 판별하는 것은 가르치지 못한다. 앞으로 필요한 부분에서 Pebble-in-the-Pond 모형의 원리 및 처방과 기존의 ISD 모형을 비교할 것이다.

3. Pebble-in-the-Pond

[그림 11-2]는 교수설계를 위한 Pebble-in-the-Pond 모형의 주요 산출물을 나타낸다. 교수가 발생하는 환경으로서 연못^{pond}이 메타포로 활용되었다. 조약돌^{pebble}은 학습자가 연못의 맥락에서 해결할 수 있어야 하는 문제를 의미한다. 문제 조약돌을 교수 연못에 던지는 것은 교수설계 과정을 위한 시발점으로서의 역할을 하게 된다. 첫 번째 물결을 구성하는 교수 산출물은 프로토타입 시연과 문제의 적용이다. 두 번째 물결은 동일한 유형의 문제를 전개^{progression}하는 것이

[그림 11-2] 교수설계를 위한 Pebble-in-the-Pond 모형

```
                        ─── 문제
                        ─── 문제 전개 과정
                        ─── 구성요소 스킬
                        ─── 증대 전략
                        ─── 설계 완결
                        ─── 평가
        Pebble-in-the-Pond 교수설계
```

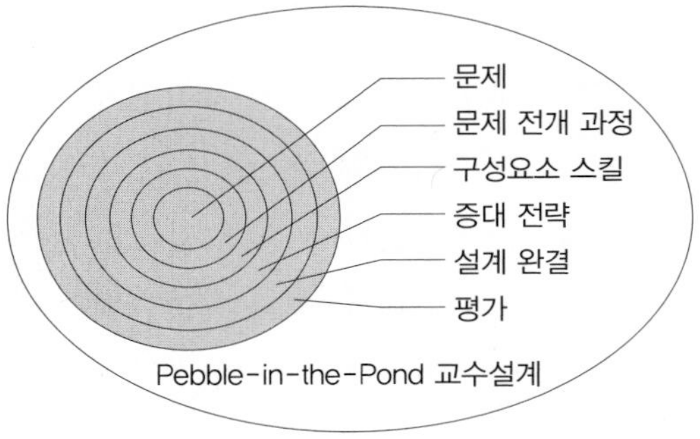

다. 두 번째 물결을 구성하는 교수 산출물은 각 문제에 대한 시연 혹은 적용이다. 세 번째 물결은 해당 문제 부류에서 문제를 해결하기 위한 구성요소 스킬이다. 세 번째 물결을 구성하는 교수 산출물은 구성요소 스킬에 대한 시연 및 적용으로서, 이 구성요소 스킬들은 문제가 전개되어 나가는 맥락에서 학습된다. 네 번째 물결은 증대 전략enhance strategies이며, 문제의 시연과 적용에 덧붙여 구조적 프레임워크 및 동료 학습자 간 상호작용으로 구성된다. 다섯 번째 물결은 설계 완결하기이며, 인터페이스, 내비게이션, 보조 학습 자료 등에 대한 최종 설계를 포함한다. 여섯 번째 물결은 평가로서, 자료 수집, 형성평가, 프로토타입 수정 등을 포함한다.

이 책에서 소개하였듯이, Pebble-in-the-Pond 모형은 [그림 11-1]에 소개한 기존의 ISD 모형에 비해 다소 제한적이다. 이 모형은 전체 교수개발 절차에서 교수설계 단계를 특히 강조하고 있으며, 독립적인 코스에 더 잘 적용된다. [그림 11-1]에 기술된 것과 같이, 교수개발에는 Pebble-in-the-Pond 모형에는 빠져 있는 단계들이 포함되어 있다. 그렇다고 해서 그 단계들이 중요하지 않은 것은 아니다. 이 단계를 수행하는 절차는 다른 곳에서 배울 수 있다. Pebble-in-the-Pond 모형에서 연못은 전단 분석front-end analysis을 통해 이미 교수 프로그램을 통해 해결할 수 있는 문제가 있음을 가정한다. 또한 내용 영역 및 교수목적은 전단 분석 혹은 그 밖의 타당한 방법을 통해 이미 규명되었다고 가정한다. 이러한 결정을 내리는 절차는 매우 중요하나 이 책의 범위 밖이다.

Pebble-in-the-Pond 모형은 개발보다는 설계 모형에 해당된다. 이는 개발, 실행 및 총괄평가 단계는 이 책에서 고려되지 않았다는 의미다. Pebble 모형은 기능형 프로토타입의 개발은 다루고 있으나 멀티미디어 자료 개발 및 기타 개발 관련 이슈들은 포함하지 않는다. 기능형 프로토타입은 최종 개발을 위한 모형으로도 활용이 가능하다. 코스의 실행 및 운영은 복잡한 과정이다. 이해 관계자와 조직이 실행이나 운영에 참여하는 부분 역시 이 책의 범위 밖이다. 실행 후 이루어지는 총괄평가 역시 기타 자료를 통해 정보를 얻을 수 있다. 짧게 말해서, Pebble 모형은 학습자가 속해 있는 맥락에서 해결해야 하는 문제로 구성된 교수적인 연못에서 출발한

다. 이 모형은 맥락, 내용, 학습 대상자, 교수목적을 규명하는 것에서 시작된다. 그리고 개발, 실행 및 총괄평가를 위한 명세서로서의 역할을 하는 기능형 프로토타입으로 마무리된다.

독립적인self-contained 코스란 실시간으로 수업을 하는 교수자에 의존하지 않는다는 의미다. 이 책에서 사용한 예시 및 적용 문제는 교수의 으뜸원리를 독립적인 코스에 적용할 것을 제안하고 있다. 왜냐하면 살아 있는 실제 교수자가 진행하는 교수에서는 상당한 교수설계가 교수자의 마음속에 숨어 있기 때문이다. 여러분이 라이브 프리젠테이션을 설계하는 경우 어떤 부분은 실상황에 맞추어 즉석에서 설계할 수 있도록 남겨 둘 수 있다. 아니, 남겨 두는 것이 더 낫다. 그러나 교수자의 특성에 따라 변하거나, 명시적으로 공개되지 않는 전략을 살펴보는 것은 어려운 일이다. 따라서 대부분의 예를 테크놀로지 기반의 독립적인 교수 상황으로 기술하였는데, Pebble 모형은 교수자 중심의 실시간 수업에도 적용 가능하다.

다음에서는 Pebble 모형의 문제, 문제 전개 과정, 구성요소 스킬, 증대 전략, 설계 완결 그리고 평가에 대해서 알아보겠다. 각각과 관련된 단계 및 조건에 대해서도 규명할 것이다. 제2부의 나머지 장에서는 이 모형의 단계 및 조건을 다룰 것이다.

1) 문제 설계하기

전통적인 ISD는 초기의 교수목표 명세서를 옹호한다. 이러한 접근의 문제는 교수목표가 지식 그 자체보다는 지식에 대한 추상적인 표상에 대한 것이라는 점이다. 때로는 실제 내용에 대한 명세가 ISD의 개발 단계에 이르러서야 확정되기도 한다. 많은 교수설계자는 의미 있는 학습 목표를 설계 초기에 기술하는 것을 어려워한다. 초기에 작성된 목표들은 개발이 시작된 이후에 삭제되거나 최종적으로 개발될 내용에 맞추어 수정되는 경우가 종종 있다.

Pebble-in-the-Pond 모형은 내용에 대한 추상적 표상(학습 목표)보다는 가르칠 내용(해결해야 할 전체 문제)이 무엇인지에서 시작하기 때문에 이러한 문제를 최소화한다. Pebble-in-the-Pond는 설계자가 이미 (자세한 목표가 아닌) 교수목적 및 학습 대상자를 규명했다고 가정한다. 첫 번째 단계인 조약돌은 학습자가 학습을 마친 후 해결할 수 있게 되는 전체 문제와 관련된 사례를 구체화하는 것이다. 구체화하다specify는 단어의 의미는 문제에 대한 정보가 아닌 문제에 대한 완전한 사례a complete instance of a problem가 규명되어야 한다는 것이다. 문제에 대한 완전한 사례는 학습자에게 제공된 정보, 그리고 문제가 해결됨으로써 변형되는 정보를 포함한다. 문제에 대한 사례를 구체화하는 가장 좋은 방법은 해당 문제를 해결하는 단계를 하나씩 자세히 보여 주는 것이다. 학습자가 문제를 해결하도록 요구하는 애플리케이션을 설계하는 것도 바람직하다.

다음 장의 예시는 필자와 지도 학생이 교육회사와 협력하여 작업한 설계 과제다. Excel을 가르치는 상업용 코스를 개선하는 것이 도전 과제였다. 기존의 접근은 사이먼 가라사대, 즉 Excel 프로그램의 모든 명령을 하나씩 가르치는 방식이었다. 각각의 학습 활동은 학습자가 가상의 Excel 스프레드시트 프로그램에서 명령을 실행해 보도록 하였고, 평가를 위해서는 문제 은행을 만들어서 학습자에게 하나의 명령을 실행하거나 여러 개의 명령을 조합하여 실행하도록 했다. 그러나 학습자에게 이 명령들을 전체 문제의 맥락에서 보여 주지는 않았다. 우리는 이 코스를 으뜸원리에 따라 문제 중심 접근을 적용하여 개선하고자 하였다. 첫 번째 과제는 학습자가 학습을 마친 후 해결할 수 있어야 하는 문제가 무엇인지 그 사례를 찾아내는 것이었다. [그림 11-3]은 우리가 규명한 전형적인 문제다. 우리는 학습자에게 제공할 정보와 문제의 해결안을 규명하였다.

문제의 조건 및 해결안을 규명한 후, 문제를 구체화하는 세 번째는 이 문제 사례를 어떻게 해결하는지를 보여 주는 시연을 설계하는 것이다. [그림 11-4]는 문제의 해결책에 대한 시연의 일부분이다. 우리는 사이먼 가라사대 접근을 활용하였다. 문제 구체화의 마지막 단계는 적용 활동을 설계하기 위해 동일한 문제 사례를 이용하는 것이다. [그림 11-5]는 동일한 문제 사례를 활용한 적용 연습이다.

[그림 11-3] 문제 규명하기

Excel 수업

Susan은 레스토랑을 새로 개업하였는데, 매우 성공적이어서 사업을 확장하고자 한다. 이를 위해서는 은행에서 대출을 받아야 하는데, 프레젠테이션을 정확하게 잘 설계해야 대출을 받는 데 유리하다. 당신은 Susan을 위해 지난달의 매출을 정리한 표를 만들어 주기로 하였다.

첫 번째 스프레드시트는 Susan이 기록한 정보들을 보여 준다.

두 번째 스프레드시트는 당신이 Susan을 위해 정리한 내용이다.

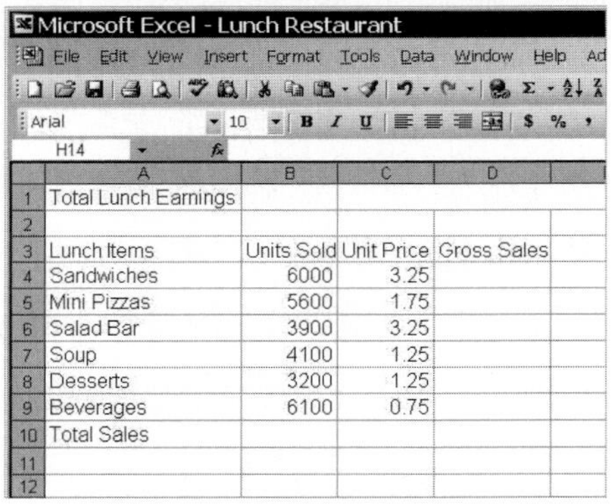
Microsoft Excel - Lunch Restaurant

	A	B	C	D
1	Total Lunch Earnings			
2				
3	Lunch Items	Units Sold	Unit Price	Gross Sales
4	Sandwiches	6000	3.25	
5	Mini Pizzas	5600	1.75	
6	Salad Bar	3900	3.25	
7	Soup	4100	1.25	
8	Desserts	3200	1.25	
9	Beverages	6100	0.75	
10	Total Sales			
11				
12				

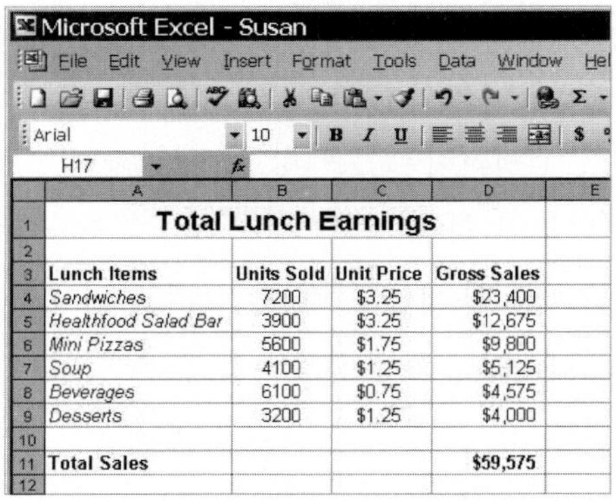
Microsoft Excel - Susan

	A	B	C	D
1	**Total Lunch Earnings**			
2				
3	**Lunch Items**	**Units Sold**	**Unit Price**	**Gross Sales**
4	*Sandwiches*	7200	$3.25	$23,400
5	*Healthfood Salad Bar*	3900	$3.25	$12,675
6	*Mini Pizzas*	5600	$1.75	$9,800
7	*Soup*	4100	$1.25	$5,125
8	*Beverages*	6100	$0.75	$4,575
9	*Desserts*	3200	$1.25	$4,000
10				
11	**Total Sales**			**$59,575**
12				

| 3 | 시나리오 1, 2를 완료하였다면 공식을 만드는 것에 이미 익숙할 것이다. 이 연습에서 공식을 만드는 것에 대한 상세한 안내는 시나리오의 마지막 부분의 학습자 안내에서 제공된다.

숫자값을 단순히 입력하기만 해서는 안 되며, 적절한 공식을 적용해야 한다. 여러분은 Theater Final 워크시트에 수입^{Income}, 비용^{Cost}, 이익^{Profit}/손실^{Loss} 공식을 성공적으로 생성하였다. 이 시점에서 여러분의 워크시트는 다음과 같은 자료를 담고 있어야 한다.

여러분의 워크시트가 다음의 워크시트와 다르다면 다시 한 번 시도를 하거나 학습자 안내 섹션으로 이동하라. | [여기에 최종 워크시트가 제시됨] |

[그림 11-9] 문제 5에서의 프롬프트가 없는 적용

	프롬프트가 없는 예시$^{Unprompted\ Example}$ – 문제 5	
1	이 연습에는 학습자 안내가 제시되지 않는다. 여러분이 만든 것과 샘플이 일치하지 않는다면 Excel 코스로 되돌아가서 필요한 모듈을 재학습한다.	
2	1단계: D1에 사용자 ID를 입력한다. 총합을 계산하기 위해 G열에 공식을 입력하고, 18행에 비용을 입력한다(소수점 없이). 2단계: 자료의 포맷을 수정한다. 표의 제목은 12포인트 두껍게를 적용한다. 열 제목으로 월을 입력한다. (계속)	프롬프트가 없는 예시 5 [문제에 대한 설명을 이곳에 제시한다.] [사용할 데이터를 이곳에 제시한다.] [상호작용적인 스프레드시트를 이곳에 제시한다.] [학습자가 자신의 스프레드시트를 제출한 후 정답 스프레드시트를 제시하여 비교해 보도록 한다.]

[그림 11-10] 문제 6, 7, 8에서의 실제적 예시 적용

	실제적 예시$^{Authentic\ Example}$ – 문제 6, 7, 8
1	이번 과제에서 여러분은 Microsoft Excel에 대한 여러분의 지식을 적용하여 워크시트를 재설계한다.
2	실제적 예시 6 Jake는 프랑스에서 휴가를 보내고 돌아왔다. 그는 휴가를 위한 경비 예산을 세웠는데, 실제로

(계속)

	사용한 경비와 예산을 비교해 보고자 한다. 환율에 대해서는 정확하지 않다. 당신은 Jake를 도와주고 그에 대한 답례로 프랑스의 샤도네 와인을 한 병 받기로 하였다. Jake는 휴가라고 적은 워크시트에 다음과 같은 기본 정보를 당신에게 적어 주었다. [Jake의 자료를 여기에 제시한다.]	
3	여러분은 공식을 만들어서 워크시트를 다시 설계하되 다음 예시와 같아지도록 해야 한다. • 예시의 행, 열과 여러분이 설계한 것이 동일한지 확인하라. • 1행 아래에 새로운 행을 삽입한다. • 구매한 물건의 가격을 $ 단위로 계산한다. • 예산과 구매한 물건의 가격 차이를 $ 단위로 계산한다. • 4개 행의 합계를 각각 계산한다. • 다섯 개의 행에 대한 제목을 가운데 정렬, 두껍게 하고 글자 크기를 12로 바꾼다. • 각 물건 행의 글자를 이탤릭체로 바꾼다. • 합계 행을 두껍게 바꾼다. • 환율 열의 제목은 제외하고 모든 열의 제목들을 두껍게 바꾼다. • 숫자 칸을 오른쪽 정렬한다. • 환율 열을 제외하고, 숫자들을 천 단위에서 ,을 찍고 소수점 두 자리까지 표기하며, 마이너스는 빨간색으로 한다. • 환율 자료를 제외하고 모든 자료의 테두리를 두 줄 겹선으로 바꾼다. • 열의 제목을 음영 표기하되, 어두운 녹색 배경에 흰 글자색으로 바꾼다. • 환율을 6.685로 바꾼다. 총 차액이 커졌는가 작아졌는가? • 파일명을 비용최종으로 저장한다.	[상호작용적 워크시트가 여기에 제시됨]

요약하면, 문제 전개progression of problems의 설계에는 다음과 같은 활동이 포함된다.

- 각 문제를 해결하기 위해 요구되는 구성요소 스킬을 결정한다.
- 문제를 단순한 것에서 복잡한 것으로 전개시킴으로써 문제해결에 요구되는 모든 구성요소 스킬을 활용할 수 있도록 한다.
- 문제의 전개에 있어서 각 문제에 대하여 적절한 시연 혹은 적용 프로토타입을 설계한다.

3) 구성요소 스킬을 위한 교수설계하기

연못의 세 번째 물결은 과제들이 전개되는 과정에서 각 과제를 완료하기 위해 요구되는 구성요소 스킬에 대한 교수 프로토타입을 설계하는 것이다. 문제 전개를 설계함에 있어서 각각의 문제에 요구되는 구성요소 스킬을 고려해야 하는데, 이는 모든 구성요소 스킬을 가르치고 있는지 확인해야 하기 때문이다. 문제 전개의 장점 중 하나는 하나의 문제에서 다루었던 구성요소 스킬이 다음 문제에서도 다루어진다는 것이다. 이러한 상황에서는 처음에는 해당 스킬을 시연하고 그다음에 그 스킬의 적용을 적용해 볼 수 있는 기회를 제공하는 것이 가능해진다. Pebble 모형의 이 단계에서 각 문제에 필요한 각각의 구성요소 스킬이 규명된다. 그리고 나서는 특정 스킬을 언제 처음 가르칠지 결정하기 위해 이 스킬 차트를 점검한다. 이 물결에서의 다음 활동은 각각의 구성요소 스킬에 대한 시연 및 적용 프로토타입을 준비하는 것이다.

Excel 예시를 보면, 첫 번째 문제를 위한 하나의 구성요소 스킬은 하나의 칸에 있는 숫자와 다른 칸에 있는 숫자를 곱하기 위한 공식을 입력하는 것이었다. [그림 11-11]은 첫 번째 문제의 시연을 보여 주는데, 이 시연에서는 스프레드시트에 공식을 입력하는 방법, 그리고 이 공식을 일련의 여러 칸에 복사하는 방법으로 줄기를 나누어 학습하게 된다. [그림 11-12]는 첫 번째 구성요소 스킬에 대한 교수다. 스프레드시트에 공식을 입력하는 절차가 다음에 시연되며, 사이먼 가라사대 접근을 활용하여 학습자가 한 단계씩 밟아 나가도록 안내한다. 이 첫 번째 문제에서 각각의 새로운 구성요소 스킬을 가르치기 위해 이와 같은 식의 구성이 적용될 수 있다.

 [그림 11-11] 구성요소 스킬 교수 분기^{branch}하기

Excel 스프레드시트

1단계: 항목별 매출$^{Gross\ Sales}$ 공식 만들기

이 단계를 완료하기 위해서는 D열에 공식을 입력하여 각 항목별로 B열의 숫자와 C열의 숫자를 곱해야 한다.

스프레드시트에 기본 산식 공식을 입력하는 방법을 학습하기 위해서는 여기를 클릭하시오.

[학습자는 [그림 11-12]에 제시된 구성요소 스킬 분기로 이동한다.]

이제 행이나 열의 숫자들을 더하기 위한 공식을 입력하는 방법에 대해 학습하였으므로 Susan의 스프레드시트를 수정해 보자.

1. D6을 클릭한다.
2. =B6*C6을 입력하고 엔터를 누른다.
3. D6을 클릭한다.
4. D6부터 D11까지 채우기를 사용하여 공식을 복사한다.

	A	B	C	D
1	Total Lunch Earnings			
2				
3	Lunch Items	Units Sold	Unit Price	Gross Sales
4	Sandwiches	6000	3.25	
5	Mini Pizzas	5600	1.75	
6	Salad Bar	3900	3.25	
7	Soup	4100	1.25	
8	Desserts	3200	1.25	
9	Beverages	6100	0.75	
10	Total Sales			
11				

(계속)

2단계: 총매출^{Total Sales} 공식 만들기

1. D12를 클릭한다.
2. 툴 바에 있는 자동합계 버튼을 클릭한다.
3. 엔터를 클릭하여 공식을 적용한다.

   =sum(D6:D11)

(계속)

◦•◦ [그림 11-12] 공식 입력하기에 대한 구성요소 스킬 교수

산술 연산을 위한 공식 입력하기		
1	워크시트에 공식을 입력하는 방법 중 하나는 해당 공식을 수동으로 타이핑하여 넣는 것이다. A1과 B1에 있는 숫자를 더하려면 어떻게 해야 할까? C1을 클릭하고, =를 입력하고, A1을 클릭한다. +를 입력하고 B1을 클릭한다. 그리고 엔터를 친다. 한번 해 보라. A1에 있는 숫자가 B1의 숫자와 더해진 후 C1에 나타날 것이다. C1에 77이 보이는가? 아니라면 다시 해 보라. 어떻게 되었는가? 당신은 방금 어떠한 숫자이든지 A1에 있는 숫자와 B1에 있는 숫자를 더하라고 명령하였다. 일단 이 공식을 입력하고 난 뒤에는 A1의 숫자를 바꾸면 C1의 합계가 자동으로 달라진다. 한번 해 보라.	

		A	B	C
	1	45	32	
	2			

2	숫자를 더하는 또 다른 방법은 사전에 정의된 수학 공식을 활용하는 것인데, 이 경우 sum이라는 용어를 사용한다. C2를 클릭한다. sum(을 입력한다. 괄호를 반드시 붙여야 한다. 그리고 A2를 클릭하고 B2를 클릭한 다음)를 입력하여 괄호를 닫는다. 엔터를 친다. 어떻게 되었는가? 숫자 32가 C2에 보이는가? 아니라면 다시 해 보라.

	A	B	C
1	45	32	77
2	23	9	

3	하나의 행 혹은 열에 있는 여러 개의 숫자를 한꺼번에 더할 수도 있다. C열에 보이는 숫자들을 더해서 C5에 보이도록 해 보자. C5를 클릭한다. =를 입력한다. 그리고 sum(을 입력한다. C1을 클릭한 후 커서를 드래그하여 C열의 모든 숫자를 커버한다.)을 입력하고 엔터를 클릭한다. 어떻게 되었는가? C5에 167이 보이는가? 아니라면 다시 해 보라.

	A	B	C
1	45	32	77
2	23	9	32
3	12	14	26
4	21	11	32
5			

4	계속 이어짐

두 번째 문제 역시 학습자로 하여금 스프레드시트에 공식을 입력할 것을 요구한다. 그러나 이 문제에서는 구성요소 스킬로의 가지는 적용되지 않았다. 대신 학습자가 해당 구성요소 스

킬을 적용해 보아야 한다.

시연 및 적용 교수는 해당 문제와 관련된 구성요소 스킬 차트의 각 스킬에 대하여 유사한 방식으로 설계된다. 어떤 스킬이 처음 등장할 때는 이를 가르치고, 후속 문제에서 다시 이를 다루게 되면 학습자는 적용을 해 보게 된다.

요약하면, 구성요소를 위한 교수설계에는 다음과 같은 활동이 포함된다.

- 구성요소 스킬 차트를 바탕으로, 각 구성요소 스킬이 문제해결을 위해 처음 요구될 때는 그에 대한 시연을 설계한다.
- 특정 구성요소 스킬의 적용이 적어도 두 개의 문제에서 더 다루어지는지 확인한다.

4) 교수전략의 증대 설계하기

Pebble 모형의 처음 세 개 물결의 결과는 코스웨어의 기능형 프로토타입으로서, 각 문제를 위한 시연 및 적용 전략, 그리고 해당 문제를 해결하기 위해 요구되는 구성요소 스킬을 위한 시연 및 적용 전략을 포함한다. 교수설계 연못의 나머지 물결은 e³ 품질을 증대enhancements시킴으로써 이러한 교수전략을 세밀히 조정한다.

(1) 구조적 프레임워크

증대의 한 가지 형태는 구조적 프레임워크structural framework를 활용하여 문제를 시연하는 동안 안내를 제공하거나 문제를 적용하는 동안 코칭을 제공하는 것이다. 스프레드시트 컴퓨터 프로그램은 구조적 프레임워크를 기반으로 만들어졌다. 이는 회계 및 기타 유형의 자료를 추적 기록하기 위해 오랫동안 사용해 오던 지필 방식을 전자화한 것이다. 학습자가 종이 스프레드시트에 익숙하다면 이미 내재된 구조적 프레임워크가 벌써 안내를 제공하고 있는 것이나 다름없다. 그러나 종이 스프레드시트에 익숙하지 않은 학습자라면 어떻게 할 것인가? 어떠한 구조적 프레임워크를 제공할 것인가? 그들이 친밀하게 느낄 만한 문제를 선택하여 스프레드시트를 사용하여 문제를 해결하는 방법을 시연할 수 있다.

[그림 11-13]은 엑셀 코스의 구조적 프레임워크를 보여 준다. 이 예시는 학습자에게 익숙한 상황을 활용하여 스프레드시트가 어떻게 이 문제를 해결하는 데 도움을 주는지 보여 준다. [그림 11-14]는 코스의 서두에 소개한 이 구조적 프레임워크가 스프레드시트에 공식을 입력하는 첫 번째 구성요소 스킬을 시연하는 데 있어서 어떻게 안내로 활용될 수 있는지를 보여 준다. [그림 11-15]는 구조적 프레임워크를 첫 번째 전체 문제에 대한 해결책에 대한 안내로 활용할 수 있는 방법을 보여 준다. [그림 11-16]은 동일한 문제를 적용으로 시연할 때, 동일한 구조적 프레

임워크 정보를 전체 문제에 대한 수행을 코칭하는 데 있어서 어떻게 활용할 수 있는지 보여 준다.

[그림 11-13] Excel 코스에서의 구조적 프레임워크

	스프레드시트 구조적 프레임워크							
1	여러분은 스프레드시트에 익숙한가? 스프레드시트란 비용과 같은 숫자를 조직화하기 위해 사용되는 그래프 용지다.							
2	자신을 대학생이라고 가정해 보자. 당신의 부모님이 학비 등의 비용을 지원해 주기로 했는데 조건이 있다. 얼마나 쓰는지를 잘 기록해 두는 것이다. 당신의 아버지는 매월 말에 수입·지출을 정리할 것을 요구하였으며, 처음부터 스프레드시트를 활용할 것을 제안하였다. 지출 날짜를 왼쪽 열에 적고, 지출액을 해당되는 항목에 적는 것이다. 월말에 각 항목별 합계를 계산하고, 우측 하단의 칸에 총계를 계산해야 한다.		월세	식대	교통	취미	책	기타
		2/4						
		2/7						
		2/14						
		총						
3	엑셀은 이러한 스프레드시트를 전자화한 버전이다. 종이 스프레드시트와 같이 단어나 숫자를 원하는 칸에 적어 넣을 수 있다. 그러나 전자 스프레드시트는 장점이 있다. 각각의 열을 일일이 더하고 총액을 적어 넣을 필요 없이 공식을 활용해서 자동으로 숫자를 더할 수 있다. 그러면 금액을 바꿀 때마다 총액이 자동으로 따라서 바뀐다. 전자 스프레드시트를 활용하면 동일한 스프레드시트를 매달 사용할 수 있다. 복사를 한 후 공식을 살려 둔 상태에서 숫자를 지우고 다음 달에 사용하면 된다.							

[그림 11-14] 구성요소 스킬을 위해 구조적 프레임워크를 사용한 안내된 시연

	산술 연산을 위해 공식 입력하기								
1	당신이 대학생으로서 사용하는 비용을 기록하기 위해 아버지가 요구했던 사항을 기억하는가? 다음으로 전자 스프레드시트에서 공식을 활용하는 방법에 대해 알아볼 것이다. 컴퓨터에게 어떤 숫자를 나의 공식에 대입하라는 명령을 어떻게 내릴 것인가? 스프레드시트의 첫 번째 행은 알파벳으로, 첫 번째 열은 숫자로 되어 있다. 각 칸은 이 두 가지를 합하여 지칭한다. 따라서 월세는 B1에 적혀 있으며, 2/4이라는 날짜는 A2에 해당된다.		A	B	C	D	E	F	G
		1		월세	식대	교통	취미	책	기타
		2	2/4						
		3	2/7						
		4	2/14						
		5	총						

(계속)

| 2 | 스프레드시트에 공식을 입력하는 방법은 실제 공식을 수동으로 입력하는 것이다. 혹은 지름길을 배울 수 있다. A1에 있는 숫자와 B1에 있는 숫자를 더하려면 어떻게 해야 하는가? C1을 클릭하고, =를 입력하고, A1을 클릭한다. +를 입력하고 B1을 클릭한다. 그리고 엔터를 친다. 한번 해 보라. A1의 숫자가 B1의 숫자와 더해진 후 C1에 나타날 것이다. C1에 77이 보이는가? 아니라면 다시 해 보라.

어떻게 되었는가? 당신은 방금 어떠한 숫자이든지 A1에 있는 숫자와 B1에 있는 숫자를 더하라고 명령하였다. 일단 이 공식을 입력하고 난 뒤에는 A1의 숫자를 바꾸면 C1의 합계가 자동으로 달라진다. 한번 해 보라. | <table><tr><td></td><td>A</td><td>B</td><td>C</td></tr><tr><td>1</td><td>45</td><td>32</td><td></td></tr><tr><td>2</td><td></td><td></td><td></td></tr></table> |

[첫 번째 구성요소 스킬에 대한 시연 및 적용이 계속된다.]

[그림 11-15] 문제를 위해 구조적 프레임워크를 사용한 안내된 시연^{guided demonstration}

	풀이가 제시된 예제^{Worked Example} — 문제 1, 2	
1	대학생 스프레드시트를 기억하는가? Susan의 문제가 이와 유사해 보이는가? 대학생 스프레드시트에서는 각 열의 숫자들을 더하고 총계를 구했다. Susan의 문제에서는 판매된 수량과 금액을 곱한 후에 이를 더해야 한다.	Susan은 레스토랑을 새로 개장하였는데, 매우 성공적이어서 사업을 확대하고자 한다. 이를 위해서는 은행에서 대출을 받아야 하는데, 프레젠테이션을 정확하게 잘 설계해야 대출을 받는 데 유리하다. 당신은 지난달의 매출을 정리한 표를 Susan을 위해 만들어 주기로 하였다. 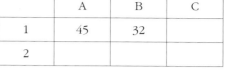

(계속)

| 2 | 이 시나리오에서는 워크시트를 완료하기 위한 단계를 안내할 것이다. 다음 지시문을 따르시오.

 1단계: 항목별 매출Gross Sales 공식 만들기
   1. D6을 클릭한다.
   2. =B6*C6을 입력하고 엔터를 누른다.
   3. D6을 클릭한다.
   4. D6부터 D11까지 채우기를 사용하여 공식을 복사한다.

 2단계: 총매출Total Sales 공식 만들기
   1. D12를 클릭한다.
   2. 툴 바에 있는 자동합계 버튼을 클릭한다.
   3. 엔터를 클릭하여 공식을 적용한다.
     =sum(D6:D11)

 (계속) | 풀이가 제시된 예제 1

 |

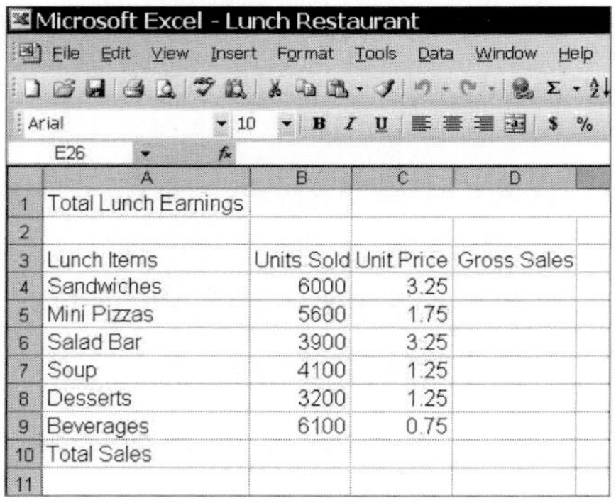

[그림 11-16] 구조적 프레임워크를 사용한 코칭이 동반된 문제 적용coached problem application

엑셀 스프레드시트	
1	대학생 스프레드시트를 기억하는가? Susan의 문제가 이와 유사해 보이는가? 대학생 스프레드시트에서는 각 열의 숫자들을 더하여 총계를 구했다. Susan의 문제에서는 판매된 수량과 금액을 곱한 후에 이를 더해야 한다.	Susan은 레스토랑을 새로 개장하였는데, 매우 성공적이어서 사업을 확대하고자 한다. 이를 위해서는 은행에서 대출을 받아야 하는데, 프레젠테이션을 정확하게 잘 설계해야 대출을 받는 데 유리하다. 당신은 지난달의 매출을 정리한 표를 Susan을 위해 만들어 주기로 하였다.

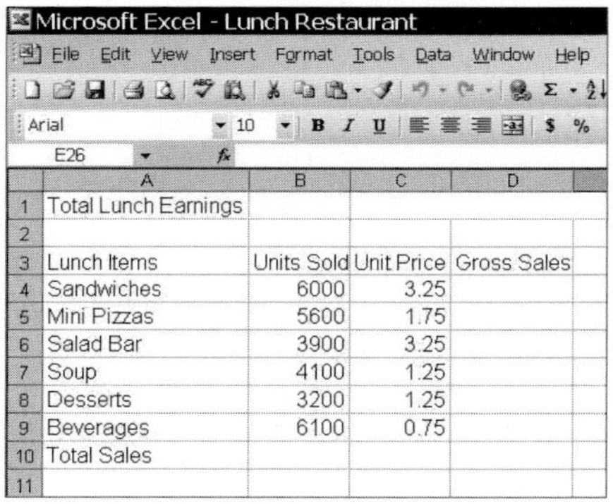

(계속)

| 2 | Susan은 여기 보이는 스프레드시트를 당신에게 건네주었다. 이 스프레드시트를 보다 정보적이고 매력적으로 보이도록 수정하라. 다음과 같이 하라.

• 중요한 제목은 두껍게 바꾼다.
• 열을 곱하여 항목별 합계를 계산한다.
• 항목별 합계를 더하여 총계를 계산한다.
• 총계 행의 제목과 숫자를 두껍게 한다. | Microsoft Excel - Lunch Restaurant
File Edit View Insert Format Tools Data Window Help

Arial ▾ 10 ▾ B I U ≡ ≡ ≡ 田 $ %
E26
<table><tr><td></td><td>A</td><td>B</td><td>C</td><td>D</td></tr><tr><td>1</td><td>Total Lunch Earnings</td><td></td><td></td><td></td></tr><tr><td>2</td><td></td><td></td><td></td><td></td></tr><tr><td>3</td><td>Lunch Items</td><td>Units Sold</td><td>Unit Price</td><td>Gross Sales</td></tr><tr><td>4</td><td>Sandwiches</td><td>6000</td><td>3.25</td><td></td></tr><tr><td>5</td><td>Mini Pizzas</td><td>5600</td><td>1.75</td><td></td></tr><tr><td>6</td><td>Salad Bar</td><td>3900</td><td>3.25</td><td></td></tr><tr><td>7</td><td>Soup</td><td>4100</td><td>1.25</td><td></td></tr><tr><td>8</td><td>Desserts</td><td>3200</td><td>1.25</td><td></td></tr><tr><td>9</td><td>Beverages</td><td>6100</td><td>0.75</td><td></td></tr><tr><td>10</td><td>Total Sales</td><td></td><td></td><td></td></tr><tr><td>11</td><td></td><td></td><td></td><td></td></tr></table> |

(2) 동료 간 상호작용

우리가 설계한 코스에서 학습자는 Excel 스킬을 습득하기 위해 혼자 학습하였다. 여기에 학습자가 함께 학습할 수 있는 기회를 제공함으로써 교수를 보강할 수 있을 것이다. 우리가 설계한 코스에서는 학습자가 실제 Excel 프로그램을 활용하여 과제를 수행하였는데, 스프레드시트가 자동으로 채점되기 때문에 학습자에게 정확한 칸에 공식을 입력하도록 상세히 지시문을 제공해야 했다. 동료 협력이 가능한 상황에서는 습득한 스킬을 시연할 수 있는 더 좋은 기회를 제공할 수 있다. 이러한 협력을 위해서는 소집단의 학습자에게 자료 세트 및 스프레드시트를 작성하기 위한 지시문을 줄 수 있다. 문제는 아마도 우리가 설계한 코스보다는 덜 구조화되고 좀 더 도전적일 수 있다. 학습자는 여전히 다섯 개의 문제 전개를 통해 학습을 하되, 프롬프트가 없는 문제를 그룹으로 해결해 본다. 이러한 상황에서는 학습자에게 보다 열려 있는 형식을 취함으로써 문제에 대한 여러 개의 옳은 해결책을 생각해 볼 수 있는 기회를 줄 수 있다. 협력에는 다양한 가능한 방법이 있다. 그중 하나는 3명의 학습자가 함께 과제를 수행하여 하나의 해결책을 찾는 방법이다. 두 번째는 팀원들이 개별적으로 해결책을 생각해 보고 나서 이를 다 함께 공유하고 평가하는 방법이다. 이 경우 문제에 대하여 한 개 이상의 해결책이 있을 수 있다. 동일한 스프레드시트를 만들기 위해 공식을 입력하는 방식이 다양하기 때문이다. 혹은 한 명 또는 두 명의 학습자가 정확성, 그리고 공식, 형식 등의 올바른 사용에 대하여 평가하는 것도 좋은 증대 방법이다. 이때는 실제 교수자가 해결책 및 학습자 간 평가를 모니터링해야 할 것이다.

요약하면, 구조적 프레임워크 증대 전략의 설계에는 다음과 같은 활동이 포함된다.

• 구조적 프레임워크를 설계한다.
• 이 구조적 프레임워크를 바탕으로 안내를 설계한다.
• 이 구조적 프레임워크를 바탕으로 코칭을 설계한다.

동료 간 상호작용 증대 전략의 설계에는 다음과 같은 활동이 포함된다.

- 동료 협력을 촉진하기 위해 적용 활동을 수정한다.
- 적용 문제를 해결하는 과정에서 서로 협력하고 평가하기 위해서 협력 팀을 구성한다.

5) 교수설계 완결하기

Pebble 모형의 다음 물결은 프로토타입을 평가, 개발 및 실행하기 위한 최종 형태로 만드는 것이다. 이 시점에서 가장 먼저 고려해야 할 사항은 내비게이션의 문제를 해결해서 오점이 없도록 만드는 것이다. 내비게이션은 학습자가 교수 프로그램 내의 이곳에서 저곳으로 이동할 수 있도록 해 주는 장치다. 아무리 훌륭한 교수전략을 사용했다 하더라도 내비게이션이 비효과적이면 학습 동기를 저해하고 학습을 방해할 수밖에 없다. 학습자는 자신이 어디에 있는지 쉽게 파악할 수 있어야 하며, 코스의 전체 메뉴로 빠르게 돌아올 수 있어야 한다. 내비게이션은 무슨 일이 벌어지는지 분명히 보여 줄 수 있도록 가능한 한 명확해야 한다.

문제 및 구성요소 스킬의 시연과 적용 전략을 개발할 때 자신의 예술적 취향에 따라 인터페이스를 설계했을 것이다. 만약 당신의 예술적 취향이 나처럼 제한적이면, 기능주의적이기는 하지만 미적인 매력은 아쉬움이 남는 프로토타입을 개발했을 것이다. 이 시점에서 여러분은 프로토타입을 확보한 상태이므로 이제 그래픽 디자이너에게 매력적인 인터페이스를 개발해 달라고 의뢰해야 한다. 그래픽 디자이너에게 프로토타입에 그래픽 디자인을 입힌 목업^mock-up 을 개발해 달라고 할 수 있다. 이 책의 커버 표지와 같이, 인터페이스는 코스의 첫인상을 결정하는 요소다. 인터페이스가 매력적이지 않으면 학습자는 다음에 제시될 내용에 대해서 긍정적이지 않은 태도를 가지고 학습에 임하게 된다. Excel 스프레드시트 코스는 회사가 고유의 색상 조합, 화면 레이아웃, 그리고 이전에 설계된 내비게이션을 이미 보유하고 있는 상황이었다. 이렇게 사전에 설계된 인터페이스에 우리의 새로운 교수전략이 입혀진 것이다.

만약 테크놀로지를 기반으로 하는 교수 프로그램을 개발했다면 보조 자료를 함께 제공하는 것이 바람직하다. 사용자 안내, 혹은 온라인 코스를 보완할 오프라인 교재 등이 포함될 수 있다. Excel 스프레드시트 코스에는 두 가지의 보조 요소가 포함되어 있다. 첫째, 24시간 온라인 멘토가 제공된다. 학습자가 학습을 하다가 어려움을 겪으면 코스 운영상의 문제든 내용에 관한 것이든 멘토에게 전화를 한다. 따라서 멘토를 위한 교육 자료를 개발해야 했는데, 그 자료는 그들이 이미 전문성을 지니고 있는 내용 영역이 아닌 학습 절차에 대한 것이었으며, 이를 통해 학습자가 경험하는 어려움을 해소하여 학습을 촉진하고자 하였다. 둘째, 형성평가 결과를 바탕으로 자주 묻는 질문^FAQ 목록을 만들었으며, 여기에는 코스의 기능 및 내용에 대한 것을 모두 포함하였다. 코스 시작 시 링크를 연결하여 학습자가 필요할 때마다 접근할 수 있도록 하였다.

요약하면, 교수설계를 완결하는 단계에는 다음과 같은 활동이 포함된다.

- 내비게이션을 확정한다.
- 인터페이스를 확정한다.
- 보조 자료를 설계한다.

6) 사정^assessment과 평가^evaluation 설계하기

Pebble 모형의 마지막 물결은 적절한 자료 수집 절차를 설계하고 형성평가를 실시하며 프로토타입을 보완하는 것이다. 적용 전략을 검토하여 구성요소 스킬이나 문제해결에 있어서 학습자의 역량이 드러나는 곳이 어디인지 규명한다. 프로토타입을 활용하여 이와 관련된 자료를 수집한다. 프로토타입을 시범적으로 운영한다. 프로토타입을 수정 · 보완하여 개발을 위한 준비를 마친다.

개발하는 과정에서 우리는 이 문제 중심 접근의 효과성에 대한 연구를 실시하였기 때문에 상당한 양의 자료들에 관심을 가졌다. [그림 11-12]의 4행을 보면, 이 교수활동에서 학습자는 금방 학습한 내용을 새로운 스프레드시트 예시에 적용해야 한다. 이 연습으로부터 두 가지 유형의 자료를 수집하였다. 학습자가 해당 페이지를 나갈 때 혹은 다시 시도하기 위해 초기화^reset 버튼을 클릭할 때 시스템은 학습자가 C열의 각 칸에 입력한 공식을 기록하였다. 그리고 나서 우리는 학습자가 입력한 공식과 올바른 공식을 비교하였다. 시스템은 학습자가 문제를 해결하기 위해 몇 번이나 시도하였는지 역시 기록하였다.

[그림 11-8]을 보라. 스프레드시트는 우리의 예시에서는 생략되었지만, 각 학생이 만든 스프레드시트를 저장하고 이들이 만든 문서의 포맷 변화, 공식, 그리고 문제해결을 위해 사용한 명령문을 비교하였다. 우리는 또한 문제해결에 소요된 시간 역시 기록하였다.

프로토타입 개선을 목적으로 정보를 수집하기 위해 설문지, 인터뷰 질문 및 기타 도구를 설계하는 것도 이 단계에서 해야 할 일이다. 코스를 보완하기 위한 요소에는 형식, 내비게이션, 인터페이스 등에 대한 질문이 포함된다. 또한 학습자가 내용이든 학습 시스템의 사용이든 혼란을 경험한 부분이 어디인가를 규명해야 할 것이다. 프로토타입에 대한 일대일 형성평가를 계획한다면 학습자가 학습에 참여할 때 어떤 질문을 할 것인가를 고민하기 시작해야 한다. 이러한 질문들을 코스 안에 내재시키는 방법도 고려해 볼 수 있다.

학습자의 수행 자료를 수집하고 코스에 대한 학습자의 태도를 측정하기 위한 적절한 설문지를 개발하여 프로토타입에 이를 삽입하였다면, 이제 프로토타입을 시범 운영할 준비가 되었다. 개인 및 소집단 학습자의 시범 학습으로부터 수집한 자료는 이 코스의 문제가 무엇인지 알려 준다. 마지막 단계는 형성평가로부터 발견한 문제들을 극복하기 위해 프로토타입을 수정하는 것이다.

요약하면, 사정 및 평가의 설계에는 다음의 활동이 포함된다.

- 자료의 출처를 규명한다.
- 자료 수집을 위해 프로토타입을 수정한다.
- 기타 평가 도구를 설계한다.
- 형성평가를 실시한다.
- 프로토타입을 보완한다.

4. Pebble-in-the-Pond 모형의 독특한 속성

이제 Pebble-in-the-Pond 모형의 독특한 속성에 대해 간략히 알아보겠다. 원리 지향적 principle-oriented, 내용 우선 content-first, 문제 중심 problem-centered, 기능형 프로토타입 functional prototype의 설계 등이 이에 해당된다.

1) 원리 지향적

[그림 11-1]에 제시된 교수설계 접근 및 대부분의 이와 유사한 접근들은 교수목적을 달성하는 데 효과적이고 효율적인 교수 산출물을 만들어 내기 위한 일련의 단계를 강조한다. 문제는 잘못된 단계를 밟는 것이 아니라, 절차를 거쳐 만들어지는 교수설계 산출물이 아닌 절차를 강조한다는 데 있다. 설계자는 처방된 단계를 밟아 나가는 것뿐만 아니라, 각 단계의 결과물이 효과적인 교수 산출물로서의 속성을 지니고 있는지 관찰하는 법을 배워야 한다. 설계자가 교수분석 단계에서 수행 목적을 구체화하였는데 이 목적이 수행 혹은 수행이 이루어지는 조건을 적절히 반영하지 못한다면, 시연이나 연습 활동을 명세화하기 위해 이 목표를 사용할 때 이러한 활동들 역시 효과적이고 효율적인 시연, 연습 혹은 평가로서의 기능을 하지 못할 것이다. 교수설계 절차에서 단계를 밟는 것만으로는 e^3 학습 결과를 보장할 수 없다. 오히려 바람직한 학습 성과를 도출하기 위한 조건은 이 단계들을 통해 만들어지는 산출물이다.

Pebble-in-the-Pond 모형은 교수의 으뜸원리를 적용하고자 하였다. 이 책은 그 원리들을 실행한다고 생각되는, 그리고 e^3 학습 결과를 도출하는 교수 산출물(조건)을 지향하는 단계들을 제안하고 있다. Pebble 모형에서 이러한 교수 산출물은 추상적인 설명이 아닌, 멀티미디어나 기능형 프로토타입을 활용한 실제 교수의 목업 mock-up이다. Pebble 접근은 이 책의 제1부에서 처방한 e^3 시연 및 적용의 속성을 기반으로 한다. 만약 시연 교수활동이 해당 학습의 유형의 속성을 반영하지 못한다면 설계자는 프로토타입의 시연 부분을 개선하여 처방된 속성을 반영하도록 해야 한다.

2) 내용 우선

[그림 11-1]에 제시된 ISD 모형은 제시해야 하는 내용을 기술하거나 명세화하는 많은 단계로부터 시작한다. 제3장에서 정보^{information}와 해당 정보에 대한 표상^{portrayal}을 구분하였다. 전통적인 ISD 모형의 초기 단계들은 표상 지향적이 아니라 정보 지향적이다. 즉, 무엇을 해야 하는지를 보여 주기보다는 무엇을 해야 하는지를 기술한다. 예를 들어, 목적 진술문은 정보이며, 학습자가 교수의 결과로 해결할 수 있어야 하는 문제를 기술한다. 목적 분석은 정보인데, 이는 학습자가 수행해야 하는 단계 및 학습자가 목적을 달성하기 위해 갖추어야 하는 하위 스킬을 설명한다. 수행 목표는 정보다. 각 단계 및 하위 스킬과 관련된 수행을 기술하기 때문이다. 교수전략 역시 종종 정보로 표현된다. 학습자가 학습 내용과 어떻게 상호작용하는지에 대한 설명에 불과할 때가 있기 때문이다.

내용 우선^{content-first} 접근은 내용에 대한 정보보다는 내용에 대한 표상을 바탕으로 설계를 한다. Pebble-in-the-Pond 접근은 학습자가 해결 방법을 학습하는 문제의 예시에 대한 표상으로부터 설계 과정을 시작한다. 이 문제는 달성하고자 하는 목적의 표상이지, 문제와 해당 해결책에 대한 추상적인 기술이 아니다. 해결해야 하는 문제에 대한 실제 표상 및 그 해결책에 대한 시연은 문제에 대한 추상적인 기술에 비해 훨씬 덜 모호하다. Pebble 접근은 ISD 프로세스의 단계들을 압축하여 기능형 프로토타입의 개발로 바로 넘어감으로써 목적 분석, 수행 목표, 미디어 선정 등의 단계를 교수설계 활동으로 포괄한다. 이러한 프로토타입 접근은 형성평가를 실시하고 그 결과에 따라 수정·보완할 수 있는 중간 산출물을 만들어 내며, 그 결과 보다 효율적인 설계 과정을 제안한다.

3) 문제 중심

[그림 11-1]에 제시된 ISD 모형은 **누적적인 내용 계열화**^{cumulative content sequence}를 처방한다. 누적적 내용 계열화에 따르면, 우선 첫 번째 단계로 목적 분석상의 하위 스킬을 가르치고, 이 하위 스킬과 관련된 단계를 가르친다. 그다음에 목적 분석 계열상의 다음 단계로 넘어가며, 모든 하위 스킬과 단계가 제시될 때까지 계속된다. 마지막으로, 교수목적을 달성하기 위해 필요한 모든 단계를 학습한 후 학습자는 문제를 해결하거나 복잡한 과제를 수행하기 위해 그동안 학습한 스킬들을 통합하여 사용해야 한다. 이와 같은 누적적인 내용 계열화에는 몇 가지 제한점이 있다. 첫째, 내용이 복잡하고 여러 개의 하위 스킬이나 단계가 있을 경우 학습자가 스킬을 적용해야 하는 시점이 되면 앞부분에 학습한 몇몇 스킬은 이미 잊었을 가능성이 있다. 둘째, 해당

스킬이 적용되는 맥락이 없으면 학습자에게 관련성이 잘 전달되지 않는다. 관련성이 보장되지 않으면 해당 스킬을 학습하고자 하는 동기가 줄어들게 되고, 결국 효과적인 학습에 방해가 된다. 누적적인 방법으로 스킬을 습득하는 것은 "지금은 이해 못하겠지만, 나중에 이건 너에게 정말 중요하게 될 거야!"라는 우리 모두가 두려워하던 말을 상기시킨다. 학생들은 이 말을 이렇게 이해한다. "지금은 나에게 중요하지 않아. 왜냐하면 나중에 어차피 다시 배워야 하니까."

Pebble-in-the-Pond 모형은 첫 학습 활동으로서 해결해야 하는 문제의 예시를 시연하기 때문에 이러한 문제를 극복한다. 실제 문제의 표상 및 그 해결책에 대한 시연을 보는 것은 문제에 대한 추상적인 기술을 보는 것보다 훨씬 쉽게 이해된다. Pebble 접근은 그 문제를 해결하는 데 필요한 구성요소 스킬 및 이 각각의 스킬에 대한 예시가 문제해결에 어떻게 쓰이는지를 시연한다. 학습자가 무엇을 할 수 있게 되는지를 기술한 추상적인 목표 진술문보다, 학습자는 그들이 무엇을 할 수 있게 되는지를 문제 예시에 대한 구체적인 시연으로 보게 된다.

Pebble 모형에서 내용의 계열화는 누적적이 아니라 문제 중심적이다. 구성요소 스킬은 문제가 전개되는 맥락에서 가르친다. 첫 번째 문제 및 해당 구성요소 스킬을 시연한 후, 동일한 유형의 두 번째 문제가 제시된다. 학습자는 첫 번째 문제에서 학습했던 스킬을 두 번째 문제해결에 적용해야 한다. 만약 새로운 구성요소 스킬이 요구된다면 이 문제를 해결하는 맥락에서 새로운 구성요소 스킬을 학습한다. 이와 같은 구성요소 스킬의 시연과 적용의 계열화는 모든 구성요소 스킬이 여러 번 시연될 때까지, 그리고 학습자가 이러한 스킬을 새로운 문제 예시에 적용할 기회를 여러 번 갖게 될 때까지 계속된다.

그러므로 Pebble의 설계 과정에서는 목적이나 문제를 기술하는 것보다는 문제의 실제 예시가 규명된다. 이러한 문제의 시연은 설계 후 프로토타입화되고, 이 문제의 적용 역시 설계 후 프로토타입화된다. 다시 말하면, Pebble 접근은 교수설계 과정의 초기 단계에 실제 학습할 내용을 규명하고, 시연하고, 적용을 위해 설계된다. 따라서 Pebble 설계 접근은 문제 중심적이다.

4) 프로토타이핑

[그림 11-1]에 기술한 ISD 모형에 따르면, 각 단계를 밟아 나가는 과정에서 많은 교수설계 산출물을 만들어 내게 된다. 앞서 말했듯이, 대부분의 이 산출물들은 내용 및 전략에 대한 추상적인 진술이다. 내용 자료를 실제로 사용하거나 그 내용을 멀티미디어로 표현하는 것은 목적, 교수전략 등이 진술되기 전까지는 이루어지지 않는다. 일반적으로 이 절차를 따르면 교수설계 문서를 만들어 내게 된다. 이러한 접근에서 매우 큰 문제는 추상적인 설계 문서를 바탕으로 실제 교수를 개발할 때 많은 해석의 오류가 발생할 수 있다는 점이다. 설계자 한 명이 처음부터 끝까지 설계를 한다면 그다지 문제가 되지 않을 수도 있겠으나, 여러 명이 함께 작업을 할 때는 설계 전략이 원래 설계자가 의도했던 바와는 다르게 구현되는 경우가 종종 있다. 이와 같은 오

류는 오해를 낳고, 결과적으로 효율적인 개발이 불가능하도록 일정을 지연시킨다.

Pebble 모형은 이러한 문제를 극복하기 위해 실제 자료를 사용하여 전략, 상호작용, 평가 등에 대한 기능형 프로토타입을 개발한다. 기능형 프로토타입functional prototype이란 교수전략의 목업으로서, 실제 내용 자료나 해당 자료의 위치를 지정해 주는 개체 틀placeholder을 포함한다. 이를 통해 학습자와 교수전략 간의 상호작용을 구현하고 최종 프로그램에서 경험하게 될 학습자 상호작용에 대한 근사값을 제공한다. 기능형 프로토타입은 신속한 개발을 지원하는 개발 툴을 사용하고, 쉽게 수정할 수 있으며, 실제 학습자를 대상으로 형성평가를 실시할 수 있게 해 준다. 기능형 프로토타입을 개발하는 것은 교수설계를 위한 Pebble-in-the-Pond 모형의 일부로 통합되었다(Allen, 2003).

원리와 처방

문제의 설계에는 다음 활동이 포함된다.
- 교수의 내용 분야와 주요 목적을 규명한다.
- 학습 대상자 특성을 규명한다.
- 학습 목적을 달성할 수 있는 문제 부류class를 규명한다.
- 문제의 프로토타입 시연을 설계한다.
- 문제의 프로토타입 적용을 설계한다.

문제 전개의 설계에는 다음 활동이 포함된다.
- 각 문제를 해결하기 위해 요구되는 구성요소 스킬을 결정한다.
- 문제를 단순한 것에서 복잡한 것으로 전개시킴으로써 문제해결에 요구되는 모든 구성요소 스킬을 활용할 수 있도록 한다.
- 문제의 전개에 있어서 각 문제에 대하여 적절한 시연 혹은 적용 프로토타입을 설계한다.

구성요소를 위한 교수설계에는 다음 활동이 포함된다.
- 구성요소 스킬 차트를 바탕으로, 각 구성요소 스킬이 문제해결을 위해 처음 요구될 때는 그에 대한 시연을 설계한다.
- 특정 구성요소 스킬의 적용이 적어도 두 개의 문제에서 더 다루어지는지 확인한다.

구조적 프레임워크 증대 전략의 설계에는 다음 활동이 포함된다.
- 구조적 프레임워크를 설계한다.
- 이 구조적 프레임워크를 바탕으로 안내를 설계한다.
- 이 구조적 프레임워크를 바탕으로 코칭을 설계한다.

동료 간 상호작용 증대 전략의 설계에는 다음 활동이 포함된다.
- 동료 협력을 촉진하기 위해 적용 활동을 수정한다.
- 적용 문제를 해결하는 과정에서 서로 협력하고 평가하기 위해서 협력 팀을 구성한다.

교수설계를 완결하는 단계에는 다음 활동이 포함된다.

● 내비게이션을 확정한다.
● 인터페이스를 확정한다.
● 보조 자료를 설계한다.

사정 및 평가의 설계에는 다음 활동이 포함된다.

● 자료의 출처를 규명한다.
● 자료 수집을 위해 프로토타입을 수정한다.
● 기타 평가 도구를 설계한다.
● 형성평가를 실시한다.
● 프로토타입을 보완한다.

적 용

이 책의 제2부는 교수설계를 할 때 Pebble-in-the-Pond 모형을 적용할 수 있도록 안내를 제공하는 것을 주목적으로 한다. 다음 각각의 장은 이 모형의 설계 산출물 및 단계에 대해 상세히 다룬다. 이 시점에서 여러분은 내용 영역이나 교수목적 혹은 학습 대상자 특성을 규명하고자 할 것이다. 이어지는 장들은 이러한 목적을 달성하기 위한 교수 개발을 안내할 것이다. 여러분이 이 책의 제1부에서 적용을 위해 평가했던 코스 중 하나를 개선할 수도 있다.

관련 자료

Merrill, M. D. (2002b). A pebble-in-the-pond model for instructional design. *Performance Improvement, 47*(7), 39-44. (Pebble-in-the-Pond 모형이 이 논문에서 소개되었다.)

van Merriënboer, J. J. G., & Kirschner, P. A. (2007). *Ten steps to complex learning*. Hillsdale, NJ: Lawrence Erlbaum Associates. (Pebble-in-the-Pond는 van Merriënboer와 Kirschner의 4C/ID 교수설계모형에서 다루고 있는 전체 문제와 밀접한 관계가 있다.)

다음 장에서는

Pebble-in-the-Pond 모형은 설계를 하는 과정에서 기능형 프로토타입을 개발할 것을 권하고 있다. 제12장에서는 기능형 프로토타입의 개발에 대한 안내 및 적용하기 쉬운 절차를 시연한다. 또한 문제해결 및 다양한 유형의 구성요소 스킬을 위한 교수전략을 프로토타이핑할 수 있도록 지원하는 교수 템플릿의 개념을 소개한다.

제12장

기능형 프로토타입 설계하기

미/리/보/기

교수설계의 Pebble-in-the-Pond 모형의 특징 중 하나는 이 모형이 모듈이나 코스에 대한 설계 문서를 개발하는 것이 아니라, 모듈이나 코스에 대한 프로토타입을 개발한다는 점이다. 이 장에서는 기능형 프로토타입을 좀 더 자세히 기술하고, 프로토타입을 설계하는 방법을 예시하기 위하여 프레젠테이션 소프트웨어인 파워포인트를 사용한다. 이 장은 다음 질문에 대해 답을 제시한다. 설계 명세서란 무엇이며, 그것의 약점은 무엇인가? 기능형 프로토타입이란 무엇인가? 프로토타이핑 도구를 어떻게 이용하여 기능형 프로토타입을 설계할 것인가? 교수전략 템플릿은 무엇인가? 다양한 교수전략에 대한 교수전략 템플릿을 어떻게 설계할 수 있을까?

키/워/드

● 기능형 프로토타입^{Functional Prototype}: 교수전략의 목업^{mock-up}으로, 실제 내용 자료 또는 그 내용 자료에 대한 개체 틀^{placeholder}이 있고, 학습자로 하여금 교수전략과 상호작용할 수 있도록 하며, 최종 교수설계 산출물에서 구현할 학습자 상호작용과 유사한 상호작용을 비슷하게 구현한 것
● 교수전략 템플릿^{Instructional Strategy Template}: 기능형 프로토타입을 개발하기 위한 도구이며, 특정 교수전략에 적합한 미디어 객체와 상호작용의 개체 틀을 포함하고 있음

1. 도 입

이 장에서는 문서화된 설계 명세서나 전통적인 스토리보드보다 기능형 프로토타입이 수업 산출물에 대한 보다 효과적인 명세서라는 것을 제안하고, 기능형 프로토타입에 대해서 기술한다. 기능형 프로토타입이 설계 명세서보다 더 나은 이유 및 기능형 프로토타입 설계 지침 역시 제공한다. 또한 기능형 프로토타입을 만들기 위한 설계 도구로서 파워포인트와 같은 프레젠테이션 도구의 활용 방법을 예시한다.

본서의 제2부 나머지 장은 교수설계를 위한 Pebble-in-the-Pond 모형의 각 설계 활동을 시연하는 설계 처방을 보여 주기 위하여 기능형 프로토타입을 사용할 것이다. 기능형 프로토타입이 실제 내용을 담고 있고, 학습자의 실제 상호작용과 내비게이션을 구현하기 때문에 설계의 최종 산출물이라고 오해할 수도 있다. 이 책의 나머지 부분을 읽는 동안, 기능형 프로토타입은 수업 산출물의 최종 제작을 위한 한 형태의 설계 명세서일 뿐이라는 점을 명심하라.

2. 기능형 프로토타입의 개념

기능형 프로토타입은 교수전략의 목업^{mock-up}으로서 다음 특징을 갖고 있다. 즉, 실제 내용 자료나 그 자료가 포함될 위치를 표시하는 틀이 있고, 학습자로 하여금 교수전략과 상호작용할 수 있도록 하며, 최종 수업 산출물에서 구현될 수 있는 학습자 상호작용을 유사한 형태로 구현한다. 기능형 프로토타입은 정보를 표상들로 대체하고, 언어적 기술을[5] 실제적 내용과 학습자 상호작용으로 대체한다. 기능형 프로토타입은 교수설계 과정의 초기 단계에서 수업 산출물의 예비 개발을 시작함으로써 교수설계 과정의 속도를 빠르게 한다. 기능형 프로토타입은 말하기를 보여 주기로 대체한다. 기능형 프로토타입은 연속적 접근^{successive approximations}의 가정에 따라 작용한다. 즉, 초기 버전이 적절하지 않을 경우 교수설계 과정이 진행됨에 따라 초기 버전은 개정될 것이라고 가정한다. 교수설계의 순환 단계마다 검토자가 실제 수업의 표상을 보고 개선점을 제안할 수 있도록 한다. 각 단계에서 발생하는 약점과 문제를 그 단계에서 교정하여 산출물을 개선한다. 기능형 프로토타입은 단순히 아직 제작되지 않은 산출물에 대한 언어적 기술을 검토하는 것이 아니라, 실제 수업 산출물의 목업과 잠재적 학습자와의 상호작용을 가능하게 함으로써 교수설계 과정의 초반부터 형성평가를 실행할 수 있다.

3. 기능형 프로토타입의 유용성

교수설계의 최종 결과 산출물로 흔히 설계 명세서를 작성한다. 이 설계 명세서는 최종 수업 산출물 제작의 안내를 위해 사용된다. 설계 명세서는 매우 추상적인 형태로 작성되어 수업의 개발 단계에서 단순히 지침으로만 활용될 수도 있고, 매우 구체적으로 작성되어 설계자가 교수설계 과정의 교수전략 선정 단계나 수업 자료 개발 단계로 진행하면서, 기능형 프로토타입을 토대로 실제 수업을 개발할 수도 있다.

설계 명세서의 큰 약점은 그것이 표상이기보다는 주로 정보라는 것이다. 즉, 설계 명세서는 하나의 수업 산출물 그 자체이기보다는 수업 산출물에 대한 언어적 기술이다. 언어는 모호한 경우가 빈번하다. 최종 개발물이 저자(설계자)의 의도와 정확하게 같도록 저자가 그 개발물에 대해 충분히 언어적 기술을 하는 것은 매우 어렵다. 설계 명세서를 이해하기 위해서는 해석할 부분이 많을 것이며, 결과적으로 오해의 소지가 높아질 수 있다. 설계 명세서는 다음과 같은

---

5) 역자 주: 원문은 description이다. 엄밀히 따지면, 전통적 교수설계 명세서의 기술은 도식과 언어적 기술 모두를 포함한다. 기술(記述)로 번역하면 의미가 혼란스러울 것 같아 언어적이라는 단어를 첨가하였다. 원래의 전통적 교수설계 명세서는 대개 도식과 언어적 기술 모두를 포함한다는 것을 염두에 두기 바란다.

염려를 낳는다. 교수목적 성취에 필요한 모든 단계를 교수분석이 정말로 가려 내는가? 특정 단계 또는 하위 스킬에 포함된 수행과 조건을 수행 목표들이 정말로 포괄하는가? 목표에 명세화된 수행을 특정 평가 도구가 정말로 측정하는가? 이렇게 의도한 수업이 교수설계 과정의 여러 단계를 거치며 설계가 바뀌면, 최종 수업 산출물은 원래 의도와 유사한 산출물에 지나지 않을 수 있다.

설계 명세서의 또 다른 약점은 교수목적의 규명과 실제 교수 산출물 개발 간에 시간차가 있다는 것이다. ISD 절차는 후속 단계가 쉽게 진행되도록 선행 각 단계의 작업이 양호하게 이루어진다고 가정한다. 하지만 여기에 문제가 있다. 교수설계는 완벽한 경우가 드물다. 교수설계가 진행됨에 따라 목적이 부적절하게 진술되었거나, 교수분석이 불완전하게 이루어졌거나, 수행 목표가 특정 수행 단계에 필요한 수행을 명세화하지 않았다는 것이 분명히 드러나는 경우가 흔히 있다. 실제 개발이 최종적으로 이루어질 즈음에는, 의도에 대한 해석의 차이 때문에 프로젝트가 지연되고 종종 선행 설계 단계에서 이루어진 과정을 재고해 봐야 한다. ISD에 대한 주요 비판 중의 하나가 설계 과정을 선형적으로 표현한다는 것이다. 이상적인 교수설계 과정은 선형적이지 않으며, 개발이 진행됨에 따라 설계자가 계속해서 선행 단계로 되돌아가 보는 것이 필요하다는 것을 거의 모든 설계자가 알고 있다.

기능형 프로토타입은 설계 명세서의 약점을 극복하는 데 도움이 된다. 먼저, 기능형 프로토타입은 교수설계에 대한 단순한 언어적 기술이 아니라 표상이나 목업mock-up이기 때문에, 프로젝트에 관여된 모든 사람이 수업이 어떤 모습을 할 것인지, 학습자가 어떻게 상호작용할 것인지, 학습자가 어떻게 내비게이션할 것인지를 보여 준다. 즉, 기능형 프로토타입은 말하기tell-me 명세서가 아니라 **보여 주기**show-me 명세서다. 둘째, 기능형 프로토타입은 속성 프로토타이핑rapid prototyping을 촉진한다. 설계와 프로젝트 진행에 있어서 바람직하다고 여기는 변화를 기술하기보다는, 이러한 변화를 프로토타입에 바로 구현하여 프로토타입이 항상 설계에 대한 최신판이 될 수 있도록 한다. 마지막으로, 기능형 프로토타입은 학습자로 하여금 프로토타입의 초기판과 상호작용을 하도록 하여, 설계가 완성되거나 그 최종적인 형태로 구현되기 전에 개정에 도움이 되는 정보를 주기 때문에 설계에 대한 지속적 평가를 돕는다.

4. 기능형 프로토타입 설계하기

우리는 여러 가지 컴퓨터 프로그램을 이용해서 기능형 프로토타입을 만들 수 있다. 적은 노력으로 빨리 프로토타입을 만들 수 있는 도구를 이용하면 된다. 여러분은 각자 선택한 도구를 이용하여 프로그래밍의 세부 사항이 아니라 적절한 학습 경험의 설계에 에너지를 쏟을 수 있어야 한다. 더 좋은 아이디어가 생각나면 재빨리 프로토타입을 개정할 수 있도록, 그 도구를 활용한 프로토타입 수정이 되도록 쉬워야 한다. 수정할 때마다 프로토타입이 교수목적을 달성하는 코스의 최종 모습에 점점 가까워져야 한다는 것이 중요하다.

만약 여러분이 고급 저작 도구를 보유하고 있고 그것을 잘 사용할 수 있다면 그것을 쓰면 된다. 이 책의 예시에서는 기능형 프로토타입 제작을 위해 파워포인트와 같은 프레젠테이션 도구를 선택했다. 프레젠테이션 소프트웨어는 저렴하고, 널리 쓰이고, 수정이 쉽다. 프레젠테이션 소프트웨어는 텍스트, 오디오, 그래픽, 비디오, 애니메이션 등의 다양한 멀티미디어도 지원하며, 학습자가 수업 자료와 상호작용하는 것을 모방할 수 있고, 배포하기도 쉽다. 형성평가를 할 때 학생들과 함께 쓰기도 쉽다.

다음 절에서는 기능형 프로토타입 설계를 위해 프레젠테이션 소프트웨어를 어떻게 사용하는지 시연할 것이다. 예시를 위하여 파워포인트에 있는 기능들을 사용하지만, 비슷한 기능이 다른 프레젠테이션 소프트웨어에도 있다. 새로운 소프트웨어가 자주 출시되기 때문에 특정 기능을 사용하는 방법에 대한 설명은 하지 않겠다. 이 책에서 기술한 특정 기능을 사용하기 위해서는 사용 중인 프레젠테이션 소프트웨어의 도움말을 참고하라. 파워포인트 최신 버전에는 모든 기능이 있지만 다른 프레젠테이션 소프트웨어에는 그렇지 않을 수도 있다. 필자의 목적은 기능형 프로토타입을 만드는 과정을 예시하려는 것이다. 최종 개발 도구로 파워포인트를 사용하라고 주장하는 것은 아니다.

1) 프로토타입의 레이아웃 조정하기

프레젠테이션 소프트웨어는 다양한 화면 레이아웃이 가능하다. 레이아웃의 초기 설정의 대부분은 화면의 상단에 제목, 중요 항목 또는 번호가 붙은 텍스트 항목 상자가 있다. 교수설계자로서 화면을 완전하게 통제하는 것이 중요하므로, 기능형 프로토타입 만들기를 시작할 때는 완전히 빈 화면 레이아웃을 선택하는 것이 좋다. 여러분의 수업에 맞는 레이아웃을 정한 후에 후속 슬라이드는 필요에 따라 맞춤 슬라이드로 할 수 있다.

2) 슬라이드 간 이동 방법을 학습자에게 제공하기

프레젠테이션 소프트웨어는 보통 배경에 마우스를 클릭하면 다음 슬라이드를 제시한다. 교육 프로그램에서는 단순히 마우스를 클릭해서 학습자가 페이지를 전환할 수 있어서는 안 된다. 학습자가 실수로 마우스를 클릭하여 다음 슬라이드로 넘어가서 자신의 현재 위치가 어디인지, 무슨 일이 발생했는지 혼동하게 해서는 안 된다. 학습자가 숙고하여 결정한 후, 여러분이 설계한 학습 활동—다음 슬라이드 보여 주기와 같은—과 학습자가 상호작용하기 위해서 화면의 특정 객체를 클릭하도록 해야 한다. 그러므로 슬라이드 자동 전환 기능은 끄라.

다음 화면으로 이동하기 위해서는 단순한 마우스 클릭이 아닌 다른 방법을 쓰도록 해야 한다. 우선, 오른쪽을 가리키는 큰 화살표 객체 하나를 빈 화면에 놓으라. 다음으로, 이 객체와 관련된 '실행^{action}'을 선택하라. 옵션 중의 하나가 '다음 슬라이드'다. 후에 학습자가 슬라이드 쇼와 상호작용할 때, 화살표를 클릭해야만 순차적으로 다음 슬라이드를 볼 수 있을 것이다. 이전 슬라이드로 돌아오는 객체를 더할 수 있다. 많은 경우에 학습자가 슬라이드 속의 다른 학습 활동과 상호작용을 마칠 때까지 '다음 슬라이드' 버튼 또는 '이전 슬라이드' 버튼이 나타나서는 안 된다. 후에 필자는 슬라이드 내의 다른 상호작용에서 이러한 버튼 조건이 나타나게 하는 방법을 논의할 것이다. 프레젠테이션 소프트웨어는 모든 슬라이드에 나타나는 객체를 넣을 수 있는 슬라이드 마스터가 있다. 학습자가 언제든지 다음 또는 이전 슬라이드로 갈 수 있도록 하려면 개별 슬라이드보다 슬라이드 마스터에 내비게이션 객체를 추가하라. 하지만 이렇게 하면 다른 상호작용에서 특정 조건에 따라 이전 또는 다음 화살표가 나타나게 하는 기능을 방해할 수 있다.[6]

3) 학습자 상호작용 설계하기

여러분은 내용 목록으로 이루어진 여러 슬라이드를 차례로 넘기는 매우 지루한 프레젠테이션을 보았을 것이다. 이것은 좋은 프레젠테이션이 아니며 좋은 수업은 확실히 아니다. 좋은 수업은 상호작용적이다. 학습자가 수업 활동에 참여해야 한다. 프레젠테이션 소프트웨어를 사용하는 효과적인 상호작용적 수업 활동의 핵심은 맞춤형 애니메이션이다. 맞춤형 애니메이션이란 화면에서 객체의 제시(특정 객체의 나타나기, 사라지기, 특정 기능의 활성화 또는 비활성화 상태)를 통제하는 단순한 프로그래밍이다. 맞춤 애니메이션 기능을 활용하면 학습자의 요청에 맞추어 일련의 예시를 하나씩 순차적으로 제시할 수 있고, 학습자가 자신이 이해한 정도를 표현할 수 있도록 여러 객체 중 하나를 선택하게 할 수 있으며, 학습자의 반응에 맞추어 피드백을 제공할 수 있다.

[그림 5-1]에 예시된 저명한 대통령들에 관한 학습에 대한 교수전략을 생각해 보자. [그림 12-1]은 기능형 프로토타입으로서 프레젠테이션 소프트웨어로 설계한 하나의 슬라이드다. 이 슬라이드가 처음 나타날 때, 질문에 대한 답은 보이지 않는다. 학습자가 '그의 이름은 무엇인가?'라는 질문을 클릭하면, '조지 워싱턴'이라는 단어가 나타나고 오디오 메시지가 그의 이름을 말한다. 다음 질문을 클릭할 때, 그의 대통령 임기가 나타난다. 그리고 계속해서 4개의 질문이 보인다. 왜 단순히 정보를 보여 주지 않고 상호작용성을 더했는가? 학습자가 답을 보기 위해서 클릭하기 전에 질문을 읽도록 하기 위한 것이다. 이것은 학습자를 집중하게 하고, 질문과 정보를

---

6) 역자 주: 이 부분은 파워포인트 프로그램의 여러 기능을 생각하면서 읽으면 이해하기 쉽다.

연관하도록 하는 장치다.

　이러한 기능형 프로토타입을 프레젠테이션 소프트웨어를 사용해서 어떻게 설계할 수 있는가? 바로 이 부분이 맞춤형 애니메이션이 도움되는 곳이며, 바로 이것이 빈 화면 레이아웃으로 시작해야 하는 까닭이다. [그림 12-1]의 예시에서는 각 질문을 별개의 텍스트 상자로 만들었다. 텍스트 상자는 상호작용 기능을 넣을 수 있는 객체다. 각 응답 또한 별개의 텍스트 상자로 만든다. 따라서 4개의 질문 객체와 관련된 4개의 응답 객체가 존재한다. 첫 번째 응답 애니메이션 제작을 위해 조지 워싱턴 텍스트 상자를 선택하라. 그 후 애니메이션 메뉴를 클릭하고,

 [그림 12-1] 기능형 프로토타입을 위한 애니메이션 시연

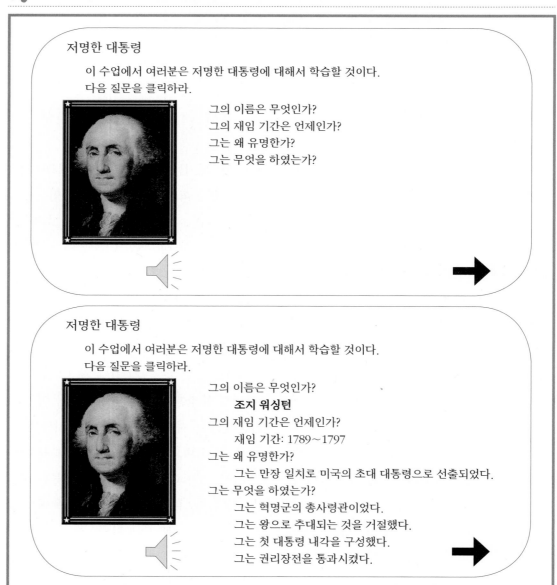

출처: Famous President를 토대로 함. 저작권: Down Load Learning. 허가를 받아 게재함.

[그림 12-2] 저명한 대통령에 대한 적용을 위한 기능형 프로토타입

저명한 대통령
다음의 내용으로 유명한 대통령의 사진을 클릭하라.

그는 제1차 세계대전 후 세계연맹을 만들려 애썼다.

정답! 우드로 윌슨은 남부에서 남북전쟁의 시기에 어린 시절을 보냈다. 그는 법률가이자 대학교수였으며, 그 후 프린스턴 대학교 총장이 되었다. 그는 1917년까지 미국이 제1차 세계대전에 관여되지 않도록 하였다. 그는 세계연맹을 만들려고 하였지만 미국은 참여하지 않았다. 그는 노벨 평화상을 수상하였다.

출처: Famous President. 저작권: Down Load Learning. 허가를 받아 게재함.

애니메이션 유형을 선택하라. 이 경우에는 '나타내기appear'를 선택한다. 그 텍스트 상자를 선택한 상태에서 나비 메뉴에 있는 '트리거trigger'를 선택하고, '클릭할 때'와 연결되어 있는 객체 중 '그의 이름은 무엇인가?'라는 텍스트 상자 객체를 트리거로 선택하라. 슬라이드 쇼에서 슬라이드가 제시될 때 조지 워싱턴 이름은 감추어졌다가 학습자가 이 질문을 클릭할 때 이름이 나타날 것이다. 다른 질문들에 대한 애니메이션도 같은 방법으로 설계한다.

[그림 12-2]는 저명한 대통령에 관한 수업에서 적용을 위한 기능형 프로토타입 슬라이드의 예시다. 이 슬라이드에서는 학습자에게 그림 위의 문장이 기술한 대통령 사진을 클릭하도록 요청한다. 학습자가 우드로 윌슨 사진을 클릭하면, 사진 아래 피드백 메시지가 팝업된다. 만약 학습자가 다른 사진을 클릭하면 피드백 메시지는 틀렸다고 나온다. 그런 다음 그림에서 보이는 대통령에 대해서 기술한다.

이 역시 이전 슬라이드와 유사한 방법으로 프레젠테이션 소프트웨어를 사용해서 만든다. 이 경우, 피드백 메시지와 애니메이션 유형을 선택하고 피드백에 대응하는 그림을 트리거로 선택하라. 나머지 두 사진과 피드백에 대해서 같은 작업을 반복하라.

이 슬라이드를 만들 때 모든 피드백 메시지를 겹치게 쌓아서 두었다. 만약 학습자가 실수를 한 후 다시 응답을 시도하면—이것은 바람직한 현상인데—다음 피드백 메시지를 제시하기 전에 이전 메시지를 사라지게 해야 한다. 그렇게 하려면 다음의 절차를 따라 추가 애니메이션

을 만들어야 한다. 피드백 메시지를 선택하고 애니메이션 추가 버튼을 눌러 '사라지기'를 선택한다. 애니메이션 창에서 방금 추가한 애니메이션의 드롭다운 메뉴를 눌러 '이전 효과와 함께 시작'을 선택한다. 그 후 '트리거'를 선택하여, 그 피드백 메시지에 대응되지 않는 사진을 트리거로 선택한다. 같은 피드백 메시지를 선택하여 위의 작업을 한 번 더 반복하고, 마지막 '트리거'에서 대응되지 않는 나머지 사진을 선택한다. 다른 두 개의 피드백 메시지에 대해서도 앞의 작업을 반복한다. 이것으로 각 사진에 3개의 애니메이션이 연결된다. 이 작업을 완료한 후에 이를 실행하면, 의도하지 않게 몇몇 피드백 메시지가 시작부터 보일 수 있다. 그 경우, 모든 피드백 메시지를 선택한 다음에 '애니메이션 추가'로 '사라지기'를 선택하고, (트리거 설정 없이) 애니메이션 창에서 '이전 효과와 함께 시작'을 선택하면 된다.

마지막으로, 학습자가 화면에서 응답할 때까지 위의 각 슬라이드에서 '다음 슬라이드' 화살표가 나타나서는 안 된다. [그림 12-1]에서 그렇게 하기 위해서 먼저 '다음' 화살표를 선택하고, '나타내기' 애니메이션 유형을 선택하고, 트리거로 마지막 질문을 선택하라. 학습자가 마지막 질문을 클릭할 때, 다음 슬라이드 화살표와 함께 정보가 나타날 것이다. [그림 12-2]에도 유사한 애니메이션을 구현할 수 있다. 이 경우, '다음 슬라이드' 화살표 트리거를 정답 사진을 클릭하였을 때로 연결하라. 이렇게 하면 학습자가 정답을 봐야만 다음 슬라이드로 이동할 수 있다.

훨씬 더 복잡한 애니메이션은 이러한 단순한 애니메이션 몇 가지를 조합한 것일 뿐이다. 애니메이션이 복잡해지면 애니메이션의 순서에 유의해야 한다. 제9장에서 언급한 불필요한 사운드와 애니메이션 사용에 대한 주의사항을 상기하라. '닦아 내기' '날아오기' 등 복잡한 애니메이션보다는 일반적으로 단순한 '나타내기' '사라지기'를 고수하는 것이 좋다. 학습자가 선택 사항을 클릭할 때 사운드 효과를 내는 것도 일반적으로 바람직하지 않다. 정답에 대한 사운드 효과도 현명하지 않은 방법이다.

앞의 애니메이션을 시연하기 위해서는 단순한 그림과 텍스트를 사용하였다. 이러한 단순한 메시지를 비디오 또는 오디오 메시지로 대체하는 것도 가능하다. 예를 들면, [그림 12-1]의 저명한 대통령 시연에서, '그는 왜 저명한가?'라는 질문을 클릭하면 대통령에 대한 짧은 비디오 클립을 보여 줄 수 있다. [그림 12-2]에서 피드백 메시지는 텍스트 메시지 대신에 정보를 보여 주는 짧은 오디오 클립이 될 수도 있다.

단순한 정보 수업 활동에 대한 상세한 상호작용을 보여 주기 위해 파워포인트의 사용을 상세히 기술했다. 그 목적은 기능형 프로토타입의 몇몇 중요한 특성을 시연하는 것이었다. 예시를 통하여 보여 주고자 했던 특징을 요약하면 다음과 같다. 첫째, 모든 상호작용을 통제하라. 자동 불렛(항목 번호) 생성하기, 마우스 클릭 시 화면의 자동 전환 등 소프트웨어의 기능에 의존하면 안 된다. 둘째, 학습자가 다음 슬라이드 또는 이전 슬라이드로 이동할 수 있도록 활동^action을 제공하라. 셋째, 제시되는 정보에 학습자가 집중할 수 있도록 상호작용을 설계하라. 넷째, 학습자가 배운 것을 기억하거나 적용하도록 하는 상호작용을 설계하라. 다섯째, 학습자의 반응에 피드백을 제공하는 상호작용을 설계하라.

5. 교수전략 템플릿

교수전략 템플릿은 기능형 프로토타입을 개발하기 위한 도구이며, 여기에는 특정 교수전략을 구현하기에 적절한 미디어 객체와 상호작용을 위한 개체 틀이 있다. 전략 템플릿의 장점은 같은 상호작용을 한 번 프로그램한 후 다양한 내용을 시연하거나 적용할 때 다시 사용할 수 있다는 점이다. 교수전략 템플릿을 활용하면 더 효율적인 설계가 가능하고, 슬라이드 간 상호작용의 유사성이 유지되고, 경험이 적은 설계자가 효과적인 교수전략을 구현하는 것을 도울 수 있다.

교수전략 템플릿의 설계 방법에 대한 예시로 파워포인트를 사용할 것이다. 설계자는 파워포인트에서 슬라이드 마스터를 만들 수 있다. 슬라이드 마스터는 프레젠테이션의 여러 슬라이드에서 사용할 수 있는 슬라이드 레이아웃이다. 슬라이드 마스터는 미디어 객체가 아니라 개체 틀로 구성된다. 개체 틀placeholder은 글, 사진, 차트, 표, 비디오, 오디오, 클립아트 등의 미디어 객체로 채울 수 있는 슬라이드 마스터 내의 특정 구역location이다. 슬라이드 마스터는 개체 틀로 이루어진 화면 레이아웃, 포맷 그리고 애니메이션을 유지한다. 프레젠테이션 소프트웨어에는 슬라이드 레이아웃에 다양하게 이용할 수 있는 많은 슬라이드 마스터가 포함되어 있다. 하지만 소프트웨어에서 제공하는 슬라이드 마스터만 쓸 수 있는 것은 아니다. 파워포인트에서는 자신만의 슬라이드 마스터를 만들 수 있고, 그것을 이용해 자신만의 프레젠테이션을 제작할 수 있다. 그래서 상이한 종류의 교수활동과 상이한 종류의 교수전략에 대해서 슬라이드 마스터를 만들 수 있다.

제5장에서 기술한 저명한 대통령에 대한 짧은 코스에는 여러 대통령을 기술하기 위한 여러 개의 유사한 슬라이드가 있다. 또 학습자에게 특정 대통령과 그의 재임 기간이나 주요 업적과 연결하도록 묻는 다수의 상이한 적용 슬라이드가 있다. 모든 슬라이드의 모든 객체에 대해서 애니메이션을 완성하는 것은 지루한 일이다. 다행히 교수전략 템플릿(파워포인트에서 슬라이드 마스터)을 사용하면 시간을 절약할 수 있다.

[그림 12-3]은 [그림 12-1]의 제시를 위해 설계한 교수전략 템플릿, 즉 슬라이드 마스터다. 이 슬라이드 마스터의 객체의 대부분은 개체 틀이다. 일부 개체 틀은 한 종류의 미디어 객체만을 삽입할 수 있지만, 모든 종류의 미디어를 삽입할 수 있는 개체 틀도 있다. 슬라이드 제목에는 텍스트 개체 틀을 넣었다. 삽입할 때 개체 틀은 "텍스트를 삽입하려면 클릭하라."라는 지시를 보여 준다. 필자는 이 지시를 "슬라이드 제목을 삽입하려면 클릭하라."로 바꾸었다. 새로운 슬라이드를 설계하기 위해 이러한 템플릿을 사용할 때 이 개체 틀을 클릭하면, 커서가 나타나고 그 안에 텍스트를 입력하거나 복사해 넣는다. 다음의 두 문장에 대해서는 텍스트 상자를 이용했다. 이 문장들은 개체 틀이 아니며 새로운 슬라이드를 위해 슬라이드 마스터를 사용할 때

나타난다. 질문들은 텍스트이며, 이것은 템플릿의 일부분이다. 또한 그림 개체 틀을 넣었다. 여러분이 아이콘을 클릭하면 사진 파일을 찾아서 선택할 수 있는 창이 열린다. 이름, 재임 기간, 주요 업적은 텍스트 개체 틀이다. 마지막 개체 틀은 텍스트, 사진, 클립아트, 비디오, 오디오, 스프레드시트, 그래프 등의 어떤 객체라도 넣을 수 있다.[7]

[그림 12-3] 저명한 대통령 시연을 위한 슬라이드 마스터

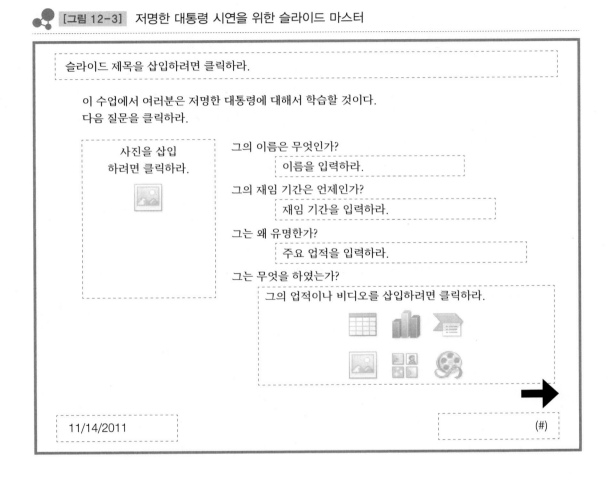

개체 틀과 텍스트를 슬라이드 마스터에 준비한 후, 이 개체 틀에 대한 애니메이션을 프로그램했다. '이름을 입력하라.' 개체 틀을 선택한 후, '나타내기' 애니메이션을 선택하였다. 그리고 트리거로 첫 번째 질문을 선택하였다. 이것은 구체적인 객체가 아니라 개체 틀을 애니메이션 한다는 점을 제외하고는 앞에서 설명한 것과 같은 절차다. 개체 틀에 미디어 객체를 넣으면 이미 이 미디어 객체는 적절한 애니메이션과 함께 프로그램된 것이다. 또한 다음 슬라이드 화살 표가 마지막 질문이 클릭되기 전에는 나타나지 않도록 다음 슬라이드 화살표에 대한 애니메이션을 프로그램했다. 마지막으로, 마우스를 클릭할 때 자동으로 화면 전환이 되는 기능을 해제

---

7) 역자 주: 이 같은 개체 틀을 '콘텐츠 개체 틀'이라 부른다.

하여 이 마스터를 이용할 때는 다음 슬라이드 화살표로만 학습자가 다음 슬라이드로 이동하도록 하였다. 이제 애니메이션을 재프로그램하지 않아도 슬라이드 마스터를 여러 내용에 대해서 반복해서 쓸 수 있다. 반드시 '다른 이름으로 저장' 하여 다음에 여러분이 이 파일을 열면 새로 작성한 슬라이드 마스터를 사용할 수 있도록 해야 한다.

기능형 프로토타입에 대한 새로운 슬라이드를 만들기 위해서는, 이 슬라이드 마스터를 슬라이드 레이아웃 템플릿으로 선택하라. [그림 12-3]에는 개체 틀이 포함된 슬라이드 포맷이 편집할 수 있도록 제시되었다. 제목 상자를 클릭하고 슬라이드 제목을 입력하거나 복사해 넣으라. 사진 개체 틀을 클릭하고, 사용할 대통령의 사진을 삽입하라. 대통령 이름을 삽입하려면 이름 삽입 개체 틀을, 재임 기간을 삽입하려면 재임 기간 개체 틀을, 대통령의 주요 업적을 삽입하려면 주요 업적 삽입 개체 틀을 클릭하라. 마지막 개체 틀은 모든 미디어 유형을 위한 것이다. 대통령의 업적을 삽입하기 위해서는 텍스트를 삽입할 수도 있고, 비디오 삽입을 위해 비디오 아이콘을 클릭할 수도 있다. 이 마스터 템플릿을 위한 애니메이션은 이미 프로그램되어 있어, 어떠한 애니메이션도 만들 필요가 없다. 학습자가 질문을 클릭하면 각 응답이 트리거되도록 이미 설계되어 있다. 슬라이드 마스터를 사용하여 새 슬라이드를 만들면 그 파일을 반드시 '다른 이름으로 저장' 하라. 그래야 작업 결과를 잃지 않는다.

제5장에서는 다섯 가지 상이한 유형의 구성요소 기능 각각에 대한 교수전략을 기술하였다. 하나의 코스를 위한 기능형 프로토타입을 설계할 때는 몇 가지 상이한 '~에 대한 종류Kind-of' 교수활동, '~에 대한 방법How-to' 교수활동, '~에 대한 결과 예측What-happens' 교수활동이 있을 것이다. 만약 이러한 각 교수전략에 대한 각 교수활동의 설계에 이용할 수 있는 교수전략 템플릿이나 일련의 슬라이드 마스터가 있다면, 기능형 프로토타입의 설계는 더 효율적이게 된다. 다음 단락들에서는 각 구성요소 스킬 교수전략에 대하여 가능한 교수전략 템플릿이나 슬라이드 마스터들을 기술하고, 그 예시를 제공한다.

1) ~에 대한 정보

앞서 제시한 저명한 대통령에 대한 슬라이드 마스터 교수전략 템플릿은 '~에 대한 정보' 전략 템플릿의 예시다. 이 특정 예는 저명한 대통령 코스에 특화되었다. [그림 12-4]는 학습자로 하여금 대통령 이름을 재인하도록 하는 '~에 대한 정보'의 연습이다. 이 슬라이드가 나타날 때 오직 사진과 3개의 이름만 보인다. 학습자가 대통령 이름 옆 체크박스를 클릭하면 오른쪽에 피드백 메시지가 보인다. 이 예시에는 세 가지의 피드백 메시지가 모두 포함되어 있다. 학습자가 첫 시도에서 정답을 맞히지 못하면 다시 답할 수 있다.

[그림 12-5]는 저명한 대통령에 대한 연습 슬라이드를 만들기 위해 사용되는 슬라이드 마스터 교수전략 템플릿의 예시다. 이 템플릿은 이전에 기술한 템플릿보다 훨씬 더 일반적이다. 이

러한 특별한 템플릿은 거의 모든 '~에 대한 정보'의 연습을 위해 사용할 수 있다. 보이는 것과 같이 왼쪽의 개체 틀에는 어떠한 종류의 미디어 객체라도 넣을 수 있다. 그리고 학생에게 제시되는 선택 항목인 오른쪽에도 다양한 종류의 객체를 넣을 수 있다. 피드백 텍스트 메시지와 선택 항목 옆에 있는 사진 개체 틀은 학습자에게 피드백을 제공하는 데 이용한다. 이 메시지들은 학습자가 체크박스들 중에 하나를 클릭할 때 나타난다.

[그림 12-6]은 저명한 대통령에 대한 다른 연습 슬라이드다. 이 경우, 단계는 텍스트이고, 선택 항목은 사진이다. 피드백 메시지는 텍스트이고, 각 선택 항목과 연결된 피드백 사진은 사용하지 않았다. 이러한 '~에 대한 정보' 연습 템플릿은 완전히 다른 교과 내용에 활용할 수 있다. 사진에 다양한 유형의 나무를 배치하고, 선택 항목에는 그에 대응되는 나무의 이름을 넣고, 오답에 대한 피드백에 사진을 배치할 수 있다. 또는 역으로 할 수도 있다. 왼쪽의 개체 틀에 특정 유형의 나무의 특징을 기술하고, 선택 항목들에 상이한 나무의 사진을 배치할 수 있다. '~에 대한 정보' 연습 템플릿의 융통성을 이해하기 바란다. 여러분이 구성하는 템플릿이 하나의 코스에 특화될 수도 있고, 다양한 코스의 여러 상황에 이용할 수 있도록 일반적일 수도 있다는 것을 보여 주기 위하여, 제시를 위해서는 구체적인 템플릿을, 연습을 위해서는 일반적인 템플릿을 의도적으로 이용하였다.

[그림 12-4] 저명한 대통령에 대한 '~에 대한 정보' 적용 예시 1

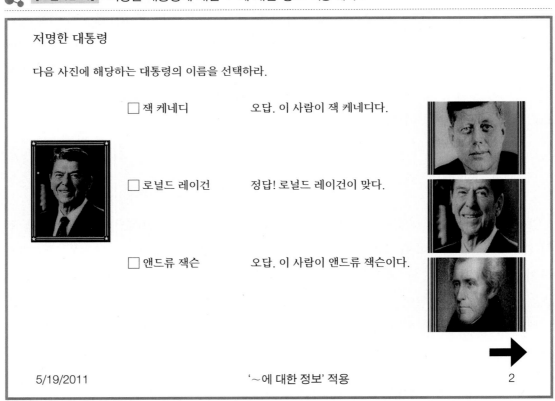

출처: Famous President. 저작권: Down Load Learning. 허가를 받아 게재함.

[그림 12-5] '〜에 대한 정보' 적용 슬라이드 마스터

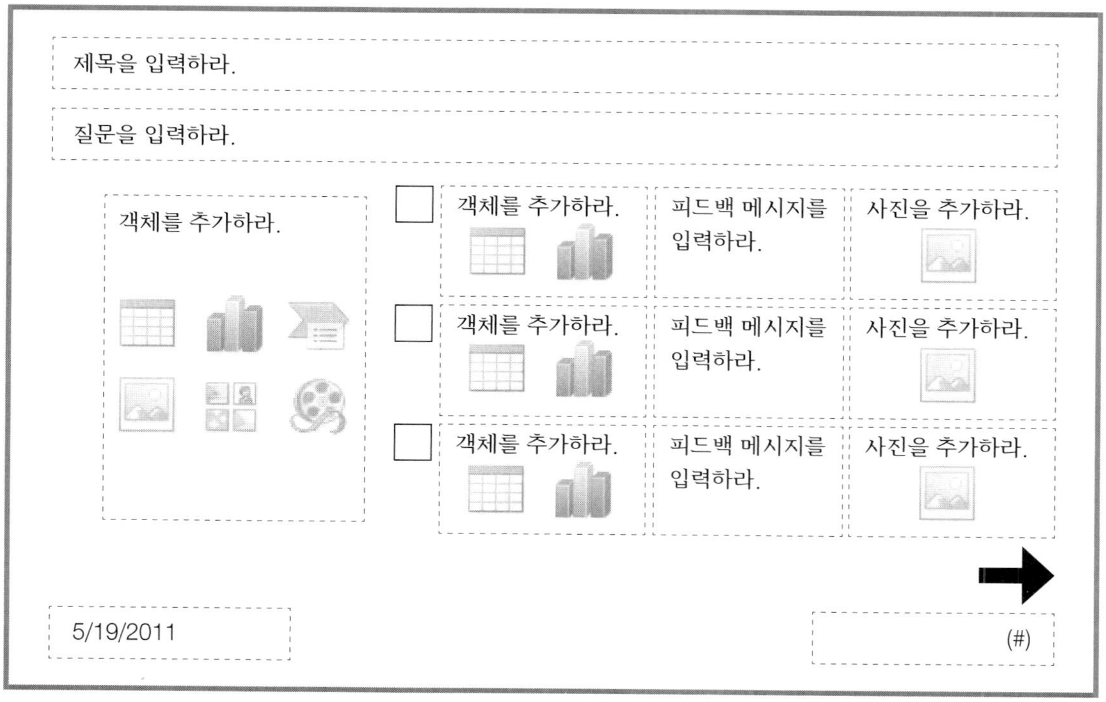

제목을 입력하라.

질문을 입력하라.

객체를 추가하라.

객체를 추가하라. 피드백 메시지를 입력하라. 사진을 추가하라.

객체를 추가하라. 피드백 메시지를 입력하라. 사진을 추가하라.

객체를 추가하라. 피드백 메시지를 입력하라. 사진을 추가하라.

5/19/2011 (#)

출처: Famous President. 저작권: Down Load Learning. 허가를 받아 게재함.

[그림 12-6] 저명한 대통령에 대한 '〜에 대한 정보' 적용 예시 2

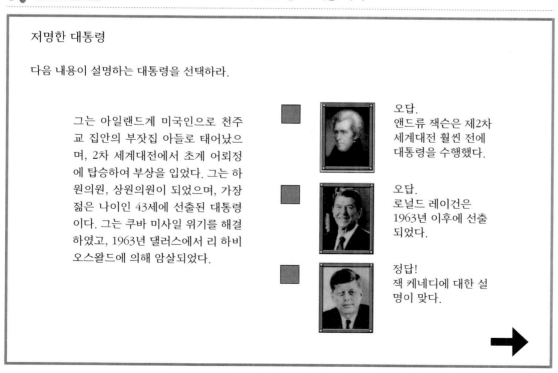

저명한 대통령

다음 내용이 설명하는 대통령을 선택하라.

그는 아일랜드계 미국인으로 천주교 집안의 부잣집 아들로 태어났으며, 2차 세계대전에서 초계 어뢰정에 탑승하여 부상을 입었다. 그는 하원의원, 상원의원이 되었으며, 가장 젊은 나이인 43세에 선출된 대통령이다. 그는 쿠바 미사일 위기를 해결하였고, 1963년 댈러스에서 리 하비 오스왈드에 의해 암살되었다.

오답.
앤드류 잭슨은 제2차 세계대전 훨씬 전에 대통령을 수행했다.

오답.
로널드 레이건은 1963년 이후에 선출되었다.

정답!
잭 케네디에 대한 설명이 맞다.

출처: Famous President. 저작권: Down Load Learning. 허가를 받아 게재함.

2) ~의 종류

[그림 12-7]은 사진 구도의 원리 중 삼등분 원칙에 대한 '~의 종류' 시연 수업 활동의 예시다. 화면 상단에는 원리의 정의가 나타나 있고, 그 아래에는 예시와 비예시인 두 개의 사진을 보여 준다. 이 슬라이드가 처음 나타날 때, 맨 아래 두 개의 안내 사진은 보이지 않는다. 학습자가 '안내를 보려면 클릭하라.' 지시를 클릭해야만 두 개의 안내 사진이 다음 슬라이드 화살표와 함께 나타난다.

[그림 12-8]은 이 수업 활동을 위해 사용한 슬라이드 마스터 교수전략 템플릿의 예시다. 슬라이드 제목을 삽입하기 위한 텍스트 개체 틀이 있고, 정의를 삽입하기 위한 텍스트 개체 틀이 있다. 이 템플릿은 거의 모든 개념에 대해 사용할 수 있는 매우 일반적인 전략이다. 예시와 비예시를 위한 개체 틀은 적절한 아이콘을 클릭하여 원하는 미디어 객체를 넣을 수 있는 개체 틀이다. 안내를 위한 개체 틀 역시 텍스트, 오디오, 사진, 비디오 등 다양한 유형의 안내를 제공할 수 있도록 콘텐츠 개체 틀로 만들어졌다. [그림 12-7]의 템플릿 예에서는 오버레이 좌표선이 있는 사진을 안내로 제공하였다. 안내가 나타나는 애니메이션과 '다음 슬라이드 화살표'는 이미 슬라이드 마스터 템플릿에 프로그램되어 있고, '안내를 보려면 클릭하라.'라는 지시문이 클릭되면 나타난다.

[그림 12-9]는 짝지어진 예시와 비예시를 보여 주는 '~의 종류' 시연 수업 활동이다. 그림에서 3개의 예시와 비예시는 예시는 예시끼리, 비예시는 비예시끼리 층을 이루고 있다. 슬라이

 [그림 12-7] 삼등분 원칙에 대한 '~의 종류' 시연 수업 활동

삼등분 원칙

　　삼등분 원칙은 수직 및 수평으로 사진을 삼등분으로 나누기 위해 사용되는 원칙이다. 교차하는 점 중 하나에 사진의 관심 주제가 오도록 하면 사진에 더 흥미가 생기고 세련되어 보인다.

예시　　안내를 보려면 클릭하라　　비예시

[그림 12-8] '~의 종류' 시연 수업 활동을 위한 슬라이드 마스터

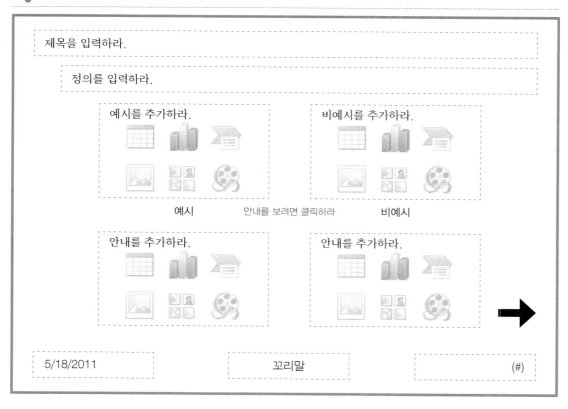

제목을 입력하라.

정의를 입력하라.

예시를 추가하라.

비예시를 추가하라.

예시   안내를 보려면 클릭하라   비예시

안내를 추가하라.

안내를 추가하라.

5/18/2011   꼬리말   (#)

 [그림 12-9] 다양한 보기가 있는 '~의 종류' 시연 수업 활동

삼등분 원칙

삼등분 원칙은 수직 및 수평으로 사진을 삼등분으로 나누기 위해 사용되는 원칙이다. 교차되는 점 중 하나에 사진의 관심 주제가 오도록 하면 사진에 더 흥미가 생기고 세련되어 보인다.

예시를 보려면 여기를 클릭하라.

예시   비예시

드 쇼 모드에서는 동시에 한 쌍씩의 예시와 비예시를 보여 준다. '예시를 보려면 여기를 클릭하라.'를 클릭할 때 처음 쌍은 사라지고 다음 쌍이 나타난다. 마지막 쌍이 제시되었을 때 다음 슬라이드 화살표가 나타난다.

[그림 12-10]은 이러한 수업 활동에 대한 슬라이드 마스터의 예시다. 사진들이 층을 이루고 있기 때문에 두 번째와 세 번째 레이어로 사진들을 삽입하기 위하여 최상층의 레이어 사진들을 옆으로 이동해야 한다. 후에 옆으로 이동한 사진을 원래의 위치로 다시 옮긴다. 여러 개의 객체가 층을 이루고 있을 때 활용 가능한 다른 방법은 맨 위의 객체를 선택하고 그림을 삽입하고, 그 객체를 선택한 상태로 마우스 오른쪽 버튼을 클릭한 후 '맨 뒤로 보내기'를 선택하여 제일 아래 층으로 옮긴다. 다음 객체에도 이 절차를 반복한다. 마지막에는 객체들은 원래의 템플릿과 같은 순서로 층을 이룰 것이다. 이 경우 위 레이어의 객체는 아래 레이어의 객체를 완전히 덮을 수도 있다. 하지만 [그림 12-9]에서 보이는 것처럼 아래 레이어 객체의 일부가 보이는 형태로 층을 쌓으면 그 객체들을 찾기가 쉽다. 이 슬라이드 마스터 템플릿은 사진이 아닌 다른 유형의 객체들을 사용하도록 수정할 수 있다. 이렇게 수정을 하여 예시/비예시를 오디오 메시지 혹은 비디오로 제시할 수도 있다.

[그림 12-11]은 삼등분 원칙을 가르치는 사진 수업을 위한 적용 활동이다. 이 슬라이드를 학습자에게 처음 제시할 때는 피드백 메시지를 모두 숨긴다. 학습자가 체크박스를 클릭하면 각 사진에 대한 교정적 피드백이 나타난다. 다음 슬라이드 화살표는 오른쪽 아래 사진에 대한 체크박스를 클릭할 때 나타난다.

[그림 12-10]   다양한 보기가 있는 '～의 종류' 시연을 위한 슬라이드 마스터

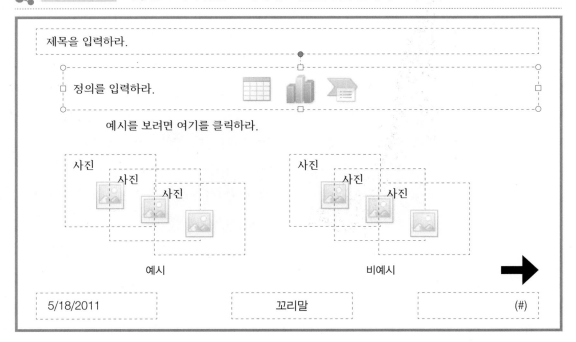

[그림 12-11] 삼등분 원칙에 대한 '~의 종류' 적용 수업 활동

삼등분 원칙

삼등분 원칙이 적용된 사진을 체크하라.

 그렇다.
왼쪽 선이 바로
투수를 가로지른다.
위쪽 선은 투수의
머리를 지난다.

☐ 예시

 아니다. 관심이
집중되는 점은
어디인가?
선들이 어디에서
교차하는가?

☐ 예시

 아니다. 관심이
집중되는 점은
어디인가?
선들이 어디에서
교차하는가?

☐ 예시

 그렇다. 소녀가
앉아 있는 곳과
선이 겹치는 곳을
확인해 보라.

☐ 예시

11/14/2011　　　　　'~의 종류' 전략 템플릿　　　　　12

 [그림 12-12] '~의 종류' 적용을 위한 슬라이드 마스터

제목을 입력하라.

다음 조건을 만족하는 사진에 체크 표시를 하라.　　텍스트를 추가하라.

사진을 추가하라.

교정적 피드백을
입력하라.

사진을 추가하라.

교정적 피드백을
입력하라.

☐ 예시　　　　　　　　　　☐ 예시

사진을 추가하라.

교정적 피드백을
입력하라.

사진을 추가하라.

교정적 피드백을
입력하라.

☐ 예시　　　　　　　　　　☐ 예시

5/18/2011　　　　　꼬리말　　　　　(#)

[그림 12-12]는 '~의 종류' 적용 수업 활동을 위한 슬라이드 마스터 템플릿이다. 이 템플릿에는 슬라이드 제목 텍스트 개체 틀이 있다. 또한 슬라이드의 내용에 맞는 지시를 삽입하기 위한 개체 틀도 있다. 이 템플릿은 사례를 위해서는 그림 개체 틀을, 피드백 메시지를 위해서는 텍스트 개체 틀을 이용한다. 작은 체크박스는 피드백 메시지에 작동하는 트리거다. 제18장에서 학습자의 반응 기록을 위해 슬라이드 마스터 적용 템플릿을 수정하는 방법을 시연할 것이다. 지금쯤은 아마 이 템플릿에 그림 개체 틀로 제한하기보다는 콘텐츠 개체 틀을 사용할 수도 있었다는 것을 알아차릴 것이다. 그렇게 하면 학습자가 확인하는 예시들은 사진뿐만 아니라 비디오 또는 오디오가 될 수 있다.

3) ~에 대한 방법

[그림 12-13]은 [그림 6-10]에서 기술한 판매 수업의 한 슬라이드다. 이 슬라이드는 판매 과정에서 하나의 주요 단계인 친절한 인사를 시연한다. 아래에는 두 개의 비디오가 있다. 왼쪽에 있는 첫 번째 비디오는 친절한 접근을 세부 단계별로 보여 주면서, 세부 단계의 명칭도 (비디오 아래에) 나열하였다. 처음 두 하위 단계의 명칭이 [그림 12-13]에 보인다. 나머지 두 가지 하위 단계는 '진지한 응대'와 '방문 목적 묻기'다. David가 비디오에서 그에 해당하는 질문을 할 때 이 단어들이 나타난다. 두 번째 비디오에서는 David의 접근에서 각 하위 단계에 대한 Maria의 반

🔗 **[그림 12-13]** 가구 판매를 위한 '~에 대한 방법' 시연 수업 활동

가구 판매

David가 손님에게 친근하게 접근하는 것을 보라. 그가 어떻게 말하고 손님이 어떻게 반응하는지에 주목하라. David의 접근을 보려면 왼쪽 비디오를 클릭하라. Maria의 반응을 보려면 오른쪽 비디오를 클릭하라.

단계를 보라.   결과를 관찰하라.

친근한 인사와   친근한 응답
개방적인 질문   대화에 참여

5/23/2011   '~에 대한 방법' 시연 템플릿   14

응을 지칭해 주는 단어들을 오른쪽에 열거한다. David의 접근의 하위 단계 각각에 대한 Maria의 반응(각 단계에 대한 결과)을 오른쪽에 열거한다. 그림에는 처음 두 단계에 대한 명칭이 보인다.

[그림 12-14]는 '~에 대한 방법' 구성요소 스킬을 위한 시연으로 설계한 슬라이드 마스터 템플릿 예시다. 단계와 각 단계의 결과 모두를 시연하기 위해서 동영상 개체 틀을 사용했다. 그래서 단계와 각 단계의 결과 모두를 시연하기 위하여 비디오를 사용할 수 있다. 텍스트 항목은 비디오가 재생될 때 나타난다. 하지만 이 애니메이션은 템플릿의 한 부분은 아니고 사용하고자 하는 비디오의 특정 부분에 프로그램되어야 한다. 이러한 애니메이션은 파워포인트에서 쉽게 프로그램할 수 있다. 개체 틀에 비디오를 삽입한 후, 비디오를 재생하다가 책갈피를 삽입하고자 하는 곳에서 재생을 멈추라. 비디오의 적절한 지점에서 '책갈피 추가' 명령에 단지 클릭만 하면 된다('책갈피 추가' 버튼은 동영상을 선택한 상태에서 '재생' 메뉴에서 쉽게 찾을 수 있다). 그리고 첫 번째 항목을 선택하고, 이 항목에 대해서 보여 줄 애니메이션을 선택하고, 트리거로 첫 번째 책갈피를 선택하라. 다른 항목들에 대해서 이 절차를 반복하라. 여기서는 비디오를 두 번 사용했다. 왼쪽 비디오에서 David가 실행하는 단계에 책갈피를 넣고 트리거로 설정하였다. 오른쪽에 있는 두 번째 비디오에서는 각 단계에 대한 Maria의 반응, 즉 결과를 확인하는 항목에 책갈피를 넣고 트리거로 설정하였다.

 [그림 12-14] '~에 대한 방법' 시연을 위한 슬라이드 마스터

제목을 입력하라.

여기에 단계를 기술하라.

단계를 보라.	결과를 관찰하라.
여기에 단계의 시연을 입력하라.	여기에 단계의 시연을 입력하라.
단계 1	결과 1
단계 2	결과 2
단계 3	결과 3
단계 4	결과 4
단계 5	결과 5

5/23/2011 　　　　　단순한 '~에 대한 방법' 시연 템플릿 　　　　　(#) ➡

[그림 12-15]는 '~에 대한 방법' 시연의 다른 버전이다. 이 템플릿에서는 학습자에게 단계 번호를 클릭하여 각 단계를 확인하도록 하였다. 학습자가 '단계 1'이라는 단어를 클릭하면 바로 그에 해당하는 단계의 예시인 비디오의 한 부분만 재생된다. 이 비디오가 재생될 때, [그림 12-13]과 [그림 12-14]에서 결과의 명칭이 연속적으로 제시된 것처럼 각 단계에 대한 설명이나 그 단계 결과의 명칭이 비디오의 오른쪽에 제시된다. [그림 12-14]의 템플릿처럼 이 애니메이션은 비디오의 특정 부분에 프로그램되어야 한다. 사용하려는 비디오를 재생하여 사용하려고 하는 부분의 바로 앞과 바로 뒤에 책갈피를 넣으라. 시작하고자 하는 부분의 책갈피를 선택하라. 애니메이션 메뉴로 이동하여 '찾기(seek)'를 선택하라. 텍스트 박스 '단계 1'을 클릭할 때의 트리거로 설정하라. 그 후 '애니메이션 추가'에서 '일시 정지'를 선택하라. 이제 트리거로 끝내고자 하는 부분의 책갈피를 선택하라(책갈피를 트리거로 선택하고자 하면, '클릭할 때'가 아니라 '책갈피에서' 메뉴에서 찾아야 한다). 슬라이드 쇼에서 학습자가 '단계 1'이라는 단어를 클릭하면 선택된 부분의 비디오가 재생된다. 절차 내의 각 단계에 대해서 이 애니메이션 프로그래밍을 반복하라. 단, 다음 단계에서의 모든 애니메이션은 '애니메이션 추가'로 추가하여야 한다. 이러한 방법으로 학습자는 비디오의 각 단계별로 재생할 수 있게 되었다. 전체 비디오를 연속으로 재생하기 위한 트리거도 만들었다.

[그림 12-16]은 '~에 대한 방법' 적용 수업 활동을 위한 슬라이드 마스터 템플릿이다. 절차에 대한 부정확한 시연은 왼쪽 동영상 개체 틀에 삽입하였다. 절차에 대한 정확한 시연은 오른쪽에

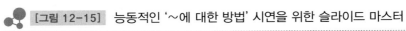

[그림 12-15] 능동적인 '~에 대한 방법' 시연을 위한 슬라이드 마스터

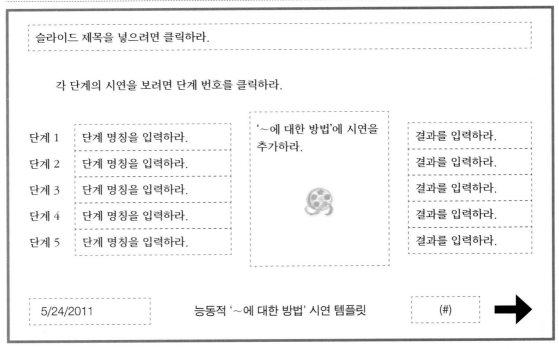

삽입하였다. 다시 비디오의 책갈피 기능을 활용했다. 부정확한 비디오에 대해서는 각 단계의 개체 틀에 시작점과 종료점에 책갈피를 추가하고, 각 단계를 트리거로 설정하기 위해 '1단계' '2단계' 등의 단어를 사용했다. 정확한 비디오의 각 단계에 대해서도 책갈피를 추가했다. 절차의 정확한 시연의 각 단계를 트리거로 설정하기 위하여 텍스트 상자 NO, ?, YES를 사용했다. 각 NO, ?, YES를 만약 정확한 반응이라면 초록색으로 바꾸고 부정확한 반응이라면 빨간색으로 바꾸는 애니메이션도 만들었다. 학습자가 5단계에 응답하고 난 후에야 '정확한 절차를 보고자 하면 클릭하세요.'라는 단어가 나타난다. 이 단어를 클릭하면 전체 비디오를 연속으로 재생한다.

이 프로그램은 어떻게 작동하는가? 학습자는 단계 번호를 클릭한다. 그 번호에 해당하는 단계가 왼쪽 비디오에 재생된다. 그러면 학습자는 그 단계를 평가하고 적절한 반응 옵션을 클릭한다. 정오를 알려 주기 위하여 상자의 색깔을 바꾼다. 단계의 정확한 실행이 오른쪽 비디오 상자에서 시연된다. 제18장에서 학생들의 반응을 기록하기 위한 절차를 기술할 것이다.

 [그림 12-16] '~에 대한 방법' 적용을 위한 슬라이드 마스터

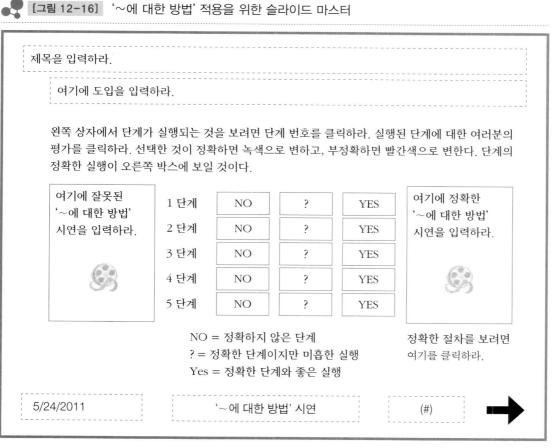

4) ～에 대한 결과 예측

[그림 12-17]은 '～에 대한 결과 예측' 시연의 수업 활동이다. 희망하는 결과가 슬라이드의 왼쪽에 사진과 설명으로 기술된다. 다양하고 상이한 조건들이 화면의 중앙 패널에 나타나 있다. 학습자는 조리개 설정 그림 중 하나를 클릭하고 오른쪽에 제시된 결과를 관찰한다. 그러면 조리개 설정의 다양한 효과를 보여 주기 위하여 조리개를 조정함에 따라 사진이 변화한다.

[그림 12-17] 조리개와 초점 거리를 위한 '～에 대한 결과 예측' 시연

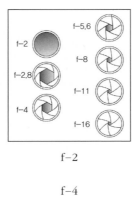

[그림 12-18]은 이 슬라이드를 위한 슬라이드 마스터 템플릿으로써, 다양한 방법으로 이용될 수 있는 매우 일반적인 템플릿이다. [그림 12-17]을 보면, 왼쪽 콘텐츠 개체 틀에 사진 한 장을 넣었고, 그 아래에 문제를 설명하는 문장을 입력하였다. 가운데의 콘텐츠 개체 틀에는 다양한 f-stop의 조리개 설정을 보여 주는 그림을 넣었다. 오른쪽의 콘텐츠 개체 틀에는 앞에서 언급한 기법을 이용했다. 즉, 각 f-stop 설정을 활용한 사진들의 모음으로 된 비디오를 만들었다. 그리고 책갈피 기능을 이용하여 각 사진의 시작과 끝을 표시하였다. 그다음에 각 f-stop 설정에 대응하는 보여 줄 사진과 비디오 섹션에 대한 트리거로 텍스트 개체 틀을 활용하였다. 또한 비디오의 각 사진에 대응하는 텍스트 안내를 트리거하기 위하여 f-stop 텍스트 상자를 이용하였다.

또한 첫 콘텐츠 개체 틀에 있는 비디오를 문제 설정을 위해 이용할 수도 있다. 각 조건을 보여 주기 위해서 조건 개체 틀에 있는 비디오와 책갈피를 이용할 수도 있다. 선택 항목들이 움직임이 있거나 비디오를 예시로 드는 것이 더 적절했다면 그렇게 하는 것이 좋다. 이것은 선택 항목들이 움직임을 수반하거나 그것들이 영상과 함께 더 충분하게 제시될 수 있을 때 적절하다. 책갈피를 사용하여 결과를 짧은 비디오 클립으로 보여 줄 수도 있었다. 슬라이드 마스터 전략 템플릿은 매우 융통성이 있다. 슬라이드 마스터 템플릿을 만들 때, 템플릿을 어떻게 사용할 것인지에 대한 계획을 기록할 수 있도록 프레젠테이션의 노트 기능을 반드시 사용하기 바란다. 몇 주 후에 본다면 특정 템플릿에 무엇을 어떻게 계획했는지를 잊어버릴 수 있다.

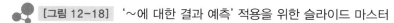

[그림 12-18] '~에 대한 결과 예측' 적용을 위한 슬라이드 마스터

마지막으로, 지시를 바꾸고 애니메이션을 사용함으로써 이러한 같은 템플릿을 '~에 대한 결과 예측' 적용에 활용할 수 있다. [그림 12-17]을 예로 들면, 다음과 같이 지시가 바뀔 것이다. '가장 훌륭한 피사계 심도로 사진을 찍기 위한 f-stop 설정을 클릭하라.' 아직까지는 콘텐츠 개

체 틀에 있는 비디오의 섹션에 연결되어 있겠지만, 응답에 대한 정오답 피드백을 안내에 텍스트로 추가할 수 있을 것이다.

[그림 12-19]는 '~에 대한 결과 예측' 대화 시뮬레이션 적용의 한 슬라이드다. 이 모듈은 고객에게 접근하는 방법을 자동차 판매원에게 가르친다. 이 연습의 목적은 미래의 판매원에게 그들이 배운 것을 시연할 기회를 주려는 것이다. 이 사례에서 보듯 학습자에게 글과 사진으로 표상된 시나리오를 제시한다. 학습자는 주어진 선택 항목 중에서 고객에게 무슨 말을 해야 할지를 선택해야 한다. [그림 12-20]은 학습자가 "현재 타고 있는 차는 무엇입니까?"라고 진술된, 첫 번째 대안을 선택할 때 제시되는 슬라이드다. 다른 대안을 선택하면 판매원의 반응에 대한 고객의 가능한 반응이 나타나는 다른 슬라이드로 연결된다. 이러한 분지형 슬라이드의 계열이 대화를 충분히 표현하기 위하여 반복된다. 학습자가 선택한 어떤 경로는 자동차 판매로 이어지고, 어떤 경로는 고객을 불쾌하게 만든다. 이것은 연속적인 일련의 '~에 대한 결과 예측' 활동이다. 판매원의 말이 조건이며, 이 조건에 대한 결과는 손님의 반응이다.

[그림 12-19] 자동차 판매를 위한 '~에 대한 결과 예측' 대화 시뮬레이션

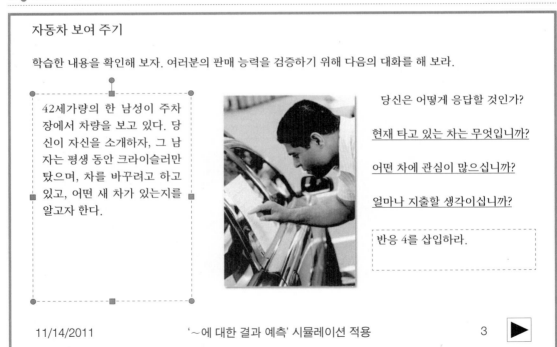

[그림 12-21]은 이 '~에 대한 결과 예측'에 대한 슬라이드 마스터다. 문제에 대하여 정보를 담으려고 화면의 왼쪽에 텍스트 개체 틀을 추가하였다. 중앙의 개체 틀에는 선택한 각 반응 대안에 대해 고객이 취할 수 있는 반응이 나타나는 그림이나 영상을 보여 준다. 오른쪽에는 학습자가 다른 두 개체 틀에서 나타난 시나리오를 기반으로 선택할 수 있는 각각의 대안들을 위한 텍스트 개체 틀을 추가하였다. 개체 틀에 객체를 넣고, 각 반응 템플릿에 대한 결과 슬라이드

를 설계한 후, 오른쪽의 각 진술을 적절한 결과 슬라이드에 하이퍼링크로 연결했다. 이 절차는 대화를 표현하기에 충분할 때까지 계속된다.

 [그림 12-20] '~에 대한 결과 예측' 대화 시뮬레이션

자동차 보여 주기

이런 반응을 예상하였나? 지금 고객에게 어떻게 응답할 것인가? 오른쪽의 리스트로부터 가능한 응답을 클릭하시오.

고객: 지금 2006년형 Town and Country Limited를 타고 있습니다. 내 차를 아직 좋아하지만 내가 생각할 때는 내 스타일에 변화를 줘야 할 것 같아요.

둘째로 적절한 고객의 그림이 여기에 나타난다.

어떻게 응답하겠는가?

Mr. Cool-Guy, 정확히 어떤 스타일을 의미하시죠?

왜 Town and Country가 손님에게 더 이상 맞지 않습니까?

Town and Country의 어떤 점을 가장 좋아하십니까?

5/25/2011   '~에 대한 결과 예측' 시뮬레이션 적용   4 ▶

 [그림 12-21] '~에 대한 결과 예측' 대화 시뮬레이션을 위한 슬라이드 마스터

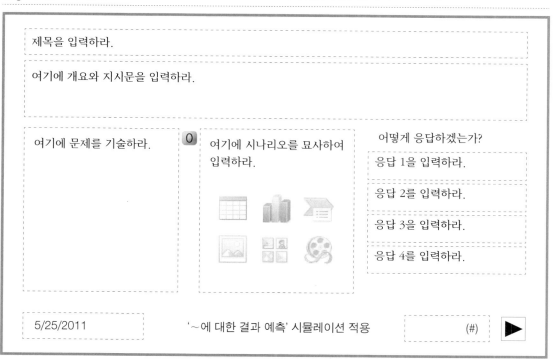

제목을 입력하라.

여기에 개요와 지시문을 입력하라.

여기에 문제를 기술하라.   **0**   여기에 시나리오를 묘사하여 입력하라.

어떻게 응답하겠는가?

응답 1을 입력하라.

응답 2를 입력하라.

응답 3을 입력하라.

응답 4를 입력하라.

5/25/2011   '~에 대한 결과 예측' 시뮬레이션 적용   (#) ▶

시나리오를 위해 콘텐츠 개체 틀을 사용하였다. [그림 12-19]에서는 시나리오를 사진과 글로 나타내었다. 시나리오는 학습자의 반응이 있는 문제나 상황을 보여 주는 짧은 영상 클립으로 제시할 수도 있다. 이것은 대화를 위한 상황 설정이지만, 동일한 슬라이드 마스터 템플릿을 다양한 일련의 '～에 대한 결과 예측' 문제들에 사용할 수 있다. 구두 반응 대신에 카메라 다이얼을 설정하거나, 어떤 장치의 눈금을 읽는 것이 반응이 될 수도 있다. 복잡한 절차에서 다음 단계를 선택하는 것이 반응이 될 수도 있다. 이 템플릿을 통하여 다음 행동 또는 사건의 조건이 되는 결과를 가져오는 일련의 사건이나 행동 계열을 제시할 수 있다. 이것은 학습자에게 일련의 계열적 의사결정을 하는 기회가 될 것이다.

6. 자신만의 템플릿

앞에서 수업 활동을 위한 다양하고 상이한 기능형 프로토타입의 설계를 위해 프레젠테이션 소프트웨어를 어떻게 이용할 수 있는지를 기술하고 예시를 보여 주었다. 이러한 예시들은 단순히 예시일 뿐이다. 이 책에서 기술한 각 교수전략은 방대하게 다양한 방법으로 구현할 수 있다. 이 장에서 제공한 예시들이 프레젠테이션 소프트웨어에 친숙하도록 하여 그것들을 다루는 역량을 늘리는 데 조금이라도 도움이 되었기를 희망한다. 인터넷에서 구할 수 있는 많은 튜토리얼을 검토해 보고, 이 융통성 있는 도구들의 다양한 기능을 살펴보기를 권한다. 방대하게 다양한 교수전략을 빨리 프로토타입할 수 있도록 하는 자신만의 슬라이드 마스터 전략 템플릿의 라이브러리를 구축하는 것을 권한다.

프레젠테이션 소프트웨어를 사용하여 교수설계를 하는 것을 지지하는 것은 아니다. 단지 기능형 프로토타입을 설계하는 데 이 소프트웨어를 어떻게 사용할 수 있는지 예시한 것뿐이다. 이러한 설계 활동을 위하여 다른 여러 가지 컴퓨터 도구를 사용할 수 있다. 아마 적어도 추상적인 개념의 세 가지 수준을 이 책에서 관찰할 수 있을 것이다. 으뜸원리는 최상위 수준의 원리다. 이 원리는 거의 모든 교수 상황에서 적용할 수 있는 추상적인 원리다. 후속 장들에서는 처방된 교수전략의 집합을 구성하고, 다른 종류의 구성요소 스킬들과 전체 문제에 대한 교수활동의 구성요소에 대한 용어와 관계를 설명할 것이다. 이러한 처방된 전략들은 으뜸원리보다는 덜 추상적이다. 그렇기는 하지만 이 처방된 전략들 역시 철저하다기보다는 전형적인 성향이 강하다. 이 장의 목적은 다양한 내용 영역에서 으뜸원리의 실행이 효과적인 일련의 교수활동이라는 것을 보여 주는 것이다. 아마 으뜸원리를 실행하는 다른 전략들 또한 있을 것이다. 이 장에서 템플릿 사용을 제안하는 것은 이전 장에서 교수전략 시연보다 덜 추상적이라는 것도 아니다. 이 글의 주요한 목적은 효과적인 교수전략의 실행과 으뜸원리의 다른 많은 방법을 탐구하고 찾아낼 것이라는 기대와 더불어 기능형 프로토타입의 설계를 위한 약간의 가능성을 보여 주는 것이다.

원리와 처방

기능형 프로토타입을 신속히 설계할 수 있는 도구를 사용하라.
프레젠테이션의 완전한 통제를 위해 프로토타이핑 도구의 자동화 기능을 끄라.
수업 활동에서 학습자 상호작용 설계를 위해 프로토타이핑 소프트웨어의 기능을 사용하라.

- 각 객체에 대하여 나타내기와 사라지기가 가능하게 하라. 학습자의 선택을 허용하라. 학습자 선택에 대한 피드백을 제공하라.
- 학습자의 선택에 대응하는 다양한 슬라이드를 분지형으로 구성하라.
- 다양한 미디어 객체를 보여 주기 위하여 오디오나 비디오에 사용 가능한 책갈피 기능을 활용하라.
- 교수전략 템플릿을 재사용할 수 있도록 설계하라.

적용

기능형 프로토타입을 설계하는 데 사용할 수 있는 소프트웨어를 구하라. 이 장에서 기술되어 있는 교수 상호작용의 일부를 설계하라. 이 장에서 기술되어 있는 교수 상호작용의 일부를 위한 전략 템플릿을 설계하라. 여러분의 코스에 활용할 수 있는 여러분만의 교수전략을 위한 템플릿을 설계하라. 여러분이 설계하고자 하는 코스의 내용을 활용하여 기능형 프로토타입을 개발하라.

관련 자료

프레젠테이션 소프트웨어의 사용법에 대해 많은 튜토리얼이 있으므로 이를 인터넷에서 찾아보는 것을 권장한다. 이 장에서는 파워포인트와 같은 프레젠테이션 소프트웨어 활용 방법에 대하여 여러분이 이미 친숙하다고 가정하였다. 만약 경험이 전혀 없다면 이러한 소프트웨어의 기본적인 튜토리얼을 공부하는 것이 좋을 것이다. 그러고 나면 이 장을 이해하기 쉬울 것이다. 이미 프레젠테이션 소프트웨어에 친숙하다면, 심화 튜토리얼을 시도해 보는 것도 좋다.

다음 장에서는

이 장에서는 교수설계를 위한 Pebble-in-the-Pond 접근 및 기능형 프로토타입의 구축과 관련된 정보와 예시를 제공하였다. 다음 장에서는 내용 영역에 대한 적절한 문제의 선정과 그 문제에 대한 프로토타입의 시연과 적용을 안내할 것이다.

●● 제**13**장 ●●

문제 프로토타입 설계하기

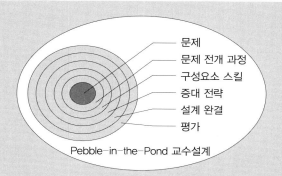

문제
문제 전개 과정
구성요소 스킬
증대 전략
설계 완결
평가

Pebble-in-the-Pond 교수설계

미/리/보/기

연못에서 물이 튀는 모습은 하나의 문제를 표상한다. 첫 번째 물결은 문제의 프로토타입을 설계하는 것이다. 이 장은 여러분에게 바로 이 설계 활동을 안내하고, 다음과 같은 질문에 대한 답을 제시할 것이다. 내용 영역, 학습자 집단, 수업 목표를 어떻게 규명할 것인가? 문제 부류Problem class를 어떻게 규명할 것인가? 일련의 문제를 해결하는 데 필요한 구성요소 스킬들을 어떻게 규명할 것인가? 프로토타입 문제 시연을 어떻게 설계해야 하는가? 프로토타입 문제 적용을 어떻게 설계해야 하는가? 좋은 문제 부류를 어떻게 판별할 것인가?

키/워/드

● 문제해결 활동 분석Problem Solving Event Analysis: 가르칠 문제 부류의 해결에 필요한 결과, 조건, 단계의 확인을 위한 교수설계 과정
● 프로토타입 문제 시연Prototype Problem Demonstration: 문제의 한 사례의 해결에 필요한 결과, 조건, 단계들을 학습자에게 보여 주는 교수활동의 기능형 목업mock-up
● 프로토타입 문제 적용Prototype Problem Application: 학습자에게 일련의 조건을 제시하고 결과를 예측하게 함으로써, 예상치 못한 결과를 일으킨 잘못된 조건들을 찾게 하거나, 그 결과를 일으킨 단계를 실행하게 하는 교수활동의 기능형 목업mock-up

1. 도 입

전통적인 교수체제설계ISD 모형과 Pebble-in-the-Pond 모형의 시작은 비슷하다. 여러분은 교수설계를 하기 전에 내용 영역, 목표, 학습자를 확인해야 한다. Pebble 접근 방식은 전통적 교수설계와 이 초기 분석 이후부터 크게 차이가 있다. 첫 번째 물결은 학습자가 해결하였을 때

학습 목표를 달성하게 되는 전형적인 문제를 규명하는 것이다. 이 장은 ① 문제 부류의 규명, ② 문제 표상들의 표본 수집, ③ 문제 표상들의 해결에 필요한 구성요소 스킬의 규명[8], ④ 프로토타입 문제 시연의 설계, ⑤ 프로토타입 문제의 적용에 대해서 안내할 것이다.

2. 내용, 목표, 학습자 집단의 확인

Pebble 모형은 전단 분석$^{front-end\ analysis}$에서는 다른 교수설계 모형과 크게 다르지 않다. 전통적인 교수설계와 같이 먼저 교수에 대한 요구를 확인하고, 교수가 그러한 요구에 가장 적합한 해결책인가를 확인해야 한다. 그다음 교수의 주된 목표를 결정해야 한다. 즉, 학습자 집단의 어떤 스킬의 변화를 촉진할 필요가 있는지를 결정해야 한다. 또한 이 교수에 대한 내용 영역을 결정해야 한다. 학습자가 필요로 하는 스킬은 어떤 영역인가?[9] 그리고 역시 중요한 것으로, 학습자 집단을 확인해야 한다. 교수에 참여할 학생들은 누구인가? 전통적인 교수설계와 같이 학습자에 대한 정보, 학습 환경에 대한 정보, 최종 수행 환경에 대한 정보는 이후의 교수설계 과정에 필요한 정보가 되고, 교수설계 과정을 쉽게 만드는 유용한 자료다. 이 장에서는 이러한 전단 분석이 완료되었고, 여러분이 관심 내용 영역을 알고, 교수 목표를 확인하였으며, 설계할 수업의 대상 학습자를 확인하였다고 가정한다.

다음과 같은 교수 목표, 학습자 집단, 학습 환경으로 이루어진 '사진의 구도'를 가르치는 단기 과정 상황을 가정해 보자.

> 학습자는 초보 사진작가로서 단일 렌즈 반사^{SLR} 카메라를 사용하여 인물과 풍경을 잘 구성한 사진을 찍을 수 있을 것이다. 대상 학습자는 디지털카메라 사용 경험이 약간 있으며, 그들의 가족, 친구, 풍경 사진을 개선하기를 원하는 성인 학습자다. 관련 장비로는 디지털카메라, 삼각대, 사용하기 쉬운 사진 편집 소프트웨어가 있다.

이 책의 제2부에서도 이 예제를 계속 사용할 것이다.

---

8) 역자 주: 원문은 "identifying component skills for the problem portrayals."다. 한글 맞춤법에는 명사의 복수형을 쓰지 않는 것이 일반적으로 옳으나, 여기에서는 복수의 의미를 드러내는 '표상들'이라고 번역하여 의미 오해를 줄이고자 함

9) 역자 주: 이때의 영역은 교수 목표를 특정한 목표 분류 체계, 예컨대 Gagné 또는 Merrill 식의 분류 체계에 따른 분류임

3. 문제 부류의 규명

Pebble 모형의 첫 물결은, 해결이 되었을 때 학습자가 학습 목표를 달성하였다는 것을 보여주는 문제 부류를 규명하는 것이다. 다음 단락에 이러한 문제의 특성이 되는 몇 가지 특징을 상술하였다.

좋은 문제란 학습자가 수업을 마친 후 실제 상황에서 접할 문제다. 그러한 문제는 단순한 묘사가 아닌 표상이다. 즉, 많은 구체적 사례가 있는 문제 부류의 특정 사례들이다. 문제는 완전해야 한다. 완전한complete 문제는 적어도 세 가지 요소를 갖추고 있다. 문제에 대한 조건, 문제해결책 또는 문제해결로 빚어지는 결과, 그리고 조건을 해결책으로 변환하는 일련의 활동이 그것이다.

좋은 문제는 비구조화되어 있으며 실제 상황을 반영한다. 좋은 문제에는 종종 하나 이상의 정답이 있다. 그것은 다양한 방법으로 해결할 수 있고, 생성된 해결책은 여러 형태를 가질 수 있다. 수업은 학습자로 하여금 이러한 문제들을 실제 상황에서나 시뮬레이션에서 해결할 수 있게 한다. 실제 환경이 위험하거나, 접근 불가능하거나, 해결 단계를 잘못 수행하면 해로운 경우에는 시뮬레이션의 활용이 바람직하다.

좋은 구도의 사진을 촬영하는 것은 비구조화된 과제로, 모든 사진은 다양한 방법으로 구도할 수 있다. 즉, 하나의 정답만 있는 것이 아니다. 사진 촬영은 실제적 활동이다. 카메라 사용은 위험하지 않으며 카메라는 쉽게 접할 수 있다. 그러므로 시뮬레이션은 필요 없다.

앞에서 좋은 문제를 포함한 여러 코스의 일부를 예시하였다. 제2장 응급처치 과정에서 활용된 문제는 긴급 상황에서의 응급처치였다. 제6장 가구 판매에서 활용된 문제는 고객에게 도움을 주어 가구를 판매하는 것이었다. 제7장 창업자 코스에서 활용된 문제는 사업 계획을 개발하고 소규모 사업을 시작하는 것이다. 제11장 Excel 코스에서 활용된 문제는 특정 상황에서 스프레드시트를 설계하는 것이다. 이 모든 문제는 실제 상황을 반영하고, 정답이 하나만 있는 것이 아니며, 다양한 방식으로 해결할 수 있고, 생성된 해결책은 여러 형태를 취할 수 있다.

4. 문제 표상들의 표본 수집

첫 단계로, 문제 표상들의 표본을 수집해야 한다. 우리는 이 책에서 정보information와 표상portrayal을 구별하였다. 이 표본 안에는 다양한 표상이 있어야 한다. 표상들은 뛰어나게 좋은 예, 좋은 예, 보통의 예, 좋지 않은 예의 집합이어야 한다. 또한 이러한 문제 표상들은 수업 후에 학습자가 해결할 전형적인 문제 유형이어야만 한다.

사진 구도의 경우, 인물 사진, 단체 사진, 건물 사진, 풍경 사진을 수집하였다. 이 사진들의 일부는 좋은 예이고, 일부는 잘 찍혔지만 개선 여지가 있는 예이고, 일부는 보통의 예이며, 또 일부는 좋지 않은 예의 사진이었다. 필자는 가능한 한 같은 주제 또는 매우 유사한 주제에 대해서 질의 차이가 있는 사진을 찾으려 노력했다. 일부 사진은 사진을 촬영 당시 뷰파인더 안에서 구도를 잡았고, 일부 사진은 잘라 내기 및 편집을 통해 개선하였다. 대부분의 사진은 이 모듈의 대상 학습자가 쉽게 접할 수 있는 일상적인 주제였다.

앞에서 검토한 코스들은 모두 문제 표상들의 표본이 있었다. 제2장의 응급처치 코스에서 20개의 연습 사례연구는 문제 표상들의 표본이다. 제7장의 창업자 코스에서 네 가지의 사업은 문제 표상들의 표본이다. 제11장의 Excel 코스에서는 문제 표상들의 표본이 된 5개의 스프레드시트가 있었다. 제6장의 가구 판매 코스에서는 오직 하나의 문제 표상만이 있다. 이 코스의 문제 표상 표본은 무엇이 되어야 할까? 원래의 코스에는 오직 하나의 판매 표상만 포함되어 있는데, 판매원이 다양한 고객과 상호작용하며 다양한 유형의 가구를 판매하는 4~5개의 예를 모았더라면 코스를 더 개선할 수 있었을 것이다.

5. 문제 표상의 해결에 필요한 구성요소 스킬의 확인

Pebble 접근에서는 문제 표상의 표본 확인 후에 문제해결 활동 분석problem-solving event analysis을 한다. 문제해결 활동 분석이란 가르칠 문제 부류에 필요한 결과, 조건 및 단계를 확인하는 교수 설계 과정이다. 제6장에서 문제는 구성요소 스킬의 각 유형의 내용 요소로 구성된다고 하였다. 또한 제6장에서는 각 문제해결 활동은 조건으로 이끄는 단계로 구성됨을 지적하였다. 즉, 각 단계는 정의적 및 순서적 특징을 갖고 있다. 그리고 결과 상태 역시 정의적 및 순서적 특징을 갖고 있다. Pebble 절차의 이 시점에서 여러분은 문제의 내용 요소를 확인하기 위해 제6장에 제시한 아이디어를 활용해야 한다. 다음 단락들에서 이 절차를 예시할 것이다.

여러분이 수집한 문제 표상들 중 하나를 선정하여, 주어진 조건 중에서 문제해결에 도움이 되는 조건을 확인하라. [그림 13-1]은 이 분석을 위해 선택한 사진이다. 단순성simplicity, 삼등분 원칙rule of thirds, 포맷format의 세 가지 조건이 확인되었다. 단순성은 사진에서 주제의 혼란 요소를 제거하는 것이다. 삼등분 원칙은 사진의 관심 지점이 사진을 상하, 좌우로 삼등분하는 가상선의 교차점 주위에 놓이도록 구도를 잡는 것이다. 포맷은 풍경 모드 또는 인물 모드를 이용하여 사진의 대상을 가장 적합하게 프레임 속에 넣고, 모든 행동이 사진의 프레임으로 흐를 수 있도록 사진의 구도를 잡는 것이다.

[그림 13-1] 사진 구도에 대한 프로토타입 문제 시연

사진 구도

이 사진은 당신의 주의를 *끄는가*?
이 사진은 당신의 관심을 비교적 오래 *끄는가*?
이 사진은 어떤 이야기를 전하고 있는가?
설명을 듣기 위해서는 스피커를 클릭하라.

단순성
삼등분 원칙
포맷

오디오/애니메이션

이 사진은 하나의 이야기를 들려준다. 투수가 공을 던지려고 하고 있다. 타자가 공을 칠 것인가 아니면 타자가 아웃이 될 것인가?

몇 가지 사실이 이 사진의 구도에 기여한다.

① **단순성**이란 단어가 제시되어 있고 투수가 강조되어 있다. 명확히 투수가 이 사진의 주제다. 코치를 제외하면 배경에 방해 요소는 없다. 하지만 코치의 모습도 활동에 긴장감을 부여하고 있다. 이 사진에는 명확하고 단순한 관심 대상이 있다. [사진 밑으로 '계속' 버튼을 제시한다.] 계속 진행하려면 '계속' 버튼을 클릭하라.
② **삼등분 원칙**이란 용어가 제시되어 있고 1/3로 나누는 분할선이 사진 위에 겹쳐 있다. 사진의 주요 관심 부분은 투수의 와인드업이다. 주요 관심 부분이 가상 분할선이 교차하는 지점 중 하나에 놓일 때 사진 구도가 더 흥미로워진다. 계속 진행하고 싶으면 '계속' 버튼을 클릭하라.
③ **포맷**이란 단어가 제시되어 있고 프레임 안으로 공이 던져지는 방향을 표시하기 위하여 화살표가 사진에 그려져 있다. 마지막으로, 투수가 사진 속으로 던지는 것을 나타내기 위해 투수를 사진의 왼쪽에 두는 풍경 모드를 사용한다. 이 사진 구도를 구성하는 데 활용된 단계를 확인하려면 다음 슬라이드로 이동하라.

이 사진과 같은 구도를 만들기 위해 필요한 단계는 무엇이었는가? 훌륭한 사진 구도를 위해서는 두 가지 주요 단계가 있다. 즉, 뷰파인더에서 구도를 잡은 후, 편집을 통해 구도를 조정하는 것이다. [그림 13-1]에서의 사진은 주로 편집으로 구성하였다. 사진은 뷰파인더를 통해 구도를 잡았지만, 대상이 멀리 떨어져 있어 원본 사진에는 많은 혼란 요소가 포함되었다. 최종 사진 구도는 잘라 내기와 원치 않는 요소 제거라는 두 단계의 편집을 통해 이루어졌다.

첫 번째 표상과는 다른 표상을 두 번째 문제에서 선택하라. 문제의 이 사례에도 동일한 조건이 적용되는가? 첫 번째 사례에는 적용되지 않았던 추가 조건이 혹시 이 사례에 있는가? [그림 13-2]는 분석을 위해 필자가 선택한, 구도가 잘된 사진의 두 번째 표상이다. 이 사진에 기여하는 조건으로 또한 단순성과 삼등분 원칙이 포함되어 있다. 이 사진에서 포맷은 크게 중요하지 않으나 대신 프레이밍framing이라는 새 조건을 포함하고 있다. 프레이밍은 사진의 어떤 요소를 이용해 주제 주변에 프레임을 만드는 것이다.

이 사진 구도를 위해 필요한 단계는 무엇인가? 사진 속의 주제는 관목을 배경으로 바위 위에 올라 있다. 관목을 사용하여 주제를 프레이밍할 수 있도록 나는 뷰파인더에서 사진을 구성하였다. 원본 사진에서는 너무 관목이 많아서 사진 주제인 인물에게 방해가 되므로, 불필요한 관목을 제거하기 위해 사진을 잘라 냈다.

결과에 기여하는 핵심 조건을 충분히 가려 낼 때까지, 계속해서 문제에 대한 또 다른 표상의 내용 요소를 분석하라. 문제의 추가 사례 분석을 위한 가이드로서 문제해결 활동 차트를 완성하는 것이 좋을 것이다. 추가 사례들을 확인하면서 조건, 단계 그리고 그것들의 특징을 추가하거나 수정해야 할 필요가 있다는 것을 알게 될 것이다. [그림 13-3]은 이 사진 구도 코스를 위해 내가 준비한 문제해결 활동 차트다. 앞의 분석에서 볼 수 있는 바와 같이, 좋은 구도의 예를 보여 주는 모든 사진이 이 모든 조건을 충족하는 것은 아니다.

이 문제해결 활동 분석은 교수설계의 전통적 접근 방식인 목표 분석과 비교하면 어떤 점이 다른가? 전통적인 목표 분석은 결과로 이어지는 단계를 강조하는 반면, Pebble 분석은 이루고

[그림 13-2] 사진 구도를 위한 프로토타입 문제 적용

사진 구도

이 사진의 구도를 평가하라.

☐ 좋지 않음   ☐ 보통   ☐ 좋음   ☐ 우수함

이 사진의 어떤 특성이 사진의 구도에 가장 기여하는가?

☐ 단순성
☐ 삼등분 원칙
☐ 포맷
☐ 프레이밍
☐ 선

제출

(계속)

피드백 오디오:

[학습자의 응답이 정확하면 학습자가 선택한 반응 부분을 초록색으로 바꾼다. 학습자의 응답이 부정확하면 학습자가 선택한 반응 부분을 빨간색으로 바꾸어 학습자에게 정오의 피드백을 제공한다.]

[**단순성**이란 단어의 색을 바꾼다.] 이 사진의 주제가 쉽게 확인되는가? 배경이 단순하고, 산만한 요소들로 인해 어수선하지는 않은가? 이 사진의 단순성이 사진의 구도에 기여한다.

[**삼등분 원칙**이란 단어의 색을 바꾼다. 사진에 삼등분 원칙의 그리드라인을 겹쳐 올려놓는다.] 이 사진을 삼등분으로 나누고 있는 가상선의 교차점에 이 사진의 관심 포인트가 있는가? 삼등분 원칙을 구현하면 보다 만족스러운 사진 구도가 된다.

[**포맷**이란 단어의 색을 바꾼다.] 풍경 모드가 사진의 주제 인물이 프레임 안쪽을 바라보게 하는가? 주제 인물이 프레임 안쪽을 바라보며 사진 바깥으로 나오게끔 주제 인물을 프레이밍하는 것이 흥미를 돋우며 사진 구도를 보다 역동적이게 만든다.

[**프레이밍**이란 단어의 색을 바꾼다.] 사진에서 관목이 주제 인물을 프레임으로 끼고 있는가? 이 프레이밍이 사진의 흥미를 돋우는 데 도움을 주고 사진에 깊이를 더하는가? 프레임은 어린이를 강조하며 사진의 구도에 좀 더 흥미를 더해 준다.

[**선**이란 단어의 색이 바뀐다.] 프레임으로 이어지는 선이 있는가? 주제를 강조하는 대각선이 있는가? 프레임으로 이어지는 S-곡선이 있는가? 선은 이 사진의 구도에 주된 역할을 하지 않는다.

[그림 13-3] 사진 구도를 위한 문제해결 활동 차트

사진의 구도

특성	• 단순 • 집중 방해 요소 없음	• 관심 포인트가 교차 지점에 있음	• 주제 인물/대상을 프레이밍함	• 주제 인물/대상을 프레이밍함	• 중심선 • 대각선 • S-곡선	• 주의를 끌 것 • 주의를 유지시킬 것 • 스토리를 말할 것
조건	단순성 ➕	삼등분 원칙 ➕	포맷 ➕	프레이밍 ➕	선 ＝	좋은 구도
단계	• 뷰파인더 • 잘라 내기 • 편집	• 뷰파인더 • 잘라 내기	• 뷰파인더 • 잘라 내기	• 뷰파인더 • 잘라 내기	• 뷰파인더	
특성	• 단순한 배경 • 집중 방해 요소 삭제	• 관심 포인트를 삼등분으로 나누는 가상선의 교차점에 두기	• 합병 피하기 • 사진 안으로 움직이기	• 주제 인물/대상을 전경의 물체들로 프레이밍하기	• 보는 사람들을 주제로 이끌기 • 보는 사람들을 사진 속으로 이끌기	

자 하는 결과로 이어지는 조건들을 강조한다는 것이 가장 큰 차이점이다. 또한 전통적인 수업 분석은 목표 분석의 각 단계에서 필요로 하는 하위 스킬에 대한 선행 요건 관계를 강조하는 반면, Pebble 분석은 여러 유형의 요소 스킬들 간의 상호관계를 강조한다.

이전 장에서 설명한 모든 문제는 전개들progressions 내에 문제 표상들의 대부분 또는 모두에 적용된 구성요소 스킬의 집합을 포함하고 있다. 제2장의 응급처치 코스에서 구성요소 스킬들은 튜토리얼로 표현되었으며, 특정 사례연구에 적용되는 특정 스킬들은 학습자가 사례 해결을 준비할 때 적시하였다. 가구 판매 코스에서는 구성요소 스킬들이 [그림 6-8]과 [그림 6-9]에서 확인되었다. 창업자 코스에서 구성요소 스킬들은 [그림 7-3]에 나타나 있고, Excel 코스에서는 문제 전개의 각 표상에 필요한 것은 사이먼 가라사대로 나타내었으며, 이것들은 학습자가 전개 내의 특정 문제 표상을 해결하기 전에 학습할 수 있도록 규명되었다.

6. 프로토타입 문제 시연의 설계

문제해결 활동 차트를 만들었다면, Pebble 접근의 다음 활동은 문제에 대한 프로토타입 문제 시연을 설계하는 것이다. 프로토타입 문제 시연은 문제 사례에 필요한 결과, 조건, 단계들을 학습자에게 보여 주는 수업 활동으로 이루어진 기능형 목업mock-up이다. 제6장에서 전체 문제whole problem를 시연하기 위해 필요한 수업 활동을 예시하였다. 〈표 13-1〉은 시연이 세 가지 수업 활동으로 구성되어야 한다는 것을 보여 준다. 즉, ① 전체 문제에 대한 결과 사례 보여 주기Show-Q, ② 결과로 이끄는 조건들의 사례 보여 주기Show-C, ③ 각 조건으로 이끄는 단계들의 사례 보여 주기Show-S다.

[그림 13-1]은 이 문제의 사례를 보여 주기 위해 설계된 간단한 슬라이드다. 두 번째 행에 있는 문구는 학습자가 스피커를 클릭할 때 재생되는 오디오 및 연결된 애니메이션을 설명하고 있다. 숫자들은 괄호 안에 표시된 애니메이션을 유발하는 책갈피다. 학습자는 오디오와 관련 애니메이션을 반복해서 실행할 수 있다. 다음 슬라이드에서 학습자는 [그림 13-4]를 보게 된다. 오디오와 관련 애니메이션은 슬라이드 아래쪽 차트의 두 번째 행에 있다. [그림 13-4]는 [그림 13-1]과 같은 구도 제작을 위해 필요한 각 단계의 시연을 확장한 것이다.

〈표 13-1〉 전체 문제를 시연하기 위해 처방된 교수활동

Show-Q	전체 문제에 대한 결과(Q)의 사례를 보여 준다.	~의 종류
Show-C	결과로 이어지는 조건(C)의 사례를 보여 준다.	~에 대한 결과 예측
Show-S	각 조건으로 이어지는 단계(S)의 사례를 보여 준다.	~에 대한 방법

[그림 13-4]   사진 구성 단계의 프로토타입 시연

사진 구도

이 사진의 구도를 잡기 위한 단계들을 보려면 사진을 클릭하라.

삼등분 원칙을 구현하고, 투수가 프레임 속으로 공을 던질 수 있도록 하기 위하여 사진 잘라 내기

배경에 있는 산만한 물체 제거를 위해 자른 사진 편집하기

오디오/애니메이션

[사진이 나타난다.] 운 좋게도 짧은 순간의 움직임이 적절히 포착되었다. 사진을 뷰파인더로 신중하게 프레임할 시간이 없었다. 원본 사진은 야구 경기장의 넓은 시야를 포함하고, 몇 가지의 요소가 주제 인물을 산만하게 하고 있다. 사진을 잘 살펴본 후 계속하려면 '계속' 버튼을 클릭하라. [프레임 밑에 '계속' 버튼이 나타난다.]

첫 단계는 그림과 같이 사진을 잘라 내기 하는 것이다. [잘라 내기 박스를 사진 위에 겹친다. 사진의 나머지 부분을 희미하게 하고, 점차로 잘린 부분만 남고 없어지게 한다.] 잘라 내기를 함으로써 새로운 프레임 내에 투수를 배치하여 삼등분 원칙에 맞출 수 있고, 투수가 사진 속으로 공을 던지는 구도가 되도록 풍경 모드의 프레임 왼쪽에 투수를 배치할 수 있다.

그러나 잘라 낸 사진에는 여전히 산만한 요소가 포함되어 있다. 울타리 뒤로 두 명의 야구선수가 몸을 풀고 있다. 코치 옆에는 소화전이 있다. 소화전에서 마치 큰 기둥이 자라나는 것처럼 보인다. 편집 소프트웨어의 이용이 도움이 되었다. 나는 울타리 뒤에 있는 선수들, 소화전 그리고 기둥을 제거하였다. [스탬프 도구를 이용하여 선수들을 배경으로 서서히 교체하는 애니메이션을 보여 준다. 편집된 최종 모습으로 프레임이 고정된다.]

제2장의 응급처치 코스에 대한 문제 시연은 [그림 2-5]에, 제6장의 가구 판매 코스에 대한 것은 [그림 6-10]에, 제7장의 창업자 코스에 대한 것은 [그림 7-4]에 제시하였다. Excel 코스에 대한 것은 [그림 11-7]에 있다. 각 문제 시연에서 Show-Q, Show-C 그리고 Show-S의 교수 활동을 판별해 보는 것은 여러분에게 좋은 연습이 될 것이다.

7. 프로토타입 문제 적용 설계

Pebble 모형의 첫 번째 물결에서 마지막 활동은 프로토타입 문제 적용을 설계하는 것이다. **프로토타입 문제 적용**이란 학습자에게 일련의 조건이 빚는 결과를 예측하게 하거나, 예상과 다른 결과를 야기한 조건을 찾게 하거나, 어떤 결과를 도출하는 데 필요한 단계들을 실행하게 해

보는 교수활동의 기능형 목업이다. 나의 경우에는 예시 문제 표상에 대한 시연을 설계한 후, 문제 표상에 대한 적용 교수활동을 설계할 준비가 되었다. 제6장에서는 학습자가 자신들의 새로운 구성요소 스킬을 새로운 문제해결에 적용하도록 하기 위해 처방된 교수활동을 시연하였다. 〈표 13-2〉는 전체 문제에 대해 세 가지의 처방된 적용 수업 활동, 즉 ① 일련의 조건을 보고 결과 예측하기$^{Do_{ex}-Q}$, ② 예상하지 못한 결과에 대해서 잘못된 조건이나 단계를 찾기$^{Do_{ex}-C}$, ③ 전체 문제 사례들의 모든 단계 실행하기$^{Do_{ex}-S}$를 보여 준다.

[그림 13-2]는 학습자가 결과 예시의 질(이 경우 좋지 않음, 보통, 좋은, 우수한 예시)을 확인하고, 이 사진의 질에 기여하는 조건을 확인하도록 하는 적용에 대한 슬라이드다$^{Do_{ex}-C}$. 형성평가를 위해 이 평가의 내용은 기록될 것이다. 적절한 자료 출처 확인 및 학습자의 자료 기록 절차는 제18장에서 설명할 것이다. 학습자가 제출 버튼을 누르면 교정적 피드백을 제공한다.

또 다른 $Do_{ex}-C$ 적용은 [그림 13-2]와 유사할 것이다. 잘 구성된 사진보다는 구도상의 문제가 있는 사진을 보여 준다. 문제는 다음과 같다. '이 사진에서 구도의 어떤 측면들이 잘못되었는가?' 또는 '잘라 내기나 기타 편집을 통해 구도를 어떻게 개선할 수 있는가?'

$Do_{ex}-S$ 적용의 한 예는 학습자에게 사진을 주고 간단한 편집 도구를 사용하여 사진의 구도를 개선하게 하는 것이 될 수 있다.

보다 고차적인 수준의 $Do_{ex}-S$ 적용으로는 학습자에게 카메라로 사진을 찍고, 찍은 사진의 구도를 개선하기 위해 사진을 스스로 편집하게 할 수 있다. 학습자가 그들의 찍은 원본 사진 구도와 편집된 사진 구도 모두를 제출하면, 교수자는 그들을 검토할 수 있다. 또한 교수자는 학습자에게 자신이 사용한 사진 구도의 특성을 가려 내게 하고, 왜 그러한 특성들이 사진의 구도에 도움이 된다고 느끼는지를 물을 수도 있다.

문제의 적용 설계는 전통적 교수설계의 평가 도구 개발 단계와 어떻게 다른가? Pebble 접근 방식이 보다 총체적이라는 것이 주된 차이점이다. Pebble 접근에서는 목표 분석의 단계와 그하위 스킬들에 대한 개별 검사가 아니라, 전체 문제 해결하기를 평가하기 위한 설계를 한다. 또 다른 차이점은 Pebble 접근 방식은 문제해결의 다양한 측면을 평가하는 적절한 적용 수업 활동을 처방한다는 점이다. $Do_{ex}-Q$, $Do_{ex}-C$, $Do_{ex}-S$가 여기에 해당된다.

〈표 13-2〉 전체 문제 적용을 위해 처방된 교수활동

$Do_{ex}-Q$	문제 사례들에 대한 일련의 조건을 보고 결과(Q) 예측하기	~에 대한 결과 예측
$Do_{ex}-C$	문제 사례들에 대한 예기치 못한 결과를 야기한 잘못된 조건들(C) 또는 단계 찾기	~에 대한 결과 예측
$Do_{ex}-S$	전체 문제 사례에 대한 모든 단계를 실행하기	~에 대한 방법

응급처치 코스에 대한 문제 적용은 [그림 2-7]에, 가구 판매 코스에 대한 것은 [그림 6-12]에, 창업자 코스에 대한 것은 부분적으로 [그림 7-10]에, Excel 코스에 대한 것은 [그림 11-10]에 제시하였다. 각 문제의 적용에서 Do_{ex}-Q, Do_{ex}-C 그리고 Do_{ex}-S 학습 활동을 확인해 보면 도움이 될 것이다.

8. 좋은 문제를 찾아내는 것의 어려움

문제 중심 접근에서 아마 가장 큰 어려움은 관련 문제 부류를 규명하는 과정일 것이다. 다양한 학문 분야에서, 특히 개론 과목의 목표는 문제해결의 학습이 아니라 많은 정보의 배포처럼 보인다. 심지어 수업 목표가 분명히 문제해결 또는 복잡한 과제 수행의 학습인 경우에도 문제 중심 접근을 위한 적절한 문제들을 규명하는 데는 다소 어려움이 있다.

기존의 코스를 문제 중심 접근으로 재설계해야 하는 상황은 흔히 발생한다. 필자는 교과서나 교수 요목을 이용하여 교수들이 문제를 규명하는 것을 도운 적이 있다. 내용이 방대할 경우 어떻게 하나의 문제를 선정할 수 있을까?

첫 번째 어려움은 개론 과목은 하나의 문제 또는 문제 집합에 대한 것이 아니라는 점이다. 이를 해결하는 방법은 이 코스를 단일체로 보는 것이 아니라 일련의 미니 코스로 간주하는 것이다. 내 동료와 나는 브리검영 대학교 하와이 캠퍼스에서 생물학 교수와 함께 생물학 개론을 재설계한 적이 있다. 이 코스는 생물학에 도입된 거의 모든 개념을 포함하여 말 그대로 수백 개의 아이디어를 다루고 있었다. 코스를 문제 중심으로 전환하기 위해서, 급기야 그 교수는 여섯 개의 기본 관심 영역이 있다고 결정했다. 그 교수는 우리의 도움을 받아 각 기본 관심 영역에 대해 규명된 3개의 문제 전개로 구성된 단기 코스를 개발했다. 이 코스는 제7장에 자세히 설명되어 있다.

두 번째 어려움은 많은 코스가 주제의 개요라는 점이다. 종종 이 주제들은 문제해결에 이용되는 구성요소 스킬들을 포함하고 있지만, 통상적으로 코스 자료에는 아무런 문제가 포함되지 않는 경우가 많고, 문제가 포함되어 있더라도 코스가 마무리될 즈음에 하나의 프로젝트(문제)가 제시될 뿐이다. 그래서 문제해결에 요구되는 구성요소 스킬을 필요로 하는 문제의 전개들을 찾기가 어렵다. 나는 내 동료들과 함께 유명 소프트웨어 회사의 Excel 코스를 문제 중심 접근으로 변환한 적이 있다. 기존의 코스는 Excel의 각 명령어를 가르치긴 하되 그 명령어들을 복잡한 문제에 총체적으로 적용할 기회를 제공하지 않았다. 우리가 한 일은 이러한 명령어들을 가르칠 수 있는 맥락을 반영한 문제의 전개를 개발하도록 도와주는 것이었다. 그에 대한 해결책이 제1장에 상세하게 기술되어 있다.

그 자체가 하나의 문제가 아닌 Excel 같은 도구를 가르치는 수업은 항상 두 가지 다른 내용 영역—그 도구의 구성요소 스킬과 그 도구를 적용하는 내용 영역에 대한 구성요소 스킬—을 필요로 한다. Excel 입문 코스와 같이 도구가 적용되는 내용 영역은 종종 도구의 명령어 예시를 위해 다양한 영역에서 선택된, 단편적 내용의 조각들이다. 이 접근 방법의 어려움 중 하나는 도구의 구성요소 스킬들이 도구가 적용되는 특정 내용의 전체 표상과는 분리되었다는 점이다. 이러한 고립된 예시의 또 다른 어려움은 학습자가 도구의 사용을 나타내기 위해 활용된 내용에 익숙하지 않아 도구의 명령어나 도구가 적용되는 내용의 단편 조각을 관련지을 수 있는 멘탈 모형을 학습자가 갖고 있지 않다는 점이다.

문제 중심 접근에 따르면 도구를 가르치는 방법은 지금 이용하고 있는 교수방법을 뒤집어야 한다. 즉, 도구의 단편적 개별 명령어들을 가르치기보다는 해당 영역에서 특정 문제를 해결하는 하나의 방법으로써 그 도구의 응용 영역을 수업의 주 초점으로 삼는 것이 더 좋다. 우리는 Excel에서 모든 명령어를 가르치기보다는 문제해결을 위해 스프레드시트가 도구로 쓰이는 단순한 실제 상황 문제를 선택했다. 그 후, 우리는 학습자가 만들어야 하는 스프레드시트 유형과 관련된 Excel 명령어를 가르쳤다. 앞서 지적하였듯이, 모든 명령어를 시연하고 학습자가 이를 적용해 볼 수 있는 문제들의 전개를 개발하기는 어렵다.

도구 코스는 가끔은 반대의 어려움을 겪기도 한다. 즉, 문제를 보다 일반적인 문제 부류의 하나의 사례로 가르치기보다는 도구의 제한된 특정한 적용만을 가르치는 것이다. 어떤 교수자가 요리 교실에서 초콜릿 칩 쿠키 만드는 법에 대한 수업을 하였다. 그 수업은 기본적으로 특정 조리법을 따르는 것이었다. 나는 그 교수자를 자문하면서 가르치고 있는 초콜릿 칩 쿠키 조리법은 아마 좀 더 일반적인 문제해결 스킬, 즉 쿠키 만드는 법에 대한 특정 사례 또는 표상일 것이라고 했다. 그 교수자는 나의 제안을 받아들였다. 첫 번째 단계는 모든 쿠키를 만들 때 적용되는 일반적인 구성요소 스킬들과 초콜릿 칩 쿠키를 만들 때만 적용되는 구성요소 스킬들을 추출하기 위해 특정 문제—초콜릿 칩 쿠키 조리법—를 분석하는 것이었다.

두 번째 단계는 다른 쿠키 조리법을 찾아서 이러한 일반화된 구성요소 스킬들을 그 조리법에 적용하는 것이었다. 두 번째 조리법의 많은 부분이 첫 번째 조리법에 내재한 일반적 스킬을 반복하는 것이었기에, 학생들이 주의해야 할 점은 이 새로운 쿠키를 만들기 위해 필요한 독특한 단계를 인식하는 것이었다. 이 과정이 몇 가지 더 다양한 종류의 쿠키를 만들 때까지 반복되었다. 차츰 학생들은 아주 다양한 종류의 쿠키를 만들 때 필요한 스킬을 익혔다. 학생들은 대부분의 조리법은 자신이 획득한 일반화된 쿠키 만들기 스킬들을 상기시키는 것이라는 것을 깨닫기 시작했다. 이 시점에서 교수자는 다음 단계로 나아가 학생들에게 일반화된 쿠키 만들기 스킬에 독특한 사항들을 추가하여 학생들이 직접 자신만의 독특한 쿠키 조리법을 만들기를 제안했다.

쿠키 만들기 수업은 여러 교육과정 영역에 교훈이 된다. 만약 어떤 교육과정이 특정 애플리케이션에 대한 매우 구체적인 절차를 가르친다면, 학습자를 위한 일반화된 스킬들을 확인하고, 학습자에게 이 스킬들을 확인하게 하고, 그 후에 이 스킬들을 학습자에게 유사하지만 처음과는 다른 새로운 상황에 적용하도록 함으로써 문제들의 전개를 개발할 수 있을 것이다. 학습자는 결국 이 특정한 문제해결 영역에서의 스킬이 전에는 경험해 보지 못했던 많은 새로운 상황에 적용될 수 있다는 점을 깨달을 것이다. 결과적으로 학습자는 매우 구체적이고 제한적인 스킬을 보다 일반적인 문제해결 스킬로 일반화하게 된다.

여러분은 이 접근이 교수설계의 문제 중심 모형이 권하는 접근이라는 것을 알아차렸는가? 이 Excel 상황에서 설계자로서 우리는 우리가 가르치고자 하는 구성요소 스킬로부터 시작했다. 그러나 학습자의 관점에서 보았을 때, 그들에게는 특정 스프레드시트 문제가 주어졌다. 학습자에게 첫 번째 문제를 해결하는 방법을 보여 준 후 두 번째 문제를 주었고, 학습자는 첫 번째 문제에서 학습했던 스킬이 두 번째 문제에도 적용된다는 것을 깨닫는다. 문제의 전개를 공부해 감에 따라 학습자는 자신이 습득하는 구성요소 스킬이 다양한 새로운 상황에서도 적용된다는 것을 깨닫는다. 구성요소 스킬은 다양한 상황에서 이러한 스킬의 적용과 연결된 이 특정 문제해결 과정에 대한 그들의 멘탈 모형에 굳게 자리 잡는다. 학습자는 어떤 스킬들이 다양한 응용 상황에 적용되는 것을 보았을 때 도구에 관한 스킬을 더 잘 파지한다.

Excel 같은 도구 코스에서 문제 발견하기는 생물학 과정에서 관련된 문제들을 찾는 것보다 훨씬 쉬웠다. 학교에서 가르치는 많은 코스의 경우 제시^{presentation}는 많지만 적용^{application}은 적다. 즉, 정보는 많이 제공하지만 적용은 적다. 그 코스들은 단지 말하고-질문하기$^{Tell-and-Ask}$ 코스에 불과하다. 그러한 코스에서 적합한 문제가 무엇인지 어떻게 찾을 것인가? 필자는 종종 코스의 교수자에게 다음과 같은 질문을 던진다. 당신은 왜 이 코스를 가르치는가? 학습자는 왜 이 코스를 수강하는가? 당신은 학습자가 이 코스에 획득한 스킬을 미래에 어떻게 사용하길 원하는가? 학습자가 이 코스에서 배운 스킬을 적용할 수 있을 것이라고 예상하는 미래의 문제는 어떤 종류인가? 이러한 질문에 대한 해답은 종종 코스나 교수자에 따라 다르지만, 면밀히 검토해 보면 문제 중심 접근의 조약돌이 될 수 있는 문제를 찾아낼 수 있다. 다음 일화들은 여러분이 문제가 명확하지 않은 수업 상황을 분석하는 데 도움이 될 것이다.

필자는 브리검영 대학교 하와이 캠퍼스에서 자원 봉사로 강의를 하는 유명한 합창단의 지휘자와 함께 일한 적이 있다. 그는 문제 중심 접근의 활용에 관한 나의 워크숍에 참가했다. 워크숍에서 나는 각 참가자가 수업의 문제 중심 접근을 개발할 때 교수자가 고려할 수 있는 문제 부류를 규명하는 것을 돕곤 하였다. 내가 그에게 어떤 코스를 가르치는지 물어봤을 때 그는 음악사를 가르친다고 말했다. 역사 과목은 정보는 많고 적용은 부족한 특징을 가지는 영역 중의 하나다. 약간의 토론 후에, 나는 그에게 그의 합창단이 한 '시대^{period}'의 음악 합창을 준비할 때 어떻게 하는가 물었다. 그는 그 옛 시대의 음악을 특징짓는 특정 속성을 규명하기 위하여 곡을 분석한다고 하였다. 그리고 합창단이 익숙하지 않은 음악의 그러한 독특한 역동성을 리허설하는 데 시간을 보낸다고 하였다. 바로 그것이 그가 역사 수업에서 사용할 수 있는 문제라는 것을 우리는 함께 깨달았다. 학습자에게 문제가 될 수 있는 것은 그 곡의 연주에(합창에) 영향을 미칠 수 있는 독특한 특성을 인식하도록 해당 곡을 분석하는 것이다. 문제 중심 접근에서 교수자는 그의 리허설을 위해서 그가 해당 곡을 분석하는 방법을 시연할 것이다. 구성요소 스킬은 고려하고 있는 시대의 음악과 연주의 독특한 특징을 필요로 한다. 그러고 나서 학습자로 하여금 이러한 구성요소 스킬을 습득하게 하고, 부가적인 곡에 그 스킬을 적용하게 한다. 후에 그는 나에게 그가 그의 합창단에게 단순히 독특한 역동성을 리허설하게 하기보다는 그들로 하여금 음악을 분석하게 하는 것이 그들의 연주를 개선하였다고 말했다.

장편 소설, 단편 소설, 드라마를 가르치는 어떤 영어 교수자는 그가 담당하는 코스에는 아무 문제가 없다고 했다. 그는 자신의 수업에서 학생들은 작품을 읽고 표면의 이야기를 기억해야 한다고 설명했다. 하지만 그는 문학에서는 비판적 사고가 필요하기 때문에 학생들에게 이야기의 진짜 메시지를 찾도록 표면 아래로 파고들어 가게 한다고 말했다. 그 후 그는 자신의 접근 방식을 보여 주기 위해 〈A Man for All Seasons〉를 설명하며 Thomas More가 겪는 왕에 대한 충성과 자신의 가치관 간의 충돌에 대해 말했다. 왜 그 문학 작품을 가르치느냐의 나의 질문에 그는 학생들의 삶의 질을 개선하기 위해서라고 답했다. 얼마간의 논의 후, 이 과목의 어떤 단원에서 다음과 같은 문제를 확인했다. 유학생이 대부분인 브리검영 대학교 하와이 캠퍼스의 목표 중 하나는 학생들이 졸업 후 자신의 고국으로 돌아가게 하는 것이다. 그러나 졸업 후 모국으로 귀국한다는 입학 조건에 서명했음에도 불구하고 절반 이상의 학생이 가족에게 더 큰 기회가 주어지는 미국에 남는다. 그러한 학생들은 Thomas More가 겪는 것과 유사한 딜레마를 삶 속에서 겪게 된다. 우리는 학생들이 진짜 메시지를 식별하기 위해 이야기 표면 아래를 들여다보는 스킬을 습득한 후, 학생들이 그들 자신의 상황을 분석하기 위해 이와 같은 구성요소 스킬들을 적용할 수 있다고 판단했다. 그 교수자는 학생들에게 단원 공부를 시작하기 전에 귀환 능력$^{return-ability}$에 대한 짧은 에세이를 쓰고는 단원을 공부한 후 두 번째 에세이를 쓰게 할 것을 결정했다. 그 교수자는 그 두 개의 에세이를 비교하며 학습자가 이야기의 의미를 자신의 상황에 적용할 수 있었는지의 여부를 알 수 있었다. 그 후 그는 문학 이야기의 심층적 분석에서 배운 것을 적용 가능한 학생들 실제 삶의 다른 상황을 찾아보기 시작했다.

어떤 생화학 코스 교수자는 자신의 생화학 개론 강좌는 자신이 가르치는 상급반 강좌의 선수 과목이라고 말했다. 그 코스는 실제 적용은 전혀 없이 많은 개념과 원리를 암기하는 것으로 되어 있었다. 약간의 논의 후, 우리는 교육과정이 거꾸로 되어 있다고 확신했다. 그 교수자는 학생들이 그가 가르치는 상급반 강좌의 한 부분인 실험실에서 실제 문제해결을 할 때는 학생들이 대부분의 (이 개론 강좌에서 가르치는) 학습 자료를 다시 학습해야 한다는 것을 인정했다. 상급반 강좌에서 어떤 문제가 활용되는가를 물었더니 그 교수자는 학생들이 DNA 합성을 학습한다고 설명했다. 생화학, 특히 실험실에서의 DNA 합성에 대해서 전혀 무지한 나는 그에게 10분으로 된 비전문가를 위한 DNA 합성 과정의 설명을 부탁했다. 그는 나의 부탁을 들어주었다.

나는 그 원리의 필수 선행 조건 개념을 하나도 학습하지 않고도 그의 설명을 따라갈 수 있었다. 그 교수자는 나에게 그의 설명과 관련된 몇 가지 개념과 원리를 짧은 시간 동안 설명했다. 그의 시연 후, 나는 그의 개론 강좌에는 적어도 하나의 문제가 있다는 점을 지적했다. 학생들은 실제로 DNA를 합성하지 않아도 되지만, 그 합성 과정을 이해할 수 있고, 필요한 구성요소 스킬을 학습하는 동안에 그 과정과 관련된 문제를 해결할 수 있다는 점이다. 아마 개론 코스에서 활용 가능한 문제를 찾는 한 가지 방법은 고급 코스를 구성하는 문제를 검토하여 그 문제들을 개론 코스로 도입할 수 있는지의 여부를 검토하는 것일 것이다. 학습자가 내용 영역에서 실제 문제를 해결해야 할 때 기본 개념과 원리는 보다 학습자에게 관련성이 있게 된다.

만약 여러분이 훈련 코스를 개발하는 중이라면, 관련된 문제를 확인하는 가장 좋은 방법 중의 하나는 전문가가 직무 현장에서 문제를 해결하는 것을 관찰하고 그들을 면담하는 것이다. 그들이 일반적으로 해결하는 문제의 유형을 관찰하라. 문제해결을 위해 필요한 단계들의 수행에 대한 문서를 공부하라. 문제를 해결할 때에 필요한 단계를 수행해서 생기는 결과 또는 산출물을 면밀히 검토하라. 어떤 문제 사례를 숙련되게 해결할 때의 실제 활동을 포착하라. 우리가 문제 또는 과제에 부딪힐 때 활용할 수 있는 특정 도구 및 자원을 확인하라. 합격으로 판단할 수 있는 수행에 대한 기준과 우수로 판단할 수 있는 수행에 대한 기준을 개발하라. 하나의 실제 문제와 하나의 좋은 실제 문제에 대해서 앞서 언급한 특징들에 비추어 여러분의 문제 명세서를 검토하라. 숙련된 수행자가 문제를 해결할 때의 행동을 포착하라. 숙련된 수행자로 하여금 문제를 해결하면서 '소리 내어 생각하기[think aloud]'를 하도록 하여 문제해결 과정을 포착하라.

원리와 처방

시연: 학습은 학습자가 배워야 하는 지식과 스킬의 시연을 관찰할 때 촉진된다.
적용: 학습은 학습자가 새로 배운 지식과 스킬을 적용할 때 촉진된다.

문제 프로토타입의 설계는 다음 활동을 포함한다.

- 내용 영역, 주요 목표, 대상 학습자의 확인
- 학습목표를 달성하기 위해 해결해야 하는 문제 부류의 규명
- 문제 표상들의 표본 수집
- 문제의 내용 요소, 즉 결과, 조건, 단계, 특성의 확인
- 문제의 표상에 대한 프로토타입 시연 설계
- 문제의 표상에 대한 프로토타입 적용 설계

여러분이 학생 때 수강했거나 가르쳤거나 또는 설계했던 한 강좌를 선택하라. 그것은 문제 중심이었는가? 만약 문제 중심이었다면 문제가 무엇이었는가? 문제 중심이 아니었다면, 그 강좌는 어떤 문제를 학습자가 해결하도록 준비하는가? 그 강좌에 대한 문제를 확인한 후, 그 문제에 대한 문제 표상들 표본을 수집하라. 그 문제의 표상들의 해결을 위한 내용 요소를 확인하라. 여러분의 문제 표상의 프로토타입 시연과 프로토타입 적용을 설계하라.

관련 자료

van Merriënboer, J. J. G., & Kirschner, P. A. (2007). *Ten steps to complex learning*. Hillsdale, NJ: Lawrence Erlbaum Associates. (이 저자들은 문제 시연과 문제 적용의 규명 및 설계에 대한 상세한 절차를 보여 준다.)

다음 장에서는

이 장은 여러분이 문제와 그에 대한 표상의 집합을 규명하고, 이 문제의 표상들 각각에 대한 시연과 적용을 설계할 수 있도록 도와주었다. 제14장은 Pebble-in-the-Pond 모형의 다음 물결이다. 이 활동은 문제의 특정 사례를 완성하는 데 필요한 구성요소 스킬을 가르치기 위한 맥락 역할을 하는 문제 표상들의 전개를 설계하는 것이다. 제14장에서는 각 표상에 필요한 구성요소 스킬을 확인하고, 문제 표상들을 단순에서 복잡한 문제 계열로 설계하는 데 있어서 이러한 구성요소 스킬을 활용하는 방법을 안내할 것이다. 제15장은 이러한 각 구성요소 스킬을 가르치기 위하여 시연과 적용을 설계하는 방법을 시연할 것이다.

●● 제**14**장 ●●

문제 전개 설계하기

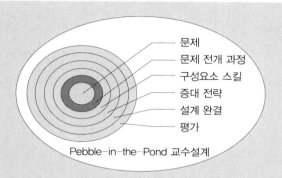

문제
문제 전개 과정
구성요소 스킬
증대 전략
설계 완결
평가

Pebble-in-the-Pond 교수설계

미/리/보/기
- - - - - - - -

Pebble-in-the-Pond 모형에서 두 번째 물결은 문제 프로토타입 전개의 설계다. 이 장에서는 이 설계 활동에 대한 안내와 다음 질문에 대한 답을 제시하고 있다. 문제 전개란 무엇인가? 문제 프로토타입들의 전개 설계를 위해서 필요한 설계 활동은 무엇인가? 문제들의 전개를 통해서 필요한 모든 구성요소 스킬을 가르칠 수 있도록 하는 방법은 무엇인가?

키/워/드
- - - - - -

- 문제 전개^{Problem Progression}: 특정 내용 영역에 속하는 같은 유형의 일련의 문제 표상들. 단순한 문제가 먼저 제시되고, 점차 복잡성이 증가하는 문제들이 제시된다. 문제 프로토타입 내의 일련의 시연 또는 적용은 복잡성이 가장 낮은 것에서 복잡성이 가장 높은 계열로 배열된다.
- 문제 부류^{Problem Class}: 문제해결을 위해 필요한 구성요소 스킬들이 동일한 문제들의 집합
- 구성요소 스킬 매트릭스^{Component Skills Matrix}: 첫째 행에 표상들 전개의 결과를 제시하고, 첫째 열에 조건, 단계, 결과를 제시하는 차트. 매트릭스의 각 셀은 전개 내의 각 결과에 대해서 필요한 단계와 조건을 보여 준다.
- 스킬 복잡성 분석^{Skill Complexity Analysis}: 복잡성의 정도에 따라 표상들의 전개를 계열화하는 절차. 복잡성의 정도는 전개 내의 각 결과에 도달하는 데 필요한 조건과 단계의 수와 유형에 따라 결정된다.

1. 도입

제13장에서는 문제들의 부류를 규명하고, 사례 문제에 대한 시연과 적용의 설계에 대해 안내했다. 이 장에서는 문제들의 전개 설계에 대해 안내할 것이다. 문제 전개는 가장 단순한 것에서 가장 복잡한 계열로 배열한 문제 프로토타입들의 집합이다. 이 장에서는 좋은 계열화의 특징

을 확인하고, 좋은 문제 전개를 설계하는 데 필요한 다음의 활동에 대해서 안내할 것이다. 즉, 문제 표상들의 표본 획득하기, 표본의 각 표상의 해결에 필요한 구성요소 스킬을 규명하기, 복잡성의 계열에 따라 표상들의 계열 조정하기, 모든 구성요소 스킬을 가르칠 수 있도록 문제 표상들을 수정, 삭제, 첨가하기가 이에 해당한다.

2. 좋은 계열화의 조건

좋은 계열화는 복잡성이 점차 증가하는 문제 표상들로 이루어져야 한다. 복잡성이 증가한다는 것은 후속하는 표상이 이전의 표상보다 일부 구성요소 스킬을 더 상세하게 다루거나 더 많은 구성요소 스킬을 포함한다는 의미다. 후속하는 각 문제 표상에는 한두 개만의 새로운 구성요소 또는 수정된 구성요소를 도입해야 한다. 첫 번째 표상은 전체 문제 중에서 가장 쉬운 버전이어야 한다. 마지막 표상은 실제 세계에서 수행할 문제와 같이 더 복잡한 버전이어야 한다. 전개 내에 있는 표상들은 비록 동일 부류의 문제에서 나온 것이지만 실제 세계에서 문제가 복잡성에 따라 다양하듯이, 문제 표상들도 복잡성에 따라 다양해야 한다. 최종 과제를 수행하는 데 필요한 모든 구성요소 스킬을 전개 안에 포함해야 한다.

3. 문제 표상들의 표본 수집

전개를 설계하기 전에 먼저 전개 계열을 형성할 문제 표상들이 있어야 한다. 이 설계 단계의 첫 활동은 문제 표상들의 표본을 선정하는 것이다. 표상은 단순한 묘사가 아닌 문제의 구체적인 사례다. 문제 표상들은 동일 부류 문제들의 사례들이어야만 한다. 문제 부류는 그 문제를 풀기 위해서 같은 종류의 구성요소 스킬을 필요로 하는 문제들이다. 각 문제 표상은 더 큰 문제의 구성요소이기보다는 독자적으로 하나의 문제가 되는 전체 문제여야 한다.

[그림 14-1]은 사진 구도에 대한 표상들로 선정된 사진들의 매우 작은 표본이다. 여기에는 이해를 돕기 위해 약간의 대표적인 사진만 제시하였다. 실제 표본에는 더 많은 사례가 있다. 필자는 사진들을 보고 사진 구도의 복잡성에 기여하는 많은 차원이 있다는 것을 깨달았다. 나의 첫 번째 관심은 다양한 주제의 다양한 집합을 표현하는 것이었다. 그래서 사물 사진, 인물 사진, 단체 사진, 풍경 사진을 넣었다. 나는 사진작가가 대상을 연출했을 때(대상으로 하여금 의도적인 자세를 취하게 할 때) 사진의 구도를 더 통제할 수 있다는 것을 깨달았다. 그래서 대상을 연출한 사진과 자연스러운 모습 그대로의 사진 모두를 넣었다. 사진 구도에서 가장 중요한 단계는 뷰파인더에서 사진의 구도를 잡는 것이기 때문에 이미 구도가 잘 잡힌 사진도 포함했다.

[그림 14-1] 사진 구도를 위한 문제 표상들의 예시

사진 구도 – 표본 표상들			
사물	개인	집단	풍경
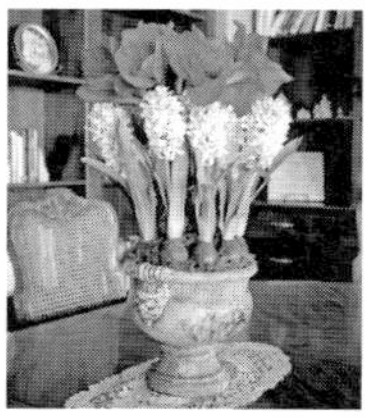	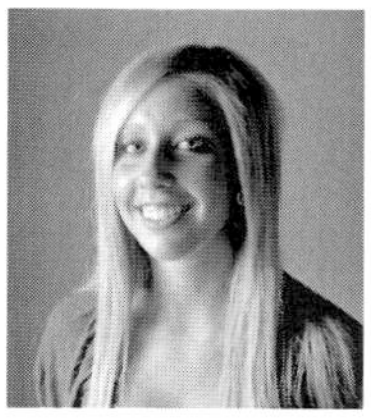	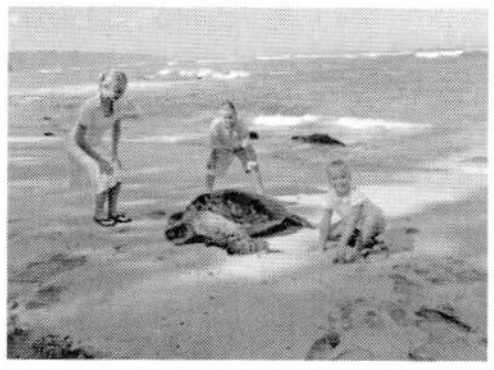	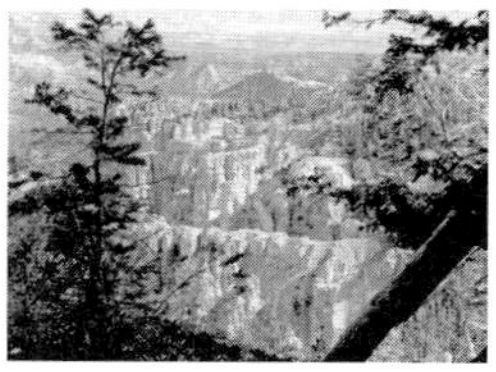
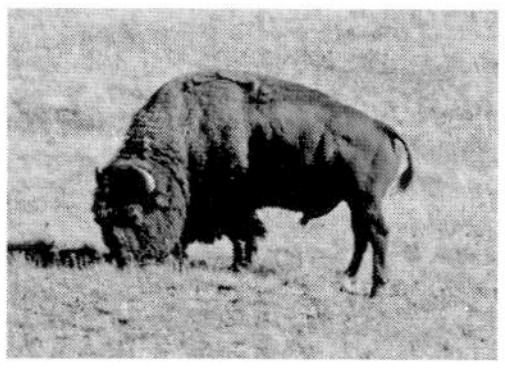	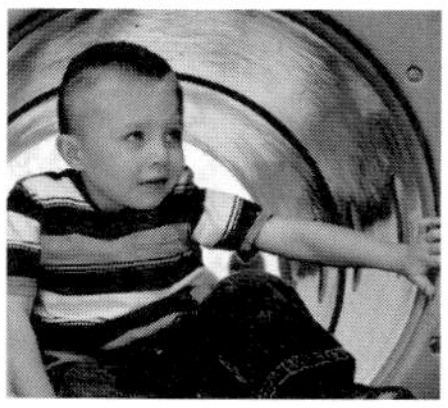	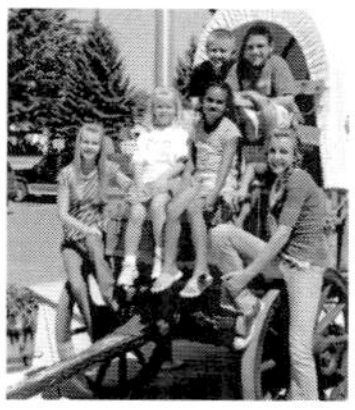	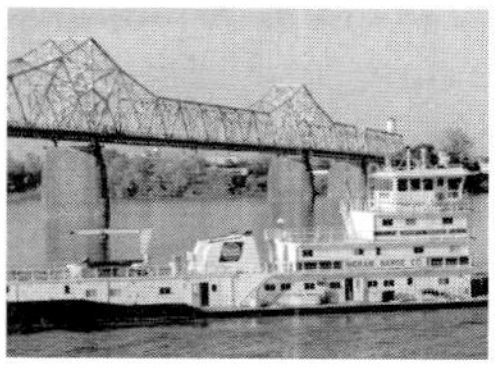

그러나 사진작가가 늘 최상의 사진 구도가 되도록 사진을 찍을 수 있는 것은 아니므로, 잘라 내기나 편집을 통해 구도의 개선이 필요한 사진도 포함하였다. 가능한 한 원본 사진과 잘라 내기나 편집이 된 사진을 함께 넣었다. 같거나 유사한 대상을 찍은 사진이 있는 경우 가장 구도가 잘된 것과 구도가 엉성한 사진 모두를 넣었다.

이전에 설명한 코스의 경우 문제 표상의 표본은 응급처치 코스에서의 연습 사례들, 가구 판매 코스에서의 일련의 판매 제안들(코스의 시연에 포함되지 않았던), 창업자 코스에서의 점차 복잡성이 증가하는 일련의 비즈니스들, Excel 코스에서의 점차로 난이도가 증가하는 일련의 스프레드시트가 해당된다.

4. 구성요소 스킬 규명

문제 표상들의 표본을 수집한 후, 어떻게 그것들을 단순한 것에서 복잡한 것의 계열로 정리하는가? 복잡성의 중요한 차원은 특정 표상의 해결에 필요한 조건의 수다. 어떤 문제 표상의 해결에 더 많은 조건이 필요하다면, 그 문제 표상은 더 복잡한 것이다. 복잡성의 다른 차원은 바라는 조건을 야기하는 데 필요한 절차의 수와 유형이다. 만약 특정 문제 표상에 대한 해결책이 더 많은 단계나 실행이 더 어려운 단계가 필요하다면, 그것은 더 복잡한 것이다. **구성요소 스킬 복잡성 분석**component skill complexity analysis은 표상들의 전개를 단순한 것에서 복잡한 것으로 계열화하는 절차다.

이 설계 활동의 첫 단계로 일단 표본 내의 표상들을 양호한 계열화처럼 보이도록 배열하라. [그림 14-2]는 개인 인물 사진의 집합이다. 첫째, 사례를 제외하고는 원본 사진과 편집한 사진 모두를 제시하였다. 행렬표의 첫째 행에 표상들의 전개에 대한 계열을 표시하고, 첫 열에는 그 결과를 초래하는 조건과 단계를 표시한 구성요소 스킬 매트릭스를 만들었다. 조건은 단순성, 삼등분 원칙, 포맷, 프레임, 선 등을 포함한다. 단순성은 사진을 산만하게 하는 세부 사항이 없다는 것이며, 삼등분 원칙은 사진 속의 대상이 사진을 수평으로 삼등분하는 가상선과 수직으로 삼등분하는 가상선의 교차점에 놓인다는 것이다. 포맷은 사진 속의 움직임이 그림 밖으로 보다는 그림 안으로 지향하는 것을 말하며, 프레임은 사진 속의 요소들이 주제 대상을 둘러싸는 프레임을 형성한다는 것을 말한다. 그리고 선은 사진을 보는 사람으로 하여금 시선을 향하게 하는 선이 있다는 것이다. 단계에는 연출, 뷰파인더, 잘라 내기, 편집 등이 포함된다. 연출

[그림 14-2] 사진 구도를 위한 구성요소 스킬 매트릭스

사진 구도 – 개인 인물에 대한 표상들 전개의 일부분					
	D	E	C	A	B

단순성		?	?	?	?
삼등분 원칙	○	○	?	○	?
포맷	○	○	?	○	?
프레임					
선					
연출	○				
뷰파인더	○			○	
잘라 내기		?	?		?
편집하기				?	?

은 사진 속의 대상이 사진작가에 의해 자세를 취하게 된다는 것이며, 뷰파인더는 사진을 잘라 내기나 편집에 의해 변경하는 것보다는 주로 그것을 찍을 때 구도를 잡는 것이다. 잘라 내기는 구도의 개선을 위해 사진의 일부를 제거하는 것이며, 편집은 사진 구도의 개선을 위하여 사진 속의 일부 요소를 제거하는 것이다. 매트릭스의 각 칸은 전개 내의 각 사진 또는 결과에 필요한 단계들과 조건들을 나타낸다.

매트릭스의 사진 아래 첫 번째 부분은 사진의 좋은 구도를 위한 조건들이다. 만약 원본 사진이 이미 조건을 시연한다면 특징 사진의 조건에 상응하는 칸에 'O' 표시를, 만약 잘라 내기나 편집으로 원본 사진의 구도를 개선할 수 있다면 '?' 표시를 했다.

매트릭스의 진한 선 아랫부분은 사진의 좋은 구도 조건을 가져올 수 있는 단계들을 나타낸다. 바람직한 조건을 빚기 위한 단계가 이미 성공적이면 'O' 표시를 하였다. 이러한 단계를 밟았을 때 하나 이상의 조건을 개선할 수 있는 경우에는 '?' 표시를 하였다.

예를 들면, 모형 철도에서 작업하는 첫 번째 사진은 구도 개선을 위해 잘라 내기 또는 편집이 더 필요하지 않도록 뷰파인더에서 구도를 잡아 연출하였다. 두 번째 원본 사진에는 사진을 보는 사람이 사진 속의 기차를 조작하는 사람에게 시선을 집중하는 것을 방해하는 세부 사항이 있다. 이러한 주위 산만한 세부 사항을 제거함으로써 이 사진의 단순성 조건을 개선할 수 있다. 이것은 사진을 잘라 냄으로써 이루어질 수 있다. 세 번째 사진의 경우, 원본에 인물의 주위에 좋은 프레임이 있지만, 관목이 많아 대상을 혼란스럽게 하고, 대상이 사진을 삼등분하는 선의 교차 지점에 놓여 있지 않으며, 대상이 사진 안으로 바라보는 형태로 사진의 포맷을 개선할 필요가 있다. 수정할 구도 조건이 여러 가지이긴 하나, 사진을 조심스럽게 잘라 내어 주제 인물의 위치를 사진의 구석으로 옮기고, 관목의 많은 부분을 제거하고, 주제 인물이 프레임 안을 바라보도록 포맷을 바꾸면 모두 수정할 수 있다. 넷째 사진은 뷰파인더에서 구도를 잘 잡은 것이다. 그러나 원본 사진의 배경에 있는 인물들이 엄마와 아이를 혼란스럽게 한다. 배경의 인물들을 편집하여 삭제함으로써 이 조건을 수정할 수 있다. 야구 게임 중에 찍은 다섯 번째 사진은 너무 많은 정보를 포함하고 있다. 이 사진은 불필요한 요소를 제거하고 투수에 초점을 맞출 수 있도록 단순화해야 한다. 그것을 위해서는 원본 사진의 배경에 있는 혼란스러운 인물과 물체의 제거를 위해 잘라 내기와 편집하기가 모두 필요하다. 나는 사진을 자르는 절차를 가르치고자 할 때 사진의 큰 부분을 자르는 것이 과도한 픽실레이션^{pixilation} 현상[10]을 초래하지 않도록 높은 해상도의 사진을 이용하는 것이 중요하다고 메모를 하였다.

---

10) 역자 주: 디지타이징된 이미지의 개별 픽셀들이 이미지를 보는 사람에게 뚜렷하게 보이는 현상. 일반 컴퓨터용으로 그린 낮은 해상도의 이미지를 큰 스크린에 투사할 때 이미지의 각 픽셀이 분리되어 보이는 것이 한 가지 예임

[그림 14-2]는 계획된 문제 전개에 포함된 사진들의 한 표본에 지나지 않는다. 실제 전개는 물체, 집단, 풍경의 많은 사진을 포함하고 있다. 각 사진에 뷰파인더에서 구도를 잡은 사진과, 자르기 또는 편집을 통해 보다 나은 구도의 사진이 될 수 있는 조건을 실행할 수 있는 단계들을 표시하였다.

5. 전개 내의 계열 조정

전개 내의 각 표상들에 대한 조건과 단계를 결정한 후에는 스킬 복잡성 분석을 통해 전개 내의 표상들의 복잡성이 자연스럽게 증가하고 있는지 확인해야 한다. 스킬 복잡성 분석^{skills complexity}^{analysis}은 전개 내의 표상들을 단순한 것에서 복잡한 것으로 계열화하기 위한 절차다. 이때 복잡성의 정도는 전개 내의 각 결과를 야기하기 위해 필요한 조건과 단계의 수와 유형에 달려 있다.

사진 구도 모듈에서 필자는 각 사진의 구도와 관련된 조건과 절차를 확인하는 동안 배열 순서에 대해서는 크게 신경을 쓰지 않았다. 사진을 처음 배열한 순서는 [그림 14-2]의 첫 번째 행에 있는 알파벳 순서였다. 조건, 단계를 정하고 잘라 내기나 편집을 통해 개선할 수 있는 사진을 정한 후에, [그림 14-2]에 보이는 것처럼 가장 덜 복잡한 사진을 맨 앞에 두고 가장 복잡한 사진을 마지막에 두는 형태로 재배열하였다. 사진 D는 좋은 구도를 위해 잘라 내기나 편집이 전혀 필요하지 않기 때문에 복잡성이 가장 낮다. 사진 B는 구도 개선을 위해 많은 잘라 내기와 편집이 필요하기 때문에 복잡성이 가장 높다. 인물뿐만 아니라 물체, 집단, 풍경 등의 그 밖의 다양한 범주 각각에 대해서도 유사한 사진들의 매트릭스가 있으므로, 사진들을 개선할 필요가 있는 조건과 이러한 개선을 위한 단계에 근거한 복잡성의 순서에 따라 재배열하였다.

제7장의 창업자 코스와 제11장의 Excel 코스에도 면밀히 설계된 문제 표상들의 전개가 포함되어 있었다. [그림 7-3]은 창업자 코스에서 시연과 적용의 수업 활동이 다양한 사업에 걸쳐 어떻게 배열되어 있는지 보여 준다. 사업들을 복잡성의 순서에 따라 배열하였다. Excel 코스에는 복잡성이 증가하는 일련의 스프레드시트 문제가 있다. 후속하는 스프레드시트의 완성을 위해서는 추가적인 명령을 사용해야 하고, 선행 스프레드시트에서 시연되었거나 적용된 명령의 더 개선된 버전의 명령을 알아야 한다.

제2장에 제시한 응급처치 코스는 교수의 으뜸원리와는 별개로 설계되었다. 이 코스에서 학습자는 제시된 적용 사례연구를 어떠한 순서로든 학습할 수 있다. 학습자가 어떤 적용 사례를 시도하려 할 때 그들에게 그 사례에 대해 특히 필요한 튜토리얼(구성요소 스킬에 대한 수업을 포함하고 있는)을 상기시켰다. 그러나 그 목록은 관련된 튜토리얼의 내용 전체가 아니라 특정 사례에 해당되는 것만 포함한다. 관련된 구성요소 스킬을 면밀히 분석한 결과 20개의 적용 사례

연구 모두에 적용되는 스킬도 있었다. 예를 들면, 부상자 진단 튜토리얼과 DRABC[11](위험, 반응, 기도, 호흡, 순환) 튜토리얼은 20개의 적용 사례연구 모두에 적용되는 스킬을 담고 있었다. 어떤 구성요소 스킬 튜토리얼은 일부의 적용 사례에만 적용되는 스킬을 담고 있다. 예를 들면, 출혈 튜토리얼, 붕대 및 팔걸이 붕대 튜토리얼, 전염성 질병에 관한 튜토리얼이 그런 경우다. 어떤 구성요소 스킬 튜토리얼은 오직 하나의 적용 사례에만 해당된다. 독극물 튜토리얼과 흉부 부상 튜토리얼이 그 예다. 구성요소 스킬 매트릭스에 근거하여 사례들을 좀 더 면밀히 계열화하여, 사례들의 더 나은 전개와 사례들 전반에 걸쳐 시연 및 적용 학습 활동의 좀 더 면밀한 배치를 형성하면 이 코스를 상당히 개선할 수 있다.

가구 판매 코스에는 많은 시연이 포함되어 있다. 이 코스는 저항하는 고객에 대처하는 방법, 단지 둘러보기만 하는 고객을 참여하게 하는 방법, 반대를 극복하는 방법에 대한 약간의 추가적인 수업이 포함되어 있긴 하다. 그러나 이러한 문제들에 대해 간단한 튜토리얼을 싣는 것보다, 각 제시가 점점 더 어려워지고 판매를 위한 필요조건 획득을 위해서는 판매 단계의 더 혁신적인 적용이 필요한 계열을 만드는 것이 가능할 것이다.

6. 표상의 수정 · 삭제 · 첨가

수집한 문제 표상들의 계열을 조정한 후, 전개 내의 조건과 단계에서 제시하지 않은 조건이나 잘라 내기, 편집하기가 있는지를 검토하였다. [그림 14-2]에서 한 사람을 찍은 사진의 사례는 구도의 조건 선이 없다는 것을 알게 되었다. 그 후 나는 이러한 조건—대각선 또는 S곡선—을 충족하는 한 사람을 찍은 사진을 찾았다. 나는 [그림 14-3]에 이를 포함하기로 하였다. 이 사진은 원본 사진의 구도 개선을 위해서 잘라 내기만 하면 되므로 [그림 14-2]에서 사진 C 바로 앞에 그 사진을 넣었다. [그림 14-3]은 잘라 내기를 한 후의 최종 사진이다.

나는 가르치고자 했던 조건들과 단계들이 모두 포함되어 있는지 확인하기 위하여 다른 범주들 모두를 검토하였다. 그 결과, 일부 계열에는 사진을 추가하였고, 다른 사진과 중복된다고 판단한 일부 사진을 제거하기도 했다. 이러한 조정을 한 후에 전개의 계열이 한 사람을 찍은 사진의 구도를 가르치기 위한 문제 표상들에 대하여 좋은 확산적 집합이 되었다.

---

11) 역자 주: DRABC는 응급치료 용어로 위험요소 확인Danger, 반응 확인Response, 기도 유지Airway, 호흡 확인Breathing, 순환 확인Circulation의 약자다.

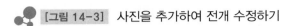

[그림 14-3] 사진을 추가하여 전개 수정하기

단순성	○
삼등분 원칙	○
포맷	?
프레임	○
선	?
연출	
뷰파인더	○
잘라 내기	?

7. 전통적인 교수설계와 문제 전개의 비교

이 장에서 시연된 문제 전개 설계와 교수설계에 대한 전통적 접근을 간략히 비교해 보자. 아마 가장 중요한 차이점은 문제 전개 설계가 정보 기반이 아닌 표상 기반이라는 점일 것이다. 설계 과정의 후반부에 내용을 모으는 것이 아니라, 설계 과정의 초반에 문제 표상과 그 표상들에 대한 멀티미디어를 준비한다. 두 번째 중요한 차이점은 이 접근은 문제를 궁극적 활동으로 보는 것이 아니라 문제들의 전개를 강조하는 점이다.

전통적 교수설계의 목표 분석goal analysis은 문제 전개 설계와 가장 유사하다. 목표 분석과 문제 전개를 비교해 보자. 목표 분석과 문제 전개 모두 학습자가 문제해결이나 과제 수행을 위해서는 할 수 있어야 하는 단계들을 확인한다. 그러나 Pebble 모형은 목표 분석보다 더 처방적이다. 문제 전개는 이러한 조건을 야기하는 단계에 덧붙여 결과를 초래하는 조건의 확인을 강조한다. 많은 다양한 구성요소 스킬이 이 접근을 통해 처방되었다. 예를 들면, 좋은 결과를 확인하는 능력, 적절한 조건을 확인하는 능력, 적절한 단계를 확인하는 능력, 적절한 단계를 실행하는 능력 등이 그러하다. [그림 14-2]에서 각 문제 표상에 대한 조건과 단계의 확인은 목표 분석과 유사하다. 그렇지만 이러한 조건과 단계가 추상적이 아니라 구체적인 문제의 맥락 속에서 이루어져 있다.

원리와 처방

문제 중심: 학습은 학습자가 복잡성에 따라 계열화된 실세계의 전체 문제들의 맥락에서 구성요소 스킬들을 가르치는 문제 중심 교수전략에 참여할 때 촉진된다.
　문제 전개를 설계하기 위해서는 다음 단계를 따르라.
- 단순한 것에서 복잡한 것의 순서로 다양한 문제 표상들의 전개를 설계하라.
- 그 계열 내에서 각 문제 표상의 해결에 필요한 구성요소 스킬을 규명하라.
- 학습자가 필요한 모든 구성요소 스킬을 습득할 충분한 기회를 포함하도록 전개를 조정하라.

적용

기능형 프로토타입에 대한 문제들 부류와 내용을 사전에 선택해 두었을 것이다. 문제 표상들의 표본을 선정하고 이 장에서 제시된 처방을 적용하여 기 선정된 문제 표상들의 전개를 정함으로써 여러분의 프로젝트를 확장하라.

관련 자료

van Merriёnboer, J. J. G., & Kirschner, P. A. (2007). *Ten steps to complex learning*. Hillsdale, NJ: Lawrence Erlbaum Associates. (저자들은 문제 전개의 계열화를 선택하고 순서화하기 위한 대안적인 접근을 제시했다.)

다음 장에서는

Pebble-in-the-Pond 모형의 세 번째 활동은 문제 전개 내의 표상들에 포함된 구성요소 스킬을 가르치기 위한 시연과 적용을 설계하는 것이다. 제15장에서는 포함된 구성요소 스킬의 시범과 적용의 적절한 계열을 규명하고, 전개 내의 각 문제 표상을 위한 프로토타입 시연 또는 적용의 설계를 안내한다.

●● 제**15**장 ●●

구성요소 스킬에 대한 전략 설계하기

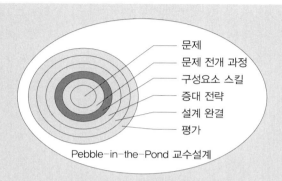

Pebble-in-the-Pond 교수설계

- 문제
- 문제 전개 과정
- 구성요소 스킬
- 증대 전략
- 설계 완결
- 평가

미/리/보/기

Pebble-in-the-Pond 모형의 세 번째 물결은 문제 전개 내의 각 프로토타입의 구성요소 스킬들(조건들과 단계들)을 가르치기 위한 교수전략을 설계하는 것이다. 이 장은 이러한 구성요소 스킬에 대한 시연과 적용의 설계에 필요한 활동을 안내할 것이다. 즉, 다음 질문에 대한 답을 할 것이다. 전개 내의 표상들의 모든 조건과 단계를 위한 시연과 적용을 어떻게 설계할 것인가?

키/워/드

- 문제 중심 구성요소 스킬 교수Problem-Centered Component Skill Instruction: 문제해결이 전개되는 과정에서 각각의 조건 및 단계에 대한 시연과 적용
- 교수활동표Instructional Event Table: 각 조건이나 단계를 언제 시연하거나 적용해야 하는지를 보여 주는 표

1. 도 입

앞 장에서는 문제 전개의 설계를 다루었다. 문제 표상들의 전개를 만족스럽게 설계하였다면, 다음 교수설계 활동은 문제 중심 구성요소 스킬 수업을 설계하는 것이다. 문제 중심 구성요소 스킬 수업은 문제 전개의 표상들에 포함되어 있는 각 조건과 단계에 대한 시연과 적용이다. 이 장은 문제 전개 내의 표상들의 맥락에서 각 조건이나 단계를 언제 시연하거나 적용해야 하는지를 알려 주는 교수활동표 결정을 위한 지침을 제시한다. 그리고 이 교수활동표를 활용하여 문제 전개 내의 표상의 맥락에서 이러한 조건이나 단계들의 시연이나 적용을 설계하기 위한 지침을 제시한다.

2. 교수활동표의 작성

교수활동표instructional event table는 각 조건이나 단계가 언제 시연되고 적용되어야 하는지를 보여 준다. 먼저, 문제 전개 내의 표상들 각각에 대한 조건과 단계를 검토해야 한다. 이 검토의 목적은 어떤 조건이나 단계를 시연 또는 적용할 것인지를 결정하기 위한 것이다. 어떤 조건이나 단계가 처음 소개되는 경우 시연이 가장 좋다. 어떤 조건이나 단계가 그다음의 표상에 필요하다면, 첫 시연과는 차이가 있는 또다른 시연이 필요할 수 있다. 그렇지 않다면 학습자에게 조건과 단계를 표상에 적용하도록 해야 한다.

〈표 15-1〉은 사진 구도를 위한 교수활동표다. 제일 왼쪽 열은 [그림 14-2]의 각 사진에 할당한 알파벳을 이용하여 사진 구도 내의 각 표상을 표시하였다. 사진 F는 [그림 14-3]에서 본 것과 같이 선 조건을 포함하는 사진이다. 〈표 15-1〉의 두 번째와 세 번째 열은 시연해야 할 조건과 단계다. 네 번째와 다섯 번째 열은 적용해야 할 조건과 단계다. 이 교수활동표는 전개의 각 표상의 조건과 단계에 대하여 적절한 시연 또는 적용 교수활동을 설계하기 위한 지침이 된다.

〈표 15-1〉 개인 인물 사진 구도를 위한 교수활동표

사진	시연 조건	시연 단계	적용 조건	적용 단계
D-철로에서 일하는 사람	삼등분 원칙, 포맷	연출하기, 뷰파인더		
E-기차를 운행하고 있는 사람	단순성	잘라 내기	삼등분 원칙	
F-건물 옆의 여성	선		삼등분 원칙, 포맷	잘라 내기
C-덤불 속의 아이	프레임		삼등분 원칙, 포맷, 단순성	잘라 내기
A-엄마와 아이		편집하기	삼등분 원칙, 단순성	
B-야구 투수			삼등분 원칙, 포맷, 단순성	잘라 내기, 편집하기

3. 조건과 단계에 대한 시연과 적용의 설계

다음으로 교수활동표에서 규명한 시연과 적용을 설계한다. 〈표 15-2〉는 전개 내에서 문제의 각 표상 해결에 필요한 구성요소 스킬을 가르치기 위해 처방된 교수활동을 보여 준다. 구성

요소 스킬이나 문제해결 활동은 결과나 조건을 야기하는 단계를 포함한다는 것을 기억하라. 모든 조건을 조합하면 결과나 문제에 대한 해결책이 된다. 다음 예시는 문제 전개에 분포되어 있는 이러한 교수활동들을 구현한 모습이다.

[그림 15-1]는 〈표 15-1〉, 〈표 15-2〉에서 처방된 사진 D(표상 1)를 위한 프로토타입 시연이다. 이는 이러한 구성요소 스킬에 대한 첫 번째 표상이므로, 〈표 15-1〉의 1행과 〈표 15-2〉의 첫 번째 구역에서 볼 수 있듯이 학습 활동은 시연만 있다. 제시된 것과 같은 슬라이드를 학습자에게 보여 준다. 이 슬라이드와 연결된 오디오와 애니메이션은 그림의 두 번째 패널에 있다. 삼등분 원칙과 포맷에 관한 두 개의 조건-말하기 교수활동, 연출하기와 뷰파인더에 관한 두 개의 단계-말하기 교수활동, 삼등분 원칙과 포맷에 관한 두 개의 조건-보여 주기 교수활동, 뷰파인더를 위한 하나의 단계-보여 주기의 교수활동 등이 있다. 연출하기에 관한 단계-보여 주기 교수활동은 포함하지 않았다.

[그림 15-2]는 사진 E(표상 2)에 대한 적용/시연이다. 첫 번째 반응은 삼등분 원칙 인식에 대한 학습자의 스킬을 측정하는 것이다(삼등분 원칙에 대한 조건-판별형 수행하기). 단순성 시연은 조건-보여 주기 학습 활동이다.

[그림 15-3]은 사진 F(표상 3)에 대한 적용/시연이다. 삼등분 원칙과 포맷에 대한 두 개의 조건-판별형 수행하기 교수활동, 선에 대한 한 개의 조건-보여 주기 교수활동, 잘라 내기에 대한 한 개의

〈표 15-2〉 구성요소 스킬을 위한 교수활동 처방의 체크리스트

구성요소 스킬 시연하기(표상 1)		
Tell-C	조건 서술하기(C)	~의 종류
Show-C	조건의 사례 보여 주기(C)	~의 종류
Tell-S	단계를 서술하기(S)	~의 종류, ~에 대한 방법
Show-S	단계의 사례 수행 보여 주기(S).	~의 종류, ~에 대한 방법
구성요소 스킬의 판별형 수행하기(표상 2)		
Do$_{id}$-S	단계의 사례 판별하기	~의 종류
Do$_{id}$-C	조건의 사례 판별하기	~의 종류
구성요소 스킬의 실행형 수행하기(표상 3)		
Do$_{ex}$-S	단계의 사례 수행하기	~에 대한 방법
Do$_{id}$-C	조건 판별하기	~의 종류
▲ 전개 내의 각 표상이 요구하는 각 구성요소 스킬에 대해 반복 ▲		

용어: C=조건, S=단계, 판별형 수행하기=사례 판별, 실행형 수행하기=단계 실행

[그림 15-1] 사진 D(표상 1)를 위한 프로토타입 시연

사진 구도

삼등분 원칙: 사진의 주요 관심 포인트가 사진을 가로 및 세로로 삼등분하는 가상선의 교차점에 놓여야 한다. 시연을 보려면 여기를 클릭하라.

포맷: 풍경 모드나 인물 모드를 활용하여 사진 구도를 가장 단순화하라. 시연을 보려면 여기를 클릭하라.

연출하기: 연출하면 사진 구도를 가장 잘 제어할 수 있다.

뷰파인더: 가능하다면 항상 카메라의 뷰파인더를 활용하여 최선의 사진 구도를 잡으라. 시연을 보려면 여기를 클릭하라.

오디오/애니메이션

['삼등분 원칙'을 클릭하면 사진 위에 격자선을 출력하고 다음 오디오가 담긴 애니메이션을 보여 준다.]
사진 속 인물의 얼굴 바로 위로 가로지르는 선을 주목하라. 이 사진은 보는 사람으로 하여금 사진 속 인물이 집중해서 하는 활동에 주의를 기울이도록 한다. 이 구도는 삼등분 원칙의 좋은 예다.

['포맷'을 클릭하면 인물 모드의 사진과 풍경 모드의 사진을 보여 주고 다음 오디오를 실행한다.]
풍경 모드는 모형 기찻길을 더 보여 준다. 하지만 그렇게 하면 이 사진을 보는 사람들로 하여금 주의를 산만하게 하여 대상으로부터 주의가 멀어지게 한다. 인물 모드에서는 모형 기찻길은 이 구도에서 단순한 배경이 되고 사진을 보는 사람들로 하여금 대상에 집중하도록 한다.

['뷰파인더'를 클릭하면 먼저 원경으로 장면을 보여 주고 근경으로 점차 이동한 후 다시 원경으로 장면을 보여 준다. 그리고 다음 오디오를 실행한다.]
뷰파인더를 통해 본 이 장면은 사진을 찍는 사람이 어떤 장면을 원경으로 포착했다가 대상에 가깝게 근경으로 옮기고, 좌우로 이동하여 여러 구도를 시도하고 최종적으로 인물 모드와 삼등분 원칙을 이용해서 대상의 구도를 잡는 것을 보여 주는 사례다.

 [그림 15-2] 사진 E(표상 2)를 위한 프로토타입 적용/시연

사진 구도

이 사진의 구도는 삼등분 원칙을 활용하였는가?

□ 그렇다   □ 아니다

단순성: 효과적 구도는 대상에 집중하지 못하게 하는 배경 또는 다른 요소들이 없는 것이다.
시연을 보려면 여기를 클릭하라.

(계속)

피드백

[학습자가 학습자의 반응을 기록하기 위한 체크박스(□)를 클릭하면, 사진 위에 격자선을 보여 주고 다음 오디오 메시지를 실행하라.]

이 구도는 삼등분 원칙을 활용하였는가? 그렇다! 사진을 삼등분하는 선을 보라. 대상의 얼굴이 관심 포인트다. 이러한 가상 선의 교차점이 인물의 얼굴 위에 놓이는가?

[단순성 시연 링크를 클릭하면 다음 오디오와 애니메이션을 실행한다.]

이 사진에 집중하지 못하게 하는 요소들이 있는가? 작업대와 기차 아래의 전선들을 보라. 그것들이 보는 사람들의 주의를 흩뜨리는 요소들인가? [사진 속의 작업대와 전선을 강조한다.] 어떻게 하면 이 사진을 단순화할 수 있을까? 대부분의 사진 프로그램은 잘라 내기 기능이 있다. 잘라 내기는 여러분이 사진에 그대로 남기고 싶은 부분을 선택하여 남기고, 버리고 싶은 부분을 제거한다. 이 사진을 잘라 내기하는 것을 보라. [잘라 내기 선을 보여 주고 대상과 기차를 선택하고 작업대와 전선을 천천히 제거하는 애니메이션을 보여 준다. 애니메이션이 끝났을 때 잘라 내기한 사진을 유지한다.] 이 사진은 여전히 삼등분 원칙을 적용하고 있는가? 방해되는 요소를 제거하여 대상(남자와 기차)을 보는 사람들의 주의를 집중시키기 위해 사진을 어떻게 잘라 내었는지를 주목하라.

단계-실행형 수행하기 교수활동, 잘라 내기 돕기를 위한 한 개의 단계-보여 주기 교수활동 등이 있다.

[그림 15-4]는 전개 내의 사진 C(표상 4)에 대한 적용/시연이다. 삼등분 원칙, 포맷, 단순성에 대한 세 개의 조건-판별형 수행하기 교수활동, 프레임에 대한 한 개의 조건-보여 주기 교수활동, 잘라 내기에 대한 한 개의 단계-실행형 수행하기 교수활동 등이 있다.

[그림 15-3] 사진 T(표상 2)를 위한 프로토타입 적용/시연

사진 구도

이 그림의 구도는 삼등분 원칙을 활용하였는가?

□ 그렇다 □ 아니다

이 그림의 구도는 효과적 포맷을 활용하였는가?

□ 그렇다 □ 아니다

선은 사진을 보는 사람들의 시선을 이끄는 사선 요소가 부각되어 보이도록 하는 구도의 유형이다. 시연을 보려면 여기를 클릭하라.

이 구도에 대하여 삼등분 원칙과 포맷을 향상하기 위한 사진 잘라 내기를 하려면 여기를 클릭하라.

(계속)

피드백

[삼등분 원칙 질문에 학습자가 체크박스를 선택하여 답하면 반응을 기록하고 다음 오디오와 애니메이션을 실행한다.]

이 구도는 삼등분 원칙을 적용하였는가? 현재 구도로는 그렇지 않다. 그러나 여러분은 사진을 잘라 내기 하여 사진을 가상으로 삼등분하는 선의 교차점에 사진 속의 여성을 맞출 수 있다. 이 슬라이드 에서 여러분에게 요구하는 최종 활동은 삼등분 원칙을 구현하기 위해 이 사진의 일부를 잘라 내기 하는 것이다.

[학습자가 체크박스를 선택하여 포맷에 대한 질문에 대해 답하면 반응을 기록하고, 다음 오디오를 동반한 애니메이션을 실행 한다.]

이 사진은 인물 모드로 포맷을 개선하여 사진에 모여드는 선을 강조하도록 개선할 수 있다. 이 슬라 이드의 최종 활동은 더 나은 포맷을 만들기 위하여 이 사진을 잘라 내기하는 것이다.

[선 시연 링크를 클릭하면 다음 오디오와 애니메이션을 실행한다.]

이 사진을 자세히 살펴보라. 보도가 먼 곳으로 어떻게 멀어지는가를 면밀히 보라. [보도가 멀어지는 것 을 보여 주는 짙은 선을 그린다.] 돌과 창문의 모든 선이 어떻게 보도로 모이는지 유심히 보라. [돌과 창문 선 이 보도와 함께 모이는 것을 2개의 선으로 그린다.] 대각선은 사진을 보는 사람으로 하여금 흥미롭고 (시선을) 사로잡는 구도로 만든다.

[잘라 내기 문단을 클릭하면 다음 오디오와 애니메이션을 실행한다.]

[학습자가 사용할 수 있는 잘라 내기 도구가 나타난다.] 사진을 잘라 내기 위하여 잘라 내기 도구를 활용하면 사 진의 포맷을 개선하고 삼등분 원칙을 더욱 명확히 구현할 수 있다. 잘라 내기를 마친 후 완료 버튼을 클릭하라. [사진 아래에 완료 버튼이 나타난다.] 잘라 내기 도구 사용에 대한 상세한 안내를 보려면 도움말 버튼을 클릭하라. [도움말 버튼이 그림 아래에 나타난다.]

[도움말 버튼을 클릭하면 다음의 오디오와 애니메이션을 실행한다.]

[또 다른 사진을 제시하고 그 사진 위에 편집 메뉴의 잘라 내기 도구가 보이게 한다.] 먼저 잘라 내기 도구를 선택한 다. [커서가 잘라 내기 메뉴 항목 위로 움직이고, 클릭하는 소리를 낸다.] 그렇게 하면 그림 위에 잘라 내기 선이 나타난다. [잘라 내기 선이 그림 위에 나타난다.] 이제 핸들(잘라 내기 선의 모서리 또는 가장자리의 작은 표 시)을 잡고, 사진에 남아 있기를 바라는 영역을 덮도록 잘라 내기 선을 조정한다. [커서는 핸들을 잡아 잘 라 내기 선을 드래그한다. 사진의 원하는 영역이 선택될 때까지 이를 반복한다.] 그리고 엔터 키를 클릭하여 잘라 내 기를 수행한다. 사진의 원하지 않는 부분이 사라진다. 만약 잘라 내기 결과가 만족스럽지 않으면 되 돌리기 버튼[사진 위의 메뉴에 되돌리기 버튼을 보여 준다.]으로 사진을 원래대로 되돌릴 수 있고, 다시 잘라 내기를 할 수 있다. [학습자는 심사숙고 후에 슬라이드를 되돌린다.]

[완료 버튼을 클릭하면 학습자의 잘라 내기 선이 있는 사진을 저장하고, 다음 오디오와 애니메이션을 실행한다.]

사진 위에 의도대로 잘라 내기 선을 위치시켰다. [빨간색 잘라 내기 선을 보여 준다.] 동의하는가? 먼 곳으 로 멀어지는 대각선을 강조한 인물 모드를 만들기 위해 사진을 잘라 내었다. 인물 모드를 사용함으 로써 사진의 포인트인 여성을 삼등분 원칙 선의 교차점에 가깝게 배치하기가 쉬워졌다. 또한 인물 모드 포맷에 사진의 대상으로부터 주의를 흩뜨리는 여성 주변의 나비들 중 일부를 제거했다. [잘라 내 기한 사진을 학습자가 잘라 내기한 사진과 함께 나란히 제시한다.]

[그림 15-4] 사진 C(표상 4)를 위한 프로토타입 적용/시연

사진 구도

이 사진의 구도는 삼등분 원칙을 활용하였는가?

□ 그렇다   □ 아니다

이 사진의 구도는 효과적인 포맷을 활용하였는가?

□ 그렇다   □ 아니다

이 사진의 구도는 단순함을 보여 주는가?

□ 그렇다   □ 아니다

프레임이란 사진 속의 요소들을 이용하여 사진의 주제를 둘러싸는 프레임을 구성하는 것이다. 여기를 클릭하여 시연을 보라.

구도의 단순성, 삼등분 원칙, 포맷, 프레임 설정을 개선하기 위해 사진을 잘라 내기를 하려면 여기를 클릭하라.

[삼등분 원칙에 대한 질문에 답변하면 학습자의 반응을 기록하고, 다음 오디오와 애니메이션을 실행한다.]
이 사진은 뷰파인더를 통해 구도를 설정한 것으로 삼등분 원칙을 사용하지 않았다. [사진에 격자선이 나타난다.] 사진의 주제인 아이를 보라. 아이는 사진 가운데에 치우쳐 있다. 하지만 이것은 잘라 내기로 바로잡을 수 있다. 조금 뒤에 이 사진을 잘라 낼 기회가 있을 것이다.

[포맷에 관한 질문에 답변을 하면 학습자의 반응을 기록하고, 다음 오디오와 애니메이션을 실행한다.]
풍경 모드 포맷은 좋다. 그러나 잘라 내기를 하여 삼등분 원칙을 구현하면 더 좋을 것이다. 조금 뒤에 이 사진을 잘라 낼 기회가 있을 것이다.

[단순성 질문에 답변을 하면 학습자의 반응을 기록하고, 다음 오디오와 애니메이션을 실행한다.]
이 사진은 매우 번잡스럽다. 너무 많은 나뭇잎이 있어 산만하고 아이는 거의 가려져 있다. 이 사진을 잘라 내기하여 이 문제를 개선한 구도로 바꿀 수 있다.

[프레임 시연을 클릭하면 다음 오디오와 애니메이션을 실행한다.]
관목 숲의 가지들이 아이의 얼굴 주변에 어떻게 프레임으로 형성되는지 주목하라. 프레임은 주제에 주의를 집중시키는 사진 구도다. 사진을 잘라 내기할 때, 아이 얼굴 주변의 이 자연적 프레임 효과를 강화하도록 해야 한다.

[잘라 내기 링크를 클릭하면 다음 오디오가 실행되고, 사진의 잘라 내기가 가능하다.]
이제 이 사진을 잘라 내기할 수 있다. 마우스를 사용하여 사진에서 남기고자 하는 영역에 외곽선을 그리라. 삼등분 원칙, 포맷, 프레임 구도 특징을 강조하도록 노력하라. 잘라 내기 결과에 만족한다면 완료 버튼을 누르라. [사진 아래에 완료 버튼이 나타난다.]

(계속)

> [학습자가 잘라 내기를 끝내고 완료 버튼을 눌렀을 때 다음 애니메이션과 오디오를 실행한다.]
>
> [학습자의 잘라 내기 선을 유지한 채로 빨간색 잘라 내기 선을 덮어 씌운다.] 제시되는 빨간색 잘라 내기 선과 여러분의 잘라 내기 선이 비슷한가? 두 잘라 내기 선의 비교가 끝나면 다시 완료 버튼을 클릭하라. [잘라 내기 선의 바깥 영역은 삭제되고 잘린 사진이 남는다.] 풍경 모드 포맷을 유지하는 동시에 삼등분 원칙을 구현하는 방식에 주목하라. [격자 선을 약 2초 정도 사진 위에 보여 준다.] 어떻게 잘라 내기를 하여 무수했던 나뭇잎을 제거해 아이의 얼굴에 프레임이 되었는지에 주목하라. 잘라 내기는 이 사진의 구도를 상당히 개선하였다.

[그림 15-5]는 삼등분 원칙에 대한 프로토타입을 적용한 것이며, 단순성 구도 원리(표상 5)에 대하여 프로토타입을 시연한 것이다. 삼등분 원칙과 단순성을 위한 두 가지 조건-판별형 수행하기 교수활동 및 편집을 위한 하나의 단계-보여 주기 교수활동이 있다.

 [그림 15-5] 사진 A(표상 5)를 위한 프로토타입 적용 및 시연

사진 구도

이 사진의 구도는 삼등분 원칙을 활용하였는가?

☐ 그렇다   ☐ 아니다

이 사진의 구도는 단순성의 예시로 적절한가?

☐ 그렇다   ☐ 아니다

사진에 산만한 요소들이 많을 때는 편집을 통해 그 요소들을 제거하고 사진을 단순화할 수 있다. 이에 대한 시연을 보려면 여기를 클릭하라.

[삼등분 원칙에 대한 질문에 답변하면 학습자의 반응을 기록하고, 다음 오디오와 애니메이션을 실행한다.]

뷰파인더를 통하여 구도를 잡은 이 사진은 삼등분 원칙을 적용하였다. 가상 선을 마음속으로 그려 보라. 엄마의 얼굴이 교차점에 놓인 것이 보이는가? 아기 얼굴은 그림자가 드리워져 있어, 사진의 주된 관심 초점이 엄마가 되도록 하였다.

[단순성에 대한 질문을 학습자가 응답하면 다음 오디오와 애니메이션을 실행한다.]

배경의 여성과 남성을 보라. 그 사람들은 사진을 보는 사람들로 하여금 엄마와 아기에게 주의를 집중하는 것을 방해한다. 사진 구도에서 단순성이란 사진에서 산만한 요소들을 피하거나 제거하는 것이다.

[편집 시연 링크를 클릭하면 다음의 오디오/애니메이션을 실행한다.]

이 사진은 구도가 잘 잡혀 있다. 하지만 여성과 남성이 배경에 있어 아이와 엄마에게 주의가 집중되는 것을 방해한다. 이런 상황에서는 편집 소프트웨어가 도움이 된다. 포토샵 요소 중 도장 툴^{Clone stamp}을 사용하여 배경 일부분을 복사하여 이 인물들(집중을 흩뜨리는 요소들)을 덮을 수 있다. 이 과

(계속)

정을 보여 주는 애니메이션을 유심히 보라. [애니메이션은 배경의 일부를 선택하여 인물들의 일부를 덮는 편집 과정을 보여 준다. 사진 속의 두 인물을 모두 삭제할 때까지 이 애니메이션이 반복된다.] 편집된 사진의 단순성에 주목하라. 사진을 보는 사람들이 주의를 흩뜨리는 요소의 방해를 받지 않고 엄마와 아이에게 주의를 집중할 수 있다는 점을 주목하라.

[그림 15-6]은 인물 사진 구도를 가르치는 이 코스의 정점이 되는 적용 프로토타입이다. 삼등분 원칙, 포맷, 단순성을 위한 세 가지의 조건-판별형 수행하기 교수활동과 잘라 내기와 편집을 위한 두 개의 단계-실행형 수행하기 교수활동이 있다.

 [그림 15-6] 사진 B(표상 6)를 위한 프로토타입 적용 및 설명

사진의 구도

이 사진의 구도는 삼등분 원칙을 활용하였는가?

☐ 그렇다　　☐ 아니다

이 사진의 구도는 효과적인 포맷을 사용하였는가?

☐ 그렇다　　☐ 아니다

이 사진의 구도는 단순성을 예시하는가?

☐ 그렇다　　☐ 아니다

삼등분 원칙과 포맷 개선을 위해 잘라 내기를 하려면 여기를 클릭하라.

구도의 단순성 개선을 위해 사진을 편집하려면 여기를 클릭하라.

[삼등분 원칙에 대한 질문에 답변을 하면 학습자의 반응을 기록하고, 다음 오디오와 애니메이션을 실행한다.]
뷰파인더를 통하여 구도를 설정하였기 때문에 이 사진의 구도는 삼등분 원칙을 구현하지 않았다. 하지만 잘라 내기를 적절히 한다면 공을 던지는 청년을 사진의 주제로 만들 수 있고, 남은 프레임을 처리하여 삼등분 원칙을 구현할 수 있다. 여러분은 조금 후에 잘라 내기를 할 기회가 있을 것이다.

[포맷에 관한 질문에 답변을 하면 학습자의 반응을 기록하고, 다음 오디오와 애니메이션을 실행한다.]
이 사진은 공을 던지려 하는 투수의 동작을 강조하도록 포맷을 개선할 수 있다. 풍경 모드 포맷을 잘 구성하면 투수를 프레임의 왼쪽에 두어 사진 속으로 공을 던지는 것이 강조되도록 할 수 있다. 여기서도 다시 잘라 내기를 잘하면 이 사진의 포맷을 상당히 개선할 수 있다. 여러분은 조금 후에 잘라 내기를 할 기회가 있을 것이다.

(계속)

[단순성 질문에 대해 답변을 하면 학습자의 반응을 기록하고 다음 오디오 메시지를 구현한다.]

뷰파인더를 통하여 구도를 잡은 이 사진은 왼쪽의 내야수와 펜스 뒤에서 몸을 풀고 있는 다른 선수, 그리고 배경의 집 등 산만한 요소들이 많다. 현 상태로 이 사진은 매우 번잡스럽다. 하지만 주변의 집들은 적절히 잘라 내어 삭제할 수 있고, 펜스 뒤의 산만한 선수들은 편집을 통해 제거할 수 있다. 사진을 개선하기 위해서 적절하게 잘라 내기와 편집하기를 해 보자.

[잘라 내기 링크를 클릭하면 사진 잘라 내기가 가능하도록 하고, 다음 오디오 지시를 들려준다.]

삼등분 원칙 적용과 포맷의 개선, 그리고 배경의 산만한 집들의 제거를 위해 이 사진을 잘라 내기하라. 사진의 잘라 내기를 완료하면 완료 버튼을 클릭하라. [완료 버튼을 클릭하면 학습자의 잘라 낸 사진을 저장하고 잘라 내기가 구현된다.] 이제 여러분은 이 사진을 편집을 할 수 있다.

[편집 링크를 클릭하면 사진을 도장 툴을 활용하여 편집 가능하게 하고, 다음 오디오 지시를 들려준다.]

도장 툴을 활용하여 이 사진의 산만한 요소들을 제거하라. 만약 도장 툴에 대한 자세한 안내가 필요하다면 도움 버튼을 클릭하라. [도움 버튼이 그림 아래에 나타난다. 코스의 최종 버전에는 프로그램에서 도장 툴을 사용하는 단계별 수업 시연이 여기에 추가될 것이다. 적절한 편집 도구를 학습자가 활용할 수 있게 되고 학습자는 편집을 위하여 사진을 확대할 수 있을 것이다.]

사진 편집이 끝나면 완료 버튼을 누르라.

[완료버튼을 클릭하면, 학습자의 편집된 사진은 저장되고, 잘라 내기와 편집하기가 된 사진이 학습자의 사진 옆에 나타난다.] 제시된 사진의 구도와 여러분의 최종 사진의 구도를 비교해 보라. 아마 같지는 않을 것이다. 여러분의 사진은 삼등분 원칙을 강조하였나? 공을 던지는 젊은이를 강조하고 그가 공을 프레임 안으로 던지는 포맷을 활용하였는가? 사진에서 산만한 요소를 제거하였나?

[그림 2-6]은 응급치료 코스의 DRABC와 안면 상처에 대한 구성요소 스킬의 시연과 적용의 예시다. [그림 6-12]는 가구 판매 코스의 반갑게 인사하기에 대한 구성요소 스킬의 시연과 적용의 예시다. [그림 7-6]~[그림 7-10]은 창업자 코스의 표상들의 전개에 있는 비즈니스 기회 확인에 대한 시연과 적용의 예시다. 이러한 각 시연과 적용의 학습 활동이 〈표 15-2〉에 처방된 수업 활동을 구현하는지를 검토해 보는 것은 여러분에게 좋은 연습 문제가 될 것이다.

4. 교수전략의 확인

문제 전개에서 특정 구성요소 스킬에 대한 교수활동은 〈표 15-1〉에 나타난 것처럼 문제 전개 내의 여러 다양한 표상에 들어 있다. 교수설계의 이 시점에서 각 구성요소 스킬에 대한 수업이 완료되었는지를 면밀히 검토하는 것이 바람직하다. 모든 구성요소 스킬을 적절히 가르쳐야 한다. 〈표 15-3〉은 삼등분 원칙, 포맷, 단순성, 선 그리고 프레임의 구성요소 스킬을 보여 주는, 전체 문제에 대한 코스 평가 체크리스트의 한 부분이다(전체 체크리스트는 〈표 10-14〉 참조). 각 칸 내의 숫자는 표의 2행에서 확인할 수 있는 (말하기, 보여 주기, G, M, >, S, 판별형 수행하기, 실행형 수행하기, C, F, >, P 등의) 교수활동을 포함하는 이 장의 그림 번호다.

〈표 15-1〉과 [그림 15-3]에서 보는 것과 같이 삼등분 원칙 구성요소 스킬에 대한 수업 활동은 전개 내의 6개의 표상에 걸쳐 나뉘어 있다. 그 스킬은 사진 D([그림 15-1])를 위해 정의하고 예시를 들었다. 학습자에게 남아 있는 각 사진이 ([그림 15-2]에서 [그림 15-6]까지) 삼등분 원칙을 구현하였는지를 확인하도록 할 것이다. G열의 O는 학습자가 사진에서 이 원리가 적용되었는지를 알 수 있도록 도움을 주는 안내를 제공한다는 것을 나타낸다. M열의 O는 제9장에서 확인한 멀티미디어의 활용이 적절하였고 어떠한 멀티미디어 오류도 없다는 것을 나타낸다. > 열은 단지 삼등분 원칙에 대한 시연이 있다는 것을 나타내기 때문에 빈칸으로 남아 있다. 하지만 각 판별형 수행하기 학습 활동에 대한 피드백은 다른 시연으로 제공하였다. 게다가 이 코스의 다른 다양한 범주(대상, 집단, 풍경)에 대해 수업을 설계할 때, 각 범주 안에 있는 하나의 사진에 대해 적어도 하나의 시연이 있을 것이다. 코칭 열은 명쾌한 코칭이 제공되지 않기 때문에 빈칸으로 두었다. 사진이 더 복잡해질수록(특히 집단이나 풍경을 대상으로 한 사진에 대하여) 코칭을 제공하는 것이 유용할 것이다.

〈표 15-3〉 인물 사진 구도에서의 구성요소 스킬 체크리스트

구성요소 스킬 1: 삼등분 원칙													
	말하기	보여 주기	G	M	>	S	판별형 수행하기	실행형 수행하기	C	F	>	P	
조건	1	1	O	O			2 3 4 5 6			O	O		
뷰파인더 단계	1	1	O	O									
잘라 내기 단계	3	2	O	?			4 6	3 4 6		O	O		
구성요소 스킬 2: 포맷													
조건	1	1	O	O			3 4 6			O	O		
구성요소 스킬 3: 단순성													
조건	2	2	O	O			4 5			O			
편집 단계		5		?				6		O			
구성요소 스킬 4: 선													
조건	3	3	O	O									
구성요소 스킬 5: 프레임													
조건	4	4	O	O									

뷰파인더를 사용하는 단계는 사진 D([그림 15-1])에 대하여 기술하였고 시연하였다. 하지만 잘라 내기가 필요 없이 잘 구성된 사진을 보여 주는 추가적 시연이나, 뷰파인더나 뷰파인더의

시뮬레이션을 활용하여 실제로 구도한 사진을 찍는 스킬을 연습하는 기회를 학습자에게 제공하지 않았다. 특히 풍경 사진에 대해서는 뷰파인더의 활용을 시연하고 적용해야 한다. 잘라 내기 단계의 적용과 관련해서는 여러 번의 기회가 있었다.

코스 평가 체크리스트의 사용은 교수설계의 적절성을 점검하고, 문제 전개와 전개 내의 표상들에 의해 요구되는 구성요소 스킬의 프로토타입 시연과 적용을 보완하기 위한 좋은 방법이다.

5. 전통적인 교수설계와 구성요소 스킬 교수의 비교

Pebble 모형에서 구성요소 스킬에 대한 설계 전략은 전통적인 ISD 접근의 수행 목표 진술, 평가 도구 개발, 교수전략 개발, 수업 자료 개발 등의 여러 단계와 대응된다. 이 장에서의 접근은 이러한 전통적인 교수체계설계의 설계 활동과 어떻게 비교할 수 있는가?

구성요소 스킬 교수 프로토타입의 설계는 수행 목표 진술과 어떻게 다른가? 전통적인 교수설계에서는 수행 목표의 형식을 자유롭게 선택하게 한다. Pebble 모형에서는 조건이나 단계를 가르치기 위한 교수활동을 처방하고 수행 목표를 진술하는 것이 아니라, 어떤 교수활동이 적절한지를 확인한다. 〈표 13-2〉는 전체 문제에서 적용에 대해 처방된 교수활동을 보여 준다. 〈표 13-2〉는 수행 목표와 유사하다. 이러한 적용 교수활동은 수행 목표 진술보다는 프로토타입 적용을 위하여 활용한다.

구성요소 스킬 설계는 평가 도구 개발과 어떻게 다른가? 구성요소 스킬 수업은 전개 내의 문제의 각 조건과 단계를 위한 적용 프로토타입의 설계를 포함하고 있다. 구성요소 스킬 수업에서 특정 프로토타입 슬라이드는 종종 ([그림 15-2]~[그림 15-6]에서 본 것과 같이) 시연과 적용 모두를 포함한다. 이 프로토타입 적용들은 평가 도구 개발과 유사하다. 앞서 진술한 것처럼 적용을 위한 적절한 교수활동은 (수행 목표와 유사하게) 처방되었고, 이 처방은 (평가 도구와 유사하게) 프로토타입 적용 설계에 사용되었다. 앞서 언급한 것과 같이, 이 도구들은 추상적인 것이 아니라 실제 문제 표상의 맥락에서 설계되었다.

구성요소 스킬 교수를 교수전략 설계와 비교하면 어떤가? 구성요소 스킬 교수는 전개 내의 각 표상들의 조건과 단계 각각에 대하여 무엇을 시연하고 적용할 것인가에 관하여 의사결정을 해야 한다. 〈표 15-2〉는 교수전략과 유사하다. 그리고 이 전략은 프로토타입 시연 및 적용 수업 활동으로 구현된다. 이것이 문제 중심 교수전략의 핵심이다.

구성요소 스킬 교수를 교수 자료 개발과 비교하면 어떠한가? 문제 전개는 내용 우선 접근이다. 교수 목적과 학습자 집단을 결정한 후 바로 이어지는 활동은 문제 표상의 표본을 수집하는 것이다. 이 표상 표본의 수집은 교수 자료 개발과 유사하다. 하지만 이는 설계 과정의 후반부가 설계의 시작 부분에서 이루어진다. 구성요소 스킬을 설계하기 위한 노력은 실제적인 내용 자료의 맥락에서 또한 발생한다.

원리와 처방

시연: 학습은 학습자가 학습할 지식과 스킬의 시연을 관찰할 때 촉진된다.
적용: 학습은 학습자가 새로이 습득한 지식과 스킬을 적용할 때 촉진된다.

구성요소 스킬의 시연과 적용 설계는 다음과 같은 단계로 실행하라.
- 전개 과정에서 필요한 각 조건과 단계에 대해서 시연과 적용의 분배를 결정하라.
- 이 전략 분배에 근거하여, 문제 전개 내의 표상들에 대한 조건과 단계에 대한 시연 및 적용 활동이 결정된다.
- 여러분이 설계한 교수전략의 적절성을 검토하기 위해 코스 평가 체크리스트를 사용하라.

적용

제14장에서 규명한 문제 전개의 표상을 활용하여 각 조건과 단계를 언제 시연하고 적용할지를 결정할 때 이 장에서 제시한 처방을 활용하라. 그 결과를 교수활동표에 명시된 대로 전개 내의 표상들에 대한 조건과 단계를 위한 시연과 적용을 설계하라.

관련 자료

van Merriënboer, J .J. G., & Kirschner, P. A. (2007). *Ten steps to complex learning*. Hillsdale, NJ: Lawrence Erlbaum Associates. (이 책은 복잡한 문제해결이나 복잡한 과제를 수행할 때 포함된 구성요소 스킬의 시연과 적용의 설계에 대한 대안적인 접근을 제공한다.)

다음 장에서는

Pebble 모형의 네 번째 물결은 전개 내의 문제를 해결하기 위하여 필요한 구성요소 스킬에 대한 인지적 정착을 제공할 수 있도록 하는 구조적 프레임워크를 확인함으로써 문제해결 수업을 향상시키는 것이다. 문제해결 수업은 또한 동료 협력[peer-collaboration]과 동료 비평[peer-critique]의 기회를 제공함으로써 개선할 수 있다. 제16장에서는 문제 전개와 구성요소 스킬 수업에 대한 이러한 개선을 추가하기 위한 지침을 제공한다.

●● 제**16**장 ●●

구조적 프레임워크와 동료 상호작용을 통한 증대 전략 설계하기

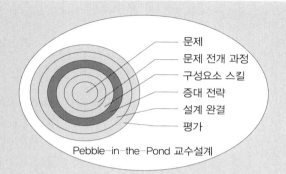

문제
문제 전개 과정
구성요소 스킬
증대 전략
설계 완결
평가

Pebble-in-the-Pond 교수설계

미/리/보/기

Pebble-in-the-Pond 모형의 네 번째 물결은 구조적 프레임워크와 동료 상호작용을 포함한 교수전략을 이용하여 학습 촉진을 강화하도록 설계하는 것이다.

이 장의 첫 부분은 구조적 프레임워크를 설계하고, 설계된 구조적 프레임워크를 이용하여 가르칠 문제해결 스킬에 대해 안내, 코칭, 통합을 하는 데 필요한 활동에 대해서 다룬다. 이 장은 다음 질문에 대한 답을 제시한다. 좋은 구조적 프레임워크의 특징은 무엇인가? 안내와 코칭을 제공하기 위해 이 구조적 프레임워크를 어떻게 활용할 것인가? 이 구조적 프레임워크는 학습자가 문제해결 스킬을 자신의 일상생활에 전이하는 것을 어떻게 돕는가?

이 장의 두 번째 부분에서는 효과적인 동료 상호작용의 설계를 위해 필요한 활동에 대해서 안내한다. 이것은 다음과 같은 질문에 대해 답을 제시한다. 효과적인 동료 상호작용의 특징은 무엇인가? (전개 내에서) 활성화, 시연, 적용, 통합과 상호작용을 어떻게 통합할 것인가?

키/워/드

● **구조적 프레임워크**Structural Framework: 학습자가 기존의 멘탈 모형을 수정하거나 새로운 내용에 대한 새 멘탈 모형을 구축하는 데 활용할 수 있는 이전에 학습된 정보의 조직

● **동료 상호작용**Peer-Interaction: 공유, 토의, 협력 또는 비평을 통해 학습자가 서로 가르칠 수 있는 교수활동

● **동료 공유**Peer-Sharing: 학습자가 당면한 교과 내용과 관련된 선행 경험을 공유하는 교수활동

● **동료 토의**Peer-Discussion: 학습자가 예시 문제에서 제안된 해결 방법에 대해 숙고하는 학습자 상호작용 형태

● **동료 협력**Peer-Collaboration: 학습자가 문제해결을 위하여 소집단에서 함께하는 학습자 상호작용 형태

● **동료 비평**Peer-Critique: 학습자가 동료 학습자의 문제해결 활동을 평가하고, 그것의 개선을 위한 건설적 제안을 하는 교수활동

1. 도 입

이 장은 앞서 기술한 교수전략들을 향상할 수 있는 두 가지 유형의 교수활동, 즉 구조적 프레임워크와 동료 상호작용의 추가에 대해 다룬다. 이 장의 첫 부분에서는 효과적인 구조적 프레임워크를 확인할 수 있는 지침을 제공한다. 그리고 나서 이러한 구조의 시연을 설계하는 방법을 안내하고, 안내·코칭·성찰 교수활동을 제공하는 방법에 대해서 안내한다. 이 장의 두 번째 부분에서는 효과적인 동료 상호작용 활동의 규명에 대한 안내를 할 것이다. 다음으로 동료 공유, 동료 토의, 동료 협력, 동료 비평 학습 활동 설계를 다룰 것이다.

2. 구조적 프레임워크

이 장은 구조적 프레임워크의 설계와 안내·코칭·성찰을 위한 프레임워크의 활용에 대해 안내한다. 구조적 프레임워크는 학습자가 기존의 멘탈 모형을 수정하거나 새로운 내용에 대한 새 정신 모형을 구축하는 데 활용할 수 있는 이전에 학습된 정보의 조직이다. 이 장에서는 먼저 좋은 구조적 프레임워크의 특징을 알아본 후, 구조적 프레임워크의 규명, 이러한 구조에 대하여 학습자가 이미 알고 있는 것의 회상을 돕는 구조적 프레임워크의 시연 설계, 구조적 프레임워크 기반의 문제해결 안내, 코칭, 성찰에 대한 설계 등에 대해 논의한다.

제8장에서는 기억술, 비유나 은유, 체크리스트 등, 몇 가지 유형의 구조적 프레임워크를 다루었다. 이 장에서는 구조적 프레임워크의 예로 은유의 사용을 시연한다. 다른 형태의 구조적 프레임워크를 추가하는 방법도 유사할 것이다. 은유는 학습자로 하여금 유사한 실체 및 활동, 실체와 활동에서 유사한 관계의 과정, 혹은 학습하는 과정에서 그것들의 관계를 연결하도록 돕는 구조적 프레임워크의 유형이다. 그러한 학습할 내용을 표적 내용이라고 부른다.

1) 효과적인 구조적 프레임워크란

효과적인 프레임워크는 학습자에게 이미 익숙한 내용을 기반으로 한다. 그것은 표적 내용의 요소들과 유사한 몇 가지 요소를 포함해야 한다. 또한 그 내용 내의 요소 간의 관계가 표적 내용 내의 요소 간의 관계와 유사해야 한다. 구조적 프레임워크는 표적 내용보다 더 복잡해서는 안 된다. 학습자가 프레임워크의 요소와 요소 간의 관계를 표적 내용의 그것들(요소와 관계)과 사상(寫像, mapping)할 수 있도록 구조적 프레임워크에는 상당한 안내를 포함해야 한다.

2) 적절한 구조적 프레임워크 규명하기

적절한 구조적 프레임워크의 규명을 위한 첫 단계는 여러분이 가르치는 내용에 종종 사용되는 일반적인 은유 또는 비유가 있는지를 찾는 것이다. 일반적으로 사용되는 구조적 프레임워크가 있다면 그것을 활용하는 것이 현명할 것이다.

만약 일반적으로 사용되는 구조적 프레임워크가 없다면 새로 창안해야 한다. 어떤 교수자는 학습자로 하여금 학습자 자신의 구조적 프레임워크를 만들어 보도록 장려한다. 실제로 안내가 없는 경우에는 많은 학습자가 새로운 내용 자료를 이해하기 위하여 자신들이 활용할 수 있는 기존의 멘탈 모형을 찾기 위해 노력할 것이다. 학습자로 하여금 자신의 구조적 프레임워크를 사용하도록 하면 자신이 선정한 구조적 프레임워크 내의 요소들과 그 요소들의 관계가 표적 내용 내의 요소들과 그 관계들 간의 공통 관계가 없을 때에도 공통 관계가 있다고 생각하여 오개념을 형성할 위험성이 있다. 학습자는 종종 프레임워크를 형성하는 공통 요소들과 그 관계들을 찾는 데 어려움을 겪는다. 그렇게 되면 비효율적인 학습을 초래할 것이며, 심지어 학습을 방해할 수 있다. 어떤 수업에서 면밀히 구성된 구조적 프레임워크를 시연하고, 학습자가 새로운 내용을 획득하는 것을 안내하고 코칭하기 위하여 그 구조적 프레임워크를 사용하면, 그 수업은 학습자로 하여금 유추와 표적 내용 간의 공통된 요소들과 관계들을 이해할 수 있게 할 것이다. e^3 교수전략에 신중하게 구성된 구조적 프레임워크를 더한다면 학습을 향상할 것이다.

표적 개념의 특징과 공통점이 있는 프레임워크의 특징을 확인하라. 새로운 구조적 프레임워크를 만들기 위해 전체 문제의 조건들과 단계들 그리고 조건들 간의 관계를 면밀히 검토하라. 이러한 관계에서 몇 개의 병렬적인 공통의 목적 또는 활동을 생각할 수 있는가? 예컨대, 필자는 효과적인 사진 구도의 조건들 간에 공통점이 있는가를 확인하기 위하여 각 조건을 면밀히 검토하였다. 필자가 보기에 좋은 구도의 목적은 사진을 보는 사람의 주의를 사진의 주제와 행동으로 이끄는 것으로 여겨졌다.

은유의 특징과 표적 개념의 특징 간의 유사성을 사상하라. 은유와 표적 개념이 더 이상 유사하지 않은 영역에서는 은유의 한계점을 찾아내라. 그리고 결론을 이끌어 내라. 이러한 단계를 완수하는 과정에서, 사진을 보는 사람들의 시선에 미치는 효과를 강조하기 위하여 좋은 구도의 조건을 재진술하였다.

- 단순성이란 사진을 보는 사람의 시선을 주제에 집중하지 못하게 하는 복잡한 배경이나 다른 산만한 요소가 없는 사진이다.
- 포맷은 (풍경 모드 또는 인물 모드) 사진을 보는 사람의 시선을 사진 안의 특정 행동으로 가게 한다.
- 삼등분 원칙은 사진을 보는 사람의 시선이 자연스럽게 먼저 보게 되는 곳에 사진의 관심

영역을 배치하는 것이다.

- 선은 사진을 보는 사람의 시선을 이끄는 대각선 또는 S-곡선이다.
- 프레임은 (사진의 다른 요소들이) 주제를 둘러쌈으로써 사진을 보는 사람들로 하여금 시선이 주제로 향하게 하는 사진 속의 보조 배열 요소다.

필자는 이러한 각 조건들을 사진을 보는 사람의 시선에 미치는 효과의 측면에서 재진술함으로써 이 모든 조건의 공통적인 관계를 알 수 있었다. 즉, 그것은 사진을 보는 사람의 시선을 사진에서 표현하고자 하는 주제나 행동으로 이끄는 장치였다. 이를 토대로 학습자가 이러한 조건들의 공통 목적을 알 수 있도록 돕는 비유나 은유에 대해 심사숙고하였다. 그 결과, 사진 구도의 각 조건은 사진을 보는 사람들의 시선을 사진 속의 주제나 행동으로 깔때기^{funnels}처럼 이끄는 듯하였다. 과연 깔때기가 사진 구도 조건의 은유가 될 수 있을 것인가? 물과 같은 액체는 특정 용기나 위치에 부을 때 그 흐름을 통제하기 위하여 깔때기를 사용한다. 사진의 구도는 사진 속의 특정 주제나 행동으로 사진을 보는 사람의 시선을 통제한다.[12] 깔때기의 은유는 효과가 있을 것이다!

3) 구조적 프레임워크의 시연 설계하기

구조적 프레임워크는 활성화의 한 형태로써 학습자의 경험 속에서 학습자가 이전에 획득한 어떤 현상에 대한 멘탈 모형을 활성화한다. 구조적 프레임워크의 첫 번째 교수활동은 표적 내용을 은유에 의해서 묘사된 이전에 획득한 멘탈 모형과 비교하는 것이다. 이 비교에서는 문제 해결 보기와 해결책에 포함된 조건에 대한 일반적인 안내가 나타나고, 학습자가 사전에 획득하였다고 추정되는 멘탈 모형이나 그 은유를 묘사한 것과 비교한다. [그림 16-1]은 효과적인 사진 구도의 확인 또는 창안에 대한 하나의 구조적 프레임워크다. 구도가 잘 잡힌 사진이 제시되어 있다. 처음에는 슬라이드 아래의 눈/깔때기 다이어그램을 제시하지 않는다. 먼저 오디오를 통하여 수사적인 질문을 함으로써 학습자의 주의를 그림으로 유도한다. 이어서 오디오 음성은 액체를 (은유의 요소인) 깔때기를 활용하여 특정한 위치로 통제하는 것과 사진의 특정 요소로 시선을 통제하는 것을 직접 비교한다.

---

12) 역자 주: '통제한다'라고 번역된 단어의 원래 영어는 funnel이다. 영어 funnel은 깔때기라는 명사로도 쓰이고, '흐름을 통제한다, 흐름을 조정한다'의 의미인 동사로도 쓰인다. 그래서 명사로 쓰일 때는 '깔때기'로, 동사로 쓰일 때는 '통제한다'로 번역하였다.

[그림 16-1]　사진 구도에 대한 구조적 프레임워크

사진의 구도

좋은 사진 구도는 마치 깔때기처럼 사진을 보는
사람의 시선을 통제한다.

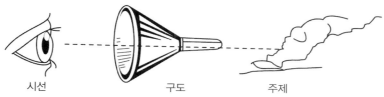

시선　　　　　　구도　　　　　　주제

오디오: 사진을 보라. 가장 먼저 보이는 것이 무엇인가?

이 사진 속에서 어떤 일이 벌어지고 있는가? 이 사진은 어떤 이야기를 말하고 있는가? 좋은 구도란
사진을 보는 사람의 시선을 위한 깔때기다. 좋은 구도는 사진을 보는 사람의 구도를 사진으로 통제
한다. 여러분은 시선이 거의 자동으로 간헐천과 뿜어져 나오는 물의 방향으로 향한다는 것을 알아
차렸는가? 좋은 구도는 사진을 보는 사람의 시선을 그림의 주요 주제로 통제한다. 여러분은 물이 전
경 속의 큰 소나무보다 더 높게 뿜고 있다는 것을 알아차렸는가? 좋은 구도는 사진을 보는 사람의
주의를 사진 속의 행동으로 이끈다.

이 사진을 볼 때 나의 시선은 강 근처의 간헐천에서 쏟아 내는 분출로 향한다. 나의 눈은 사진 속의
강과 간헐천을 따라간다. 나무는 간헐천의 크기와 물 분출의 양을 부각시킨다. 이 사진은 효과적인
사진 구도의 보기다.

[화면에 눈/깔때기 다이그램이 나타난다.]
사진의 구도는 사진을 보는 사람의 시선을 위한 깔때기와 유사한 것으로 생각하라.

4) 프레임워크 기반의 안내 설계하기

안내는 학습자들로 하여금 정보에서 확인한 특징들을 예시에서 그 특징들의 표상에 연결하
도록 돕는다. [그림 16-2]는 '선'을 활용한 구도의 조건에 대한 하나의 프레젠테이션이다. 슬라
이드는 선의 정의를 글로 제시하고, 그 안의 사진은 이러한 조건이 주요 특징이 된 구도에 대한
예시다. 이러한 조건은 구도의 기본 특징이라는 점을 설명한다. 오디오/애니메이션은 사진을

보는 사람들의 시선에 대한 깔때기의 은유를 기반으로 하여 이 시연을 위한 안내를 제공한다.

 [그림 16-2] 구조적 프레임워크 기반의 제시 안내

사진의 구도

선은 사진 안에서 사진을 보는 사람들을 이끄는 구도의 한 형태다. 시연을 보려면 이곳을 클릭하라.

오디오/애니메이션

사진 속에서 당신이 처음 알아차린 것은 무엇인가? 이 사진의 구도는 여러분의 시선을 어떻게 통제하는가? 홍수로 불어난 물 때문에 고속도로 다리 아래에 박혀 움직이지 않는 작은 다리에 시선을 두지 않기가 어려울 것이다. 작은 다리가 형성한 대각선이 여러분의 시선을 사진 속으로 통제하는 것을 주목하라. [작은 다리의 난간을 따라 검은 대각선을 그린다.] 고속도로 다리가 형성한 대조되는 대각선이 또한 여러분의 시선을 사진의 행동 및 이야기로(홍수로 고속도로 아래로 박혀 버린 작은 다리) 통제한다. [또 하나의 검은 선을 고속도로 다리를 따라 그린다.] 이것은 사진 구도에서 선을 활용한 좋은 예시다.

5) 프레임워크 기반의 코칭 설계하기

코칭은 수행하기 수업 활동에서 학습자에게 도움을 주는 수업의 상호작용이다. 학습자에게 구조적 프레임워크를 제공하면, 이 프레임워크는 코칭의 근거로서의 역할을 할 수 있다. [그림 16-3]은 사진 구도 모듈에 대한 하나의 적용이다. 학습자에게 주어진 문제는 이 사진의 구도를 개선하기 위하여 편집하는 것이다. 학습자에게는 이 사진을 수정하는 데 사용할 수 있는 잘라 내기 도구와 편집 도구를 제공한다. 학습자에게 깔때기의 구조적 프레임워크 기반의 도움을 제공한다. 학습자가 사진 잘라 내기를 마치고 제출 버튼을 누르면 [그림 16-4]에 나타난 것처럼 피드백 메시지를 보여 준다.

[그림 16-3] 구조적 프레임워크 기반의 코칭 적용

사진의 구도

이 사진의 구도를 개선하기 위하여 사진을 편집하라. 도움말을 보려면 여기를 클릭하라.

주제는 무엇인가?

구도에 대한 어떤 조건을 적용해야 보는 사람들의 시선을 주제로 향하게 할 것인가?

도움말   제출

[도움말 버튼을 클릭하면, 다음과 같은 오디오가 재생된다.]

이 사진은 번잡스럽다. 사진 속의 넓은 전경, 조밀한 관목, 붐비는 배경이 사진을 보는 사람의 주의를 산만하게 한다. 이 사진에는 너무 많은 구성요소가 있어 새가 거의 가려서 보이지 않는다. 이 사진에서의 과제는 사진을 보는 사람들의 시선을 이 사진의 주요 관심 요소로 통제하는 것이다. 이 사진의 주요 관심 요소는 무엇인가? 이 사진의 경우 어떤 방법이 사진을 보는 사람의 시선을 가장 잘 통제할 수 있는가? 사진의 구도 개선을 위해서 편집 도구나 잘라 내기 도구를 이용하여 사진을 수정하라.

작업을 모두 마치면 제출 버튼을 클릭하라.

 [그림 16-4] 사진 구도 적용에 대한 피드백

사진의 구도

제출

(계속)

[제출 버튼을 클릭하면 [그림 16-4]의 수정된 사진을 학습자의 수정된 사진 옆에 보여 주고, 다음 오디오를 재생한다.]
여기에 수정된 사진이 있다. 필자는 새가 이 사진의 주제라고 느꼈고, 사진을 보는 사람들의 시선이 새로 통제되기를 원한다. 다행히, 이 사진은 고해상도 사진이어서 사진의 많은 부분을 잘라 내도 여전히 충분한 해상도로 남게 되었다. 나는 사진을 보는 사람들의 시선이 사진을 삼등분하는 가상의 선이 교차하는 지점으로 통제되는 경향이 있다는 것을 알고 있다. 나는 새를 사진의 1/3 즈음에 배치하여 새가 프레임 안으로 걸어갈 여백을 남겨 두었다. 사진을 보는 사람의 시선이 새와 새의 동작에 맞추어진다. 나는 사진을 잘라 내기한 후에 사진의 왼쪽 위 구석에 있는 바위들이 사진을 보는 사람들의 주의를 끄는 불필요한 요소라는 것을 알아챘다. 그래서 도장 툴을 이용하여 바위를 관목으로 바꾸었다. 이렇게 함으로써 배경을 단순화하여 사진을 보는 사람들이 산만한 요소에 시선을 뺏기지 않고 새에 시선을 두게 한다. 여러분이 수정한 사진과 나의 사진을 비교하면 어떤가?

6) 프레임워크 기반의 성찰 설계하기

성찰은 학습자로 하여금 그들이 획득한 스킬에 대해서 숙고해 보고 그 스킬을 이러한 스킬을 넘어서 다른 적용물에 확장하도록 하는 수업 활동이다. 성찰은 학습자가 갓 학습한 문제해결 방법의 멘탈 모형을 조정하고 이 정신 모형을 새로운 영역으로 확장하려고 시도하게끔 도와준다. 성찰은 학습자가 자신이 배운 것에서 더 나아가게끔 고무하려는 시도다. [그림 16-5]는 학습자가 사진 구도에 대해 학습한 것에 대한 성찰을 유도하는 슬라이드다. 이 슬라이드는 이 모듈에서 (구도의 조건 학습을 위하여) 사용한 사진들과는 다른 세 장의 사진을 제시한다.

[그림 16-5] 구조적 프레임워크 기반의 성찰

사진의 구도

이 사진들의 구도에 기여하는 요소는 무엇인가?

도움말을 보려면 여기를 클릭하라.

여러분의 생각을 적어서 교수자에게 제출하라.

(계속)

> [도움말을 보려면 여기를 클릭하라는 부분을 학습자가 누르면 다음과 같은 오디오를 제시한다.]
> 여러분은 프레임, 삼등분 원칙, 선, 단순성 등의 좋은 사진 구도의 중요한 특징 중 몇 가지를 학습하
> 였다. 이것이 좋은 사진 구도의 전부는 아니다. 효과적인 구도에 이바지하는 다른 특징들도 있다.
> 여러분이 학습한 특징들은 사진의 특정 위치로 시야를 이끄는 깔때기에 비유되었다. 제3장의 소녀
> 사진을 보라. 여러분은 이 사진들이 좋은 구도를 보여 준다고 생각하는가? 여러분이 학습한 좋은
> 구도의 특징 중 일부는 이 사진에 적용되었지만 아직도 효과적인 구도를 위해서는 몇 가지 특징이
> 추가되어야 한다. 사진을 보는 사람의 시선을 통제하기 위해서는 어떤 새로운 특징들이 이 사진들
> 에 적용되어야 하는가? 여러분의 아이디어를 작성하여 교수자에게 제출하라.

7) 구조적 프레임워크와 전통적인 교수설계

[그림 11-1]에서 본 전통적 교수설계는 안내, 코칭 및 성찰에 구조적 프레임워크를 활용하라
고 명시적으로 권고하지는 않는다. 그러나 교수설계에서 선행 조직자의 사용은 수십 년 동안
권장되어 왔다. 활성화, 시연, 적용, 통합을 위한 구조적 프레임워크의 활용은 일종의 선행 조
직자이지만, 교수의 으뜸원리를 위해 다소 변형되었다.

3. 동료 상호작용

동료 상호작용은 (제8장에서 설명한 바와 같이) 학습자가 공유, 토의, 협력 또는 비평을 통해 서
로 가르치는 수업 활동이다. 지금부터는 시연, 적용, 통합에서의 동료 상호작용의 설계에 대해
안내한다. 학습자들이 문제해결 기능의 습득을 서로 돕도록 두 명씩 짝을 짓거나 소집단을 구
성하도록 하여 특정 과제를 수행할 때 동료 상호작용은 촉진된다.

1) 효과적인 동료 상호작용의 핵심은 무엇인가

효과적인 동료 상호작용에는 여러 가지의 특징이 있다. 특정 지침이 없는 학습자 간 상호작
용은 종종 피상적이고, 학습에 크게 도움이 되지 않는다. 가장 효과적인 상호작용은 신중하게
구조화되고 집단의 각 구성원들에게 특정한 과제가 부여된 경우다. 효과적인 상호작용이란 협
업이 필요한 과제가 부여되고, 학습자 간의 협업을 유도하고, 집단의 모든 구성원이 집단의 성
과에 기여하는 것이다.

소규모 집단은 대규모 집단보다 더 효과적이다. 다섯 명 이상의 집단은 한 명 이상의 집단 구
성원을 상호작용에서 제외하는 경우가 잦다. 어떤 상황에서는 두 명이 가장 효과적인 상호작

용 형태이기도 하다. 이질 집단은 동질 집단보다 효과적이다. 즉, 상이한 배경을 가진 학생들로 집단을 구성하면 의견이 다양화되어 유사한 견해를 공유하는 집단보다 더 폭넓은 생각을 이끌어 낸다. 또한 교수자가 할당한 집단은 자율적으로 선택한 집단보다 더 효과적이다.

동료 상호작용은 개방적인 토론보다 특정 산출물을 만들 때 더 효과적이다. 비구조화된 상호작용보다는 집단의 상호작용에 대해 안내를 할 때 학습에 더 효과적이다.

2) 협력 집단 구성

앞에서 언급한 안내에 따라 학습자를 소집단으로 할당하라. 3명으로 이루어진 집단이 이상적인 집단의 규모라고 할 수 있다. 각 집단이 함께 협력할 수 있는 위키^{wiki}를 구성하라. 최근의 경향을 보면 누구나 사용할 수 있는 무료 위키도 있고 교수자가 무료로 사용하거나, 저렴한 비용으로 사용할 수 있는 좀 더 고급 기능의 위키도 있다. 위키는 구성원들이 문서를 탑재하고, 문서에 의견을 달고, 다른 사람의 문서를 수정할 수 있고 또 다른 사람에게 문서를 볼 수 있도록 하는 인터넷 기반의 공간이다. 위키를 만들었을 때의 장점은 동료 상호작용이 투명하게 공개된다는 것이다. 소규모 집단이 비공개로 함께 만날 때는 그들의 상호작용을 모니터링하기란 불가능하거나 어렵지만, 상호작용이 인터넷 사이트를 통할 경우에는 토의가 공개된다. 위키의 두 번째 장점은 다른 구성원들이 편집·검토·수정을 할 수 있게 다양한 종류의 문서를 위키에 올릴 수 있다는 점이다. 이러한 기능 때문에 토의 게시판보다 위키를 더 선호한다. 위키에서는 또한 여러 수준의 상호작용이 발생한다. 대표적인 두 가지는 ① 모든 사람이 볼 수 있고 편집할 수 있는 공개성과 ② 모든 사람이 볼 수는 있지만 오직 구성원만이 서로의 문서를 수정할 수 있게 보호된다는 것이다. 고급 기능을 탑재한 위키에는 접근 권한을 여러 수준으로 설정할 수도 있다.

사진 구도 코스에서는 세 명이 한 집단으로 활동할 수 있도록 할당했다. 각 집단은 구성원들과 상호작용을 할 수 있는 집단별 위키가 있다. 각 집단의 상호작용은 그 수업을 듣는 다른 학생들이 볼 수 있게끔 되어 있다. 그 상호작용 집단에 할당된 과제에 대해서는 다음에서 설명할 것이다.

3) 활성화를 위한 동료 공유 설계하기

동료 공유는 학습자가 숙고 중인 교과 내용에 대해 각자의 선행 경험을 서로 공유하는 수업 활동이다. 동료 상호작용의 첫 번째 유형으로, 이 과목에 대한 도입 활동으로 다음과 같은 활동을 구현하였다. 학생들을 세 명의 동료 상호작용 집단으로 나누고, 각 집단이 위키를 만들도록 하였다. 그 후 학습자에게 〈표 16-1〉과 같은 지침을 주었다.

〈표 16-1〉 사진 구도에 대한 동료 공유 안내

> 이 코스에서 우리는 사진의 구도에 대해서 탐색할 것이다. 사진 구도는 사진의 주제와 다른 요소들을 여러분의 사진에 배치하는 것이다. 이 코스에 대한 도입 활동으로 다음을 수행하라.
>
> 인물 사진, 단체 사진, 풍경(또는 사물) 사진 중 각각에 대하여 최선을 골라 그 세 장을 각 집단별 위키에 게시하라. 각 사진에 대하여 다음 질문에 대한 답을 간단히 작성하라. 이 사진의 어떤 특징이 사진의 구도에 기여하는가? 이 사진의 어떤 특징이 사진의 구도에 혼란을 주는가?
>
> 그룹 내의 다른 구성원이 제출한 사진을 검토하라. 각 사진에 대해서 다음 질문에 대한 간단한 답변을 작성하라. 이 사진의 어떤 특징이 사진의 구도에 기여하는가? 이 사진의 어떤 특징이 사진의 구도에 혼란을 주는가?

이 과제를 통해 좋은 집단 상호작용의 특징을 구현하려 하였다. 집단은 소규모이며, 지침은 구체적이고, 각 학습자에게 집단의 다른 구성원들의 작품을 검토하도록 요구하였다.

4) 시연을 위한 동료 토의의 설계

동료 토의는 예시 문제에서 제안된 해결책에 대하여 학습자가 숙고하는 학습자 상호작용의 한 형태다. 학생들이 제15장에서 제시한 시연과 적용을 공부하고, 이 장 첫 부분에 제시한 구조적 프레임워크로 더 공부한 후, 학생들에게 〈표 16-2〉와 같은 기준표를 제시하고 〈표 16-3〉에 설명되어 있는 바와 같이 동료 토의 활동을 하도록 요구하였다.

〈표 16-2〉 사진 구도에 대한 동료 토의 및 동료 비평을 위한 기준표

> 주어진 진술에 근거하여 각 사진에 대해서 토의하고, 여러분의 평정 결과에 대해서 그룹 내 합의를 도출하라.
>
> 단순성 1. 이 사진은 주제에 혼란을 주는 요소가 없다.
> 매우 동의　　　동의　　　의견 없음　　　동의하지 않음　　　매우 동의하지 않음　　　해당 없음
>
> 삼등분 원칙 2. 사진은 삼등분 원칙을 구현하였다.
> 매우 동의　　　동의　　　의견 없음　　　동의하지 않음　　　매우 동의하지 않음　　　해당 없음
>
> 포맷 3. 사진의 포맷이 활동을 프레임 안으로 향하게 한다.
> 매우 동의　　　동의　　　의견 없음　　　동의하지 않음　　　매우 동의하지 않음　　　해당 없음
>
> 프레임 4. 사진의 요소들이 주제 주변으로 프레임을 구성한다.
> 매우 동의　　　동의　　　의견 없음　　　동의하지 않음　　　매우 동의하지 않음　　　해당 없음
>
> 선 5. 대각선 또는 S-곡선이 보는 사람의 시선을 사진 속으로 이끈다.
> 매우 동의　　　동의　　　의견 없음　　　동의하지 않음　　　매우 동의하지 않음　　　해당 없음

〈표 16-3〉 사진 구도에 대한 동료 토의 활동

> 각 집단의 학생들에게 인물 사진, 단체 사진, 풍경(혹은 사물) 사진의 한 세트를 제공한다. 이 사진들은 좋은 사진 구도의 원리의 구현 정도가 다르다. 세 명의 학생으로 구성된 각 그룹은 면대면으로 만나거나 화상 회의 소프트웨어를 통해 만나서 사진을 검토하고 토의해야 한다. 학생들에게 다음의 지침을 제공한다.
>
> 그룹으로 각 사진에 대해 토의하라. 동료 비평 기준표(〈표 16-2〉 참조)를 토의의 지침으로 삼으라. 합의를 통해 루브릭에 제시된 각 구도 요소에 대한 평정을 하라. 각 사진의 각 구도 요소에 대한 여러분의 평정을 간략히 설명하라. 학급의 다른 구성원들도 검토할 수 있도록 각 사진에 대한 여러분의 평정 결과와 의견을 여러분의 위키에 게시하라.

5) 적용을 위한 동료 협력의 설계

동료 협력은 문제해결을 위해 학습자가 소집단으로 함께 일하는 수업 활동이다. 마무리 적용으로, 각 그룹의 학습자는 〈표 16-4〉에 기술한 것과 같은 협력 활동에 참여해야 한다.

〈표 16-4〉 사진 구도를 위한 동료 협력 활동

> 효과적인 사진의 구도를 활용한 사진을 여러 장 촬영하고 편집하라. 다음 범주에 해당하는 사진 2장씩을 여러분 그룹의 위키에 탑재하라. — 인물 사진, 단체 사진, 사물 사진, 풍경 사진.
>
> 이 사진들을 함께 비평하고 편집하라. 그룹 구성원들 모두가 사진이 최선의 구도로 이루어졌다고 동의해야 한다. 여러분이 편집한 사진을 위키에 탑재하여 비평과 평가를 받을 수 있도록 하라. 이 활동에 대한 점수는 여러분 그룹의 모든 사진에 대한 평균 점수다.

6) 통합을 위한 동료 비평의 설계

동료 비평은 학습자가 동료 학습자의 문제해결 활동을 평가하고 개선하기 위해 건설적인 제안을 하는 교수활동이다. 마무리 통합 활동으로, 각 그룹의 학습자에게 〈표 16-5〉와 같이 동료 비평 활동에 참여하도록 한다.

〈표 16-5〉 사진 구도를 위한 동료 비평 활동

> 여러분의 그룹은 다른 두 그룹의 사진을 비평하게 될 것이다. 비평할 때는 사진 구도 기준표(〈표 16-2〉 참조)를 이용해야 한다. 여러분의 각 평정에 대한 설명을 쓰라. 여러분이 비평한 각 그룹에서 1~3등, 그리고 가작을 한 장씩 선정하라. 비평과 수상작 선정에 대해서 여러분 그룹 내에서 합의가 이루어지도록 최대한 노력하라.

7) 동료 상호작용과 전통적인 교수설계

동료 상호작용은 [그림 11-1]을 통해서 본 전통적 교수설계 모형의 공식적인 한 부분은 아니다. 그러나 학습 공동체를 구성하고, 학습자로 하여금 그들 스스로 참여하게 하는 것은 매우 인기가 높다. 특히 원격 교육에서도 학습자 간 의사소통을 지원하는 통신 소프트웨어와 사회 연결망social networks이 발전한 이후로는 더욱 그렇다. 학습 공동체란 구성원들 개개인이 학습하는 것에 능동적으로 참여하고, 서로에게서 배우는 집단이다. Pebble 모형은 문제 기반 학습, 학습 공동체, 온라인 학습이라는 3개의 이질적인 교수설계 활동 각각의 가장 좋은 특징들을 이용하여 하나의 일관된 수업 모형으로 조합했다. Pebble 모형은 다른 많은 문제 기반 모형이나 학습 공동체보다 더 구조화되어 있다. Pebble 모형은 이 책에서 설명하였듯이, 그러한 접근들과 고도로 구조화되어 있고 중요한 지침과 코칭을 포함하고 있는 보다 전통적인 자기교수형 모형을 결합하였다.

> **원리와 처방**
>
> **구조**: 학습자가 새로운 지식을 조직하는 프레임워크 또는 구조를 회상하거나 습득하고, 그 구조가 시연 과정에서는 안내, 적용 과정에서는 코칭, 통합 과정에서는 성찰의 기반이 될 때 학습은 촉진된다. 구조적 프레임워크를 향상시키는 설계 활동은 다음과 같다.
>
> - 구조적 프레임워크를 설계한다.
> - 이 구조적 프레임워크를 기반으로 안내를 설계한다.
> - 이 구조적 프레임워크를 기반으로 코칭을 설계한다.
> - 이 구조적 프레임워크를 기반으로 성찰을 설계한다.
>
> **동료 협력 및 비평**: 학습자가 동료 협력, 동료 비평을 통하여 그들이 학습한 새로운 지식이나 스킬에 대해서 성찰하고, 토의하고, 그것을 방어하게 함으로써 그 지식과 스킬을 학습자의 일상 삶에 통합할 때 학습은 촉진된다. 동료 상호작용 향상 설계는 다음과 같은 활동을 포함한다.
>
> - 동료 상호작용 집단을 구성한다.
> - 활성화를 위한 동료 공유를 설계한다.
> - 시연을 위한 동료 토의를 설계한다.
> - 적용을 위한 동료 협력을 설계한다.
> - 통합을 위한 동료 비평을 설계한다.

적용

제13~15장에서 설계한 기능형 프로토타입을 이용하여 구조적 프레임워크를 규명하라. 그리고 전개 내에서의 표상들에 대해 제공된 안내와 코칭을 추가하거나 수정하기 위하여 프레임워크를 사용하고, 이 프레임워크를 기반으로 한 성찰 활동을 추가하라.

제13~15장에서 설계한 기능형 프로토타입을 사용하여 동료 상호작용을 설계하라. 그리고 여러분의 수업에 포함할 동료 공유, 동료 토의, 동료 협력, 동료 비평을 설계하라.

관련 자료

Marzano, R. J., Pickering, D. J., & Pollock, J. E. (2001). *Classroom instruction that works: Research-based strategies for increasing student achievement*. Alexandria, VA: Association for Supervision and Curriculum Development. (Marzano와 저자들은 교실 수업에서 해야 하는 활동work에 대하여 철저한 연구를 하였다. 그들은 연구 결과를 어떻게 구현하는지에 대한 처방과 함께 결과를 요약해 놓았다. 다음에 소개할 내용은 이 장의 내용과 특히 연관성이 있는 부분이다. 3장의 요약과 필기, 10장의 암시, 질문, 선행 조직자: 이 장들에서 구조적 프레임워크 사용의 좋은 보기가 제공된다. 7장의 협력학습: 이 장에서는 동료 협력과 동료 비평에 대한 안내가 제공된다.)

동료 상호작용에 대한 내용을 자세한 보려면 다음을 참고하라.

Clark, R. C., & Mayer, R. E. (2008). Chapter 12: Learning together virtually. *In e-learning and the science of instruction* (2nd ed.). San Francisco: Pfeiffer.

Merrill, M. D., & Gilbert, C. G. (2008). Effective peer-interaction in problem-centered instructional strategy. *Distance Education*, *29*(2), 199-207.

다음 장에서는

Pebble 모형의 다섯 째 물결은 여러분이 설계한 다양한 구성요소를 모두 통합하는 것이다. 제17장에서는 이러한 다양한 설계 요소들을 응집된 전체로 모을 수 있게 안내한다. 또한 이 장은 코스 내의 각 슬라이드 및 각 슬라이드 간의 내비게이션을 설계하고 마무리하게 안내하여 코스의 (보고 느끼는) 인터페이스를 설계하고 마무리한다. 그리고 코스 활용에 대한 학습자 지침과 휴대용 자료를 포함한 코스에 필요한 부수 자료들을 설계할 것이다.

●● 제**17**장 ●●

기능형 프로토타입 완결하기

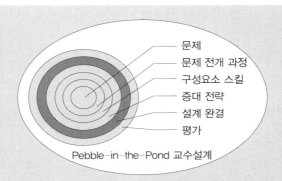

Pebble-in-the-Pond 교수설계

- 문제
- 문제 전개 과정
- 구성요소 스킬
- 증대 전략
- 설계 완결
- 평가

미/리/보/기

　Pebble-in-the-Pond 모형의 다섯 번째 물결은 교수설계를 마무리하는 것이다. 이 장에서는 앞서 설계한 코스의 구성요소들을 응집된 전체로 통합하고자 한다. 이 장에서는 다음 질문들에 대해 답하고 있다. 제목 페이지, 도입 등과 같은 누락된 요소는 어떻게 설계할 것인가? 구조적 프레임워크 및 동료 상호작용을 코스에 어떻게 통합할 것인가? 코스의 외형과 위치 지표 등을 포함하여 학습자 인터페이스를 어떻게 개선할 것인가? 명확한 내비게이션과 지시는 어떻게 설계할 것인가? 코스에 적절한 보충 자료는 어떻게 규명하고 설계할 것인가?

키/워/드

- 위치 지표^{Location Indicator}: 학습자가 전체 모듈 또는 코스 내에서 자신의 현 위치가 어디인지를 알 수 있도록 하는 정보
- 내비게이션^{Navigation}: 학습자로 하여금 슬라이드 내에서 학습 활동과 상호작용하고(교수활동 내 이동) 다음 또는 이전 슬라이드로 이동하도록 하는(교수활동 간의 이동) 일련의 통제

1. 도 입

　앞 장에서는 전체 문제를 위한 시연과 적용, 문제들의 문제 중심 전개, 구성요소 스킬을 가르치기 위한 교수활동의 설계, 구조적 프레임워크와 동료 상호작용을 통한 설계의 강화에 대해 살펴보았다. 이 장에서는 이러한 모든 부분을 응집된 하나로 통합하는 것에 대해서 안내한다. 첫 부분은 코스를 마무리하는 방법을 제안한다. 즉, 제목과 도입을 포함하여 응집된 조직을 이루며, 구조적 프레임워크와 동료 상호작용을 코스에 통합하는 것이다. 두 번째 부분은 코스의

외형 및 매력도 개선과 학습자가 코스 내에서 자신의 현 위치를 파악할 수 있는 기제에 대해 제안한다. 세 번째 부분은 코스 내에서 효과적이고 명확한 학습자 내비게이션을 제안한다. 이 장의 마지막에는 코스에 보충 자료를 추가하는 것에 대해 제안한다.

2. 코스 조직

1) 이전 설계 활동

이전 장에서는 교수의 으뜸원리를 기반으로 한 e³ 교수설계에서 다음의 단계를 제안했다. 제13장에서는 해결할 문제들의 부류 규명 및 문제의 표상들을 위한 시연과 적용 설계하기, 제14장에서는 문제 표상들의 전개 설계하기, 제15장에서는 전개 내의 표상들에 포함된 구성요소 스킬을 위한 교수전략 설계하기, 그리고 제16장에서는 구조적 프레임워크와 동료 상호작용을 위한 전략 강화 설계하기를 다루었다. 이 장은 이러한 코스 구성요소 모두를 응집된 전체로 통합하고, 코스에 필요한 도입, 내비게이션, 보충 자료를 추가한다.

예시 코스에서, [그림 13-1]은 효과적인 사진 구도의 문제 표상을 위한 시연의 예시이고, [그림 13-2]는 이 문제의 표상을 위한 적용의 예시다. [그림 14-1]은 표상들의 한 표본에 대한 예시이고, [그림 14-2]는 전개 내의 각 표상들에 필요한 구성요소 스킬의 규명에 대한 예시다. [그림 15-1]에서 [그림 15-6]까지는 전개 내의 표상들에 분산된 구성요소 스킬을 위한 교수전략의 예시다. 이러한 수업 활동 계열은 이 코스의 일부일 뿐이지만, 기능형 프로토타입의 완결의 예시로 이 표상 계열을 사용할 것이다. 이 장에서는 이 수업 활동 계열을 인물 사진에 국한한 수업 모듈의 주요 수업 활동으로 사용할 것이다.

2) 전체적 코스 구조 설계하기

[그림 17-1]은 교수설계 완결의 결과인 코스 조직의 윤곽이다. 책 형태로 기능형 프로토타입의 예를 들기는 어렵다. 설계 과정에서 수정을 할 수 있도록 파워포인트 프레젠테이션의 모든 슬라이드를 이 표에 정리해 놓았다. 오디오 대본에 기술한 애니메이션은 슬라이드에 구현해 놓았다. 오디오 녹음을 하기 전에 슬라이드 아래에 오디오 대본을 적기 위해 파워포인트의 노트 도구를 이용했다. 이 대본에는 오디오 메시지가 실행될 때 언제 애니메이션이 있어야 하는지를 알려 주는 책갈피를 넣었다. 파워포인트에서 노트 페이지를 이용하여 코스의 예비 버전을 쉽게 출력하여, 오디오를 녹음하고 애니메이션을 책갈피에 연결하기 전에 쉽게 재검토하고 편집할 수 있다.

[그림 17-1]의 각 칸의 썸네일^thumbnail 그림은 기능형 프로토타입에서는 하나의 슬라이드로 제시한다. 각 썸네일 아래에 각 슬라이드의 더 자세한 예시와 그와 동반된 오디오/애니메이션을 안내하는 그림 번호가 있다. 이 코스 계열은 이 장에 기술한 최종 활동의 결과로 코스 구조에 포함된 추가 슬라이드도 포함한다. 이 교수활동은 다음에서 기술한다.

[그림 17-1]　사진 구도를 위한 코스 조직 - 모듈 1

(계속)

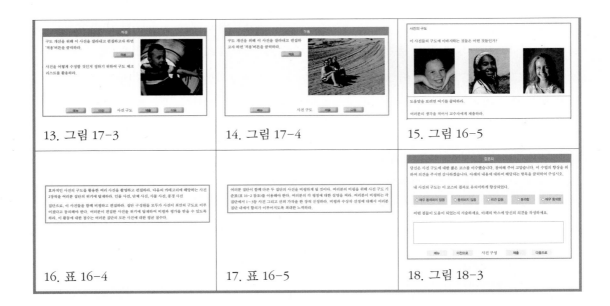

13. 그림 17-3	14. 그림 17-4	15. 그림 16-5
16. 표 16-4	17. 표 16-5	18. 그림 18-3

3) 누락되거나 불충분한 코스 구성요소 설계하기

〈표 15-3〉은 각 구성요소 스킬에 대한 교수전략이 불완전하다는 것을 보여 준다. 코스 평가 체크리스트는 수업 활동을 추가하면 전략이 개선될 것이라는 점을 보여 준다. 즉, 단계 중 뷰파인더는 시연의 추가, 판별형 수행하기와 실행형 수행하기의 적용 두 가지 모두가 더 필요하다. 조건 중 단순성에는 추가적인 판별형 수행하기 적용이 필요하다. 단계 중 편집에는 시연에 말하기를 더해야 하고, 추가적인 판별형 수행하기와 실행형 수행하기의 적용이 필요하다. 조건 중 선과 프레임에는 추가적으로 시연 보여 주기, 판별형 수행하기, 실행형 수행하기(혹은 판별형 수행하기, 실행형 수행하기 두 가지에 한해서) 적용이 필요하다. 적용의 일부는 코칭으로부터 힌트를 얻을 수도 있다.

교수전략 마무리의 첫 설계 활동은 방금 확인된 누락 요소의 일부를 구현하기 위해 추가 슬라이드를 설계하는 것이었다. 이 장에서는 제15장의 원래의 계열에 3개의 적용 슬라이드를 추가했다([그림 17-1]의 수업 활동 12, 13, 14 참조) [그림 17-2]는 단순성, 삼등분 원칙, 포맷을 구현하기 위해 잘라 내기나 편집이 필요하다. [그림 17-3]은 삼등분 원칙과 프레임을 구현하기 위해 잘라 내기가 필요하다. [그림 17-4]는 삼등분 원칙과 선을 구현하기 위해 잘라 내기가 필요하다. 이 3개의 슬라이드는 추가적인 적용 기회를 제공한다. 현재는 사진 수정을 강조하기로 하고 뷰파인더 단계에 학습 활동을 추가하지 않았다.

4) 제목 페이지와 도입 설계하기

다음으로 학습자들이 등록할 수 있는 제목 슬라이드를 추가했다([그림 17-1]과 [그림 17-5]에 있는 교수활동 참조). 18장에서 사정과 평가를 위한 학습자 자료 추적에 이 학습자 등록을 어떻게 사용할 것인지 설명할 것이다.

코스 소개를 위해 전체 문제인 효과적으로 구도가 된 하나의 사진을 보여 주고, 효과적 사진 구도의 각 조건을 간략히 정의하고 예시를 들어 효과적 사진 구도의 조건에 대한 개요를 보여 주기로 했다. 이 모듈의 도입 슬라이드로는 이전에 준비했던 시연을 각색하였다([그림 17-1], [그림 17-6] 참조).

학습자들은 코스의 범위에 대한 개관을 보고 싶어 한다. 즉, 코스에 무엇이 포함되어 있는가, 코스의 길이는 얼마나 되는가, 코스에서 어떤 다양한 아이디어를 가르치는가 등에 관한 개관이다. 비록 목차가 이런 기능을 하지만, 여기에서는 목차에 상호작용적인 형식을 더하였다([그림 17-1]과 [그림 17-7]에서 활동 4 참조). 이 슬라이드는 코스의 조직을 보여 주며, 이 장의 후반에 기술할 코스 내비게이션의 한 부분인 메뉴다.

[그림 17-2] 사진 구도를 위한 적용 슬라이드

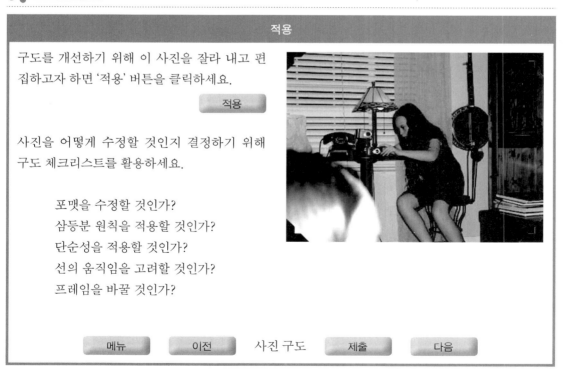

[그림 17-3] 사진 구도를 위한 적용 슬라이드

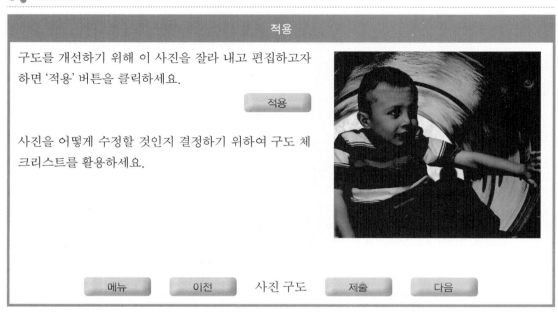

[그림 17-4] 사진 구도를 위한 적용 슬라이드

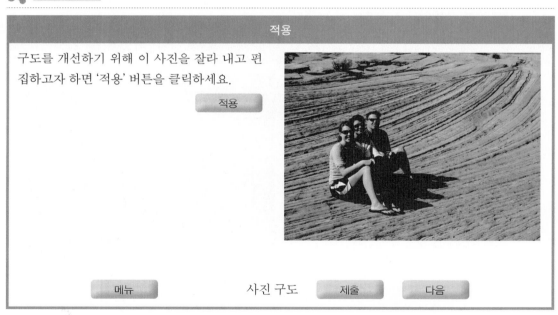

[그림 17-5] 사진 구도를 위한 제목 페이지

사진 구도

당신의 사진 개선하기

당신의 사진 개선하기

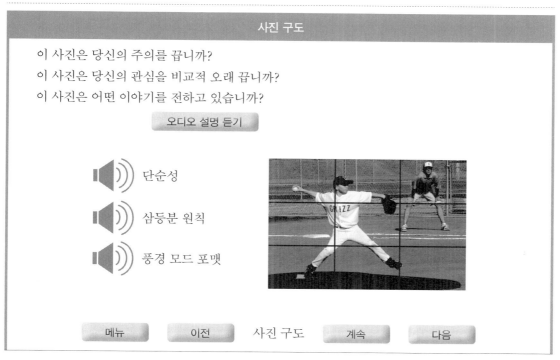

여기를 클릭하여 등록

사진 구도

 [그림 17-6] 사진 구도를 위한 도입 슬라이드

사진 구도

이 사진은 당신의 주의를 끕니까?

이 사진은 당신의 관심을 비교적 오래 끕니까?

이 사진은 어떤 이야기를 전하고 있습니까?

오디오 설명 듣기

🔊 단순성

🔊 삼등분 원칙

🔊 풍경 모드 포맷

메뉴　　이전　　사진 구도　　계속　　다음

(계속)

오디오

이 사진은 하나의 이야기를 들려준다. 투수가 공을 던지려고 하고 있다. 타자가 공을 칠 것인가 아니면 타자가 아웃이 될 것인가?

몇 가지 사실이 이 사진의 구도에 기여한다.

① [단순성이란 단어를 제시하고 투수를 강조한다.] 이 사진의 주제가 투수라는 것은 명백하다. 코치를 제외하면 배경에 방해하는 요소는 없다. 그러나 코치의 모습은 이 상황에 긴장감을 주고 있다. 이 사진에는 명확하고 단순한 관심 대상이 있다. [사진 아래에 '계속' 버튼을 제시한다.] 계속 진행하고 싶으면 '계속' 버튼을 클릭하라.

② [삼등분 원칙이란 용어를 제시하고 사진을 삼등분하는 분할선을 사진 위에 겹친다.] 사진의 주요 관심 부분은 투수의 와인드업이다. 주요 관심 부분이 가상 분할선이 교차하는 지점 중 하나에 놓일 때 사진 구도는 더 흥미로워진다. 계속 진행하고 싶으면 '계속' 버튼을 클릭하라.

③ [포맷이란 단어를 제시한다.] 마지막으로, 이 사진은 투수가 사진 속으로 던지는 것을 나타내기 위해 사진의 왼쪽에 투수를 두는 풍경 모드를 활용한다.

['다음' 버튼을 강조한다.] 다음 슬라이드로 이동하려면 다음 버튼을 클릭하라.

[그림 17-7] 사진 구도를 위한 코스 조직과 메뉴

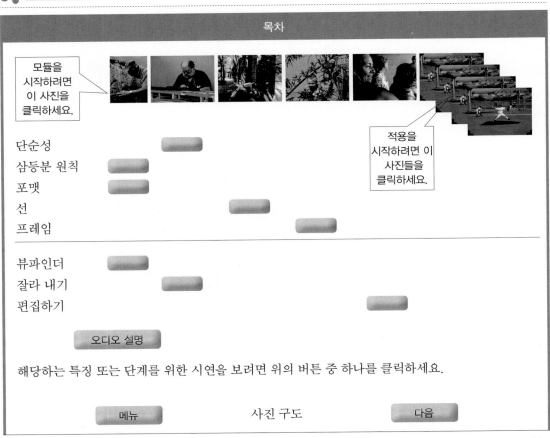

(계속)

오디오

이 모듈에서 여러분은 사진 구도에 대해 학습할 것이다. 사진 구도란 보는 사람들에게 흥미롭고 매력적인 사진을 만들기 위하여 사진의 주제 및 다른 요소를 배열하는 것이다.

이 모듈에서 여러분은 일련의 사진의 구도를 학습할 것이다. 여러분은 사진의 만족스러운 구도에 기여하는 사진의 특징을 학습할 것이다. 좋은 사진 구도의 특징은 많지만 이 모듈에서는 그중 다섯 가지에만 초점을 맞출 것이다. 즉, 단순성, 삼등분 원칙, 포맷, 선, 프레임이 그 다섯 가지 특징이다. 덧붙여 이 모듈은 기존 사진의 구도 개선을 위해 사진 수정에 사용할 수 있는 두 가지 스킬, 즉 잘라 내기와 편집하기를 시연할 것이다. [각 특징의 이름을 말할 때 이에 해당하는 단어들을 강조한다.]

이 목차 슬라이드는 이 모듈이 어떻게 조직되어 있는지 설명한다. 이 모듈에서 사용되는 사진들을 축소한 크기로 제시하였다. 만족스러운 구도의 다섯 가지 특징은 왼쪽 아래에 나열되어 있다. 뷰파인더의 활용과 기존의 사진 수정을 위한 두 가지 스킬, 즉 잘라 내기와 편집하기는 만족스러운 구도의 특징 아래에 제시하였다. 각 사진 아래의 버튼을 클릭하면 코스 내에서 각 특징이나 편집 스킬의 시연을 볼 수 있다.

여러분에게 좌우로 나열된 사진들과 그에 해당하는 구도의 특징과 편집 스킬을 공부하기를 권고한다. 한 모듈을 공부한 뒤에는 메뉴로 돌아가 다른 특징 또는 기법의 시연을 검토할 수 있다.

이 모듈의 공부를 시작하기 위해 첫 번째 사진을 클릭하라.

5) 구조적 프레임워크 전략 통합하기

구조적 프레임워크란 새로운 내용에 대한 현재의 멘탈 모형을 수정하거나 새로운 멘탈 모형 구축에 학습자가 이용할 수 있는, 학습자가 이전에 학습한 정보의 조직이다. 구조적 프레임워크는 이 모듈의 e^3 품질을 강화할 수 있다. 여러 대안을 고려해 보았지만 이 모듈에서는 이 책에서 설계한 적용 연습에 대한 코칭 제공 도구는 '구도 체크리스트'로 충분하다고 생각했다. 아직 학습자가 효과적 사진 구도의 조건에 대한 시연을 본 적이 없으므로 코스 초반에 체크리스트를 소개하는 것은 어색할 것이다. 그래서 [그림 17-1]과 [그림 17-8]의 활동 11에서 좋은 사진 구도를 위한 체크리스트를 학습자의 필수 선행 학습 요소 스킬로 요약하여 소개하였다. 이 슬라이드는 효과적인 구도의 조건을 요약하고, 후속 화면에서 적용 코칭을 위하여 체크리스트를 제공한다.

[그림 17-1]의 활동 12, 13, 14, [그림 17-2], [그림 17-3]에서 본 것과 같이 화면에 대한 코칭 제공을 위해 이 체크리스트를 사용하였다. [그림 17-2]는 학습자에게 체크리스트의 사용을 상기시키고, 다섯 가지 조건 목록과 관련한 질문을 제기한다. 만약 학습자가 질문을 잊었다면 이전 버튼을 사용하여 체크리스트 슬라이드로 돌아갈 수 있다. [그림 17-3] 또한 다섯 가지 조건 목록은 없지만 학습자에게 체크리스트를 사용하도록 상기시킨다. [그림 17-4]에 도달할 즈음

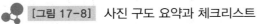 **[그림 17-8]** 사진 구도 요약과 체크리스트

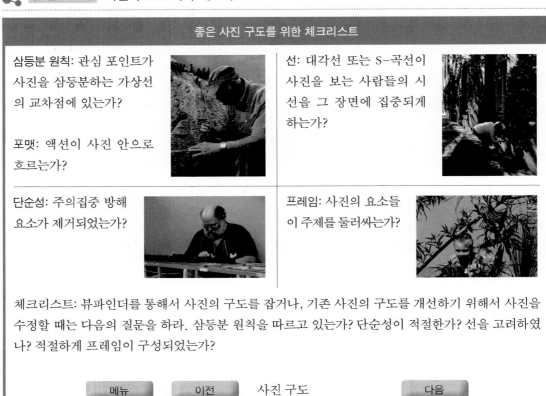

에는 학습자가 체크리스트를 기억하고 수정할 새로운 사진에 그 체크리스트를 적용하기를 희망한다. 이러한 코칭 분량의 점진적 감소는 코칭의 원리와 일치한다.

6) 동료 상호작용 전략 통합하기

동료 상호작용은 공유, 토의, 협력, 비평을 통해 학습자가 서로 가르치는 수업 활동이다. 사진 구도 코스는 주로 자기 주도 온라인 튜토리얼의 목적으로 설계하였다. 그러나 필자가 특정 집단의 학습자에게 이 코스를 가르칠 수 있는 기회가 있다면 교수전략 개선을 위해 동료 상호작용을 활용하려고 한다.

필자는 [그림 17-1]과 〈표 16-1〉에 제시한 것처럼 제16장에 기술한 동료 공유 활동을 이 코스의 첫 활동으로 도입할 것이다. 그 활동은 각 학습자가 가장 구도가 잘된 자신의 3장의 사진을 포스팅하고 각자가 생각하는 각 사진의 구도에서 보이는 장단점과 그 요소를 간략히 설명하도록 하는 것이다. 학습자는 그룹 내의 다른 구성원들이 선택한 사진을 보고 의견을 나눈다.

학습자는 [그림 17-1] [그림 17-2] [그림 17-3]의 적용 연습을 [그림 17-1]의 활동 12와 [그림

16-5]처럼 완료한 후, 16장에 기술한 동료 성찰과 동료 토의를 진행한다. 최종 활동으로 [그림 17-1]의 활동 13, 14와 〈표 16-4〉〈표 16-5〉처럼 16장에서 기술한 동료 협력과 동료 비평 활동을 수행한다.

[그림 17-1]의 활동 18에 나타나 있는 교수활동은 제18장에서 사정과 평가의 일부로 기술될 설문지다. [그림 17-1]에 설문지를 추가함으로써 기능형 프로토타입의 모든 교수활동이 포함된다.

3. 학습자 인터페이스

1) 코스 외형을 매력적으로 설계하기

지금까지 설계 과정에서 설계한 슬라이드의 외형에는 관심을 많이 두지 않았다. 지금까지는 주로 내용이 정확한지, 사용된 교수전략이 e^3수업에 대한 처방과 일관성이 있는지에 관심을 쏟았다. 이제 할 일은 프레젠테이션의 슬라이드들을 철저히 편집하여 외형이 매력적이고, 제9장에서 시연된 효과적 멀티미디어의 원리와 일관되도록 하는 것이다.

지금까지 슬라이드를 설계할 때 학습자에게 단순하고 명료한 레이아웃을 사용하였다. 슬라이드에 지나치게 번잡하거나 내용과 무관한 정보는 포함하지 않았다. 설계 과정의 이 시점에서 각 슬라이드를 순서대로 꼼꼼하게 검토하여, 불명확하거나 내용을 산만하게 하는 레이아웃을 수정하였다. 글자 크기와 유형이 각 슬라이드 내와 여러 슬라이드 간에서 일관성을 갖는지 점검하였다.

이제 슬라이드의 외형적 매력도 향상에 신경을 써야 한다. 이 모듈은 사진과 관련된 것이므로 사진을 떠오르게 하면서도 슬라이드의 내용에 혼란을 주지 않는 상징을 찾고자 하였다. 결과적으로, 흔히 볼 수 있는 사진 스크랩북과 유사하게 보이기 위하여 슬라이드는 회색 매트 배경을 사용하기로 했다. 이 밝은 회색 배경은 매우 무난하고 (이 책에서는 회색으로 보이지만) 컬러 사진의 외형을 강화한다. [그림 17-9]의 사진에서 볼 수 있듯이, 스크랩북 외형을 유지하기 위하여 사진에 스크랩북 사진 코너를 포함하기로 결정했다.

2) 일관된 위치 지표 설계하기

효과적인 사용자 인터페이스를 위해서는 일관된 위치 지표location indicator가 필요하다. 위치 지표는 학습자가 전체 모듈에서 자신이 어디에 있는지를 알게 하는 장치다. [그림 17-7] 목차 슬라이드는 학습자에게 코스의 조직을 나타내는 내용 지도이며, 효과적인 사진 구도의 특징을 나열하고, 각 특징을 설명하고 묘사하기 위해 사용되는 축소판 사진이다.

학습자가 이용할 수 있는 위치 지표에는 두 가지가 있다. 첫째는 특정 슬라이드에 나타난 사진이며, 둘째는 특징의 이름 또는 예시된 단계다. 특징의 이름 또는 예시된 단계는 각 슬라이드의 제목으로 이용된다. 원본 슬라이드에서(제16장 참조)는 코스의 이름을 각 슬라이드의 제목으로 삼았으나, 코스의 이름은 위치 지표가 아니기 때문에 각 슬라이드의 아래 중앙에 각주로 넣었다. 제목이 자동적으로 각 슬라이드에 나타나도록 슬라이드 마스터에서 이 작업을 했다. [그림 17-9]는 [그림 15-1]의 개정판이다. 이 슬라이드는 삼등분 원칙, 포맷, 뷰파인더의 사용을 시연한다. 코스의 이름을 아래 가운데 제시한다. 전개 내의 마지막 세 개의 슬라이드는 학습자가 더욱 효과적으로 좋은 구도의 특징을 구현하도록 각 사진의 수정을 위해 잘라 내기하거나 편집하도록 하는 적용이다. 이러한 각 슬라이드의 제목은 단순히 '적용'이다([그림 17-2] [그림 17-3] [그림 17-4] 참조).

[그림 17-9] 위치 지표와 슬라이드 내 내비게이션

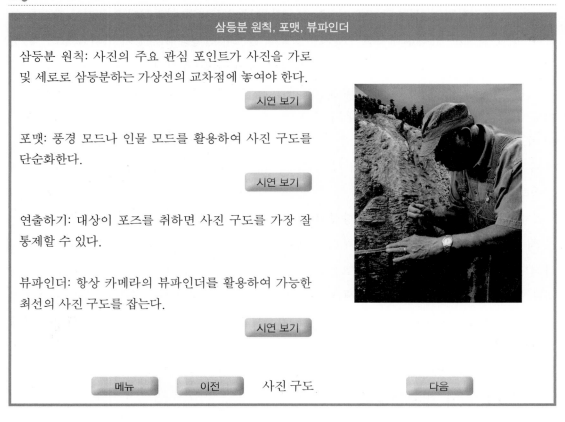

4. 내비게이션

내비게이션^navigation은 학습자가 슬라이드 내에서 학습 활동과 상호작용하고 다음 또는 이전 슬라이드로 이동을 가능하게 하는 일련의 통제다. 내비게이션을 잘 설계하지 않으면 코스가 매우 혼란스러워진다. 학습자는 자신이 어디에 있는지 파악할 수 없고, 다음에 무엇을 해야 하는지 알 수 없을 때, 자신이 예상했던 방법으로 프로그램이 반응하지 않을 때, 특히 자신이 길을 잃어버리고 다시 회복할 수 없을 때 쉽게 좌절한다. 내비게이션에는 두 가지 수준이 있다. 그 두 가지는 다수의 상호 관련된 학습 활동과 상호작용할 때인 특정 슬라이드 내의 내비게이션, 그리고 종종 전개 내의 다음 표상들과 이루어지는 다양한 학습 활동들 간의 이동에서 발생하는 슬라이드 간의 내비게이션이다.

1) 슬라이드 내 일관된 내비게이션 설계하기

문제의 특정 표상의 맥락 안에 다수의 학습 활동이 포함되어 있다면, 학습자가 다음 슬라이드의 다음 표상 또는 다음 학습 활동으로 이동하기 전에 이러한 학습 활동에 쉽게 참여할 수 있도록 하는 것은 매우 중요하다. 설계자에게는 명확한 것이 종종 학습자에게 모호할 수 있다. 특히 학습자가 컴퓨터 프로그램에서 자주 사용되는 관례에 익숙하지 않다면 더욱 그러하다. 좋은 슬라이드 내 내비게이션은 다음과 같은 것에 달려 있다. 즉, ① 프레젠테이션에 명확하게 표시된 통제 수단, ② 이러한 통제 수단의 이용 방법에 대한 명확한 지시, ③ 특정 학습 활동을 반복할 수 있는 기회, ④ 모든 학습 활동을 완료하기 전에는 다음 슬라이드로 진행하는 것을 경고하거나 막는 것이다.

기능형 프로토타입 마무리하기의 다음 단계는 각 슬라이드의 통제 수단을 명확하게 표시하고, 지시를 명확히 하고, 학습자가 학습 활동을 완료하기 전에 다음 단계로 넘어가는 것을 확실히 경고하거나 막도록 각 슬라이드를 철저하게 검토하는 것이다. 표상들의 전개 내에서 구성 요소 스킬을 가르치기 위해, 각 슬라이드 내에 다수의 서로 관련된 수업 활동을 지닌 많은 슬라이드를 설계했다. 초기 설계 단계에서는 포함된 수업 활동에 초점을 맞추었고 슬라이드 안의 내비게이션에 대해서는 크게 신경을 쓰지 않았다. 그러나 설계의 마무리 단계에서는 각 슬라이드가 학습자와 모든 수업 활동의 상호작용이 촉진되도록 수정하는 것이 중요하다.

[그림 17-9]는 [그림 15-1]의 개정판이다. 이 슬라이드에 세 가지 시연 활동이 있다. 이 개정판은 슬라이드 내 내비게이션의 개선을 위해 설계하였다. 학습자가 각 시연을 보기 위해 어디를 클릭해야 하는지를 명확히 하기 위하여 각 특징에 대한 명확한 시연 버튼을 추가했다. 학습자는 어떤 순서로든 시연을 볼 수 있다. 모든 시연은 시연 버튼을 다시 클릭하면 반복된다. '다음' 버튼은 마지막 시연 버튼을 클릭할 때까지 나타나지 않는다. 만약 학습자가 시연을 순서대로 본다면 '다음' 버튼은 학습자가 최종 시연을 볼 때까지 나타나지 않는다. [그림 17-10]과 같이

기능형 프로토타입의 다른 슬라이드에 대해서도 유사하게 슬라이드 내 내비게이션을 위한 개정판을 만들었다.

이러한 방법의 단점은 만약 학습자가 시연을 제시된 순서대로 보지 않고 그 페이지의 마지막 시연만 본다면 다음 슬라이드로 넘어갈 수 있다는 점이다. '다음' 버튼의 외형 통제를 위한 더 개선된 방법도 있다. 즉, 학습자가 각 시연을 보기 전에 그 버튼을 누르면 경고를 하도록 버튼에 간단한 비주얼 베이직 코드를 넣을 수도 있다. 경고는 다음과 같은 팝업 메시지다. '아직 삼등분 원칙을 학습하지 않았습니다. 다음 슬라이드로 이동하기 전에 모든 시연을 보십시오.' 학습자는 '다음' 버튼을 다시 눌러 경고를 무시할 수도 있다.

[그림 17-10]은 [그림 15-4]의 개정판이다. 이것은 훨씬 더 많은 교수활동을 포함하고 적용/시연 슬라이드다. 즉, 세 가지 판별형 수행하기 적용 활동, 하나의 프레임에 대한 보여 주기 활동, 하나의 잘라 내기에 대한 실행형 수행하기 적용이 있다. 우리는 학습자가 전개 내에서 다음 표상으로 이동하기 전에 적용 활동에서 응답을 하고, 시연 활동을 완료하기를 원한다. 조건 진술에 대한 학습자의 반응을 기록하고, 학습자가 잘라 내기를 한 사진을 저장하는 제출 버튼이 있다.

이러한 자료의 저장 방법에 대한 설명은 제18장에 있다. 다음 버튼은 제출 버튼을 클릭할 때 나타난다. 제출 버튼에 넣은 컴퓨터 코드로 자료를 기록하거나 다음 버튼을 보여 주기 전에 학습자가 각 질문에 응답하고 시연을 본 것을 점검할 수 있다.

 [그림 17-10] 슬라이드 내 및 슬라이드 간 내비게이션

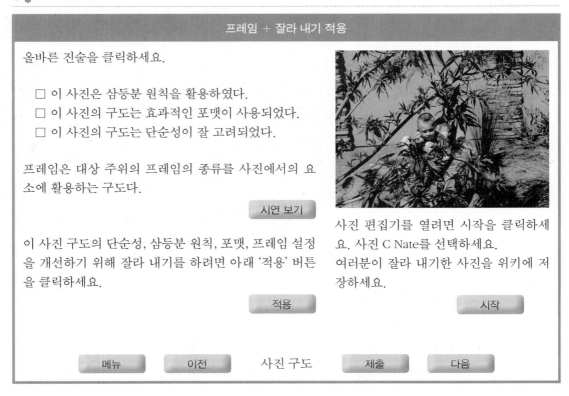

2) 슬라이드 간 일관된 내비게이션 설계하기

좋은 슬라이드 간 내비게이션은 학습자가 ① 다음으로 이동할 수 있도록 하며, ② 이전 슬라이드로 돌아갈 수 있도록 하며, ③ 특정 슬라이드를 떠나기 전에 수업 활동의 모든 것을 완료하도록 권고하는 데 달려 있다.

모든 슬라이드에는 '다음' 버튼이 있다. 그러나 슬라이드에 다수의 수업 활동이 있을 때, 학습자가 슬라이드에 있는 학습 활동을 완료하지 않고 '다음' 버튼을 눌러 일부 학습 활동을 건너뛰는 것을 막는 장치가 필요하다. 앞에서 기술한 것처럼, 대부분의 경우에는 슬라이드에서 학습 활동이 완료되기 전까지 '다음' 버튼이 나타나지 않는다.

또한 모든 슬라이드에는 '이전' 버튼이 있어 학습자가 이전 슬라이드의 어떤 학습 활동을 반복하기를 원한다면 이전 슬라이드로 돌아갈 수 있도록 한다.

3) 일관된 내용 기반 내비게이션 설계하기

사진 구도 코스에서 목차 슬라이드([그림 17-7] 참조)는 학습자가 코스의 범위와 수업이 어떻게 조직되어 있는지를 볼 수 있도록 한다. 또한 이 슬라이드는 내용 기반 메뉴다. 즉, 학습자가 코스를 통제할 수 있고, 그들이 원하는 곳으로 이동하여 공부할 수 있도록 하며, 이전에 학습한 것을 복습할 수 있도록 해 준다. 이 책에 나와 있는 기능형 프로토타입의 각 슬라이드는 좌측 모서리에 메뉴 버튼이 있다. 이 버튼은 학습자가 재검토를 원할 때마다 목차 페이지로 되돌아가도록 한다. 이 코스에서는 학습자가 순서대로 공부하는 것을 권고하고 안내한다. 그렇지만 대상이 성인 학습자이기 때문에 그들이 순서를 통제할 수 있을 만큼 충분히 성숙했으므로 이 선택권을 제공하기로 했다. 목차 슬라이드 메뉴를 이용해 학습자는 자신이 원하는 순서로 구성요소 스킬을 공부할 수 있다. 종종 성인 학습자는 그들이 통제할 수 없는 선형적 계열화에 의해 제한을 받을 때 짜증을 낸다.

4) 학습자 지시

온라인 또는 웹 기반 수업에서는 학습자가 표준적 컴퓨터 방식의 실행 방법을 알고 있다고 결코 가정해서는 안 된다. 모든 슬라이드 내비게이션에 대한 지시가 있는지, 명확한지, 모호하지는 않은지 항상 점검해야 한다. 이 시점에서 필자는 학습자가 어떤 행동을 해야 하는지에 대해서 슬라이드에 명확하게 설명되지 않은 부분이 있는지 확인하기 위하여 프레젠테이션의 모든 슬라이드를 점검한다. 가장 좋은 프로그램은 프로그램 사용법을 가득 담은 지침이 없는 프로그램이다.

첫 슬라이드([그림 17-5] 참조)에서 '여기를 클릭하여 등록' 버튼은 분명해야 한다. 사실 이 슬라이드에서 다른 무엇을 클릭해도 아무런 일도 발생하지 않기 때문에 이 슬라이드에서 학습자가 할 수 있는 다른 것은 없다. 학습자가 '여기를 클릭하여 등록' 버튼을 누르면 학습자가 이름을 입력할 수 있는 입력 박스와 OK 버튼을 가진 메시지 박스가 나타난다. 학습자가 OK 버튼을 누르면 다른 메시지 박스가 나타나 상자를 닫기 위해 누를 OK 버튼과 함께 '[학습자의 이름] 님 환영합니다.'라는 메시지를 보여 준다. 메시지 상자가 닫힐 때, 학습자가 도입 슬라이드로 이동할 수 있도록 '다음' 버튼이 슬라이드에 나타난다([그림 17-6]).

도입 슬라이드([그림 17-6])를 사용하기 위한 지시도 완벽한 것처럼 보인다. '계속' 버튼과 '다음' 버튼은 오디오 대본에 의해 촉발되기 전까지는 나타나지 않는다. 학습자에게 명확하게 오디오 설명 버튼을 누르도록 지시한다. 오디오/애니메이션이 완료된 후에 '다음' 버튼이 나타나고 오디오는 학습자에게 다음 슬라이드로 가기 위해서는 '다음' 버튼을 누르라고 지시한다.

지시가 필요할 때 나타나고, 모호하지 않고, 완전한지 확인하기 위해 모든 슬라이드에 있는 지시를 검토하였다. 약간의 혼란이 있을 수 있다고 생각되는 곳에는 지시를 추가했다.

5. 보조 자료

1) 용어사전 설계하기

많은 기술적인 내용 영역에서 그러하듯, 만약 특정 코스에 새 용어가 많다면 학습자가 단어의 의미를 점검할 수 있도록 용어사전을 제공하는 것이 바람직하다. 이 용어사전은 내용 슬라이드에 연결되어 기능형 프로토타입에 하나의 슬라이드로 추가할 수 있다. 학습자가 용어사전을 본 후에 목차 페이지로 쉽게 되돌아갈 수 있도록 용어사전 페이지에 되돌아가기 링크를 반드시 추가하라. 만약 기술적 단어가 많다면, 학습자가 쉽게 접근할 수 있도록 단어 자체가 용어사전의 정의로 연결되거나 팝업 윈도우에서 그것의 정의를 보도록 할 수 있다. 이 책에 나와 있는 예시인 사진 구도 코스를 위해서는 용어사전 기능이 필요하다고 느끼지 않았다.

2) 분량이 많은 자료에 대해 링크 설계하기

일부 코스에서 표상들은 내용의 분량이 많아 컴퓨터 화면에 모두 제시하지 못할 수도 있다. 이 책에서 선정한 보기들은 대개 간단하고 컴퓨터 스크린에 쉽게 제시할 수 있는 표상들이었다. 그러나 이 책에서 시연한 코스들의 일부는 분량이 많은 표상들이 있어 부가적인 오프라인 자료를 학습자에게 제공하는 것이 더 나을 것이다. 예를 들면, 제9장에서 시연한 저작권 코스에는 다소 분량이 많은 예시가 있다. 이 책에서 제시한 보기는 비교적 짧지만, 예시의 일부는 하나의 슬라이드로 쉽게 제시하기에는 분량이 너무 많을 수도 있다. 이러한 자료들은 외부에서 이용 가능하도록 제시할 수 있다. 이러한 표상들의 일부는 멀티미디어를 포함하고 있다. 필자는 이러한 표상들에 대해서는 몇 개의 컴퓨터 웹사이트에 대한 링크를 제시하였다.

제7장과 제9장에서 기술한 창업자 코스에는 사업이 복잡해짐에 따라 다소 분량이 많은 스프레드시트가 포함된다. 이러한 스프레드시트의 대부분은 컴퓨터 화면에 제시되지만, 학습자가 코스의 질문과 상호작용할 때 공부할 수 있도록 인쇄판 자료를 제공하거나, 코스 내에서 Excel 스프레드시트로 연결하는 것이 바람직할 수 있다.

설득적 에세이 코스는 어린 학생들을 위해 설계하였다. 따라서 표상들이 비교적 짧아서 컴퓨터 화면에 제시하는 것이 쉽다. 그러나 유사한 수업을 나이 많은 학습자를 위해 개발한다면 표상들을 여러 페이지에 걸쳐 제시해야 할 수도 있다. 그 상황에서는 에세이의 인쇄 출력본을 학습자에게 제공하거나, 컴퓨터에 쉽게 내려받아 분석하고 응답할 수 있는 웹사이트를 링크할 수 있다.

설계 과정의 최종 단계의 중요한 활동은 학습자가 다른 온라인 사이트에서 내려받거나 집으로 가져가서 자신의 컴퓨터를 통해 이러한 자료의 논의를 보면서 공부할 수 있는 자료를 만드는 것이다. 이번 코스에서 포함된 대부분의 사진은 필자의 작품이기 때문에 사진을 파워포인트 슬라이드에 넣기 쉽다. 이 코스는 또한 인터넷에 있는 많은 사진을 활용하도록 설계하였다. 그렇지만 만약 인터넷에 코스를 위한 표상을 링크하고자 한다면 이러한 자료의 원저작자로부터 허가를 얻거나, 링크가 교육을 위해 저작권 가이드라인 범위 내에 속하는지를 확인해야 한다.

3) 휴대용 자료 설계하기

학습자가 테크놀로지 기반 코스를 완료한 후 복습을 위해 가져갈 수 있는 자료가 없는 경우가 종종 있다. 교과서 기반의 전통적 수업에서는 학생들이 가끔 나중에 복습을 하기 위해 교과서를 가져갈 수 있다. 사진 구도와 같은 짧은 수업에서조차 수업의 중요 아이디어를 담은 가져갈 수 있는 짧은 요약을 학습자에게 제공하는 것이 바람직하다. 이 수업을 위해서는 앞면에는 [그림 17-7]에 있는 자료를, 뒷면에는 〈표 16-2〉의 기준표를 담은 카드를 준비했다. 이 카드는 학습자가 새 사진을 촬영할 때나 갖고 있던 사진의 구도 개선을 위해 수정할 때 효과적인 사진 구도 조건을 떠올리게 할 것이다.

기능형 프로토타입: Pebble-in-the-Pond 모형은 프로토타입 중심 접근이다. 즉, 주요 설계 산출물은 추상적 설계 명세서가 아니라 교수의 기능형 프로토타입이다.

다음 단계를 완수하여 기능형 프로토타입을 마무리하라.

- 코스 평가 체크리스트를 사용하여 코스 재검토하기
- 누락된 코스 구성요소 설계하기
- 제목 페이지와 도입 학습 활동 설계하기
- 안내와 코칭을 위한 구조적 프레임워크 설계하기
- 학습자가 그룹으로 참여할 수 있는 동료 상호작용 설계하기
- 전반적인 코스 구조 설계하기
- 매력적인 외형 설계하기
- 명확한 내비게이션 및 지시 설계하기
- 링크 또는 보충 자료 설계하기
- 학습자가 복습을 할 수 있도록 휴대용 자료 설계하기

적용

여러분이 이전 적용 활동의 일부로 설계한 자료를 사용하라. 누락된 전략 구성요소, 도입 자료 설계, 구조적 프레임워크와 동료 상호작용을 통합함으로써 기능형 프로토타입을 마무리하라. 사용이 쉽고 명확한 내비게이션과 관련된 지시가 이루어졌는지 검토하고 설계하라. 분량이 많은 표상들에 대해서는 링크나 묘사를 설계하라. 학생들이 가져갈 수 있는 보조 자료를 설계하라.

관련 자료

Allen, M. W. (2003). *Michael Allen's guide to e-learning*. Hoboken, NJ: John Wiley & Sons. (이 장의 많은 아이디어가 정교화되어 있다. 특히 3장 좋은 설계의 핵심, 4장 점진적 접근을 통한 성공, 6장 내비게이션, 7장 교수 상호작용을 참고하라.)

다음 장에서는

Pebble 모형에서 여섯 번째 물결은 기능형 프로토타입에서 학습자 수행에 대한 자료수집 방안을 규명하고, 분석을 위해 자료를 기록할 수 있도록 프로토타입에 컴퓨터 코드를 추가하는 것이다. 제18장에서는 여러분이 학습 자료 수집의 기회를 규명하고 학습자 수행을 기록할 수 있도록 안내할 것이다. 또한 여러분의 기능형 프로토타입의 일대일 그리고 소집단 총괄평가를 수행하도록 안내할 것이다. 마지막으로 프로토타입의 수정에 대해 안내할 것이다.

제18장

사정 및 평가 설계하기

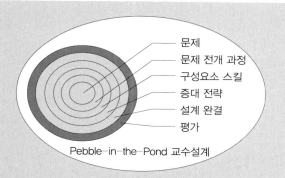

문제
문제 전개 과정
구성요소 스킬
증대 전략
설계 완결
평가

Pebble-in-the-Pond 교수설계

미/리/보/기

Pebble-in-the-Pond 모형의 마지막 물결은 학습자의 수행 성과를 사정하고 기능형 프로토타입을 평가하는 것이다. 이 장에서는 평가 활동을 설계하고, 학습자의 수행 성과를 기록할 수 있도록 기능형 프로토타입을 수정하며, 작동 여부를 결정하는 평가 활동을 수행하는 데 안내를 제공할 것이다. 이 장에서는 다음의 질문에 대해 답을 제시하고 있다. 사정/평가란 무엇인가? 언제 사정/평가를 수행하는가? 자료 수집을 촉진하기 위해서 반응 활동을 어떻게 설계하거나 수정할 것인가? 전문가 검토, 일대일 시행 그리고 소집단 평가에서 무엇을 배울 수 있는가? 작동 여부를 결정하기 위해서 소규모의 실험을 어떻게 수행할 수 있는가?

키/워/드

● 평가Assessment: 학습자가 알고 있는 것 혹은 할 수 있는 것을 결정하기 위한 과정으로, 이를 통해 교수적 처방이 실제로 효과적·효율적·매력적인지 확인할 수 있음
● 매크로Macro: 특정 행동이 일어나도록 설계된 컴퓨터 코드로서 스크립트라고도 함

1. 도 입

이 장은 평가 활동을 설계하는 부분과 코스를 평가하고 수정하기 위하여 평가 활동 및 다른 정보로부터 수집된 데이터를 사용하는 부분을 포함한다. 이 장은 평가를 정의하고 언제 학습 자의 수행 성과를 평가할지를 논의한다. 또한 기능형 프로토타입에서 평가의 기회를 파악하고, 적절한 반응 활동을 설계하며, 학습자의 수행 성과 자료, 시간 자료, 그리고 태도 자료를 수립하기 위해 기능형 프로토타입을 보완하는 방법과 관련된 안내를 제공한다.

이어서 다음 부분은 코스를 평가하는 것과 관련된 안내를 제공하는데, 여기에는 학습자 수행 성과 자료에 부가하여 수집해야 하는 기타 자료를 설명하는 것이 포함된다. 또한 두 개 이상의 대안적인 학습 활동이나 전략들 중에서 어느 것이 더 효과적인지를 결정하기 위하여 소규모 실험을 수행하는 데 있어 기능형 프로토타입을 사용할 수 있는 방법을 제시한다. 마지막으로 는 코스 평가를 통해 수집한 자료를 기반으로 프로토타입을 보완하는 방법에 대해 논의한다.

2. 평가의 설계

1) 평가의 정의

평가는 학습자가 알거나 행할 수 있는 것이 무엇인지를 결정하는 과정이다. 또한 평가는 여 러분이 설계하는 수업이 정말로 효과적 · 효율적 · 매력적인가를 결정하는 과정이다. 학습자가 수업 전에는 풀 수 없던 문제를 수업의 결과로 풀어 낸다면 그 수업은 효과적이다. 효율성은 문제해결을 위한 구성요소 스킬을 획득하는 데 필요한 시간과 문제의 예시를 해결하는 데 필 요한 시간이다. 만약 학습자가 수업 전보다 수업 후에 더 짧은 시간에 문제를 풀 수 있거나, 하 나의 교수전략에서 나온 학습이 또 다른 교수전략에서 나온 학습보다 적은 시간을 필요로 한 다면 (문제해결 스킬이 같을 경우) 그 수업은 효율적이다. 만약 학습자가 그 수업을 완료하도록 동기 유발되고, 문제해결을 하려고 유사한 수업에 또다시 참여하고자 한다면 그 수업은 매력 적이다. 평가의 목적은 지속적으로 노력하여 수업 산출물의 효과성, 효율성, 매력성을 결정하 는 데 사용되는 자료를 수집하는 데 있다.

2) 수행을 평가하는 시기

당신은 수업의 효과성, 효율성, 매력성을 결정하기 위하여 세 가지의 시점, 즉 수업 전, 수업 중, 수업 후에 자료를 수집할 필요가 있다. 학습자가 아는 것이나 할 수 있는 것의 변화를 관찰 하려면 사전평가 자료와 사후평가 자료의 비교가 필요하다. 하나의 수업에서 서로 다른 부분 의 효과성과 효율성을 결정하려면 수업 중에 수집된 평가 자료가 필요하다. 매력성을 결정하 기 위해서는 수업 전에 수집된 자료와 수업 중 및 수업 후에 수집된 자료를 비교할 필요가 있다.

3) 평가 기회 확인하기

당신이 수행 성과 자료를 수집할 수 있는 교수활동이 있는가? 적용 활동에는 학습자 수행을 반영하는 자료를 수집할 수 있는 기회가 있어야 한다. 평가는 타당하고 신뢰할 수 있으며 객관적이어야 한다. 측정하고자 하는 것을 측정한다면 그 측정치^{measure}는 타당하다. 이 책에서 적용을 위한 처방은 타당한 적용, 즉 타당성 있는 평가의 확률을 높이도록 설계된다. 새로운 예시를 사용하고, 판별형 수행하기$^{Do_{id}}$의 적용에는 분류^{classification}를 사용하며, 실행형 수행하기$^{Do_{ex}}$의 적용에는 절차^{procedure}를 사용하는 것과 같은 처방들은 모두 타당한 적용에 공헌하도록 설계된다. 매번 같은 점수가 나온다면 그 측정치는 신뢰성이 있는 것이다. 신뢰성을 높이는 한 가지 방법은 주어진 성과가 평가되는 횟수를 증가시키는 것이다. 3회 이상 적용해 보도록 하는 처방은 신뢰성 있는 적용의 확률을 높이기 위한 것이다. 마지막으로, 객관성 있는 측정치는 매번 같은 방식으로 채점된다. 평가 기준표^{rublics}의 사용은 판단이 필요한 경우 측정치의 객관성을 높이는 하나의 방법이다. 〈표 16-2〉의 사진 구도 평가 기준표$^{photographic\ composition\ critique\ rubric}$는 사진 구도를 채점할 때 객관성을 증가시키도록 설계되었다.

평가 활동에는 평가 자료를 수집하는 데 사용할 수 있는 기능형 프로토타입에서의 각 수업 활동을 주의 깊게 검토하는 것이 포함된다. 수업의 특정 부분의 효과성은 그 코스에 포함된 적용 수업 활동 각각의 자료를 수집함으로써 평가할 수 있다. 이 적용 활동에서의 수행 성과는 구성요소 스킬의 선행 정보와 표상^{portrayal}의 효과성에 대한 정보를 제공한다. 효율성 평가 또한 학습자가 수업의 각 부분을 완성하는 데 필요한 시간을 기록함으로써 가능하다. 효과적인 사진구도를 잡는 능력에 관한 효율성 자료를 수집하는 것은 오프라인에서 이루어지는 활동이기 때문에 더 어렵다. 이 장의 뒷부분에서 학습 효율성의 비교가 가능하게 하는 다른 교수전략들을 비교하면서 이에 대해서 논의할 것이다.

4) 반응 활동 설계 또는 수정하기

평가 기회를 파악한 후에, 수집하고자 하는 자료를 구체적으로 규명하기 위하여 각각의 기회를 주의 깊게 조사할 필요가 있다. 사전평가 자료는 동료 공유$^{peer-sharing}$ 활동을 위하여 수집될 것이다. 이 사진들을 어떻게 채점할 것인가? 각 사진 구도의 효과성을 결정하기 위하여 어떤 자료를 수집할 것인가? 각 학생들이 제출한 사진들에 대하여, 필자는 〈표 16-2〉에 제시된 평가 기준표를 사용하기로 결정했다. 사후평가 자료는 동료 협력$^{peer-collaboration}$ 활동에서 수집될 것이다. 협력 활동 전에 학생들이 제출한 사진들 역시 〈표 16-2〉의 평가 기준표를 사용하여 채점할 것이다. 적절한 통계 분석을 사용하여, 교수의 결과로 인해 그들의 점수에 유의미한 증가가 있는지 없는지를 결정할 수 있다.

그런 다음 필자는 기능형 프로토타입에 있는 각각의 교수활동을 점검하였다. 이는 효과적인 사진 구도를 위한 각각의 조건에 대한 효과성 관련 자료를 수집하는 데 어떤 것이 사용될 수 있는지 파악하기 위함이었다. 쉽게 수정 가능한 기능형 프로토타입을 설계하는 이유 중의 하나가 설계자로서 각 교수활동을 계속적으로 향상시키는 것이기 때문에, 나는 삼등분 원칙, 포맷, 단순성의 사진 구도 조건에 관한 자료를 수집할 수 있었다. 나는 학습자가 주어진 사진에 적용되는 모든 조건을 점검하는 데 큰 혼란이 없을 것이라고 보았다. 이를 기반으로, 나는 각 사진에 대한 세 가지 조건 모두를 포함하도록 각 활동을 수정하였다.

5) 평가 프로토타입 설계하기

기능형 프로토타입의 중요한 기능은 형성평가의 일부로서 학습자로 하여금 프로토타입과 상호작용이 가능하도록 하는 것이다. 이렇게 하면 여러분은 학습자 수행에 대한 자료를 수집하고 이 자료를 수업 목표 달성 여부를 결정하는 데 사용할 수 있다. 이 평가 활동을 실행하기 위해서는 기능형 프로토타입이 학습자 수행 자료를 기록하고 저장할 수 있도록 설계할 필요가 있다. 이를 위해 내장된 자료 기록 기능을 가진 속성 프로토타이핑[rapid prototyping] 도구를 사용할 수 있다.

필자는 기능형 프로토타입을 설계하기 위해 쉽게 접근할 수 있고 비용 문제가 적은 파워포인트를 사용하였다. 그러나 파워포인트는 자료 수집을 위한 기능을 내장하고 있지 않기 때문에, 형성평가를 위한 기능형 프로토타입을 사용하기 위해서는 (내 과목의 효과성, 효율성, 매력성을 평가할 수 있도록 해 주는) 학습자 수행 자료를 수집하도록 파워포인트를 확장할 필요가 있다. 파워포인트는 기능을 첨가할 수 있는 약간의 비주얼 베이직 컴퓨터 코드를 활용하여 확장할 수 있다.

6) 수행 자료 기록하기

평가 자료를 기록하기 위한 첫째 요건은 학습자 자료가 파악되도록 학습자의 이름을 확보하고, 학습자 자료가 저장될 파일을 확인하는 것이다. 예를 들어, 학습자가 어떤 효과적인 사진 구도의 조건이 적용되었는지 판단하도록 요구하는 슬라이드에서, 자료 수집을 위하여 나는 각 슬라이드에 사용될 수 있는 슬라이드 마스터를 설계하였다. 이를 통해 각 슬라이드가 아닌 슬라이드 마스터에 비주얼 베이직 코드를 설계하였다.

7) 시간 자료 기록하기

나는 학습자가 프로그램을 마치는 데 필요한 시간에 대한 정보를 얻고 싶었다. 프로그램의 마지막 슬라이드에 나가기[exit] 버튼을 삽입하고, 학습자가 프로그램을 마쳤을 때 나가기 버튼을 누르도록 요구했다. 나는 학생들이 프로그램을 나갈 때 그들의 이름, 날짜, 시간을 기록하기 위하여 나가기 버튼에 매우 짧은 매크로를 부착했다.

여러분은 구성요소 스킬에서 학습자가 시연 및 적용 슬라이드를 마치는 특정시간과 같은 더욱 상세한 시간 자료를 원할 수도 있다. 여러분은 쉽게 학습자가 슬라이드를 시작하는 시간과 마치는 시간을 기록하고 이를 저장할 수 있다.

나의 코스는 매우 짧아서 학습자가 한 번에 코스를 마칠 수 있다고 기대한다. 보다 긴 코스에서는 학습자가 코스의 한 부분이 끝나면 코스를 나가도록 허용하고 코스에 돌아올 때는 다시 로그인을 하도록 요구하는 메뉴 페이지를 삽입했다. 이를 통해 자료 파일에 나가고 들어오는 시간을 기록할 수 있었다. 자료를 얼마만큼 수정하는가의 문제는 코스의 효과성, 효율성, 매력성을 결정하기 위해 가치 있는 자료가 무엇인가에 따라 달라진다.

8) 태도 자료 기록하기

이 장에서는 적용 학습 활동에서 적절한 수행 자료를 수집할 수 있도록 코스를 어떻게 보완하는지에 대해 이미 알아 보았다. 수행 자료는 코스를 평가하는 데 필요한 평가 자료에 있어서 매우 중요한 부분을 제공하지만, 내가 원하는 모든 자료를 제공하지는 않는다. 여러분은 이 시점에서 학습자가 코스를 마쳤을 때 다음의 두 가지 형성평가의 질문에 답하는 것을 도와주는 인터뷰를 준비할 수 있다. ① 학습자가 내용에 대하여 긍정적인 태도를 보이는가? ② 학습자는 코스 전달에 사용된 매체와 테크놀로지에 대하여 긍정적인 태도를 보이는가? 여러분은 [그림 18-1]과 같이 코스에 대한 기타 자료를 수집하는 기능형 프로토타입도 사용할 수 있다. [그림 18-1]은 자신의 사진 구도 실력이 향상되었는지에 대한 학습자의 인식을 묻는 간단한 질문지다. 여기에는 하나의 선택 사항을 클릭하면 맞음으로, 다른 선택 사항을 클릭하면 틀림으로 가는 선택 버튼이 포함되어 있다. 또한 학습자가 질문에 대해 텍스트를 입력할 수 있는 박스를 포함한다. 수업 전, 중, 후의 학습자 태도에 대한 자료를 수집하기 위하여 기능형 프로토타입에 부가적인 질문 슬라이드를 추가할 수 있다. 그러나 질문을 너무 많이 포함하여 학습 경험을 산만하게 하지 않도록 주의하여야 한다.

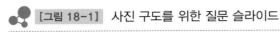

[그림 18-1] 사진 구도를 위한 질문 슬라이드

질문지

당신은 사진 구도에 대한 짧은 코스를 이수했습니다. 참여해 주어 고맙습니다. 이 수업의 향상을 위하여 의견을 주시면 감사하겠습니다. 아래의 내용에 대하여 해당되는 항목을 클릭하여 주십시오.

내 사진의 구도는 이 코스의 결과로 유의미하게 향상되었다.

○ 매우 동의하지 않음   ○ 동의하지 않음   ○ 의견 없음   ○ 동의함   ○ 매우 동의함

어떤 점들이 도움이 되었는지 서술하세요. 아래의 박스에 당신의 의견을 작성하세요.

| 메뉴 | 이전으로 | 사진 구성 | 제출 | 다음으로 |

3. 평가의 실시

일단 학습자의 수행 자료를 수집하고 저장할 수 있도록 기능형 프로토타입을 수정하였다면, 다음은 모듈이나 코스의 형성평가를 실시할 때다. 교수의 으뜸원리들을 위한 형성평가의 목적은 보다 전통적인 교수설계의 목적과 같다. 코스를 최종적으로 개발 완료하기 전에 그리고 대단위의 학생 집단에 적용하기 전에, 여러분은 학생들의 바람직한 문제해결 스킬 습득을 방해할 수 있는 설계의 오류를 파악하고 싶을 것이다.

1) 전문가 검토

형성평가에서 첫 단계는 다른 전문가가 여러분의 코스를 검토하게 하는 것이다. 편집자는 문법, 철자, 문장 구조의 실수와 기타 공식적인 커뮤니케이션 실수를 파악하는것을 도와줄 수 있다. 내용 전문가는 내용의 부정확성이나 누락을 확인해 줄 수 있다. 다른 수업 전문가는 여러분이 간과할 수 있는 으뜸원리의 설계와 실행에 있어서 제한점을 파악할 수 있다.

2) 일대일 시행

학습자는 여러분이 여러 번 검토하면서도 놓친 설계 오류들을 찾아내는 불가사의한 능력이 있다. 형성평가의 두 번째 단계는 몇 명의 학습자가 여러분의 코스와 상호작용할 때 일대일로 관찰하는 것이다. 다음의 학습자 반응 중에서 어떤 것이라도 관찰된다면 설계는 수정되어야 할 것이다. 학습자가 혼란스러워하거나 따라가기 어려운 내용이 있는가? 학습자가 내비게이션을 하기 힘든가? 학습자가 상호작용의 지시를 따라가기 힘든가? 학습자가 시연과 안내에서 혼란을 느끼는가? 학습자가 적용에 어려움을 겪는가?

이 일대일 관찰의 절차는 코스에서 각 슬라이드를 파악하고, 그 슬라이드에 관찰할 항목들에 대한 간략한 체크리스트를 개발하며, 각 항목 다음에 코멘트를 쓸 공간이 포함된 관찰 체크리스트를 준비하는 것이다. 여러분의 체크리스트에는 각 슬라이드에 적어도 내용, 지시문, 내비게이션, 시연, 안내, 적용, 코칭 등의 항목이 포함되어야 한다. 만약 문제가 보이면 그 항목을 점검해서 간략한 코멘트를 작성하면 된다.

3) 소집단 시행

앞서 설명한 자료 수집 매크로를 사용하면, 여러분은 소집단 학습자가 코스의 기능형 프로토타입과 상호작용할 때의 수행 자료를 수집할 수 있다. 이 자료는 형성평가 질문, 즉 '학습자가 수업 전보다는 수업 후에 문제의 예시들을 보다 잘 해결할 수 있는가?'에 답하는 데 도움을 줄 것이다. 만약 유의미한 차이가 있다면 나의 모듈은 효과적으로 사진 구도를 잡는 학습자의 능력 향상에 성공적으로 기여한 것이다.

4. 무엇이 더 효과적인가

필자의 모듈에서 사용된 시연/적용 전략은 학습자가 삼등분 원칙, 단순성, 포맷을 포함하는 효과적인 구도를 인식하는 능력을 획득하는 데 도움이 되는가? 나의 프로토타입에서 학습자는 삼등분 원칙, 단순성, 포맷의 조건을 판단해 보는 기회를 각각 5회 가진다. 학습자가 이 5회의 적용 기회에 대하여 향상된 수행의 패턴을 보여 주는가? 그렇다면 이 스킬의 시연/적용이 학습자로 하여금 효과적인 사진 구도를 위한 세 가지 조건의 새로운 보기를 파악하는 **판별형 수행하기**[Do.d] 스킬을 획득하는 데 도움을 주었다고 볼 수 있다.

교수의 으뜸원리들은 e^3 수업 산출물을 설계하기 위한 원리와 처방을 제공해 왔다. 이 책은 원리 및 처방들을 적용하는 방법에 대한 수많은 사례를 제공한다. 그러나 모든 교수 상황은 독특하고 원리와 처방의 적용은 다양한 형태와 차이를 보인다. 이 책에서 언급한 사례들은 예시 들일 뿐, 이 외에도 엄청나게 많다. 이 책에서 주어진 처방은 다른 상황에서는 보완이 필요할 수 있다. 이 원리와 처방이 여러분의 독특한 상황에서 보다 효과적인지는 어떻게 아는가? 여러 분은 두 가지 이상의 방식으로 여러분의 코스에서 주어진 원리와 처방을 실행할 수도 있다. 어 느 것이 최선인지 어떻게 아는가? '무엇이 더 효과적인가^{what works}'의 평가는 어떤 것이 더 효과 적·효율적·매력적인지를 알기 위하여 두 가지 이상의 대안적 접근들을 주어진 교수전략과 비교해 보는 것이다.

이 질문에 답하는 한 가지 방법은 소규모 실험을 해 보는 것, 즉 주어진 상황에서 어느 것이 최선인지를 알아보기 위하여 실제적으로 두 개 또는 그 이상의 대안적 전략을 비교해 보는 것 이다. 다행히 기능형 프로토타입은 이런 실험을 하는 데 사용되곤 한다. 첫 번째 단계에서는 주어진 교수전략 처방을 위해 두 가지나 그 이상의 대안을 설계한다. 두 번째 단계에서는 소집 단 평가 동안에 학습자를 두 개의 처치에 무선 할당한다. 두 가지 처치 중의 하나에 시연/적용 수업 활동을 실시하고, 학습자는 모두 이전에 설명한 것과 유사한 적용 수업 활동을 받는다.

소집단 평가를 실시한 후에는 자료를 종합하기 위해서 학생의 자료 파일을 사용할 수 있고, 두 가지의 전략에서 유의미한 차이가 있는지를 결정하기 위하여 적절한 통계 분석을 실시할 수 있다. 두 가지 이상의 대안적 처치를 설계하는 데는 조금의 노력이 필요할 뿐이며, 기능형 프로토타입을 활용하여 소집단 평가를 실시하여 비교 자료를 수집하는 데는 추가적인 비용이 거의 들지 않는다. 그렇기에 나는 여러분이 무엇이 더 효과적인지를 비교해 볼 수 있도록 평가 를 확장하기를 권한다.

5. 프로토타입 수정하기

기능형 프로토타입을 개발하는 것의 장점 중 하나는 코스의 수정이 지속적으로 이루어질 수 있다는 것이다. 속성 프로토타이핑 접근에서는 당신의 코스개발이 거의 끝날 때까지 형성평가 와 수정을 기다려서는 안 된다. 여러분은 지속적으로 형성평가를 실시해야 한다. 코스의 일부 분이 완성되었으면 1~2명의 학습자에게 시도해 보는 것이 바람직하다. 여러분은 한 번에 몇 개의 슬라이드 또는 코스 전체에 대하여 관찰 체크리스트를 사용할 수 있다. 이 접근^{evaluate-as-you-go}을 사용하면 당신은 코스의 뒷부분에 수정 사항을 통합할 수 있도록 일찍 지시문, 내비게 이션, 포맷의 문제들을 잡아 낼 수 있다. 코스의 일부분에 대한 1~2명의 수행 자료도 여러분 이 불충분하거나 미완성된 시연, 빈약하게 구성되거나 혼란스러운 적용, 부적절하거나 불필요 한 안내, 그리고 부적절하거나 너무 많은 코칭의 문제들을 파악하는 데 도움을 줄 수 있다. 이 런 문제들을 조기에 파악한다면 이어지는 시연과 적용을 설계하는 데 도움이 될 수 있다.

만약 이 접근^{evaluate-as-you-go}을 채택한다면 당신은 설계를 완성할 때까지 매우 신뢰할 수 있는 기능형 프로토타입을 가지게 될 것이다. 이 점에서는 미래의 잠재 학습자로 구성된 또 다른 소집단에게 전체 코스에 대한 공식적인 형성평가를 실시할 수 있다. 여기서 문제가 없다면 준비가 완료된 것이지만, 만약 문제가 발견되면 최종 제작 및 배포에 들어가기 전에 코스를 수정할 수 있는 마지막 기회가 된다.

원리와 처방

e³ 학습: 교수설계의 목적은 결과적인 수업 산출물이 확실하게 e³(효과적 · 효율적 · 매력적인) 학습을 촉진하도록 하는 데 있다. 효과성, 효율성 그리고 매력성은 대체적으로 교수의 으뜸원리들이 적용된 정도에 따라 달라진다.

평가의 목적은 학습이 효과적이고 효율적이며 매력 있는 정도를 결정하는 것이다. 적절한 평가가 되려면 다음의 단계를 밟는 것이 좋다.

- 학습자 수행 자료를 수집하기 위하여 평가 기회를 규명하고 반응 활동을 설계한다.
- 어떠한 자료를 수집할 것인지 계획하고 그에 따라 반응 활동을 설계하고 수정한다.
- 학습자 수행 자료를 수집할 수 있도록 기능형 프로토타입을 설계하고 수정한다.
- 학습자의 상호작용과 수행 자료를 수집하기 위하여 지속적인 평가^{ongoing evaluation}를 실시한다. 이를 위해 전문가 검토, 일대일 시행, 소집단 시행을 실시할 수 있다.
- 기능형 프로토타입을 지속으로 수정하기 위해 평가 자료를 사용한다.

적용

사전 적용 활동의 부분으로 설계된 기능형 프로토타입을 사용하여, 평가 활동을 설계하고 학습자 수행 자료를 수집하고 기록할 수 있도록 기능형 프로토타입을 수정하라. 전문가 평가, 일대일 시행, 소집단 평가를 포함하는 평가 활동을 실시하라. 소집단 평가 동안에 수집된 자료를 사용하여, 여러분의 모듈이 문제해결 스킬을 가르치는지를 결정하라. 수집된 자료를 사용하여 모듈의 각 부분이 바람직한 구성요소 스킬을 가르치는지를 결정하라.

여러분은 두 개 혹은 그 이상의 교수전략 대안을 비교하기 위해 이 처치들에 학습자를 무선 할당하도록 기능형 프로토타입을 수정할 수도 있다. 어느 대안이 가장 효과적이고 효율적이며 매력적인지를 결정하기 위해 수집된 자료를 사용하라.

관련 자료

Dick, W., Carey, L., & Carey, J. (2009). *The systematic design of instruction* (7th ed.). Boston: Pearson. (7장 평가도구 개발, 10장 형성평가의 설계와 실행, 11장 수업자료 수정, 12장 총괄평가의 설계와 실행)

Gagné, R., Walter, W., & Golas, K., & Keller, J. (2005). *Principles of instructional design* (5th ed.). Belmont, CA: Thompson Wadsworth. (6장 수업평가)

Marcovitz, D. (2004). *Powerful PowerPoint for educators*. Westport, CT: Libraries Unlimited. (www.loyola.edu/edudept/PowerfulPowerPoint/. (이 책과 웹사이트는 파워포인트를 확장하기 위한 많은 제안을 포함한다)

Mayer, R. (2011). *Applying the science of learning*. Boston: Pearson. (3부 어떻게 평가가 작동되는가.) (이 책에는 연구 기반의 학습, 수업, 평가 원리들이 잘 요약되어 있다)

다음 장에서는

제19장은 제2부의 종합 부분이다. 여기에서는 교수설계의 Pebble-in-the-Pond 모형의 활용을 위한 종합적 체크리스트를 보여 준다. 이 체크리스트는 제2부에 있는 교수설계의 처방, 도구, 예시를 참고하여 구성하였다.

●● 제**19**장 ●●

Pebble-in-the-Pond 교수설계 체크리스트

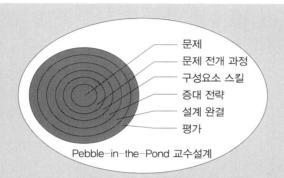

문제
문제 전개 과정
구성요소 스킬
증대 전략
설계 완결
평가

Pebble-in-the-Pond 교수설계

미/리/보/기

앞서 교수설계의 Pebble-in-the-Pond 모형에 있는 교수활동, 즉 물결^{ripples}에 대해 설명하였다. 이 장에서는 이 모형에서 각각의 교수설계 활동을 완성하면서 답해야 하는 질문들과 함께 이 단계들을 정리해서 보여 주는 체크리스트를 제공한다.

1. 도입(요약된 교수설계 체크리스트)

제2부는 교수의 으뜸원리 기반의 e³ 수업을 설계하기 위한 Pebble-in-the-Pond 모형을 설명한다. 이 장에서는 Pebble 모형에서 다루고 있는 모든 교수설계 활동이나 물결을 조직화한 체크리스트를 제공한다. 각 수업 활동에서 이 체크리스트는 교수설계 활동의 세부 사항과 관련된 질문들을 포함한다. 앞서 설명한 교수설계 도구나 활동들이 이 체크리스트에 정리되어 있다.

체크리스트는 두 부분으로 구성된다. 한 부분은 교수설계 활동의 각각을 열거하고 각 활동에 관련된 세부 질문들을 위한 체크박스가 있는 요약된 체크리스트다(〈표 19-1〉 참조). 이 양식은 교수설계 과정 중에 문자 그대로의 체크리스트로 사용될 수 있다. 또 다른 부분은 확장된 체크리스트인데, 여기에는 각각의 교수설계 활동과 각 활동에 관련된 질문들, 앞 장에서 언급된 도구와 예시의 참고문헌들이 포함된다.

〈표 19-1〉 Pebble-in-the-Pond 교수설계 체크리스트

교수설계 과정	세부 활동	체크박스
① 문제 프로토타입을 설계한다 (제13장 참조).	수업의 내용 영역, 주요 목표, 학습자를 확인한다.	□ 목표 □ 내용 □ 학습자
	학습 목표 성취를 위해 해결해야 하는 문제 부류$^{problem\ class}$를 규명한다.	□ 전형 □ 표상 □ 완전성 □ 비구조화 □ 실제(현실)
	문제 표상들의 표본을 수집한다.	□ 다양성 □ 범위
	문제 표상의 내용 요소를 규명한다.	□ 결과(Q) □ Q 특성 □ 조건(C) □ C 특성 □ 단계(S) □ S 특성
	문제의 표상에 대한 프로토타입 시연을 설계한다.	□ Show-Q □ Show-C □ Show-S
	문제의 표상에 대한 프로토타입 적용을 설계한다.	□ Do_{ex}-Q □ Do_{ex}-C □ Do_{ex}-S
② 문제 전개를 설계한다 (제14장 참조).	연속적인 각 문제의 표상을 해결하는 데 필요한 구성요소 스킬을 규명한다.	□ 구성요소 스킬 매트릭스
	단순에서 복잡으로 다양한 표상의 전개를 설계한다.	□ 스킬 복잡성 분석
	학습자가 모든 바람직한 구성요소 스킬을 획득할 수 있는 충분한 기회를 주도록 문제 전개를 조정한다.	□ 누락된 표상 □ 중복되는 표상
③ 구성요소 스킬을 위한 전략을 설계한다 (제15장 참조).	전개에서 표상을 위해 필요한 각 조건과 단계에 대해서 시연과 적용의 분배를 결정한다.	□ 교수활동표
	교수활동표에 기초하여 문제 전개에서 표상들 각각의 조건과 단계에 대해서 시연과 적용 활동을 설계한다.	각 구성요소 스킬에 대하여: 표상 1 □ Tell-C □ Show-C □ Tell-S □ Show-S 표상 2 □ Do_{ld}-S □ Do_{ld}-C 표상 3 □ Do_{ex}-S □ Do_{ld}-C
	교수전략의 적절성을 검토하기 위해 코스 평가 체크리스트를 사용한다.	□ 시연 체크리스트 □ 적용 체크리스트 □ 수정

(계속)

④ 구조적 프레임워크와 동료 상호작용을 통한 증대 전략을 설계한다 (제16장 참조).	구조적 프레임워크를 설계한다.	☐ 친숙　☐ 유사　☐ 단순
	이 구조적 프레임워크를 기반으로 안내를 설계한다.	☐ 주의집중
	이 구조적 프레임워크를 기반으로 코칭을 설계한다.	☐ 도움 제공
	이 구조적 프레임워크를 기반으로 성찰을 설계한다.	☐ 추론
	동료 상호작용 집단을 구성한다.	☐ 크기　☐ 이질성 ☐ 지시　☐ 역할 할당
	활성화를 위한 동료 공유를 설계한다.	☐ 사전 경험
	시연을 위한 동료 토의를 설계한다.	☐ 합의
	적용을 위한 동료 협력을 설계한다.	☐ 집단 해결책 ☐ 개인적 기여
	통합을 위한 동료 비평을 설계한다.	☐ 평가 기준표
⑤ 기능형 프로토타입을 완결한다 (제17장 참조).	코스 평가 체크리스트를 사용하여 코스를 검토한다.	☐ 누락된 요소 ☐ 부적절한 요소
	누락되거나 부적절한 코스 요소들을 설계한다.	☐ 수정
	제목 페이지와 도입을 위한 학습 활동을 설계한다.	☐ 제목 페이지 ☐ 도입
	안내와 코칭을 위하여 구조적 프레임워크를 설계한다.	☐ 구조적 프레임워크
	학습자가 그룹으로 참여할 수 있는 동료 상호작용을 설계한다.	☐ 동료 간 상호작용
	전반적인 코스 구조를 설계한다.	☐ 조직
	매력적으로 보이도록 외형을 설계한다.	☐ 위치 지표　☐ 단순성 ☐ 적절성 ☐ 멀티미디어 원리
	내비게이션과 지시문을 명확하게 설계한다.	☐ 통제　　☐ 지시문 ☐ 돌아가기　☐ 반복하기 ☐ 진행하기
	링크와 보충 자료를 설계한다.	☐ 용어해설 ☐ 분량이 많은 자료
	학습자가 복습할 수 있도록 휴대용 자료를 설계한다.	☐ 휴대용 요약지

(계속)

⑥ 평가를 설계한다 (제18장 참조).	학습자의 수행 자료를 수집하기 위하여 평가 기회를 규명하고 반응 활동을 설계한다.	□ 반응 활동
	학습자의 수행 자료를 수집하고 저장할 수 있는 기능형 프로토타입을 설계하고 수정한다.	□ 사용자 이름 □ 자료 파일 □ 반응 자료
	학습자 상호작용과 수행 자료를 수집하기 위하여 지속적으로 평가를 실시한다.	□ 전문가 검토 □ 일대일 시행 □ 학습자 표본 □ 소집단 시행
	기능형 프로토타입을 지속적으로 수정하기 위하여 평가 자료를 사용한다.	□ 수정 □ 평가 연구

2. 확장된 'Pebble-in-the-Pond' 모형의 교수설계 체크리스트

1) 문제 프로토타입을 설계한다(제13장 참조)

- 수업의 내용 영역, 주요 목표, 학습자를 확인한다.
  - 목표: 학습자의 스킬이 증진될 필요가 있는 변화를 구체화하였는가?
  - 내용: 학습자가 습득할 필요가 있는 스킬의 영역을 파악하였는가?
  - 학습자: 수업에 참여할 학습자가 누구인지 파악하였는가?
  - 예시: 사진 구도의 목표, 내용, 학습자

- 학습 목표 성취를 위해 해결해야 하는 문제 부류problem class를 규명한다.
  - 전형: 이 수업의 문제들이 수업 후에 학습자가 현실에서 경험하게 될 전형적인 것인가?
  - 표상: 해당 문제에 대하여 단순한 서술이 아닌 표상을 규명하였는가?
  - 완전성: 결과, 주어진 조건, 조건을 해결책으로 변환시키는 활동을 포함하는가?
  - 비구조화: 문제의 표상이 하나 이상의 많은 해결책과 해법으로 비구조화되어 있는가?
  - 실제(현실): 문제의 표상이 현실적인가 아니면 가상적인가?

- 문제 표상들의 표본을 수집한다.
  - 다양성: 문제 표상이 서로 다른가?
  - 범위: 문제 표상이 좋은 예부터 나쁜 예까지 다양한 품질의 범위를 포괄하는가?

– 예시: 사진 구도의 문제 표상([그림 14-1] 참조)

- 문제 표상의 내용 요소(결과, 조건, 단계, 속성)를 규명한다.
  - 도구: 문제해결 활동을 위한 내용 요소([그림 6-7] 참조)
  - 결과(Q): 구체적 문제 표상에 대한 구체적 결과나 해결책을 규명했는가?
  - Q 특성: 학습자가 결과의 예를 확인할 수 있게 하는 특성값을 규명했는가?
  - 조건(C): 이런 결과를 야기하는 조건을 규명했는가?
  - C 특성: 학습자가 각 조건의 예를 확인할 수 있는 특성값을 규명했는가?
  - 단계(S): 각 조건을 이끄는 단계를 규명했는가?
  - S 특성: 학습자가 그 단계 실행의 예를 확인할 수 있는 특성값을 규명했는가?
  - 예시: 사진 구도를 위한 문제해결 활동 그림([그림 13-3] 참조)

- 문제의 표상에 대한 프로토타입 시연을 설계한다.
  - 도구: 전체 문제 시연을 위한 처방된 수업 활동(〈표 13-1〉 참조)
  - Show-Q: 표상은 그 표상에 의하여 표현된 해결책을 보여 주는가?
  - Show-C: 표상은 결과를 야기하는 각각의 조건을 보여 주는가?
  - Show-S: 표상은 각각의 조건을 야기하는 단계의 실행을 보여 주는가?
  - 예시: 사진 구도를 위한 프로토타입 문제 시연([그림 13-1] 참조)

- 문제의 표상에 대한 프로토타입 적용을 설계한다.
  - 도구: 전체 문제 적용을 위한 처방된 수업 활동(〈표 13-2〉 참조)
  - Do_{ex}-Q: 적용은 학습자가 조건에서부터 결과를 예측하도록 요구하는가?
  - Do_{ex}-C: 적용은 학습자가 예상치 못한 결과에 대한 잘못된 조건을 찾도록 요구하는가?
  - Do_{ex}-S: 적용은 학습자가 그 결과를 야기하는 조건을 창출하는 단계를 실행하도록 요구하는가?
  - 예시: 사진 구도를 위한 프로토타입 문제 적용([그림 13-2] 참조), 사진 구성을 위한 부가적인 적용 슬라이드([그림 17-2] [그림 17-3] [그림 17-4] 참조)

2) 문제 전개를 설계한다(제14장 참조)

- 연속적인 각 문제의 표상을 해결하는 데 필요한 구성요소 스킬을 규명한다.
  - 도구: 사진 구도를 위한 구성요소 스킬 매트릭스([그림 14-2] 참조)
  - 구성요소 스킬 매트릭스: 전개 과정에서 표상의 결과를 예비 순서대로 정리하고, 각 결

과를 성취하는 데 필요한 조건과 단계를 파악했는가?

– 예시: 사진 구도를 위한 구성요소 스킬 매트릭스([그림 14-2] 참조)

- 단순에서 복잡으로 다양한 표상의 전개를 설계한다.
  – 도구: 스킬 복잡성 분석(제14장 참조)
  – 스킬 복잡성 분석: 쉽게 관찰하거나 실행할 수 있는 조건과 단계를 요구하는 결과가 전개상의 초기에 일어나도록, 그리고 이어지는 표상에서 요구된 조건과 단계의 횟수 및 난이도가 증가하도록 조정했는가?
  – 예시: 사진 구도를 위한 구성요소 스킬 매트릭스([그림 14-2] 참조)

- 학습자가 모든 바람직한 구성요소 스킬을 획득할 수 있는 충분한 기회를 주도록 문제 전개를 조정한다.
  – 누락된 표상: 전개 과정에서 표현되지 않은 어떤 조건이나 단계를 포함하도록 추가했는가?
  – 중복되는 표상: 다른 표상에 조건과 단계가 이미 충분하게 포함되었기 때문에 불필요할 수 있는 표상들을 제거했는가?
  – 예시: 사진을 추가함으로써 전개를 수정한다([그림 14-3] 참조).

3) 구성요소 스킬을 위한 전략을 설계한다(제15장 참조)

- 전개에서 표상을 위해 필요한 각 조건과 단계에 대해서 시연과 적용의 분배를 결정한다.
  – 교수활동표: 각 조건이나 단계가 언제 시연되고 언제 적용되는지를 나타내는 표를 만들었는가?
  – 예시: 사진 구도를 위한 교수활동표(〈표 15-1〉 참조)

- 교수활동표에 기초하여 문제 전개에서 표상들 각각의 조건과 단계에 대해서 시연과 적용 활동을 설계한다.
  – 도구: 구성요소 스킬을 위해 처방된 수업 활동 체크리스트(〈표 15-2〉 참조)
  – 각각의 구성요소 스킬에 대하여:
    ▶Tell-C: 표상 1에 대한 조건을 설명하는 시연 활동이 있는가?
    ▶Show-C: 표상 1에 대한 조건을 보여 주는 시연 활동이 있는가?
    ▶Tell-S: 표상 1의 단계를 설명하는 시연 활동이 있는가?
    ▶Show-S: 표상 1의 단계의 실행을 보여 주는 시연 활동이 있는가?
    ▶Do_{id}-S: 학습자에게 표상 2의 단계 실행의 예시를 파악하도록 요구하는 적용 활동이

있는가?

> ▶Do_{id}-C: 학습자에게 표상 2의 단계 실행의 결과에서 오는 조건의 적절성을 파악하도록 요구하는 적용 활동이 있는가?
>
> ▶Do_{ex}-S: 학습자에게 표상 3의 단계 실행을 요구하는 적용 활동이 있는가?
>
> ▶Do_{id}-C: 학습자에게 표상 3의 단계 실행의 결과에서 오는 조건의 적절성을 파악하도록 요구하는 적용 활동이 있는가?

- 예시: 사진 스킬을 위한 프로토타입 적용/시연([그림 15-1] ~ [그림 15-6] 참조)

- 교수전략의 적절성을 검토하기 위해 코스 평가 체크리스트를 사용한다.
  - 도구: 전체 문제에 대한 코스 평가 체크리스트(〈표 10-14〉 참조)
  - 시연 체크리스트: 각 조건과 단계의 시연을 위한 적절한 '말하기, 보여 주기, 안내, 멀티미디어 활용 그리고 >3 예시'가 있는가?
  - 적용 체크리스트: 각 조건과 단계를 위한 적절한 'Do_{id}, Do_{ex}, 코칭, 피드백 그리고 >3 예시'가 있는가?
  - 수정: 코스 평가 체크리스트의 평가 결과에 따라 개선하기 위하여 각 조건과 단계의 수업 활동을 수정하였는가?
  - 예시: 프로토타입 적용 시연(〈표 15-3〉 참조)

4) 구조적 프레임워크와 동료 상호작용을 통한 증대 전략을 설계한다(제16장 참조)

- 구조적 프레임워크를 설계한다.
  - 친숙: 구조적 프레임워크가 이미 대상 학습자에게 익숙한가?
  - 유사: 구조적 프레임워크가 표적 내용에 상응하는 요소와 관계를 포함하는가?
  - 단순: 구조적 프레임워크가 표적 내용보다 덜 복잡한가?
  - 예시: 사진 구도를 위한 구조적 프레임워크([그림 16-1] 참조)

- 구조적 프레임워크를 기반으로 안내를 설계한다.
  - 주의집중: 구조적 프레임워크의 요소와 관계가 내용의 표상에 예시된 내용의 속성에 학습자가 주의를 집중할 수 있도록 사용되었는가?
  - 예시: 구조적 프레임워크 기반의 발표 안내([그림 16-2] 참조)

- 구조적 프레임워크를 기반으로 코칭을 설계한다.
  - 도움 제공: 구조적 프레임워크의 요소와 관계가 학습자가 표적 내용의 속성을 파악하도록

돕거나, 학습자가 문제해결에 도움이 되게끔 표적 내용의 속성을 수정하도록 돕는가?

– 예시: 구조적 프레임워크 기반의 적용 코칭([그림 16-3] 참조)

• 구조적 프레임워크를 기반으로 성찰을 설계한다.

– 추론: 성찰이 학습자가 문제 진행의 구체적인 모습을 넘어서 또는 다른 문제에 자신의 스킬을 적용하게 하는가?

– 예시: 구조적 프레임워크 기반의 성찰([그림 16-5] 참조)

• 동료 상호작용 집단을 구성한다.

– 크기: 동료 간 상호작용 집단이 3~5명으로 구성되는가?

– 이질성: 동료 간 상호작용 집단이 다양한 배경, 의견 및 스킬을 가진 사람들로 구성되는가?

– 지시: 동료 간 상호작용 집단에게 상호작용을 위한 구체적인 지시가 주어지는가?

– 역할 할당: 동료 간 상호작용 집단의 각 구성원은 구체적인 역할을 수행하는가?

• 활성화를 위한 동료 공유를 설계한다.

– 사전 경험: 학습자는 상호 간에 주제 내용에 대한 적절한 사전 경험을 공유하는가?

– 예시: 사진 구도를 위한 동료 공유의 지시(〈표 16-1〉 참조)

• 시연을 위한 동료 토의를 설계한다.

– 합의: 학습자 집단은 문제의 표상에 대한 하나 이상의 해결책의 적절성에 대하여 합의에 도달해야 하는가?

– 예시: 동료 토의와 동료 비평의 항목과 활동(〈표 16-2〉 〈표 16-3〉 참조)

• 적용을 위한 동료 협력을 설계한다.

– 집단 해결책: 학습자는 문제 표상에 대한 집단 해결책을 개발하기 위하여 협력할 필요가 있는가?

– 개인적 기여: 집단에서 각 학습자의 개인적 기여는 명백하게 파악되고 인정받는가?

– 예시: 사진 구도를 위한 동료 협력 활동(〈표 16-4〉 참조)

• 통합을 위한 동료 비평을 설계한다.

– 도구: 동료 토의와 동료 비평의 항목(〈표 16-2〉 참조)

– 평가 기준표^rubric: 학습자에게 동료 학습자의 수행을 평가하는 체크리스트 양식이 주어지는가?

• "수업 목표는 너무 구체적이어서는 안 된다."(Marzano, Pickering, & Pollock, 2001, p. 94) 목표가 매우 구체적일 때는 보통 전체 문제 지향이기보다는 주제 지향이다. 때로는 목표는 문제의 부류^{class}보다는 문제의 오직 한 가지 사례^{instance}로 한정된다.

2) 문제의 전개를 사용한다

학습자가 완수해야 하는 어떤 문제들은 매우 복잡하다. 대부분의 이론가는 하나의 문제를 풀고 난 후 안내가 거의 없거나 없으면 비효과적이라는 것에 동의한다. 복잡한 문제를 통달하려면 학습자는 먼저 덜 복잡한 문제로 시작해야 한다. 첫 문제를 통달하고 난 다음에 학습자에게 보다 복잡한 문제가 주어진다. 점차 복잡한 문제의 전개^{progression}를 통하여 학습자의 스킬은 복잡한 문제를 해결할 수 있을 때까지 점차적으로 향상된다. 문제 전개는 정교화이론(Reigeluth, 1999a), 4C/ID 모형(van Merriënboer, 1997), 작업모형 전개(Gibbons, Bunderson, Olsen, & Robertson, 1995), 스캐폴딩(Collins, Brown, & Newman, 1989), 그리고 수행 이해(Perkins & Unger, 1999)에 의하여 옹호된다. Clark과 Mayer(2008, p. 240)가 제안한 다음의 처방적 원리를 고려하라.

• "다른 맥락으로의 안내를 보여 주는 풀이가 포함된 예제들^{worked examples}을 설계하라." 여기에서 강조점은 하나의 과제보다는 다양한 일련의 직무 관련 과제에 있다.

3. 활성화

학습은 학습자가 사전 지식의 멘탈 모형을 활성화할 때 촉진된다.

아동의 현 위치에서 시작하자는 것은 교육의 오랜 신조였다. 따라서 많은 교수 산출물이 충분한 기초를 제시하지 않은 채 새로운 자료를 갑자기 제시하는 것은 놀라운 일이다. 학습자에게 관련 경험이 있다면, 학습의 첫 단계는 관련 정보가 활성화되어 새로운 지식의 기초로 사용될 준비가 되도록 하는 것이다. 학습자에게 충분한 관련 경험이 없다면, 새로운 스킬 학습의 첫 단계는 새로운 지식의 기초로 사용할 수 있는 '실제적인 경험^{hands-on experience}'을 제공하여야 한다. 너무나 많은 수업이 학습자가 충분한 경험이 없는 추상적인 표상으로 시작된다. 으뜸원리는 활성화라는 용어를 Andre(1997)에게서 빌려 왔는데, 그는 이 원리에 대한 논의를 가장 잘 제공한다. Elbert-May, Brewer와 Alfred(1997)는 학습자에게 자신의 사전 지식을 확인하고 자신이 배우고자 하는 것에 대한 자신의 생각을 조직해 보라는 질문을 할 것을 추천한다. 다음의 처방적인 원리를 고려하라.

- "큐와 질문은 교사가 학생들이 이미 어떤 주제에 대하여 알고 있는 것을 사용하도록 도와 주는 방법이다."(Marzano, Pickering, & Pollock, 2001, p. 112)
- "학습자에게 관련된 기존의 지식을 활성화하도록 격려하는 큐를 제공하면 학습이 촉진된 다."(Andre, 1997, p. 246)
- "학습자가 자신의 배경지식을 개발하도록 도와준다."(Rosenshine, 1997, p. 199)
- "관련된 사전 학습, 선수 스킬과 지식을 검토한다."(Rosenshine, 1997, p. 202, p. 216)

1) 구조적 프레임워크를 제공한다

단순한 정보의 재생은 경험을 활성화하는 것으로는 거의 효과가 없다. 활성화는 단순히 학습자가 이전의 경험을 재생하게 도움을 주거나 관련 경험을 제공하는 것 이상이다. 또한 활성화는 학습자가 새로운 지식을 기존의 지식에 통합할 수 있도록 학습자 자신의 멘탈 모형이 수정되도록 자극하는 데도 관여한다. 학습자에게 지식을 구조화할 수 있는 관련 구조를 개발하거나 재생하도록 도와주면 복잡한 과제의 학습이 촉진된다. 학습자가 새로운 지식을 조직하는 데 사용할 수 있는 멘탈 모형을 가지고 있다면 그것을 활성화하도록 격려해야 한다. 그러나 학습자의 멘탈 모형이 새로운 지식을 조직하는 데 불충분할 경우, 수업이 학습자가 새로운 지식을 위해 필요한 조직 도식을 구축하는 데 사용할 수 있는 구조를 제공할 때 학습은 촉진된다.

Gagné(1985)는 새로운 학습이 이전에 학습된 실체에 의존한다고 제안한다. Mayer(1975)는 학습자에게 개념 모형을 제공하면 문제해결의 획득을 촉진할 수 있다고 지적한다. 그는 학습자에게 단순한 유추analogy를 제공하면 세부적인 것의 학습을 용이하게 한다고 옹호하고, 학생에게 조직 구조를 제공하면 새로운 지식을 기존의 지식에 통합하고 조직하는 데 도움이 된다는 것을 발견하였다(Mayer, 1999). Collins, Brown과 Holum(1991)은 학습자에게 개념 모형을 제공하여 새로운 정보를 조직하는 데 도움을 줄 것을 제안한다. Clark와 Blake(1997)는 역동적 스키마와 아날로그 모형을 제시하여 원전이far transfer를 촉진할 것을 제안한다. Darabi(2002)는 학습자에게 시각적 모형을 제공하면 새로운 학습이 조직될 것이라고 제안한다. Andre(1997)는 도식 활성화와 선행 조직자를 지원하는 이론과 연구를 인용한다. 그는 만약에 주제가 배울 내용과 관련이 있다면 주제는 조직하는 구조로 사용할 수 있음을 보여 준다. 다음의 처방적 원리를 고려하라.

- "정보의 명시적 구조를 알게 되면 정보를 요약하는 데 도움이 된다."(Marzano, Pickering, & Pollock, 2001, p. 32)

- "그래픽 조직자는 학습자가 비언어적 표상을 만들어 내는 것을 도와주는 가장 일반적인 방법이다."(Marzano, Pickering, & Pollock, 2001, p. 75)
- "언어적 · 비언어적 표상 시스템을 많이 사용할수록 학습자는 더 잘 생각하고 지식을 더 잘 재생할 수 있다."(Marzano, Pickering, & Pollock, 2001, p. 73)
- "선행 조직자는 특이한 것보다는 중요한 것에 초점을 두어야 한다. 높은 상위 수준의 선행 조직자는 하위 수준의 선행 조직자보다 깊이 있는 학습을 더 잘 생산한다. 선행 조직자는 잘 조직되지 않은 정보에 있어 특히 유용하다."(Marzano, Pickering, & Pollock, 2001, p. 118)
- "구체적 선행 조직자는 추상적 선행 조직자보다 더 효과적이다."(Andre, 1997, p. 248)
- "학습자에게 개념 모형을 제공하면 문제해결 스킬에 대한 학습이 촉진될 수 있다."(Andre, 1997, p. 247)
- "학생에게 적절한 지도와 다이어그램을 제공하면 학습이 촉진된다. 개념이나 의미론적 지도semantic mapping는 학생이 지식 영역의 상호 관계 요소를 획득하는 데 도움을 준다."(Andre, 1997, p. 253)
- "체크리스트를 제공하고 가르친다."(Rosenshine, 1997, p. 213)

4. 시 연

학습자가 학습하고자 하는 스킬에 대한 시연을 관찰할 때 학습이 촉진된다.

지식은 두 가지 수준, 즉 정보information와 표상portrayal으로 존재한다. 정보는 일반적이고 포괄적이며 많은 경우와 상황을 다룬다. 표상은 구체적이고 제한적이며 단 하나의 사례나 상황을 다룬다. 정보의 제시는 수업의 가장 보편적인 형태다. 수업은 정보가 구체적인 상황을 통하여 시연되는 표상 수준이 포함될 때 훨씬 효과적이다. 학습자는 정보가 구체적인 표상을 포함할 때 정보를 훨씬 더 쉽게 적용할 수 있다. van Merriënboer(1997)에 따르면, 학습자에게 풀이가 제시된 예제worked-out example(학습자가 문제를 어떻게 처리하는가를 보여 줌)를 통하여 무엇을 하는가를 보여 주는 것이 수업 순서의 중요한 첫 단계다. Merrill(1994)은 사례를 제시하는 것이 정보만 제시하는 것보다 더욱 효과적이라는 연구와, 적용에 부가적으로 사례를 제시하는 것이 적용만 하는 것보다 학습을 더 잘 촉진한다는 연구를 언급하였다. 다음의 처방적인 원리를 고려하라.

- "풀이 방법이 완전히 제시된 예시로 시작하고 학습자가 수행해야 하는 양을 점차 늘려서 완전히 실습하는 숙제로 마쳐라."(Clark & Mayer, 2008, p. 274)
- "개념, 원리 그리고 문제해결을 가르치는 과정에서 예시는 실질적인 혜택을 준다. 학습자

에게 풀이가 제시된 예제를 제공하면 더 효과적인 학습이 일어난다."(Andre, 1997, p. 255)

1) 일관성 있는 시연을 사용한다

Gagné(1985)는 학습의 범주를 파악하여 학습의 조건이 바람직한 학습된 수행 성과의 범주와 일치할 때 효과적인 학습이 일어난다고 주장한다. Merrill(1994)은 Gagné의 범주를 정교화하고 각 성과 범주에 일치하는 1차, 2차 제시형을 처방한다. Dijkstra와 van Merriënboer(1997)는 문제를 세 가지 종류, 즉 범주화의 문제, 설계(계획과 절차)의 문제, 해석(원리, 모형, 이론)의 문제로 규명한다. 학습이 효과적이고 효율적이려면, 각각의 다른 종류의 문제는 (바람직한 인지 구조에 상응하는) 다른 지식 구조와 다른 구성요소 스킬(개념, 활동, 절차)을 필요로 한다. Van Merriënboer(1997)는 이를 문제 중심 수업의 맥락으로 확장한다. 이 이론가들은 만약 시연이 의도된 학습 성과와 일치하지 않는다면 학습은 비효과적일 것임에 동의한다. 만약 제시가 의도된 학습 성과와 불일치한다면 학습 안내가 있는지 또는 매체 표상이 효과적인지는 중요하지 않기 때문에 일치성 준거가 우선 적용되어야 한다. 다음 유형의 스킬들을 위한 처방적인 원리를 고려하라.

(1) '~의 종류' 스킬의 시연

- "새로운 개념은 개념의 정의, 작업 환경에서의 예시, 학습자가 많은 다른 작업 관련 개념 예시들을 정확하게 분류하도록 요청하는 연습을 제공함으로써 학습된다. 새로운 개념이 이러한 지원과 함께 제시된다면 개념 학습은 촉진된다. 만약 매우 새로운 개념의 적용이 요구된다면 그 개념의 많은 다른 새로운 예시들에 대한 연습을 제공한다."(Clark, 2003, p. 24)

- "개념이나 분류 스킬을 가르치는 데는 학생에게 특별한 개념의 다양한 예시를 제공하고 매우 관련된 개념의 예시들 사이의 대조를 제공하는 것이 중요하다."(Andre, 1997, p. 256)

- "수업은 오개념을 활성화하고 학습자들이 오개념에 대해 불평형과 불만족을 느끼도록 유도하여야 한다."(Andre, 1997, p. 257) 비예시의 역할은 학생이 그 정보가 적용되지 않거나 학생이 실수로 적용되지 않음에도 적용된 것으로 생각하게 한 것을 보도록 해 주어야 한다. 이 원리는 예시와 비예시에 대한 정교화다.

(2) '~에 대한 방법' 스킬의 시연

- "절차를 가르칠 때는 수업이 목표 성취에 필요한 행동과 결정 순서의 전문가 중심 설명을 기반으로 하고, 학생의 선행 지식을 성찰하는 데 스캐폴딩이 형성된 부분-전체 연습의 기회와 풀이가 제시된 예제가 수반되며, 절차를 지원하는 선언적 지식 기반의 개념적 정교화

가 수반되는 경우가 많아질수록, 더욱 효과적으로 직무 환경에 절차의 학습과 전이가 될 것이다."(Clark, 2003, p. 30)

(3) '~에 대한 결과 예측' 스킬의 시각화

- "과정(무언가가 어떻게 작용하는지)에 대한 수업을 설계할 때는 학생들에게 과정의 특징을 보여 주는 활동 순서에 대한 시각 모형과 함께 명확한 서술적 설명을 주고, 과정의 각 단계와 각 단계에서 다음 단계로 변화하기 위하여 어떤 핵심 활동이 일어나는지를 설명한다." (Clark, 2003, p. 26)

- "인과적 원리를 가르칠 때는 우선 원인과 결과에 대한 설명을 제공하고, 적용 환경에서 도출된 작업된 원형적 예시를 사용하는 수업을 제공하며, 학습자가 인과 사슬의 요소와 순서를 먼저 정교화하도록 도와주고 점차 더 새롭고 복잡한 예시에 적용할 수 있도록 더 많이 도와주면 줄수록, 직무에 대한 학습과 전이가 더 효과적이다."(Clark, 2003, p. 28)

2) 학습자 안내를 제공한다

Clark과 Blake(1997)는 구조적 특징을 주의 깊게 파악한 후 이를 학생에게 명시적으로 매핑할 때 문제해결(원전이)이 촉진된다고 지적한다. 안내는 학습자로 하여금 문제의 적절한 정보에 주의를 기울이게 한다. 수업 제시의 초기에 주의집중 기능은 지식 획득을 촉진한다. 그러나 수업이 진행됨에 따라 정보에 초점을 맞추는 역할은 약화되어야 하고, 학생은 자신의 주의를 정보의 적절한 측면에 집중시켜야 한다(Andre, 1997).

또 다른 형태의 안내는 학습자에게 학습할 아이디어에 대한 다양한 표상과 시연을 제공하는 것이다. Spiro와 Jehng(1990), Schwarts, Lin, Brophy와 Bransford(1999), Clark와 Blake(1997)는 모두 대안적인 관점, 특히 명확히 정의되지 않은[ill-defined] 영역과 비재현[non-recurrent] 스킬을 강조한다. Spiro, Feltovich, Jacobson과 Coulson(1992)은 인지유연성 이론에서 다양한 관점에서 하나의 특정 주제로 수렴되는 것의 중요성을 강조한다.

Gentner와 Namy(1999)는 대안적 제시만으로는 충분하지 않다는 것을 시연한다. 학습자가 명시적으로 다른 관점들을 비교하려고 할 때는 그의 멘탈 모형이 보다 넓은 관점으로 조율된다. 다음의 처방적 원리를 고려하라.

- "이야기가 주요 단계들과 그 사이의 연계를 강조할 때 사람들은 이야기로 된 애니메이션으로부터 더 잘 배운다."(Mayer, 2003b, p. 47)
- "유사점과 차이점을 파악하는 데 있어서 학습자에게 명시적인 안내를 제공하면 학습자의 이해력과 지식 활용 능력이 증진된다."(Marzano, Pickering, & Pollock, 2001, p. 15)

- "학생에게 유사점과 차이점을 독립적으로 파악해 볼 것을 요구하면 학생의 이해력과 지식 활용 능력이 증진된다."(Marzano, Pickering, & Polock, 2001, p. 15)
- "일반적으로 신호를 주는 장치를 사용하면 제시된 정보를 기억하는 데 있어서 긍정적 효과가 있다."(Andre, 1997, p. 255)

3) 처방된 수업 활동을 실행하기 위하여 멀티미디어를 사용한다

효과적인 멀티미디어 사용에 대하여 다음의 처방적 원리를 고려하라.

- "텍스트 자료의 시각적 표상은 복잡한 자료의 이해 증진에 도움이 된다."(Dembo & Young, 2003, p. 60)
- "단어만 사용하기보다는 단어와 상응하는 그래픽(예: 애니메이션, 비디오, 일러스트레이션, 사진)을 사용하면 보다 깊이 학습한다."(Clark & Mayer, 2008, p. 81; Mayer, 2003b, p. 37)
- "언어적 · 비언어적(그래픽) 두 가지의 표상 시스템을 많이 사용할수록 사고와 지식이 더 잘 재생된다."(Marzano, Pickering, & Polock, 2001, p. 73)
- "우리는 상응하는 그래픽들이 스크린에서 서로 멀리 있는 것보다는 가까이 위치하게 두는 것을 추천한다."(Clark & Mayer, 2008, p. 93)
- "애니메이션과 그에 상응하는 이야기 부분이 동시에 제시될 때 더 잘 학습한다."(Mayer, 2003b, p. 51)

4) 안내를 제공하기 위하여 조직화 구조를 사용한다

시연에서 조직화 구조의 사용에 관한 다음의 처방적 원리를 고려하라.

- "풀이가 제시된 예제에 대한 보다 깊은 처리를 촉진하는 자기 설명$^{self-explanation}$과 같은 기법을 통하여 심층 학습을 권장한다."(Clark & Mayer, 2008, p. 231) 만약 자기 설명이 학습자가 새로운 정보를 이전에 학습한 정보 또는 제공된 구조에 관련시키게 도와준다면 이것이 학습을 촉진할 것이다.
- "부분 과제, 전체 과제 또는 이들을 혼합한 설계를 채택한다면 보이지 않는 사고 과정을 보이게 해 주는 수업 방법을 사용하는 것이 중요할 것이다."(Clark & Mayer, 2008, p. 355) 학습을 촉진하는 과정은 학습자가 이전의 지식을 새로운 지식이나 제공된 구조에 관련시키도록 도와주는 것이다.
- "가설의 생성과 검증을 통하여 학생을 안내하는 다양한 구조화된 과제를 사용한다."

운 지식을 습득하고 자신이 이미 알고 있는 것에 관련시킨다. McCarthy는 하위 단계를 두어서 어느 것이 이 제시의 범위를 넘어서는지 설명하고, 한 단계에서 다음 단계로 이동하는 데 필요한 실제와 이론을 제공한다. 3단계(적용)에서 학습자는 어떤 것을 하기 위해서 아는 것을 사용하고 어떤 것을 만들거나 그 아이디어를 작동시킨다. 이 단계는 Star Legacy의 연구와 수정, 그리고 검증과 피드백 요소와 관련된다. McCarthy의 4단계(통합)에서 학습자는 자기 자신의 지식을 만든다. 으뜸원리들을 위한 학습 사이클의 형성과 이 단계들의 그래픽 표상은 McCarthy의 영향을 받았다. 그녀는 아마도 가장 명시적인 학습 사이클과 효과적인 수업에 필요한 단계들을 제공한다.

4) Andre-수업 에피소드^{instructional episode}

Andre(1997)의 노력은 이론 그 자체보다는 수업을 지원하는 연구에 초점을 둔다. 그는 세 가지의 주요 단계, 즉 활성화 단계, 수업 단계, 피드백 단계를 구성하는 수업 에피소드를 설명한다. Andre에게 활성화 단계는 으뜸원리에서 활성화에 해당한다. 수업 단계는 제시, 발견, 연습으로 구성된다(으뜸원리에서 시연과 적용에 해당함). 피드백 단계는 으뜸원리에서 적용의 일부일 뿐이다. Andre는 문제해결 또는 연습/피드백 다음에 오는 통합을 강조하지 않는다. 그는 교수의 으뜸원리의 수많은 결과물을 지원하는 연구 결과들을 설명한다.

5) Gardner-이해에 대한 다양한 접근^{multiple approaches to understanding}

Gardner(1999)의 '이해에 대한 수행 접근'은 문제해결보다는 내용 이해하기('세상의 중요한 질문과 주제', p. 73)를 강조한다. 그러나 그의 접근은 이 책에 설명된 수업의 4단계 각각을 포함한다. 그는 학생이 관찰하고 비판하며 향상 가능한 수행에 관여할 때 이해가 관찰될 수 있다고 주장한다. 그는 출발점, 비유 제시^{telling analogies}, 핵심 접근의 단계를 근거로 그의 이론을 조직한다.

출발점은 활성화에 해당한다. "우리는 학생을 참여시키고 주제의 중심으로 두는 방법을 찾음으로써 시작한다. 나는 특정 지능^{specific intelligences}에 연관될 수 있는 적어도 여섯 가지로 구분되는 출발점을 파악했다."(p. 81) Gardner는 이 여섯 가지 관점(이야기, 양/수, 기초/존재, 미학, 경험, 사회/사교)으로부터 출발점을 설명한다.

비유 제시는 활성화에서 시연으로의 이동에 해당한다. 즉, "이미 이해된 그리고 덜 알려진 주제의 중요한 측면을 전달할 수 있는 자료에서 나온 교수적 비유^{instructional analogies}로 시작한다."(p. 82)

핵심 접근은 시연의 몇 가지 처방과 관련된다. 즉, "명시적으로 지능, 스킬, 흥미를 요구하는 다양한 접근을 사용하여 그 주제를 나타낸다."(p. 85)

Gardner는 적용을 강조한다. 즉, "다양한 표상은 효과적인 수업의 하나의 요소다. 이 요소는 학생에게 자료를 통달할 범위까지 나타낼 수 있는 많은 수행의 기회 제공을 포함한다."(p. 86) "수행은 주제의 다른 모습들이나 학생의 다양한 스킬처럼 다를 수 있다."(p. 87) Gardner는 다른 종류의 지능들과 일치하는 주제의 출발점과 다양한 접근을 강조한다. 그러나 그는 논문에서 다른 지능에서의 연습 일관성을 명시적으로 확인하지는 않는다.

아마도 Gardner의 주 강조점은 발표 및 공유go public를 수반하는 통합의 처방에 있다. "지식과 통찰을 공식적인 형태로 적용해야 한다는 것을 인식할 때, 학생은 보다 능동적인 자세로 자료를 직접적으로 다루면서 가능하면 '수행의 근육'을 사용하길 시도할 것이다."(p. 74)

6) Nelson-협력적 문제해결

Nelson(1999)의 이론은 문제해결을 강조하고 모든 단계를 포함하지만 적용을 더 강조하고 시연을 덜 강조한다. 그녀는 "중요한 사회적 상호작용 스킬을 개발하면서 비판적 사고, 창의성, 복잡한 문제해결을 촉진하는 진정한 학습 환경을 설계하고 참여하는 통합된 지침"(p. 246)을 제공하고자 하였다. 그녀는 아홉 가지의 과정 활동으로 조직된 광범위한 지침과 그 지침의 원천을 제공한다. 9개 과정 활동에는 ① 준비도 구축, ② 집단 및 규준 형성, ③ 예비적 문제 정의 결정, ④ 역할 정의 및 배정, ⑤ 반복적인 협력적 문제해결 과정에의 참여, ⑥ 해결책 또는 프로젝트 완성, ⑦ 종합과 성찰, ⑧ 산출물 및 과정 평가, ⑨ 종료가 포함된다(〈표 11-2〉 참조, p. 258). 이 활동 중 몇 가지는 명백히 협력과 관계된다. 그녀는 분명 문제 지향적이어서 "수업과 학습 활동에 앵커anchor를 제공하는 진정한 문제 혹은 프로젝트 시나리오를 개발한다."(p. 258)는 지침에 따른다.

Nelson은 "① 문제에 대한 공통적인 이해 협상, ② 학습 이슈와 목표 파악, ③ 예비적 해결책과 프로젝트 계획 브레인스토밍"(p. 258)의 세 가지 학습 활동을 통하여 활성화를 촉진한다. 또한 문제해결 과정을 위해서 필요한 정보 수집 지침을 제공한다. 나는 본질적으로 이런 활동을 시연보다는 적용의 일부로 본다. 이 지침에는 "① 필요한 자원의 출처 파악, ② 설계 계획 타당화를 위한 예비 정보 수집, ③ 필요한 정보, 자원, 전문 지식의 확보, ④ 필요한 부가적인 자원과 스킬 확보를 위해 교수자와 협력"(p. 258) 등이 포함된다. 적용 활동에는 "① 초기 설계 계획의 선택 및 개발, ② 설계 계획의 정교화 및 진화, ③ 해결책/프로젝트 개발의 확대, ④ 해결책/프로젝트의 형성평가 실행, ⑤ 해결책/프로젝트의 최종판의 초안 개발, ⑥ 해결책/프로젝트의 최종평가와 유용성 검사 실행, ⑦ 해결책/프로젝트 최종판 수정 및 완성, ⑧ 창출된 산출물 평가"(p. 258) 등이 포함된다. 통합 활동에는 "① 학습 성취의 파악, ② 과정에 대한 경험과 느낌 디브리핑, ③ 집단 및 개인 학습 과정 성찰"(p. 258) 등이 포함된다.

7) Jonassen – 구성주의적 학습환경

Jonassen(1999)의 접근은 문제해결을 강조하고 수업의 4단계를 모두 포함한다. 구성주의적 학습환경^{Constructivist Learning Environments: CLE}의 주된 초점은 다음의 진술에서 반영되었듯이 문제해결에 있다. 즉, "학습자의 목표는 문제를 해석하고 해결하거나 프로젝트를 완성하는 것이다. 문제는 학습을 이끌어 낸다. 학습자는 학습의 적용으로서 문제해결보다는 문제해결을 위하여 영역 내용을 학습한다. 그래서 우리는 해결할 재미있고 적절한 문제를 제공하여야 한다. 문제는 지나치게 제한적이어서는 안 되고, 오히려 문제의 어느 측면이 학습자에 의하여 나타나고 정의되어야 할 정도로 비구조적·비제한적이어야 한다"(pp. 217-219). Jonassen은 문제 전개, 즉 "학습자가 수행할 수 있는 과제로 시작하여, 점차적으로 학습자가 혼자서 수행할 수 없을 때까지 과제 난이도를 증가"(p. 235)시키는 방식을 추천한다.

어떤 부분은 활성화를 강조하기도 한다. "초보 학습자가 필요로 하는 것은 경험이다. 관련된 사례[시연]는 학습자가 경험해 보지 못한 것을 표상함으로써 기억을 스캐폴딩할 수 있다."(p. 223)

시연은 다음과 같이 강조된다. "스킬은 보유하고 있지만 전문가는 아닌 수행자가 수행에 관련된 각 활동을 주의 깊게 시연한다. 모델링은 학습자에게 바람직한 수행의 보기를 제공한다. 모델링에는 두 가지 유형이 있는데, 하나는 행동적 모델링이고 다른 하나는 인지적 모델링이다. 행동적 모델링은 규명된 활동을 수행하는 방법을 시연하는 것이고, 인지적 모델링은 활동에 참여하는 동안에 학습자가 사용해야 하는 추론^{reasoning}을 명확하게 하는 것이다. 문제해결의 모델링을 위해 잘 알려진 방법은 풀이가 제시된 예제다."(p. 231-232)

적용은 코칭과 스캐폴딩을 중심으로 강조된다. "배우기 위하여 학습자는 모델과 같이 수행하려고 시도할 것이다. 처음에는 조잡한 모방으로 시작하여, 점차로 명확하고 익숙하게 진보하고, 나중에는 숙련된 독창적인 수행을 하게 된다. 이 단계에서 학습자는 코칭을 받으며 개선한다."(p. 232) "코치의 가장 중요한 역할은 학습자의 중요한 스킬 발달을 점검하고 분석하며 규제하는 것이다."(p. 233) Jonassen은 "학습의 스캐폴딩을 위한 세 가지의 접근, 즉 ① 과제난이도를 학습자 수준에 맞춰 조정하기, ② 사전 지식의 부족을 대신하도록 과제를 재구조화하기, ③ 대안적 평가를 제공하기"(p. 235)를 제안한다.

통합에 대한 성찰적 관점은 코칭의 역할로 제시된다. 즉, "훌륭한 코치는 학습자 자신의 수행을 성찰(점검, 분석)하도록 학습자를 자극한다"(p. 233).

8) van Merriënboer – 4C/ID 모형

Van Merriënboer는 이 책에서 확인된 수업의 모든 단계를 포함하면서 문제 중심적인 교수설계의 가장 종합적인 모형을 제공한다(van Merriënboer, 1997; van Merriënboer & Kirschner, 2007).

그의 모형은 인지적 처리에 대해서 알려진 것의 모든 맥락에서, 수업의 보다 직접적인 접근과 문제 기반적인 접근을 통합한다. 이 모형은 분석에 대한 다양한 접근과 이 다양한 분석 기법의 산출물이 전체 문제 연습에 초점을 둔 교수설계를 이끌어 가는 방법을 설명한다. 이 짧은 요약으로는 이 모형의 종합적인 특성을 충분히 보여 줄 수 없다.

이 모형은 분명히 문제 기반이다. "이 훈련 전략의 중심은 전체 연습^{whole practice}이며, 여기서 점점 더 복잡한 수준의 인지적 스킬에 대한 연습이 진행된다. 분석 단계에서 스킬은 요소 스킬들의 위계로 분해되고 재현 요소 스킬과 비재현 요소 스킬로 분류된다. 재현 요소 스킬은 문제 상황에 따라 다소 일관성 있는 수행이 필요하고, 비재현 요소 스킬은 상황에 따라 매우 변화가 많은 수행이 필요하다."(p. 8) "학습자가 전체 과제의 단순-복합 형식으로 연습할 때는 적시에 정보 제시를 촉진하는 수업 방법이 전체 과제의 재현적 측면을 지원하는 데 쓰인다. 반면에 정교화를 촉진하는 수업 방법은 과제의 비재현 측면을 지원하는 데 쓰인다."(p. 10)

시연은 여러 수준에서 다뤄진다. 첫 번째로 제시되는 문제는 해당 문제 수행 방법에 대하여 풀이가 제시된 예제다. 학습자가 다음 문제의 순서대로 진행할 때는 다른 정보가 주어지거나 시연되어야 한다. 여기에는 "상황 구체적이고 자동화된 규칙"(p. 12)의 개발을 위한 부분 과제 연습^{part-task practice}이 포함된다. 적시 정보^{just-in-time information}를 위해서 "시연은 보통 규칙이나 절차의 적용을 설명하기 위해 그리고 문제해결에서 이런 규칙이나 절차의 올바른 적용에 필수적인 개념, 원리 또는 개념을 예시하기 위해 필요하다."(p. 13) 숙련된 수행자가 사용한 발견적 방법이 학습자에게는 모형이 된다. 이 모든 시연이 학습자가 문제해결에 관여하는 맥락에서 일어난다는 점에 주목해야 한다.

적용과 통합은 모형의 핵심이다. "4C/ID 모형의 핵심은 전체 과제 연습의 설계에 있다. 정보 제시, 즉 시연은 연습의 설계에 통합된다."(p. 170) 이 모형은 시연과 적용이 별도의 단계보다는 전체로 통합되도록 문제의 계열화를 강조한다. 이 모형은 산출물 지향의 문제 형태와 과정 지향의 문제 형태의 두 가지로 어느 정도 상세하게 설명된다. 이 모형은 적절한 연습이 스캐폴딩의 정의를 다소 비구체적으로 두기보다는 문제의 스캐폴딩에 관여하길 제시한다. 모형은 어떻게 문제의 다른 형태가 가장 효과적인 스킬 개발을 촉진할 것 같은 인지부하와 연습 순서에 관계되는지를 제안한다. 전체 과제 연습 모형은 학습자를 van Merriënboer가 느끼기에 최대한의 통합을 촉진해야 하는 현실 과제로 이끈다.

9) Schank-Leaning by Doing

Schank의 모형은 명백하게 문제 중심적이고, 수업의 적용 단계를 매우 강조한다(Schank, Berman, & Macpherson, 1999). 이 모형에서는 활성화와 시연은 제한적이며, 통합은 확실하게 목표이기는 하지만 본질적으로 통합 과정을 지향하지는 않았다. 목표 기반 시나리오^{Goal-Based Scenario: GBS}는 학생들이 자신의 목표를 성취하기 위하여 대상 스킬을 연습하고 적절한 내용 지식을 사용함으로써 하나의 목표를 추구하는 learn-by-doing 시뮬레이션이다. "GBS에는 코치와 전문가를 포함하는 일곱 가지의 필수적인 요소(즉, 학습 목표, 미션, 커버 스토리, 역할, 시나리오 운영, 자원, 피드백)가 있다."(p. 173)

시나리오(즉, 문제)는 주의 깊게 정의된다. "GBS를 만드는 첫 단계는 학습자에게 동기부여가 되는 목표나 미션을 결정하는 일이다. 커버 스토리는 미션이 성취될 필요를 만드는 배경 이야기다. 가장 중요하게 고려해야 하는 것은 이야기가 학생에게 스킬을 연습할, 그리고 가르치고자 하는 지식을 추구할 기회를 충분히 주는지다. 역할은 학습자가 커버 스토리상의 어떤 역할을 수행할 것인지를 정의한다. 필요한 스킬을 연습하는 시나리오에서 어떤 역할이 가장 좋은지에 대해서 생각하는 것은 중요하다."(pp. 173-175)

Schank, Berman과 Macpherson은 새로운 사례(기억)가 기존의 사례(기억)로부터 개발된다는 점을 강조한다. 활성화는 이야기를 통하여 유도된다. "우리의 사례(기억) 저장고에 공헌하는 기억은 이야기 형태의 구체적인 활동이다. 정보를 전달하는 가장 좋은 방법은 자신이 이미 알고 있는 이야기의 확장(활성화)으로 학습자가 이해할 수 있는 이야기 레슨(표상)을 내재시키는 것이다."(p. 177)

시연은 시나리오의 맥락 내에서 제공된다. "우리가 제공하는 자원은 보통 학습자가 필요로 하는 정보에 대하여 이야기해 주는 (시연/예시) 전문가다. 정보는 주로 세 가지(즉, 행동의 결과, 과제를 통하여 학생에게 스캐폴딩하는 적시의 원천을 제공하는 코치, 그리고 유사한 경험에 대한 이야기를 말해 주는 영역 전문가) 방식으로 시나리오 운영 동안에 피드백을 통하여 제공된다."(pp. 177-178)

"시나리오 운영(적용)은 학생이 미션/목표를 달성하기 위해서 하는 모든 활동을 포함한다. 시나리오 운영은 학습자가 상호작용하는 동안 여러 시점에 명확한 결과를 보여 주어야 한다. 시나리오에 대하여 학습자에게 이야기하는 시간을 줄이고, 학생이 스킬을 연습하고 학습 목표를 망라하는 정보를 학습하는 데 더 많은 시간을 보내는 것은 중요하다."(pp. 175-176)

이 모형은 통합을 직접 언급하지는 않지만, 미션이 학습자의 흥미와 동기를 부여한다면 학습자는 사례(기억)를 내면화하고 나중에 현실에서 그리고 다른 수업 시나리오에서 사용할 수 있을 것이라고 가정한다.

9. 교수이론에 대한 리뷰

Gardner(출판 중)는 대부분의 이론이 으뜸원리들을 지지한다는 가정의 진실성을 보다 주의 깊게 판단하기 위해 교수이론에 대한 광범위한 검토를 실시하였다. 1999~2009년에 출판된 문헌 분석에서 22개의 이론이 발견되었는데, 여기에는 인지적 수업(제3장의 다섯 가지 형태의 구성요소 스킬 참조)에 초점을 둔 이론들과 처방된 구체적 수업 활동들이 포함되었다.

〈표 20-1〉은 이 검토에 포함된 22개 이론을 열거하고 있다. 이 책의 앞부분에서 인용한 이론들에는 별표 표기하였다. 22개 이론은 모두 하나 이상의 원리들을 강조한다. 7개 이론이 5개 원리 모두를 강조하고, 10개 이론에서 4개 원리가 언급되었으며, 4개 이론에서 3개 원리를, 1개 이론에서 2개 원리만 다루었다. 시연 원리는 21개의 이론에서, 적용 원리는 22개 전 이론에서, 문제 중심 원리는 18개의 이론에서, 활성화 원리는 12개에서, 통합 원리는 16개의 이론에서 강조되었다. 그러므로 으뜸원리는 현재의 교수이론들로부터 근본적인 지원을 받는데, 적용과 시연이 가장 많이, 다음으로 문제 중심이, 활성화와 통합은 가장 적게 강조된다. 이것은 제2장에서 논의한 개별적 원리들의 상대적인 공헌과 일치한다. 대부분의 이론에서 교수의 으뜸원리가 정당화된다고 볼 수 있다.

〈표 20-1〉 현행 교수이론에 대한 리뷰

저자	주제
* Nelson(1999)	협력적 문제해결
Beielaczyc & Collins(1999)	학습 공동체
Corno & Randi(1999)	자기조절 학습
* Gardner(1999)	이해에 대한 다양한 접근
Gibson(2009)	토론 접근
Hannafin, Land, & Oliver(1999)	개방학습 환경
Huitt, Monetti, & Hummel(2009)	직접 접근Direct Approach
* Jonassen(1999)	구성주의적 학습환경
Kovalik & McGeehan(1999)	주제 수업Thematic Instruction
Landa(1999)	사고의 일반적 방법
Larson, Johnson, Rutherford, & Bartlo(2009)	지수 집단 개념Quotient Group Concept
Lee & Paulus(2001)	웹 기반 학습에서의 상호작용
Lindsey & Berger(2009)	경험적 접근
Mayer(1999)	구성주의적 학습
Pogrow(1999)	강력한 학습환경

(계속)

Savery(2009)	문제 기반 접근
* Schank, Berman, & Macpherson(1999)	Learning by Doing
* Schwartz, Lin, Brophy, & Bransford(1999)	융통성 있는 적응적 교수
Snyder(2009)	성인을 위한 온라인 학습 커뮤니티
Wiske & Beatty(2009)	이해 촉진하기

10. 교수설계 이론에 대한 리뷰 결론

이 장의 앞 절에서 검토한 이론들과 모형들은 근본적으로 다른 교수의 원리를 바탕으로 하고 있을까? 그렇지 않다.

- 검토된 모든 이론과 모형은 으뜸원리의 일부를 통합한다.
- 검토된 오직 소수의 이론과 모형이 모든 으뜸원리를 포함한다.
- 검토된 어떤 이론과 모형은 이 책에서 설명하지 않는 원리나 처방을 포함한다.
- 검토된 어느 이론과 모형도 이 책에서 설명된 것과 반대되는 원리나 처방을 포함하지 않는다.

이 이론과 그 실행의 세부 사항을 설명하는 데 사용된 용어들은 유의미하게 다르다. 이 이론과 모형은 다른 원리들을 강조하는 경향이 있다. Gardner는 이해의 공공적 표출(즉, 통합)과 다른 종류의 지능(이 책의 처방에는 포함되지 않음)을 강조한다. Nelson은 협동을 강조한다. Jonassen은 학습 환경에서의 문제해결을 강조한다. Van Merriënboer는 문제 순서와 지원적인 정보의 순서를 강조한다. Schank는 이야기(시연의 한 형태)와 문제해결(사례)을 강조한다. 수업 및 교수 이론과 모형에 관한 연구의 조사는 이 문헌이 그 철학적 지향성과 무관하게 으뜸원리들과 유사한 원리들을 포함한다는 것을 보여 준다.

관련 자료

이 장에 있는 몇몇 자료는 다음의 출처에서 최초로 출판되었다.

Clark, R., & Mater, R. (2008). *e-Learning and the science of instruction* (3rd ed.). San Francisco: Pfeiffer. (이 저자들은 이 장에서 인용된 많은 처방을 진술하고 이 처방들을 지지하는 경험적 증거를 설명한다.)

Merrill, M. D. (2002a). First principles of instruction. *Educational Technology Research and Development*, *50*(3), 43-59.

Merrill, M. D. (2007a). First priciples of instruction: A synthesis. In R. A. Reiser & J. V. Dempsey (Eds.), *Trends and issues in instructional design and technology* (2nd ed.) (Vol. 2, pp. 62-71). Upper Saddle River, NJ: Merrill/Prentice Hall.

다음 장에서는

이 장에서는 교수의 으뜸원리들에 대한 간접적 근거, 즉 이 원리들을 지지하는 연구와 교수설계 이론에 대해 알아보았지만, 이에 대한 직접적인 검증은 제공되지 않았다. 제21장에서 교수의 으뜸원리들을 직접적으로 검증하는 연구를 검토한다.

●● **제21장** ●●

교수의 으뜸원리를 지지하는 직접적 연구 근거

미/리/보/기

이 장에서는 교수의 으뜸원리의 효과성을 직접적으로 평가하는 몇몇 공식적·비공식적 연구를 알아본다. 이 장은 다음의 질문들에 대해 답하고 있다. 교수의 으뜸원리를 실행하는 수업 산출물에서의 학습은 교수의 으뜸원리를 실행하지 않는 수업 산출물에서의 학습보다 더 효과적이고 효율적인가? 학습자는 교수의 으뜸원리를 실행하는 코스에서 더 많이 배운다고 인식하는가? 교수의 으뜸원리를 실행하는 코스가 학습자에게 더 매력적인가?

1. 도 입

제20장에서는 교수의 으뜸원리를 구체화하는 데 기여한 연구와 교수설계의 처방적 원리들을 인용하였다. 이 연구 중에서 어떤 것도 으뜸원리를 직접적으로 검증한 것은 없지만, 이 원리를 지지하는 결론을 내리고 있다. 이 장에서는 전체적으로 으뜸원리의 평가를 신중하게 시도한 선택적인 연구 노력을 설명하고자 한다. 이 연구 노력은 ① 으뜸원리 기반의 수업과 이 원리가 실행되지 않은 기존의 수업을 비교한 실험 연구, ② 으뜸원리의 사용과 수행 성과 및 흥미와의 상관관계를 평가하기 위한 학습자 코스 평가 연구, ③ 으뜸원리를 실행했지만 주의 깊게 통제된 실험 비교를 하지 않은 비공식적인 사례연구의 세 가지 범주로 나뉜다.

2. 실험 연구: EXCEL

컴퓨터 응용 소프트웨어 훈련 패키지의 주요 공급업체의 컨설턴트로서, 나는 Microsoft Excel 훈련 패키지의 효과성을 평가하는 연구를 지휘했다. Excel 문제를 해결하라고 요청을 하면, Excel 훈련을 마친 학습자는 그 문제를 완성하는 데 주저하거나 실제의 Excel 문제를 잘 수행하지 못했다(제11장에 이에 대한 설명이 있음).

이 연구에서 나온 결과에 대하여, 나는 공급업체가 교수의 으뜸원리를 기반으로 Excel을 가르칠 수 있도록 과제 중심 접근을 취할 것을 제안했다(Thomson Learning, 2002). 나는 문제 중심 접근이 기존에 있는 훈련 코스에 비하여 더 효과적이고 효율적이라고 가정했다. 학생들과 나는 Excel 코스의 문제 중심 버전 프로토타입을 개발했다. 이 프로토타입을 하나의 모형으로 사용하여, 공급업체는 자기의 전문 개발자들에게 다음 설명과 같이 문제 중심 Excel 코스를 개발하게 했다. 나는 이 개발 기간 동안 새로운 코스가 교수의 으뜸원리가 반영된 문제 중심 접근을 확실히 실행하도록 품질관리 컨설턴트로 일했다. 문제 중심 코스(회사에서는 '시나리오 기반' 코스라는 용어 사용)가 개발된 뒤, 코스의 새로운 버전과 이전의 버전을 비교하는 연구가 수행되었다. 이 연구는 다음의 설명과 같다.

1) 문 제

문제 중심 Excel 코스가 공급업체가 제공한 기존의 코스보다 더 효과적이고 효율적이며 매력적인가? 문제 중심 코스가 참가자들이 실제의 스프레드시트를 개발하는 데 더 열중하게 하는가?

2) 처 치

(1) 주제 중심 튜토리얼

공급업체의 기존 프로그램은 각 Excel 명령어를 하나씩 가르치는 주제 중심의 튜토리얼이다(이것은 아이들의 놀이인 '사이먼 가라사대' 교수전략이다). 스프레드시트는 가상으로 시뮬레이션된다. 학습자는 구체적인 명령어를 완성하도록 요구된다. 명령어가 바르게 실행된다면 스프레드시트는 실제로 적용된 것처럼 반응한다. 만약 명령어가 제대로 실행되지 않으면 학습자에겐 프롬프트가 주어지고 다시 그 명령어를 실행하도록 요구한다. 학습자의 반응이 또다시 틀리면 스프레드시트는 명령어를 실행하고 학습자에게 결과를 보여 준다. 이렇게 모든 명령어를 하나씩 가르친다. 코스의 마지막에 있는 퀴즈는 많은 명령어를 하나씩 테스트한다.

(2) 문제 중심 튜토리얼

우리의 도움으로 공급업체는 이 코스의 문제 중심 전략을 개발했다. 이 새 코스는 다음의 전략을 사용했다. 수업은 다섯 가지의 점점 어려워지는 스프레드시트 문제들의 연속으로 구성된다. 이 책의 앞에서 설명한 교수의 으뜸원리 처방에 따라서, 문제들을 시연과 적용을 사용해서 배운다. 문제 1과 문제 2는 풀이가 제시된 예제 또는 시연이었고, 문제 3과 문제 4는 코칭이 있는 적용 문제였다. 문제 5는 코칭이 없는 적용 문제였다. 〈표 21-1〉은 문제 1, 문제 2, 문제 3을 보여 준다.

〈표 21-1〉 문제 전개상의 첫 세 가지 문제

코스에서 각 문제는 이전과 이후^{before-and-after}의 스프레드시트와 관련된다. 이전 스프레드시트는 이후 스프레드시트를 구성하는 자료를 제공한다. 이후 스프레드시트는 학습자가 스프레드시트의 자신의 버전을 완성한 후에 학습자에게 피드백을 주기 위하여 사용되었다. 채점을 촉진하기 위하여 학습자에게는 자료 투입을 시작할 셀의 기본적 포매팅을 위한 최소한의 지시가 제공되었다.

문제 1
Susan은 레스토랑을 새로 개업하였는데, 매우 성공적이어서 사업을 확장하고자 한다. 이를 위해서는 은행에서 대출을 받아야 하는데, 프레젠테이션을 정확하게 잘 설계해야 대출을 받는 데 유리하다. 당신은 Susan을 위해 지난달의 매출을 정리한 표를 만들어 주기로 하였다.

문제 2
Susan은 총 점심 수입 워크시트를 그녀의 주요 공급자이자 은행 대출을 성공적으로 받은 경험이 있는 Isaac에게 주었다. 그는 당신이 만든 자료가 인상적이라고 하며 세 가지를 개선할 것을 제안하였다. 첫째, 매출 비율 칸을 새로 추가한다. 둘째, 표의 테두리와 음영을 넣는다. 셋째, 인쇄되었을 때 전문적인 인상을 주기 위해 페이지 레이아웃을 수정한다.

문제 3
Susan은 사업을 확장하였다. 그녀의 사업은 더욱 바빠졌고 더 많은 직원을 고용해야 한다. 신규 채용 요건을 판단하기 위해 Susan은 사업 확장 전후의 고객 수를 세어 보았다. 4주 간격으로 실시하였으며, 당신은 이를 계산하는 것을 도와주기로 하였다.

문제 3과 문제 4는 안내가 있는 적용 문제다. 이 문제들은 〈표 21-2〉에 있는 지시를 사용하여 배운다.

〈표 21-2〉 코칭이 있는 적용 문제 3과 문제 4를 위한 상세한 지시

문제 3과 문제 4

지시문: 이전 시나리오에서 여러분은 문제를 완료하기 위한 명령문의 적용 단계들을 안내받았다. 이번 시나리오에서는 이러한 단계에 대한 안내는 주어지지 않을 것이다. 우선 이 시나리오를 완료하는 데 있어 필요한 명령문을 가르치는 모듈을 리뷰할 것이다. 그리고 나서 시나리오 상황에 맞추어 스스로 과제를 수행할 것이다. 도움이 필요하면 각 과제 마지막의 연습에 제시되는 학습자 안내를 보라. 이 안내를 보기 전에 먼저 과제를 수행해 보아야 더 많은 것을 배울 수 있으므로 어려움을 겪을 때에만 이 안내를 활용하라. 각 과제를 수행한 후 여러분이 작성한 것과 비교해 볼 수 있는 스프레드시트가 제시될 것이다. 이 시나리오에서는 새로운 워크시트를 설계할 것이다.

지시문: 다음의 명령어는 문제 3을 완성하는 데 필요하다. 각 주제를 클릭하여 이 명령어들을 학습하시오. [각 문제는 학습자에게 그 문제에 적절한 새로운 명령어를 학습할 것을 요구한다.]

(계속)

지시문:

    D1에 당신의 사용자 ID를 입력한다.

    B9, C9, D9에 수입 공식을 생성한다.

    B15, C17, D17에 비용 공식을 생성한다.

    최종 워크시트를 위하여 B17, C17, D17에 이익/손실 공식을 생성한다.

만약 문제 1과 문제 2를 완성했다면, 이 정보를 다뤘기 때문에 공식을 만드는 데 익숙할 것이다. 이 연습에서 공식을 만드는 상세한 안내는 문제의 마지막에 있는 '학습자 안내'에서 제공된다.

숫자값을 단순히 입력하기만 해서는 안 된다. 적절한 공식을 적용할 필요가 있다. 당신은 문제 1과 문제 2에 대한 수입, 비용, 이익/손실 공식을 성공적으로 만들었다. 이 시점에서 당신의 워크시트는 다음과 같은 자료를 담고 있어야 한다.

[여기에 자료가 주어진다.]

당신의 워크시트를 마치면 다음과 같은 완성된 워크시트가 될 것이다. 그렇지 않다면 다시 시도해 보거나 '학습자 안내' 부분으로 갈 수 있다. [학습자는 자신의 워크시트 설계를 마쳤을 때만 최종의 워크시트를 볼 수 있다.]

[여기에 최종의 워크시트가 보인다.]

문제 전개에서 문제 5는 코칭이 없는 적용 문제다. 형태는 앞의 문제들에서 보여 준 것과 비슷하다. 학습자는 먼저 명령어를 위한 사이먼 가라사대 튜토리얼을 사용하여 적절한 명령어를 공부하도록 지시받았다. 학습자는 스프레드시트를 완성하기 위하여 주어진 자료를 사용해야 한다. 문제 5를 위한 지시문은 〈표 21-3〉에서 볼 수 있다.

〈표 21-3〉 문제 5의 지시

문제 5

지시문: 이 문제에는 학습자 안내가 없다. 당신의 워크시트가 주어진 샘플 워크시트와 일치하지 않으면, Excel 코스로 돌아가서 적절한 모듈을 검토해 보시오.

지시문: 다음의 명령어는 문제 3을 완성하는 데 필요하다. 각 주제를 클릭하고 이 명령어들을 공부하시오.

[각 문제는 학습자가 그 문제에 적절한 새로운 명령어를 공부할 필요가 있다.]

지시:

    1단계: D1에 당신의 사용자 ID를 넣으시오. G열에 합계를 계산하는 공식을 추가하고 18행에 소수점 없이 비용을 생성하시오.

    2단계: 자료를 포맷하시오. 표 제목에는 12포인트 볼드체를 사용하시오.

[여기에 부가적인 지시가 계속된다.]

(3) 평가 문제

세 가지의 실제적 스프레드시트 과제로 대상 내용에 대한 최종의 세 문제를 구성하였다. 이들은 코칭이나 안내가 없는 적용 문제다. 학습자는 배운 것을 이 새로운 스프레드시트 문제에 적용해야 한다. 이 문제들에서는 학습자가 Excel의 Help 시스템을 사용하거나 Help를 위한 구성요소 스킬 수업으로 돌아가는 것을 허용하지 않는다. 학습자는 자신의 이전 수업만을 기반으로 명령어들을 기억하고 사용해야 한다. 〈표 21-4〉는 최종 과제 중의 하나에 제공된 지시를 설명한다. 이 과제는 Excel의 실질적인 적용을 반영하기 위하여 개발되었다.

〈표 21-4〉 학습자 수행 평가를 위한 최종 스프레드시트 문제의 지시

문제 6

지시문: 이 문제에서 당신은 Microsoft Excel 2000의 지식을 하나의 워크시트를 재설계하는 데 적용해야 한다. Jake는 프랑스 휴가에서 돌아왔다. 그는 휴가 예산을 계획했고 실제와 계획된 비용을 비교하고 싶어 한다. 그는 정확한 환율을 잘 모른다. 당신은 Jake를 위해 이 일을 해 주기로 약속했다.

Jake는 휴가라는 제목의 워크시트에 다음와 같은 기본 정보를 주었다. [여기에 워크시트가 나타난다.]
당신은 다음의 보기와 같이 워크시트의 공식을 만들고 재설계해야 한다. [여기에 최종 워크시트가 나타난다.]

목 표

- 예시의 행, 열과 당신이 설계한 것이 동일한지 확인하라.
- 1행 아래에 새로운 행을 삽입한다.
- 구매한 물건의 가격을 $ 단위로 계산한다.
- 예산과 구매한 물건의 가격 차이를 $ 단위로 계산한다.
- 4개 행의 합계를 각각 계산한다.
- 5개 행에 대한 제목을 가운데 정렬, 두껍게 하고 글자 크기를 12포인트로 바꾼다.
- 각 물건 행의 글자를 이탤릭체로 바꾼다.
- 합계 행을 두껍게 바꾼다.
- 환율 열의 제목은 제외하고 모든 열의 제목들을 두껍게 바꾼다.
- 숫자 칸을 오른쪽 정렬한다.
- 환율 열을 제외하고, 숫자들을 천 단위에서 ,을 찍고 소수점 두 자리까지 표기하며, 마이너스는 빨간색으로 한다.
- 환율 자료를 제외하고 모든 자료의 테두리를 두 줄 겹선으로 바꾼다.
- 열의 제목을 음영 표기하되, 어두운 녹색 배경에 흰 글자색으로 바꾼다.
- 환율을 6.685로 바꾼다. 총 차액이 커졌는가 작아졌는가?
- 파일명을 비용최종으로 저장한다.

---

(4) 수행 채점

두 연구자가 표준화된 채점표를 사용하여 최종 과제를 독립적으로 채점하였다. 두 평정자 간 일치도는 98%로 매우 높은 수준이고 채점 과정의 정확성을 강하게 지지한다. 세 가지의 최종 과제에 대한 내적 일관성 신뢰도는 94%로 과제는 그들이 측정하려는 것, 즉 Excel 워크시트를 옳게 설계하는 능력을 일관성 있게 측정함을 나타낸다.

3) 설 계

실험 설계는 3집단으로 구성되었다. 집단 1에게는 앞서 설명한 수정된 문제 중심 전략이 제공되었고, 집단 2에게는 앞서 설명한 주제 중심 전략이 제공되었으며, 집단 3에게는 훈련 전략에 참여하지 않고 3개의 최종 문제 기반 스프레드시트를 완성하도록 요구했다. 어떤 집단도 온라인 Help에 접속하지 않았다. 모든 집단은 3개의 최종 평가문제를 완성하도록 요구되었다. 모든 집단은 온라인 멘토와 FAQ(자주 묻는 질문들)에 접근할 수 있었다.

4) 참가자

공급업체는 자기의 고객사 자원자들에게 이 연구에 참여하도록 요청했다. 참가자는 항공우주, 컴퓨팅, 퇴임 중역, 미국과 아일랜드의 대학원생들로 구성되었다. 참가자는 각 집단에 무선으로 할당되었다. 문제 중심 집단인 집단 1에는 49명의 참가자가, 주제 중심 집단인 집단 2에도 49명의 참가자가, 비훈련 집단인 집단 3에는 30명의 참가자가 있었다.

5) 방 법

코스 문제와 평가 문제는 회사의 웹사이트를 통해 온라인으로 실행되었다. 학생들은 다양한 장소에서 참여했다. 모든 참가자는 웹사이트를 운영하는 방법, 코스 자료와 상호작용하는 방법, 실제의 Excel 소프트웨어 애플리케이션에 반응하는 방법, 평가를 위한 최종 프로젝트를 온라인에 제출하는 방법 등에 대한 지시문을 받았다. 보통 Excel 애플리케이션에서 사용 가능한 Help 시스템은 최종의 문제 3에서는 작동이 안 되었기에 학생들은 이 과제들을 완성하기 위해서 코스에서 그들이 배운 것에 의존해야 했다.

6) 결 과

최종의 세 가지 적용 문제에서, 문제 중심 집단은 평균 89%, 주제 중심 집단은 68% 그리고 통제집단은 34%의 정답을 보였다. 최종의 세 문제를 완성하는 데 걸리는 시간은 문제 중심 집단은 29분, 주제 중심 집단은 49분이었지만, 대부분의 통제 집단은 과제를 마칠 수 없어서 시간 자료가 기록되지 않았다. 이런 차이들은 .001 수준에서 유의미하게 나타났다. 마지막으로, 질적인 질문에서, 문제 중심 집단은 주제 중심 집단보다 코스의 만족도에서 크게 좋게 나타났다.

7) 논 의

수정된 코스에서 실행된 문제 중심 전략은 제6장과 제7장에서 설명한 문제 중심 수업 전략을 명백하게 보여 주고 있다. 코스는 5개의 점차적으로 복잡해지는 과제의 전개로 구성된다. 각 과제는 학습자에게 보이고, 과제에 의하여 요구되는 요소 '~에 대한 방법$^{how-to}$' 스킬은 사이먼 가라사대 수업 전략을 통하여 학생에게 시연된다. 이 스킬은 첫 두 문제에서 문제로 시연되었다. 학습자는 이 스킬을 문제 3과 문제 4에 코칭과 함께 적용해야 하며, 문제 5에서는 코칭 없이 적용해야 한다. 코스에서 사용된 모든 매체는 적절했고 설명적 텍스트와 함께 제시되었다. 수업 전개에는 5개의 문제가 있었고 적용 평가에는 3개의 부가적인 문제가 있었다. 이 연구는 활성화 원리에 대한 구조적 프레임워크가 포함되지 않았고 통합 원리의 촉진을 위한 동료 상호작용이 실행되지 않았다. 결과는 공급업체의 가용한 코스를 수업의 으뜸원리 기반의 문제 중심 코스로 수정하면 코스를 완성하는 학습자의 효과성, 효율성, 매력성이 유의미하게 증가됨을 명백하게 보여 준다.

3. 실험 연구: FLASH 프로그래밍

학위 논문에서 Rosenberg-Kima(2011)는 Flash로 프로그래밍하는 것을 배우는 과제 중심 대 주제 중심 교수전략을 비교하였다.

1) 문 제

이 연구의 목적은 문제해결을 가르치는 데 과제 중심 접근이 주제 중심 접근보다도 탁월한지를 조사하는 것이다. 주요 연구 질문은 수업 전략(과제 중심 대 주제 중심)이 ① 스킬 개발 수행과 프로세스 개발 수행(근전이 대 원전이)에, ② 시간과 과제에, 그리고 ③ 학습 태도에 효과가 있는가다.

2) 처 치

두 가지의 컴퓨터 기반 수업 전략이 사용된다. 처치는 2시간 Flash 모듈의 형태로 컴퓨터실에서 제시된다.

(1) 과제 중심

과제 중심의 조건에서, 학습자에게 점점 난이도가 증가하는 3개의 전체 과제가 제시되었다. 과제 1은 동물에 대한 슬라이드쇼를, 과제 2는 가상의 '애완용 동물원'을, 과제 3은 내비게이션 시스템(사용자가 어떤 동물을 클릭하면 그 동물과 연관된 정보 페이지로 이동함)을 만들었다. 이 세 가지 각 과제는 전체 과제의 모든 요소를 포함한다. 예를 들어, 과제 1에서 학습자는 시간, 텍스트, 버튼의 기본을 학습했다.

(2) 주제 중심

한편 주제 중심의 조건에서는 어떤 과제도 학습자에게 제시되지 않았다. 대신에 목표가 각 주제 부분(시간, 동적인 텍스트, 버튼)의 시작에 제시된다. 즉, 주제 중심의 조건에서는 세 단계 각각이 주제들 중의 한 가지만 언급한다. 수업의 순서와 맥락은 다르지만 그 수업의 내용(예: 정적 텍스트 추가하는 방법)은 각 조건에서 동일하다는 것에 주목할 필요가 있다. [그림 21-1]은 이 두 가지의 처치 조건에서 개별적인 주제들의 순서를 보여 준다.

[그림 21-1] Flash 프로그래밍 처치 조건에서 주제의 순서

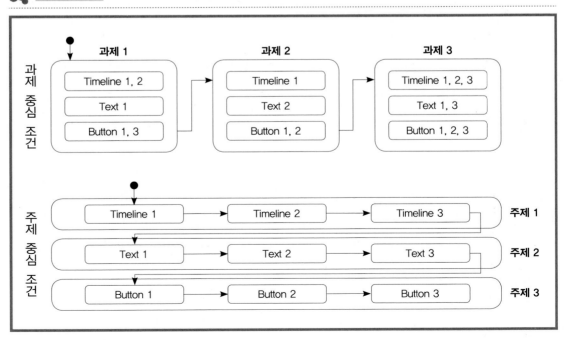

3) 종속변인

여섯 가지 종속변인이 있는데, 여기에는 모듈 과제의 수행, 사후검사 스킬 개발, 사후검사 근전이 프로세스 개발, 사후검사 원전이 프로세스 개발, 과제 시간 그리고 수업 태도가 포함된다.

모듈 과제의 수행에 대해서는 참가자들은 주제 중심 조건에서는 각 주제의 끝에, 과제 중심의 조건에서는 각 과제의 끝에 Flash 파일을 완성한다. 사후검사 스킬 개발에 대해서는 학생은 구체적인 수업 후에 단순한 Flash 애플리케이션을 개발했다. 근전이 프로세스 개발에 대해서는 학생에게는 자신에게 보인 그리고 이 애플리케이션을 만드는 방법에 대한 이야기 설명을 제공해야 하는 보기와 유사한 Flash 애플리케이션이 주어진다. 원전이 프로세스 개발에 대해서는 학생에게는 자신에게 보인 그러나 같은 스킬을 요구하는, 이 애플리케이션을 만드는 방법에 대한 이야기 설명을 제공해야 하는 보기와 다른 Flash 애플리케이션이 주어진다. 과제 시간에 대해서는 6개의 시간 측정치, 즉 3개의 모듈 각각의 시간과 3개의 사후 과제 각각의 시간이 기록되었다. 수업 태도는 Keller(1993)의 교수자료 동기 설문^Instructional Materials Motivational Survey을 사용하여 측정하였다.

4) 참가자

연구 참가자들은 이 연구에 자발적으로 참여한 미국 남동부에 있는 어느 대학교의 대학원과 학부생 65명이다. 컴퓨터 프로그래밍에 대한 사전 지식은 요구되지 않았다. 참가자들은 두 개의 처치 조건에 무선 할당되었다. 학생들은 이 연구에 참여함으로써 약간의 현금과 점수를 받았다.

5) 결 과

모든 세 가지의 사후검사 수행 측정치에서 과제 중심 집단이 주제 중심 집단보다 우월한 결과를 보였다. 모든 차이는 통계적으로 유의하였다. 각 측정치는 10점 척도로 채점되었다. 스킬 개발에서는 과제 중심 집단이 9.0점, 주제 중심 집단이 7.5점이었고($p < 0.25$), 근전이 사후검사에서는 과제 중심 집단이 8.3점, 주제 중심 집단이 6.3점이었으며($p < 0.01$), 원전이 사후검사에서는 과제 중심 집단이 7.9점, 주제 중심 집단이 5.9점이었다($p < 0.01$).

사후검사 과제를 완성하는 데 필요한 시간에 대한 처치 집단 간의 차이는 없었다. 다만 파트 1과 파트 2에서는 과제 중심 집단이 오래 걸렸고, 파트 3에서는 주제 중심 집단이 오래 걸렸다. 전체 학습 시간에서는 두 집단 간의 차이가 없었다.

태도 검사와 관련하여 관련성^relevance과 자신감^confidence 척도에서는 과제 중심 집단이 주제 중심 집단보다는 유의미하게 좋은 결과가 나왔다. 주의^attention와 만족감^satisfaction 척도에서는 두 집단

간에 차이가 없었다.

처치는 '~에 대한 방법how-to task'의 전략 처방을 실행했다. 차이는 문제 중심 접근과 주제 지향 접근의 사용이었다. 조심스럽게 통제된 비교에서, 자료는 분명히 문제 중심 접근의 혜택을 지지한다. Rosenberg-Kima는 또한 왜 과제 중심의 접근이 우수한지를 설명하는 이론적 모형을 지지하는 자료를 수집했다. 이 모형과 지지하는 자료에 대한 상세한 논의는 이 책의 범위를 넘어선다.

4. 학생 평가: FRICK

교수에 대한 학생 평가는 대부분의 대학에서 진행되고 있다. 그러나 이 척도는 너무 일반적이고 학생이 어느 특별한 항목에 낮게 반응하더라도 코스 설계를 향상시킬 수 있는 처방 항목을 포함하지 않는다. Frick과 동료들은 교수의 으뜸원리에 구체적인 항목을 포함할 수 있도록 전형적인 학습자 평가 양식을 수정했다(Frick, Chadha, Watson, Wang, & Green, 2009; Frick, Chadha, Wantson, & Wang, 2010; Frick, Chadha, Watson, & Zlatkovska, 2010).

이 새로운 교수-학습 품질Teaching and Learning Quality: TALQ 척도는 학습자가 코스의 전반적인 품질을 평가하는 전반적 문항, 학습자가 노력의 양을 추정하게 하는 학구적인 학습 시간 문항, 학습자가 코스에서 얼마나 잘 배웠다고 느꼈는지를 나타내는 학습 척도, 그리고 학습자가 코스를 얼마나 좋아하는지를 나타내는 학습자 만족도 문항을 포함한다. 〈표 21-5〉는 범주로 모아진 9개 척도의 문항들을 보여 준다. Cronbach의 알파(α)는 각 척도 내의 내적 일관성의 측정치다. 각 척도 내의 개별적 문항들은 상관이 높기 때문에 분석을 목적으로 각 점수는 각 척도에 따라서 계산된다. 문항들은 학생에게 시행될 때 무선으로 제시된다.

〈표 21-5〉 교수-학습 품질 척도[1]

문항 범주	세부 문항[2]
학구적 학습 시간: Cronbach α=0.85	• 나는 이 코스의 프로젝트, 숙제, 문제, 학습 활동을 자주 매우 잘하였다. • 나는 과제, 프로젝트, 숙제에 많은 시간을 보냈고, 교수자는 나의 과제물의 품질에 대해 높게 평가했다. • 나는 이 코스에 많은 시간과 노력을 쏟았고 그 대가가 있었다. 즉, 나는 전반적으로 내가 매우 잘했다고 믿는다.
학습 진보(2수준): Cronbach α=0.97	• 이 코스를 듣기 전에 내가 알고 있었던 것과 비교하면 나는 많이 배웠다. • 나는 이 코스에서 많이 배웠다. • 이 코스를 시작했을 때를 회고하면 나의 스킬과 지식은 많이 향상되었다. • 나는 이 코스에서 배운 것이 거의 없다. (−)[3] • 나는 이 코스를 들은 결과로 많이 배우지 못하였다. (−)

(계속)

학생 만족도(1수준): Cronbach α=0.94	• 나는 이 코스에 만족하지 않는다. (−) • 이 코스는 시간과 돈의 낭비였다. (−) • 나는 이 코스에 매우 만족한다.
전반적인 코스 평정: Cronbach α=0.94	• 전반적으로 나는 이 코스의 질이 탁월하다고 본다. • 전반적으로 나는 이 교수자가 탁월하다고 본다. • 전반적으로 나는 이 교수자를 다른 사람에게 추천하고 싶다.
문제 중심의 원리: Cronbach α=0.81	• 나는 이 코스에서 점차 복잡한 진정한 과제들을 수행했다. • 나는 이 코스에서 실제적인 문제를 풀거나 실제적인 과제를 완성했다. • 나는 이 코스에서 단순한 것에서 복잡한 것으로 조직된 다양한 실제적인 문제들을 풀었다.
활성화의 원리: Cronbach α=0.91	• 나는 계속적으로 나에게 새롭고 친숙하지 않은 아이디어와 스킬의 학습을 돕는 경험에 참여했다. • 교수자는 새로운 지식과 스킬을 정신적으로 조직하도록 돕는 학습 구조를 제공하였다. • 나는 이 코스에서 나의 과거 경험을 새로운 아이디어와 내가 학습하고 있었던 스킬에 연결할 수 있었다. • 나는 이 코스에서 나의 과거 경험을 이끌어 낼 수 없었고, 그것을 내가 학습하고 있었던 새로운 것에 관련지을 수 없었다. (−)
시연의 원리: Cronbach α=0.88	• 교수자는 내가 이 코스에서 배우기를 기대한 스킬을 시연하였다. • 교수자는 내가 배우기를 기대했던 개념의 예시와 비예시를 제공했다. • 교수자는 내가 배우기를 기대했던 스킬을 시연하지 않았다. (−) • 교수자는 같은 아이디어나 스킬을 이해하는 대안적인 방법을 제공하였다.
적용의 원리: Cronbach α=0.74	• 교수자는 내가 문제를 풀거나 학습 과제를 수행하거나 숙제를 완성할 때 내가 하는 실수들을 찾아내서 교정하여 주었다. • 교수자는 이 코스 중에 나의 학습과 수행이 향상됨에 따라 점차 코칭과 피드백을 줄여 나갔다. • 나는 내가 이 코스에서 배운 것을 실천하거나 시행하는 기회를 가졌다. • 나의 과목 교수자는 내가 배우고자 하는 것에 관하여 나에게 개인적 피드백이나 적절한 코칭을 제공했다.
통합의 원리: Cronbach α=0.81	• 나는 이 코스에서 내가 배운 것을 어떻게 개인적으로 사용할 것인가를 탐구할 기회를 가졌다. • 나는 내가 이 코스에서 학습한 것을 실제의 상황에 적용할 수 있는 방법을 안다. • 나는 이 과목에서 학습한 것을 다른 사람에게 공개적으로 시연할 수 있다. • 나는 이 코스에서 내가 배운 것을 성찰하고 다른 사람들과 논의하며 방어할 수 있었다.

(계속)

- 나는 이 코스에서 내가 배운 것을 나의 선택된 전문직과 분야에 적용하기를 기대하지 않는다. (−)
- 이 코스에서 내가 수행한 숙제, 과제 또는 문제는 나의 전문적 목적이나 일하는 분야에 명백하게 적절하다.

주 1. 판권은 Theodore Frick에게 있음
 2. 각 문항은 Likert 척도(매우 동의하지 않음−동의하지 않음−결정할 수 없음−동의함−매우 동의함)를 사용
 3. (−) 문항은 부정적이어서 문항 분석에서는 점수가 역으로 계산됨

1) 연구 1

첫 연구에서는 이 새로운 평가 척도를 이용하여 경영학, 의학, 교육, 영어, 컴퓨터 공학을 포함하는 모든 과목 영역을 대표하는 111개의 과목에 등록된 193명의 학생으로부터 평가 자료를 수집하였다(Frick, Chadha, Watson, & Wang, 2010). 참가자는 1/3이 학부생이고 2/3가 대학원생이며, 60%가 여자이고 40%가 남자였다. 약 60%가 면대면 수업이고, 40%가 온라인 수업이었다.

이 연구에서 다음과 같은 통계적으로 유의미한 상관관계를 알아냈다. 교수의 으뜸원리는 학구적 학습 시간($r=0.67$), 인지된 학습($r=0.83$), 학습 만족도($r=0.85$), 그리고 탁월한 교수자와 코스($r=0.89$)와 관계가 있다.

2) 연구 2

두 번째 연구에는 여러 개의 기관에서 89개의 다른 코스에 등록된 140명의 학생이 포함되었다(Frick, Chadha, Watson, Wang, & Green, 2009). 이 코스들은 경영학, 의학, 교육, 컴퓨터와 공학 분야를 포함하였다. 93명의 여자와 43명의 남자로 구성되었고, 모두 대학교의 학부생과 대학원생들이었다. 성별이나 다른 어떤 변인에서 차이가 없었다.

자료 분석에 따르면, 교수의 으뜸원리가 포함되었다는 인식은 학구적 학습 시간($r=0.68$), 학습 진보($r=0.82$), 코스 만족도($r=0.83$), 학습 자료에 대한 지각된 숙달($r=0.34$), 클래스의 전반적인 평가($r=0.73$), 그리고 전반적인 교수자 평가($r=0.87$)와 상관이 있는 것으로 나타났다. 모든 상관관계는 유의미했다($p<0.0005$).

"시간에 대한 패턴과 구조 분석mapping and analyzing patterns and structures across time: MAPSAT 결과는 학생들이 교수의 으뜸원리가 사용되고 학생들이 성공적으로 자주 관여된다고 동의할 때, 학생들이 많이 학습했고 코스에서 만족한다고 동의하는 비율이 3~5배가 된다는 것을 나타냈다. 그리고 학생들이 으뜸원리와 학구적 학습 시간academic learning time: ALT이 일어났다고 보고될 때가 (일어나지 않았다고 할 때보다) 9배 더 많이 코스 목표 숙달을 보고하는 경향이 있다. 이 연구의 결과는 교

수의 으뜸원리가 강력한 경험적 근거를 가지고 있다는 것을 의미한다."(Frick, Chadha, Watson, Wang, & Green, 2009, p. 713)

3) 연구 3

앞선 연구들에 대한 비판 중 하나는 학생들이 학습 수준을 자기-보고했다는 것이었다. 세 번째 연구는 경영학, 철학, 역사, 운동역학, 사회사업, 컴퓨터 과학, 간호학을 포함하는 12개 수업의 490명의 학생과 수행되었다(Frick, Chadha, Watson, & Zlatkovska, 2010). 이 수업들에서 교수자는 학생들의 코스 숙달^{mastery}을 평가했다. 이 연구에서 다음의 상관을 파악했다.

- 으뜸원리는 코스의 전반적 평가와 교수자의 질($r = 0.75$), 학생 만족도($r = 0.77$), 학구적 학습 시간($r = 0.57$), 그리고 인식된 학습 진보($r = 0.72$)와 관계 있다.
- 학구적 학습 시간은 전반적인 평가($r = 0.53$), 학생 만족도($r = 0.56$), 인식된 학생 진보($r = 0.51$), 학생 숙달에 대한 교수자의 평가($r = 0.39$)와 관계 있다.
- 인식된 학습 진보는 학생 숙달에 대한 교수자의 평가($r = 0.43$)와 관계 있다.
- 이 연구에서 학생의 70%는 으뜸원리가 그들이 평가한 코스에 적용되었음에 동의했다. 물론 90%가 학생들 자신이 코스에 만족하고 많이 배웠으며 탁월한 교수자이고 코스였다고 하였다.

이 장에서 필자는 교수의 으뜸원리가 사용될 때 학습이 촉진될 것이라고 주장한다. Frick과 동료들은 "우리는 예측 없이 우리의 조사 도구에 이런 문항들을 넣을 생각은 하지 않았을 것이다."라고 하였다. 이 예측은 이 연구들에서 지지되었다.

5. 비형식적 적용

1) Shell EP

으뜸원리들은 자신의 코스를 평가하고 재설계를 위하여 Shell EP에 의하여 사용된 도구의 기초를 형성했다(Margaryan & Collis, 2005). 이 도구는 으뜸원리에 따라서 재설계된 65개의 코스보다도 더 많이 적용된 도구다. 12개 코스는 상세하게 연구되었다. 코스 검사 값(으뜸원리 점수)은 참가자 평가 자료와 교수자의 성찰과 비교된다. 참가자와 교수자는 문제 중심의 으뜸원리 코스는 자신들의 사업에 더 적절하고, 더 효과적이고 깊은 학습을 촉진하며, 직장에서 달성된 스킬의 더 많은 적용을 야기한다고 지적했다(Margaryan, 2006).

2) 창업자 코스

개발도상국의 학생을 위한 원격 창업 코스는 교수의 으뜸원리와 Pebble-in-the-Pond 접근을 사용하는 브리검영 대학교 하와이 캠퍼스에서 개발되었다(Mendenhall, Buhanan, Suhaka, Mills, Gibson, & Merrill, 2006). 사업 시작을 위한 여섯 가지 원리는 5개의 작은 사업의 맥락에서 배웠다(제7장 참조). 최종 점검을 위해서 학습자가 여섯 번째의 작은 사업을 위한 사업 계획을 평가할 필요가 있다. 시범 연구에서는 몇 개의 경영학 코스를 이수한 8명의 경영학 전공자의 시험 성적과 오직 이 새로운 코스를 마친 12명의 비경영학 전공자를 비교했다. 12명 중에서 7명이 경영학 전공자들과 마찬가지의 시험 성적을 획득했다. 이 코스가 아직도 사용되고 있지만, 나는 더 이상의 형성평가는 없었던 것으로 알고 있다.

3) 생물학 기초 코스

브리검영 대학교 하와이 캠퍼스의 생물학 기초 코스는 제7장에서 설명된 것처럼 교수의 으뜸원리를 기반으로 수정되었다. 이 코스는 2개 클래스에서 89명의 학생과 형성평가를 했다. 이 평가에는 교실 관찰, 교수자 관찰, 교실 조사, 온라인 토론 관찰 등이 포함되었다. 교실 관찰에서는 대부분의 학생이 문제에 대한 집단 토론에 적극적으로 참여하는 것으로 파악되었다. 교수자는 학생들이 행한 온라인 문제해결책들 중 몇 가지는 보다 경험 있는 생물학 전공 학생들이 만든 결론과 비슷했다고 지적했다.

4) 혼인 관계 코스

나는 교수의 으뜸원리가 잘 알려지고 자주 사용된다고 듣는다. 그러나 Barclay, Gur와 Wu(2004)가 수행한 연구에서는 혼인 관계에 대한 수업을 제공한 5개국의 1,400개 이상의 웹사이트를 분석했다. 이 연구에 포함된 웹사이트는 결혼 전문가, 상담사, 성직자, 그리고 가족에 관련된 다른 전문가가 만들었다. 각 사이트는 교수의 으뜸원리들이 실행되는 정도에 따라 17점 척도에서 채점되었다. 국가별 평균 점수는 이 교수 원리들이 거의 사용되지 않음을 나타낸다. 〈표 21-6〉은 이 연구에 포함된 국가들, 각 나라에서 분석된 웹사이트 수, 각 나라 웹사이트에서 최고의 점수, 그리고 각 나라의 평균 점수를 보여 준다.

〈표 21-6〉 혼인 관계 코스에서 교수의 으뜸원리의 사용

국가	웹사이트 수	최고 점수	평균 점수
호주	202	6	0.11
중국	551	2	0.02
프랑스	257	6	0.12
터키	42	6	0.17
미국	410	7	0.13

웹사이트의 최고 점수는 7.0이고, 이는 최고의 점수를 보인 사이트에서도 이 원리들의 반 미만이 사용된다는 의미다. 평균 점수는 대부분의 웹사이트에서 아무 원리도 사용하지 않는다는 것을 나타낸다. 결과적으로 소위 '수업 웹사이트'라는 곳에서 교수설계 이론가들이 수업의 효과성, 효율성, 매력성의 기초로 여기는 이 원리들이 실행되지 않는다는 것이다. 그러나 이 연구는 이 원리들이 실행되는지 않는지만을 나타낸다. 이 연구는 학생의 수행에 대한 이 원리들의 공헌에 대한 정보, 또는 점수가 낮은 사이트가 점수가 높은 사이트보다도 이 원리의 실행을 덜 가르치는지를 제공하지는 않는다.

6. 요 약

교수의 으뜸원리가 e³에 공헌한 것을 직접적으로 평가하는 더 잘 통제된 연구가 필요하다. 그러나 여기에 보고된 연구에 따르면, 교수의 으뜸원리는 다른 형태의 수업에 비해 효과성을 향상하고 효율성을 높이며 학습자의 관여를 증가시킨다. 이 책은 연구자들이 더 주의 깊게 통제된 이 원리들에 대한 연구를 착수하는 충분한 동기를 제공할 것으로 기대한다.

> **다음 장에서는**
>
> 제22장은 이 책의 결론을 내리는 장이다. 이 장은 필자가 교수설계에 대한 상세한 접근을 하게 한 것이 무엇인지를 회고하고 교수의 으뜸원리가 교수공학의 미래에 어떻게 영향을 줄 것인가를 예측한다. 이 장은 여러분이 교수의 으뜸원리와 교수공학의 미래에 공헌할 수 있는 방법을 제시함으로써 결론을 내린다.

●● 제**22**장 ●●

교수의 으뜸원리와 미래

미/리/보/기

이 장에서는 교수 전략을 파악하고 설계하기 위한 매우 구체적인 처방을 포함하는 교수설계에 대한 이론적 접근을 제시하는 필자의 동기를 살펴보고자 한다. 이 장에서는 다음과 같은 질문들을 다룬다. 왜 내가 양질의 수업을 파악하고 설계하는 그토록 상세한 접근을 제시하려고 했는가? 나는 교수의 으뜸원리들에 대한 상세한 접근이 어떻게 교육공학 분야의 미래에 영향을 줄 것이라고 희망하는가? 마지막으로, 여러분은 어떻게 교수의 으뜸원리와 교육공학의 미래에 기여할 수 있는가?

키/워/드

• 선임된 설계자Designer-by-Assignment: 교수설계자의 교수설계 관련 경험이나 스킬이 아니라 특정 주제 내용에 대한 지식을 이유로 선임된 교수설계자

1. 도 입

이 책『교수의 으뜸원리』는 효과적이고 효율적이며 매력적인 수업을 파악하고 설계하기 위한 매우 상세한 접근을 제공하고 있다. 이 책을 검토한 일부 검토자는 이런 상세한 접근이 정말 필요한지를 궁금해하며, 새로운 용어와 관련된 처방의 구체성 때문에 흥미를 잃을 수도 있다고 제안했다. 이 장에서는 먼저 필자가 교수설계 이론에 대한 상세한 접근에 관심을 가지게 한 내 인생의 사건들에 관한 간략한 역사를 제시하고자 한다. 그런 다음, 나는 교수설계에 대한 나의 과학적 테크놀로지 접근의 관점을 요약할 것이다. 나는 여기에 제시된 용어, 명제, 이론이 교수설계에 대한 과학적 테크놀로지 접근에 공헌할 수 있다는 나의 믿음을 설명하고자 한다. 마지막으로, 나는 여러분이 교수설계에 대한 과학적 테크놀로지 접근의 미래에 기여할 수 있는 방법을 제안하고자 한다.

2. 교수설계에 왜 이론적 접근이 필요한가

고등교육에서 나의 전공은 좌절을 안겨 주었다. 나는 효과적인 수업의 주제를 다룬 한두 개의 강의만 기억할 수 있다. 나는 틀에 박히지 않은 교생으로서 좋은 경험을 가졌지만, 내가 배정받은 학교의 교장에게는 상당한 실망을 안겨 주었다. 아마도 공립학교에서 살아남기 힘들 것이라는 충고를 받았다. 이 경험을 통해 나는 교육을 전공하기로 한 나의 결심은 아마도 실수였다고, 다른 진로를 찾아야 한다고 생각했다. 교수님 한 분께 이런 나의 좌절감을 말씀드렸을 때, 그분은 내가 지금까지 추구해 온 진로를 계속할 수 있도록 하는 도전을 주셨다. 그는 다음과 같이 말했다. "다른 진로를 선택할 수도 있고, 그 분야에 아직도 해야 할 일이 많다는 것을 깨달을 수도 있다. 아마도 자네는 그 분야에 긍정적인 변화를 만들 수 있을 것이다." 나는 교육 분야에서 긍정적인 변화를 위해서 도전에 응하고 대학원을 진학하기로 결정했다.

1960년대 초에 일리노이 대학교 대학원에서 심리학을 공부할 때 B. F. Skinner 박사가 캠퍼스를 방문한 적이 있다. 나는 동료들과 함께 그의 강의를 들었고, 상세한 것은 기억나지 않지만 Q&A 시간에 한 청중에 대해서 그가 남긴 반응이 나의 생애에 큰 변화를 주었다. "Skinner 박사님, 박사님의 책에는 이러이러한 상세한 내용의 이론이 있지만 오늘 강연한 내용 중에 저저러한 내용이 있어서 자기모순이 있는 듯합니다." Skinner의 대답은 다음과 같았다. "그러면 학생은 내가 쓴 모든 내용을 내가 믿는다고 생각하나? 내가 오늘 하려고 했던 것은 몇 개의 가정을 만들어서 우리가 이 가정만으로 인간 학습의 얼마나 많은 부분을 설명할 수 있는가를 보려고 한 것이네." 그는 계속해서 자기의 이론을 방어하면서 강연에서 자신이 강조한 점을 이어 갔다.

심리적 시스템은 현실이 아니고 현실 세계에서 우리가 관찰하는 것을 설명하려는 논리적 시스템일 뿐이다. 행동은 단지 얼마나 훌륭한 결합이 발견되는지를 보기 위하여 현실을 상대로 검증하는 논리적인 시스템이다. 세상에는 많은 다른 시스템이 있듯이 많은 다른 심리적 시스템이 있을 수 있다. 각각이 얼마나 적합한지를 보기 위해서 현실과 비교하여 검증되지만, 어떤 것도 현실이 아니고 단지 조작된 것일 뿐이다.

나는 모든 이론을 인공적 시스템으로 여기게 되었고, 이론들이 매력적임을 알게 되었다. 나는 모든 이론에 들어맞고 그것들을 하나의 커다란 진리로 만들려는 노력을 그만두었다. 이론가들의 가정과 결론을 내가 파악해 내는가를 보는 것이 하나의 게임이 되었다. 어떤 시스템은 매우 느슨하게 구성되고 논리의 규칙을 위반하는 반면에, 다른 시스템은 주의 깊게 구성되고 논리적임을 관찰하는 것은 매력적이었다. 나는 이론 구축이 인공적 시스템을 발명하고, 이를 세상에서 시도해 봄으로써 우리의 세상을 이해하는 보잘것없는 시도임을 인식하였다.

나는 대학원 시절에 하나의 또다른 통찰을 하게 되었다. 우리는 학습 및 교수 이론들을 공부하고 있었다. 학습이론은 사람이 지식을 어떻게 획득하고 저장하는지를 설명하려고 하지만,

어떻게 교수자가 효과적이고 효율적인 학습을 촉진하기 위하여 지식을 구조화하고 계열화하는지에 대해서는 설명이 거의 없었다. 우리는 수업에 대한 논리적 시스템, 즉 이론을 세울 수 있다는 생각이 들었다.

이후 나는 몇 십 년 동안 CDT(구성요소전시 이론), 그리고 보다 최근에는 교수의 으뜸원리들을 추구해 왔다. 무엇이 교수의 으뜸원리로 이끌었는가? 오직 몇 가지의 기초적 요소(제3, 4장 참조)를 사용하고, 이들을 교수전략(제5장 참조)과 이론적 모형(제6, 7장 참조)에 관한 명제로 통합하는 교수설계에 대한 논리적인 이론 시스템을 구축하려는 나의 열망이 있었다.

3. 교수설계의 과학과 테크놀로지

나는 교수설계를 공부하는 학생은 과학과 테크놀로지에 관여해야 한다고 믿는다(Merrill, 1980b, 2007b). 과학적 활동은 이론 개발과 그 이론을 증명하는 실험 연구에 관련된다. 테크놀로지 활동은 설계 절차 개발, 교수개발, 평가(현장 연구)에 관련된다. 나는 실험적 연구에 의하여 경험적으로 입증된 이론으로부터 나온 원리 기반 절차를 사용하여 실제적인 수업 자료의 개발이 행하여지는 과학 기반 접근을 옹호한다. 나의 관찰에 따르면, 경험적으로 입증된 이론에 바탕을 둔 교수설계 테크놀로지에 대한 희망은 아직도 규칙이기보다는 예외다. 그래서 30년이 지난 이 시점에 나는 다시 이 주제로 돌아왔다.

〈표 22-1〉은 교수설계 학문은 과학과 테크놀로지를 포함한다는 것을 보여 준다. 과학은 이해를 추구하는 것이고, 테크놀로지는 인공물의 창출이다. 과학의 목적이 물리적 세상에 대한 지식이어서 과학자들은 이해와 예측에 관심이 있다. 반면에 설계자의 목적은 유용한 인공물을 설계하고, 그들이 설계한 산출물들의 수행 성과를 예측하는 것이다(Vincenti, 1990).

교수설계 분야는 이론과 연구가 관련된다. 이론은 주어진 조건으로부터 현상을 설명하고 결과(가설)를 예측하는 것에 대한 것이다. 연구는 이 예측을 검증하기 위하여 적절한 방법론을 적용하는 일이다. 교수설계 이론은 학습자가 구체적인 수업 목표, 구체적 지식과 스킬, 또는 구체적 학습 성과를 획득하기 위하여 어떤 조건이 필요한지를 이해하는 것에 대한 것이다. 연구

〈표 22-1〉 교수설계의 과학과 테크놀로지

과학		테크놀로지		
연구	이론	도구	개발	평가
실험 연구, 산출물 또는 연구 검토	성과, 개념, 명제, 모형, 이론	테크놀로지 기반 도구, 개념적 도구	수업 산출물	현장 연구

는 이 예측이 경험적으로 검증되고 입증되는 방법이다. 교수공학의 주된 역할은 수업과 교수 설계의 연구에 있다. 교수설계 이론은 학생이 바람직한 학습 성과를 획득하기 위하여 필요한 수업 조건의 주의 깊은 구체화에 관련된다. 교수설계 연구는 이 예측과 처방을 검증하기 위하여 경험적인 양적·질적 방법을 적용하는 것에 관련된다.

교수설계 테크놀로지는 경험적으로 입증된 교수설계 이론을 학습자가 효과적이고 효율적으로 바람직한 수업 성과를 획득할 수 있도록 설계된 수업 산출물을 개발하는 데 적용하는 일과 관련된다. 수업 산출물은 적용 가능한 입증된 교수설계 이론의 충분한 고려 없이 설계될 수 있다. 이러한 접근은 교수설계 테크놀로지는 아닌 교수설계 예술이다. 예술적 접근은 가끔 효과적이고 매력적인 수업 산출물을 만들어 내지만, 왜 이 산출물이 효과적인지를 이해하고, 이 산출물의 성공을 연이어서 복제하기는 불가능하다. 교수 테크놀로지는 ① 필요한 설계 도구의 개발, ② 수업 산출물을 설계하고 개발하는 데 이 도구 사용의 시연, ③ 수업 산출물 성과의 예측 및 검증의 세 가지 구체적인 활동과 관련된다.

대부분의 수업이 공학자technologist가 아닌 선임된 설계자designers-by-assignment에 의해서 개발되기 때문에, 효과적이고 효율적인 교수의 원리(교수설계 이론)는 필요한 교수설계 이론을 모르는 초보 설계자에게 지적 효과를 제공하는 도구에 포함될 필요가 있다. 현재 대부분의 도구는 컴퓨터 프로그래밍과 같은 필요한 테크놀로지 스킬을 위한 이런 종류의 효과를 제공하지만, 요구되는 교수설계 이론과 동등한 지적 효과를 제공하는 데는 실패하고 있다. 이 도구는 모두가 설계자이고, 도구 내에서 제공해야 하는 어려운 스킬은 컴퓨터 프로그래밍과 같은 전문적 스킬이라고 너무나 자주 가정한다. 교수과학자는 교수의 이론들을 발견하고 검증하기를 시도한다. 교수공학자는 과학자가 발견한 원리를 사용하여 수업 산출물의 제작을 위해 전문적이거나 평범한 교수설계자가 사용할 수 있는 개념적 도구나 절차 그리고 테크놀로지 기반 도구나 설계 시스템을 개발하고 검증한다.

이 책의 첫째 목적은 효과적이고 효율적이며 매력적인 교수를 파악하고 설계하기 위한 일련의 지침을 제공하는 것이다. 그리고 두 번째 목적은 교수의 과학과 테크놀로지를 지원하는 이론과 가설을 제공하는 것이다. 다음 절에서는 이론, 연구, 테크놀로지 도구, 개발과 평가의 역할을 정교화하고, 이런 활동을 지원하는 이 책의 이론적 아이디어와 원리를 파악하고자 한다.

4. 이론

과학적 접근의 중심적 활동은 항상 이론 구축과 관련되어 있다. 그래서 모든 일반화는 이론의 한 형태로 구성되고, 모든 조사는 일정 수준의 이론 구축을 요구한다. 교수설계 이론은 서술적이기보다는 처방적인 이론이다. 즉, 교수설계 이론은 특별한 수업 결과나 성과를 요구하는 수업 조건을 파악한다. 우리는 교수설계 이론이 목표 중심적이라고 한다. 수업 결과나 학습 성과는 목표를 구성한다. 그래서 교수설계 이론은 학습자가 효과적이고 효율적으로 학습 목표를 획득할 수 있는 학습 조건을 구체화한다.

　학습 성과와 수업 성과를 구분하는 것은 중요하다. 학습은 항상 일어난다. 인간은 모든 상황에서 배운다. 수업 목표는 학습 성과가 구체적인 수업 성과나 수업 목표와 일치할 때 달성된다. 교수설계 이론은 어떻게 생기는가? 교수설계 이론을 구체화하는 데 무엇이 필요한가? 왜 그렇게 많은 교수설계 이론이 있는가? 다음 절에서는 이런 질문들에 대한 답을 탐구한다.

1) 성과와 개념

　"과학의 첨단은 자연을 자연적인 요소들로 분해하는 환원주의^{reductionism}다."(Wilson, 1998, p. 54) 그러나 자연적 요소란 무엇인가? 어디에서 이런 자연적 요소가 나오는가? 모든 과학은 개념, 즉 현실 세계에서 관찰될 수 있는 조작적 정의의 발명으로 시작한다. 과학자는 무엇을 관찰할 것인지를 어떻게 결정하는가? 보통은 고려 중인 현상에 질적인 방법으로 조심스럽게 주의 집중함으로써 가능하다. 교수설계 이론을 위해서 교수설계 과학자는 많은 수업과 수업 상황을 관찰한다. 과학자는 특별한 종류의 학습이 일어날 때 나타날 것 같은 활동, 조건, 상황으로부터 요약하려고 한다. 과학자는 학습 성과에 공헌한다고 믿는 교수환경의 사건이나 특징을 조심스럽게 정의한다. 과학자는 존재 또는 비존재와 같은 단순한 것 또는 측정의 비율 척도의 숫자만큼 복잡한 것의 적절한 측정치를 사용하여 이 조건을 양화한다.

　제3장에서 필자는 교수 과학과 테크놀로지는 ① 모든 다른 내용 영역에 적용될 수 있고, ② 교수 과학자와 공학자가 우리가 비판하거나 설계하기를 원하는 수업의 상세한 내용을 설명할 수 있는 용어를 제공하는 내용을 서술하는 방법이 필요하다고 주장했다. 제3장에서는 다섯 가지 유형의 학습 성과를 위한 수업 내용을 명확하게 설명하는 데 사용되는 핵심 용어와 개념을 소개했다. 제4장에서는 교수공학이 주제 내용에 대한 교수 형태와 학습자 상호작용을 주장했다. 제4장에서는 수업의 상호작용을 명확하게 설명하는 데 사용될 수 있는 핵심 용어나 개념을 소개했다. 주어진 수업 상황에 대한 명제로 결합될 수 있는 수업 요소들의 파악은 교수설계 이론 구축의 기초적인 첫 단계다. 제3장과 제4장은 교수이론 구축에 기초를 제공하는 성과와 개념의 설명을 제공하고 있다.

2) 명 제

　과학에서 다음 단계는 정의된 개념을 if … then(만일 … 그러면, 조건-결과)의 진술문인 명제로 결합하는 것이다. 만약 주어진 양의 어떤 조건이 나타나면, 일어나는 학습에서 이에 상응하는 향상이 있을 것이다. 이런 명제들이 모이면 하나의 교수설계 이론이 구성된다.

제5장에서는 다섯 가지 유형의 구성요소 스킬을 위한 시연과 적용의 수업 활동을 위한 명제를 제시하기 위하여 수업 형태 개념과 수업 내용 개념을 결합하였다. 이러한 교수전략 처방이 모이면 교수이론의 보기인 수업 명제를 조심스럽게 정의할 수 있다.

3) 모형과 이론

이론이 독립적으로 존재하는 한 세트의 조건들이 아니고, 바람직한 학습 성과와 결과를 산출하기 위해 같이 작용하는 일련의 상호 관련된 원리와 모형이 되도록 하기 위해, 효과적인 교수설계 이론은 이론의 명제들 사이의 관계를 구체화한다.

제6장에서는 개별적 구성요소 스킬들의 교수전략 명제들이 문제해결 수업을 위하여 어떻게 결합되는지를 보여 주었다. 제6장은 문제해결을 위한 교수이론을 제공하고 있다. 제7장에서는 문제해결 처방을 문제해결 수업을 위한 교육과정의 계열에 통합하는 문제 중심 교수전략을 처방하였다. 이 장들은 처방적인 교수이론과 문제해결 수업을 위한 교육과정을 형성하기 위하여 개별적 구성요소 스킬의 전략들을 결합하기 위한 처방적 교수설계 이론을 제공하고 있다.

4) 학습이론

교수설계 이론은 자주 기초가 되는 학습이론에 연계된다. 학습이론은 왜 예측된 관계가 일어날 것인가를 설명한다. 교수설계 이론은 if(조건)와 then(결과)의 처방이다. 학습이론은 이러한 조건들을 왜 주어진 교수명제들이 더 효과적이고 효율적인 학습을 야기하는지를 설명하는 기초적인 학습 구성 개념에 연결한다.

이 책은 효과적이고 효율적이며 매력적인 수업을 파악하고 설계하는 사람을 위한 것이다. 이 책은 본질적으로 처방적이고, 어떻게 작동하는가의 질문에 대답하는 기초적인 학습이론에 섬광을 보여 준다. 필자는 이 책이 여기에 제시된 교수설계 이론을 위한 기초적인 설명에 대한 추가 연구의 촉매가 되기를 기대한다.

Rosenberg-Kima(2011)는 문제 중심 대 주제 중심 교수설계를 검증하는 학위논문 연구를 수행했다. 그녀는 왜 문제 중심 접근이 주제 중심 접근보다 더 효과 있는지를 설명하는 세부적인 인지적 모형을 제공했다. 그녀는 처방의 타당성을 입증할 뿐만 아니라, 설명적 인지 모형의 기초를 지원하는 자료를 수집했다. 이 연구의 세부 사항은 이 책의 범주를 넘어서지만 왜 교수이론 명제가 작동하는지를 설명하는 이론에 대한 미래 연구의 모형을 제시하고 있다.

5) 왜 많은 다른 교수설계 이론이 존재하는가

이 질문에 대한 답은 과학의 본질에 있다. 다른 조사자들은 이전에 정의된 개념들은 관찰하기에 적합한 것들이라고 생각하지 않을 수도 있다. 혹은 그들이 주어진 활동이나 조건을 파악하기 위하여 사용된 용어가 충분하게 설명되지 않아서, 그들은 다른 용어를 사용한다고 느낄 수도 있다. 교수설계 이론은 충분하게 성숙되지 못해서, 매우 유용할 것으로 알려진 조건에 대한 일반적인 합의도 없고 이러한 수업 활동과 조건을 파악하는 데 사용된 용어에 대해서도 일반적인 합의가 없다. 분야에서 용어의 정의를 제공하려는 시도가 여러 번 있었지만 지금까지 어느 것도 대다수의 분야로부터 일반적으로 수용되지는 못했다. 결국에 가서는 더 많은 이론이 정의되고 더 많은 연구가 이 이론을 입증하기 위하여 수행될수록, 중요하다고 생각되는 수용된 용어와 조건이 점차적으로 합쳐질 것이다.

이 책은 교수의 으뜸원리를 실행하는 교수이론을 정의하는 오직 한 가지의 방법만을 제시한다. 성과, 개념과 처방적 명제를 조심스럽게 정의하는 것은 중대한 시도다. 다행스럽게도, 이 명제의 타당성의 실증적·경험적인 지원이 있다. 이 책이 교수설계 이론을 정의하고 이런 명제와 관계의 연구를 촉진하기를 시도하는 출발점이 되거나 적어도 미래 시도를 위한 하나의 모형으로 이바지하는 것이 나의 바람이다.

5. 교수설계 연구

이론은 어떤 과학적 일의 출발점이다. 검증될 수 있는 적어도 한 세트의 명제가 없이는 유의미한 연구를 행하는 것이 가능하지 않다. 이론은 하나의 if … then 진술문처럼 단순할 수도 있고, 주어진 명제가 왜 사실인지를 설명하는 기초적인 모형처럼 복잡할 수도 있다. 수업 연구는 모든 수준에서 이론을 타당하게 하는 수단이다. 수업 연구는 두 가지의 주요한 활동, 즉 무엇이 이미 행하여진 것인지를 알아내기와 독창적인 조사를 수행하기로 구성된다.

1) 산출물 또는 연구 검토

하나의 중요한 연구 활동은 무엇이 이미 행하여졌고 무엇이 왜 작동하는가에 대하여 알려진 것을 찾아내는 것이다. 이 정보의 두 가지 중요한 출처가 있다. 하나는 독창적인 경험 연구의 결과를 검토하는 것이고, 다른 하나는 수업 산출물로부터 설계에 구축된 명시적이거나 암묵적인 명제를 조심스럽게 발췌하는 것이다.

이 분야에서 사용되는 어휘가 광범위하기 때문에 주어진 수업 처방에 대한 기존의 연구조사를 찾아내는 것도 하나의 도전이다. 관련된 연구를 찾아내는 첫 단계는 주어진 연구에 관여된 처치를 다른 연구에 있는 처치와 비교할 수 있는 어떤 공통된 어휘로 해석하는 일이다. 두 번째 단계는 이 처치의 기초가 되는 수업 명제와 처치를 파악하고, 이 명제를 다른 연구나 처치와의 비교를 촉진할 공통의 어휘로 해석하는 것이다. 조심스럽게 정의된 내용에 대한 개념들(제3장) 과 학습자 상호작용에 대하여 조심스럽게 정의된 개념들(제4장)의 장점 중의 하나는 이 개념들 이 이런 해석을 촉진하는 어휘를 제공한다는 것이다. 이 해석은 처치나 수업 활동을 설명하는 데 필자에 의하여 사용된 명칭보다는 어떤 수업 활동이 실제로 실행되었는지에 초점을 둠으로 써 촉진된다. 일단 수업 활동이 공통의 어휘를 사용하여 조심스럽게 파악되고 설명된다. 그러 면 이 책에 제공된 처방이나 다른 출처에서 나온 처방의 비교는 훨씬 쉽게 이루어진다.

수업 산출물을 검토하는 것은 작동하는 것에 대한 정보의 또 하나의 출처다. 주어진 수업 산 출물을 실행하면 대안적 처치와 비교가 되지 않지만, 평가 자료는 주어진 수업 산출물이 수업 목표를 성취하는지를 나타낼 것이다. 하나의 수업 산출물에서 행해진 것을 다른 산출물과 비 교할 수 있으려면 수업 활동과 기초가 되는 명제가 어떤 공통된 어휘로 해석되는 것이 필요하 다. 필자는 이 책에서 소개된 개념과 어휘가 이런 해석을 촉진하는 하나의 도구를 제공하기를 바란다.

2) 실험 연구

두 번째의 과학적 연구 활동은 하나의 처치를 대안적 처치와 비교하는 경험적 조사를 행하는 것이다. 교수설계에 대하여 수행된 소수의 연구가 있다. 교육공학자들은 시장에 계속적으로 넘쳐 나는 새로운 많은 애플리케이션으로 너무 자주 혼란스러워진다. 많은 교육공학자는 자신 들의 테크놀로지에 대한 열광으로 세심하게 설계된 연구를 행하는 자신들의 규율을 무시하는 것을 발견한다. 많은 교수공학자는 수업 산출물을 만드는 데 기쁨을 느끼지만 그 산출물이 제 대로 작동하는지 그리고 왜 그런지를 입증하는 것에는 관심이 적다.

경험적 연구방법론을 상세하게 설명하는 것은 이 책의 범위를 넘어선다. 그러나 필자는 제 18장에서 설명하였듯이 대부분의 교수설계자가 상대적으로 쉽게 성취할 수 있는 하나의 단계 로서 작은 실험들을 사용하기를 강력하게 주장한다. 거의 모든 기능형 프로토타입은 개발 프 로젝트의 평가 단계 동안에 자료를 제공할 수 있는 대안적인 수업 활동이나 수업 전략을 포함 할 수 있다.

이 책은 더 효과적이고 효율적이며 재미있는 학습 성과를 이끌어 낸다고 생각되는 많은 처방 을 포함한다. 이 처방들에 대한 일반적인 지지가 존재하는 동시에 제대로 작동하는지에 대한 중요한 질문이 있다. 여기에 제시된 원리들은 많은 방식으로 실행될 수 있는데, 이들이 정말로 작동하는가? 이 책은 특별한 교수 환경에서 경험적 증명을 요구하는 많은 가설을 제공한다고 믿는다.

　교수설계 이론에 관한 많은 질문들은 아직도 충분한 연구 지원을 받지 못한다. 교수설계에 대한 두 가지의 주요 질문은 '무엇을 가르치는가?'와 '어떻게 가르치는가?'다. 아직도 지식(주제 내용)의 선정에 대해 해결되지 않은 숙제가 있다. 표적 내용 중에서 수업에 어떤 것이 포함되어야 하고 어떤 것이 제외되어야 하는가? 어느 것을 먼저 가르쳐야 하는가? 그다음은? 순서가 중요한가? 내용은 어떻게 조직되어야 하는가? 어떤 구조를 제공해야 학습자가 새로운 지식을 내적으로 조직하는 데 도움이 되는가? 지식 객체^{object}는 무엇인가? 지식 객체는 어떻게 결합되어야 하는가? 어떻게 가르칠 것인가에 대해서도 해결되지 않은 수많은 질문이 있다. 이 질문들에는 다른 유형의 학습을 위한 효과적인 시연, 다른 유형의 학습을 위한 효과적인 연습, 시연 중에 효과적인 안내, 적용 중에 효과적인 코칭, 이전 학습을 활성화하는 효과적인 방법, 학습자의 현실에서 학습을 연결 짓는 활동과 통합시키는 방법, 그리고 효과적으로 미디어를 사용하는 방법 등이 포함된다. 어떤 질문들에 대해서는 필자가 답을 제시하지만, 아직도 해결되지 않은 많은 이슈가 있다.

　마지막으로, 이 책에 설명된 처방적 관계들은 수많은 다른 수업 환경에서 작용하는 것으로 알려진 것들조차도 왜 작동되는지에 대한 설명을 필요로 한다. 나는 미래에 왜 주어진 수업 처방이 주어진 환경에서 작용하는지를 설명하는 인지적 모형을 구축하는 데 관심이 증가할 것으로 본다. 수업 처방에 대한 인지적 모형을 구축하고 입증하는 것은 복잡한 일이다. 그럼에도 이 책에서 제시된 것과 같은 조심스럽게 정의된 체계적인 교수이론은 이론이 작동하는지, 언제 작동하는지를 결정하는 연구뿐만 아니라 왜 작동하는지에 대한 연구도 생겨날 것으로 본다.

6. 교수설계 도구

　필자는 많은 다른 대학에서 강의를 해 왔다. 사람들은 대학교수가 자기 분야에서 책을 저술하면 교육과정을 설계하고 가르치는 방법을 안다고 가정한다. 대부분의 대학교수는 교육이나 교수설계에 대하여 훈련을 받지 않는다. 이 사람들을 '선임된 설계자^{designers-by-assignment}'라고 부른다. 회사에서 교육·훈련 부서에 사람이 필요하면 어디에 가는가? 보통 배울 내용에 대한 지식을 가진 사람에게 간다. 회사의 코스를 설계하는 업무를 가진 사람은 교수설계에 대한 공식적인 훈련을 거의 받지 않는다. 그들 대부분이 선임된 설계자이고, 이들은 수업 연구와 이론 문헌들을 읽지 않는다. 형식을 갖추고 입증된 설계 이론이 실질적으로 교수설계를 하는 많은 사람에게 지적 효과를 제공하는 도구로 바뀌지 않으면, 이 이론은 단지 학구적인 연습에 불과하다.

　나는 예전의 논문(Merrill, 1997b)에서 여러 수준의 교수설계 도구들^{ID tools}을 설명했다. 여기에는 정보 저장고^{container}, 저작 시스템, 템플릿과 연장/도구, 학습 지향 도구, 적응적 학습 지향 도구 등이 포함된다. 현재까지 대부분의 교수설계 도구는 정보 저장고, 저작 시스템 그리고 템플릿에 속한다. 정보 저장고는 정보와 미디어의 제시를 가능하게 하지만 보통 수업의 가장 기초적인 기능을 사용한다. 대부분의 저작 시스템은 프로그래밍 스킬을 쉽게 하는 데 초점을 두었지만, 중요한 교수설계 결정을 충분히 지원하는 데 실패했다. 템플릿과 다른 프로그램 수업 알고리즘은 학습 지향적이기보다는 구조 지향적이어서, 상호작용이 어떤 학습 성과를 가능하게 하느냐보다는 어떻게 상호작용이 작동하는가에 초점을 둔다.

필요한 것은 학습 지향적 도구, 즉 과학적으로 입증된 교수 원리를 기반으로 한 내재된 교수전략을 가진 도구다. 이 도구들은 선임된 설계자에게 테크놀로지를 쉽게 사용하게 할 뿐만 아니라 효과적인 교수설계에서 광범위한 지침을 제공하거나 입증된 효과적인 미리 설계된 교수전략을 제공한다.

제시용 소프트웨어는 보통 정보 저장고로 간주되지만, 필자는 학습자 상호작용을 가능하게 하고 설계자로서 평가 자료를 수집하게 할 수 있는 기능형 프로토타입을 설계하는 도구로 사용하도록 노력했다. 나는 제21장에서 슬라이드 마스터 템플릿을 만들기 위하여 재사용 소프트웨어의 애니메이션 특징 사용을 시연했다. 제18장에서는 여러분의 기능형 프로토타입이 작동되는지를 결정할 수 있게 하는 학습자 수행 자료를 수집하는 데 무엇이 필요한가를 제안했다. 기능형 프로토타입을 설계하는 방법을 시연하기 위해 파워포인트를 사용했기 때문에, 나는 이 도구로 학습자 수행 자료를 수집하고 저장할 수 있게 하는 파워포인트가 추가될 수 있는 비주얼 베이직 매크로를 사용했다.

제13장과 제18장에서 설명하였듯이, 기능형 프로토타입은 교수설계 도구나 템플릿을 설계하는 데 사용될 수 있다. 나는 여러분이 선임된 설계자가 이런 설계 도구 없이 설계하는 것보다 효과적인 수업을 설계하게 하는 내재된 교수전략을 가진 도구를 제공할 수 있는지를 알기 위하여, 전략 템플릿을 만들고 실제로 초보 설계자에게 시도하는 실험을 해 보기를 기대한다.

7. 교수개발

현재의 교수설계는 대부분 선임된 설계자에 의하여 행해진다. 이런 경우에 다른 스킬이 전문적인 교수설계자에게 요구된다. 수업 그 자체를 설계하기보다는 실제로 설계와 개발을 담당할 선임된 설계자들을 관리하게 된다. 학습 지향적 교수설계 도구를 이용할 수 있다면, 전문적 교수설계자의 주요 역할은 초보 설계자가 사용할 교수설계 템플릿과 다른 도구들의 사용을 훈련시키고 감독하는 일이다. 효과적인 관리의 원리는 이 책의 범주를 넘어선다. 그렇지만 필자는 여러분이 초보 설계자가 수업을 설계하는 데 도움이 되는 몇몇의 교수설계 템플릿을 만들고 사용할 것을 기대한다. 여러분이 학생이라면 이런 관리 스킬을 개발함으로써 교육 · 훈련 분야에서 일하는 데 크게 도움될 것이다.

8. 교수평가

백문이 불여일견이다. 실제의 학생들과 실제의 환경에서 교수설계의 과학적 접근을 실제로 실행해 보라. 이 책은 교수설계의 형성적 단계 중에 가치 있는 평가 자료를 어떻게 확보하는지를 설명하고 있다. 더 넓은 평가 방법론은 이 책의 범주를 넘어선다. 교육공학을 전공하는 학생이라면 이런 평가 스킬을 확보하길 권한다. 여러분은 입증된 교수이론을 기반으로 하고 교수설계 템플릿의 도움을 받아 선임된 설계자가 개발한 수업 산출물을 실행하고 평가하는 일을 관리하는 등의 교육공학의 전체 과정에 관여해야 한다.

9. 미래

이 장의 시작 부분에서 제시한 질문들로 이 장과 이 책의 결론을 맺어 보자. 왜 필자가 양질의 수업을 파악하고 설계하는 데 이러한 상세한 접근을 제시하였는가? 이 상세한 교수의 으뜸원리에 대한 접근이 교육공학 분야의 미래에 어떻게 영향을 줄 것인가? 마지막으로, 여러분은 교수의 으뜸원리와 교육공학의 미래에 어떻게 공헌할 수 있는가?

나는 수업이 과학기술적 접근으로 행해져야 한다고 믿는다. 과학적 접근은 관련된 개념의 조심스러운 파악에 의존한다. 이 책에서 나는 일상적 용어 사용을 시도했지만 매우 주의 깊게 정의된 방식으로 그리고 이러한 전문적인 어휘가 교육공학자가 자신의 가설을 좀 더 조심스럽게 정의하고, 상호 간에 그리고 결과에 의존하는 과학기술자들과 보다 충분하게 의사소통하는 데 도움을 줄 것이라는 희망을 가지고 있다.

수업 테크놀로지는 수업 산출물을 설계하고 선택하는 일반 사람에게 이 테크놀로지의 적용을 촉진하는 도구의 개발에 달려 있다. 나는 이러한 수업 평가와 설계 도구의 설계를 촉진하기 위하여 조심스럽게 정의한 수업 전략 처방을 파악하려고 했다.

이러한 교수설계 도구를 사용하는 선임된 설계자들은 교수 산출물을 설계하는 도구를 사용할 때, 그들이 이해할 수 있는 주의 깊게 정의된 교수 전략을 필요로 한다. 나는 이 전략 사용을 설계한 도구가 교수설계 훈련을 제한적으로 받은 일반 사람에 의하여 보다 쉽게 이해될 교수 전략을 설명하는 데 신중히 정의된 일상적 용어들을 신중하게 사용했다.

마지막으로, 여러분은 교수의 으뜸원리와 교육공학의 미래에 어떻게 공헌할 수 있는가? 이 책을 마쳤다면, 여러분은 아마도 수업 전문가의 몇 개 범주 중의 하나에 속한다. 조직의 효과적인 수업 산출물을 파악하는 데 책임이 있다면, 이 책에 제시된 처방들이 여러분의 결정을 촉진하여 여러분의 학습자에게 효과적이고 효율적이며 재미있는 학습 경험을 제공하는 교수 산출물을 선택하게 할 것으로 기대한다. 나는 여러분이 배운 것을 공유하고, 여러분과 동료의 노력이 인터넷을 포함한 모든 교육 · 훈련 환경에서 교수의 질을 향상시킬 수 있을 것으로 기대한다.

만약 여러분이 강사나 훈련가를 감독하는 행정가나 컨설턴트라면, 여기에 제시된 처방이 교수 전문가와 상호작용하는 데 도움이 되는 도구가 될 것으로 본다. 아마도 신중하게 정의한 교수 전략은 여러분이 효과성, 효율성, 매력성을 향상시키기 위한 기존의 교수 자료 수정의 처방에 도움이 될 것으로 본다.

만약 여러분이 새로운 수업을 설계하거나 새로운 수업을 설계하는 팀과 일하는 데 책임 있는 교수설계자라면, 이 책이 e³ 교수를 설계할 수 있도록 해 줄 것이다. 이 책은 여러분 팀의 일부가 되는 선임된 설계자를 위한 교수전략 템플릿을 설계하는 교수공학자가 되는 도구와 격려를 제공할 것으로 기대한다. 더불어 교수의 으뜸원리의 전략 처방을 지지 또는 반박하는 자료를 제공할 수 있는 전략 비교를 교수 자료에 구축함으로써 교수과학에 기여할 수도 있다고 본다.

교수 향상에 대한 여러분의 흥미에 감사한다. 학습자가 문제해결 스킬을 획득하는 데 도움을 주는 것보다 더 보상이 되는 활동은 없다. 나는 학생들에게 항상 말한다. 학습은 재미있으니 미소를 잃지 말라고.

적용

효과적인 교수 전략을 실행하는 교수 전략 템플릿을 만들어서 여러분의 기능형 프로토타입을 수정하라. 한 사람 이상의 초보 설계자를 모집하여 e³ 교수를 설계하는 당신의 교수 전략 템플릿을 사용하도록 하고, 이들의 멘토가 되어 보라.

당신의 기능형 프로토타입을 수정하라. 학습자에 대한 당신의 기능형 프로토타입을 관리하고, 학생들의 수행 자료를 수집하며, 자료를 분석하여 그 결과에 대한 간략한 연구 보고서를 작성하라.

관련 자료

Merrill, M. D. (1997b). Learning-oriented instructional development tools. *Performance Improvement, 36*(3), 5-7. (이 논문은 교수설계 도구의 다양한 유형을 제시한다.)

Merrill, M. D. (2007b). The future of instructional design: The proper study of instructional design. In R. Reiser & J. Dempsey (Eds.), *Trends and issues in instructional design and technology* (2nd ed., pp. 336-341). Upper Saddle River, NJ: Pearson Education. (이 장에 있는 많은 아이디어는 원래 여기에 출판되었다.)

Merrill, M. D. (2008). Reflections on a four decade search for effective, efficient, and engaging instruction. In M. Allen (Ed.), *Michael Allen's 2008 e-learning annual* (pp. 141-167). (이 논문은 필자의 경력과 원리에 공헌하는 간략한 역사다.)

~에 대한 결과 예측What-happens(가설적 사고와 유사): 구성요소 스킬의 하나로서, 학습자가 해당 조건하에서 발생 가능한 결과를 예측하도록 요구하거나 혹은 예상치 못한 결과에서 부적절하거나 누락된 조건들을 발견하도록 함(과정process, 원리principle가 ~에 대한 결과 예측의 특수한 경우로 볼 수 있음)

~에 대한 방법How-to(절차와 유사): 구성요소 스킬의 하나로서, 원하는 결과를 달성하기 위해 학습자가 일련의 단계를 수행하는 것. 절차procedure라고도 함

~에 대한 정보Information-about(사실 관련 언어 정보와 유사): 구성요소 스킬의 하나로서, 특정 사물, 활동, 과정과 연관된 내용을 기억하는 것

~의 부분Part-of(명명 관련 언어 정보와 유사): 구성요소 스킬의 하나로서, 특정 사물, 활동 혹은 과정의 어떤 부분을 정확하게 찾고, 이를 명명하거나 설명하도록 요구함

~의 종류Kind-of(개념과 유사): 구성요소 스킬의 하나로서, 일련의 속성을 공유하는 사물, 활동, 과정의 사례instance를 구별해 내는 것. 개념concept이라고도 함

>3: 시연demonstration 및 적용application과 관련된 교수적 상호작용에는 적어도 세 가지의 표상portrayals이 수반되어야 함을 의미하는 기호

0수준 교수전략Level-0 Instructional Strategy: 정보

1수준 교수전략Level-1 Instructional Strategy: 정보와 시연

2수준 교수전략Level-2 Instructional Strategy: 정보와 시연과 적용

3수준 교수전략Level-3 Instructional Strategy: 문제 중심 정보, 시연, 적용

C: 결과 예측what-happens 구성요소 스킬의 조건condition에 해당하는 약자

e³: 교수instruction에 대한 수식어로서 효과적effective, 효율적efficient, 매력적engaging을 의미함

Q: 결과 예측what-happens 구성요소 스킬에서 결과consequence를 의미하는 약자

S: 절차how-to 구성요소 스킬에서 단계step의 약자

개념Concept: 범주에 해당하는 단어. ~의 종류kind-of라고도 함

개념적 전략 체크리스트Kind-of Strategy Checklist: 개념을 가르치기 위한 교수활동을 평가하기 위한 일련의 질문

개발Develop: 학습 및 평가 활동을 실행하기 위한 멀티미디어 자료를 선정 혹은 개발하는 교수설계 단계

개체 틀Placeholder: 슬라이드 마스터에서 텍스트, 사진, 차트, 표, 비디오, 오디오 혹은 클립아트 이미지 등으로 대체될 수 있는 특정 구역

결과Consequence: 내용 요소로서, 조건에 변화가 있을 때 달라지는 상황의 속성

결과 예측 전략 체크리스트What-Happens Strategy Checklist: 과정process을 가르치기 위한 교수활동을 평가하기 위한 일련의 질문

계열화 큐Sequence Cue: 계열화가 교수의 목적이 아닐 경우, 동일한 순서로 아이템을 제시하는 것

과도한 텍스트Excessive Text: 학습을 촉진시키는 미디어 없이 텍스트가 지나치게 많이 사용된 것

과정Process: 결과를 이끄는 조건이 변화함으로써 결과가 변하는 것

교수목적 진술문Instructional Goal Statement: 학습자 집단 및 그들이 교수의 결과로 획득하게 되는 스킬을 규명한 교수설계 산출물

교수방식Instructional Mode: 말하기Tell, 질문하기Ask, 보여 주기Show, 수행하기Do의 네 가지 주요 교수적 상호작용

교수분석Instructional Analysis: 학습자가 교수목적을 달성할 수 있도록 하는 단계, 지원 스킬 및 선수 스킬을 규명한 교수설계 산출물

교수자료Instructional Material: 정해진 구성요소 스킬의 유형에 적합하면서 일관된 일련의 교수활동의 모음

교수전략Instructional Strategy: 특정 유형의 구성요소 스킬에 적합한 일련의 교수활동

교수전략 템플릿Instructional Strategy Template: 특정 교수전략에 적합한 미디어 객체와 상호작용의 개체 틀placeholder을 포함하고 있는 기능형 프로토타입 개발을 위한 도구

교수활동Instructional Event: 교수방식과 내용 요소의 조합

교수활동표Instructional Event Table: 각 조건이나 단계를 언제 시연하거나 적용해야 하는지를 보여 주는 표

교수적 상호작용Instructional Interaction: 교수활동의 행동action 구성요소로서, 말하기Tell, 질문하기Ask, 보여 주기Show, 수행하기Do를 포함함

교정적 피드백Corrective Feedback: 반응 뒤에 제시되는 정보로서 올바른 반응 및 왜 그것이 올바른 반응인지에 대해 알려 줌

구성요소 스킬Component Skill: 문제해결이나 복잡한 과제를 수행하는 데 필요한 지식과 스킬의 조합

구성요소 스킬 매트릭스Component Skills Matrix: 첫째 행에 표상들 전개의 결과들을 제시하고, 첫째 열에 조건, 단계, 결과를 제시하는 차트. 매트릭스의 각 셀은 전개 내의 각 결과에 대해서 필요한 단계와 조건을 보여 줌

구조-안내-코칭-성찰 사이클Structure-Guidance-Coaching-Reflection Cycle: 교수에서 초기에 구조적 프레임워크를 제시하고, 시연하는 동안은 안내로, 적용하는 동안은 코칭으로, 통합하는 동안은 성찰로 이 프레임워크를 사용함

구조적 프레임워크Structural Framework: 학습자가 기존의 멘탈 모형을 수정하거나 새로운 내용에 대한 새 멘탈 모형을 구축하는 데 활용할 수 있는 이전에 학습된 정보의 조직

기능형 프로토타입Functional Prototype: 교수전략의 목업mock-up으로 실제적인 내용 자료나 그 자료에 대한 개체 틀을 갖고 있고, 학습자로 하여금 교수전략과 상호작용하도록 하며, 최종 교수설계 산출물에서 구현하는 학습자 상호작용을 비슷하게 구현한 것

기억술Mnemonic: 학습자가 정보를 기억하도록 도와주는 도움

내비게이션Navigation: 학습자로 하여금 슬라이드 내에서 학습 활동과 상호작용하고 다음 또는 이전 슬라이드로 이동하도록 하는 일련의 통제, 교수활동 내 및 교수활동 간의 학습자의 이동

내용 요소Content Element: 교수활동과 관련된 주제 내용의 개별 요소들

내용 우선Content-First: 학습 자료에 대한 정보information보다는 실제 학습 내용의 표상을 설계의 우선 수단으로 활용하는 교수설계

내재적 피드백Intrinsic Feedback: 학습자에게 자신의 응답에 대한 결과를 보여 주는 교수적 상호작용

누적적 콘텐츠 계열화Cumulative Content Sequence: 단계 및 관련 하위 스킬이 모두 학습될 수 있도록 순서대로 가르치는 접근

다양한 난이도의 학습 안내Range-of-Difficulty Guidance: 교수적 상호작용으로서, 해결하기 쉬운 것부터 어려운 것까지 다양한 일련의 예시를 학습자에게 제공함

대안적 표상Alternative Representation: 정보를 문자로 표현하는 것에 더하여 그래픽으로도 표현하는 것

동료 공유Peer-Sharing: 학습자들이 당면한 교과 내용과 관련된 선행 경험을 공유하는 교수활동

동료 말하기Peer-Telling: 학습자가 다른 동료 학습자에게 정보를 리뷰해 주거나 제시하는 비효율적 형태의 동료 간 상호작용

동료 비평Peer-Critique: 학습자가 동료 학습자의 문제해결 활동을 평가하고, 그것의 개선을 위한 건설적 제안을 하는 교수활동

동료 상호작용Peer-Interaction: 공유, 토론, 협력 또는 비평을 통해 학습자들이 서로 가르칠 수 있는 교수활동

동료 토의Peer-Discussion: 학습자들이 예시 문제의 제안된 해결 방법에 대해 숙고하는 학습자 상호작용 형태

동료 협력Peer-Collaboration: 학습자들이 문제해결을 위하여 소집단에서 함께하는 학습자 상호작용의 형태

동시적 말하고-보여 주기Concurrent Tell-and-Show: 비교를 촉진하기 위해 함께 사용되는 정보 및 표상

등위 개념Coordinate Concept: 일련의 범주를 의미하며, 동일한 속성을 공유하지만 범주 내 각각의 요소는 해당 속성에 대하여 다른 값을 가짐

말하기Tell: 학습자에게 정보를 제시하는 교수적 상호작용

매칭 학습 안내Matching Guidance: 교수적 상호작용으로서, 2개 이상의 대상물 활동, 혹은 과정에 속한 사례들을 둘씩 짝을 짓는데, 이때 여러 특성은 서로 유사하지만 차별적인 특성에서만 다른 두 개의 사례를 매칭하도록 함

매크로Macro: 특정 활동action이 발생하도록 설계된 컴퓨터 코드. 스크립트script라고도 함

멘탈 모형Mental Model: 실제 세상의 어떤 현상에 대한 내적 표상

문제 부류Problem Class: 문제해결을 위해 필요한 구성요소 스킬들이 동일한 문제 표상들의 집합

문제 전개Problem-Progression: 특정 내용 영역에 같은 유형의 일련의 문제 표상. 처음에는 문제가 직설적인 형태로 제시되고, 이어지는 각각의 속하는 문제 표상은 점차 복잡해짐

문제 중심Problem-Centered: 수업이 마무리되는 시점에 문제를 해결하기 위해서 사용하는 일련의 스킬이 아니라, 해결해야 할 문제 맥락 속에서 구성요소 스킬을 시연하거나 적용하는 교수설계

문제 중심 교수전략Problem-Centered Instructional Strategy: 문제 표상의 전개라는 맥락에서 구성요소 스킬들을 가르치는 접근. 각 구성요소 스킬의 교수활동은 문제 전개에 있어서 문제 표상별로 분산됨. 첫 번째 문제 표상에 요구되는 구성요소 스킬 모두를 가르치고, 이후 전개 과정의 이어지는 각각의 문제 표상에 대해 추가로 요구되는 구성요소 스킬 혹은 요소들을 덧붙이면서 앞서 배운 구성요

소 스킬을 다시 복습함

문제 중심 구성요소 스킬 교수Problem-Centered Component Skill Instruction: 문제해결이 전개되는 과정에서 각각의 조건 및 단계에 대한 시연과 적용

문제 중심 원리Problem-Centered Principle: 학습은 학습자가 실제 세상의 문제 맥락에서 스킬을 습득하였을 때 촉진됨

문제해결 활동Problem-Solving Event: 문제해결을 포함하는 문제에 수반되는 단계와 조건으로 구성된 일련의 활동 중의 하나

문제해결 활동 분석Problem-Solving Event Analysis: 가르칠 문제 부류의 해결에 필요한 결과, 조건, 단계의 확인을 위한 수업 설계 과정

미디어 콘트롤 바Media Control Bar: 학습자가 동적인 미디어를 조절할 수 있는 시작, 일시정지, 멈춤, 현 위치 표시 기능

변수Variable: 값을 조정하는 컴퓨터 코드 컨테이너로서 해당 값은 변경이 가능함

보여 주기Show: 표상을 학습자에게 제시하는 교수적 상호작용

부적절한 멀티미디어Irrelevant Multimedia: 교수적 기능을 수행하지 않는 멀티미디어

부적절한 색상Irrelevant Color: 교수적 기능은 없고 흥미를 유발하기 위해 글씨, 배경, 장식 요소 등에 색상을 활용하는 것

분산된 교수활동Distributed Instructional Events: 하나의 전개 과정에서 교수활동은 분산되어 나타나는데, 주어진 스킬의 시연은 초기 문제 표상에서 일어나고, 이 스킬의 적용은 이어서 전개되는 문제 표상에서 나타남

분석Analyze: 조직의 요구를 결정하고, 이러한 요구를 충족하기 위한 목적을 수립하고, 스킬의 습득에 영향을 미칠 수 있는 학습자 특성을 확인하는 교수설계 단계

비예시Non-example, 非例示: 어떤 사물, 활동 혹은 상징의 범주에 해당하는 사례로서, 학습해야 하는 개념과 유사하지만 실제로 학습해야 하는 개념의 예시와 혼동하기 쉬운 내용 요소

사례Instance: 어떤 종류class의 특정 구성원, 특정 절차 혹은 특정 과정에 해당하는 내용 요소

사용자 지정/맞춤 애니메이션Custom Animation: 화면에 요소가 제시되는 방식을 통제하기 위한 간단한 프로그래밍으로서, 나타내기, 사라지게 하기, 하나의 요소를 클릭하면 다른 요소가 움직이게 하기 등이 포함됨

사이먼 가라사대Simon-Says: 말하고-보여 주기Tell-and-Show의 교수적 상호작용 형태로서, 학습자는 실제 장치device를 묘사한 표상과 상호작용함. 학습자에게 특정 단계를 수행하라고 명령하면, 학습자는 해당 단계를 수행함. 학습자의 수행이 옳으면 그 장치는 학습자의 행동에 대하여 반응을 함. 만약 학습자의 수행이 틀리면 수행이 잘못되었음을 알려 주고, 옳은 부분은 하이라이트로 강조하여 표시되며, 동일한 단계를 다시 한 번 수행할 것을 지시함

사정/평가Assessment: 학습자가 알고 있는 것 혹은 할 수 있는 것을 결정하기 위한 과정으로, 이를 통해 교수적 처방이 실제로 효과적, 효율적, 매력적인지 확인할 수 있음

사정/평가 도구Assessment Instrument: 교수설계의 산출물로서, 각각의 수행 목표를 측정하기 위해 실시하는

학습자 활동을 구체화한 것

새로운 예시^{Unencountered Examples}: 이전의 교수적 활동에서 사용되었던 예시와는 다른 새로운 예시

선임된 교수설계자^{Designer-by-Assignment}: 교수설계자의 교수설계 관련 경험이나 스킬이 아니라 특정 주제 내용에 대한 지식을 이유로 선임된 교수설계자

선행 조직자^{Advance Organizer}: 새로운 자료를 학습하기 전에 제시되는 정보로서, 학습자가 새로운 내용을 조직화하고 해석할 수 있도록 도와줌. 구조적 프레임워크는 선행 조직자의 유형 중 하나임

설계^{Design}: 적절한 학습 및 평가 활동을 창출하기 위한 교수설계 단계

성찰^{Reflection}: 학습자로 하여금 습득한 스킬에 대하여 생각해 보고 이러한 스킬을 넘어 다른 곳에 적용하는 것까지 추론하는 시도를 하도록 요구하는 교수활동

수행 맥락^{Performance Context}: 학습자가 새로 습득한 스킬을 활용하게 될 것이라 기대하는 환경을 규명한 교수설계 산출물로서, 시설, 사회적 상호작용, 행정적 지원 등을 포함함

수행 목표^{Performance Objectives}: 각 단계에서 요구하는 수행, 조건, 준거를 규명한 교수설계 산출물

수행하기^{Do}: 학습자로 하여금 정보를 표상에 적용해 보도록 요구하는 교수적 상호작용

스크립트^{Script} 혹은 매크로^{Macro}: 파워포인트에서 특정 활동^{action}이 발생하도록 설계된 비주얼 베이직 컴퓨터 코드

스킬^{Skill}: 학습자가 습득한 정보를 가지고 할 수 있는 것

스킬 복잡성 분석^{Skill Complexity Analysis}: 복잡성의 정도에 따라 표상들의 전개를 계열화하는 절차. 이때 복잡성의 정도는 전개 내의 각 결과에 도달하는 데 필요한 조건과 단계의 수와 유형에 따라 결정됨

슬라이드 마스터^{Slide Master}: 프레젠테이션에서 여러 슬라이드에 걸쳐 사용할 수 있는 레이아웃 디자인

시연^{Demonstration}: 안내가 포함된 보여 주기^{Show} 교수활동

시연 원리^{Demonstration Principle}: 학습은 학습자에게 새로 배워야 할 스킬을 보여 주었을 때 촉진됨

실행^{Implement}: 교수를 실제 세계 맥락에서 전달하는 교수설계 단계

실행형 수행하기^{Do_{ex}}: 학습자가 절차적^{how-to} 구성요소 스킬의 단계를 실행해^{execute} 보도록 요구하는 교수적 상호작용

순차적 제시^{Successive Disclosure}: 텍스트나 그래픽 요소들을 관련 오디오 설명과 동기화하여 보여 줌

연습^{Practice}: 교정적 피드백을 동반하는 질문하기^{Ask} 교수활동

예시^{Example}: 특정 범주 혹은 분류에 속하는 표상이나 사례에 해당하는 내용 요소

오류 조건^{Faulted Condition}: 바람직한 결과를 도출하는 데 있어 조건이 부적절하거나 누락된 상태

요약 평가^{Summary Critique}: 어떤 교수 모듈에서 사전에 처방된 교수적 활동이 제시되는지 혹은 누락되었는지를 표기한 차트

원리^{Principle}: 사용된 방법 혹은 모형이 어떤 것인가에 상관없이, 적절한 조건하에서라면 언제나 사실인 관계

원리 지향^{Principle-Oriented}: 조건을 유발하는 단계가 아니라 e^3 학습 결과로 이끄는 교수설계 산출물(조건)을 강조하는 교수설계

위치 지표^{Location Indicator}: 학습자가 전체 모듈 또는 과정 내에서 자신의 현 위치가 어디인지를 알 수 있도록 하는 정보

은유와 비유Metaphor and Analogy: 학습자가 학습해야 하는 사물, 활동 혹은 과정 간의 관계를 이미 자신에게 익숙한 사물, 활동, 과정 간의 관계로 연결 지을 수 있도록 도와주는 구조적 프레임워크의 한 가지 형태

적용Application: 코칭과 교정적 또는 내재적 피드백을 포함하는 실행하기Do 교수활동

적용 원리Application Principle: 학습은 학습자가 문제를 해결하기 위해서 새로 습득한 스킬을 사용하였을 때 촉진됨

절차적 전략 체크리스트How-to Strategy Checklist: 절차procedure를 가르치기 위한 교수활동을 평가하기 위한 일련의 질문

정보Information: 사물object, 활동event, 과정process의 부분, 속성, 단계, 조건, 결과에 대한 기술로 구성된 내용 요소

정의Definition: 내용 요소로서, 범주의 멤버십을 규정하는 속성의 값

제시Display: 텍스트, 오디오, 그래픽, 비디오, 애니메이션 및 이들에 대한 통제 요소를 포함하는 멀티미디어를 보여 주는 화면

조건Condition: 내용 요소로서, 다른 값들을 가정하는 상황의 속성이며 결과를 수반함

주의집중 방해 멀티미디어Distracting Multimedia: 흥미는 유발하되 교수적인 기능은 전혀 없고 오히려 e³ 학습을 방해할 여지가 있는 미디어

주의집중 방해 애니메이션Distracting Animation: 흥미는 유발하되 교수적인 기능은 전혀 없는 애니메이션

주의집중 학습 안내Attention-Focusing Guidance: 교수적 상호작용으로서, 학습자가 정보를 표상의 세부 사항과 관련시키도록 도와줌

주제 내용Subject-Matter Content: 가르쳐지는 것, 흥미를 지닌 영역으로부터의 구성요소 스킬

주제 중심 교수전략Topic-Centered Instructional Strategy: 각 구성요소 스킬을 차례로 가르치는 접근으로서, 주로 최종 문제에 대한 언급은 없음

지식Knowledge: 학습자가 습득한 정보

질문하기Ask: 학습자로 하여금 정보를 회상 혹은 인식할 것을 요구하는 교수적 상호작용

체크리스트 요약 프레임워크Checklist Summary Framework: 학습자가 새로운 학습 자료의 구조를 이해할 수 있도록 도와주는 아웃라인 및 질문들을 담고 있는 구조적 프레임워크structural framework

총괄평가Summative Evaluation: 최종 교수 산출물의 학습 효과성, 효율성, 매력성에 대하여 기록하는 문서

최종 교수 산출물Final Instructional Product: 형성평가의 과정에서 관찰된 학습 문제를 수정하여 학습자를 대상으로 실행할 준비가 완료된 교수 산출물

축약형 텍스트Abbreviated Text: 텍스트가 불렛 포인트나 짤막한 구절로 표기되며, 이에 대한 설명은 오디오로 제공되는 형식

코스 평가 체크리스트Course Critique Checklist: 각각의 구성요소 스킬과 전체 문제를 가르치기 위한 교수활동의 적절성을 평가하기 위한 질문들

코칭Coaching: 교수활동을 실행하는 동안 학습자들에게 도움을 제공하는 교수적 상호작용

콘텐츠 메뉴Content Menus: 학습자로 하여금 다음에 무엇을 미리 보고, 학습하고, 복습할 것인지 결정하도

록 하는 내비게이션 버튼

통합 원리^{Integration Principle}: 학습은 학습자가 자신들이 새로이 습득한 스킬에 대해 성찰하고 토론하고 옹호하였을 때 촉진됨

판별형 수행하기^{Do id}: 학습자가 개념적^{kind-of} 구성요소 스킬의 예시를 판별^{identify}해 보도록 요구하는 교수적 상호작용

평가^{Evaluate}: 학습 목적이 달성되었는지의 여부를 결정하기 위해 교수 산출물을 측정하는 교수설계 단계

포맷^{Format}: 모듈이나 코스의 구조와 조직

표상^{Portrayal}: 특정 사물, 활동 혹은 과정에 대한 표상

프레젠테이션^{Presentation}: 말하기^{Tell} 교수활동

프로토타이핑^{Prototyping}: 추상적인 설계 명세서가 아니라 주요 설계 산출물로서 기능형 프로토타입을 개발하는 교수설계

프로토타입 문제 시연^{Prototype Problem Demonstration}: 문제의 한 사례의 해결에 필요한 결과, 조건, 단계를 학습자에게 보여 주는 교수활동의 기능형 목업^{mock-up}

프로토타입 문제 적용^{Prototype Problem Application}: 학습자에게 일련의 조건을 제시하고, 결과를 예측하게 함으로써, 예상치 못한 결과를 일으킨 잘못된 조건들을 찾게 하거나, 그 결과를 일으킨 단계를 실행하게 하는 교수활동의 기능형 목업^{mock-up}

학습 맥락^{Learning Context}: 학습자가 교수를 경험하게 되는 환경을 규명한 교수설계 산출물

학습자 통제^{Learner Control}: 학습자가 다음에 학습할 내용을 선택하고, 오디오, 비디오, 애니메이션을 통제하며, 학습 활동을 조절할 수 있도록 해 주는 버튼

학습자 특성^{Learner Characteristics}: 학습자의 출발점 스킬, 경험, 태도 및 동기를 규명한 교수설계 산출물

허위 예시^{Pseudo-Example}: 내용의 요소로서, 멤버십의 여부를 결정하는 차별화된 속성을 보여 주지 못하는 예시

형성평가^{Formative Evaluation}: 학습의 효과성, 효율성, 매력성 및 잠재적인 학습 문제를 기록한 교수 산출물로서, 학습 대상자의 일부 샘플을 대상으로 진행한 일대일 인터뷰, 소집단 인터뷰, 시범 운영을 통해 관찰됨

확산형 학습 안내^{Divergent Guidance}: 교수적 상호작용으로서, 구성요소 스킬의 모든 예에 관한 일련의 표상을 제공하는데, 이때 예들은 실제 세상에서 나타나는 차이의 범위를 반영하여 서로 간에 유의하게 달라야 함

활성화 원리^{Activation Principle}: 학습은 학습자가 새로운 스킬에 대한 기반으로서 기존 지식과 스킬을 회상하였을 때 촉진됨

참고문헌

Allen, M. W. (2003). *Michael Allen's guide to e-learning. Hoboken*, NJ: John Wiley & Sons.

Anderson, D. L., Fisher, K. M., & Norman, G. J. (2002). Development and evaluation of the conceptual inventory of natural selection. *Journal of Research in Science Teaching, 39*(10), 952–978.

Andre, T. (1986). Problem solving in education. In G. D. Phye & T. Andre (Eds.), *Cognitive classroom learning* (pp. 169–204). New York: Academic Press.

Andre, T. (1997). Selected micro-instructional methods to facilitate knowledge construction: Implications for instructional design. In R. D. Tennyson, F. Schott, N. Seel, & S. Dijkstra (Eds.), *Instructional design*: *International perspective: Theory, research, and models* (Vol. 1) (pp. 243–267). Mahwah, NJ: Lawrence Erlbaum Associates.

Barclay, M. W., Gur, B., & Wu, C. (2004). The impact of media on the family: Assessing the availability and quality of instruction on the World Wide Web for enhancing marriage relationships. Paper presented at the World Congress of the Family: Asia Pacific Dialogue, Kuala, Malaysia.

Beielaczyc, K., & Collins, A. (1999). Learning communities in classrooms: A reconceptualization of educational practice. In C. M. Reigeluth (Ed.), *Instructional-design theories and models: A new paradigm of instructional theory* (Vol. 2) (pp. 269–291). Mahwah, NJ: Lawrence Erlbaum Associates.

Boud, D., Keogh, R., & Walker, D. (1985). *Reflection: Turning experience into learning*. London: Kogan.

Bunderson, C. V. (2006). Developing a domain theory. In M. L. Garner, G. Englehard Jr., W. P. Fisher Jr., & M. Wilson (Eds.), *Advances in Rasch Measurement* (Vol. 1). Greenwich, CT: JAI Press.

Burton, R. R., & Brown, J. S. (1979). An investigation of computer coaching for informal learning activities. *International Journal of Man-Machine Studies, 11*, 5–24.

Clark, R. C. (2003). *Building expertise: Cognitive methods for training and performance improvement*

(2nd ed.). Washington, DC: International Society for Performance Improvement.

Clark, R. C. (2008a). *Building expertise: Cognitive methods for training and performance improvement* (3rd ed.). San Francisco: Pfeiffer.

Clark, R. C. (2008b). *Developing technical training: A structured approach for developing classroom and computer-based instructional materials* (3rd ed.). San Francisco: Pfeiffer.

Clark, R. C., & Lyons, C. (2004). *Graphics for learning*. San Francisco: Pfeiffer.

Clark, R. C., & Mayer, R. E. (2003). *e-Learning and the science of instruction: Proven guidelines for consumers and designers of multimedia learning*. San Francisco: Pfeiffer.

Clark, R. C., & Mayer, R. E. (2008). *e-Learning and the science of instruction* (2nd ed.). San Francisco: Pfeiffer.

Clark, R. E. (2003). What works in distance learning: Instructional strategies. In H. F. O'Neil (Ed.), *What works in distance learning* (pp. 13-31). Los Angeles: Center for the Study of Evaluation.

Clark, R. E., & Blake, S. B. (1997). Designing training for novel problem-solving transfer. In R. D. Tennyson, F. Schott, N. Seel, & S. Dijkstra (Eds.), *Instructional design: International perspective: Theory, research, and models* (Vol. 1) (pp. 183-214). Mahwah, NJ: Lawrence Erlbaum Associates.

Collins, A., Brown, J. S., & Holum, A. (1991). Cognitive apprenticeship: Making thinking visible. *American Educator, 15*(3), 6-11.

Collins, A., Brown, J. S., & Newman, S. E. (1989). Cognitive apprenticeship: Teaching the crafts of reading, writing, and mathematics. In L. B. Resnick (Ed.), *Knowing, learning and instruction: Essays in honor of Robert Glaser* (pp. 453-494). Hillsdale, NJ: Lawrence Erlbaum Associates.

Corno, L., & Randi, J. (1999). A design theory for classroom instruction in self-regulated learning? In C. M. Reigeluth (Ed.), *Instructional-design theories and models: A new paradigm of instructional theory* (Vol. 2) (pp. 293-318). Mahwah, NJ: Lawrence Erlbaum Associates.

Crouch, C. H., & Mazur, E. (2001). Peer instruction: Ten years of experience and results. *American Journal of Physics, 9*, 970-977.

Darabi, A. (2002). Teaching program evaluation: Using a systems approach. *American Journal of Evaluation, 23*(2), 219.

Dembo, M., & Young, L. G. (2003). What works in distance education: Learning strategies. In H. F. O'Neil (Ed.), *What works in distance education*. Los Angeles: Center for the Study of Evaluation.

Dick, W., Carey, L., & Carey, J. O. (2009). *The systematic design of instruction* (7th ed.). Upper Saddle River, NJ: Pearson.

Dijkstra, S., & van Merriënboer, J. J. G. (1997). Plans, procedures, and theories to solve instructional design problems. In S. Dijkstra, N. Seel, F. Schott, & R. D. Tennyson (Eds.), *Instructional design international perspective: Solving instructional design problems* (Vol. 2) (pp. 23–43). Mahwah, NJ: Lawrence Erlbaum Associates.

Ebert-May, D., Brewer, C., & Allred, S. (1997). Innovation in large lectures: Teaching for active learning. *Bioscience, 47*(9), 601–607.

Foshay, W. R. R., Silber, K. H., & Stelnicki, M. B. (2003). *Writing training materials that work: How to train anyone to do anything*. San Francisco: Pfeiffer. These authors also elaborate teaching facts, concepts, principles, and problem solving.

Francom, G., Bybee, D., Wolfersberger, M., Mendenhall, A., & Merrill, M. D. (2009). A task-centered approach to freshman-level general biology. *Bioscene, Journal of College Biology Teaching, 35*(1), 66–73.

Francom, G., Wolfersberger, M., & Merrill, M. D. (2009). Biology 100: A task-centered, peer-interactive redesign. *TechTrends, 53*(3), 35–100.

Frick, T., Chadha, R., Watson, C., & Wang, Y. (2010). Theory-based evaluation of instruction: Implications for improving student learning achievement in postsecondary education. In M. Orey, S. A. Jones, & R. M. Branch (Eds.), *Educational media and technology yearbook* (Vol. 35) (pp. 57–78). New York: Springer.

Frick, T. W., Chadha, R., Watson, C., Wang, Y., & Green, P. (2009). College student perceptions of teaching and learning quality. *Educational Technology Research and Development, 57*, 705–720.

Frick, T. W., Chadha, R., Watson, C., & Zlatkovska. E. (2010). Improving course evaluations to improve instruction and complex learning in higher education. *Educational Technology Research and Development, 58*, 115–136.

Gagné, R. M. (1965). *The conditions of learning*. New York: Holt, Rinehart and Winston.

Gagné, R. M. (1985). *The conditions of learning and theory of instruction* (4th ed.). New York: Holt, Rinehart and Winston.

Gagné, R. M., Wager, W. W., Golas, K., & Keller, J. M. (2005). *Principles of instructional design* (5th ed.). Belmont, CA: Thompson Wadsworth.

Gardner, H. (1999). Multiple approaches to understanding. In C. M. Reigeluth (Ed.), *Instructional-design theories and models: A new paradigm of instructional theory* (Vol. 2) (pp. 69–89). Mahwah, NJ: Lawrence Erlbaum Associates.

Gardner, J. (in press). Investigating theoretical support for first principles of instruction: A systematic review. *Midwest Journal of Educational Communication and Technology*.

Gentner, D., & Namy, L. (1999). Comparison in the development of categories. *Cognitive Development, 14*, 487–513.

Gibbons, A. S., Bunderson, C. V., Olsen, J. B., & Robertson, J. (1995). Work models: Still beyond instructional objectives. *Machine-Mediated Learning, 5*(3&4), 221-236.

Gibbons, A. S., McConkie, M., Seo, K. K., & Wiley, D. (2009). Simulation approach to instruction. In C. M. Reigeluth (Ed.), *Instructional-design theories and models* (Vol. 3) (pp. 167-193). New York: Routledge.

Gibson, J. T. (2009). Discussion approach to construction. In C. M. Reigeluth (Ed.), *Instructional-design theories and models* (Vol. 3) (pp. 99-116). New York: Routledge.

Gordon, J., & Zemke, R. (2000). The attack on ISD. *Training, 37*, 43-53.

Hake, R. (1998). Interactive-engagement vs. traditional methods: A six-thousand student survey of mechanics test data for introductory physics courses. *American Journal of Physics, 66*, 64-74.

Hannafin, M., Land, S., & Oliver, K. (1999). Open learning environments: Foundations, methods, and models. In C. M. Reigeluth (Ed.), *Instructional-design theories and models: A new paradigm of instructional theory* (Vol. 2) (pp. 115-140). Mahwah, NJ: Lawrence Erlbaum Associates.

Hilgenheger, N. (1993). Johann Friedrich Herbart. Prospects. *The Quarterly Review of Comparative Education, 23*(3&4), 649-664.

Huitt, W. G., Monetti, D., & Hummel, J. H. (2009). Direct approach to instruction. In C. M. Reigeluth (Ed.), *Instructional-design theories and models* (Vol. 3) (pp. 73-97). New York: Routledge.

Jonassen, D. (1999). Designing constructivist learning environments. In C. M. Reigeluth (Ed.), *Instructional-design theories and models: A new paradigm of instructional theory* (Vol. 2) (pp. 215-239). Mahwah, NJ: Lawrence Erlbaum Associates.

Keller, J. M. (1993). Instructional materials motivational survey. Unpublished manuscript.

Keogh, R., & Walker, D. (Eds.). *Reflection: Turning experience into learning* (pp. 18-40). London: Kogan Page.

King, A. (1992). Facilitating elaborative learning through guided student-generated questioning. *Educational Psychologist, 27*, 111-126.

King, A., Staffieri, A., & Douglas, A. (1998). Mutual peer tutoring: Effects of structuring tutorial interaction to scaffold peer learning. *Journal of Educational Psychology*, pp. 134-152.

Kirschner, P. A., Sweller, J., & Clark, R. E. (2006). Why minimal guidance during instruction does not work: An analysis of the failure of constructivist, discovery, problem-based, experiential, and inquiry-based teaching. *Educational Psychologist, 41*(2), 75-86.

Kovalik, S. J., & McGeehan, J. R. (1999). Integrated thematic instruction: From brain research to application. In C. M. Reigeluth (Ed.), *Instructional-design theories and models: A new paradigm of instructional theory* (Vol. 2) (pp. 371-396). Mahwah, NJ: Lawrence Erlbaum Associates.

Kulhavy, R. W. (1977). Feedback in written instruction. *Review of Educational Research, 47*, 211–232.

Kulhavy, R. W., & Stock, W. A. (1989). Feedback in written instruction: The place of response certitude. *Educational Psychology Review, 1*, 279–308.

Landa, L. N. (1999). Landamatics instructional design theory and methodology for teaching general methods of thinking. In C. M. Reigeluth (Ed.), *Instructional-design theories and models: A new paradigm of instructional theory* (Vol. 2) (pp. 341–369). Mahwah, NJ: Lawrence Erlbaum Associates.

Larson, S., Johnson, E., Rutherford, F., & Bartlo, J. (2009) A local instructional theory for the guided reinvention of the quotient group concept. www.rume.org/crume2009/Larson_LONG.pdf.

Laurillard, D. (1993). *Rethinking university teaching: A framework for the effective use of educational technology*. New York: Routledge.

Lee, M., & Paulus, T. (2001). An instructional design theory for interactions in web-based learning environments. Paper presented at the National Convention of the Association for Educational Communications and Technology, Atlanta, Georgia.

Lindsey, L., & Berger, N. (2009). Experiential approach to instruction. In C. M. Reigeluth (Ed.), *Instructional-design theories and models* (Vol. 3) (pp. 117–142). New York: Routledge.

Mager, R. F. (1997). *Preparing instructional objectives: A critical tool in the development of effective instruction* (3rd ed.). Atlanta: The Center for Effective Performance, Inc.

Marcovitz, D. M. (2004). *Powerful PowerPoint for educators*. Westport, CT: Libraries Unlimited.

Margaryan, A. (2006). Work-based learning: A blend of pedagogy and technology. Unpublished dissertation, University of Twente. Twente: The Netherlands.

Margaryan, A., & Collis, B. (2005). Design criteria for work-based learning: Merrill's first principles of instruction expanded. *British Journal of Educational Technology, 36*(5), 725–738.

Marzano, R. J. (1998). *A theory-based meta-analysis of research on instruction* (ERIC Document Reproduction Service No. ED 427 087). Aurora, CO: Midcontinent Research Laboratory for Education and Learning.

Marzano, R. J., Pickering, D. J., & Pollock, J. E. (2001). *Classroom instruction that works: Research-based strategies for increasing student achievement*. Alexandria, VA: Association for Supervision and Curriculum Development.

Mayer, R. E. (1975). Different problem-solving competencies established in learning computer programming with and without meaningful models. *Journal of Educational Psychology, 67*, 725.

Mayer, R. E. (1992a). *Thinking, problem solving, cognition* (2nd ed.). New York: Freeman.

Mayer, R. E. (1992b). Illustrations that instruct. In R. Glaser (Ed.), *Advances in instructional psychology* (Vol. 4) (pp. 253-284). Mahwah, NJ: Lawrence Erlbaum Associates.

Mayer, R. E. (1998). Cognitive, metacognitive, and motivational aspects of problem solving. *Instructional Science, 26*, 49-63.

Mayer, R. E. (2001). *Multimedia learning.* London: Cambridge University Press.

Mayer, R. E. (2003a). *Learning and instruction.* Upper Saddle River, NJ: Pearson Education.

Mayer, R. E. (2003b). What works in distance learning: Multimedia. In H. F. O'Neil (Ed.), *What works in distance learning* (pp. 9-42). Los Angeles: Center for the Study of Evaluation.

Mayer, R. E. (2011). *Applying the science of learning.* Upper Saddle River, NJ: Pearson.

Mayer, R. H. (1999). Designing instruction for constructivist learning. In C. M. Reigeluth (Ed.), *Instructional-design theories and models: A new paradigm of instructional theory* (Vol. 2) (pp. 141-159). Mahwah, NJ: Lawrence Erlbaum Associates.

Mazur, E. (1997). *Peer instruction: A user's manual.* Upper Saddle River, NJ: Prentice Hall.

McCarthy, B. (1996). *About learning.* Barrington, IL: Excell Inc.

Mendenhall, A., Buhanan, C. W., Suhaka, M., Mills, G., Gibson, G. V., & Merrill, M. D. (2006). A task-centered approach to entrepreneurship. *TechTrends, 50*(4), 84-89.

Merrill, M. D. (1980a). Learner control in computer-based learning. *Computers and Education, 4*, 77-95.

Merrill, M. D. (1980b). Can the adjective instructional modify the noun science? *Educational Technology, 20*(2), 37-44.

Merrill, M. D. (1983). Component display theory. In C. M. Reigeluth (Ed.), *Instructional-design theories and models: An overview of their current status* (pp. 279-333). Mahwah, NJ: Lawrence Erlbaum Associates.

Merrill, M. D. (1984). What is learner control? In R. Bass & C. R. Dills (Eds.), *Instructional development: The state of the art II* (pp. 221-242). Dubuque, IA: Kendall/Hunt.

Merrill, M. D. (1987a). A lesson based on component display theory. In C. M. Reigeluth (Ed.), *Instructional-design theories in action* (pp. 201-244). Mahwah, NJ: Lawrence Erlbaum Associates.

Merrill, M. D. (1987b). The new component display theory: Instructional design for courseware authoring. *Instructional Science, 16*, 19-34.

Merrill, M. D. (1994). *Instructional design theory.* Englewood Cliffs, NJ: Educational Technology Publications.

Merrill, M. D. (1997a, Nov/Dec). Instructional strategies that teach. *CBT Solutions*, pp. 1-11.

Merrill, M. D. (1997b). Learning-oriented instructional development tools. *Performance Improvement, 36*(3), 5-7.

Merrill, M. D. (2001). A knowledge object and mental model approach to a physics lesson. *Educational Technology, 41*(1), 36-47.

Merrill, M. D. (2002a). First principles of instruction. *Educational Technology Research and Development, 50*(3), 43-59.

Merrill, M. D. (2002b). A Pebble-in-the-Pond model for instructional design. *Performance Improvement, 41*(7), 39-44.

Merrill, M. D. (2006). Levels of instructional strategy. *Educational Technology, 46*(4), 5-10.

Merrill, M. D. (2007a). First principles of instruction: A synthesis. In R. A. Reiser & J. V. Dempsey (Eds.), *Trends and issues in instructional design and technology* (2nd ed.) (Vol. 2) (pp. 62-71). Upper Saddle River, NJ: Merrill/Prentice Hall.

Merrill, M. D. (2007b). The future of instructional design. In R. A. Reiser & J. V. Dempsey (Eds.), *Trends and issues in instructional design and technology* (2nd ed.) (Vol. 2) (pp. 335-351). Upper Saddle River, NJ: Merrill/Prentice Hall.

Merrill, M. D. (2007c). A task-centered instructional strategy. *Journal of Research on Technology in Education, 40*(1), 33-50.

Merrill, M. D. (2008). Reflections on a four decade search for effective, efficient and engaging instruction. In M. W. Allen (Ed.), *Michael Allen's 2008 e-learning annual* (pp. 141-167). San Francisco: Pfeiffer.

Merrill, M. D. (2009a). Finding e³ (effective, efficient, and engaging) instruction. *Educational Technology, 49*(3), 15-26.

Merrill, M. D. (2009b). First principles of instruction. In C. M. Reigeluth & A. Carr (Eds.), *Instructional-design theories and models: Building a common knowledge base* (Vol. 3). New York: Routledge/Taylor and Francis Group.

Merrill, M. D., Drake, L., Lacy, M. J., & Pratt, J. (1996). Reclaiming instructional design. *Educational Technology, 36*(5), 5-7.

Merrill, M. D., & Gilbert, C. G. (2008). Effective peer interaction in a problem-centered instructional strategy. *Distance Education, 29*(2), 199-207.

Merrill, M. D., & Tennyson, R. D. (1977). *Teaching concepts: An instructional design guide*. Englewood Cliffs, NJ: Educational Technology Publications.

Merrill, M. D., Tennyson, R. D., & Posey, L. O. (1992). *Teaching concepts: An instructional design guide* (2nd ed.). Englewood Cliffs, NJ: Educational Technology Publications.

Morrison, G. R., Ross, S. M., & Kemp, J. E. (2006). *Designing effective instruction* (5th ed.). Hoboken, NJ: John Wiley & Sons.

Nelson, L. M. (1999). Collaborative problem solving. In C. M. Reigeluth (Ed.), *Instructional-design theories and models: A new paradigm of instructional theory* (Vol. 2) (pp. 241-267). Mahwah, NJ: Lawrence Erlbaum Associates.

Perkins, D. N., & Unger, C. (1999). Teaching and learning for understanding. In C. M. Reigeluth (Ed.),

Instructional-design theories and models: A new paradigm of instructional theory (Vol. 2) (pp. 91-114). Mahwah, NJ: Lawrence Erlbaum Associates.

Pogrow, S. (1999). Systematically using powerful learning environments to accelerate learning in disadvantaged students in grades 4-8. In C. M. Reigeluth (Ed.), *Instructional-design theories and models: A new paradigm of instructional theory* (Vol. 2) (pp. 319-340). Mahwah, NJ: Lawrence Erlbaum Associates.

Reigeluth, C. M. (Ed.). (1983). *Instructional-design theories and models: An overview of their current status*. Mahwah, NJ: Lawrence Erlbaum Associates.

Reigeluth, C. M. (1999a). The elaboration theory: Guidance for scope and sequence decisions. In C. M. Reigeluth (Ed.), *Instructional-design theories and models: A new paradigm of instructional theory* (Vol. 2) (pp. 425-453). Mahwah, NJ: Lawrence Erlbaum Associates.

Reigeluth, C. M. (Ed.). (1999b). *Instructional-design theories and models: A new paradigm of instructional theory* (Vol. 2). Mahwah, NJ: Lawrence Erlbaum Associates.

Reigeluth, C. M., & Carr-Chellman, A. (2009). *Instructional-design theories and models, volume III: Building a common knowledge base*. Florence, KY: Routledge/Taylor & Francis Group.

Rosenberg-Kima, R. (2011). Effects of task-centered vs. topic-centered instructional strategy approaches on problem solving-Learning to program in Flash. Dissertation, Department of Educational Psychology and Learning Systems, Florida State University.

Rosenshine, B. (1997). Advances in research on instruction. In E. J. Lloyd, E. J. Kameanui, & D. Chard (Eds.), *Issues in educating students with disabilities* (pp. 197-221). Mahwah, NJ: Lawrence Erlbaum Associates.

Savery, J. R. (2009). Problem-based approach to instruction. In C. M. Reigeluth (Ed.), *Instructional-design theories and models* (Vol. 3) (pp. 143-165). New York: Routledge.

Savery, J. R., & Duffy, T. (1995). Problem-based learning: An instructional model and its constructivist framework. In B. G. Wilson (Ed.), *Designing constructivist learning environments* (pp. 135-148). Englewood Cliffs, NJ: Educational Technology Publications.

Schank, R. C., Berman, T. R., & Macpherson, K. A. (1999). Learning by doing. In C. M. Reigeluth (Ed.), *Instructional-design theories and models: A new paradigm of instructional theory* (Vol. 2) (pp. 161-181). Mahwah, NJ: Lawrence Erlbaum Associates.

Schwartz, D., Lin, X., Brophy, S., & Bransford, J. D. (1999). Toward the development of flexibly adaptive instructional designs. In C. M. Reigeluth (Ed.), *Instructional-design theories and models: A new paradigm of instructional theory* (Vol. 2) (pp. 183-213). Mahwah, NJ: Lawrence Erlbaum Associates.

Slavin, R. E. (1995). *Cooperative learning*. Boston: Allyn & Bacon.

Snyder, M. M. (2009). Instructional-design theory to guide the creation of online learning communities for adults. *TechTrends: Linking Research and Practice to Improve Learning, 53*(1), 48-56.

Spiro, R. J., Feltovich, P. J., Jacobson, M. J., & Coulson, R. L. (1992). Cognitive flexibility, constructivism, and hypertext: Random access instruction for advanced knowledge acquisition in ill-structured domains. In T. M. Duffy & D. H. Jonassen (Eds.), *Constructivism and the technology of instruction: A conversation.* Mahwah, NJ: Lawrence Erlbaum Associates.

Spiro, R. J., & Jehng, J. C. (1990). Cognitive flexibility and hypertext: Theory and technology for the nonlinear and multidimensional traversal of complex subject matter. In D. Nix & R. Spiro (Eds.), *Cognition, education, and multimedia* (pp. 163-205). Mahwah, NJ: Lawrence Erlbaum Associates.

Tennyson, R. D., & Cocchierella, M. J. (1986). An empirically based instructional design theory for teaching concepts. *Review of Educational Research, 56,* 40-72.

Tennyson, R. D., & Park, O. (1980). The teaching of concepts: A review of instructional design literature. *Review of Educational Research, 50,* 55-70.

Thompson Learning. (2002). Thompson job impact study: The next generation of learning. www.delmarlearning.com/resources/job_impact_study_whitepaper.pdf.

van der Meij, H., & Carroll, J. M. (1998). Principles and heuristics for designing minimalist instruction. In J. M. Carroll (Ed.), *Minimalism beyond the Nurnberg funnel* (pp. 19-53). Cambridge, MA: MIT Press.

van Merriënboer, J. J. G. (1997). *Training complex cognitive skills.* Englewood Cliffs, NJ: Educational Technology Publications.

van Merriënboer, J. J. G., & Kirschner, P. A. (2007). *Ten steps to complex learning.* Mahwah, NJ: Lawrence Erlbaum Associates.

Vincenti, W. G. (1990). *What engineers know and how they know it: Analytical studies from aeronautical history.* Baltimore: The Johns Hopkins University Press.

Wilson, E. O. (1998). *Consilience: The unity of knowledge.* New York: Alfred A. Knopf.

Wiske, M. S., & Beatty, B. J. (2009). Fostering understanding outcomes. In C. M. Reigeluth (Ed.), *Instructional-design theories and models* (Vol. 3) (pp. 225-247). New York: Routledge.

저자 소개　M. David Merrill

M. David Merrill은 유타 주립대학교의 명예교수다. Merrill 박사는 1961년 일리노이 대학교에서 박사과정을 시작한 이래 약 50년 이상을 효과적 · 효율적 · 매력적 교수에 대해 연구해 왔다.

그는 연구, 교육, 리더십에 있어서 교육공학 분야를 발전시킨 공로로 2001년 AECT Distinguished Service Award를 수상하는 영예를 누렸다. 2010년에는 유타 주립대학교 교육대학으로부터 Lifetime achievement award를 수상하였으며, 2011년에는 브리검영 대학교 교육대학의 Honored Alumni로 선정되었다.

1964년 일리노이 대학교에서 박사학위를 마친 후 브리검영 대학교 프로보의 피바디 대학, 스탠퍼드 대학교, 남캘리포니아 대학교, 유타 주립대학교, 플로리다 주립대학교의 교수로 봉직하였다. 브리검영 대학교 하와이 캠퍼스에서는 선교 미션을 수행하였으며, 동료 교수들이 온라인 코스화하는 것을 도왔다. 은퇴 후 플로리다 주립대학교와 브리검영 대학교 하와이 캠퍼스의 온라인 코스를 가르쳤으며, 현재는 하와이 대학교와 유타 주립대학교에서 온라인으로 강의를 하고 있다. 그는 교육공학 분야의 핵심적인 공헌자로서 국제적으로 인정을 받았으며, 많은 책과 논문을 저술하였고 해외 여러 곳에서 강의를 하였다. 주요 공헌 가운데 몇 가지 예를 들면, TICCIT 저작 시스템, 구성요소전시이론, 정교화이론, 교수적 교류이론, 자동화 교수설계, 교수설계 기반 지식 객체, 교수의 으뜸원리 등이 있다.

Merrill 박사와 그의 아내 Kate는 아홉 명의 자녀와 45명의 손주, 6명의 증손주를 두고 있으며, 곧 더 많은 손주와 증손주를 볼 예정이다. 그는 이를 가장 중요한 성취로 여기고 있다. 그는 Ascape Tennsion & Sulphur Gulch Railroad의 미니어처를 가지고 있다.

그의 이메일 주소는 professordavemerrill@gmail.com이고, 웹사이트는 http://mdavidmerrill.com 이며, 앞서 언급한 미니어처는 http://davesatsgrr.blogspot.com에서 볼 수 있다.

역자 소개

임규연
Kyu Yon LIM
미국 펜실베이니아 주립대학교 Ph.D. (Instructional Systems)
세부영역: 교수–학습이론, 테크놀로지기반 교수설계, 학습컨설팅, 측정/평가
현 이화여자대학교 교육공학과 교수

김영수
Youngsoo KIM
미국 인디애나 대학교 Ph.D. (Instructional Systems Technology)
세부영역: 교수–학습이론, 학습메시지 디자인, 인지과학–동기기반 교수설계
현 이화여자대학교 교육공학과 교수

김광수
Kwangsoo KIM
미국 유타 주립대학교 Ph.D. (Instructional Technology)
세부영역: 교수–학습이론, 원격교육, 이러닝
현 안동대학교 교육공학과 교수

이현우
Hyeon Woo LEE
미국 펜실베이니아 주립대학교 Ph.D. (Instructional Systems)
세부영역: 교수체제개발, 교수설계, 자기조절학습, 테크놀로지활용 교수
현 상명대학교 교육학과 교수

정재삼
Jaesam CHUNG
미국 인디애나 대학교 Ph.D. (Instructional Systems Technology)
세부영역: 교수체제개발, 프로그램평가, 인적자원개발, 학습–수행성과컨설팅
현 이화여자대학교 교육공학과 교수

효과적, 효율적, 매력적 교수설계

교수의 으뜸원리
First Principles of Instruction
– Identifying and Designing Effective, Efficient, and Engaging Instruction –

2014년 12월 23일 1판 1쇄 인쇄
2014년 12월 30일 1판 1쇄 발행

지은이 • M. David Merrill
옮긴이 • 임규연 · 김영수 · 김광수 · 이현우 · 정재삼
펴낸이 • 김진환
펴낸곳 • (주) **학지사**
　　　　121-838 서울특별시 마포구 양화로 15길 20 마인드월드빌딩
대표전화 • 02)330-5114　　　팩스 • 02)324-2345
등록번호 • 제313-2006-000265호

홈페이지 • http://www.hakjisa.co.kr
커뮤니티 • http://cafe.naver.com/hakjisa

ISBN 978-89-997-0558-8 93370
Korean Translation Copyright ⓒ 2014 by Hakjisa Publisher, Inc.

정가 23,000원

인터넷 학술논문 원문 서비스 **뉴논문** www.newnonmun.com

이 도서의 국립중앙도서관 출판시도서목록(CIP)은 서지정보유통지원시스템
홈페이지(http://seoji.nl.go.kr)와 국가자료공동목록시스템(http://www.
nl.go.kr/kolisnet)에서 이용하실 수 있습니다.
(CIP 제어번호: CIP2014030374)